U0154313

凝煉知識品味閱讀

土地資源環境經濟學

韓乾 著

五南圖書出版公司 印行

謹將本書獻給恩師 Dr. Raleigh Barlowe

三版序

本書第一版於 2001 年問世，距今已經十一年了。又於 2005 年修訂出版第二版，距今也已七年。現在的第三版，因為時代思潮對**環境**問題的注意，而土地與自然**資源**及**環境**又有直接關係，**土地經濟學**的概念已經擴大到**自然資源**以及**環境保護**的領域了。所以第三版便以《**土地資源環境經濟學**》為書名，全書內容也做了相應的增刪與改編。這一版的內容，對於**土地經濟學**的傳統基本理論，除了資料的更新與參考更多文獻，以充實其內容之外，都儘量保留先聖先賢原著的原汁原味，以求其真。特別是在教書的過程當中，研讀經典名著時，常有今人不如古人的感覺。

由於最近數十年來，人們對人類生存的**環境生態系統**（ecosystems）的破壞，以及對能源消費日益增加的關心，學者也已將**資源經濟學**（resource economics）、**環境經濟學**（environmental economics）、**生態經濟學**（ecological economics）、**能源經濟學**（energy economics），與**土地經濟學**的研究相結合。其實，早在 1940 年，**伊黎**（Richard T. Ely）與**魏爾萬**（George S. Wehrwein）兩位教授，出版他們合著的第一本《**土地經濟學**》（*Land Economics*）時，即已在該書第 10 章與第 14 章，分別討論到**環境與遊憩土地**（environment and recreation land）以及**資源保育**（conservation）的問題。時至今日，這方面的研究已經普及於美國及其他國家的大學學府。一個嶄新的領域則是如何善用地球上的**土地**與**自然資源**，並且保護**自然**與**人造環境**（built environment）以達到人類未來**可持續發展**（sustainable development）的境界。有鑒於現代思潮的需要，本人不揣簡陋，也嘗試使本書的內容往**土地資源與環境保育**的方向發展，使它更能符合現代土地學術的需要。何況我們的**土地法**，開宗明義對土地的定義就是：水、陸及天然資源。

本書內容的編排分為三篇。第一篇為人、土地資源與環境的關係，除了人口資料的更新之外，更加強了對糧食與農業的討論。第二篇為土地資源與環境的經濟分析，各種基本的**土地經濟學**理論，如：經濟體系與資源配置，市場失靈與政府干預，地租與區位理論，城市體系與城市土地使用，土地資源開發，不動產市場，資源保育，可持續發展，水資源，能源與土地使用等問題，都在本篇各章中討論。另外，特別增加第 4 章，討論**市場失靈**與**政府干預**問題。第 5 章討論**地租理論**，第 6 章討論區位理論。第 7 章，增加了**投入一產出分析**。第 8 章，增加了土地資源的**開**

發程序。第 9、10 兩章討論資源的稀少、資源保育與可持續發展。關於近代眾所矚目的能源問題，則增加第 12 章加以討論。能源問題是一個重要，而且需要專書探討的問題，但是限於篇幅，本書只針對與土地使用有關的能源問題加以討論。

第三篇討論土地資源的制度與規劃問題。本版刪除了第二版裡的不動產金融，因為土地金融問題與不動產投資開發的關係比較密切，往往都歸納在不動產投資的課程裡。在第 15 章裡，除了傳統的土地估價方法之外，因為時代的趨勢與需要，也加強了自然與環境資源的估價方法。第 16 章討論土地稅問題，第 17 章討論土地使用規劃與我們的未來，指出各種資原、環境問題對土地使用規劃的挑戰，並且探討我們未來的土地使用，所應走的方向與政策。

本書的內容屬於概論性質，牽涉到土地資源環境經濟學多方面的基本概念。本書可以作為大學或研究所程度的教科書，或者作為準備各類考試的參考用書。凡是修習過基本經濟學的讀者均可使用。本書所涉及的經濟學理論，儘量以圖解說明，而避免數學模式的演繹，以適應大多數讀者的需要，目的在於力求知識的普及。因為土地資源環境經濟學是經濟學的應用，偏向政治經濟學，制度經濟學的成分居多。教師授課時，可以依照教學的目的，選擇適合及需要的內容章節，並不需要從頭到尾依次講述。不過，基本的土地資源環境經濟學理論，仍然是不能忽略的。

最後，本書的寫作，難免有疏漏、不當之處，懇請讀者把本書的缺點告訴作者。如果您認為本書尚有可取之處，也請介紹給您的朋友與同儕。

韓 乾

2013 年

>>> 二版序

本書自一版問世迄今已四年有餘。在此期間，或因教學使用，或因學生質問，或因同儕意見，發現疏漏之處有之，錯誤之處有之，闡述未盡周詳之處有之，或資料有需更新者亦有之。乃於此時加以修訂，增訂或更改，是為第二版。

比較重要的修訂包括：

1. 地租理論為土地經濟學的中心思想，但是也最令人困惑。因此在第二版中把原來的第 4 章拆成 4、5 章兩章，分別說明地租理論的思想源流以及地租理論的應用。在第 4 章中特別加強對 Marx 的絕對地租理論的闡述。而在第 5 章中也加強說明獨佔地租與尋租理論。
2. 在說明區位理論時，也把原來的第 5 章拆成 6、7 章，分別闡述基本的區位理論以及都市體系的形成。
3. 增加不動產金融一章為第 14 章。
4. 有關土地稅的討論，特別增加 Tiebout 模式的說明以突顯地方稅制與地方財政及公共設施建設的重要關係。也藉此反映我國地方財政及稅制的缺失。
5. 除了以上內容的重要修訂外，也把不合時宜的資料加以更新。

此外，並將 Barlowe 博士的照片附印在扉頁。一方面感念恩師的教導，也藉此向國人介紹此一當代的土地經濟學家。此照片是他歡度九十大壽時寄贈給我的。在此時同時也將此書獻與他以為紀念。

其他值得感謝的還有李佩芳、詹金維、王麗純、廖昭雅等數位研究生幫我打字及校對、排版。另外編輯劉靜芬幫忙最後的編排工作，以致於要比第一版精美得多。也使讀者讀此書時更為賞心悅目，減少閱讀一本教科書的枯燥乏味感。

最後，仍要感謝內人的時時催促與關心。也希望讀者一本愛護第一版的心情繼續給與指正，使未來的第三版更加完美。

韓 乾

2005 年

初版序

寫一本土地經濟學的教科書是從事教育工作以來一直的願望。回國之初，因為兼任行政職務一直無法如願。同時彼時也自覺對於土地經濟學的瞭解與心得也還不夠。不過在時光的過程中，受業同學也自動自發地將我的授課內容彙編成冊成為講義；不過距離成書的形式尚有一段距離。

在台灣讀大學的時代，也曾修過土地經濟學，直到出國進修在 Michigan State University，才有機會選讀 Raleigh Barlowe 教授所開的土地經濟學課程，課本也使用他所著的 Land Resource Economics。Barlowe 博士受業於 Wisconsin University 的 George S. Wehrwein 教授，而 Wehrwein 教授與 Richard T. Ely 教授同為土地經濟學開山鼻祖。因為有此機運，所以常在上課時告訴學生：我是 Barlowe 博士的學生，而 Barlowe 博士又是 Wehrwein 教授的學生；你們是我的學生，所以你們也就接受到了土地經濟學的嫡傳。

在 1995 年，得到一年的休假，再度回到母校做研究工作及蒐集一些資料，也有機會再度親炙 Barlowe 博士的諄諄言談；同時與他談及寫一本中文土地經濟學教科書的構想，希望能夠參考使用他的著作。老教授慨然應允我引用他書中的資料。回國之後，即推掉一切行政職務及兼任課程，在教書的同時慢慢擴充已具雛形的講義。也邀請學生及研究生幫我整理出電腦檔案，此時，講義已略具教科書的雛形。

根據 Ely 與 Wehrwein 在他們所著的土地經濟學序言裡的說明：土地使用受三類因素的影響，它們是：實質因素、經濟與技術因素與制度因素。Barlowe 教授的土地資源經濟學的內容也是如此安排。所以本書的寫法也是依照此一順序編排。本書共分為三篇十三章，第一篇為人地關係，比較偏重於實質層面的探討，包括：研究人與土地的科學與人口與土地的需求兩章。第二篇為土地資源的經濟分析，包括：經濟體系與資源配置、土地資源的經濟報酬、影響土地使用的區位因素、土地資源的開發、土地資源的保育與永續發展、水資源與土地使用等六章。第三篇為土地資源的制度因素，包括：土地使用的制度因素、土地資源財產權、不動產市場與估價、土地稅與土地資源的規劃與管制等五章。

本書的程度是針對大學或研究所修過普通經濟學原理的同學的使用，或者做為準備各類考試的參考用書。實際上本書所涉及的經濟學理論均屬初級程度，而且避免較深的數學模式。因為土地經濟學是經濟學的應用，偏向於政治經濟學成分者為多。不過教師授課時，仍然可以選擇適合及需要的內容，而不會失掉其完整性。

本書的完成要感謝逢甲大學土地管理系的同學及研究生，幫我從筆記整理成講義的型態，又從講義打字成電腦檔案。曾經幫助過的學生有施昱年、管秋琴、吳少文，研究生有徐惠玲、蔡孟宜、賴慧儀與邱逸芳等人。特別是邱逸芳小姐在將近完稿時幫助我打字、排版及校對。另外，廖嘉芃同學幫助封面的設計。在此一併感謝 Macmillan Press LTD. 授權使用 Jack Harvey, 1996, Urban Land Economics, 4th.ed., 之部分資料。最後要謝謝內人的鼓勵與容忍我早出晚歸的工作。在她工作之餘還把家裡整理得有條不紊，並且照顧兩個女兒的讀書及家人的生活。

最後，本書雖然出版，但是一定還有很多疏漏、錯誤之處，還希望同行及賢達給予指正，好在第二版時加以修正。

韓 乾

2001 年

簡要目錄

詳細目錄

PART I

第一篇

人、土地資源與環境的關係

1

人與土地資源及環境

當你發現一個人，他相信人與自然是無法分開的。也知道人類的生存與健康需要倚靠我們對自然與自然的作為有所瞭解。這樣的社會，以及他們的鄉鎮、城市與景觀，一定會跟我們的鄉鎮、城市與景觀非常不一樣。

Ian McHarg
Design with Nature

土地資源是人類與國家永續生存的基本資源。廣義地看，土地資源包括陸地、水、空氣，以及其他地球表面的自然資源。我國土地法第一條解釋土地的意義，也說：「本法所稱土地，謂：水、陸及天然富源。」土地資源供給我們生活的空間，生產我們賴以生存的物資，以及滿足我們種種生活上的需要。土地資源的權利更決定了個人的經濟、社會與政治地位。擁有土地、住宅與不動產仍然是每一個人追求的重要目標，在個人的價值系統中佔有重要的地位。

現今的主要土地資源問題，不僅在求人民得到溫飽，更為了提高生活環境品質。為了提高生活環境品質，則需要研究人與土地資源及環境的關係，進而制定政策並且採取行動來解決城市、郊區及鄉村地區所遭遇的各種問題。城市地區的問題多半是擁擠、污染、環境品質低落、住宅與公共設施不良、人口與稅基外移，以及不良的**成長管理**（growth management）。在鄉村地區從事農林以及其他土地資源使用，所遭遇的問題則有農業經營、土地兼併、土壤改良、水土保持等問題。其他還有資金融通、租賃狀況、經營規模，以及如何保護農地以避免受到都市擴張的侵蝕等。

土地資源問題同時也是政府施政的重要課題。這些課題包括公地管理、房地稅收與地方財政、不動產市場、估價與交易、土地開發、都市與社區發展、公共設施建設、住宅提供、國土規劃、環境保護、森林與自然資源保育，以及節能減碳與防災等問題。對於這些問題，政府應有一定的政策、計畫、與法規，來管制並指導有效的使用土地資源，以維護公眾的利益。

土地資源環境經濟學的意義與內容

巴羅（Raleigh Barlowe）認為：「土地資源經濟學是研究人與人之間有關土地資源問題的一門科學。」進一步地說，它是研究人對地球表面土地資源經濟使用的科學；其內容包括物理與生物因素，技術與經濟因素，以及政府功能、政策、法規等制度因素對土地資源使用、管理的影響。[1] **邵特**（Leonard A. Salter, Jr.）說：「土地資源經濟學是社會科學之一，它所研究的範圍包括物理性質、區位條件與財產性

[1] Raleigh Barlowe, *Land Resource Economics: The Economics of Real Estate,* 4th ed., Prentice-Hall, 1986, p. 3.

質等因素，影響土地資源使用的社會科學。」[2] **瑞特科里夫**（Richard Ratecliff）認為土地資源經濟學是**制度經濟學**。因為人類使用土地的行為，不僅受自然的影響，也受社會、經濟、政治制度，以及人們思想、行為、態度改變的影響。[3]

制度經濟學並不是懷疑**古典**或**新古典經濟學**，然而仍然有它不同的重點與分析方法，而且特別適用於分析土地問題。**制度經濟學家惠悌**（Edwin Witte）提出以下幾項**制度經濟學**的特點。

1. 它是問題導向的經濟學。
2. 它是針對特別經濟學問題，並且尋求解決方法的經濟學。
3. 它所關心的問題並不限於經濟動機，所以會包括所有引起人類經濟事務的事情。
4. 它是影響經濟事務的社會與技術因素互動的科際整合方法。
5. 經濟制度的主動或被動是人為的，是可以改變的。在解決問題時，是在現行的制度下，分析的對象是問題的起源與演變。
6. 分析的方法是演繹的，是以直接觀察所有的事實為基礎的。
7. 它包含我們社會集體思維與行為模式的傾向。[4]

與一般經濟學一樣，土地資源環境經濟學的目的，也是在研究如何**公平**（equity），及**有效率地**（efficiently）**配置**（allocate）與使用稀有資源，不過其著眼點是在於土地、資源與環境的關係罷了。土地資源環境經濟學所牽涉的經濟關係非常廣泛，土地資源環境經濟學可以應用於農、林生產與保育，也可以應用於都市發展、不動產交易、土地制度的制定、土地政策的形成等。它更可以應用於能源政策、水資源政策，污染防治，以及環境保護等問題。

土地資源經濟學第一次成為大學教育的課程，是從 1892 年**伊黎**（Richard T. Ely）在美國威斯康辛大學（University of Wisconsin）開授**土地財產**（Landed Property）討論課時開始。正式成為一個單獨研究的領域，則是在 1919 年美國在其農業部內設立**土地經濟司**時開始。在往後的 1920 年代，有關鄉村及都市的**土地經濟學**與**不動產經濟學**的基礎才逐步建立。**伊黎**第一本有關土地經濟學的教材在

---

2 Leonard A. Salter, Jr., "The Content of Land Economics and Research Method Adapted to Its Needs", *Journal of Farm Economics,* Feb., 1942, p. 235.

3 Michael Goldberg and Peter Chinloy，*Urban Land Economics,* John Wiley & Sons, Inc. 1984, p. xvi.

4 Ibid., pp. xvi-xvii.

1940 年正式出版，直到如今，仍為土地經濟學的經典名著。

雖然土地經濟學的正式形成為時並不久遠，但是其理論基礎的奠定，仍然可以溯及古典經濟學家的貢獻。十八世紀末，**亞瑟楊**（Arthur Young）的著作，確立了耕者有其田是最好的農地制度的思想。[5] **亞當斯密**（Adam Smith）、**李嘉圖**（David Ricardo）以及其他學者，奠定了我們現在的**地租學說**。**馬爾薩斯**（Thomas R. Malthus）讓我們瞭解到，**人口問題**在討論土地資源問題中的重要性。1826 年，**屠能**（Johann Heinrich von Thünen）在其名著《**孤立國**》（*The Isolated State*）中，提出了**區位理論**與**競租模型**。**馬克思**（Karl Marx）對地租的討論偏重**絕對地租**理論，也對土地價值理論有所貢獻。在美國，**亨利喬治**（Henry George）在 1870 年代也提出了他獨特的土地價值與**單一稅**理論。

從 19 世紀末到 20 世紀初期，政治人物如美國的**老羅斯福**總統（Theodore Roosevelt），與其森林部長**賓恰**（Gifford Pinchot）倡導**資源保育運動**（conservation movement），使公有土地政策進入土地經濟學研究的領域。其他如**康芒斯**（John Commons）在 1934 年所著的《**制度經濟學**》（*Institutional Economics*），也對土地資源經濟學產生一定的影響。**李奧波**（Aldo Leopold）在 1920 年代，倡導**土地倫理**觀念與自然資源保育思想，成為現代廣為重視的**自然資源**與**環境保護**（environmental protection）運動的先驅。對於土地與**自然資源**以及**環境保護**的認識，已經不再限於傳統的土地經濟學概念了。

由於最近數十年來，人們對人類生存的**環境生態系統**（ecosystems）的破壞，以及能源的消耗日益增加的關心。學者也將**資源經濟學**與**環境經濟學**與**土地經濟學**的研究融於一爐，甚至也將**生態學**與**經濟學**的研究結合，成為**生態經濟學**（Ecological Economics）。美國學術研究機構「**未來的資源**」（Resources for the Future, Inc.）的學者如：**倪斯**（Allen V. Kneese）、**包爾**（Blair T. Bower）、**庫弟拉**（John V. Krutilla）、**艾克斯坦**（Otto Eckstein）、**普洛夫**（Harvey S. Perloff），以及**賀芬德**（Orris C. Herfindahl）等人，可謂**資源與環境經濟學**的先驅學者。在 1970 年代，空間經濟學家**艾薩**（Walter Isard）即試圖建立**生態學**與**經濟學**結合的模式。[6]時至今日，這方面的研究已經普及於美國及其他國家的大學學府。一個嶄新的領域則是如何善用地球的土地與自然資源，並且保護生活環境以達到人類未來**可**

[5] Folke Dovring, *Land Economics,* Breton Publishers, 1987, pp. 12-14.

[6] Walter Isard, *Ecological-Economic Analysis for Regional Development,* The Free Press, 1972.

持續發展（sustainable development）的境界。本書有鑒於此一現代趨勢與需要，也將土地資源與環境問題整合討論，以充實傳統**土地經濟學**的不足。

從經濟學的角度看，環境是供給我們各樣維持生命資源的特殊資產。環境供給我們**經濟體系**從事生產的物料、能源。最後，這些物料與能源，經過生產與消費的過程，又以廢氣、廢水、廢棄物的形態回到環境。除此之外，當你去從事水上活動，到野外旅遊登山，或者只是欣賞一幅令人嘆為觀止的日落美景時，都應該會發現那是環境所提供給我們無可取代的**適意資源**（amenity resources）。

如果我們把環境定義得廣義一點，來看環境與**經濟系統**的關係，可以把**經濟系統**看作是一個**開放的系統**。一個**開放的系統**是一個有輸入資源與能源，又有輸出各種污染與廢棄物的系統。反之，**封閉的系統**則是一個沒有從系統之外輸入資源、能源；也沒有產出輸出到系統之外的系統。因為我們的**經濟系統**是一個從環境輸入日光、物料、能源；也把廢棄物、污染的空氣、污水排放到環境裡，所以我們的**經濟系統**是一個**開放系統**。從圖 1-1 可以看到，我們的**經濟系統**是依存在**環境系統**裡，而且是彼此互相緊密關聯的。從經濟學的觀點看，環境是供給我們經濟系統資源的系統，它是供給人類各種財貨與勞務的資產，也收納與消化經濟系統所排放的廢棄物與污染。

經濟系統與**環境系統**的關係，可以用兩個不同的經濟分析方法，讓我們去加以瞭解。**實證經濟學**（positive economics）會告訴我們：人類的各種行為如何運作，

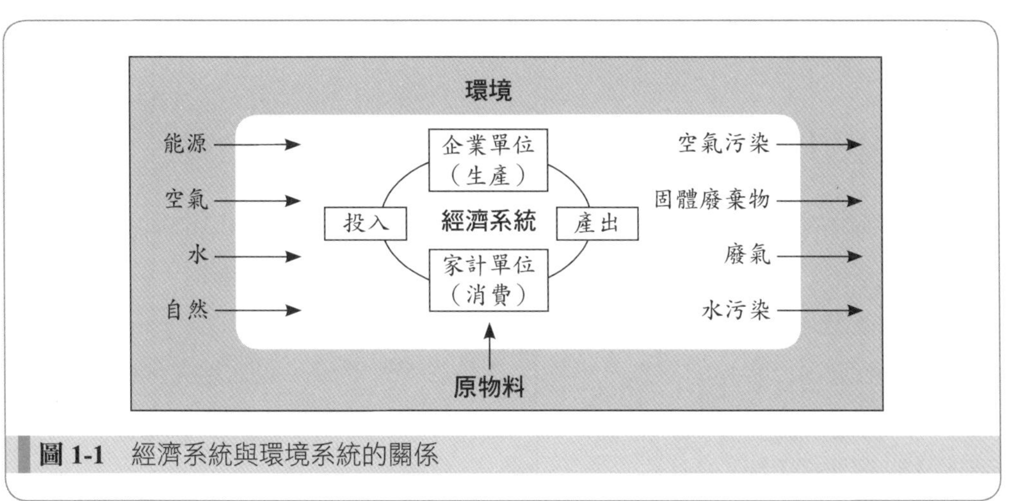

圖 1-1　經濟系統與環境系統的關係

以及這些行為會對環境產生什麼影響。**規範經濟學**（normative economics）則會指示我們應該如何作，才能獲得理想的經濟成果與良好的生活環境。也就是說，**實證經濟學**用事實來解決歧見，**規範經濟學**則訴諸價值判斷。例如：對於空氣污染問題，**實證經濟學**會告訴我們，什麼樣的行為會污染環境、對健康造成什麼樣的影響。而**規範經濟學**則會告訴我們應該制定什麼樣的污染防治政策與法規，或者評估 CO_2 的排放量標準應該如何訂定，又如何達到這個標準？或者是某一塊土地是否應該開發？哪一種開發會對社會產生最大的福利，與最小的傷害？

因此，本書將從土地資源的經濟分析開始，逐步討論土地資源與環境的各種關係。內容將包括：土地資源的經濟屬性、人口問題、經濟體系與資源的配置、資源配置的市場失靈與對環境所造成的外部性、土地資源的經濟報酬、土地使用的區位、城市體系、土地資源的開發保育與永續發展、水資源、能源、土地資源與環境的財產權、土地資源的政策與規劃管制等問題。

➔ 幾個基本的土地資源經濟概念

在進一步探討土地資源環境經濟學的內容之前，為了分析的方便，先對幾個基本的土地經濟概念做一些說明。這一節所要介紹的有六個基本概念：(1) 土地與土地資源的經濟意義；(2) 土地使用的分類；(3) 土地使用的容受力與效率；(4) 土地的最高與最佳使用；(5) 影響土地使用的幾項基本因素；以及 (6) 土地資源的供給與需求。

土地與土地資源的經濟意義

土地資源的經濟意義，因為土地資源所在的時空狀況與使用方式的不同而有所不同。比較重要的概念包括：(1) 生產因素；(2) 資本財；(3) 消費財；(4) 自然；(5) 空間；(6) 位置；以及 (7) 財產（不動產）。

對土地資源最常見的概念是指地球表面的實質部分，包括地面、土壤、或陸地，是可以行走其上，建築屋宇，生長作物的地方。但是土地資源在經濟與法律上，又有不同的意義。

經濟學家往往將土地與勞力、資本及管理，共同視為基本的**生產因素**。當土地被視為**生產因素**時，它便是我們賴以生存的糧食、衣物、建材、礦產、能源，以及現代社會所需要的各種經濟財貨。當我們把土地視為消費財時，即是我們希望擁有土地、建築房屋、生產作物，以及做其他使用的場域。通常，土地都會同時具有**生產因素**與**消費財**的雙重性質。

土地除了具有特殊的**生產因素**性質之外；實質上，它也具有**資本**（capital）的性質。雖然土地的數量有限，但是它具有**恒久性**。土地也是自然的產物；但是一般的投資者仍然認為土地與其他資本財一樣，需要購買或租賃才能擁有與使用。如此，雖然從社會與公經濟的角度看，土地是**自然資源**；而對私人來說，它則具有**資本**與**財產**的雙重性質。

當我們將土地視為**自然資源**時，便與**自然環境**的關係密不可分。一般都認為土地是大自然所賜的禮物。土地受陽光、雨水、風、氣候的變化，以及不同的溫度、土壤、地形、生物、環境等因素所影響，同時也影響環境。因為所有的自然與人為作用與活動，都以土地為基礎，所以很難把自然與土地分開。因此，我們可以說，土地就是自然，自然就是土地。人類倚賴土地而生存，土地成為人類所希望擁有最有價值的東西。

土地被視為**空間**（space）時，它即是生物所賴以生存，從事各種活動的地方。因為我們無法增減地球表面的實質土地空間，所以土地的空間是固定而不能毀滅的。除了地球表面的二度空間之外，土地也包含立體的**三度空間**。立體的**三度空間**包括地面以下貯藏的礦產與能源、挖掘地下建築居室以及上下水道、交通管線的空間。地面以上的空間提供建築基地、作物生長的空間，以及航空器、電波傳輸的空間。

土地被視為**位置**（situation），其空間是固定不可移動的。這個概念包括其與市場、地理特性、其他資源，以及與其他國家的**區位**（location）之間的關係。也就是說，某塊土地在某個位置是相對固定而不可移動的。土地的**不可移動性**也正是建立所有權的基礎；其區位與**可及性**（accessibility）以及其周邊的經濟與政治關係，都會影響與決定土地的使用與價值。假使土地可以移動，就可以依照各地方、城市、農村，與其他各種使用的需要而加以配置，因而即可減少許多使用上的衝突，以及土地使用規劃的困難。

除此之外，土地也具有**異質性**（heterogeneity）。也就是說，無論就土地的地理位置或地質性質而言，一塊土地與其他的任何一塊土地都不一樣。一塊建築基地與另一塊建築基地也不相同。然而，這種異質性，卻會影響到個別土地的價值以及建築的成本。換言之，也就是會影響到土地的使用。

土地資源之被視為財產（property），因為它也是**不動產**（real estate **或** real property），而且具有**法律**上的意義。在法律上，**財產**是指土地與附著於其上的任何改良物。也就是說，**土地資源**與**不動產**，在實質上是同樣的東西。只不過土地資源是泛指地球表面的**自然資源**，一旦這些資源被人擁有成為其**財產**時，就稱之為**不動產**。個人、團體或任何主權實體，擁有土地就可以在其上行使某些權利，並且盡某些義務。**財產權制度**會隨時間而改變，但是在某個時代流行的概念，則會支配與影響那個時代人們對**土地資源**的態度與使用的方式。

實際上，當我們把**土地資源**視為財產時，我們所注重的不僅是土地及改良物的本身，而是對它**權利的擁有**。例如，當我們買賣土地時，**所有權**所包含的是一些複雜的權利關係。財產依所有權的概念來看，是指擁有**經濟財貨**的**排他的權利**。換言之，如果財產沒有經濟價值，擁有它也沒有意義。這種權利若沒有社會制度與法律的保障也無法存在。

財產雖屬私有，但是其概念也不斷地隨著社會經濟的變遷而改變，於是乃產生**財產的社會理論**（social theory of property）。**財產社會理論**的主要意義，在於說明財產權制度是增進社會全體福利的媒介。因為社會是動態的，它必須隨著社會全體福利概念的改變與技術的進步，而有新的型態與意義。[7] 有關土地財產權的問題，本書將在第 14 章做進一步討論。

土地資源的分類

世界各國，依照土地使用型態分類的方法很多。我國土地法第二條，將土地使用分為建築用地、直接生產用地、交通水利用地與其他土地。

土地經濟學家**巴羅**則把土地的使用分為：住宅用地、工業與商業用地、穀類作物用地、牧草地、林地、礦產用地、遊憩用地、交通運輸用地、設施用地、與貧瘠荒地。[8]

從**自然資源**的角度看，自然資源通常可以大概分為**貯存性資源**（fund resources）與**長流性資源**（flow resources）。**貯存性資源**是指在一定時間裡，它在生態系統裡的品質與貯存量是固定的。**貯存性資源**又可以進一步分為：**耗竭性而且不可更新的資源**，以及**耗竭性但是可以更新的資源**。**耗竭性而且不可更新的資源**是指在人類有限的時間裡，它會被用罄而且不能更新的資源，例如：石油。**耗竭性但**

[7] Richard U. Ratcliff, *Urban Land Economics,* University of Wisconsin Press, 1949, pp. 6-7.

[8] Barlowe, p. 10.

是可更新的資源是指那些會被用罄，但是在短時間裡可以被更新再利用的資源，例如：森林，銅、鐵等礦產。

長流性資源是指在一定時間裡，它在生態系裡的品質與貯存量，可以繼續不斷地供人類使用的資源。長流性資源又可以進一步分為：**可以貯存**的**長流性資源**，與**不能貯存**的**長流性資源**。**可以貯存**的**長流性資源**，如用水庫集水供未來使用。**不能貯存**的**長流性資源**，如風力、太陽能的本身。其實，以上的分類並不能清楚地分割。因此，也有學者把動植物另外分為**生物資源**；土壤兼具**貯存性**、**長流性**，以及**生物資源**的性質，所以被分為**土壤資源**。另外還有，如：建築物、道路、水壩等，屬於人為的**改良物**。

如果從**國土規劃**、**環境保護**、**土地政策**的角度看，景觀規劃大師**馬哈**（Ian McHarg）把**土地資源**區分為**自然使用**、**生產使用**與**都市使用**三類。在規劃使用的時候，**自然資源保育地區**的保留佔有最高的優先地位，既使是農業生產也要排除。第二優先的是**直接生產用地**，包括農、林、漁、牧等使用，工業生產也在排除之列。在以上兩種優先使用的土地確定劃出之後，剩餘的土地才拿來做**都市建設使用**。換言之，不適合前兩者使用的土地才做都市建設使用。這是一個非常重要的土地資源分類原則，不論是在土地資源與環境的研究上，或者是在土地資源規劃或國土規劃工作上，都是一個最基本的概念與原則。

依照圖 1-2 的土地分類規劃層級圖，**自然資源保育地區**包括：那些如果開發便會造成嚴重環境傷害，包括具有稀少性、無可取代、風景遊憩、歷史古蹟文物與優質農地、森林等資源。或者容易遭受天然災害破壞而需要長期保護的土地資源。這種土地，如濕地或水源地等，應該禁止開發或設定極嚴格的管制條件。**自然資源保育土地**又可分成三大類。**第一類**是**極度**（critical）**環境生態敏感的地區**，如洪水平原、濕地、集水區、海岸、水源地、野生動物棲息地等，這些土地資源需要最嚴格的管制。**第二類**是**重要資源土地**，如高等則的耕地或森林。**第三類**屬於**一般性環境敏感地區**，這種土地如果在某種較低的保護標準之下，或者可以被開發。

鄉村土地包括比較沒有開發壓力的土地，比較適合低集約度的生產、農業使用或森林與礦藏的地區，或者比較適合低密度住宅區的開發，甚至對環境生態也不太敏感的地區。這些土地，有的最後也可能改變做都市使用，不過並不鼓勵高密度的使用。而鄉村型的商業、工業以及住宅都可能使用此類土地。[9]

---

[9] Philip R. Berke, David R. Godschalk, and Edward J. Kaiser with Daniel A. Rodriguez, *Urban Land Use Planning,* 5th Edition, University of Illinois Press, 2006, pp. 316-321.

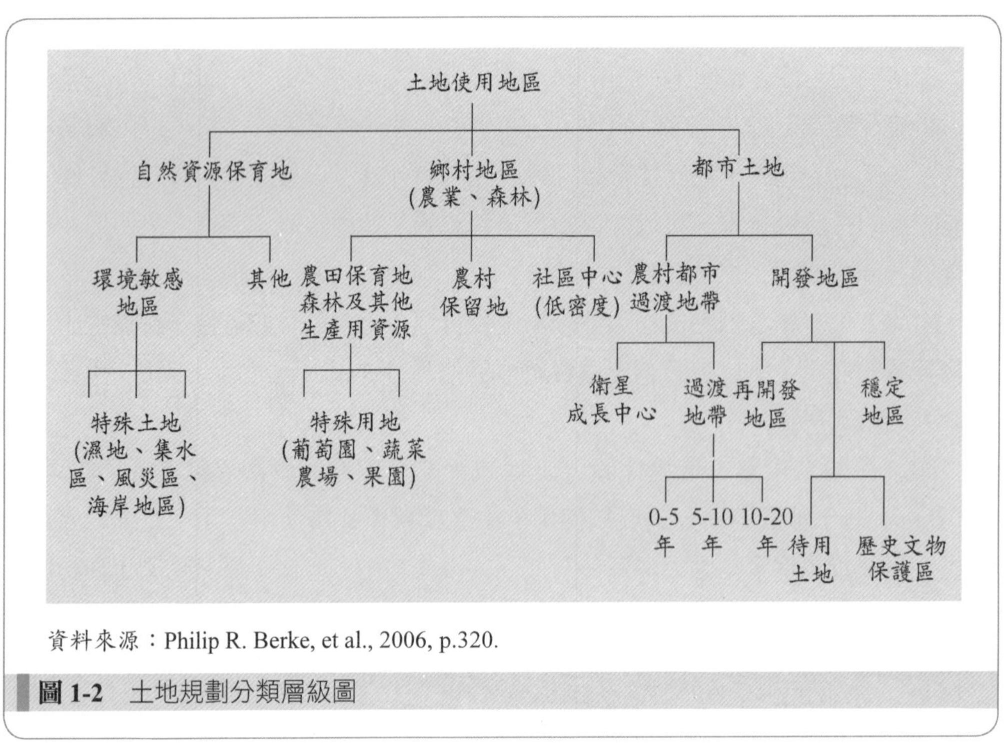

資料來源：Philip R. Berke, et al., 2006, p.320.

圖 1-2 土地規劃分類層級圖

都市土地是供給都市地區成長的土地，又可以分為已經開發的土地或都市／鄉村過渡地帶。這些土地的過渡時間可能經過 0～5 年、5～10 年或 10～20 年不等。已經存在的都市地區或商業地區，已經具備公共設施或比較容易提供公共設施的地區，則鼓勵開發及再開發，也就是以成長管理（growth management）的方法達到**理性成長**（smart growth）。另一種都市土地則是衛星型成長中心，衛星型成長中心可能是**新市鎮**（new town），或者是混合使用的計畫單元開發（planned unit development）土地。

土地使用的容受力與效率

土地的生產力，可以從兩方面來說明。一方面是**土地使用的容受力**（land use capacity），另一方面是**效率**（efficiency）。**土地使用的容受力**是指一塊土地產生最大報酬時，所能容受的投入生產因素的量，容納生產因素的多寡又因使用型態的不同而不同。而**效率**則是指每一單位生產因素在一定技術水準之下，使用土地所得到報酬的多寡。也就是**產出**與**投入**的比，如果以公式表示就是：

效率＝（產出／投入）×100

有的土地只要投入極少量的生產因素，就能產生很高的報酬，就是效率高。反之則是效率低。例如，摩天大樓具有高容受力（投入的生產因素多），但是每一單位生產因素的報酬並不高，也就是效率不高。另一方面，加油站的容受力並不高（不需要投資蓋高樓大廈），但是它每一單位投入因素的報酬卻很高。

又例如在城市的**中心商業區**（central business district, CBD），可能有一座辦公大樓與一個停車場比鄰而立。兩者可能產生同樣的**報酬**（return）或**地租**（rent），因此我們可以說，停車場的容受力低但是效率高，而另一基地辦公大樓的容受力高，但是效率則較低。[10]

巴羅認為，土地使用容受力是指單位土地資源產生**多餘報酬**（surplus of return）超出**使用成本**（cost of utilization）多寡的相對能力。[11] 這個概念其實就是指**地租**。**地租**是指在一定時間，一定生產技術與生產條件、狀況下，單位土地生產潛力的衡量標準；由此得到的**淨報酬**（地租）就是容受力的**指標**。例如，我們可以比較三塊同樣大小，相同使用的土地，投入等量的生產因素。假定第一塊土地產生 50 元的淨報酬，第二塊土地產生 100 元的淨報酬，而第三塊土地僅產生 15 元的淨報酬；顯然第二塊土地具有最高的經濟容受力或生產力。

容受力與**效率**會受兩個主要因素的影響——**可及性**與**資源品質**。**可及性**包含某一特定區位相對於市場，運輸設施及其他資源的便利性與可節省的時間與運輸成本。**可及性**所考慮的是最適當的運輸與資訊成本以及時間距離。**資源品質**則包含某一土地生產作物、產生報酬、或滿足欲望的相對能力。以農業土地而論，**品質**是指土地的天然肥沃度，或是施放肥料之後所顯示的肥沃度。

資源品質也受自然條件的影響，例如：適當的溫度、雨量、風速、日照等。此外，景觀美質、樹木與水源的有無；是否接近公園綠地，學校與文化設施？也可以列入考慮。在都市地區，土地資源的品質還包含地區機能的規劃、里鄰的良窳、建築設計的形式，以及其他影響人們滿意程度與財產價值的因素。

土地使用**容受力**與**效率**的比較，通常都假定是在某一短期之內。因為在長時間裡，資源基礎的變動、營運技術的改變、土地資源使用方式的改變等，都可能影響土地使用的**容受力**與**效率**。例如：都市老舊市區的產生，即可能降低土地使用的**容**

[10] Richard T. Ely and George S. Wehrwein, *Land Economics,* The Macmillan Co., 1940, p. 130.

[11] Raleigh Barlowe, *Land Resource Economics,* 4th ed., Prentice-Hall, 1986, p. 12.

受力與**效率**。另一方面，土地開發計畫也會增進某一土地資源的**容受力**與**效率**。例如新技術的發明、鐵路、公路的興建、新市場的開發，都會提高某塊土地的**容受力**與**效率**。使用方式的改變，例如農地之改變為建地對個人土地財產的容受力與效率，則會有突破性的影響。

土地的最高與最佳使用

大多數地區的土地均適合做多種方式的使用。如果我們將城市中心商業區用作森林、牧場、農作生產或住宅使用，亦無不可。然而我們並不如此使用，乃是因為土地所有人受了經濟誘因的影響，而要使他的土地做能夠產生**最高報酬**的使用。因此，他們就會依照**最高與最佳使用**（highest and best use）的原則來**配置**（allocate）他們的土地資源。

當土地資源能對經營者與社會產生最佳報酬時，就是土地資源的**最高與最佳使用**。因為量度標準的不同，此項報酬有時以貨幣的形式表示，有時以無形的社會價值來衡量，也有時兩者合併來表示其價值。不動產的使用，如果能產生最高的**比較優勢**（comparative advantage）或最低的**比較劣勢**（comparative disadvantage），我們通常即認為是在**最高與最佳使用**的狀態。

一個地區的**最高與最佳使用**也是經常變動的，正如土地使用**容受力**與**效率**一樣，它會隨著土地資源的品質、技術的改變與需求的變化而變化。除非受到**土地使用分區管制**與公共政策的影響。在大多數的情況下，都會因為經營者的**競價**或**競租**（bid rent）而改變。關於土地資源使用由**競租函數**（bid rent function）配置的問題，將在第 5 章討論地租理論及其應用時，再作進一步討論。

在現代社會裡，商業或住宅使用的土地，其報酬遠比其他使用方式為高。結果此類土地的使用，通常都比任何其他使用來得搶手。其次則是工業使用的土地，再次才是農業用地、放牧地與林地。這種簡單的次序可以用圖 1-3 來表示。此圖顯示，都市中心價值最高的土地是作商業使用，依次降低價值的土地則作為住宅、工業、作物、放牧與森林使用。圖 1-3 的分析只代表一般的型態，因為在各種使用類別中，會夾雜不同的使用，而且各類使用亦有**重疊現象**，所以它們之間的變化仍然會有很多狀況。例如：許多住宅與工業往往選擇低成本地區。其他土地使用如農業、礦產、遊憩、運輸等土地使用，都有重疊與變化的現象存在。

雖然土地資源在某一時間內的**最高**與**最佳使用**可以用金錢價值來衡量，但是如

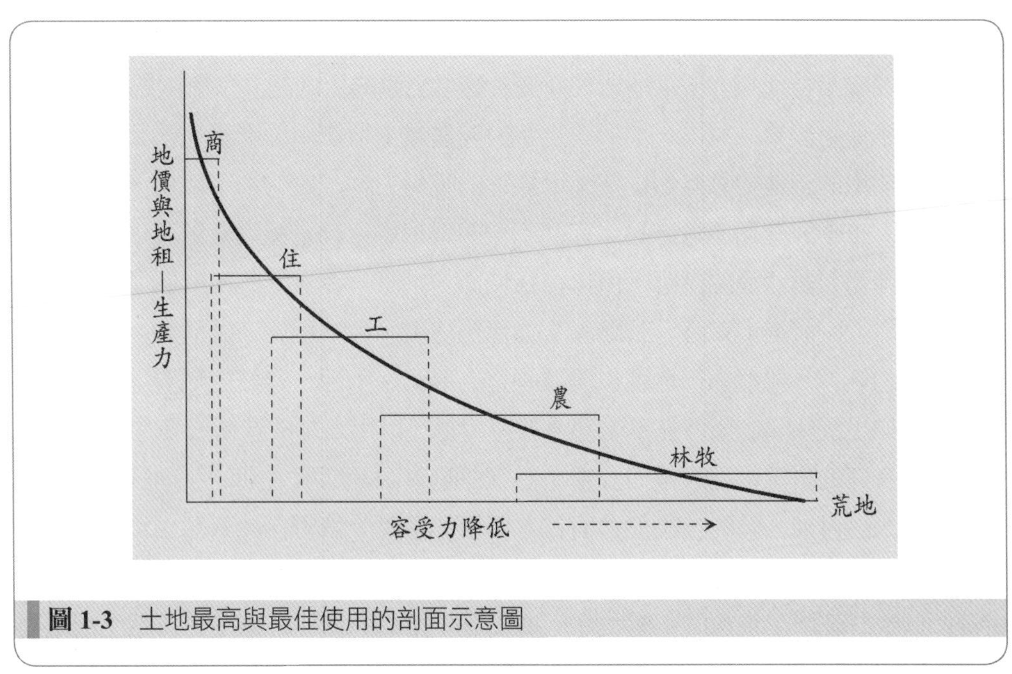

圖 1-3　土地最高與最佳使用的剖面示意圖

果從社會以及**非市場價值**來考量，可能又有不同的看法。例如：某一森林的所有權人願意維持林木的原貌，但是他的繼承者則可能會把它變成農場、住宅區、或者是一座公園。某一土地所有權人可能希望將他的土地做住宅或商業使用，而市政當局可能要徵收一部分來拓寬道路。

又例如一個公益團體可能主張維持某一處女林做為公園，而其他團體則可能主張將林木砍伐以供國家經濟發展之用。從這些例子可以看出，所謂的**最高與最佳使用**，從市場、經濟與社會的觀點來看，其意義都各有不同。經濟概念的**最高與最佳使用**，是指從金錢報酬的角度來衡量土地使用的價值。社會概念的**最高與最佳使用**，則是以非金錢計量的價值來反映不同的期望、目的與價值判斷。

影響土地使用的幾項因素

人類使用土地資源會受三類因素所影響。它們是：(1) 物理與生物因素；(2) 技術與經濟因素；以及 (3) 制度因素。這三類因素同時對個人、團體與政府的土地資源開發使用與保育行為產生影響與限制，以下再分別說明。

物理與生物因素　物理與生物因素是土地資源的基本自然性質。在地球的某些地方因為氣候、地形、土壤性質等因素的限制，無法供農業使用。而農業經營對土地資源品質的要求又特別高，所以地球表面適於農業生產的土地是非常有限的。

其實不僅是農業，氣候、地形與土壤對**非農業**土地使用的影響也很大。一般說來，遊憩使用的土地要靠自然條件來增加它的吸引力。一般的都市使用，則需要良好的商業、工業與交通運輸據點。它們不是接近市場，就是接近資源產地。通常因為都市地區需要農產品的供應，所以往往城市多半座落在良好的農業區域之內。此外，港口附近、航道與鐵路、公路等交通樞紐地點，因為利於商貿活動，一般也是城市形成的地方。雖然都市地區也需要適宜的氣候、水源、良好的地質、地形與排水，但是如果這些限制條件並不是過分嚴苛，都可以用人為的技術方法加以改良。

一個良好的資源使用政策與計畫，必須尊重資源長期與短期的物理與生物**承載力**的限制。以目前人類的技術能力而言，毀損、污染、毒害自然資源環境是輕而易舉的。所以我們要小心注意是否會被短期的利益所誘惑，而去開發、榨取某些自然資源，以致於破壞了正常的生態秩序，造成無可彌補的損失。違反了**自然生態法則**（ecological laws of nature），必然會減損我們賴以生存的土地資源的生產能力。

經濟與技術因素　在土地資源開發與供給的過程當中，**經濟的可行性**是一項極為重要的因素。除非經營者預期其可獲得的經濟報酬超過成本，他們不會從事資源的開發或生產計畫。因為經營的最終目的就是追求最大的經濟報酬。他們也瞭解競爭會影響成本與產品價格，而價格又影響產品與原料在買方與賣方之間的配置。他們也充分瞭解**機會成本**（opportunity cost）的意義；當人們發現另外一項投資比目前的投資能獲取更大的報酬時，他也會將投資或生產轉移到另外的事業上去。

經營者很自然地會首先使用高生產力的土地，當高生產力的土地不夠時，就會使用次級或更次一級的土地。使用次級土地時，成本就會增加，所以必須以較高的產品價格來補償其成本。價格的提高即能使現有的土地做更集約的使用，並且會去開發生產力較低、或偏遠不易開發的土地。為了舒緩對土地需求的壓力，人們會以改善灌溉、排水、整平等方法增加農業土地；以建築的方法增加房屋的層數；以增進景觀等方法來增加建築用地與遊憩土地的供給。土地的價值也會因此而提高，其可行與否則要看人們是否願意負擔此項成本而定。

除了注意生產與市場關係之外，經濟因素也包含**社會福利**（social welfare）的考慮。這些考慮包括土地與相關資源的有無，它們在諸多使用者之間的配置；以及生產成本與報酬在經營者、勞工，與社會上其他份子之間的財富分配等問題。

制度因素　制度因素（institutional framework）所注意的，則是文化、環境與社會因素對個人、家庭、團體與社區行為所產生的影響。土地政策與計畫必須在制度上可以被接受，才有其可行性。這些政策與計畫必須合乎憲法與相關法律，必須能夠維護財產權利，以及合乎風俗習慣、傳統、文化、宗教信仰；而且在政治考量上能被接受。除此之外，最重要的是要在行政上不會窒礙難行。

除了以上所討論的因素之外，政府的土地政策、計畫、方案、法規等，也是影響土地資源供給與使用的制度因素。某種法律的制定與執行可以鼓勵土地的開發，其他如開墾計畫、關稅、農業與住宅融資、防洪、都市更新與道路計畫等，也都可以鼓勵某些土地的開發。另外，**分區管制規則**（zoning ordinances）、**建築技術規則**（building codes）與**開發許可**（development permits）等，也可以用來作為指導與管制土地使用的工具。更有一些管制性的方法、如壓抑性的稅制、公約（covenants）的管制與法律的干預等，都可以用來限制或鼓勵某種土地使用。

這三類因素共同影響人類的土地使用行為。每一類因素都有它個別對土地使用政策與計畫的影響，也可以單獨地加以研究。然而實際上，三者是互相關聯，共同影響土地使用的。正有如彩色影視之紅、藍、綠三原色在銀幕上同時放映時，會構成彩色的畫面一樣。土地資源管理者與決策者必須認清這三類因素對土地使用所加上的條件與限制，他們的政策與計畫才能成功。

土地的供給與需求

正如許多其他經濟學的詞彙一樣，**供給**與**需求**，有時有不止一個固定的意思。經濟學家在談到供給時，是指在**其他條件不變**的情況下，出售者在不同市場價格時所願意供給的某種財貨或勞務的量。同樣地，需求是指在其他條件不變的情況下，購買者在不同市場價格所願意購買的財貨與勞務的量。然而經濟學家也經常以其一般的意義使用這兩個詞彙。在一般的用法上，供給是指可以使用的財貨或資源的量，而需求則是指人們希望得到或購買某種財貨的量。

當我們探討土地資源的供給時，我們必須把**實質的供給**（physical supply）與**經濟的供給**（economic supply）加以區別。土地的實質供給是指**實質上**存在的土地資源，或者是指在一定時間、空間範圍內，某種特定的資源、礦產、土壤或者某個人、某團體、國家，實際上所擁有的土地資源。土地實質供給的總量不會超出地球表面所能提供的量。所以我們說土地的實質供給是固定的，是沒有彈性的。如果就某種使用的土地而言，其經濟供給，在短期之內也可能是固定的，甚至於是沒有彈性的或彈性極小的。因為開發某種使用的土地或興建大樓以增加空間，都不是在短時間內可以完成的。

整體而言，土地的**經濟供給**是以使用者願意而且能夠償付的開發成本為其極限的。就某種土地而言，它的經濟供給並不是固定的。它會隨著價格與需求的變化而變化，如圖 1-4，新的技術與新的需求可以使以前沒有經濟價值的土地變為有價值。需求的變動可以使土地的經濟供給跟著變動，但是它的供給則是以實質的供給為極限的。

土地的經濟供給也反映出我們目前技術發展的水平。現代科技的發展一方面使我們對土地產品的需求增加，也促進了土地資源的開發使用。例如：鐵路、公路的建設使許多偏遠地區得以開發，資源得以利用，也促進了都市地區的發展。現代的建築技術也使高層建築變為可能，得以創造更多空間。技術的發展也使稀有資源可以被替代，例如水力可以用石油與煤來替代，核能與太陽能又可以替代石油與煤；動力車輛的使用可以替代人力與畜力，也節省了飼養牲畜的空間。

個人與個人之間對土地的需求，各種土地使用之間的競爭，都會影響土地的供給。這種互相**競價**（bidding）的結果，資源通常都會由願意出**最高價格**及能獲得**最**

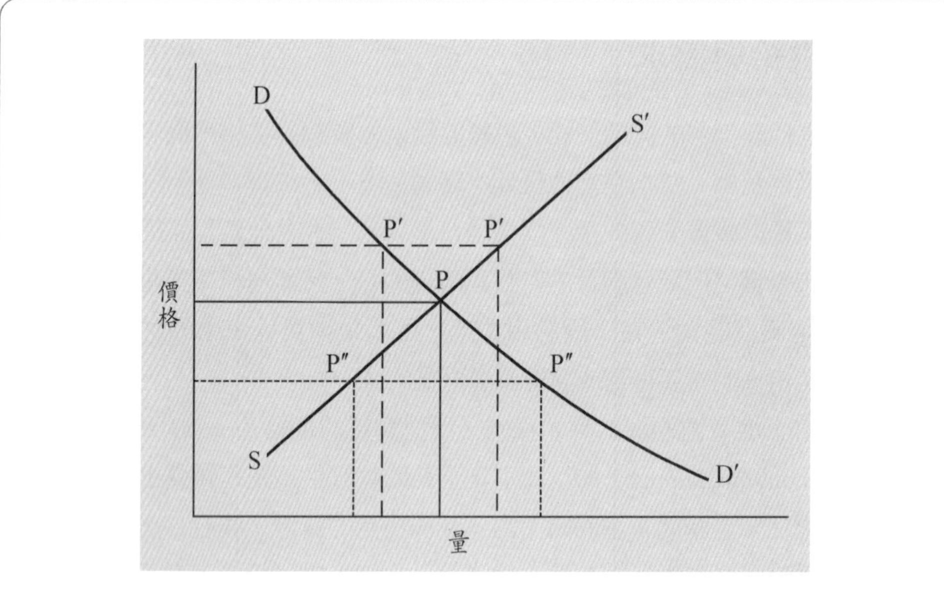

圖 1-4 特定土地的供給與需求

高報酬者所擁有與使用。當多種使用在同一地區產生競用衝突時，情形就會比較複雜。這時，高價值與高生產力的使用方式即被優先考慮。一旦大多數的土地都已被開發使用，都市與農作使用的較佳土地就會擴充到原先低度使用的地區。這樣，持續的土地使用擴張，最後會使合用土地的**經濟供給**日益減少。

我們對於需求概念的解釋大致與供給相似。以實質的意義來說，需求是與**欲望**（desire）、**需要**（needs）相伴而生的。我們對住宅、遊憩等使用所需要土地的量，即是對土地資源的**實質需要**（requirements）。而經濟概念的需求，則是指**有效需求**（effective demand）而言。所謂**有效需求**是指人們有所需要，而且有能力購買的財貨與勞務的量。有效需求才是影響市場財貨價格變動的主要力量。

對於土地資源的需求大多都屬於**引申的需求**（derived demand）。因為我們對土地的需求，實際上是對土地產品的需求所引起的，例如：對食物、房屋、道路、公園與自然資源等的需求。也有許多土地經營者，把土地所有權視為達到某種目的的手段。他們對土地之所以直接有興趣，乃是因為土地的生產力、區位、景觀等條件，具有潛在的價值，可以滿足他們的欲望，做為投資或投機的對象。

季芬財　在討論土地的需求時，也有學者認為土地的需求也有季芬財的現象。所謂季芬財是英國統計與經濟學家 Robert Giffen（1837～1910）所發現的現象；也就是說當某種財貨價格降低時，需求會跟著減少，而在價格上漲時需求反而增加，如圖 1-5 中需求曲線圓圈的部分。此一現象與一般的需求法則相反，也不合邏輯，但是確實是在現實世界觀察得到的現象。例如人們購買股票，往往追漲不追跌；房地產價格下跌時，也沒有人買，價格上漲時，反而有人買。當然這種現象也受預期心理因素的影響，也就是當房地產價格下跌時，人們預期或希望它再跌，而裹足不前；而在價格上漲時，又預期它會更加高漲，而去購買。一方面怕漲高了買不起，也怕沒有賺到漲高的差價。不過這些都只是短期的不正常現象，但也是在一個價格差距之內的現象；絕不影響正常需求法則的恒常性。

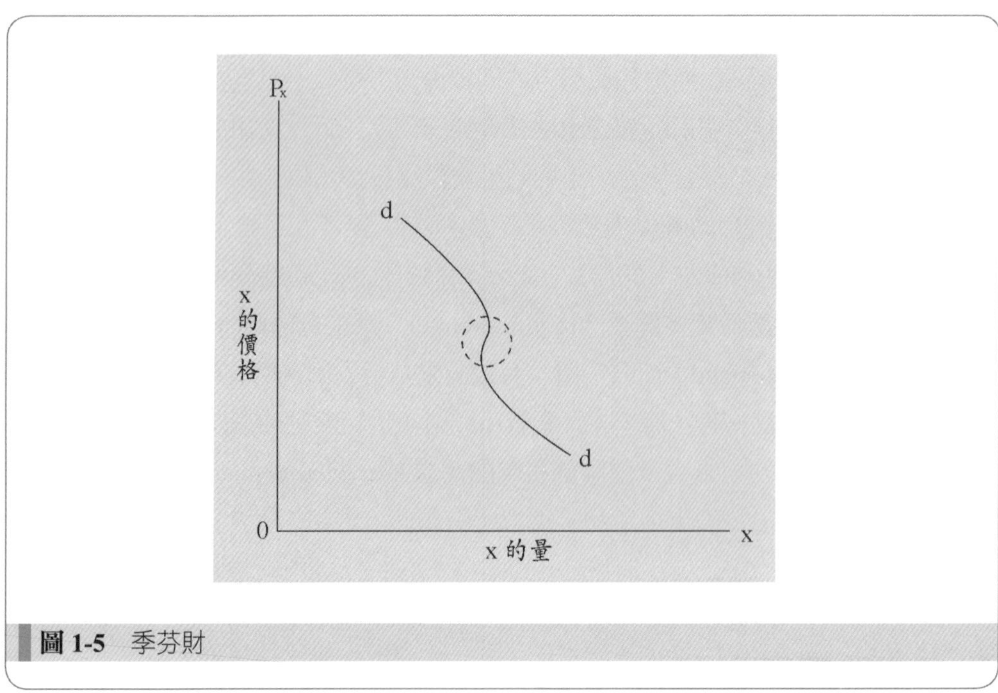

圖 1-5 季芬財

面對不確定的未來

我們生存與生活在未來並不確定的世界裡。先驅的自然資源與環境經濟學家**包謨**（William J. Baumol）曾經認為，要現在世代的人犧牲他們的消費與享受，去投資在未來世代人們的福利上，是非常不智的做法。歷史經驗告訴我們，未來世代的人一定會比現在世代的人生活得富裕。然而，另外有許多學者與一般老百姓，則質疑是否未來世代的人一定會比現在世代的人幸福；過去的經濟發展是否能永遠持續下去？人類對自然資源的耗用，過量廢棄物給環境吸收污染能力的壓力，都關係到未來的經濟發展與社會的繁榮。日益稀少的資源、生態系的敗壞，與環境適意性的消失，在在都會威脅到我們的生活品質。

儘管我們的科技如何地進步，我們仍然習慣於使用過去的趨勢去預測未來的趨勢。然而歷史的發展卻不會是線型的，它會是成長的、停滯的、衰落的，甚至於突變的。當我們回頭看時，才會看到它的轉捩點。有時是不確定與悲觀的、經濟也會是停滯與蕭條的，我們也會顧慮到人口過多與資源的耗竭。也說不定現在的停滯只是下一波成長的前奏。

面對這些未來的不確定性，以及資源與環境所產生的問題，可能有幾種可行的辦法：(1) 也許我們還能發現直到現在還沒有被發現的**貯存性資源**；(2) 也許我們能發展出有效率的技術，可以提煉低品質，原本不值得提煉的資源；(3) 也許我們能改變生產技術與消費習慣，使用比較豐沛的資源替代將要用罄的資源；(4) 也許我們能發展出更經濟的方法去循環利用廢棄物，使它們成為有價值的資源；(5) 發展使用太陽能與風力的技術，使它們不但能替代**不能更新的能源**，也能有效地循環使用**不能更新的礦產資源**。

資源的日益稀少與日漸提高的價格，可以鼓勵資源的保育，也可以節約使用某些資源。當人們發現處理垃圾的費用愈來愈高時，就會改變浪費的生活習慣。同樣的，如果人們注意到環境敗壞的成本提高，也會鼓勵人們保護環境的品質。如果你還期望高科技能夠解決資源與環境的各種問題，那你就等著吧！也許有一天真的會成真呢。

不過持平而論，雖然我們不需要對人類的未來完全不抱希望，也不需要完全相信科技能夠解決所有的問題。或許我們經常會注意到，似乎科技幫助我們解決了一個問題，卻又同時引起了另一個新的問題。例如：核能電廠能幫助我們舒緩對電力的需求，卻又產生核廢料處理的問題。解決問題的辦法不是沒有，卻可能是得來不易的。它需要科技、資源替代、資源保育，甚至改變個人消費方式等多種方法的整合。可是每一種辦法都有成本／利益的考量。在這些目標與方法的抉擇之間，也可能會有互相排斥或抵消的現象，選擇某一項辦法可能要犧牲另外一項辦法。還有，我們必須隨時注意資本的有限性，不論是自然的、實質的、財務的或人力的。

不過，問題常常帶來改變的契機。當我們在地方、國家與全球層面碰到棘手的問題時，常會激起賦有天分的人才，發展出前人沒有夢想過的創新辦法。在一個民主、尊重個人發展的社會裡，科學家、工程師都有發揮長才的空間。此外，也會需要管理的專家、社會學家與政策分析專家參與研究。在現代土地資源與環境問題愈形嚴重的社會裡，土地、自然資源、與環境經濟學家，與他們所具備的知識的重要性，也是與日俱增的。

2

人口與土地資源及環境

神說，我們要照著我們的形象，按著我們的樣式造人，使他們管理海裡的魚、空中的鳥、地上的牲畜和全地，並地上所爬的一切昆蟲。神就照著自己的形象造人，乃是照著他的形象造男造女。神就賜福給他們又對他們說，要生養眾多，遍滿地面、治理這地，也要管理海裡的魚、空中的鳥、和地上各樣行動的活物。

《聖經・創世紀》1 章 26-28 節

影響土地資源需求最重要的因素是人口。因為我們對土地資源的需求是**引申的需求**，**引申的需求**是說，我們需要土地資源是因為土地資源能夠生產人類所需要的糧食、衣物、原料、房屋，以及擁有土地所獲得的滿足感。除了人口數之外，人口的各種其他性質及空間的分布等因素，也會影響人們對土地資源的需求。本章的內容會討論土地資源對人口的**承載力**（carrying capacity）、人口成長理論、人口成長的趨勢、人口與經濟發展及其與環境的關係，以及人口性質的變化對**土地資源需求**的關係。最後將討論**人口**與**土地資源**及環境問題所將面臨未來的挑戰。

土地資源的承載力

土地資源的承載力是最基本的，衡量人口與**土地資源**關係的指標。這種關係是指某一特定人口數，與他們所賴以維生的某種**土地資源**之間的關係。

土地資源的承載力可以用每一個農民的可耕地面積，或每人可耕地面積來表示。如果用每人食物熱量卡（calories）或營養量，可以量度某一地區在某種消費水準之下，可以供養的人口數。每人平均**能源消費指數**，也可以量度某地區所能支持的工業社會的大小。

在討論人口與**土地資源**關係問題時，最重要的自然是**糧食**。但是除了糧食之外，人類對土地也有**非農業**的需求。例如生產木材、纖維、燃料、住宅、能源、水、交通與通訊、文化休閒與育樂設施等。聯合國 1992 年 6 月在巴西**里約熱內盧**（Rio de Janeiro）召開**世界環境與發展會議**（UNCED），擬定 **21 世紀議程**（*Agenda 21*）作為 **21 世紀世界環境與發展的行動計畫綱領**。在其文件的 5-23 節說：「估計一個國家**土地資源**對人口的**承載力**，需要考慮滿足人口生存與生活的需要，及**可持續發展**（sustainable development）的潛力。對於某些**關鍵性資源**，如水與**土地**；環境因素如**生態系統**（ecosystem）的健全與**生物多樣性**（biodiversity），都要特別注意」。

對**土地承載力**的看法，**費爾賽**（Philip M. Fearnside）認為：「**可持續性的承載力**是在一定的技術水準與消費型態之下，一個地方能夠**永久**（perpetuity）承載而不致降低**環境品質**的人口數」。[1]

彌道斯（Donella H. Meadows, et al., 1992）認為：「**承載力**是指某一**環境**所能

[1] Philip M. Fearnside, 1986, *Human Carrying Capacity of the Brazilian Rainforest,* New York: Columbia University Press, p. 73.

永久供養的生物數」。此一觀念最初是指在某一塊草原或牧場上，在不致減損土地養力的條件下所能牧養的牲口數。若以人口而言，承載力的意義就來得比較複雜，因為人類從**環境**所需索的資源，以及所排放的廢棄物種類繁多；而且技術、制度與生活方式的變化也非常大。**承載力**是一個動態的概念，它是經常隨著氣候，以及其他外在因素的變化而改變的。[2]

密勒（Monique Miller,1992）認為：「**承載力**是指一塊土地在長時間使用，而且不致影響其物理、生態、文化與社會環境的狀況下所能供養的人口數。」他又接著說：「雖然技術的進步，會使人類在某些方面超越自然**承載力**的極限，但是最終的**承載力**仍然要取決於**可耕地**、**飲用水**，與其他資源的供應限度。其中**能源**則是現代社會不可忽略的**限制因素**。」[3]

事實上，**土地資源**對人口的**承載力**，並非只受土地、水、能源等自然因素的限制。**哈定**（Garrett Hardin）從**人類生態學**（human ecology）的觀點，提出幾個**文化承載力**的概念：

(1) **文化承載力與生活品質呈反比的關係**。也就是說，人類對清潔的空氣、水、能源、荒野等所必需的資源需求愈多，則人口的數量更應該減少。我們對物質消費水準的增加，最後會使**生態系的承載力**降低。人口的不斷增加，不但會影響到個人的幸福，也會使整個社會的諸多問題更形棘手。

(2) **極大的**（maximum）並不是**最適的**（optimum）。當政治人物嘗試使 **GNP 極大化**的時候，並不等於也使**生活品質**達到最高。**生活品質**的提高是要從**生態經濟學**（ecological economics）著手。

(3) **最大多數人的最大幸福是毫無意義的**（nonsense）。偏微分公式告訴我們，在同一個時間裡，我們無法使一個以上的變數極大化。因此，我們必須選擇使人口數**極大化**，或者是使人口的平均福利**極大化**。例如：我們認為核能可以解決能源問題，我們又如何解決核廢料問題？

(4) **第十一條人類生態學的誡命是：你不可逾越承載力**。**逾越承載力**是使承載力降低，對人類或對牲畜都是一樣的。**哈定**在公有地的悲劇（*The Tragedy of the Commons*）文中有更詳盡的闡述。

---

2 Donella H. Meadows, Dennis L. Meadows and Jorgen Randers, 1992, *Beyond the Limits: Global Collapse or a Sustainable Future*, London : Earthscan Publications, p. 261.

3 Monique Miller, 1992, *Has the United States Exceeded its Carrying Capacity?* Wild Earth, Fall : 18, p. 81.

(5) **任何短期的供給等於增加長期的需求**。我們不能用增加人口的供給，來矯正人口的短少。人口的增加正是問題的所在。[4]

再進一步地看，**土地資源**對人口的**承載力**應該考慮更多的因素。這些因素包括：公共設施是否短缺、農業的技術與制度、生產力的成長、失業勞工的輔導、季節性或突然發生的環境變化、社會秩序、能源的供給、文化的優雅性、政治制度、教育資源、土地制度、實質與財物的能力、管理技術、公共政策、個人自由、對災變危機的處理、天然災害與疫病等。

人口成長理論

在英國政治經濟學家**馬爾薩斯**（Thomas Robert Malthus,1766～1834）以前，大約 17 或 18 世紀時，有關人口問題的著作都希望人口增加。人口多表示國力強，也與當時的**重商主義**（mercantilism）希望擴張的思想一致。他們的看法認為，人口多則勞力成本低，也利於製造業的擴張。這種認為人口即國力的思想，是把人口當作達到某些目的的工具。但是從 18 世紀開始，人們逐漸感受到人口增加的壓力。在清朝年間，許多中國學者也注意到人口問題，當時洪亮吉即在 1793 年提出與**馬爾薩斯**相同的看法。

馬爾薩斯的人口理論

馬爾薩斯在 1798 年發表他著名的《**人口論**》。他理論的主要論點是建立在兩個基本的**假設**上。第一、糧食是人類生存所必需的；第二、兩性之間的性關係也是必需的，而且會如此一直發展下去。[5] 中國的孔夫子早就說過**食色性也**的話。**馬爾薩斯**在他的《**人口論**》裡展開他的論述，他認為：

> 人類對**糧食**與**性**的需要，是普遍存在的自然律。植物與動物都被此一**自然律**所拘束；人類不可能以任何方法逃避。

---

[4] Garrett Hardin, "Paramount Positions in Ecological Economics", in *Ecological Economics,* Edited by Robert Costanza, Columbia University Press, 1991, pp.54-56.

[5] Steven G. Medema & Warren J. Samuels, ed., *A History of Economic Thought*, Princeton University Press, 1998, p. 171.

> 人類一直都在努力，希望超越其對維生資源的限制。但是，因為人類對糧食的需要以及糧食供給的**自然律**，人口永遠不會增加超過其最低**維生要素**的供給。這也就是阻止人口增加的有力抑制。[6]
>
> 當人口沒有受到任何抑制時，便會呈現**幾何級數**的成長，而維生要素則呈**算術級數**的成長。如果人口不加以抑制，將會每 25 年增加一倍。但是支持人口增加的**糧食**，就不可能在現有的設施與**土地資源**上，繼續增加。
>
> 當**土地資源**不斷地被開發，直到所有的肥沃**土地資源**都被使用時，糧食的增加就必須依賴現有**土地資源**的改良。而就土壤的自然性質而言，它是兼具**貯存性**與**長流性**的資源，所以如果不做持續性的改良，作物的產量不但不會增加，反而會減少，而人口的成長則會利上加利，而永無止境。[7]

說到這裡，我們可以發現**馬爾薩斯**真正抓到的重點是**報酬遞減法則**（Law of Diminishing Return）。其實如果他能夠充分而小心地在**報酬遞減法則**上發揮，就可以不必在所謂算術級數、幾何級數的說法上打轉，來討論他的人口理論了；而且也不致於留給對他的《**人口論**》持反對意見的人有所藉口了。因為在歷史事實上，人口與糧食的增加並未如**馬爾薩斯**所聲稱的，呈幾何級數與算術級數的增加。**馬爾薩斯**在他 1803 年出版的《**人口論**》第二版中的說法，事實上就是在說明**報酬遞減法則**。後來他也被尊為論述**報酬遞減法則**的先驅學者之一。[8]

馬爾薩斯接著指出，抑制人口成長的方法有兩種，第一種是**預防性的**（preventive），第二種是**積極性的**（positive）。預防性的抑制是人們出於自願的；是指暫時或永久性的禁慾或不婚。假使這種抑制不致於產生任何不良的後果的話，毫無疑問是痛苦最少的抑制人口成長的方法，但是他並不相信如此能夠減少人口成長至某個程度。[9] 至於積極性的抑制，也未必可行，因為積極性的抑制是要等到人口數增加到某個程度時，才會遭受飢荒、疾病、戰爭以及其他的不幸，才會使人口減少。

整體來說，如果人類能同時考慮預防性抑制與積極性抑制，也可以說是**道德性的**（moral）抑制或是**謹慎性的**（prudential）抑制。便有可能有效地抑制人口成

6 T. R. Malthus, *An Essay on Population,* J. M. Dent Sons, Ltd., and in New York E. P. Dutton & Co., 1914, Reprinted, 1927, p. 6.

7 Malthus, 1927, p. 8.

8 Steven G. Medema, et al., 1998, p. 172.

9 Malthus, 1927, p. 12.

長，並且避免人類罪惡與悲慘的命運。[10]

馬爾薩斯在他《**人口論**》的後幾版中已將其觀點加以修正，並且用詞較為緩和，然而他認為人口成長會受到**維生因素**限制的基本概念並未改變。**馬爾薩斯**的人口論在過去 200 多年間的世界許多地方，的確給人口成長提供了合理的解釋。雖然其學說在理論上頗合邏輯，但卻並不完全符合實際，因為新技術的應用已使生產力提高。但是堅持**馬爾薩斯**學說的人仍然認為，生產增加乃是暫時現象，而人口成長終必超過糧食生產，而使人類的命運仍然回到維生的邊緣。但是經驗告訴我們，當人類的生活水準提高之後，他們的**生育率**（fertility）卻會產生自發性的降低。

與**馬爾薩斯**同時的英國經濟學家**李嘉圖**（David Ricardo）與其他學者也認為，在一定的土地與技術條件之下，每增加一單位的人口，生產力就會增加一些。但是當人口增加到某一水平之後，所增加的生產力便會降低到僅夠所增加的人口維持生命的水平。此時，人口的增加才會停止。也就是說，**人口的增加會達到與其所需要的土地以及資本等資源均衡時，才會停止。**[11] 這也是經濟學中**邊際分析**的概念。

我們對**土地資源**的需求也會受社會因素的影響。社會裡每個人的需求都不相同，主要的需求是維持生命與生活的糧食與其他產品。而對**土地資源**的需求受使用**土地資源**的知識、文化與教育背景、所得與消費能力、個人品味與目的、年齡成長與態度的轉變等因素的影響。但是影響**土地資源**需求的最重要因素仍然是**人口數**。

人口的文化與社會觀

從文化與社會的觀點來看人口問題，與**馬爾薩斯**的自然主義觀點有顯著的不同。他們認為，人類不必悲觀地接受人口與糧食之間關係的必然性。從近代歷史可以看到，生活水準提高與**死亡率**降低，已使許多工業化國家的**出生率**降低。只要長期的出生率持續降低，人類即能脫離**馬爾薩斯**所說的**維生水平**，而到達較高生活水平的另一層次。

出生率的降低，可能部分歸功於死亡率的降低，因為我們不再需要那麼多的人口來彌補短缺。另外一個重要的因素，可能是現代社會人們對於適度家庭大小，以及兒童地位的態度有所改變。當人們享受到高水平的生活之後，當然不願再回到以前的生活水平，所以便會控制家庭的大小，以維持高水平的生活。同時，現代家庭

[10] Malthus, 1927, p. 14.

[11] Joel E. Cohen, 1995, *How Many People Can the Earth Support?* W. W. Norton & Company, p. 37.

也不再視兒童勞力為經濟資產，而在有計畫的情況之下養育子女，子女的角色成為人生家庭的一部分。在經濟情況不好的時候，當然會控制家庭的大小以滿足其他需求。而在經濟情況較好的時候，家庭的大小也會受到控制，以便享受更好的物質生活或減少工作時數、增加休閒。

新馬爾薩斯主義

傳統的**馬爾薩斯**理論，是就人口與土地及糧食資源來立論的。**新馬爾薩斯主義者**（neo-Malthusian）則將之擴大解釋為：人口與一般**自然與人造資源與環境品質**的關係。**新馬爾薩斯主義者**認為人口與經濟的成長，必須依賴**自然與人造資源環境品質**，而且最後必然會超過**人造資源及環境品質**的承載力，以致於人口與經濟都免不了會全盤崩潰。雖然接受這種天賦資源稀少概念的人不多，但是也有不少非經濟人士相信**絕對的資源稀少性**（absolute scarcity）。他們認為終究有一天，石油與其他天然資源會瀕臨枯竭，而可能沒有任何替代品。[12]

➔ 人口成長的趨勢

根據聯合國的資料，世界人口數已經在 1999 年 10 月 12 日邁過 60 億大關，更於 2011 年 10 月 31 日超過 70 億。從歷史上看，世界人口的快速成長，其實是近代的現象。根據推測，2000 年前的世界人口數大約為 3 億。之後便有相當一段時期，人口並未顯著地成長，直到 1600 年以後，世界人口才多加一倍達到 6 億。世界人口的快速成長，大約開始於 1650 年。

聯合國 2008 年的「**世界人口展望報告**」（*World Population Prospects-The 2008 Revision*）[13] 預測，到 2011 年末，世界人口將會從目前的 68 億增加到 70 億（目前已經應驗），到了 2050 年將會超過 90 億。既使生育率一直在下降，所增加的 23 億人口，大部分會在開發中國家，而且會在 15～59 歲（12 億），以及 60 歲以上（11 億）。因為 15 歲以下的人口將會減少。在另一方面， 較開發地區的人口，比較沒有太大的變化。

---

[12] Michael L. Mckinney and Robert M. Schoch, *Environmental Science,* West Publishing Company, 1996, p. 120.

[13] United Nations, Department of Economic and Social Affairs, Population Division, New York, 2009.

整體而言，此一報告，有以下幾點重要的發現：

(1) 開發中國家的人口仍然年輕：目前開發中國家 15 歲以下的人口佔 30%；15～24 歲的人口佔 19%，提供這些人口的教育與就業，成為開發中國家的重要課題。
(2) 以全球而論，60 歲以上的人口增加得最快（年增率 2%），而且會在未來 40 年中增加 50%，從 2009 年的 2.64 億增加到 2050 年的 4.16 億。而且低度開發地區的人口老化現象要比已開發國家為嚴重，增加率會超 3%，人口數會從 2009 年的 4.73 億增加到 2050 年的 16 億，這種情形不容忽視。
(3) 開發中國家人口的變動趨勢與生育率息息相關。人口的老化主要是由於生育率降低。整體來看，生育率在低度開發地區會從 2005～2010 年的 2.73，降低到 2045～2050 年的 2.05。要達到此一水平，家庭計畫工作非常重要。如果生育率不降低，世界人口的增加將會超過現在的兩倍。
(4) 生育率的降低會使人口成長的趨勢緩和，但是卻使人口老化，也就是老年人增加，而年輕人減少。在比較開發地區，超過 60 歲的人口已經佔有 21%，此一比例將在 2050 年達到 33%。在已開發國家，老年人口數目前已經超過 15 歲以下的人口數。到 2050 年，老年人口數將是 15 歲以下人口數的兩倍。
(5) 在開發中國家，人口老化的趨勢較緩，然而卻即將快速進入老化時期。在開發中國家，目前只有 8% 的人口超過 60 歲，但是此一數字在 2050 年將會加倍，達到 20%。從全球來看，超過 60 歲的人口將會成長三倍，從 2009 年的 7.37 億增加到 2050 年的 20 億。再者，有 64% 的世界老年人口生活在低度開發國家，到了 2050 年，將會達到 79%。
(6) 長壽也促使人口老化。世界人口的平均壽命將從 2005～2010 年的 68 歲，增加到 2045～2050 年的 76 歲。在比較開發的地區，壽命會從 2005～2010 年的 77 歲，增加到 2045～2050 年的 83 歲。而在低度開發的地區，則會在 21 世紀中期，從今天的 66 歲增加到 70 歲。這種增加與 HIV 及其他傳染性疾病擴散的減少有相當的關係。[14]

以上這些資料與趨勢，顯然已經告訴我們，未來人口的增加會對**土地資源**的需

[14] United Nations, Department of Economic and Social Affairs, Population Division, New York, 2009.

求與環境產生何等大的壓力。此外，很多國家在教育、衛生、保健方面的投資將更受到排擠。

為了便於分析世界人口成長的趨勢，**巴羅**把不同國家或地區人口成長的趨勢分為五個階段，如圖 2-1。屬於第一階段的國家，其出生率與死亡率都高，所以總人口數並不高，稱之為**馬爾薩斯平衡期**。第二階段為**高成長潛力期**，在此階段的國家都有高出生率，但死亡率則在下降。所以總人口數會快速增加。第三階段為**過渡成長期**，在此階段，出生率降低到接近相當低水平的死亡率，所以總人口仍有相當的增加，但增加率趨緩。第四階段包括人口數下降開始趨於穩定的國家，這些國家的死亡率已相當的低，而出生率也下降至某一低水平，可以稱為**始降期**（incipient decline）。第五階段為**文化平衡期**（cultural balance），其出生率與死亡率都在同一

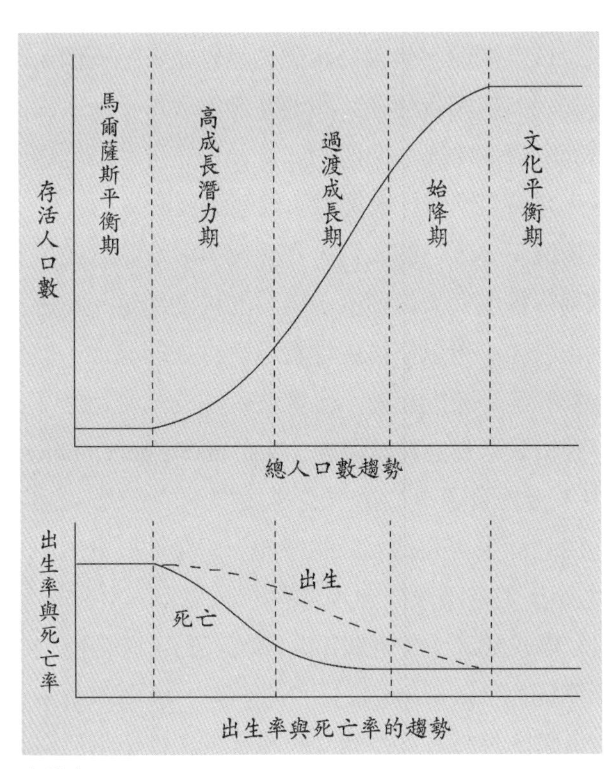

資料來源：Barlowe, p. 54.

圖 2-1 人口成長的五個階段

低水平，總人口數也維持在穩定水準。[15]

第二次世界大戰以後，五分之三的世界人口屬於高成長潛力階段，五分之一屬於過渡成長階段，另外五分之一屬於始降期。稍後，有些始降期的國家如美國，又暫時回到過渡成長階段。最近，低出生率與死亡率的趨勢，使中國大陸、日本、前蘇聯，從過渡成長的國家變成始降期的國家，也使許多高成長潛力的地區變成過渡成長地區。到 1980 年代以後，已經沒有任何國家屬於**馬爾薩斯平衡**階段，只剩少數地區仍屬於高成長潛力階段。更有許多歐洲國家已經達到了**文化平衡**的階段，大多數的開發中國家也已經從**過渡成長期**轉變到**始降期**。

將來世界人口的成長，要看各個國家從第二、第三及第四階段轉變到第五階段的進展如何而定。目前醫藥的進步已使死亡率大幅降低，這種趨勢的持續發展，將會使未來的出生率與死亡率更形降低。但是在出生率與死亡率仍然未能降低以前，世界的人口數仍然會繼續增加。

人口成長之所以成為問題，是因為我們的世界並不是一個人口與資源可以充分流通的世界。換言之，人口與資源在某些地區無法取得平衡。除此之外，還有一些重要的政治、經濟與社會的障礙。問題的關鍵並不完全在於地球上資源有多少與開發的多少，而在於人類希望享受什麼型態、什麼品質的生活。

在資源有限的情況下，人口的成長，當然使獲取資源的競爭更為升高。競爭的程度，要看資源的稀少程度與人口對資源需要的程度而定。在過去，人口較少的時代，對資源的開發也較少，可以使**再生性資源**有再生的機會。但是現在，因為人口的增加，再加上各種經濟力量的影響，已經使資源的開發超過了它的再生能力。這就產生了人類社會經濟是否還能**持續發展**（sustainable development）的問題。

在各種資源中，**土地資源**是最重要也是最根本的資源。因為不但它本身是資源，其他的資源也由它而生。因為人口的增加，大量的農業土地被改變作居住與工商業使用。除此之外，工業國家對土地的需求，更對森林、溼地生態系與**生物多樣性**（biodiversity）構成威脅。各生態系之間的互動，有各種重要的生態與經濟功能。這些功能包括**基因庫**（gene-pools）[16] 的孕育、水文的循環、防洪與集水區的保護、內陸及沿海魚類的養護，以及氣候的穩定等。都市生活與休閒遊憩的需要，當然更不在話下了。

---

[15] Barlowe, p. 54.

[16] **基因**（genes）是控制各種物種遺傳的譜系記錄。它們包括染色體裡某一段的 DNA 分子。基因庫則是一個物種控制其遺傳性狀基因的總合。

其實，人口與資源之間平衡的問題並不限於陸地。海洋資源也同樣受到巨大的壓力。過量的漁撈已經成為世界各國的普遍現象；這種情形如果持續下去，也難免產生魚類糧食匱乏的問題。全世界對魚類的每年人均消費量，會從 1997 年的 16 公升成長到 2030 年的 19～20 公升。世界總魚類的消費量會達到每年 1.5 億噸至 1.6 億噸。而每年的**持續漁獲量**（sustainable yield），估計大約不會超過 1 億噸。

因為土地具有其本身資源的價值以及市場上的經濟價值，所以自有人類歷史以來，擁有土地都是最高的權力與影響力的象徵；也是戰爭的導火線。人們希望擁有土地也具有感情的因素；往往自詡為大地之子。

人口與糧食

在看過以上有關世界人口成長的趨勢之後，我們再回頭審視**馬爾薩斯**的人口理論，可能會給我們更大的啟示。根據**聯合國糧農組織**（Food and Agriculture Organization, FAO）2009 年 6 月的估計資料，世界飢餓人口已經超過 10 億。造成最近飢餓人口增加的因素很多，全球經濟的衰落與許多國家糧價的上漲，把 1 億多的人口推向長期的飢餓與貧窮，這種情形更進一步的影響到世界的和平與安全。

飢餓問題從 1980 年代到 1990 年代的前半世紀就漸漸升高。飢餓人口在 1995～1997 年以及 2004～2006 年間，在拉丁美洲與加勒比海地區以外的世界各地區增加。到了 2009 年，因為經濟危機與升高的糧價，預料飢餓人口會增加 11%。

幾乎世界上所有的飢餓人口都居住在**開發中國家**。在亞洲與太平洋地區，估計約有 642 百萬人都在長期的飢餓當中，在非洲薩哈拉地區約有 265 百萬人，拉丁美洲與加勒比海地區有 53 百萬人；近東與北非有 42 百萬人，而在**已開發國家**則總共有 15 百萬人在飢餓當中。

都市地區的貧民可能面對全球經濟衰退的最嚴酷考驗，因為減少的輸出需求與減少的外國直接投資，可能會重創都市地區的就業。但是鄉村地區的問題也難以避免。因為以百萬計的都市人口將反向流入農村，向農村居民分一杯羹。

因此，貧窮國家一定要以經濟與政策的工具提高其農業生產力。對農業的投資必須增加，因為在大多數的貧窮國家，一個健康的農業部門將是整體經濟成長的先決條件。

許多世界上的貧窮國家都是小農制度，但是它們具有提高糧食安全與媒介廣泛經濟發展的潛力。要去誘發這種潛力，減少世界飢餓人口，各國政府與國際社會必須保護對農業的投資，使小農戶不但能夠獲得種子、肥料，也能獲得技術、基礎建設、財務與市場的支援。

面對未來世界人口的持續增加，所得的提高以及都市化的發展，FAO 認為對糧食、飼料與纖維的需求將會倍增。農業的生產力必須提高，而且要增加作物的**集約度**而非開墾更多的土地。再者，有機農作更應該提倡。世界人口預測到 2050 年將從目前的 67 億增加到 91 億。[17] 反觀台灣的各大都市地區，幾十年來從事城市周邊的**市地重劃**，改變了大量都市周邊的農地成為建地，實在是應該檢討的。

世界的糧食問題，包括：糧食生產、人口成長、貧窮、環境影響、經濟與政治制度與倫理等許多複雜而且相互交織的因素。除非窮人有他自己耕種的土地生產他自己的糧食，或者有足夠的收入購買他自己的食物，只增加糧食生產並不能解決糧食問題。目前的問題在於糧食的分配，而不在於糧食的短缺。

糧食與農業

糧食問題與農業有密切關係。世界上有兩種農業型態，它們是**傳統的農業**與**工業化**或**高投資**（high-input）的農業。傳統農業是用人力與畜力將森林與草地開發為農地，以供應人口對糧食的需要。農民也利用傳統的方法灌溉、排水、防蟲與水土保持。動物與人類食用作物之後，排泄物仍然回歸大地，形成一個完美的營養循環。農業生產也足夠支應人口與城市經濟活動的需要。

由工業革命帶來農業革命。農業革命帶來了**高投資的農業，高投資農業**的特色包括：使用大量的動力機械替代了畜力、開墾更多的農地、使用化學肥料與殺蟲劑、改善灌溉排水、改良作物品種、實施單一作物大規模生產。任何大規模穀類作物與經濟作物用地的擴張，都會犧牲**森林**與**濕地**，兩者都有經濟上的重要性與生態上的脆弱性。由於**報酬遞減律**的作用，高投資與高生產的農業在產出達到某一點時，便開始減少。土壤被沖蝕、地下水被肥料與殺蟲劑污染。若以美國的糧食系統來看，能源使用效率是很低的。從植物與動物糧食的生產、倉儲、加工、包裝、運輸、冷藏，一直到烹煮，平均生產一個單位的桌上食物，需要十個單位**不可再生的石化能源**。如果與**傳統農業**相比，每一個單位的勞力至少能生產一個單位的食物能量。如以**傳統的集約農業**而論，一個單位的能源能生產十個單位的食物能量。[18]

---

[17] http://www.fao.ong/story/en/item/20568/icocle/

[18] G. Tyler Miller, Jr., *Living in the Environment,* Tenth Edition, Wadsworth Publishing Company, 1998, p. 599.

除了植物性糧食之外，人類也開始飼養牲畜，如：牛、羊與家禽作為糧食，全世界有四分之一的作物用來飼養牲畜。肉與肉製品為高品質蛋白質的來源，牲畜的排泄物又供給土壤肥料。在過去的五、六十年中，開發國家牲畜的生產已經工業化。全世界超過 50% 的穀類作物用地，以及美國 70% 的穀類作物用地（約為二分之一的耕地）是用來飼養牲畜的。而在開發中國家，農民改變糧食作物為飼料作物，以供應肉類輸出的需求。這種做法無疑減少了糧食的供應。

飼養與食用這些牲畜是一項極為重要的經濟行為。造成這種**肉食經濟**的主要力量，是因為愈來愈多的人喜好享用肉類與乳製食品。這些人包括大多數已開發國家的人口與低度開發國家的富裕家庭。一個蓬勃發展的**肉食經濟**，並不是一件好事。因為飼養牲畜有許多**不可持續的**（non-sustainable）因素會影響環境。一方面用農作物來飼養牲畜，另一方面，牧草地又因為管理不良而被牲畜過分地利用，也造成了水土的沖蝕。

全世界因為燃燒熱帶雨林，每年會釋放大約 14 億噸的碳到空氣中，形成 CO_2 造成溫室效應。另一種溫室效應氣體是沼氣（甲烷），因為牛隻的消化程序是**厭氧的**（anaerobic），每年會排放 8 千萬噸的甲烷，糞便的分解也會放出 3 千 5 百萬噸的甲烷。全世界牲畜所排放的甲烷，造成大約 3% 全球暖化的氣體。另一種溫室氣體是由牲畜糞便中的**氮氣**（nitrogen）排放到空氣中，轉化成**阿摩尼亞**（ammonia）。美國牲畜所排放的糞便，是美國人口所排放糞便的二十一倍，大約只有 50% 回歸土壤。[19] 如此嚴重的環境成本，使我們認識到，必須使畜牧業與其他農業維持生態上**可持續的平衡**。面對此一問題，只有兩種增加糧食生產的途徑。(1) 持續地增加作物的生產；(2) 開始在目前種植飼料或經濟作物的土地上種植糧食作物。

許多研究指出，人類用穀物飼養牲畜，再去食用牲畜及其產品（乳、蛋、油脂）是非常不經濟的。在以植物飼養動物，再去食用動物的過程中，大約有 90% 的最初植物能源會流失。因此，從經濟與能源的角度看，如果人類只吃植物不吃動物，會因為缺乏蛋白質，而營養不良。但是在另一方面，如果食用過多動物，又會造成營養過剩，產生肥胖所帶來的各種疾病。單位人口食用動物所產生的生態衝擊，相當於十倍食用植物性食物所產生的生態衝擊。因此，如果人類食用較多的植物性糧食，將會相當地減少對世界資源的需求。在糧食極度短缺時，會迫使世界人

[19] G. Tyler Miller, Jr., p. 600.

口食用較多的穀物和較少的肉類。但是我們目前的情形剛好相反。更進一步鼓勵糧食安全的方法就是**土地改革**，使土地廣泛地分配，而不是集中在少數富豪手裡。再加上有效的家庭與健康計畫，鼓勵活絡的市場經濟。很不幸的是，幾乎沒有任何國家實施這樣的政策。國家的大量資源與權力都集中在少數富豪與菁英手裡，他們的興趣只在於維持他們的財富與權力。[20]

➔ 人口、經濟發展與環境

面對以上這些問題，我們要問三個問題。

(1) 人口成長與經濟發展之間會有怎樣的關係？

(2) 人口成長對環境與可持續發展會有什麼影響？

(3) 當人口成長率可以改變的時候，應該如何改變？關於第一個問題，是因為人口成長會影響到生活品質。第二個問題是因為人口成長會使用更多的土地資源與能源，這樣就會影響到未來世代人口的生存與發展。第三個問題就牽涉到人口政策問題。

由於近年來的世界人口與糧食問題，使人重新注意到**馬爾薩斯**在 1798 年發表的《**人口論**》中所提出的警告。他預測人口成長終將超過資源的**承載力**，而產生普遍的飢餓與貧窮。**馬爾薩斯**雖然沒有能夠預測到工業革命以後，生產力增加所帶來的世界狀況，然而他的《**人口論**》在過去兩百年間，的確給世界許多地方的人口問題提供了合理的解釋。不贊成**馬爾薩斯**學說的人認為他的學說在理論上合乎邏輯，但卻不完全符合實際情形。因為新科技的應用已使生產力增加。堅持**馬爾薩斯**學說的人也認為生產增加乃是暫時現象，而人口成長終必超過生產而使人類的命運仍然回到維生的邊緣。

人口多寡與他們的地理分布，是影響一個國家經濟發展，甚至世界自然與**人造環境**（built environment）品質的重要因素。也有諸多理論探討社會經濟對人口增加的影響，以及人口多寡與自然環境的關係。例如：貧窮可能因為自然環境的生產力不足；而貧窮也可能由於高生育率，而人口的壓力又會影響到環境的品質，使其不能做可持續的使用。所以我們必須正視人口對環境的影響。

---

[20] Bernard J. Nebel and Richard T. Wright, *Environmental Science,* Prentice-Hall, 1998, pp. 195-197.

人口與經濟發展

人口在大多數國家的經濟發展模式中，都是一個相當重要的變數。許多經濟學家都認為人口增加是提高國民所得的障礙。從**馬爾薩斯**時期開始一直到現在，都是持這種看法。人口自然增加率低的已開發國家，國民所得較高；而且高所得水平會使人口增加率降低。也因此可以看出，要使人口的增加減緩，經濟發展是一項主要的因素。**世界環境與發展委員會**（World Commission on Environment and Development, 1987）的**布蘭德蘭報告**（*Brundtland Report*）就接受這種看法，認為經濟狀況的改善，可以使很多開發中國家躲開**馬爾薩斯**的人口問題**陷阱**（trap）。而且減少人口，也對環境有利。

根據聯合國**經社理事會**（Economic and Social Council）在 1992 年所召開的人口專家會議的結論，發現世界各國的經濟發展存在著兩項潛在的隱憂。**第一**，不論是國家或個人，都有愈發貧窮的趨勢。全世界有超過 10 億的人口生活在絕對貧窮的環境裡；開發中國家的總負債超過 1.2 兆美元，而且這個數字還在不斷的成長。**第二**，在社會部門——包括衛生保健、家庭計畫、住宅與教育都沒有受到重視。但是由於人口的增加，對這些項目的需求卻與日俱增。

基本上，我們可以建立一個模式來說明人口與經濟發展的關係。這個模式把人口當作是生產過程中勞力的供給。此一模式主要在決定最適的生產水平，以及在此最適生產水平下，每人能獲得**最適所得**時的人口數。在最適經濟規模的考慮下，最初，人口的增加會獲得遞增的報酬；但是過了某一人口供給水平後，報酬即會遞減。如圖 2-2 所示，OABC 表示人均所得，最適人口數為 P_1，因為在 P_1 點，人均所得最高。人口在 P_0 時不可能獲得最高所得，因為並未達到經濟規模。而在 P_2 時，人口供給過剩，抵消了經濟成長，也無法獲得最高所得。

以上的模式，當然是以人類為中心的思考。如果從整體生態系的觀點來看，如果人類人口數的增加，要犧牲其他物種的生存，則表示人口過多了。人類在自己生存之餘，也應該負有維持生物多樣性的責任。這樣看來，以個人最高所得為標準的人口數，可能高了一些。

另一項需要考慮的問題是從**未來世代**的觀點看，以最高人均所得所決定的人口數，也可能太高了。因為現在太多的人口數，可能會剝奪了**未來世代**人口所應享用的資源。也就是說，在可持續發展的觀點下，應該維持**未來世代**的人均所得水平，不致於低於現代人的人均所得水平。

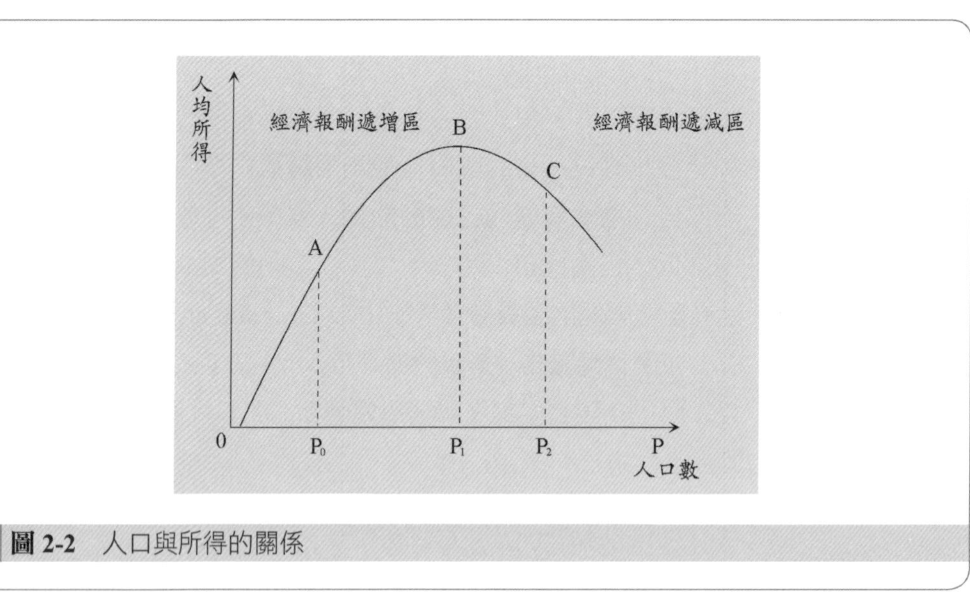

圖 2-2 人口與所得的關係

也有人認為現代技術的發展，會給我們帶來許多新的希望去突破人口成長與環境加給經濟發展的限制。但是當我們引進新技術的同時，經濟活動的規模也勢必會擴張。因此，雖然新技術可以降低單位行為對環境的傷害，但是經濟規模的擴張所造成對環境的**總體傷害**，仍然是會增加的。也就是因為這些原因，在開發中國家，人口的成長抵消了它們的經濟成長。例如：如果一個國家希望有 2.5% 的經濟成長率，但它若有 2.5% 的人口成長率，其經濟成長率至少要維持在 5.0% 以上。[21]

人口與環境

雖然關於人口成長與環境，甚至於經濟發展之間具有互相影響關係的觀點，已經被廣泛地接受；但是它們相互之間影響的強弱，仍然是人們討論的重點。有些研究認為，人口成長並不妨礙經濟成長；另外也有人認為，人口成長對環境具有強烈的負面影響。如果能夠使環境對經濟系統有所回饋，或者可以解決其間部分的爭議。當人口成長時，必然會增加對自然資源的需求，並且製造較多的污染而傷害環境。反過來看，環境的敗壞也影響經濟發展。但是**問題的癥結在於擬定經濟發展政策時，我們並沒有把環境影響的成本計算在內。**

學者們注意到，在人口與環境之間有幾項關聯的關係。人口、消費或生產方式

[21] Polunin, pp. 97-101.

與產生環境影響或污染之間的關係，通常可以用下面的公式來表示：

I＝P×A×T

其中

I 代表環境影響
P 代表人口數
A 代表人均消費
T 代表製造單位產品對環境造成傷害的技術

其實此一公式所說明的是：**消費**或**生產型態**是造成環境敗壞的因素；而實際表現的是**消費者**或**生產者**的數量，以及他們對財貨與服務的有效需求。

此一公式也可以解釋，為什麼擁有大量人口與有限資源的開發中國家，會對環境造成巨大的影響。同樣地，我們也可以很清楚地看見，因為在已開發國家，如美國，每一個人的 A 與 T 的值特別的大，以致於雖然人口不多，但是對環境仍然有相當大的影響。

在討論人口與環境問題的關係時，也有人認為它們之間的關係遠比此一公式所代表的關係來得複雜。例如：在一個社會考慮其資源與經濟發展，以及環境問題與人口之間的政策時，**制度因素**應該是一個重要的變數；但是並未列入此一公式。同樣地，人們造成環境污染也與**社會文化**背景有關。技術可以說是中性的，它能整治污染，也能製造污染。而技術的應用也受社會制度與人們態度的影響，而且也影響到應用技術的種類與成本。技術水平會更進一步影響人們的生活與消費型態，而決定對環境影響的程度。從另外一個角度看，人口數、成長率、對自然資源的依賴、消費水平與技術水平，都對自然資源與環境產生影響，而連帶地又影響自然資源與環境的質與量。

人口對環境的主要影響　人口對環境的影響，比較重要的有以下五種。這些影響雖然在各國有程度上的不同，但是在時間上卻是長期而深遠的。

農地的流失　根據聯合國的資料，每年全球因為土壤過分貧瘠而流失的農地，約為 7 萬平方公里；而生產力降低的農地還有 20 萬平方公里。每年的水土沖蝕造成 240 億噸表土的流失。從 1985 年到 2010 年間，因為水土沖蝕，可能減少 20%～30% 的糧食生產。

台灣因為各個城都在實施**市地重劃**，把農地改變成建地，使農地大量減少。以台中市而言，從 1992 年到 2007 年，農業區土地面積減少了 31.4%，實際面積從 3,625.93 公頃減少到 2,486.92 公頃；從另一方面看，商業區卻從 1992 年的 349.24 公頃增加到 512.00 公頃；工業區從 613.9 公頃增加到 657.5 公頃。耕地面積從 1998 年的 3,937 公頃，逐年減少到 2006 年的 2,986 公頃，九年間足足減少了大約 1,000 公頃。這種農地減少的現象，無疑會減少綠色植物對溫室氣體 CO_2 的吸收，並且造成都市地區的**熱島效應**。[22] 我們如果希望節能減碳，使台灣的城市成為生態城市，最重要的政策與方法應該是保護農地。目前各個城市以財政為目的的市地重劃應該適可而止了。

森林的破壞　造成森林流失的主要原因：**第一**是開墾農地；**第二**是獲取木材。其中最嚴重的是開墾新農地，而砍伐木材則是因為貧窮國家出售森林資源跟開發國家換取外匯。而潛藏在背後的主要驅動力仍然是人口的成長與貧窮。熱帶森林被破壞的結果，則是山坡地的開墾與種植作物（例如：種植檳榔、高冷蔬菜），進而導致水土沖蝕與氾濫。台灣以及大陸近年來愈益頻繁的土石流與洪泛的景象，就是最好的森林破壞與濫墾山坡地的寫照。

水資源的短缺與污染　與水資源有關的問題有三類：**第一**，雖然水資源是**可更新的資源**，但是因為人口的增加使清潔的用水日漸稀少；**第二**，無論在已開發國家或開發中國家，水污染問題日趨嚴重；**第三**，水污染連帶地使土地的品質敗壞，影響到土地資源的持續使用。水資源短缺的問題又可能分為四種。(1) 因為水的蒸發太快，特別是在乾旱地區，使生長季縮短。(2) 在乾旱地區，降水量產生太大的季節性差異。(3) 由於地景的破壞，如大量的砍伐森林，破壞集水區的植被等行為，造成雨水直接沖蝕土壤，並且加速逕流而無法貯存，以供灌溉或補注地下水源。(4) 因為人口的快速增加與水資源使用沒有效率。

當然水資源的短缺會造成生活缺乏安全感，與影響人類可持續的發展。而且不僅是糧食的生產會受影響，更重要的是，政府應該把水資源與土地資源的管理納入一個**整體的**系統。如果我們不能擴大視野，仍然拘泥於傳統**水利工程**（hydrological engineering）的管理概念的話；水資源短缺的情形可能會愈發嚴重。關於水資源的

---

[22] 韓乾，市地重劃與城市理性成長之研究——以台中市為例，台中市政府委託研究案，2009, p.11.

問題，本書將在第 11 章做進一步的討論。

失去生物多樣性 隨著熱帶森林的破壞，那些含有豐富而無法估計價值的**遺傳資源**（genetic resources）的動植物也將一併消失。科學家目前發現的動植物物種（species）約有 170 萬種，而實際上存在而未被發現的可能有一千萬到三千萬種。[23]

世界上大多數的野生物種都分布在七個生物最多樣化的國家裡。這七個國家是：**巴西**、**哥倫比亞**、**墨西哥**、**薩伊**（Zaire，原為比屬剛果）、**馬達加斯加**、**印度尼西亞**與**澳大利亞**。這七個國家的野生物種，約佔地球上已知物種的 54%。從資源保育的觀點看，這七個國家應該最被重視。但是這些國家的人口成長，在 1950～1980 年間超過了世界的平均人口成長，而且這種成長目前仍在繼續當中。雖然這種人口成長與環境的關係並不是一對一的關係；但是當這些國家的人口不斷成長時，世界上的物種便相對的減少。假使這種趨勢繼續下去的話，森林的破壞、水資源的敗壞、土地資源的開發墾殖**邊際化**（marginalization）等因素將會使許多物種滅絕。既使這些國家的自然資源能夠承載增加的人口，但是人口的增加將使**持續發展**更加困難。

氣候的變遷 **溫室效應**（greenhouse effect）使地球表面氣候暖化是近代另一個受人重視的問題。造成溫室效應的氣體，CO_2 約佔一半。而全世界 CO_2 的排放量在 1996 年時約為 239 億噸，比 1995 年時增加了 4 億噸，約為 1950 年的 4 倍，此一數字如果加上熱帶森林遭到破壞所釋放的 CO_2，應會更高。在此同一時間裡，人口的年均增加率為 1.9%。由於人口增加，使生產與消費增加，連帶地造成對能源需求的增加與排放含碳產品的增加。

假使在開發中國家的 CO_2 排放量延續其過去 40 年來的成長趨勢，每人的年均 CO_2 排放量將從 1985 年的 0.8 噸增加到 2025 年的 1.7 噸。顯然工業化國家應該更有效率地使用能源，並且減少**石化燃料**（fossil fuels）的使用，而考慮使用及研發其他替代性的可再生資源，如：太陽能、風力、地熱、水利等資源。[24]

根據聯合國專家的研究，人口與氣候變遷之間的關係有二。其一是人口增加對能源消耗增加而造成 CO_2 的增加；其二是由於人口增加而砍伐森林，使排放的 CO_2

[23] www.undp.org/popin/icdp/recommendations/expert/4.html

[24] 同註 17。

增加。此外，砍伐林木也減少綠色植物吸收 CO_2 的能力。而當開發中國家更為工業化時，其石化燃料的使用也必然增加，進而增加 CO_2 的排放，似乎是無可避免的。

因為人口成長不僅造成環境問題，而且造成社會經濟問題，諸如經濟發展與就業問題。在很多低度開發國家的人民為了餬口，而被迫砍伐森林出售，造成水土流失問題。當然相關的因素還很多，例如對科技的忽略、公共設施的不足、市場機制不良、缺乏投資，以及不正確的政府政策等，都是造成人口與環境問題不能協調的原因。而且這些因素還有互相關聯的關係；其中一項失靈也會連帶地造成其他領域的失靈。

在另一方面，當農業與工業的成長趨緩的時候，人口對環境的壓力也會趨緩。可耕地的減少，也會連帶地對森林的砍伐減少；而且近代在森林管理方面，其目標已多從商用木材的生產轉向**環境保護**與**國土保安**的功能。而且對於肥料與殺蟲劑的使用也會減少。不過畜產的增加卻會擴張牧草地，造成水污染等負面的環境影響。

➔ 人口性質的變化

除了人口的多寡會影響對土地的需求外，人口組成的特性在時空上的轉變，也會對某種土地資源的需求產生影響。例如人口在空間的分布、教育程度的高低、年齡層的結構、壽命的長短等。以下再就這些人口性質的變化做進一步的說明。

都市化　**都市化**是一個世界性的趨勢。所謂**都市化**，是在都市地區，因為工商業的發達，提供更多的設施、服務以及就業機會，吸引人口集中到都市地區的現象。

以美國的標準計算，人口超過 2,500 人的社區就稱之為**都市地區**（urban areas）。不過也有一些國家認為，人口至少要在 10,000 人到 50,000 人之間才算**都市地區**。一個國家的**都市化程度**，是指住在**都市地區**人口的百分比。**都市成長**（urban growth）是指都市地區的人口成長率。

在 1950 年到 1996 年之間，世界人口居住在都市地區的，幾乎增加了 13 倍——從 2 億增加到 25 億。根據聯合國 2009 年的資料，世界都市人口在 2009 年已經超過鄉村人口。預測從 2009 年到 2050 年，居住在都市地區的人口，會從 2009 年的 34 億增加到 2050 年的 63 億。而且大多數都市地區的 人口會集中在開發中地區。特別是在亞洲地區，都市人口將會增加 17 億、非洲 8 億、拉丁美洲與加勒比海地區 2 億。

以上的預測是在未來**生育率**持續下降的狀況下，如果**生育率**維持在目前的水平，則都市地區的人口數到 2050 年時，將會達到 76 億，而不是前面所說的 63 億。**都市化**的趨勢在較開發地區更為明顯。以致於在較開發地區的都市人口數在 2009 年佔 75%，而在較不開發地區的都市人口數只佔 45%。到 2050 年，較開發地區的都市人口數將會達到 86%，而在較不開發地區的都市人口數也會增加到 66%。整體而言，到 2050 年，將會有 69% 的人口居住在都市地區，而這些增加的人口，大部分將被低度開發國家所吸收。

特別是在未來的 50 年中，城鄉之間的人口移動，又是另外一個重要問題。都市地區人口的快速成長與鄉村地區人口的緩慢成長，將會愈形造成城鄉發展的失衡。都市化一方面是既有都市人口的增加，另一方面也是因為**都市地區**的增加。在 2009 年，有 21 個都市地區的人口數超過一千萬，堪稱為**超級城市**（megacities），佔世界都市人口的 9.4%，到 2050 年時將佔 10.3%。[25]

都市化的成因　**都市地區**的人口成長有兩個因素：一個是自然增加、死亡率下降，另一個是鄉城之間的移民。後者是因為都市地區有較好的衛生保健及食物供給，而使人口增加。再者，**都市地區**有較好的就業機會、較好的教育、文化及相關的生活條件，吸引人口移入城市。而另一方面，因為鄉村地區的貧窮、農業的機械化、就業機會減少等因素，也將人口推向城市。此外，政府的施政也比較重視**都市地區**的發展，補貼大量經費予城市建設。在台灣，一個城市的人口超過 125 萬，便可以成為**直轄市**。最近幾年政治力量介入，以人為的方式在台灣北、中、南地區，以獨立升格（台北縣），或縣市合併（台中縣市、台南縣市、高雄縣市）等方式造成五個直轄市。直轄市的經費由中央政府大量補助，於是城市愈形成長成為**超級城市**（megacity），最後變成無法控制的巨獸。早已成為世界潮流的**城市成長管理**也形同空談。將來各樣的都市問題將會層出不窮，不知將伊於胡底，且拭目以待。

都市化所造成的問題　都市化所造成的問題，可以分兩方面來看。一方面，在城市內部會造成公共設施與服務品質的不足與老化；人口與車輛的增加，造成環境品質的敗壞，以及犯罪與貧窮的增加。在另一方面，由於中高所得人口移往郊區，形成**郊區的都市化**（suburbanization）或**都市蔓延**（urban sprawl）。其結果是增加了對城市邊緣土地的大量需求，而失掉大量都市周邊的農地、天然綠地，使之成為住

[25] United Nations Department of Economic and Social Affairs/Population Division , *World Urbanization Prospects: the 2009 Revision.*

宅、購物中心、工商園區以及綿延不斷的公路網。進而造成公共設施與服務建設成本的增加、消耗能源、水資源污染等負面的影響。

不過**都市化**也不是完全沒有好處。例如：如果城市能夠以**緊湊式**（compact）的**理性成長**（smart growth），使居民居住比較集中，則可以節省公共設施的建設成本、節省建築用地，而能保留較多的農地、綠地、維持野生動植物的多樣性、消納都市的空氣、水質與廢棄物污染。再者，都市地區居民的生育率較低，有助於減輕人口成長的壓力。而且都市地區會提供較好的教育與就業機會。

其實都市化的真正問題，在於它的發展是否有良好的**規劃**。快速而沒有規劃的都市化，特別是在開發中國家，其提供公共設施的能力，必然趕不上人口的增加。這些公共設施包括：住宅、道路、衛生保健、教育設施，以及安全的飲水與衛生設備等。另外，都市裡聚集無技術或半技術的工人，常造成失業問題，最後他們聚集一處形成貧民窟，成為貧窮、犯罪、疾病的溫床。

更嚴重的問題是這些貧民窟的邊緣人，形成一種貧窮的**惡性循環**（vicious cycle）。許多研究發現，這些人生活在這種環境裡可能達數十年之久，也不上進、也不外移；生於貧窮，死於貧窮，只能在生存的邊緣掙扎。其實這種情形並不限於都市地區；農村也是一樣。

年齡結構　人口學家依性別及各年齡層的人口數，繪成如圖 2-3 的年齡結構圖來說明人口的年齡結構，他們把人口按年齡分成三個主要層次，從出生到 14 歲為**前生育期**（pre-reproductive），15 到 44 歲為**生育期**（reproductive），45 到 85 歲以上為後生育期（post-reproductive）。圖 2-3 即表示快速成長、緩慢成長，以及零成長國家人口的年齡結構。

快速成長的國家及多數低度開發國家的人口結構，15 歲以下人口佔較高百分比，65 歲以上人口佔較低百分比的金字塔型。相反的，在美國、瑞典以及其他多數已開發國家，其人口結構則呈圖 2-3 中間或右邊的型態。亦即 15 歲以下人口所佔百分比較小，而 65 歲以上人口所佔百分比較大，甚至於各年齡層皆呈相等的人口數。

在 15 歲以下人口較多的國家，除非其死亡率提高，其人口成長將會增加。當這些 15 歲以下的人口進入生育期後，其生產力是會相當驚人的。從二戰後到現在，出現過兩次**嬰兒潮**（baby boom），它們分別是在 1945 年及 1965 年。此一嬰兒潮時代的人，如果平均壽命為 80 歲的話，他們所帶來的人潮可能會延續到 2025

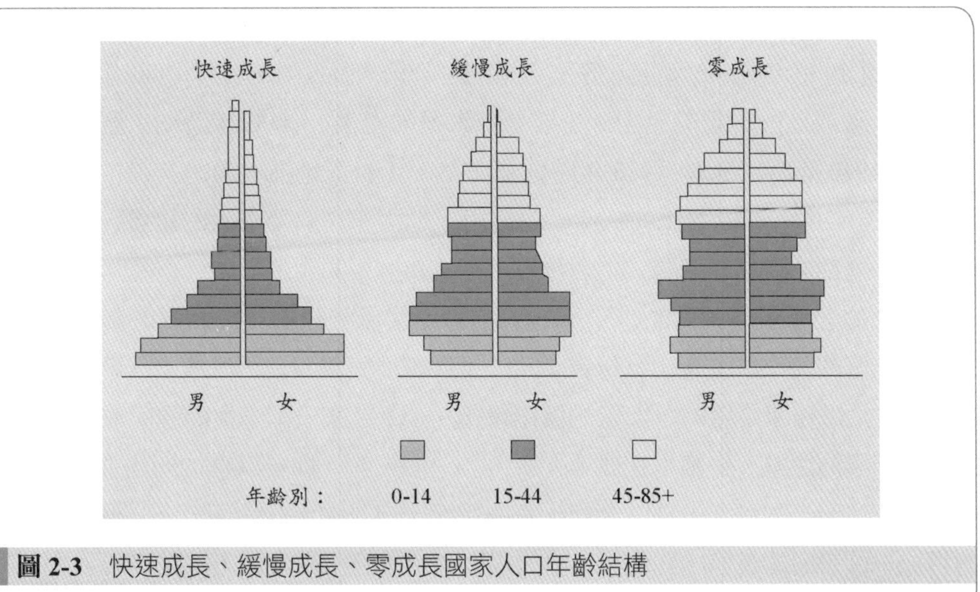

圖 2-3 快速成長、緩慢成長、零成長國家人口年齡結構

年。他們成為一切財貨與勞務的主要供給與需求者。當然這些需求最終即是對土地資源的需求。

另一個比較重要的人口問題，就是人口**高齡化**（ageing）的問題。根據聯合國的定義，年齡 65 歲以上的人口數超過全國或地區總人口數 7% 者，即為**高齡化社會**。當我們進入高齡化社會之後，老年人所需要的衣、食、住、行、育樂等方面的照顧，便顯得極為迫切，而如何滿足他們對土地資源的需求，也是我們應該特別注意的。

更重要的問題是，扶養老年人的青壯人口卻在快速地減少。因為 15 歲以下年齡的人口，已經從 1950 年的 34% 降低到 1998 年的 30%；而同一個時期，60 歲以上的人口卻從 8% 上升到 10%。預測到了 2050 年，兒童人口會從 1998 年的世界人口水平減少三分之一，降為 20%；而老年人口將會加倍達到 22%。換言之，老年人口數將超過兒童人口數。

對老年人的扶養問題，通常我們用**扶養比**（support ratio）來表示。所謂**扶養比**，是指 15 至 64 歲的人口數佔 65 歲以上人口數的比例。根據預測，從 1999 年到 2050 年之間，扶養比在已開發地區會從 5：1 降低到 2：1；而在開發中國家，則會從 3：1 降低到 2：1。[26]

---

[26] http://www.popin.org/pop1998/8.htm and http://www.popin.org/6billion/b4htm.

家庭的大小　以美國而言，從 1890 年開始，家庭數的增加率遠超過人口的增加。1900 年到 1940 年的 40 年間，家庭數增加了一倍，從 1940 年到 1980 年間又增加了一倍。造成此一現象的原因，主要是小家庭的產生。1890 年時的家庭人口數為 4.9，而 1940 年時為 3.8，1980 年時則為 2.75。[27] **台灣地區**，2000 年時的家庭人口數為 3.33；2009 年時為 2.96。此一趨勢對土地需求也造成很大的影響，因為每一個新的家庭都需要居住空間、生活起居用品及其他相關產品。

近代的經濟學理論認為，家庭的大小會受父母親經濟狀況相當的影響。簡單地說，家庭的大小，決定於父母親希望的子女價值與養育他們的成本。圖 2-4 中的 DD 代表父母親所希望的子女數的**邊際價值**，CC 為多一個子女的邊際成本。在許多低度開發的國家，特別是在農業社會，多一個子女，即可以增加一些生產力。或者因為養兒防老的觀念，往往希望大家庭制度。但是在另一方面，多一個子女，也會增加一個家庭的負擔。因此，家庭的大小決定於需求線與成本線相交的 A 點。一家四口即是最適宜的家庭大小。

特別是在人口都市化之後，子女出外謀生，以及受教育的壓力；子女對家庭生產力的貢獻遠不如農村社會，而成本卻相對地增加。於是大家庭趨勢開始衰落，而小家庭制開始盛行。從控制人口的角度來看，對經濟發展應該是正面的。此外，醫

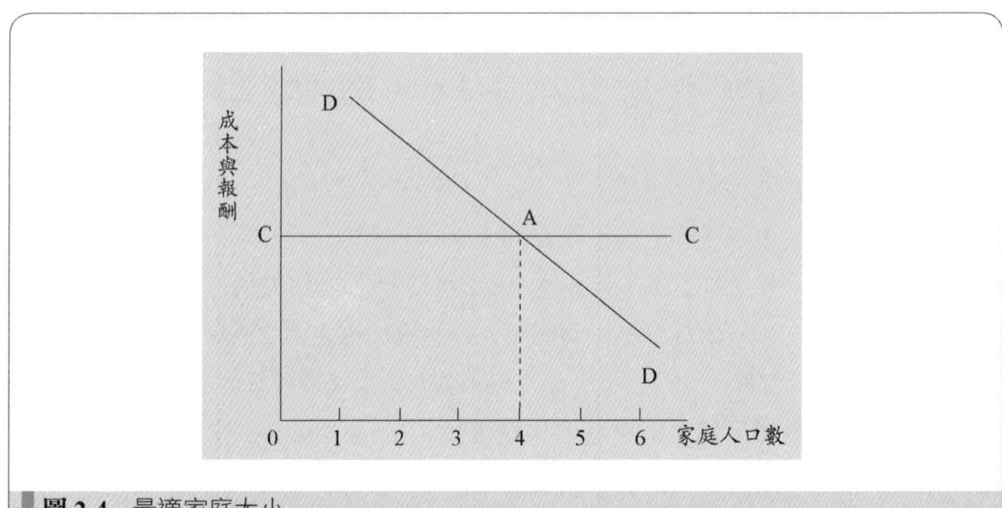

圖 2-4　最適家庭大小

[27] Barlowe, p. 60.

療保健的進步、嬰兒夭折率與生育率的降低，也是影響家庭大小的力量。

教育與所得水準 由於時代的進步，受教育的人口不斷的增加，受高等教育的人口也在增加，這種趨勢當然增加了年輕人在學的年數，延遲了他們的生產潛力。也使人們對現代物質享受的需求也隨著增加，進而增加了人們對土地以及其生產機會的控制與掌握。

教育，特別是對婦女而言，更是使家庭人數減少的重要因素。因為教育可以增加她們的就業機會、改善社會地位、提高所得、學習較好的避孕方法等，都是減少家庭人口的要素。

隨著教育水準的提升，自然也使個人的實質所得大幅提升。所得的提高，又使工作時數減少。高所得加上休閒時間的增加，使人們除了生活的基本需要之外，更有能力追求較好的住宅與裝飾，擁有兩部汽車、度假別墅以及旅遊、投資與儲蓄。而這些額外的花費，自然也對土地及其生產帶來更大的需求。

遷徙能力的改變 遷徙能力的改變，對個人、家庭以及企業土地使用的影響相當大。毫無疑問的，早期的土地使用受到交通運輸的限制。蒸汽機與鐵路使運輸產生革命性的改變，然而工廠仍然必須靠近動力源頭或鐵路及港口，才能便利原料與產品的運輸。工人也必須居住在靠近工作地點之處或交通線上。直到電力與汽車發明之後，交通運輸的限制才真正得到解脫，工廠的設置也不再限於鐵路與航運線上。特別是小汽車的發明與普及之後，人們的活動力增強，活動範圍加大，城市也因此擴張，是為小汽車效應。另一方面，郊區的土地開發，人口與稅基外移，使城市中心漸漸衰敗。

未來的挑戰

從以上對人口問題的討論，有幾個問題需要加以注意。對於未來世界人口糧食與其他土地資源與環境的需求是一項極大的挑戰，人類的發展能否持續？因為土地及其他自然資源有限，再加上**報酬遞減律**的作用，增加生產，倍感困難。其他的因素，還包括運輸成本、貿易障礙、國際匯兌、移民限制等，使運輸糧食從產地到市場或移民到產地都不容易。雖然如此，仍然有幾項值得注意的問題，可以略加討論如下。

調整人地關係

首先，如果需求與價格條件許可，可以開發過去未曾使用的土地。這些土地可能因為資源不足、可及性低、開發成本高等因素而未能開發。但是因為有足夠的需求，價格提高，則會使這些土地的開發成為可能。而商、工、住宅及其他都市使用的土地，因為價格高，往往會從農地或開放空間的改變使用而獲得。此外，經由國際貿易，可以投資到其他國家或地區，以生產本國所需要的產品，或者可以從國外進口所需要的原料。

其次，如果產品價格夠高而技術上可行，也可以使土地更加集約地使用。以農業土地來說，可以改良品種、增加施肥、改良灌溉排水。以都市土地而言，則可以興建大樓，改良公共設施以提高可及性以便利於投資。如圖 2-5，可以表示成本、價格與土地供給的關係。當現有土地在目前經濟狀況之下達到飽和時，即會設法擴充土地的開發，或者更**集約**地使用現有的土地。這樣就會使成本提高，成本提高價格也會跟著提高。價格提高會帶來三種可能：(1) 增加開發新土地；(2) 使開發低等級（可及性）的土地更為可行；(3) 尋找可能的替代品，例如以資本與勞力的集約來替代土地的使用。

雖然增高的價格與進步的技術，可以增加低等土地的開發與提高土地使用的集約度，但是長期而言仍然有其極限。一方面，我們在擴張某一種土地使用的同時，

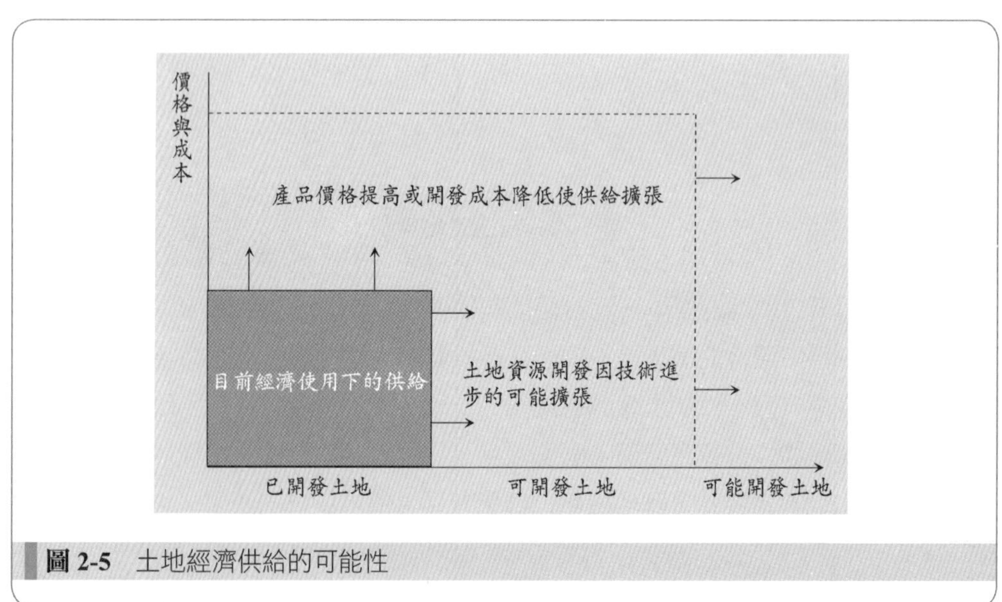

圖 2-5　土地經濟供給的可能性

也必須顧及到其他土地使用的需求，例如農業土地會因為市地的擴張而減少。因此，在我們使用土地資源時，合理的**規劃**與良好的**管理**是非常重要的。在規劃管理工作上，我們必須：(1) 避免土地資源的浪費；(2) 鼓勵多目標的使用；(3) 設法以其他資源來替代有限的土地，集約使用土地資源；(4) 推行資源保育觀念，使土地資源能夠永續使用；(5) 鼓勵土地資源的循環使用，例如在都市地區推動**都市更新**以替代向外擴張。

此外，應該找出人口壓力特別重的地區，如乾旱地區、熱帶森林區、集水區、海岸地區等。然後實施對應的政策，使人口與開發適度地調和以減輕人口對資源與環境的壓力。更應該積極地推動造林計畫、水土保持計畫等以利民生。

穩定人口的成長

如果我們要從現在的世界過渡到環境的**可持續狀態**，穩定人口的成長應該是我們追求的唯一目標。為了穩定人口的成長，在中低所得國家，每個家庭的子女數，最好限制在 2.5 到 3.0 個之間。在工業化國家，因為嬰兒夭折率較低，大約可以維持在 2.1 個子女的水準。

因為人口、土地開發與經濟發展，以及環境之間的關係非常密切，政府應該建立一個強有力的機制，來協調彼此政策之間的整合與規劃。尤其重要的是，政府在擬定社會經濟發展政策時，要能掌握人口成長以及生產消費的趨勢，以便保護環境與保育自然資源。使人口成長與經濟的永續發展之間，維持一個穩定的平衡。

降低過分富足的生活

如果我們回顧過去四十到五十年的生活，我們每人平均消耗能源、糧食、金屬、木材、塑膠、水泥等的數量，遠大於歷史上任何時代數倍之多；而且財富的分配也愈形不均。人類耗用自然資源的程度已經超過了**自然生態系**的承載力。也許我們不禁要問，這種日子人類還能持續多久？或者說自然界的承載力還能支持多久？

以美國的富足生活與其他國家比較，我們可以發現，一個美國人所消耗的能源相當於 3 個日本人，6 個墨西哥人，13 個巴西人，14 個中國人，38 個印度人，168 個孟加拉人，280 個尼泊爾人，以及 531 個衣索匹亞人的消耗量。[28] 當然過這種富

[28] Polunin, p. 123.

足生活的，除了美國人之外，還有西歐國家、日本、澳洲、新加坡、香港等地方。當然台灣人民目前的生活水平也是中國有史以來最為富足的。為了要維持這種富足的生活，當然會對**自然資源與環境**造成相當程度的傷害。簡單地說，工業化國家的這種生活方式，很難說是**可持續性**的。所以問題的關鍵是：這些**富足國家能否降低他們人民的資源消耗量，而使世界的環境具有可持續的生存性？**

從環境與經濟的角度看，經濟的發展應該是可以使貧窮國家人民的所得升高而脫離貧窮的。然而不論是在國家之中也好，或者在國家之間也好，所得的分配卻愈形不均，而且降低了環境的可持續性。開發中國家不但沒有能夠得到任何發展的利益，反倒因為財富分配的不均，引起社會的不安與日益增加的環境與經濟壓力。

最近數十年來，貧窮與環境敗壞的關聯愈見密切。窮人不但遭受環境敗壞的影響，他們自身竟也成為環境的破壞者。因為人口的成長與貧富的不均，把他們推往**邊際土地**，造成對資源的過分榨取，也提前使用了該由未來世代人民享用的資源。為了要降低過分富足的生活，使我們的社會能夠持續地發展，富足社會所能做到的至少有下列幾點：

1. 轉變高所得、高消費國家人民的生活型態，到注重**環境倫理**與可持續發展並且有效率的生活型態。
2. 在能源價格中把環境成本內部化，並且加速可再生資源的轉化。
3. 把有毒與無毒廢棄物的成本，均由生產者與消費者吸收（內部化），而且禁止將這些廢棄物輸往低度開發國家。
4. 加速技術的開發與改善並且將之移轉至低度開發國家，使它們的生活水平提高至世界性的環境水平。
5. 擴大傳統的益本分析方法使環境成本內部化。
6. 支持並且維護所有經濟活動所依賴的**生物物理性**（biophysical）環境設施與投資。
7. 除了協助及期待低度開發國家經由經濟發展以提升他們的所得，而且脫離貧窮之外，更應該加強直接的財務及技術協助。[29]

[29] Polunin, p. 129.

技術的進步與發展

目前有相當多的人寄望新科技的進步，可以克服人口增加所帶給經濟發展與環境敗壞的困境。在某種程度上，技術進步的價值是絕對值得肯定的。但是新技術的發展，也必然會帶來經濟規模的擴張。其結果是，雖然新技術可以使平均單位經濟活動所造成的環境傷害減少，但是因為經濟擴張所帶來的總體環境傷害，仍然是會增加的。這一點，我們在前面已經提過。

不過我們也必須指出，政府的政策仍然應該支持技術的發展，並且在維持人口與資源之間平衡的同時，也要利用目前已發展的技術達成經濟的持續發展。更應該特別注意的是，政府應該提供誘因，使人民與企業能使用**可更新的能源**來替代石化燃料。而且開發國家應該以合理的成本，將這些技術移轉給開發中國家。

認識自然的極限

根據**世界自然保護聯盟／環境署／世界野生物種基金會**（IUCN/UNEP/WWF）1991 年的一份報告指出：

> 人類的生存無法超過地球資源的承載力。除非我們能夠以**可持續性**、謹慎地使用地球上的資源，否則我們將無法顧及到人類未來的生存。我們的生活型態與發展**必須尊重自然的極限**。如果技術的發展不致於超越此一極限，我們才可以享用現代科技所帶來的利益。[30]

很顯然地，生物界所有物種的生存，必然會受到空間、能源以及其他生存資源的限制。此外，生物的生存也要經歷同種之間與異種之間，對領域、食物、求偶等不斷的競爭。所以其生育數量必然會超過其本身的數量，人類自然也不例外。不過時至今日，人類在醫療保健以及生存上的其他優勢，其數量已經超過其自然生存競爭的需要；反而需要以社會的方法來控制人口的成長。在另外一方面，人類也有能力增強地球環境的承載力，所以我們能夠養活比以前更多的人口。

不過在我們發展環境承載力的同時，也會造成水土沖蝕、砍伐森林、敗壞土地、失去生物多樣性與基因資源、污染水源、空氣。造成溫室效應、破壞臭氧層、氣候變遷等減損與破壞地球承載力的後果。

---

30 IUCN/UNEP/WWF, *Caring for the Earth : A Strategy for Sustainable Living*, 1991. In Polunin , p. 272.

聯合國 1992 年在**里約熱內盧**（Rio de Janeiro）召開的環境與發展會議，揭櫫了可持續發展的 **21 世紀議程**（*Agenda 21*），顯示了全球對此問題的重視。也就是說：發展固然重要，但是發展的方式必須改變。而且發展也要在地球生物圈的極限之內。只有發展是可以永遠持續的，才能成功地使成千上萬的人口脫離貧窮的桎梏。

從 **21 世紀議程**所揭示的**可持續發展**目標，我們或者可以從以下幾種發展方式來調和人口與土地資源之間的關係。

1. 可持續發展需要人類對**自然環境承載力**的充分瞭解，以及悉心的維護管理。使一切的發展都能維持在環境的極限之內，不但能獲得最適當的生產與發展，而且可以避免環境的敗壞。
2. 要認清地球上的自然維生系統不再是**無償財**（free goods）。我們需要一個**新的經濟體系**來賦予它們應有的價值；這個價值系統要把自然環境提供給人類的利益計算在內。
3 為了開發土地，做農業或建築使用而破壞地球生物的多樣性，具有潛在的風險。因為自然界的**基因庫**對人類醫療與物種的延續具有無法估計的價值。
4. 良好的**農村發展**，不但不會破壞環境，還可以改善環境、減少貧窮、增加環境的承載力。其關鍵在於環境的性質、開發的方式與有效的公眾參與。
5. 雖然人口的成長，貧窮以及對資源的壓力等問題，明顯地發生在開發中國家，但是在已開發國家卻往往超出了**可持續性**的極限；而且消耗與浪費的情形更為嚴重。所以已開發國家應該減少對能源的過分消費，減少過多的污染。**可持續發展**是全球各個國家共同的課題。
6. 為了減少對自然資源，特別是能源的使用與消耗，**租稅制度**應該從**所得稅**轉變為**消費稅**，而且可以使污染等外部成本內部化。

其他的政策措施

1. 因為人口多寡與城鄉生活素質與貧窮有密切的關係，政府的政策應該是創造城鄉地區的就業機會，協助資金的融通；並且提供各種社會服務，如教育、衛生保健與家庭計畫。婦女的地位與教育尤其應該重視。
2. 因為人口增加的壓力會導致對**自然資源**的榨取式使用，也可能因此造成自然災害。因此政府的政策應該推動相關方案，以及**都市地區的土地使用計畫**，以防止或減少自然災害的發生，而且對天然災害的發生要有完善的預防與救援措施。

3. 國家，甚至於國際組織與**非政府組織**（NGO），都應該加強協助低度開發國家認識人口、經濟、環境與可持續發展之間的關係。特別是要協助他們從事人員的教育、訓練，以及政策的擬定與推動。
4. 這些組織，應該協助各個國家，特別是開發中國家，從事政策性的研究工作；找出那些承受過多人口壓力、破壞自然生態與資源的敏感地區，來制定相應的政策，避免對土地與自然資源的榨取式使用。

PART II

第二篇

土地資源與環境的經濟分析

3

經濟體系與資源配置

每一個人都在想盡辦法使他的資本價值達到最大。一般而言，他並不在意這樣做是否能增進公益，也不知道會對公益有什麼好處。他所在意的只是如何增進自身的利益與保障。但是他卻被一隻看不見的手所導引，做他並沒有想到要做的事。不過他卻在追求自己利益的過程中，不知不覺地增進了社會的利益，而且做得更有效率。

亞當斯密（Adam Smith）

《國富論》*The Wealth of Nations*（1776）

本書的第二篇，從本章開始進入土地資源使用的經濟分析。因為土地資源與不動產的使用、分配以及交易，都是在我們目前的經濟體系中運作的。因此我們將首先對我們目前的**經濟體系**做簡單的介紹；接著會闡述市場失靈與政府干預、地租理論、區位理論、城市體系與城市土地使用，以及土地資源的開發與環境保育。最後，水資源也是本書所關心的重要課題。

我們的市場經濟體系

人們在一個社會裡，大家彼此合作，分享稀有資源與財貨的體系就是**經濟體系**。目前世界上的經濟體系大致可以分為兩類。一類如美國、日本、德國等國家，主要將自然與資本財產權歸屬於私人。這種經濟制度就是**資本主義**（capitalism）經濟制度。另外一些國家，如前蘇聯、中國或古巴等，在 1980 年代以前，將自然與資本資源的財產權歸屬於國家或政府，然後由政府計畫市場如何運作。這種經濟制度就是**共產主義**（communism）經濟制度。事實上，目前世界各國的經濟制度，大多是公、私混合的經濟制度。也就是說，既使在資本主義制度的國家，私人也沒有任意使用其財產的絕對權力，而要顧及公眾的利益。例如：財產權所有人，不得將工廠廢棄物排放在鄰近的河流裡；也不可以產生噪音，影響鄰居安寧等。因此，我們可以把目前世界多數國家的經濟體系，稱之為**混合的經濟體系**（mixed economies）。

無論在哪一種經濟體系之下，專業、分工與交易都是基本要素。而交易的工具或媒介則是貨幣。貨幣提供誘因，推動資源、財貨與勞務的交易。而貨幣所代表的則是資源、財貨與勞務的價值。在我們的市場經濟社會裡，人們所要得到的東西或所願提供的資源，往往取決於他們所**願意償付**（willingness to pay）或**願意接受**（willingness to accept）的價格。因此我們說，資源的配置是由**價格**所決定的。

土地資源的使用，通常也是由競爭者之中，能夠付出最高價格的人去獲得。土地資源也會依照能夠獲得最高報酬的使用方式去使用。土地之是否生產某種產品，要看該產品的市場情況而定。產品的價格升高，會使人們去開發使用更多的土地或者更集約地使用已經開發的土地。另一方面，如果產品價格下降，則可能緊縮土地的使用，或做低度的使用，甚至放棄使用。

我們所說的**市場經濟體系**，可以用圖 3-1 的簡單模型加以表示。在這個模型裡，我們的經濟體系可以分為兩個主要部門：**家計部門**與**企業部門**。這兩個部門分

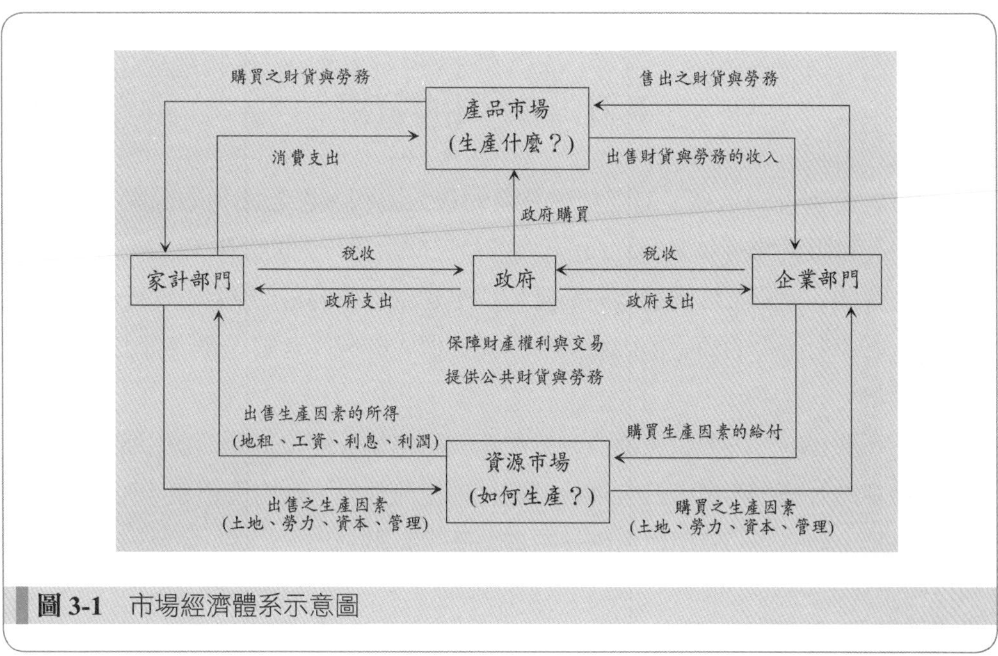

圖 3-1　市場經濟體系示意圖

別在**產品市場**與**資源市場**裡相遇。在**產品市場**中，家計部門購買企業部門所出售的財貨與勞務。家計部門對企業部門的給付即是消費支出，也是企業部門的收入。在**資源市場**中，企業部門購買家計部門所出售的生產因素，包括土地、勞力、資本與管理；企業部門對家計部門的給付，即是企業部門付出的生產成本與家計部門的所得；包括地租、工資、利息與利潤。在這種經濟體系中，企業部門在**產品市場**中決定生產何種產品。而在**資源市場**中，企業決定如何利用資源生產這些產品。

在這個簡單的模型中，值得注意的是：

1. 財貨與勞務在**產品市場**中交易。
2. 生產因素在**資源市場**中交易。
3. 生產什麼以及如何生產分別在產品市場與資源市場中決定。
4. 家計部門在產品市場中是購買者，而在資源市場中是出售者。
5. 企業部門在**產品市場**中是出售者，而在**資源市場**中是購買者。
6. 模型的外圈是**財貨**、**勞務**與**生產因素**的流動；內圈則是**貨幣**的流動，兩者的方向剛好相反。
7. 政府的角色與功能則是確立與保障財產權與交易自由，並且提供公共財貨與勞務。同時向企業與家計部門課徵稅收與規費作為推動政府各種功能的財源。

市場經濟的效率

社會的主要目的是為了追求社會整體的最大福利。影響福利的因素有二：(1) 社會使用其有限資源的效率；及 (2) 社會成員之間所得分配的公平。

當社會的各種資源得到適當的配置，即是達到效率的目的。所得的分配情形比較複雜，因為對所得的滿足因人而異；而且與個人的感受有關，難以訂出一個客觀的量度標準。

我們所關注的，主要是土地資源的配置與財富的分配，以及環境的保護。所以在以後幾章的討論中，會涉及土地資源配置的經濟理論、政府的租稅手段，以及政府直接干預土地資源的使用與規劃管制等方面的問題。

效率的靜態分析

不同的人可能對**效率**一詞有不同的解釋。在本書中，**效率**的意義只限於**經濟效率**，但是也指一般公認的**柏瑞圖效率**（Pareto-efficiency）概念，或者稱之為**柏瑞圖最適狀況**（Pareto-optimality）。**柏瑞圖效率**是義大利的哲學家與經濟學家**柏瑞圖**（Vilfredo Pareto, 1848～1923）所提出的**福利經濟**概念。**柏瑞圖效率**概念包括**生產的效率**以及**消費的效率**。要達到**柏瑞圖效率**，生產與消費必須互相協調。因為生產不僅取決於資源與技術的有無，也要看消費者的偏好為何而定。

依照**柏瑞圖**的說法，**柏瑞圖效率**是指在社會中每一個人的福利都有增加，卻不可能在使任何一個人的福利增加的同時，至少使另外一個人的福利減少的狀況。換言之，**柏瑞圖效率**是指市場已經達到最有效率的境界，以致於不可能進一步藉由資源的重新配置或產品的重新分配，而使市場機制更有效率，福利更形增加。也就是一旦達到了**柏瑞圖效率**的狀況時，如果使某一個人的福利再增加，一定會使另外某一個人的福利減少。如果並沒有使另外一個人的福利減少，就是達到了社會全體福利的增加。[1]

如果我們用圖 3-2 來說明，就會非常容易而清楚。在圖 3-2 中，縱軸 Y 與橫軸 X 分別代表 Y 與 X 的效用或福利。任何在 YX 效用**領域曲線**（frontier curve）的

---

[1] Alan Randall, *Resource Economics,* 2nd. ed., John Wiley & Sons, 1987, pp. 104-105.

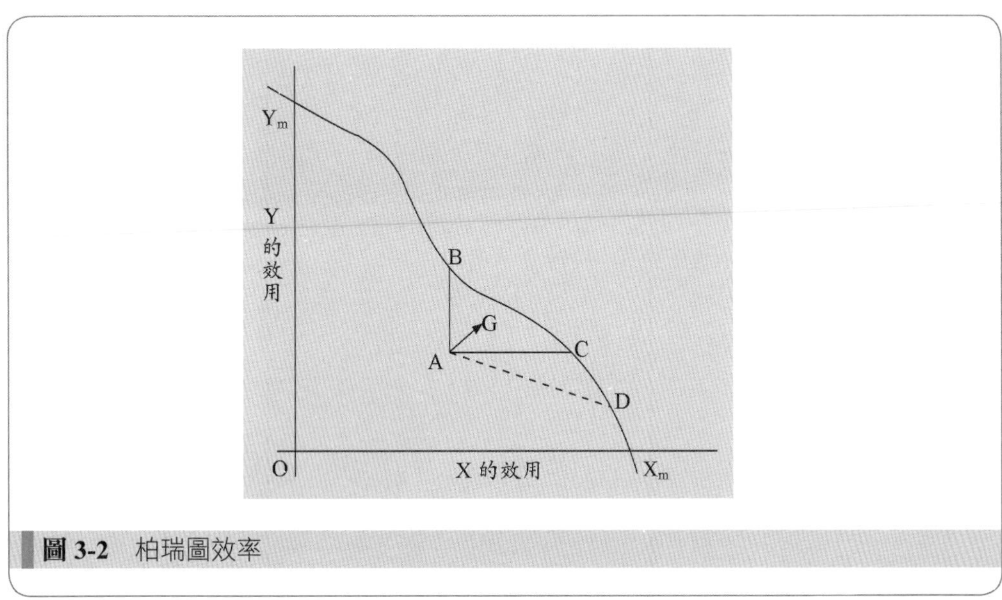

圖 3-2 柏瑞圖效率

點，都代表一個**柏瑞圖最適狀況**。從曲線上的任何一點移動到其他在曲線上或曲線內的點，都會減少 Y 或 X 的福利或效用。假使最初的一點為 A，從 A 移動到曲線上 B 與 C 之間的點，都是柏瑞圖效用點，因為 Y 與 X 的福利都有增加。但是如果移動到 D，則不是柏瑞圖效用點，雖然對 X 而言，是從**非柏瑞圖效用點**變成**柏瑞圖效用點**，但是對 Y 而言，他的福利卻減少了。在另一方面，從 A 移動到 G，雖然仍然是在**非柏瑞圖效用**範圍內；但是對 A 而言，整體的福利是增加的。

以上有關**柏瑞圖效率**的初步分析，將有助於此後有關於土地不動產資源交易行為的瞭解。

消費者的效率

單一消費者的情形　如果先從家計部門來看，每一個消費者，都會因為實質的需要、審美的觀點、社會的影響等因素對財貨與勞務有所偏好。為了解釋的簡單，我們暫且假定消費者只在兩種產品之間做選擇。圖 3-3 為一**無異曲線**（indifference curve）圖，圖中每一條曲線，都代表消費者所獲得的 X 產品與 Y 產品組合的滿足沒有差別。他對於組合 1 中較少的 X 與較多的 Y 的滿足，以及組合 2 中較多的 X 與較少的 Y 的滿足是一樣的。只有當無異曲線往右上方移動時，才表示消費者同時獲得更多的 X 與更多的 Y，也才能獲得更大的滿足。他的所得與產品的價格，決定

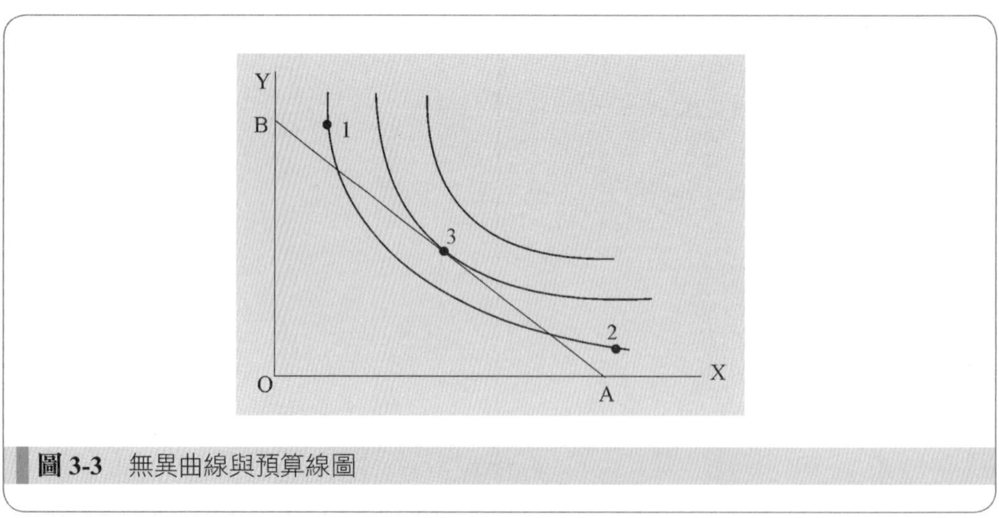

圖 3-3 無異曲線與預算線圖

他能購買多少的 X 與多少的 Y。他只能在有限的所得與市場價格條件下，去尋求最大的滿足。

假使他把所有的錢完全用在購買 X，他可以買到 OA 單位的 X。如果他用所有的錢購買 Y，他可以買到 OB 單位的 Y。當然他也可以購買在 AB 線上任何 X 與 Y 的組合。AB 的斜率即代表 X 與 Y 價格之間的替代率。AB 線稱為消費者的**支出線**（expenditure line）或**預算線**（budget line）。此一消費者所能達到的最高的無異曲線，即是與支出線相切的那一條無異曲線。在此切點的 X、Y 組合，就是此一消費者在他有限的所得範圍內，能夠購買 X 與 Y 的最佳組合。所有更高的**點**是無法達到的，更低的點也不是他所希望的。此一最適點的主要意義是顯示 X 與 Y 之間邊際效用的**替代率**，正是兩者之間由支出線的斜率所代表的價格的比。以公式表示即是：

$$\frac{MU_Y}{MU_X}=\frac{P_Y}{P_X}$$

兩個消費者的情形　如果有兩個或兩個以上的消費者時，情形就比較複雜。假設圖 3-4(a) 與圖 3-4(b) 代表消費者 A 與 B 的無異曲線圖，個別表示消費者 A 與 B 對財貨 X 與 Y 的需求。曲線 I_A 代表 X、Y 的組合能滿足消費者 A 的效用；同理類推，II_A 表示比 I_A 得到較大的滿足，III_A 又比 II_A 產生更大的滿足。消費者 B 的無異曲線 I_B、II_B、III_B 與 IV_B 的滿足效用，也是一樣由小到大。

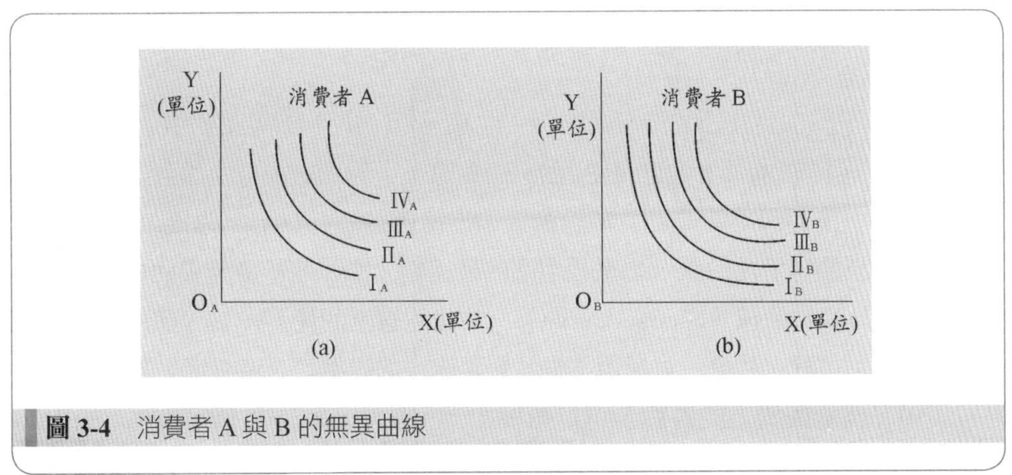

圖 3-4 消費者 A 與 B 的無異曲線

如果我們把消費者 B 的無異曲線圖 (b) 反轉 180° 與圖 (a) 重疊，就得到如圖 3-5 的**葉吉沃方塊**（Edgeworth Box）。

假使消費者 A 與 B 對財貨 X 與 Y 的分配最初開始於 D；則 A 能夠獲得 O_Ax_A 的 X 與 O_Ay_A 的 Y，B 能夠獲得 O_Bx_B 的 X 與 O_By_B 的 Y。但是 D 並不是**柏瑞圖**的最適點，因為 A 雖然在 II_A 的無異曲線上，但是 B 卻在 I_A 的無異曲線上。在 D 點，TT′ 為 II_A 的斜率，代表 X、Y 的邊際替代率。因為 TT′ 的斜率較大，A 可能願意以 3 個單位的 Y 換取 1 個單位的 X。在此同一點，B 的邊際替代率 SS′ 較小，他可能願意以 4 個單位的 X 換取 1 個單位的 Y。因此 A 可以沿著他的無異曲線 II_A 移動，

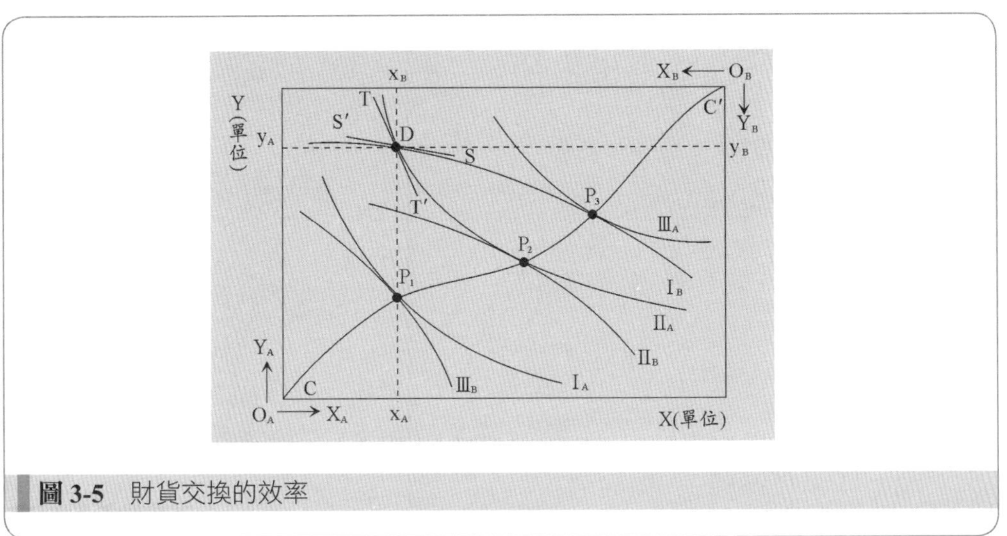

圖 3-5 財貨交換的效率

一直到 P_2 點。在 P_2 點上，對 A 而言並沒有減少他的滿足，但是卻使 B 的滿足從 I_B 提升到 II_B。

如果 A 是一個更技巧的議價者的話，他甚至可以達到無異曲線 III_A，而並不減損 B 的滿足（仍在 I_B），也就是 P_3 點。而實際上，他們最後可能達到 P_2 與 P_3 之間的某一點。然而最重要的是：無論最後的均衡落在哪一點上。連接 P_2、P_3 或者任何其他無異曲線切點的線，都是柏瑞圖的最適點，這條連接各無異曲線切點的曲線 CC′，稱為**契約曲線**（contract curve）。在此曲線上的任何一點，都是 X、Y 替代的均衡點；這種交易會一直延續下去，直到雙方都能獲利而沒有損失為止。

集中在**契約曲線**上的各點，可以轉換成效用值，可以用**效用可能域**（utility-possibility frontier）來表示，如圖 3-6。這時請讀者回顧一下圖 3-2 的**柏瑞圖效率圖**。圖中 P_1、P_2、P_3 即代表圖 3-5 中 A 與 B 所獲得的效用滿足值，連接 P_1、P_2、P_3 各點即可得到 UU′ 曲線，其所包含的空間就是 A、B 的**效用可能域**。[2]

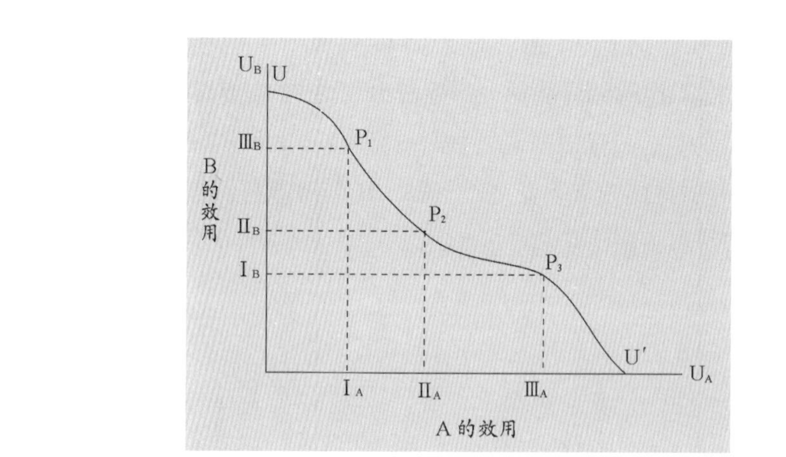

圖 3-6 A 與 B 的效用可能域

[2] C. E. Ferguson, *Microeconomic Theory,* 3rd ed., Richard D. Irwin, Inc., 1972, pp. 470-473.

生產者的效率

分析生產者效率的道理跟分析消費者效率的道理是一樣的。

圖 3-7(a) 與圖 3-7(b) 的**等量曲線**（isoquant）I_x, II_x, III_x, IV_x 與 I_Y, II_Y, III_Y, IV_Y，分別表示如何運用土地與資本這兩種生產因素，來生產財貨 X 與 Y。等量曲線向原點內曲，表示生產因素的邊際替代率遞減，也就是說，在生產等量產品的情形下，某一種生產因素的減少，要以更多的另一種生產因素來替代。

同樣地，我們也可以把圖 3-7(b) 的等量曲線圖反轉 180°，與圖 3-7(a) 合成一個**葉吉沃方塊**（Edgeworth Box）如圖 3-8，縱軸代表資本，橫軸代表土地。假使生產開始於 D 點，我們要用 $O_x\ell_x$ 單位的土地與 O_xk_x 單位的資本生產 II_x 單位的 X；以及用 $O_Y\ell_Y$ 的土地與 O_Yk_Y 的資本生產 II_Y 單位的 Y。但是 D 並不是最有效率的一點。在 D 點，生產 X 的 K 與 L 的邊際替代率為 SS′，而 K 的生產力要小於 L。所以在 II_x 的生產水平上，可以用少量的 L 來替代較多的 K。相反的，生產 Y 的 K 與 L 替代率為 TT′，同樣在 II_X 的生產水平上，我們要以較多的 L 來替代 K。

假使我們在生產 X 時，可以用 1 個單位的 L 替代 2 個單位的 K，而在生產 Y 時，可以用 2 個單位的 K 替代 4 個單位的 L；則我們便可以將生產從 D 點移動到 P_2 或 P_3，或者它們之間的任何一點。在 P_2，X 的生產不變，仍為 II_x，但是 Y 的生產可以增加到 III_Y。如果是移動到 P_3，則 X 增加到 III_x 而 Y 則不變。

從以上的討論中可以發現，當兩個生產者的生產因素不同時，如果我們對生產因素做適度的調整以互相替代，便可以使兩種產出或至少一種產出增加，而不會使

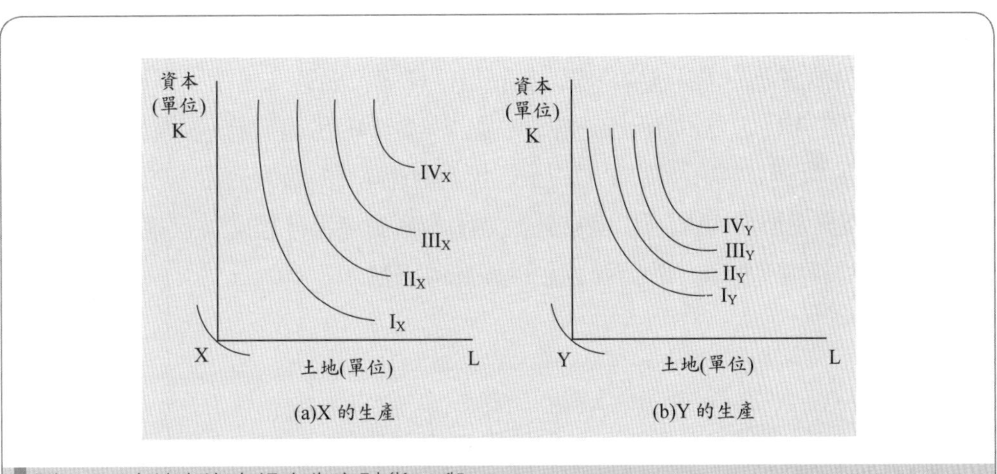

圖 3-7 土地與資本組合生產財貨 X 與 Y

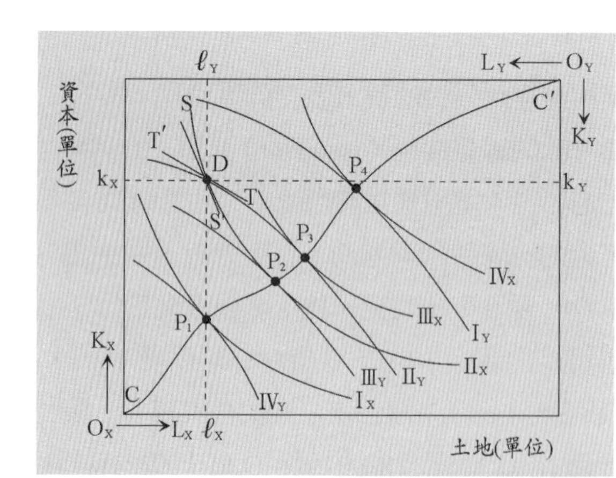

圖 3-8 生產因素組合的效率

任何另一種產出減少。在圖 3-8 的例子中，X 生產者以資本替代土地，減少 K 的邊際產出而增加 L 的邊際產出。在另一方面，生產者 Y 以土地替代資本，則會減少 L 的邊際產出而增加 K 的邊際產出。這樣，我們便可以在不增加生產因素的狀況下，增加產量，直到邊際替代率相等的時候。這些切點所連成的曲線 CC′，也是契約曲線。在此曲線上各切點的**因素邊際替代率**都是相等的。

從以上的**契約曲線**，也可以得到**生產可能曲線**（production possibility curve）或**轉換曲線**（transformation curve），如圖 3-9 的 TT′ 曲線。換言之，它就是在一定量的生產因素之下所能得到的 X 與 Y 的最佳產出。如果 I_1, I_2 與 I_3 為三條需求**無異曲線**，任何在 I_1 上的點，如果是在 TT′ 之內，如 R，並不是柏瑞圖最適效率，因為沒有能夠充分發揮資源的效用；如果在 P_4 點也不理想，因為多生產了 X 而少生產了 Y；任何一點在 TT′ 之外的 I_3 上，如 S，除非有更多的生產資源，否則無法達到。因此，唯有在 I_2 與 TT′ 相切的 P_3 點上，才能發揮資源的最大效用，並且使社會得到最大的滿足。因此，我們可以總結的說：消費者對產品的**邊際替代率**一定要與生產因素的**邊際轉換率**相等，才能達到**柏瑞圖的最適點**。

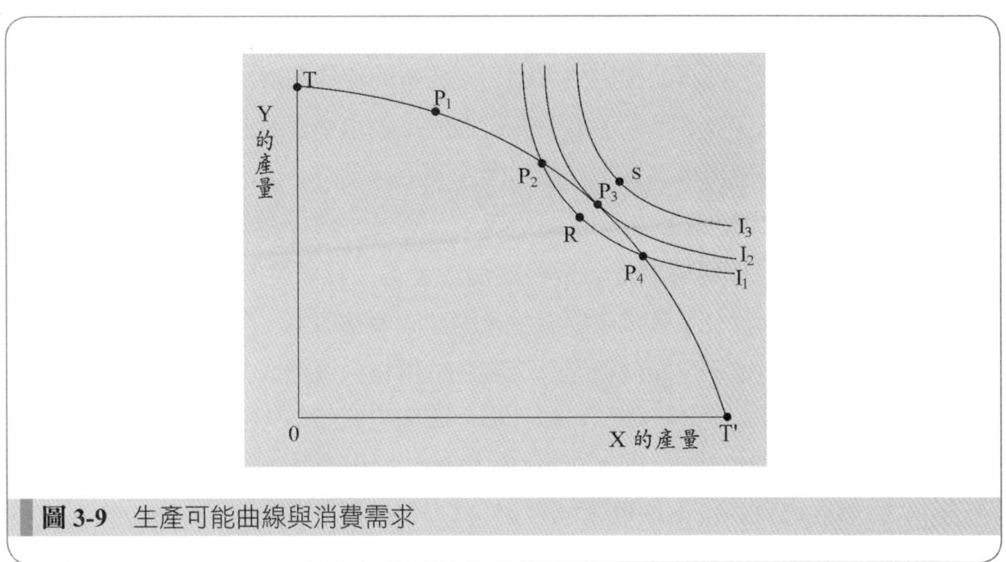

圖 3-9 生產可能曲線與消費需求

如何達到經濟效率？

要達到上述資源配置的經濟效率，大略有兩種方法。一種是由政府來規劃，以行政手段來達成；另一種方法就是經由市場的**價格系統**機制來達成。前者雖然可以矯正價格系統所造成的弊病，如外部效果，卻會遭遇巨大的行政負擔及估計人們消費偏好的困難。如果經由價格系統，每個人對其本身的需要最為瞭解，而且經由**不可見的手**，都會因為消費者追求最大的福利而達到經濟的效率。

上述原則在企業部門也是一樣的。企業應該生產什麼樣的財貨組合？甚至於用什麼方法去生產？都可以用此一原則來解釋。每一個企業都面對產品與生產因素價格的組合，假使技術不成問題，他可以任意配合其生產因素以獲得最大的報酬。在這些組合中會有一個最小成本的組合。這些生產因素對邊際產出的貢獻應該與其價格相當。例如：成本 2 元的邊際生產因素的貢獻，應為成本 1 元的生產因素的二倍。企業如果不遵循此一原則，它便無法降低生產成本，也無法獲得最大的利潤。但是生產因素的價格反映生產因素的稀少性；某一生產因素如果稀少，其價格必然上升，企業必定會提高產品的價格或用其他生產因素來替代。

企業生產財貨的量，取決於產品與生產因素的價格以及技術條件。企業會增加它的產出，直到邊際成本等於它的**市場價格**為止。如果生產過多，所多生產的財貨便會得不償失；如果生產不足，它也會失掉多得報酬的機會。

以家計單位來說，除了消費財貨之外，也提供生產因素，正如圖 3-1 的經濟體系所顯示的。每一個人都有他提供生產因素與消費的**無異曲線**。例如他可以多工作與少休閒，或者少工作與多休閒。他要衡量他的工資水準去購買財貨，以及他能提供多少生產因素去獲取所得。當工作與休閒達到最適點時，他的工資水準與休閒一定會與他所願意提供的生產因素的水準相等。

這也就是說明在**市場機制**裡，價格把消費者的品味與生產技術條件結合在一起，以決定資源的配置。生產技術要看生產因素的**價格**而定，價格又因家計單位提供生產因素的意願而定。生產何種產品又取決於**價格**與**邊際成本**，前者又因消費者的品味而定，後者則取決於技術的可能性與生產因素的價格。**生產因素**則被能夠出得起最高價格的人獲得，而去生產消費者所需要的財貨與勞務。

如果我們能夠達到以上所描述的狀況，我們說此一經濟體系有**效率**。也就是說，在這種經濟體系的運轉之下，消費者的福利可以達到最大；他可以達到資源與技術水準允許下的最高無異曲線。達成這種結果的原因有三：**第一**，所有的產出都使用最少的資源，也就是最低成本。**第二**，家計單位所獲得的報酬，剛好償付他所提供的勞務。**第三**，因為邊際成本等於價格，某一產品生產的擴張成本，剛好等於消費者以另一產品來替代的花費。假使兩者不相等，則可以使消費者得到不同的產品組合，而使他的無異曲線提高。

雖然在自由市場上，資源的配置是由價格所決定，但是有時也會受到其他因素的干擾。例如，對實際狀況的認知不夠，炫耀式的消費，或者為了非金錢的報酬，都會影響價格配置資源的正常功能。如果以價格配置資源，無法達到社會公認的公平原則，則需要使用其他方法加以匡正。政府出面實施配給或物價管制，以及排定購買優先權等，都是可用的一些方法。此外，救濟與社會福利措施，也是用來幫助無法取得資源的人取得資源的方法。再者，政府可以視情況，以**警察權**、**課稅權**與**徵收權**來改變及指導土地使用。例如：既使一塊土地做商業使用更為有利，**分區管制規則**（zoning ordinances）也可能規範此一地區的土地完全做住宅使用，或做公園綠地使用。

如此調整土地與資本的投入量，當生產因素的邊際替代率相等時，**柏瑞圖的最適點**即可達到。**柏瑞圖的最適點**需要各種生產因素做最適量的配合。下一節所討論的比例原則，也是同樣的道理。

比例原則

幾乎所有關於如何有效使用土地的經濟原則，都是根據**比例概念**（concept of proportionality）。此一概念主要是說，一個正常的生產者為了獲得最大的報酬，會以最適當的比例調配各種投入的生產因素。在正常的生產過程中，經營者一定會將資本、勞力與其他生產因素投施於土地，以獲取他們所希望得到的產出。所投入的資本與勞力的多寡，會因土地使用方式與目的的不同而不同。一般而言，商業與工業以及某些農業生產需要投入較多的資本與勞力；而森林與牧草的生產所需要的勞力與資本則不多。

經營者都希望得到生產因素的最佳經濟生產組合，以求得到最大的報酬。但是通常因為缺乏技術知識，資本、勞力而無法達到此一目的。他們通常要瞭解**報酬遞減法則**（law of diminishing return），也要認清生產過程中**限制因素**（limiting factors）所扮演的決定性角色，以下再分別說明。

報酬遞減法則

在生產過程中一個一直存在的現象，就是當一項生產因素繼續投入於一個有限的固定因素時，很快就會達到邊際產出最高的一點。過了這一點之後，隨著**邊際投入**（inputs）所帶來的**邊際產出**（outputs）便會減少，終致到達負的產出。此一法則便是**報酬遞減法則**。就其性質而言，它是影響人們使用土地的最重要的因素之一。如果沒有此一法則的限制，生產者可以將其生產行為集中在某一點。他就可以在極小的土地上生產全世界所需要的糧食，所有的人都可以居住在同一塊建築基地上。

報酬遞減的概念可以用表 3-1 的例子加以說明。假設此表的第一欄為固定量的投入因素——**土地**。第二欄為適當調和的變動因素**勞力**、**資本**與**管理**。在投入變動因素達到某一點（第 14 個單位）之前，繼續投入土地的每一單位的生產因素，都會帶來總產出（第三欄）的增加，我們可以將之稱為**總實質產出**（total physical product, TPP）。

每一單位變動因素所帶來的平均產出，稱之為**平均實質產出**（average physical product, APP）（第四欄）。平均實質產出是由總實質產出除以變動投入因素而得

表 3-1　報酬遞減法則

土地	變動因素	總實質產出 (TPP)	平均實質產出 (APP)	邊際實質產出 (MPP)	邊際產值（元）		
					0.5	0.9	1.3
1	1	2	2.00	2	1.00	1.80	2.60
1	2	6	3.00	4	2.00	3.60	5.20
1	3	13	4.33	7	3.50	6.30	9.10
1	4	23	5.75	10	5.00	9.00	13.00
1	5	35	7.00	12	6.00	10.80	15.60
1	6	49	8.16	14	7.00	12.60	18.20
1	7	64	9.14	15	7.50	13.50	19.50
1	8	78	9.75	14	7.00	12.60	18.20
1	9	91	10.11	13	6.50	11.70	16.90
1	10	102	10.20	11	5.50	9.90	14.30
1	11	111	10.09	9	4.50	8.10	11.70
1	12	118	9.83	7	3.50	6.30	9.10
1	13	122	9.38	4	2.00	3.60	5.20
1	14	123	8.78	1	0.50	0.90	1.30
1	15	121	8.07	–2	–1.00	–1.80	–2.60

資料來源：Barlowe, p. 105

到的。在這個例子中，最高的平均實質產出，是在第 10 個單位的變動投入因素處。

除了總實質產出與平均實質產出外，生產者也會注意每多投入一個單位的生產因素所帶來的產出量。這就是**邊際實質產出**（marginal physical product, MPP）（第五欄）。在此例中，第 6 個變動投入因素所得到的總實質產出為 49，而第 7 個單位的總實質產出為 64。兩者的差額 (64 − 49 = 15) 就是投入第 7 個單位變動因素所多獲得的產出，也是最高的邊際產出。

總實質產出、平均實質產出與邊際實質產出，可以分別以符號 TPP、APP 與 MPP 來表示，總實質產出隨著每一單位變動因素的投入而增加，在達到最高點之後，開始下降。在分析時，則以**生產函數曲線**來表示。當投入—產出關係可以用這種連續曲線表示時，它便形成一個**生產函數**（production function）。

在圖 3-10 中，可以看到，此一生產函數有三個**遞減點**。第一，總實質產出以遞增的增加率增加，一直到 MPP 達到最高點。從這一點開始，邊際實質產出遞減而總實質產出，則以遞減的增加率繼續增加。第二，TPP 達到它的最高點，而同時 MPP 為零而與基線相交。從這一點開始，再繼續投入生產因素，就會使 MPP 成為負數，而總實質產出開始減少。第三，APP 曲線達到最高點時與下降的 MPP 曲線

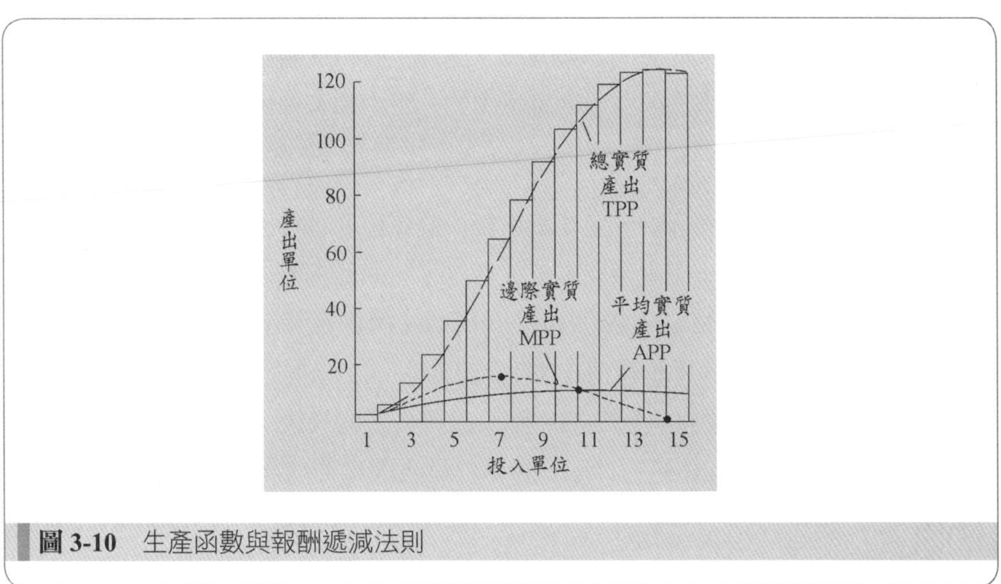

圖 3-10　生產函數與報酬遞減法則

相交。過了最高點之後；APP 緩緩遞減與總實質產出，在圖 3-10 延續繪出右半邊的極右端零點相會（本書不再繼續繪出右半邊的圖形，因為在總實質產出過了最高點之後；再繼續投入生產因素，就沒有什麼經濟意義了，因為生產者所追求的是最大的報酬）。[3]

報酬遞減的經濟法則

以上所說明的**報酬遞減法則**，是從實質生產面來解釋的，但是生產者除了注意實質產量外，也希望以金錢的尺度來看他的投入一產出關係。其意義是要知道實質投入一產出的成本與報酬，而且比較注意如何獲得最大的**經濟報酬**。簡言之，我們比較重視**報酬遞減的經濟法則**（economic law of diminishing return）。

把報酬遞減的實質觀念轉換成經濟觀念，只須賦予投入因素一項**成本**（costs），賦予產出因素一個**市場價值**（market value）或**價格**（price）。如此調整之後，我們便可以把前面的總實質產出、平均實質產出與邊際實質產出變成**總成本**或**總報酬**，**平均成本**及**平均報酬**，以及**邊際成本**及**邊際報酬**。這時，生產者可以發現最有利的狀況是，把生產推向其**邊際實質產出的價值**剛好等於或稍微大於其**生產成本**的那一點。這一點便是**經濟報酬遞減點**。只要生產者在這一點上下適當地調配

3 如果希望繼續探討此一問題，可以參考張德粹教授所編著之《土地經濟學》。

變動投入因素與固定因素（土地）之間的比例，便能獲得最大的報酬了。

大多數的經濟分析都是使用**經濟報酬遞減**的概念。在使用此一概念時，經濟學家往往喜歡從投入單位來計算成本與報酬。此外，有時從**產出單位**方面來計算成本與報酬更為合適。兩種方法，在土地經濟學的分析中都有採用，其基本原理是一樣的。

從投入面分析　從投入面分析，只要賦予每一個單位的實質產出一個價值，以及每一個單位變動投入因素一個生產成本值就可以了。如此調整之後，邊際實質產出的價值可以用**邊際產值**（MVP）來表示。同樣地，總實質產出與平均實質產出，也可以用**總產值**（TVP）與**平均產值**（AVP）來表示。在成本方面，**因素成本**（factor cost）可以用來表示變動投入因素的成本。繼續投入的最後一個單位的投入因素，就是**邊際因素成本**（MFC）。而每一個單位投入因素的成本，則為**平均因素成本**（AFC）。

在用**產值**（value product）或投入單位分析法解釋**投入—產出**的經濟關係時，假使我們賦予表 3-1 中每一單位實質產出與變動投入成本的價值為 1 元，而且以土地為固定因素，生產者就可以發現，把生產推到第 13 個單位投入因素最為有利。在這一點上，邊際產值為 4 元，邊際因素成本為 1 元，最後一個單位的變動因素能獲得淨報酬 3 元。假使再加上第 14 個單位的生產因素，邊際產值 1 元剛好等於其邊際因素成本，沒有多得也沒損失。這時，假使最後這一個單位變動投入因素的成本能夠支應生產者的資本、勞力與管理成本的話，生產者便可能選擇加上第 14 個單位的投入因素。但是因為第 14 個單位的投入因素並未增加任何淨報酬，生產者也可能不增加這第 14 個單位的投入因素。假使再加上第 15 個單位的投入因素，邊際因素成本仍為 1 元，但是邊際產值便成為負值了。

假使生產者所注重的是總報酬，他可能要問為什麼要將生產推到**邊際產值**剛好等於或稍微大於**邊際成本**的那一點？而不停止在可以獲得較高邊際報酬的某一點上。如果我們用表 3-1 的資料做一些簡單的演算，就會發現為什麼把生產推到 **MFC＝MVP** 時最有利。假使生產者停在第 10 個單位的投入因素上，可以得到 92 元淨報酬（總實質產值 102 元減掉變動因素成本 10 元）。當使用第 11 個單位投入因素時，就可以使淨報酬上升到 100 元。當投入第 12 個單位時，淨報酬為 106 元；投入第 13 個單位時，淨報酬為 109 元，投入第 14 單位的生產因素時，淨報酬仍為 109 元，如果繼續投入第 15 個單位生產因素時，淨報酬則降回到 106 元。

要精確的知道到底對某一定量因素需要投入多少變動因素，通常要看成本與價格的關係而定。假設變動因素的成本為 5.00 元一單位，而單位產品價格為 0.5 元時，我們只能使生產推到第 10 個單位（見表 3-1 的最右側三欄資料）。當價格為 0.9 元時，可以將生產推到第 12 個單位；而當價格為 1.3 元時，則投入到第 13 個單位最為有利。假使變動因素的成本降低，則會使用較多的變動生產因素。

產值分析可以使生產者很清楚地知道，並且決定對某一固定生產因素投入多少**變動生產因素**，可以得到最大的淨報酬；也就是如圖 3-11 中總產值與總因素成本線間垂直距離最大的地方。在圖 3-11 中，這一點即是 MVP＝MFC 或稍微大於 MFC 的那一點。如果進一步分析**邊際產值**與**邊際因素成本**之間的關係，以及**平均產值**與**平均因素成本**之間的關係，便可以把此現象更清晰地呈現出來。

從產出面分析　經濟學家除了使用投入單位或產值法來分析生產狀況，也常用產出的單位成本與報酬來分析。此一方法亦稱**產出單位**或**成本曲線分析**（cost curves

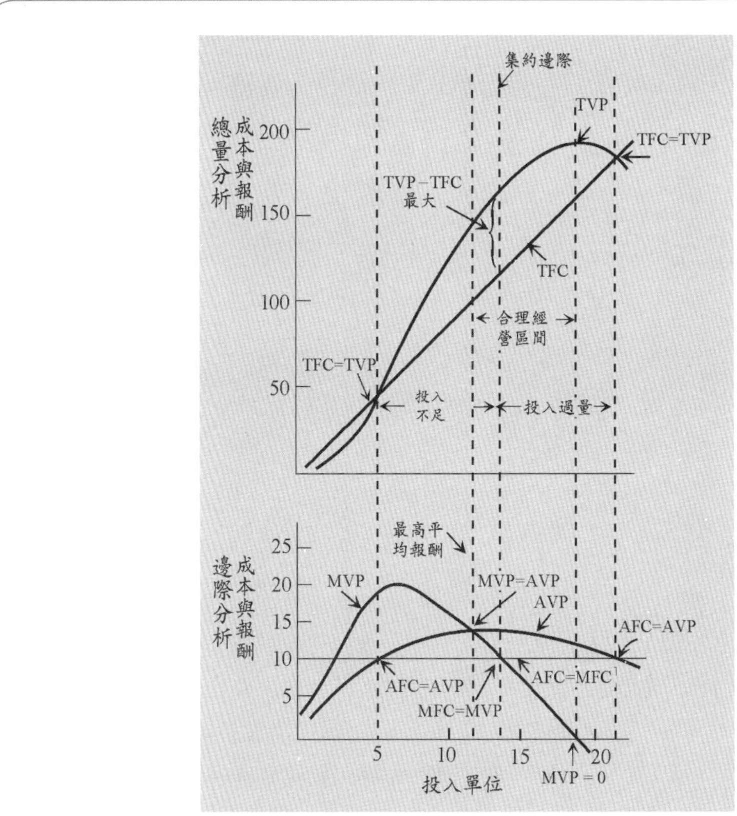

資料來源：Barlowe, p. 114.

圖 3-11　從投入面做生產力分析

analysis）。跟投入面分析一樣，此一方法也有其本身的生產概念。

當我們從產出面來分析產值時，它們稱為**報酬**（return）或**收益**（revenue），所以總產值在此稱為**總報酬**，平均產值稱為**平均報酬**。同樣地，**邊際**或最後一單位的產值稱之為**邊際報酬**。假設所有產品的價格一致，**平均報酬**與**邊際報酬**水準，可以用圖形中的 AR＝MR 水平線來表示。

此外，**總成本**、**平均成本**與**邊際成本**等三個成本概念在**成本曲線**分析上也佔有重要地位。**總成本**代表在生產過程中所產生的成本的總和。平均成本是代表每一單位變動因素所佔總成本的比例，亦即是總成本除以產出單位數所得到的結果。**邊際成本**代表生產最後一單位的產品所投入的成本，也就是最後一個單位變動因素的成本。我們可使用圖 3-12 的成本曲線來解釋投入—產出關係。同樣地，在追求最大淨報酬時，要把生產推到**總報酬曲線**與**總成本曲線**垂直距離最大的那一點。同時也是圖 3-12 裡 MC＝MR 的那一點。

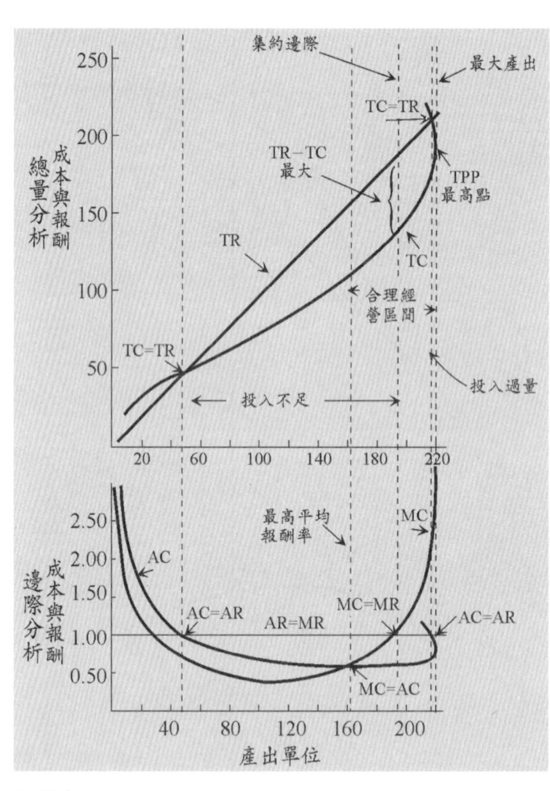

資料來源：Barlowe, p. 115.

圖 3-12 從產出面做生產力分析

空間與環境資源使用的報酬遞減

土地除了用來生產作物之外，也用來作為人類生活與工作的空間。在空間的使用上，**報酬遞減**的作用也是一樣的。例如高層建築樓層數的增加在技術上有其極限，而且多蓋一層固然會多增加一層的報酬；但是也會多增加一層的成本；而且因為安全與牢固的要求，成本會呈**線型的遞增**，報酬必然會因樓層的增高而遞減。路面的交通流量（traffic）問題也是一樣，交通流量集約度的增加會使報酬遞減；技術的進步，往往會被數量的擁擠所抵消。最終，大眾捷運可能也有所不逮。再者，因為居住、工作與購物，往往兩端都需要停車空間，當然這些都需付出成本。通勤的時間實際上也是生產成本的一部分，如果能將通勤的時間也列入工作時間計算，運輸問題也許會抵消一部分生產技術上的利得。

在空間與環境資源的使用上，如果在住宅區或商業區附近，有一塊寬廣的綠地會讓人感到心曠神怡。反過來看，對生活品質更為重視的今天，人口聚集的密度愈大，愉悅的效用也會遞減，所以城市裡需要適當的開放空間，更要對開放空間特別保護。

比例原則的應用

在說明了比例原則後，一個很明顯的問題是，到底比例原則只是一個理想的理論，還是它的確有它在實際生產上應用的意義？面對此一問題，首先我們要說明它在管理決策上的應用，其次要探討它在生產時與有限因素之間的關係，然後再探討它在**資源政策**上的意義。

在管理決策上的應用　比例原則最重要的目標是，要在生產上以最佳**比例**調和投入因素以得到最大的淨報酬。有關比例原則的應用，在每天的各種土地使用上實例很多。在工業生產上，經營者會應用這個原則，來決定需要多少原料、雇用多少工人、如何節省成本，與調整價格的變化等。商業經營者也會應用此一原則，來決定他們需要使用多大的樓地板面積、廣告預算多少，以及提供何種的財貨與勞務等。在農業生產上，也能利用此一原則來決定使用多少種子與肥料；飼養牲畜需要多少飼料等。森林生產者也利用此一原則來決定，在多大面積的土地上種植多少樹苗。土地不動產開發者也需要決定投入多少資本，蓋多大、多高的房子等。

但是在另一方面也必須注意，**比例原則**除了達到經濟效率的目的之外，有關財富分配、社會公平、社會福祉等目標，並不能發生作用。此外，經濟效率的目的，

也會被市場的不夠完全與穩定而無法達到。例如，獨佔與寡佔資源與市場，以及生產者能否掌握足夠的知識與技術等都會有所影響。

合理的經營區間　所謂合理的經營區間，是指調和投入—產出關係，而能預期得到最大經濟報酬的一個區間。事實上，因為經營者缺乏所需要的知識及遠見，往往無法準確的拿捏經濟報酬開始遞減，或經濟報酬達到最高的那一點，但是卻可以推測接近最佳經營狀況的區間。在這種情況之下，我們雖然知道生產的最佳目標，應該是在 MFC＝MVP 或 MC＝MR 的那一點，但是卻往往無法立即準確地達到這一點。為了達到這一點，經營者的努力有時會超過，有時會不足。但是只要經營者能以適當的比例調和生產資源，使生產落在一個合理的區間裡，則對其最佳目標雖不中亦不遠矣。有如投擲飛鏢或打靶，不可能每次都中紅心，但是只要離紅心愈近，就會得分愈高。

如果就圖 3-11 來看，合理的經營區間就是在 MVP＝AVP 與 MVP＝0 兩點之間的區域。如以成本曲線來分析（圖 3-12），**合理的經營區間**則落在 MC＝AC 與總實質產出（TPP）最高點之間的區域。

在圖 3-12 中，一旦生產的產出單位達到圖右邊的邊緣，平均成本與總成本曲線就會向左邊折回。這種方向的改變是因為在 MPP＝0 那一點之後，投入過多的生產因素所造成的。這時，生產因素的投入就變得沒有經濟意義；總成本與平均成本曲線就會折回，與**總報酬**及**平均報酬**曲線相交，淨報酬成為負值。

實際上，我們可以把**合理的經營區間**，看作是經營者希望他的決策能獲得最大的報酬，如果能命中的最佳生產因素組合點的鄰近區域，就很不錯了。因為既使是最好的經營者，也不可能完全精確地找到最佳的生產要素組合點，而只能在一個合理的區域裡做適度的調整，以求獲得最佳的報酬。如果有時仍然失敗，則要歸咎於缺乏遠見、缺乏知識或缺乏管理能力等因素。另外也有可能有某些無法控制的外部因素，如生產因素成本或產品價格的變動，或者遭遇天然災害，如洪水、乾旱或火災等，也會影響他的經營效果。

多重的生產函數　以單一生產函數關係而言，即是每一種變動因素投入於另一固定生產因素時，兩者之間變化的關係。勞力、資本、管理，都會有它們各自不同的生產函數。每一種生產函數都有它的特點：(1) 它們並不是同樣的而且單一化的，例如：每一個人的勞力程度都不一樣；(2) 可以互相替代，例如：資本可以替代勞力或土地；(3) 可以分割，例如：資本可以分割成更小的投入單位。因為每一種生產因素都有它自己的生產函數，所以要如何調和它們，即是利用比例原則時所要面對的問題。

等邊際原則　在從事生產時，不斷投入資源，從**投入面**來分析，當邊際產值等於邊際因素成本（MVP＝MFC）時；或從**產出面**來分析，當邊際報酬等於邊際成本（MR＝MC）時，即能獲得最大報酬。然而，當資源有限而無法一直投入以達到這一點時，就要用**等邊際原則**（equi-marginal principle）來決定生產因素該投入多少，以獲得較佳的報酬。

等邊際原則就是在資源有限時，我們將生產因素投入在不同的生產事業上，在無法達到 MVP＝MFC 或 MR＝MC 時，則希望投入於某種生產事業的邊際產值，至少等於另一個最佳的**替代生產事業**的邊際產值時，即可以獲得最大的總報酬。例如將生產因素分別投入在三塊生產力不同的土地上，當 $MVP_1＝MVP_2＝MVP_3$ 時，即可以獲得最大的**總報酬**，這就是**等邊際原則**。

就表 3-2 的資料來看，如果我們假定投入的生產因素只有 30 個單位，每一個單位的成本為 3 元。我們將這 30 個單位的生產因素投入在三塊生產力不同的土地上。

如果生產因素可以無限地供應，則我們就會將生產推到 MVP＝MFC 那一點上，也就是在 A 塊土地上投入到第 16 個單位；在 B 塊土地上投入到第 13 個單位；在 C 塊土地上投入到第 9 個單位。總報酬則為 131 元＋93 元＋57 元＝281 元。但是在這種情況之下，總共需要 16＋13＋9＝38 個單位的生產因素。但是我們只有 30 個單位的生產因素；於是生產者便嘗試將 30 個單位的生產因素，平均分配在每一塊土地上。這樣，我們可以得到 95 元＋80 元＋59 元＝234 元 的總報酬。顯然這並不是最好的生產組合，因為在 C 塊土地上的第 10 個單位的 $MVP_3＝2$ 元，小於他的供給成本。如果我們把 C 塊土地的這第 10 個單位生產因素轉投入在最好的 A 塊土地上，我們便可以多得 9 元的 MVP，使它達到 104 元，而**總報酬**就可以增加到 104 元＋80 元＋57 元＝241 元。

如果我們繼續嘗試調整投入在這三塊土地上的生產因素，最後會發現當三塊土地的 MVP 相等時，就能獲得最大的**總報酬**，而又不會超出僅有的 30 個單位生產因素。也就是 $MVP_1＝MVP_2＝MVP_3＝7$ 時，**總報酬**為 119 元＋80 元＋49 元＝248 元，淨報酬為 248 元－90 元＝158 元。投入於 A 塊土地的生產因素為 13 個單位，B 塊土地為 10 個單位，C 塊土地為 7 個單位，總共 30 個單位，並未超過我們僅有的生產因素 30 個單位。

表 3-2 等邊際原則

投入因素	土地 A		土地 B		土地 C	
	TVP_1	MVP_1	TVP_2	MVP_2	TVP_3	MVP_3
6	\$47	\$11	\$45	\$10	\$42	\$9
7	59	12	56	11	49	7
8	72	13	65	9	54	5
9	84	12	73	8	57	3
10	95	11	80	7	59	2
11	104	9	86	6	60	1
12	112	8	90	4	60	0
13	119	7	93	3		
14	124	5	95	2		
15	128	4	95	0		
16	131	3				
17	133	2				

資料來源：Barlowe, p. 121.

土地因素的固定、變動與經濟規模

到目前為止，我們的討論都是短期而且是靜態的。所謂短期，是指在生產期間生產因素的供給是**固定的**。土地的供給在短期當然是固定的，它的位置是固定的，而且取得土地的**成本**、**利息**、**稅賦**或者**租金**等都是固定的，這些固定成本也稱之為**沉滯成本**（sunk cost）。但是當這些短期的時段連接起來時，就變成長期狀況，許多固定因素也成為**變動因素**了。以長期而言，一個企業可能獲得新的土地或廠房，也可能重建或整修廠房，其他成本也可能會變動。

在長期變動的狀況下，經營者便可以調整他的企業達到最適規模，以獲得最大的報酬。但是問題是：什麼才是**最適規模**？又如何達到適當的規模？要決定企業的適當規模，經營者便要考慮不同規模下的成本與報酬的關係。假使他能獲得比投入成本更高的報酬，他便享有遞增的經濟規模；也更有增加投入生產因素擴大規模的誘因。一旦他經驗到擴大規模卻使報酬率遞減時，就是超過了最適規模。這時他便應該考慮緊縮他的經營規模了。

除了經濟報酬會隨著規模的擴大而增加之外，**不經濟**（diseconomies）也會隨著企業的擴張而增加。這些**不經濟**的產生，可能是因為經營者經營能力的不足，也可能是因為通訊與運輸，或者是防災、防疫的能力不足。再者就是因為企業擴張帶動生產因素價格的上漲，造成**外部不經濟**。

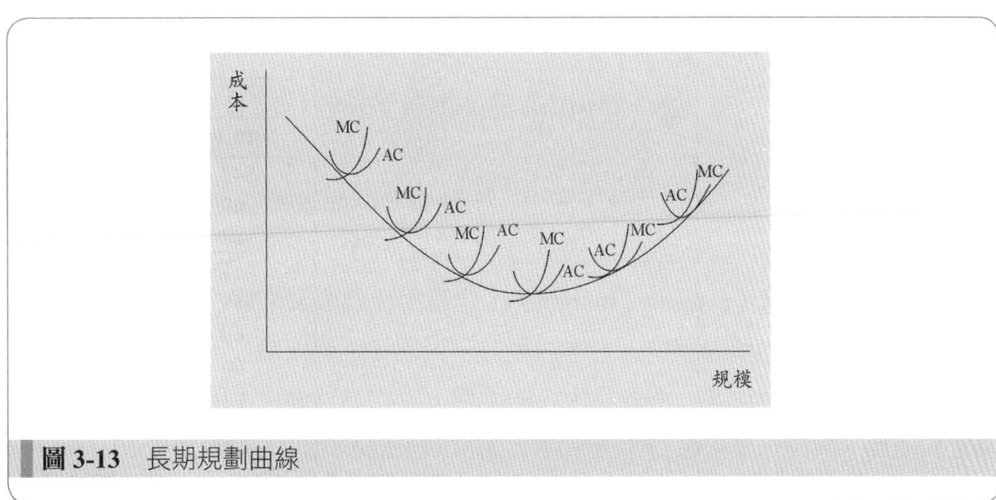

圖 3-13 長期規劃曲線

長期而言，經營者應該尋求經濟報酬超過不經濟規模的水平。他們應該在心目中有一個清晰的**規劃曲線**（planning curve），如圖 3-13 所示。在圖中，每一個階段都會依規模的大小而有一組的**成本曲線**。成本會因規模的擴大而降低，達到最適規模時成本會最低，規模繼續擴大時，成本又會隨著升高。經營者就可以依照這個規劃圖，適當地調整他的工廠、農場或企業到達最低成本時的規模。這時的規模就是**最適規模**。

資源的替代

在**比例原則**之下，生產者發現他們可以使用不同的資源投入組合，來獲取大致相同的報酬。如果某種資源的供給有限，則可以用別種資源來替代。他們也可以調整**資源組合**，或者尋找新的資源來降低成本增加產量。當某一種生產因素的價格提高超過它的替代品時，經營者通常都會轉而使用替代品。例如，如果使用勞工的成本提高超過使用機器的成本時，經營者就會考慮去裝置自動化設備。同樣地，如果土地的價格上漲超過使用其他資源，就會以資本或勞力的投入來替代土地。同理，當新的生產技術或材料發明之後，經營者就會使用它們來替代傳統的生產技術或材料。例如：蒸汽機的發明替代了眾多的人力與畜力；大量生產技術也替代了傳統的生產方式。將來也可能會發展出更新的生產方式，來替代某些有限的生產資源。

土地使用的集約度

正如地租、地價、最高與最佳使用、土地資源的配置等土地經濟學概念，用比例原則來解釋一樣，土地使用的**集約度**（intensity），以及**集約邊際**（intensive margin）與**粗放邊際**（extensive margin），也是用**比例原則**來解釋的。土地使用的**集約度**通常是指在生產過程中，資本與勞力、管理等生產因素投入於某一塊固定大小土地的比例。相對於某一塊固定大小的土地，投入的其他生產因素的比例高，則為**集約使用**。另外，某些生產事業使用大面積的土地，而投入的其他生產因素如資本、勞力與管理相對的少，則為**粗放使用**。

土地使用的集約邊際與粗放邊際

土地使用的**集約度**往往用**集約邊際**與**粗放邊際**來表達。所謂**集約邊際**，是指在一塊固定大小的土地上，投入資本、勞力、管理等生產因素，直到最後一個單位的生產因素所獲得的**邊際報酬**，剛好等於其**邊際成本**的那一點。也就是從圖 3-14 來看，在這三塊土地上，從投入面看是在 MVP = MFC 的那一點，圖 (a)；從產出面看則是 MC = MR 的那一點，圖 (b)。與**集約邊際**剛好相反，**粗放邊際**只發生於最低品質的土地，或最不**近便**（accessible）的土地上。而且是當投入生產因素達到**集約邊際**，同時又在最低等級的土地上，其報酬僅夠償付生產成本時。如果以圖 3-14 來說明，就是在圖 (a) 與圖 (b) 的 C 土地上。其平均產值（AVP）達到最高，而且等於平均因素成本（AFC），也就是 AFC = AVP 與 MFC = MVP 相交的那一點上。從產出面看，則是在平均單位成本最低，而且等於平均報酬的那一點，也就是 AC = AR 同時又等於 MC = MR 的那一點。在這一點上，其總產值也等於總因素成本（TVP = TFC），或者**總報酬**等於**總成本**（TR = TC），而且得不到任何**經濟剩餘**。

在圖 3-14 中，我們是以三塊生產力不同的土地來解釋。實際上，我們也可以把這三塊土地看作是一塊相連的土地，它們的品質或生產力由高到低。這樣，我們便可以用圖 3-15 來表示。在圖 3-15 裡，橫軸表示生產力由高而漸漸到低，縱軸代表土地的**經濟容受力**。A 土地可以容受 15 個單位的生產因素，B 土地可以容受 10 個單位的生產因素，C 土地可以容受 5 個單位的生產因素。因為土地生產力與經

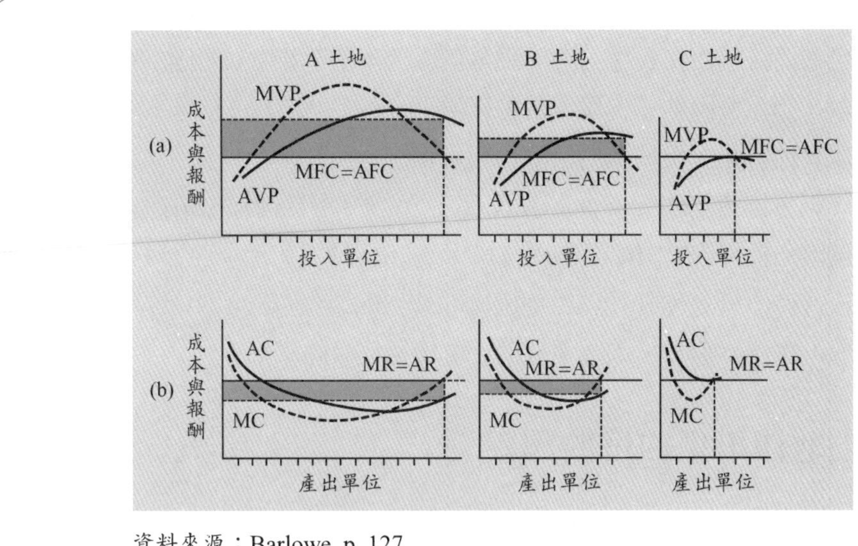

資料來源：Barlowe, p. 127.

圖 3-14　土地使用的集約邊際與粗放邊際成本與報酬分析

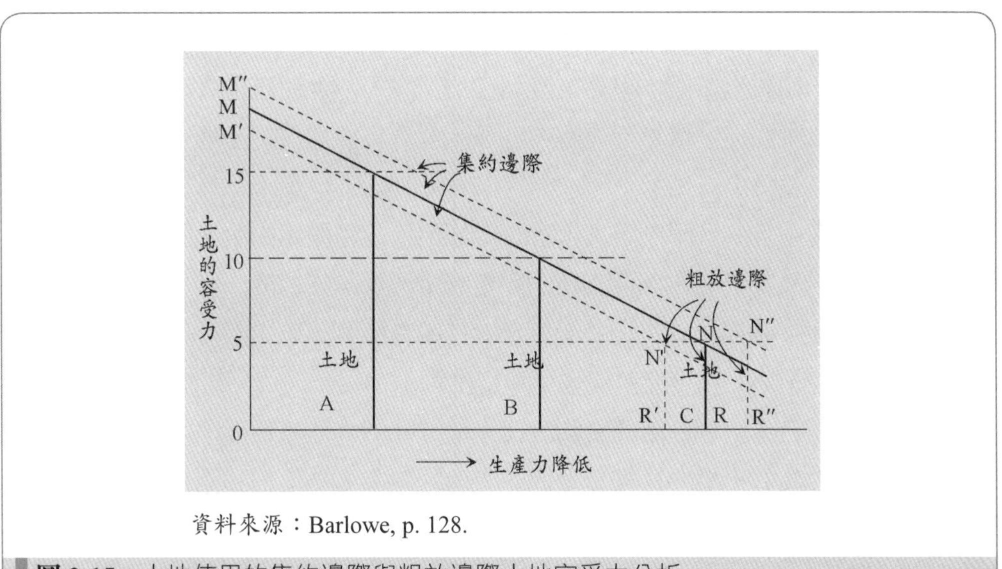

資料來源：Barlowe, p. 128.

圖 3-15　土地使用的集約邊際與粗放邊際土地容受力分析

濟容受力的不同，A 土地的**集約邊際**是在投入第 15 個單位的生產因素處，B 土地在第 10 個單位的生產因素處，而 C 土地則在第 5 個單位的生產因素處。在 C 土地上，它的產值剛好等於生產成本。在更次等的土地上，生產成本便會超過其產值。

在圖 3-15 中 MN 代表**集約邊際**，NR 則代表**粗放邊際**或**無地租邊際**（no rent margin）。**集約邊際**代表在各級土地上投入生產因素的極限，而**粗放邊際**則代表使用土地的極限，超過極限則成本便會超過報酬了。

價格與成本的變化，會使**集約邊際**與**粗放邊際**發生變化。假使生產成本增加或者產品價格降低，則**集約邊際**便會從 MN 移至 M′N′，因為必須緊縮生產因素的使用；而**粗放邊際**則會從 NR 緊縮至 N′R′，表示減少土地的使用。而當生產成本降低或產品價格提高時，則會增加投入生產因素，使 MN 上升至 M′N′，或者擴張土地的開發，使 NR 擴張至 N′R′。因為這樣做，會獲得更大的報酬。

影響土地使用集約度的因素

土地使用的**集約度**往往因土地使用型態的不同而不同。商業或工業使用的土地所投入的資本、勞力與管理等生產因素，要比住宅、農業、放牧、森林等使用來得多。其他影響土地使用集約度的因素，還包括土地的性質、供給與需求狀況、生產因素的配合，以及經營者的態度等。

需求增加或產品價格提高，會使經營者有利可圖，他便會多投入生產因素或多開發邊際土地。如果生產成本提高，產品價格不變，則會使經營者縮減投資及開發土地。當生產成本減少，價格不變時，則多半會更集約地使用土地，以到達新的邊際成本等於邊際報酬那一點。

在生產過程中，某些**限制因素**也常會影響土地使用的**集約度**。例如：當土地供給受到限制時，經營者便會多投入其他生產因素增加其集約度。但是當**限制因素**是土地以外的其他生產因素時，經營者只好就其所有的資源，以某種比例配置這些生產因素，這時的土地使用可能就比較不那麼集約了。

其實整體而言，土地使用的**集約度**與土地以外的其他各種因素之間的關聯性也有關係，**容受力**高的土地要比容受力低的土地的使用更為集約。而在實際經驗上，更要看其他因素的狀況而定，例如：人口的壓力、經濟的發展、資本與勞力的充裕與否，以及經營者的態度與企圖心等。這些因素的變動，有時也會使容受力有限的土地做集約的使用，而高生產潛力的土地反而做低度的使用。例如在貧瘠的土地上，常會多施肥料與勞力等生產因素；而在郊區的土地多蓋低矮的平房。

4

市場失靈與政府干預

因為經濟學家關心經濟系統如何配置資源、整合生產與分配，以創造社會最大的福利，所以他們希望知道個人欲望滿足的主觀價值，也相信競爭市場是決定人們對許多需要與欲望偏好的較好方法。然而，這種方法有時而窮，因為並不是所有欲望的滿足都會透過市場，市場也會失靈。因為用市場的交易來估計國家的生產與所得並不完美，對整體福利的量度也不恰當。雖然不用市場方法來估計價值比較困難，有的時候甚至根本不可能，但是也許可能會有些幫助。

Tibor Scitovsky, 1993

➔ 市場失靈

從第 3 章的描述，我們可以看到**亞當斯密**所說的那一隻**不可見的手**，是多麼美妙地在引導我們經濟體系的運作。這也就是自由市場的可貴之處，但是再好的制度也會有時而窮。當市場不能有效率地配置資源時，就會產生**市場失靈**的現象。更重要的是，不論古典與新古典的經濟學家都同意，既使完全競爭的市場，也需要政府干預來匡正市場失靈的問題。市場失靈可以分為五類，它們對土地、自然資源與環境都有很重要的意義。它們是：1. 不完全競爭；2. 資源的性質屬於公共財或私有財；3. 外部效果或外溢效果；4. 資訊不足與囚犯的困境；與 5. 資源分配的公平與效率。

所謂**市場失靈**，並不是市場供需之間交易的阻礙，而是市場的交易力量無法使**邊際社會利益**與**邊際社會成本**相等，而使**社會淨利益**達到最大。**市場失靈**造成私人成本與社會成本分歧。例如：生產汽油會給生產者帶來土地、資本、勞力與原料的成本，也給社會帶來社會成本。因為，土地、資本、勞力與原料的成本，都是私人與社會成本的一部分。但是生產汽油的污染卻由社會全體承擔，而非由汽油生產者負擔，所以造成私人成本與社會成本的分歧。圖 4-1 顯示，邊際社會成本大於邊際私人成本，因為邊際社會成本除了汽油生產者的成本之外，還要加上污染所造成對

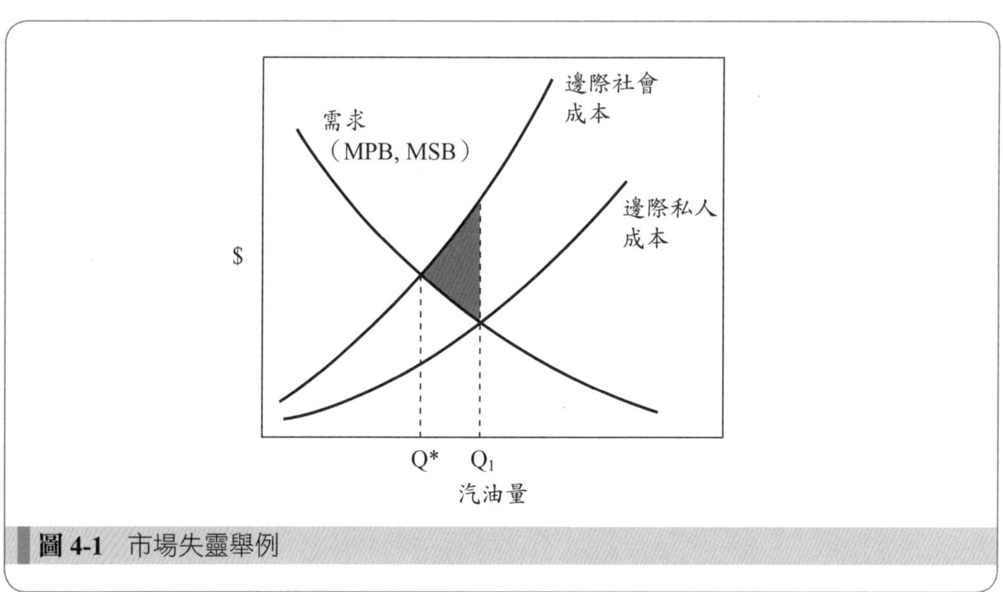

圖 4-1 市場失靈舉例

社會傷害的成本。另外要注意的是，私人利益與社會利益並無分歧。

在汽油的消費者方面，其私人邊際利益在生產量為 Q_1 時，與邊際社會利益相等。生產量 Q_1 大於社會的最適生產量 Q*，在 Q* 生產量處，邊際社會利益與邊際社會成本相等。在生產量 Q* 與 Q_1 之間，汽油的獲利小於生產汽油的成本。圖 4-1 中的灰色部分代表過多的產量所帶來的過多成本。其實，污染並不是唯一造成社會利益與社會成本分歧的因素。

不完全競爭

不完全競爭是指在市場上，某些特殊的買方與賣方的行為對市場價格的影響。**不完全競爭**的重要性是在這種市場裡，企業的邊際報酬與市場價格分歧。這種情形造成邊際社會利益不等於邊際社會成本。圖 4-2 顯示，獨佔者決定能使他獲得最大收益（profit）的產量。但是相反的，在一個競爭的市場裡，產量是由市場力量所決定的。使獨佔者獲得最大收益的產量，在他的邊際成本等於邊際報酬處低於競爭市場。市場失靈的產生，是因為獨佔者的邊際報酬不等於邊際社會利益，邊際報酬函數低於平均報酬函數。獨佔者的邊際報酬函數低於需求函數，因為如果獨佔者增加產量，產品的價格便會下降。相反的，在完全競爭的市場裡，單一生產者的產出不會影響價格。獨佔者的產出 Q_1 小於社會最適產出量 Q*，市場失靈的成本等於圖 4-2 的灰色部分。**不完全競爭**的市場失靈對研究環境與自然資源非常重要，因為許

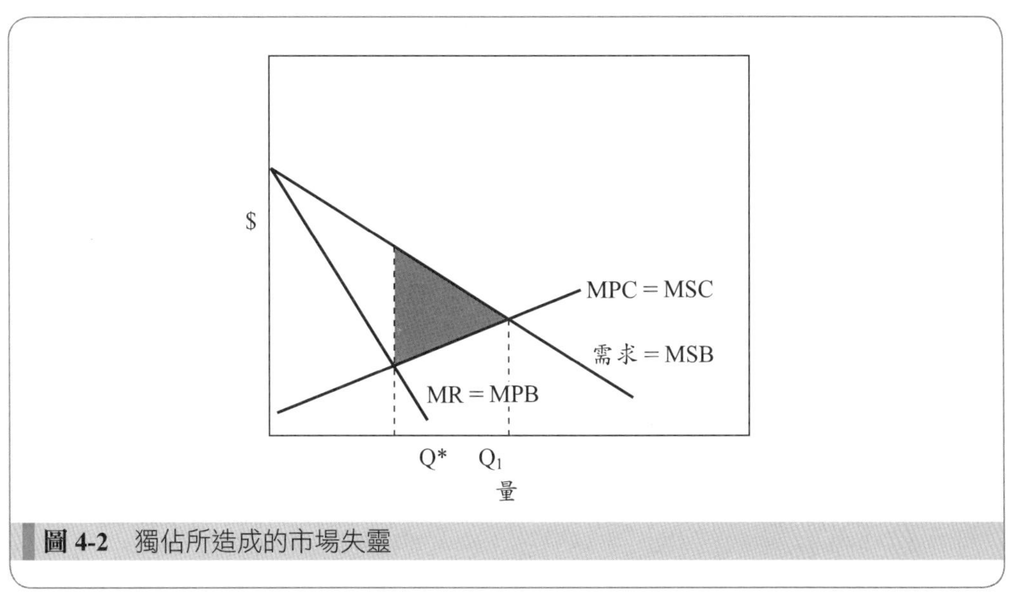

圖 4-2 獨佔所造成的市場失靈

多大財團囤積土地，炒作地皮；或榨取式工業，如石油、電力、天然氣等，都屬於獨佔或寡佔行為。

資源的性質

第二種市場失靈是關於**資源的性質**。當我們談到**資源的性質**時，大家會立刻想到是政府或私人所提供的財貨。其實政府所做的只是集體提供而已。政府所提供的財貨並不必然就是**公有資源**，政府與私人都可以提供**公有資源**。市場失靈是指市場無法提供社會所需要的適當量的**公有資源**。**公有資源**與**私有資源**的主要區別有兩點：在消費時**不敵對**（non-rivalry）與**不排他**（non-excludability）。

所謂**不敵對**，是說某一個人對**公有資源**的消費，並不會減少提供其他消費者消費的**資源**。所謂**不排他**，是說假使某一個人能夠消費**公有資源**，並不能排斥其他消費者消費此一**公有資源**。解釋**公有資源**最常用的例子是**國防**。也就是說，某一個國民受國防保護，其他的國民也同樣受國防保護；某一個國民對**國防**保護的消費，並不會減少其他國民對國防的消費。一項純粹的**私有資源**卻會完全被用光，也會完全排斥其他消費者使用。

不敵對但可能擁擠的資源　第三種資源是不敵對但是**可能擁擠**（congestible）的資源。也就是說，有些資源如果使用的人太多，就會嚴重地降低那種資源的品質。例如：當只有一個人在一條路上開車時，會感覺到很順暢。然而，如果愈來愈多的人都在同一個時間，在這條路上開車，就會造成交通擁擠，道路的服務品質就會降低。這種資源就是**不敵對**但是**可能造成擁擠**的資源。**擁擠**的程度是用路人尺度的問題，當尺度增加時，擁擠便會使某些原本**不敵對**的資源具有敵對財貨的性質。當資源單獨或兼具排他、**敵對**與**擁擠**性時，市場的力量將不能有效率地提供與配置它們。[1]

開放性資源　**開放性資源**是指**不排他但是敵對**的資源。闡述**開放性資源**最具影響力的文章之一，就是**蓋瑞哈定**（Garret Hardin）的**公有地的悲劇**（The Tragedy of the Commons）。[2] **哈定**所用的典型例子是英國開放式的牧草地。好比在一個村莊裡有一片牧草地，任何人都可以放牧他的牛隻。如果在這片牧草地上只足夠放牧一百頭

---

1 Herman E. Daly and Joshua Farley, *Ecological Economics*, Island Press, 2004, pp. 159-160.

2 Garret Hardin, " The Tragedy of the Commons", *Science* 162, pp. 1243-1248, 1968.

牛，而不致於減損牧草的再生能力。假定某一農家多放一頭牛在此牧草地上，不但每一頭牛所能分到的牧草會減少，牧草的生產也會減少，此一農家便多得放牧兩頭牛的利益。假使村莊裡的每一戶農家都這樣做的話，不但每一頭牛所能分享的牧草會不夠，而且眾多牛隻的踐踏，牧草的生長力也會減少。最後，此一牧草地將被破壞殆盡。在這種情形之下，合理的自利行為不但不能創造一隻不可見的手，讓它帶來最大多數人的最大幸福；而且會帶來一隻看不見的腳，從背後踢**公有地**一腳。

經濟學家指出，**開放性資源**的問題出在沒有界定與執行財產權（也就是排他性）。如果把上述的牧草地分割成一百塊私有地，每一塊牧草地飼養一頭牛（會使土地細分），或者**悲劇**就可以避免了。因為把公有資源變成私有，可以把傷害公有資源的成本內部化。於是經濟學家愈來愈認為財產私有化，是解決公有地問題的辦法。但是很不幸的是，世界上很多資源是很難界定私人財產權的。例如公海的魚類，雖然有國際條約或公約，限制或禁止撲殺某種魚類，但是各個國家都有權拒絕簽署該項條約。既使簽了條約或公約，也無法完全執行。例如：挪威、日本、冰島等國家仍然撲殺鯨魚，國際間也拿他們無可奈何。[3] 再者，我們也無法保證，一個理性的私有權人，就會保護公有環境資源，而且用可以讓資源以生生不息的方式被使用。

不過最近印地安那大學的**歐斯莊**（Elinor Ostrom）與其同僚，對公有資源問題做了深入的研究， 並且提出了解決的辦法。她發現公有資源問題的界線，並不在於公有或私有。她相信只要這個社區很小、很穩定、很容易互相溝通，而且對他們共同的未來非常關心，當地的居民一定能夠聚在一起，以**合作**的方式解決他們共同的問題。不過，直到最近，經濟學家才從他們的研究中發現，**合作**不能由中央官僚所主導，也無法因為賦予私有財產權而產生。只要社區成員不斷的互動，制定自己能夠執行的規則，就能找出維護共同利益的方法。

公共財 公共財的定義有兩個技術性的特性：(1) **共同的或非敵對的**（nonrivalrous）的使用或消費，也就是說，一種財貨，一經生產，它們便可以同時被兩個以上的人使用；(2) **非排他性**（nonexcludability）或**非佔用性的**（nonappropriability），也就是說，賦予某件東西完全的財產權或限制使用是非常

[3] Herman E. Daly and Joshua Farley, pp. 161-165.

困難的，或者在有些情形下是幾乎不可能的。私有財如：蘋果、麵包，以及其他一般的消費財，都沒有上述兩種特性，它們在同一時間只能由一位消費者享用。這樣便很容易以要求付費的方式限制別人享用。在另一方面，公共財如：開放式的演奏會、電視節目，以及健康而歡樂的環境，可以同時由不只一人享用，因為一個人的享用並不會妨礙其他人的享用（擁擠的情況則另當別論）。因此，管制是無用武之地的。競爭市場可以有效地配置可購買的私有財，因此，一個人所願意付出的價格（willingness to pay, WTP）剛好反映出他對此一財貨的偏好，如公式：

$$\frac{MU_A}{MU_B}=\frac{P_A}{P_B}$$

公式中：MU_A 是財貨 A 的邊際效用

MU_B 是財貨 B 的邊際效用

P_A 與 P_B 分別是財貨 A 與財貨 B 的價格

消費者即可從其所付出的金錢來衡量他所獲得的利益。如果最後一單位 A 的**邊際效用**（marginal utility, MU）為最後一單位 B 的邊際效用的五倍，而 A 的價格僅為 B 的五分之一時，消費者就會多買一單位的 A。所以 WTP 即為其利益的指標，而需求曲線下方的面積即是個人 WTP 的總和，也是邊際利益的總和。

如果我們依照市場的運作來推論，社會全體的 WTP 應該是個人 WTP 的總和。在圖 4-3 中，如果某財貨的價格為 ，A、B、C 三人的需求可能不同，為 d_a、d_b、d_c，其需求量為 OA、OB、OC，三人的總需求量為 OQ_i，需求曲線為 D_T。總需求量 OQ_i 為三人個別需求量的水平總和。

但是以**純公共財**（pure public goods）來說，一個人對財貨的享用，要看此一財貨的總供給，而不是他對生產此一財貨的貢獻。一個人的享用量，不會因為價格的不同而有所不同。如圖 4-4 所示，假使某人享用 Q_j 的公共財，則每一個人都會享用等量的 Q_j。如果價格為 P_j，則 Q_j 為三人 WTP，OP_A、OP_B 與 OP_C 的垂直總和，需求曲線為 D_T。也就是說，他們的享用量是相同的，雖然他們對該財貨的貢獻並不一樣，甚至於毫無貢獻（搭便車者）。

換言之，對於公共財貨，例如：清潔的空氣，無論他付出多少防治空污的稅費，或不付任何費用，他所享用的空氣量，仍然是與其他人一樣的。假使每一個人都這樣做的話，保護環境的錢便沒有了。也會使人低估或高估了別人的**願付價格**，結果便會有超過所需要的公共財以及過少的私有財。不論如何，都無法準確地反映

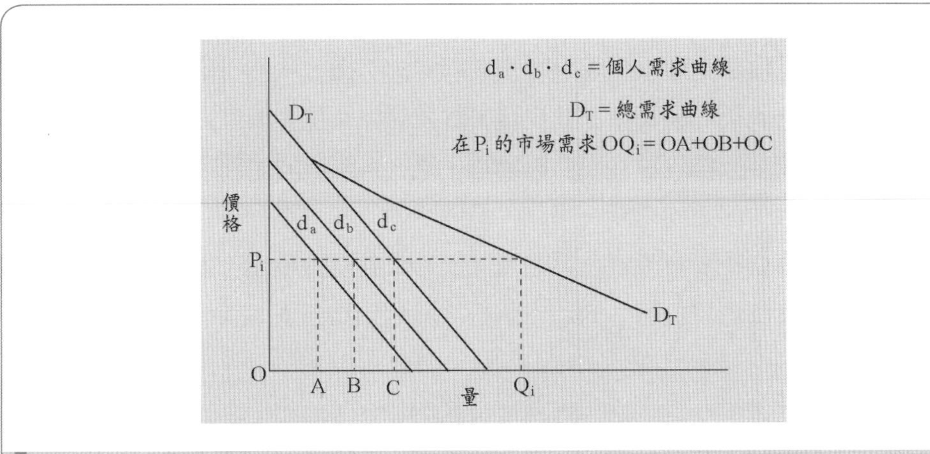

圖 4-3 私有財的需求曲線：水平的加總

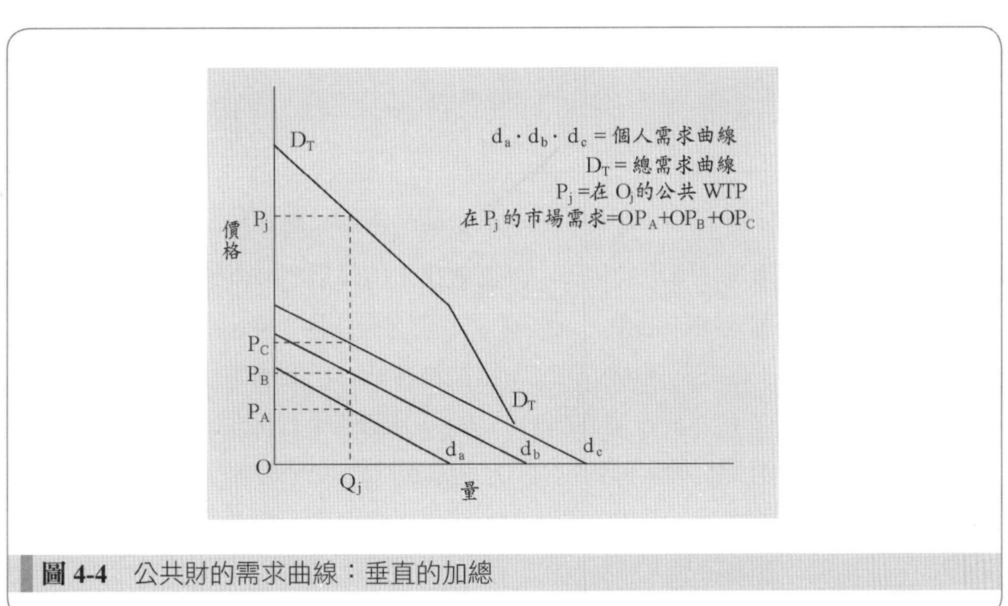

圖 4-4 公共財的需求曲線：垂直的加總

個人對公共財或私有財的社會總偏好，這隻**看不見的手**便失誤了。這些分析告訴我們，為什麼提供公共財的決策往往含有政治意味，而且含有政治因素的決策，也往往無法達到**資源配置的效率標準**。

以上的討論也適用於**準公共財**（quasi-public goods），如教育、環境保護、公共衛生方案、交通運輸設施，以及警察、消防等，都同時提供社會大眾分享。結果，**公共財與勞務**的使用約佔政府採購的 96%，以及數不清的其他政府工作。

公共財與稀少性

如果我們接受地球生態系生產人類維生資源的前提，我們一定會同意**公共財**是非常重要的。但是我們的經濟系統並沒有告訴我們如何生產與配置**公共財**。在生產**市場財**的時候，需要原物料並且產生廢棄物。原物料來自於生態系，廢棄物又回到生態系，並且消耗生態系的功能。因此，假使我們的經濟系統，只對生產與配置**市場財**提供誘因，將會一步一步地埋葬絕對無價的**公共財**的生產，以及我們地球可持續維生的功能。資源環境經濟學的基本認識，就是認為各種稀有而且重要的資源是**公共財**。

今天，科技的進步非常之快，專利權也製造了合法的獨佔。知識會給社會帶來機會成本，做研究的資源非常有限，做這個研究，就不能做那個研究。假使新的發明只是為了謀利，我們反對利用新發明的科技來保護公共財就是嚴重的偏差。瑞士經濟學家**西斯蒙帝**（Sismondi）認為，並非所有的新知識都能造福人群，我們需要社會與倫理來過濾選擇有益的知識。[4]

外部效果

外部效果可能是與土地、資源、環境最重要的**市場失靈**問題。事實上，**污染**可能是在個體經濟學裡最被引用的例子。**外部效果**是指外溢的成本或利益，也就是在市場交易時，非有意造成的結果，或非有意造成的**副作用**（side effects）。例如：一個工廠造成污染，則它的邊際私人成本函數便會低於它的邊際社會成本函數，如圖 4-5 所示，生產 Q_1 的量而非理想的 Q* 的量。**外部效果**有正向的利益，也有負面的害處。例如：土地所有權人種樹，從 Q_1 增加到 Q* 的理想水平，便會產生改善空氣品質、減少水土沖蝕、減少氣候暖化、美化里鄰環境等利益。如圖 4-5 所示，邊際私人成本便等於邊際私人利益。

包謨（W. J. Baumol）與**歐茲**（W. E. Oates）給**外部效果**下了一個比較完整的定義，或者能讓我們對**外部效果**有一個更清楚地瞭解。

> **外部效果**的出現，是指某人（A）的效用或生產關係，含有非金錢變數，它的價值由其他的個人、企業或政府來判斷，而並不在乎它對 A 的福利有什麼影響。

---

[4] Herman E. Daly and Joshua Farley, pp. 171-173.

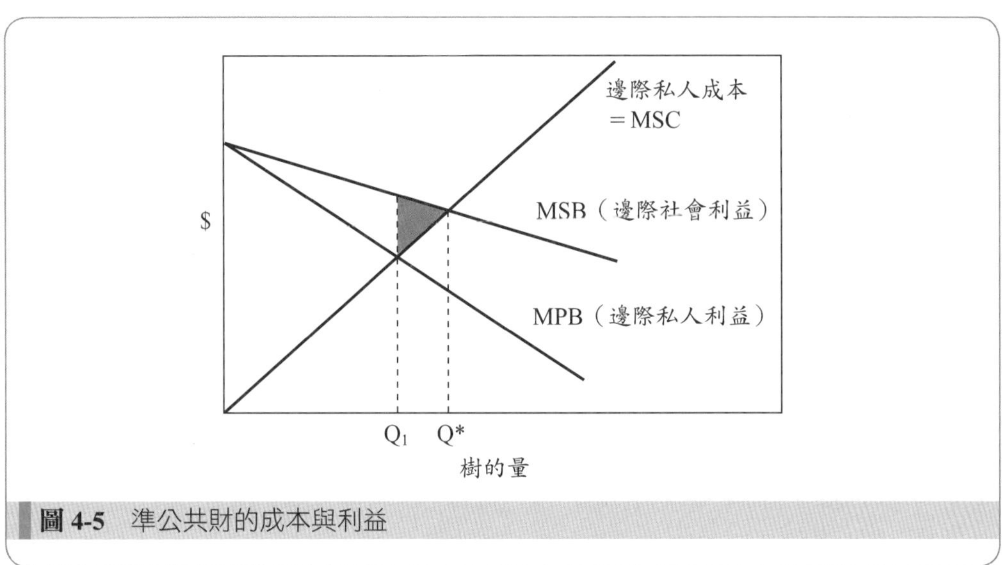

圖 4-5 準公共財的成本與利益

這個定義有幾個重點需要注意：

第一點著重在非故意造成的影響。例如：如果某甲抽菸，故意把菸吹向某乙，這並不造成**外部效果**。然而如果菸自然地飄向某乙，影響到某乙的呼吸，就造成**外部效果**。

第二點著重在實質非金錢的價值而非價格。例如：保護或破壞濕地， 我們所重視的是濕地的非金錢價值。

第三點則是著重在生產與效用的關係。例如：某些空氣污染會減少農作物的生產或人們的戶外活動。而減少空氣污染則需要更多的土地、勞力、能源等資源。[5]

黎偉聰把外部效果分成四類：

1. **生產對生產所產生的外部性**：例如一個工廠的擴張造成附近交通的擁擠，也會增加其他工廠的運輸成本。
2. **生產對消費所產生的外部性**：例如一個工廠生產行為所造成的空氣污染，會降低附近居民的寧適性。
3. **消費對消費所產生的外部性**：例如一棟與附近景觀樣式不調和的建築物，會降低附近居民的寧適性。
4. **消費對生產所產生的外部性**：例如旅遊性汽車交通量的增加，會增加生產性的

[5] James R. Kahn, *The Economic Approach to Environmental and Natural Resources*, Second Edition, The Dryden Press, 1998, pp. 21-23.

交通的擁擠與運輸成本。[6]

資訊不足

資訊資源屬於排它但是不敵對的資源。**亞當斯密**指出，買賣的機密有如資訊的獨佔。獨佔的企業維持產品低度的供給，以便在市場上賣個好價錢。專利則是資訊的獨佔，現代的商業機密受專利所保護，使資訊合法地**排他**。合理的說法是說，假使沒有排他的財產權，人們不會因為新的發明而賺錢。發明家也沒有發明新東西的經濟誘因，科技的進步也會慢下來，對整個社會是一種傷害。一旦專利過期，產品的知識便成為**純公共財**（pure public good）。知識的進步是一個累積的過程，在學術界，人們彼此分享個人的想法與知識。從各方面來看，資訊與想法的自由流通，會創造一個有效率的公有地，而不會是一個悲劇。

再例如：市場上土地不動產的交易，牽涉到許多估價、稅賦與法律問題，都不是一般人或買賣雙方所能充分瞭解的，不充分知道土地不動產或勞務的真實成本或利益，也因此造就了土地的炒作與投機。假如這種情形是真的，我們便無法預期供給與需求雙方，如何能使邊際社會利益與邊際社會成本達到均衡。例如再者：如果要訂定對排放廢氣、廢水與廢棄物工廠的罰則，困難也在於不容易獲得正確污染量的資料，尤其是非點源污染。其他，如存在於我們環境中的化學藥劑，如殺蟲劑、防腐劑、食品添加物、輻射塵等對人體健康的影響，也都沒有精確的資料，可以遵循。

囚犯的困境

同樣的困難也顯示出一種情形，就是當個人追求他本身的利益時，並不能同時帶給社會最佳的狀況。例如：當一個地主面對一個正在衰敗的里鄰社區時，他必須決定是否修繕他的老舊出租房屋，或者把錢投資到其他地方去。假使他修繕他的老舊出租房屋，而他的鄰居並不修繕他們的老舊出租房屋，此一里鄰仍然會一直衰敗下去，使他覺得投資不智。在另一方面，如果此一地主不修繕他的房屋，而其他的人都修繕他們的房屋，此一里鄰普遍的改善，會使租金提高，此一地主也因此成為**搭便車者**（free rider）而得利。然而如果，每一地主都為了自己的利益著想，而不

6 Lai, Wai Chung, “The Role of Land Use Planning－An Economic Exposition”, in *The Hong Kong Surveyor,* vol.3, #2, 1987, p. 6.

投資修繕各自的房屋，此一里鄰會更為衰敗，每一個人都會因此遭受損失。同樣不可避免的邏輯，會使競爭市場過分地使用有限的**共同資源**（common resources），如荒野地區或未受污染的環境。[7]

基本的問題在於公共財與外部性，產生於個人私利與社會公益與成本的不一致。以上三項問題的唯一解決方法，是政府採取行動對應私人在追求私利時所忽略的公義與外部性。對於衰敗的里鄰，其解決的辦法包括：制訂強制性的建築法規、由公家取得與改善此一里鄰，以及由公家整修公共部分，而鼓勵私人投資整修自家部分。

不可見的手與效率及公平

正如上面所指出的，經濟學家已經說明，在配置資源問題上，完全競爭市場在配置資源時，欲使某一個人獲利時，必然會使另一個人受到損失。然而，不論在開始或最終，資源的配置都不會是**最適的**（optimal）。兩者都會取決於傳承的財富、天生的才能，以及運氣，會使人完全平等或極富、極貧。只靠經濟的效率，無法衡量孰優孰劣。假使社會上有一個正確的資源配置共識，例如：老有所終、幼有所養，政府的課稅與所得移轉辦法，只要對市場做最小的干預即可達成。

正如我們在第 3 章裡所討論的，如果沒有**市場失靈**，**不可見的手**將是一個有效率的資源配置工具。**有效率**是指市場機能能有效率地配置土地與環境資源，使社會全體的福利最大化。有關**分配與公平**的問題，我們會在此約略提及，將在第 10 章討論永續發展時，再多加說明。

➔ 以政府或市場矯正市場失靈

是否能以政府干預或市場機制矯正市場失靈所造成的外部性，經濟學者有許多討論。主張以政府干預矯正市場失靈所造成的外部性，最重要的早期學者要屬**畢固**（A. C. Pigou, 1938）。反對政府干預最有力的學者則為**寇斯**（Ronald Coase），他認為政府干預不但不需要，反而會造成反效果。

畢固認為，對付外部性最有效的方法是，政府直接干預加以處罰或者對造成外

[7] Scott Campbell and Susan Fainstein, p. 154.

部性的人課稅。這種對外部性所課的稅，即稱之為**畢固稅**（Pigouvian taxes）。例如我國環境基本法，即是採用污染者付費制度，對於違法之行為，應依法取締、處罰。

此項污染稅（或費），如果能夠適度地課徵，將可以使廠商從事生產所造成的外部成本內部化，這樣便可以使廠商減少生產而減少污染。在另一方面也會產生誘因，使廠商生產有益於環境品質的產品。

政府課徵這種污染稅（或費），將可以建立空氣與水資源的**財產權**，以及使用這些資源的價格。廠商基於獲利的動機，便會在處理污染、減少生產或負擔污染費之間選擇一項最能減少成本的做法。

在另一方面，政府如果提供**補貼**（或賄賂），使廠商減少污染的排放，此種補貼即是犧牲收入的一種機會成本，也能有效內部化社會成本。不過反對補貼的人認為，假使處理污染的成本低於補貼額的話，便會使廠商從事製造污染的行業。例如過去即有農民種**鎘**（cadmium）以賺取政府的收購價格或徵地價格，或使農地改為建地以賺取暴利。但是在實際操作上，因為資訊的不完全，課稅或補貼都有困難：

1. 不可能獲得準確的課稅或補貼的利益與成本函數。
2. 當污染者或污染源眾多時，其處理便顯得困難。尤其是非點源污染更是如此。
3. 排放量難以測度，其與課稅標準之間的對稱關係難以訂定。
4. 如果課徵同一稅（費）率，會造成高效率與低效率廠商之間的不公平。
5. 法律機制必須建立，以對違法者加以適當的處罰。
6. 建立一個新的稅目非常困難。
7. 如果環境品質標準一旦訂定並加以執行，污染稅（費）便顯得無關緊要了。

在另一方面，**寇斯**認為課稅的辦法並不理想。他相信市場的機制可以自動調節，以產生最適量的外部性，並且如何界定財產權並不重要，他的這種說法即被稱之為**寇斯**定理。我們且引用**寇斯**的例子來說明。他的例子是一個牧場與一個農場之間的關係。問題的形成是牧場的牛隻偶爾會進入農場，踐踏損壞農作物。表 4-1(a) 的資料為牧場擁有不同牛隻數時的總報酬與邊際報酬，而邊際報酬隨著牛隻數的增加而遞減。

假使是在一個理想的狀況之下，牧場主人認為畜養 10 頭牛最為有利，因為此一數目會使其報酬極大化；如果不產生外部性的話，此一數目也是社會的最適牛隻數。然而當牛隻破壞了農場的農作物時，即產生外部性。因此，為了要評定社會的最適牛隻數，我們一定要考慮牛隻對農場所造成的損失。這種損失的資料在表 4-1(b) 裡，邊際損失是遞增的。而社會最適牛隻數應該是牧場的報酬與農場的損失差別最大的那個數目。由表 4-1(c) 的資料，我們可以看到，社會的淨利益最大時的牛隻數為 5。在牧場畜養 5 頭牛時，牧場的報酬為 40 元，而農場的損失為 20 元，社會的淨利益為 20 元。此一最適水平，也可以從表 4-1(a) 的邊際報酬與表 4-1(b) 的邊際損失欄的數字看到。因為在牧場畜養 5 頭牛時，牧場的邊際報酬與農場的邊際損失相等，平均為 6 塊錢。

表 4-1(a) 牧場的報酬

牛隻數	總報酬	邊際報酬
1	$10	$10
2	19	9
3	27	8
4	34	7
5	40	6
6	45	5
7	49	4
8	52	3
9	54	2
10	55	1
11	54	-1
12	52	-2
13	49	-3

表 4-1(b) 農場的損失

牛隻數	總損失	邊際損失
1	$2	$2
2	5	3
3	9	4
4	14	5
5	20	6
6	27	7
7	35	8
8	44	9
9	54	10
10	65	11
11	77	12
12	90	13
13	104	14

表 4-1(c) 最佳牛隻數

牛隻數	牧場總報酬	農場總損失	社會淨利益
1	$10	$2	$8
2	19	5	14
3	27	9	18
4	34	14	20
5	40	20	20
6	45	27	18
7	49	35	14
8	52	44	8
9	54	54	0
10	55	65	-10
11	54	77	-23
12	52	90	-38
13	49	104	-55

資料來源：James R. Kahn, *The Economic Approach to Environmental and Natural Resources,* 2nd. ed., The Drydan Press, 1998, pp. 42-44.

寇斯所要點出的主要問題是：究竟是否市場機制能夠自動調節雙方的損益而達到最適的牛隻數 5？如果我們從牧場主人的觀點看，使其淨報酬最大的牛隻數是 10（表 4-1(a)）。至於農場的損失，則不在他的考慮之內。然而，**寇斯**卻認為，市場的力量一定會迫使雙方談判達到一個雙方都能獲利的牛隻數。因為 5 頭牛能夠帶來最大的社會淨利益，也能使雙方的獲利都達到最大。

我們在此且先看一下他們談判的過程。首先我們假定牧場主人有權放任牛隻漫遊，而不管牠們所造成的損害。其次，我們假定農場主人有權阻止牛隻踐踏其農場，而且主張牧場主人應該賠償其損失。這種權利即是財產權，因為社會以此界定社會對使用私有財產權的限制。**寇斯定理**認為，不論財產權的界定對誰有利，最後都能達到最適水平的外部性。

假使財產權的界定偏向牧場，則牧場主人一定會選擇對他最有利的 10 頭牛。但是此時一定遭遇農場主人的反對，因為 10 頭牛會對他造成 11 元的邊際損失。但是因為第 10 頭牛對牧場的邊際報酬只有 1 元，於是農場主人即可以償付牧場主人高於 1 元，但是小於 11 元的代價，要求牧場主人減少 1 頭牛。此一交易可以使雙方的利益都有增加。依此類推，第 9 頭牛對農場的損失為 10 元，而對牧場的報酬只有 2 元。此時農場主人可以償付牧場主人大於 2 元卻小於 10 元的補償，而要求牧場主人再減少 1 頭牛。這種談判會一直推衍下去，直到牧場的牛隻數減少到 5 頭。這是農場主人為了多減少 1 頭牧場的牛，而願意償付的邊際代價，也正是牧場主人多減少 1 頭牛所得到的邊際報酬。交易到此，即應停止，因為牛隻再減少下去的話，農場主人的願意償付的邊際代價會小於牧場減少的利益。

如果我們反過來從農場主人的角度看，假使財產權的界定偏向農場主人，他便有權禁止任何牛隻的入侵。此時牧場主人可以發現，1 頭牛可以為他產生 10 元的報酬，而農場要承擔 2 元的成本。所以牧場主人可以付給農場主人 2 元以上、10 元以下的代價，而多養 1 頭牛，雙方的福利都會增加。此一過程也會一直推衍下去，直到牛隻數增加到 5 頭為止。

因為**寇斯**相信市場會自動矯正而達到最適的外部性水平，所以他反對任何的政府干預。他認為畢固稅不但不需要而且是多此一舉。不過，一個關鍵性的問題在於**寇斯**假定交易成本為零或者小得無關緊要，似乎來得比較牽強。在我們以上所討論的牧場與農場的簡單個案中，或者交易成本可以忽略。但是如果問題牽涉到大型石化工業所造成的污染的話，交易成本就不可以忽略了。

在另一方面，**包謨**（Baumol）與**歐茲**（Oates）的研究結果顯示，既使交易成本真的等於零，**寇斯定理**也會崩解。因為，如果要使社會的福利達到最大，既使對受害者不予補償，也要對外部性的製造者加以處罰，因此雙方的價值並不一致。然而在一般市場上，買賣雙方都要求一致的價格，所以調節外部性的有效市場，並不會產生。造成這種價值分歧的背後原因，是因為受害者並不能控制他暴露於外部性的多寡。所以，不能產生有效的市場，是**寇斯定理**最大的弱點。而交易成本是否存在，倒不是主要的因素。

在上面所舉一對一的外部性受害者的例子中，因為唯一受害者所遭受的外部性，與全部的總外部性相等，受害者在談判的過程中，可以充分掌握他所受損害的量。但是如果要把一對一的狀況推衍成一般的通則，就不太妥當了。

另外一個問題是，這種一對一的外部性製造者與受害者的例子，在其推衍成一般通則時，忽略了自由進出市場的問題。廠商進出市場對外部性製造者與受害者的增加與減少都有影響。在一個眾多外部性製造者與受害者的社會裡，財產權的界定對外部性所產生的結果，就會有極重要的影響了。

最後，與財產權有關的另一個問題是：受害者願意付多少代價以減輕外部性所造成的負面影響，以及受害者願意接受多少補償而能容忍外部性的增加，兩者之間有著顯著的不同。這種差異也可能部分源於所得效果。所謂**所得效果**（income effect），是指個人的生活水平愈高，對一般財貨與勞務的邊際價值的評價也愈高。嚴重的外部性，會降低其生活水平，而外部性所造成損失的邊際價值的衡量，就有賴財產權的界定了。既然外部性的價值，要基於財產權的界定，那麼財產權的界定，就必然會影響外部性高低談判的效果了。

總結而言，**寇斯定理**可能有四項重要的缺點：

1. 寇斯定理認為交易成本微不足道或等於零的假設，並不適用於環境的外部性，因為造成外部性或受害的個體可能為數眾多。
2. 既使交易成本為零，也不可能產生一個有效率的外部性市場，因為有效率的外部性市場會有不一致的定價，而這一點依寇斯定理並不可能。
3. 財產權的界定會影響交易的結果，因為財產權的界定會影響交易參與者的產出，而外部性又與產出有關。
4. 財產權的界定很重要，是因為有所得效果的存在，所得效果會影響外部性的邊際價值。[8]

[8] 有關 Coase 定理的討論，本書參考 James R. Kahn, *The Economic Approach to Environmental and Natural Resources*, 2nd. ed., The Dryden Press, 1998, pp. 40-48.

政府如何干預市場？

市場失靈，如外部效果，會傷及社會福利。在前面的討論中，我們發現無論是**畢固**或**寇斯**的方法，都無法完美地矯正市場失靈。也許我們必須比較政府干預的利益與成本，來決定何種方法最為理想。不過這種方法並不能適用於通案，而只能一個個案、一個個案地衡量。因為政府干預的利益與成本是每個個案都不相同的。

一般而言，政府為了推行某一政策，可以運用的方法或工具，大概可以有五大類，它們分別為：(1) 道德勸說；(2) 教育；(3) 經濟的誘因；(4) 法令的規範與管制；(5) 直接由政府推動或與民間合作推動。每一種政策工具都代表一種政府在社會扮演角色的想法，對於矯正市場失靈都會產生不同的效果，也會引起不同程度的成本與利益。這些政策工具也不是各自獨立，互不相干的。推動一個好的政府政策，需要這五種工具做適當的搭配。

道德勸說　**道德勸說**是政府嘗試不使用任何法令，來規範或者限制去影響個人的行為。通常只是由主要行政首長或其他領袖人物，做公開宣示，並且對人民如何去做的細節加以說明。為了要使這種方法有效，政府官員一定要說服大眾，相信這種將要推行的政策的利益一定大於所需要的成本。除了政府機關之外，許多企業以及非營利的公益組織，也都可以進行**道德勸說**以推行某種政策。

道德勸說的效果要看人們（包括家庭、企業或任何組織的成員）是否相信他們行為的改變，的確能使個人以及社會整體獲得利益。假使人們知道，如果他們不自動地配合**道德勸說**所倡導的行為的話，有朝一日，這些**道德勸說**的政策可能會變成永久性的法律，而對他們的行為將會有更嚴峻的限制。

教育　**教育**在推動資源保育與環境保護工作中的重要性，是無庸置疑的。當我們強調資源保育與環境教育的重要性時，我們會首先發現，資源保育與環境教育在我們現實的教育體系，或者整個社會裡極其欠缺，更談不到效力。然而面對這種缺憾，似乎更須加強資源保育與環境教育，來改變大眾的認知。

然而因為人口的益趨集中於都市地區，除了偶爾的戶外遊憩活動之外，對於自然資源與環境認知的機會實在相當貧乏，更遑論對農業、森林、放牧、礦業、水資源等自然資源使用的知識了。因此，對於都市居民而言，資源保育與環境政策的教育，顯得更為重要。而目前資源保育與環境教育的重點，似乎又多偏重技術層面，如水土保持、防制污染等比較容易瞭解的事務。然而比較欠缺的知識，可能是在事前的診斷與瞭解，而非事後的補救措施。例如河川的污染、地下水的超抽等都很難預先注意到。因此，我們必須從事後技術性的補救，或整治轉移到早期的診斷與預防。診斷與預防則要靠教育，讓我們瞭解生態平衡的改變與環境敗壞不可逆轉性之間的關係。

教育雖是一個理想的方法，然而在我們當前的經濟與社會制度之下，究竟能發揮多大的效果仍然難以確知。何況我們目前雖然國民的環境保護，資源保育意識日漸提高；但是在無論學校教育、社會教育體系中，仍然沒有一套完整而有系統的規劃。更重要的是，如果我們不能對經濟與社會因素加以改變，效果可能極為有限。

經濟誘因　**經濟誘因**，簡單的說，就是利用經濟方法，誘導人們自動做某些事情，使其私人利益與社會公眾利益達到一致。這種例子非常多，例如：為了減少污染而課徵污染稅，或者對防治污染的費用給予補貼或減免稅負；使無鉛汽油降價，以誘導駕駛人使用無鉛汽油。其他如對違規停車罰款，給予建築業者容積獎勵，以使其提供停車空間等。

法令的規範與管制　**法令的規範與管制**，是一項比較有效的政策推行工具。有的文獻稱之為**直接管制**（direct control）。假使個人或企業的行為在規範的範圍之內，則是合法的行為。如果逾越了界線，即是違法，就要受到處罰。例如土地分區管制、警察權的行使等，都是直接的管制。因為既使道德勸說、教育或經濟誘因會產生效力，但是卻無法使最多的個人或企業在某一個時期，某一個地區收到一致的效果。但是資源保育或環境保護政策與法規，卻往往能夠要求所有的個人或企業在某一地區、某一時期達到某種一致的標準。

例如：假使我們希望保護某一風景區或住宅區，不符要求的使用一定可以用法規加以排除，但是僅憑經濟的誘因卻無法做到。其他的手段如補貼，可能非常昂貴，教育的效果很不確定；而如果還有不在地主，他對地方的事務也未必關心。所以最有效而公平的辦法，可能就是法令的規範了。

土地使用的法規與管制

(1) **土地使用的改變**：一塊土地可能有好幾種使用的方式，每一種使用都能產生一些**地租**。**屠能**的**競租理論**告訴我們，這塊土地將會以能夠獲得最高市場價值的使用方式去使用。如果一塊土地可以做農業使用，也可以做都市使用。然而，做都市使用的地租增值較大。我們可以預測得到，在一段時間之後，這塊土地將會從農業使用改變做都市使用。這種**土地使用的改變**，會受社會制度與資本市場彈性的影響，當不動產市場的景氣過熱或過冷時，公共政策便會干預資本市場，調整利率與貸款予開發商或消費者的信用額度。

(2) **設定地役權或價購或徵收**：當公眾或政府強烈地希望維持某塊土地的特殊使用狀態，例如：河岸、濕地、環境敏感土地時，便會設法設定**地役權**（easement），或**購買或徵收**這塊土地的所有權，以防止工、商或住宅區的開發。政府也可能准許所有權人維持目前的使用（如農業或景觀），但卻用設定**地役權**或**購買或徵收**的辦法，來防止更集約（如工、商）的使用。然而，這兩種方法的缺點是非常昂貴，因為地主可能待價而沽。因此，地方政府多傾向於使用**警察權**或**課稅權**的辦法。不過美國聯邦政府近年來，以相對基金的辦法，幫助地方政府設定**地役權**或**價購**或**徵收農地**或**環境保護**土地。

(3) **警察權**：**警察權**是地方政府用以規範土地使用，以保護公眾健康、福利、安全與道德的公權力。內容包括：**土地使用分區**（zoning）、**土地細分或住宅區管制**（subdivision control）、**建築規則**（building codes）、**課稅**與相關的管制，例如：教堂、廟宇的區位、色情行業區等。還有，可以用**警察權**規範公用事業（public utility），以減少都市向外蔓延的財政負擔。

土地使用分區可以用來控制污染的外溢，不協調的土地使用（如住宅與工廠）、都市蔓延、保留歷史遺蹟與綠地空間，以及保護具生產力的農地。

土地細分管制可以責成開發者負擔全部或部分道路建設、排水、供水、下水道等公用事業成本，以控制土地開發與都市蔓延。

建築規則主要在於保護健康與安全，它也會增加花俏建築的成本，減少不協調的景觀。

課稅權通常用於課徵土地稅以充實地方政府財政。地價稅以**現在用途**課稅，可以用於都市鄉村邊緣，主要在於限制都市蔓延，延遲農地改變為建地，以保護農地。

直接由政府推動或與民間合作推動

這是另一種政府干預以矯正市場失靈、保育資源提升環境品質的方法。雖然我們不能期望仰賴政府計畫或者方案完全奏效，但是例如：植樹（至少不帶頭伐樹）、護漁、保護濕地、處理污水、清理毒害地區等，都是一些可行的工作。雖然這些手段可以改善環境，保育資源至某一個程度，然而對於比較希望立竿見影的緊急問題，如：空氣污染、全球暖化、水污染、臭氧層破壞等，還是不一定能有效地解決。

既使**直接由政府推動或與民間合作推動**，仍然存在著**資訊不足**（imperfect information）的問題。政府與民間企業的合作可以發展新的技術，使減少污染變成有利可圖。重要的前提是要企業之間的合作，因為新的技術無法由單一企業來發展。如果能結合政府機關、國家研究機構、大學與企業互通知識與訊息，此一理想就比較容易實現，長期而言，也會減少外部效果的成本，然而事實上，要彼此互相合作、互通訊息，仍然困難重重。

政府干預與政府失靈

在我們過去的討論裡，多半認為解決市場失靈問題的方法是，政府以規劃管制或由政府直接投資的方式加以干預。但是實際上，政府的干預也不見得就十全十美。原因如下：

1. 個人的偏好與品味不容易正確地量度，或者在形成共識之前，早已在行政與立法的過程中被抹煞掉。目前所盛行的多數表決的方法，並不是替代市場上以價值來配置資源的理想方法。
2. 既使公眾的偏好與福利能被政府所認知，而且能非常準確的量度；然而在政府公式化的官僚體制之下，其執行的成效也不會是追求經濟效率的。政府的效率問題，不僅僅是要避免政府預算的浪費與縮減成本於最低；而是要針對社會經濟福利的需要，把稀有資源做最適當的配置。但是往往政府機關的規劃會只顧節省經費，而無視於資源的配置是否適當。
3. 由政府以直接投資的方式去干預市場，一直都被視為理所當然的。但是近來新制度經濟學者開始質問，到底由政府還是私人提供保健、教育與執法等財貨與勞務比較好？[9] 同樣的道理，由政府干預以保育資源提升環境品質，諸如：遊憩、水源保護、植樹（至少不帶頭伐樹）、護漁、保護濕地、處理污水、清理毒害地區等，都是一些可行的工作。我們在前面提過，雖然我們不能期望仰賴政府計畫或者方案完全奏效，這些手段仍然可以改善環境，保育資源到某一個

[9] G. Cornelis van Kooten and Erwin H. Bulte, *The Economics of Nature*, Blackwell Publishers, 2000, p. 153.

程度。然而對於比較緊急的問題如：空氣污染、全球暖化、水污染、臭氧層破壞等，還是無法有效地解決。

由私人提供的理由，是因為私人為了力求成本的極小化，會有創新的誘因，不過可能無法保證品質。從私人的觀點看，成本要比品質重要。然而既使品質重要，政府也可以與私人訂定契約規範品質標準，以彌補必須政府出面提供的需要。其實政府也可以提供誘因，使私人以創新的方法，既能改善品質，又能節省成本。當改善品質的成本相當大，或者政府職員不想改善品質的時候，可能公有較好。

除了品質——成本相抵（tradeoff）的關係之外，貪污與資助在決定由政府或私人提供時，也是需要考慮的重要因素。在私人企業的**尋租**（rent seeking），有力的遊說或賄賂的政府官員時，就會發生貪污的情形。或者在選舉時，私人企業資助某項行政或立法政策的候選人，使他在當選後實施或通過有利於某種企業的法案，或者鼓吹民營化，則產生資助或賄賂的情形。

現在我們可以從主流經濟學家的看法看出，政府本身就是失靈的來源之一，這種失靈的來源可以說是政策的失靈。例如：四、五十年來在台灣各城市周邊所實施的市地重劃政策，原來的目的是希望改善都市生活環境品質，增加地方政府的財政收入，增加土地所有權人的財富。但是實施的結果，卻造成大量農地與開放空間的流失，反而使整體都市環境敗壞。並且造成重劃區的土地炒作，使居民的貧富差距擴大。

以上所說的問題，在經濟學家的眼中，就是**規劃干預**或**政府失靈**（government failure）。當然，**政府失靈**也跟**市場失靈**一樣，並不是全然的，而是程度的問題。換言之，政府的作為除了追求經濟效率之外，也並不完全失靈。話雖如此，此一觀念仍然點出了一個關鍵性的問題：也就是政府的干預並不一定都能改善市場的失靈。在我們目前並不完美的世界裡，社會必須在兩個並不理想的資源配置方法裡選擇較好的一種；也就是我們通常所說的，兩害之間取其輕。[10]

以下再就在一個民主國家裡，所謂具有普世價值的多數表決或投票行為，以及政府管制與經濟效率加以說明：

---

[10] Joseph J. Seneca, Michael K. Taussig, *Environmental Economics,* Prentice-Hall, Inc. 1984, pp. 101-102.

投票與效率　從經濟學家的眼光看，消費者在市場中的行為，對它的偏好是用錢來選擇，而不是用選票來選擇。對具有稀少性的資源而言，所投入的每一塊錢都有等量的效果；這也就是**消費者主宰**（consumer sovereign）的市場。特別重要的是：這種制度給予少數族群與多數族群同樣的權重，也就是尊重多數，但不犧牲少數。

然而，對公共設施而言，以金錢投票來配置資源的市場機制，卻是失靈的。在這種狀況之下，政府必須肩負提供公共財貨的責任。而且，無可避免的，政府官員所做的決策，因為選票的原因，多多少少都會順從選民的意向，而非市場的決定。我們必須特別注意的是：效率在經濟的觀念裡的意義與在工程上的意義不同。在經濟的觀念裡，效率是與個人的偏好相關的。

在我們現行的政府制度裡，政府官員對於資源保育與環境保護的概念，可以說非常鬆散。而且，既使以選舉來比喻，也並不是所有的消費者都有投票權。而且既使有投票權，選舉人也未必一定會來投票。就算以投票人來說，他也未必瞭解候選人所提出的每一項議題或政見；何況候選人的政見本身，也模糊不清。尤有進者，選舉人的投票行為也未必完全基於理性的選擇，而常會受電視曝光率的影響，或者受意識型態、種族、宗教、性別的影響。少數族群與多數族群對資源配置的決定並不公平。那些拒絕投票的人，也並不像在市場上的消費者一樣，以拒絕購買某種商品來表達他們的意見。最後，個別選民與市場上花用金錢的最基本不同，在於選民無法從投票行為上表達他個人偏好的**強度**（intensity）。偏好的強度只能以投票以外的其他方式來表達。

政府管制與經濟效率　首先，我們認為**立法機關**（legislature）可能可以反映人民大眾的偏好。假使立法院已經通過一筆預算給行政機關，去從事各種土地資源使用的規劃工作。問題是行政機關究竟能做到何種程度的經濟效率？既使沒有前面所說的貪污與賄賂行為，是否就能改善市場機制配置資源的效率？通常經濟學家對此一問題的看法是：政府官員也會像私人在市場上一樣地去追求自身的利益。這種對政府官員的看法，應該是中性的。因為我們也並不認為官員比企業家好或者是比企業家壞。我們在第 3 章裡已經說明了，企業單位與家計單位如何在一個均衡的市場上，因為一隻不可見的手的指引，在各自追求其自身的最大利益，然後也使整體的社會福利達到最大。同樣地，我們也可以問，是否在政府官僚體制裡也存在有類似的機制，可以調和私人自利的行為而產生理想的社會福利。

對於這個問題的答案，要看官僚體系的私人利益與成本是否會與社會的利益與

成本一致。但是很不幸的，一般的看法都不認為政府的官僚體系能夠增進經濟效率。相反的，政府各機關都在竭力爭取更多的預算分配；而在資源使用的配置上，其所造成的社會成本更是可觀；這也是政策的失靈，正是所謂錯誤的決策比貪污更可怕。

5

土地資源的經濟報酬——地租

李嘉圖（David Ricardo）也注意到，較接近市場的土地要比較遠的土地負擔較低的運輸成本。這種農民互相競用較近土地的結果，也使此項利益以地租的型態歸於地主；然而李嘉圖卻把他主要的注意力放在土地肥沃差別的分析上。不數年之後，屠能（J. H. von Thünen）則更完整地闡釋了區位差別地租。在市場周邊的各種農業土地競相爭取做某種使用，每次最後卻是由出價最高者取得使用權。而每種使用的區位地租，則決定於較近區位所能節省的運輸成本。最遠的土地無法節省運輸成本，所以也沒有地租。

威廉・阿朗索（William Alonso）
Location and Land Use

地租理論是土地資源經濟學的重要概念，也是爭議最多的概念。但是它可以幫助我們解釋，為什麼我們看重土地不動產資源而且希望擁有它。**地租理論**也可以解釋土地不動產資源在各種使用之間的**競爭**與**配置**。它也影響**租賃方式**、**租稅制度**、**土地開發與保育**等土地資源政策。

➔ 租的意義

租（rent）這個字有它一般的意義，也有它在經濟學中的特殊意義。它源自於拉丁文的 reudita，意思是指**報酬**或**產出**。在日常生活中，一般人認為**租**是使用他人土地或房屋所支付給所有權人的代價，例如：房租、地租、佃租等。當經濟學家使用租這個字時，則有不同的意義。它是任何生產因素在生產過程中，所得到的報酬超過其生產成本的部分。

租可以分為**契約租**（contract rent）、**地租**（land rent）與**經濟租**（economic rent）。**契約租**是指承租人使用他人的土地不動產所支付的實際金錢或實物代價。此項代價是地主與承租人事先同意並且訂定租約所約定的。**地租**是理論上使用土地所賺取的報酬，也可以說是使用土地從事生產所產生或所應該產生的經濟報酬（economic return）。**契約租**會因為供給與需求的變動而在**地租**的水平上下浮動。當契約租高過**地租**水平時，出租人便會多得租金。當它低於地租水平時，出租人便少得這一部分的租金。

地租的經濟報酬包括使用土地本身及**改良物**（improvements）所得的報酬。如果更進一步區分的話，又可以分為**土地肥沃度品質差別的地租**（fertility quality rents）與**位置差別的地租**（site quality rents）。[1] **土地品質差別的地租**，又稱之為**李嘉圖地租**（*Ricardian rent*）或**差別地租**（*differential rent*），**位置差別的地租**則是指因為土地區位不同所產生的地租。通常我們都用**地租**這一較廣義的概念來涵蓋。**地租**包含土地自然資源與人造不動產資源的租，也就是素地與附著於它的改良物的租。

經濟租則有它特殊的意義。在歷史上，**經濟租**曾經被經濟學家用作**地租**的同義詞。近代的概念則擴大解釋，包括使用所有自然與人造的生產因素或勞務從事生產，其**多餘的所得**（surplus of income）超過其生產因素成本的部分。例如：資本

---

[1] Barlowe, p. 132.

的報酬是**利息**，勞力的報酬是**工資**，管理的報酬是**利潤**。**現代經濟租**概念的演變，實則出於**馬修爾**（Alfred Marshall）的**準租**（quasi-rents）概念。經濟學家往往把**準租**看作短期之內生產因素所能產生的**經濟剩餘**（economic surplus）；這種剩餘的產生，是因為在短期之內供需之間的不均衡。從長期來看，供需狀況將可達到均衡，而**經濟租**就消失不見了。

我們現在再看**經濟租**消失的問題。如果我們以公寓房屋為例，當一時之間**需求**因為某種原因（例如：戰爭、天災）忽然增加時，房東就可以因此多收超乎正常狀況之下的房租。長期而言，因為供給的增加（重建、加建），突然增加的需求即因而消失，房東就無法要求超額的地租了。這種**經濟租**除了出現於不動產外；也產生於資本、勞力與管理，也就是所謂的**準租**。再例如：運動明星、演藝人員、名模等都可能因為他們特殊的才能，以及社會對他們的仰慕與寵愛，而在短期時間裡獲得超乎一般水準的報酬，這也是**經濟租**。

經濟租的概念，含有一個重要的意義，就是認為土地與自然資源是大自然所賜的**無價禮物**。在這個前提之下，任何因為使用土地所賺取的報酬，除掉財產稅與保險費等開支之後的剩餘，都是**地租**也是**經濟租**。但是這種說法卻有兩個基本問題使人不容易接受此一概念。**第一**，幾乎沒有人願意接受他的土地與自然資源的供給成本等於零的看法。實際上，從社會的角度看，土地可以被視為大自然所賜的禮物；但是從個別地主的角度來看，土地應該和勞力、資本等生產因素一樣，它的最低供給成本是不可能等於零的。

第二，在理論上，可以認為長期的供需達到平衡時，便會使**經濟租**消失。但是使土地產生地租的**土地使用容受力**（land use capacity）的差異，並不會因為供需達到平衡而消失。[2]

➔ 地租理論的起源與發展

前古典時期的地租理論

從經濟的角度解釋**地租**為時並不久遠。**裴悌**（William Petty,1623～1687）在

---

2 Barlowe, pp.132-133. 參考：Robert H. Wessd, "A Note on Economic Rent", *American Economic Review,* 57, Dec., 1967, 1221-1226；及 Joseph S. Keiper et al., *Theory and Measurement of Rent,* Chilton Company, 1961, pp. 108-113., Richard H. Leftwich, *The Price System and Measurement of Rent,* rev. ed., Holt, Rinehart and Winston,1963, pp. 294-296.

1662 年間開始注意到地租的經濟理論，在其後的 150 年間，陸續有多位學者著書立說。[3]

在經濟學發展的歷史中，很少學說像**地租理論**一樣，產生那麼多的爭議以及創新與變化。**李嘉圖**（David Ricardo）建立了他的動態經濟發展模式，成為地租理論的重鎮。**馬克思**（Karl Marx）對工業資本主義的控訴，以及**亨利喬治**（Henry George）土地改革的雄辯，都植基於**地租為不勞而獲**的基本概念上。17 世紀後期的**重商主義者**，才開始用**邊際生產力理論**（marginal-productivity theory）來解釋地租。到 19 世紀，**地租理論**才成為最重要的經濟理論之一，也成為當時熱門的政治議題。到了 20 世紀，在研究**土地資源學術**的領域裡，**地租理論**更是**土地經濟學**最重要的基本理論。

重商主義者的地租理論　所謂前古典時期，包括地租理論開始的**重商主義者**，一直到大約 1935 年的一段時期。重商主義者所重視的問題，主要在於增強國力的貨幣、財政與國際貿易政策的制定。地租理論的討論，則不可避免地又涉及到更重要的**土地問題**。

裴悌在**地租理論**的先驅中佔有非常重要的地位。他認為**地租**是使用土地生產作物，或牲畜扣除成本後的**盈餘**或**淨報酬**。**裴悌**除了說明**地租**的定義之外，也是解釋土地**區位差別**與**肥沃度差別**產生**地租**的第一人。在**裴悌**的理論體系裡，由於土地**肥沃度**與**區位優劣**的差別所產生地租的概念是互補的。但是如果分開來看，就會對地租的產生有不一致的看法。依照基本的生產概念，土地可以被視為**資本**，與其他能產生報酬的生產因素沒有什麼不同。但是在另一方面，**差別地租**又是因為土地擁有獨特的**自然**（natural）品質，以及**區位**優劣或肥沃度的不同。這些性質顯然與其他生產因素的性質不同。這些造成差別地租的因素，則是因為地主擁有大自然無價的禮物所產生的**不勞利得**。不過他並沒有明顯地討論到**報酬遞減**會造成差別地租的概念。

裴悌之後的重商主義學者的說法，**利息**是資本的**租**，與土地的**租**是一樣的。前者是**人造資產**的**租**，而後者是**自然資產**的**租**。雖然地租理論並不是重商主義理論者的重點，但是他們卻建立了分析的基礎。其中兩個概念值得注意。**第一**，他們把地

---

[3] 重要的包括**甘迪隆**（Richard Cantillon,1730），**奎內**（Francois Quesnay, 1694-1774），**杜哥**（A. R. Turgot, 1727-1781），**亞當斯密**（Adam Smith, 1723-1790），與**安德生**（James Anderson, 1777），其中安德生的立論算是比較合理而完整的。Barlowe, p. 136.

租看作是土地的產出或報酬；或者說是投資改良土地的報酬。**第二**，他們認為地租是出於一塊土地的**肥沃度**或**區位**，也就是說土地是一種特殊的生產因素。

重農主義者的地租理論 經濟理論在 18 世紀的發展主要在於**重農主義者自由放任**（*laisser-faire*）概念的提倡。重要的學者包括**甘迪隆**，**奎內**，與**杜哥**等法國經濟學家。

甘迪隆延續**裴悌**的看法，認為地租是使用土地所產生的盈餘。他同意英格蘭農民的習慣把地租分為三個部分。主要的地租歸於地主，大約相當於農產品三分之一的價值；第二部分的地租是維持農場上人力、畜力的花費；第三部分是給農民自己的利潤。重農主義者有一個強烈的欲望，就是在追求**自由放任**與政治改革的概念下，擴張經濟與提升生活水平。

另外兩位重要的重農主義學者，是發表**經濟表**的**奎內**與**杜哥**。**奎內**從總體經濟系統的觀點來看地租，認為地租是農民、地主與工人的收入；可是這三種人中只有農民具有生產力。所以**奎內**認為農業是一個國家及人民財富的來源。最後**奎內**也認為歸屬於地主的那一部分報酬是地主長期改良土地的補償。

杜哥則在分析上另闢一片新天地，他建立了土地與一般資本之間的關係。他認為地租是農民付給地主的報酬，以使他能夠使用地主的土地建立他的農場。地主對土地的需求，多半決定於農產品的價格，而農產品的價格必須高到某一個水平，最少能使其投資再加上利潤；或者最少等於他把錢用在其他**替選**的事業上。

我們可以總結的說，地租決定於土壤的肥沃度、人們對土地的需求、以及**所有權**所產生的土地價格水平。最後必須提到的是， **杜哥**可能是討論農業生產**報酬遞減**的第一人，但是**杜哥**並沒有把**報酬遞減**與地租之間的關係拉在一起。[4]

整體而言，重農主義的經濟學家給地租的分析增加了兩個新的面向。**第一**，他們討論了農業與租金收入對整體所得的影響，給日後**李嘉圖**等學者一個新的研究方向。第二，**杜哥**應用供需分析於地租上，認為地租是由本書在第 1 章所講的，**實質**與**經濟**兩種供需因素同時影響而決定的。

古典時期的地租理論

所謂**古典時期**，是指從 1770 年到 1870 年之間經濟學家的思想與著作。在此時

[4] Joseph S. Keiper, et al., *Theory and Measurement of Rent,* Chilton Company, Book Division, 1961, pp. 11-13.

期，對地租理論的分析達到最重要的高點，特別是英國的政治經濟學家們。其中**亞當斯密**建立了大部分的基礎分析工作。

古典時期的地租理論，通常都是從拿破崙戰爭之後的幾位英國經濟學家開始。其時英國國會正在討論備受爭議的**穀物法**（Corn Law），因此多位學者注意到地租理論的討論。其中**馬爾薩斯**（Thomas Robert Malthus），**李嘉圖**與**屠能**為對現代地租理論最有貢獻的三位經濟學家。**馬爾薩斯**提出了**剩餘**（residual）的概念，而且預示了**邊際生產力遞減**概念的地租理論。**李嘉圖**則從土地肥沃度差別的觀點來解釋地租，而且成為日後最為廣泛接受的古典地租理論。**屠能**則更獨立發展出以相對於某一市場的**區位**不同而產生**地租**的理論。

在《**國富論**》（*The Wealth of Nations,* 1776）出版四十年之後，**地租**理論的重點產生了極大的轉變。雖然對**地租**的概念仍然認為它是**不勞而獲的盈餘**，此項盈餘或地租決定於對農產品的需求，在供給面受**土壤肥沃度**與**區位**的不同所造成的生產成本不同的影響。但是重點卻轉向從供給因素來決定地租；地租是農產品成本提高的結果，地租的提高是由於**報酬遞減**的作用，再加上穀物價格上漲與拿破崙戰爭之後英格蘭的特殊政治情況的影響。

亞當斯密的地租理論　**亞當斯密**在其《**國富論**》裡，對地租理論做了比較完整的處理。最重要的是，他把前人的立論作了綜合性的分析，並且把地租與價格的決定、所得的分配與經濟發展之間的關係做了分析。實際上，**亞當斯密**是把地租理論提升到更重要地位的第一人。**亞當斯密**認為，地租是地主運用他的**獨佔**權所獲得的不勞利得。基於此一立場，他不同意**奎內**視地租為地主投施資本的報酬的說法。他認為：

> 地租通常都被認為不過是地主投施於土地改良物的資本所得到的合理利潤或利益。地主甚至在未改良的土地上要求地租，而改良物所得的利得，便是在原始地租之上更多的利得。其實，改良物有時也由承租人所投資。然而在重訂**租約**的時候，地主都會提高租金，好像所有的投資都是他做的一樣。因此，地租被視為使用土地所付的代價，而且是獨佔價格。它不是按照地主改良土地的貢獻有多少，而是看農民能付得起的租金是多少。[5]

當**亞當斯密**談到地租與產品價格之間的關係時，他在《**國富論**》第一篇第 6 章

[5] Adam Smith, *The Wealth of Nations,* Books I-III, Penguin Books, LTD, Reprinted, 1997, pp. 248-249.

討論產品價格的組成部分時說：

> 穀物的價格，有一部分是付給地主的地租，另外是付給勞工的工資與飼養牛隻的花費，第三部分才是付給農民的利潤。這三部分遲早都是構成穀物全部價格的組成部分。[6]

這種說法顯然認為地租是決定價格的一部分成本，但是在《**國富論**》第 12 章討論**地租**時，**亞當斯密**則持完全相反的看法：

> 根據觀察，地租與產品價格形成的關係與工資及利潤不同。工資與利潤的高低是價格高低的原因，而**地租的高低是產品價格高低的結果**。因為在生產時必須先付工資與利潤，才能使產品上市，也就影響價格的高低。但是因為無論價格是高是低，或多或少，或者甚至於不足以償付工資與利潤，總是或多或少都要負擔**地租**。[7]

在此之後，一直到《**國富論**》的第五版，**亞當斯密**都沒有再改變過他的立場。實際上，**他認為地租的產生，是由於人們對產品的有效需求所決定的價格所決定的**。而在人口稀少的地方，例如林地與礦產地等邊際土地，需求不足，都不產生**地租**。

除了對農地的**差別地租**有充分的發揮之外，**亞當斯密**對由於**區位**的差別所產生的**地租**也有所說明：

> 地租不僅隨著土地的肥沃度產生變化，也隨著**位置**（situation）的不同而產生變化，不論其肥沃度如何。接近城市附近的土地，會比同樣肥沃但是遠在鄉村的土地產生較高的地租。[8]

在討論區位差別的地租時，**亞當斯密**也認為改善**運輸設施**與地租的差別有關係。他說：

> 好的道路、運河與可航行的河流，可以減少運輸的花費，而使偏遠鄉村地區的地租水平接近城市附近地區。[9]

在《**國富論**》有關地租的討論裡，最後則對技術的進步對地租的影響有所闡

---

6 Smith , p. 153.

7 Smith , p. 249.

8 Smith , p. 250.

9 Smith , p. 251.

述。而且是從整體國民所得的角度來看此一問題。**亞當斯密**注意到，製造業的成本是因為技術進步而遞減的。他說：

> 所有這些勞工生產力的改善，都可以直接減少實質生產的成本，而間接地提高土地的實質地租。社會每一項實質財富的增加，以及每一項雇用勞工的增加，都會間接的使實質的地租提高。
>
> 相反的，忽略耕種的改進，產出價格的低落，因為生產技術老舊而使生產成本升高，社會財富的衰微等都會使實質地租減少，進而減少地主的財富，降低其本身與其他人的購買力。[10]

綜合而言，**亞當斯密**對地租的分析，主要是延伸了**裴悌**、**甘迪隆**，以及特別是**杜哥**的**地租**概念。到 18 世紀後期，有關地租理論的幾個基本理論都已經清楚地描繪出來。**裴悌**的**地租**概念認為，**地租**是決定於**土壤的肥沃度**與**區位的優劣**等因素所造成的土地淨報酬或盈餘。之後的重商主義理論家闡述了土地價值、利率與地租的關係。**甘迪隆**認為**地租**的產生，主要是由於貨幣流通。**杜哥**又明顯地指出，對**農業產品**的需求是決定地租的因素。**亞當斯密**綜合了這些概念，整理出他的一般分析，成為第一個在經濟成長環境中分析**地租理論**的學者。他也奠定了**地租理論**後來發展的基礎。

安德生（James Aderson,1739～1808）在他 1777 年所發表的論文中，即批判農產品價格高是因為地租高的說法。由於這種說法，於是現代差別地租理論於焉萌芽。[11] 其後的**李嘉圖**也持同樣的看法，而且更完整地闡明**地租是由產品的價格所決定的，而不是生產成本的一部分**。而價格又決定於對產品的有效需求與土地的肥沃度，所以僅僅降低地租並不會使穀物價格便宜。

在**安德生**之後，**魏斯特**（Sir Edward West, 1782～1828）則在**差別地租**與**報酬遞減**的概念上加以發揮。他的主要命題是說，每一單位增加投入的資本，會產生低於投資比例的報酬；而且結果所花費的資本愈多，所獲得的報酬愈會不成比例的減少。因此，他的結論認為**地租**的形成，幾乎完全由於投入土地資本的**報酬率遞減**現象。不過他也認為**地租是不勞而獲**的剩餘。地租理論一直到**李嘉圖**，才有一個比較完整的說明。[12]

---

[10] Smith , p. 356.

[11] Keiper, p. 20.

[12] Keiper, pp. 21-23.

馬爾薩斯（Thomas R. Malthus,1766～1834）依照**亞當斯密**的看法，認為地租是支付了耕種的花費，以及扣除了投入資本的利潤之後，留給地主的全部農產價值的剩餘。他接著說，顯然地租產生的原因，是農產品在市場出售的價格超出**生產成本**的部分。如果農產品以較低的價格出售，這種剩餘在支付了耕種的花費之後就沒有了。但是農業的生產力並沒有變化，唯一不同的是，在先前農產品價格高時，地主獲利而社會受損；而現在則是社會獲利而地主受損。這樣看來，整個社會的利益並沒有增加，只不過是把這些淨剩餘從一個階級移轉到另一個階級而已。[13]

因此，**馬爾薩斯**認為造成高價格與高地租的原因有三：

1. 土地的品質，除了生產產品能維繫人們在其上工作外，還會有所剩餘。
2. 這種維持生產所必須的特殊品質，又創造了對它本身更大的需求，或者養活其產出所能養活的人口。
3. 最肥沃的土地是相對稀少的。[14]

從以上三個原因，很顯然地可以看出，**馬爾薩斯**的地租理論主要是建立在這三個基礎上。可是**李嘉圖**在他的《**政治經濟學原理**》裡說：「對我來說，**馬爾薩斯**先生過於強調糧食的供需造成人口的增加，也就是說，有了糧食就會鼓勵結婚，而不考慮造成人口增加的其他因素，如資本的增加、對勞力需求的增加，以及工資的上升等。」[15]

為了分析地租水平的改變，**馬爾薩斯**引介了四個法則（laws）：

1. 資本累積的增加會降低資本的利潤。
2. 人口的增加會降低勞工的工資水平。
3. 農業的改良或提高生產力的努力，會減少所需要的勞力。
4. 農產品價格的提高，會加大農產品的價格與成本之間的差距。[16]

如果把**馬爾薩斯**的學說去蕪存菁，可以說地租是產品的市場價格與成本之間的多餘差額。由這種剩餘的差額所造成的人口壓力，會使地租提高。

---

[13] Thomas Robert Malthus, *Inquiry into The Nature and Progress of Rent,* A Reprint of Economic Tracts, Edited by Jacob H. Hollander, Johns Hopkins University Press, 1903, pp. 11-15.

[14] Malthus, p. 15.

[15] Keiper, pp. 32-33.

[16] Malthus, p. 24.

李嘉圖的差別地租理論　**李嘉圖**的立論是從農地開始的。按照他的說法，地租是利用**土壤**的原始不可毀壞的生產力所產生，給予地主的一部分產出。也是農民付給地主的報酬；如果地主提供良好的灌溉、排水及其他設施，當然報酬也會因之有所差別，這也是**地租**。但是**李嘉圖**特別強調，他所指的**地租**，是償付**土壤**原始不可毀壞的生產力的報酬而說的。依照他的解釋：

> 當人類最初定居時，肥沃的土地一定不少，只要一小部分就夠養活當時的人口，這時並沒有地租產生；因為土地太多並不需要償付任何代價。根據基本的供需法則，使用土地就像使用空氣與水，或者其他大自然所賜的禮物一樣，是不需要任何代價的。假使所有的土地性質、品質都相同，而且數量無限的話，除非某塊土地具有特別的優勢，否則即不需償付任何代價。然而，恰好土地的數量不是無限的，品質也不一致；因為人口的增加，次等品質或是不具優勢的土地必須拿來耕種，而使用此等土地便要償付**地租**。當社會進步，第二等的土地被拿來耕作時，**地租**就會立刻在第一等的土地上產生，而產生**地租**的多寡，就要看這兩塊土地品質的差別而定。
>
> 當第三等的土地被拿來耕作時，**地租**立刻在第二等土地上產生。而**地租**的多寡也和前述一樣，由土地生產力的差別來決定。在此同時，第一等土地的地租會更升高，而且高於第二等土地的地租，究竟高過多少，則要看使用資本、勞力所獲得的產出的差別而定。每一階段人口的增加，都會需要增加食物的供給，也就必須使用次等土地，而在比較肥沃的土地上，**地租**就會增高。[17]

李嘉圖的地租理論，可以用圖 5-1 的例子加以說明。圖中假定有品質不等的四塊土地，它們的生產力在分別投入 100 元的勞力、資本時，分別可生產 50、40、30 及 25 單位的產品。因此在 A 級土地上的單位成本為 2.00 元，B 級土地上為 2.50 元，C 級土地上為 3.33 元，D 級土地上為 4.00 元。只要有足夠的 A 級土地生產所需要的產出，市場價格即相當於 2.00 元的成本水平。此時不必償付任何地租，因為每一個土地使用人都有足夠的 A 級土地供其耕作，也沒有任何人可以提高產品的價格。

這種狀況因為人口的增加，需要使用 B 級的土地參與生產，就會有所改變。此時，產品的價格必須提高到 2.50 元，以彌補因為土地使用達到新的**粗放邊際**所增

---

[17] David Ricardo, *On the Principles of Political Economy, and Taxation,* Prometheus Books, 1996, pp. 46-47.

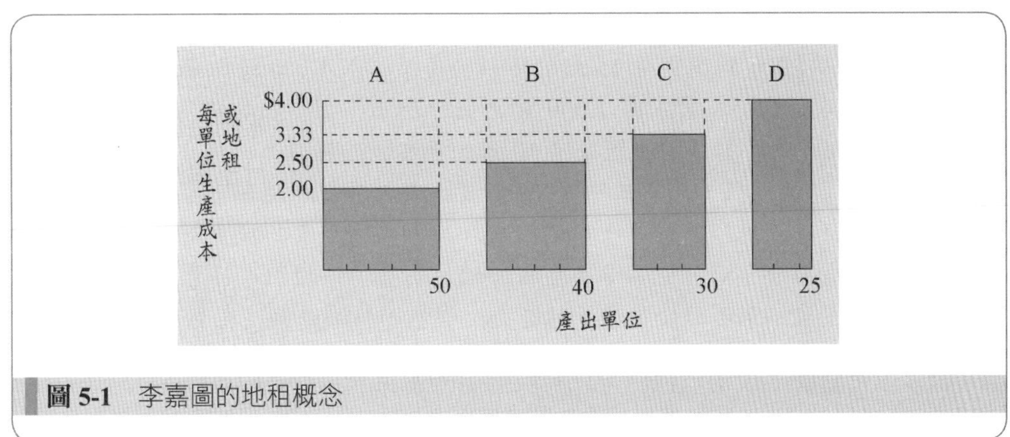

圖 5-1 李嘉圖的地租概念

加的生產成本。產品價格提高也可以鼓勵經營者耕種 B 級土地，而此時在 A 級土地上就會產生每單位 0.50 元的**經濟剩餘**。此項**剩餘**對於在 A 級土地上的生產並非必要，所以就成為土地所有權人的**地租**，也就是前面所講的**生產者剩餘**。

再進一步地看，產品的價格必須提高到 3.33 元的水平，C 級土地才會被使用。此一價格就會帶給 B 級土地 0.83 元的地租，並且帶給 A 級土地 1.33 元的地租。當每單位產品的價格提高到 4.00 元時，就會使 D 級土地參與生產，而此時則會帶給 C 級土地 0.67 元的地租，B 級土地 1.50 元的地租，A 級土地 2.00 元的地租。

李嘉圖認為，農產品的價格是由滿足社會需要的總供給的最高成本所決定的。他的理論認為，價格是由耕種的**集約邊際**與**粗放邊際**處的**生產成本**決定的。產品的價格必須提高，耕種的粗放邊際才能向外擴張；此一提高的價格，又使比較肥沃的土地的**集約邊際**提高，也有利於土地的集約使用。照他所說：

> 通常假使 2、3、4 或 5 級，以致於更差的土地都可以拿來耕種，用在已經耕種的好土地上的資本的生產力便可以更加提高。也許我們可以發現，當使用於最好的土地上的資本加倍時，我們未必能使產出百分之百的增加，但是至少應該增加 85%。此一增加的產量，可能會高於以同樣的資本用在第三級的土地上所能得到的產量。
>
> 在這種情形之下，資本用在原來的土地上可能更好，也同樣能產生一定的地租。地租就是使用等量的資本與勞力所獲得的報酬的差額。假使佃農使用 1,000 鎊的資本，他可以獲得 100 鎊的報酬；當他使用第二個 1,000 鎊的資本時，他可能只多得 85 鎊的報酬，他的地主會要他多付 15 鎊的地租。假使他對於第二個 1,000 鎊資本少得 15 鎊的報酬仍然滿意，可能是因為當時沒有更好報酬的投資機會。假使一般的利潤水平如此，而

> 原來的佃農不願繼續投資，或者其他佃農願意就此報酬承租這塊土地。這時，第一個 1,000 鎊便獲得 15 鎊的地租，而第二個 1,000 鎊即無法獲得地租。如果再繼續投入第三個 1,000 鎊於同一塊土地上，報酬將為 75 鎊；第二個 1,000 鎊資本這時便能獲得 10 鎊的地租，而同時第一個 1,000 鎊便可獲得 25 鎊的地租，而第三個 1,000 鎊資本便無法獲得地租。
>
> 假使好的土地極其豐沛，超過人口增加所需要生產的糧食；而資本的使用也沒有短缺，而且也不會產生報酬遞減現象，則地租也不會增加，因為地租的產生，是由於使用多量的勞力、資本而報酬遞減所產生的。[18]

由以上**李嘉圖**的說明，我們可以發現地租的產生，可能是因為使用不同品質的土地，也可能是因為在同一塊土地上繼續投施**勞力資本**，因為**報酬遞減**現象而產生的。學者把因為土地**肥沃度差異**所產生的地租，稱之為**差別地租** I（differential rent I）；而把由於繼續投施勞力資本，因為報酬遞減所產生的地租，稱之為**差別地租** II（differential rent II）。

李嘉圖的理論如果用圖 5-2 的成本曲線來說明會更加清楚。當只有 A 土地被使用時，生產 p 單位產品最為有利，此時並不產生地租。當使用到 B 土地時，經營者會發現生產 j 單位的產品最為有利，這一點是它的**粗放邊際**，無地租產生。在此一生產價格水平時卻給 A 土地生產 p 單位時，創造了地租；而且可以使生產增加到 q 單位的集約邊際處。同樣地，當 C 土地也拿來耕作時，B 土地的經營者即在產出 j 單位時獲得地租，而且發現增加生產到 k 單位時也能獲利；此時 A 土地的經營者在 p、q 單位的生產上能獲得更多的地租，並且可以把生產推到新的**集約邊際** r 單位的產出。同樣的情形也可以發生在 D 土地上，並且可以在所使用的 A、B、C 土地上推往新的**集約邊際**，而獲得更多的地租。此外，**李嘉圖**認為**地租是產品價格所決定的，而且不是、也不可能是構成價格的因素**，依照他的見解：

> 產品的價格升高，是因為最後一個單位（邊際）的產品需要更多勞力的投入，而不是因為要付給地主地租。穀物的價格是決定於，在某一品質的土地上用於生產穀物的勞力或資本的量，他們並不償付地租。穀物的價格不是因為付了地租而提高，而是因為穀物的價格提高，所以要付地租；因為既使地主不收地租，穀物的價格也不會下降。雖然如此可以使農夫生活得像個紳士，但是並不會減少在生產力最低的土地上所必須投入的勞力。[19]

---

[18] Ricardo, pp. 48-49.

[19] Ricardo, p. 50.

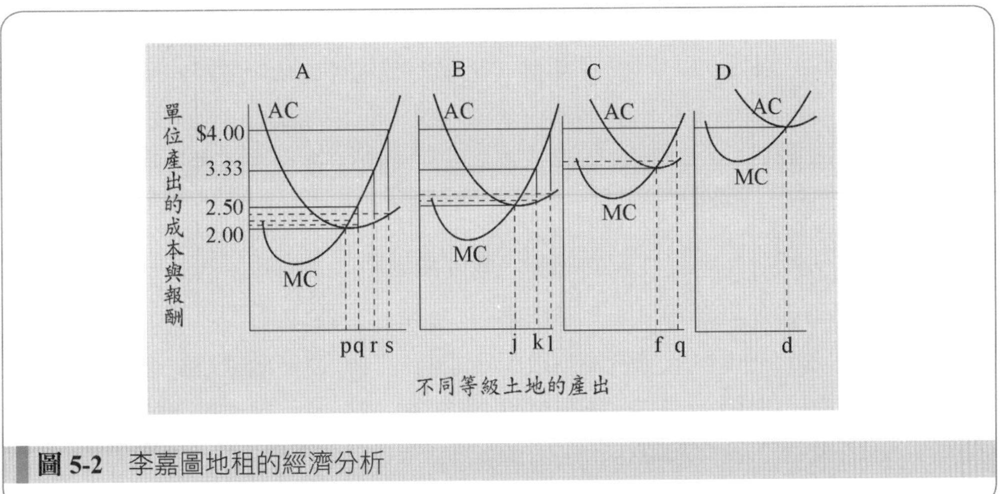

圖 5-2 李嘉圖地租的經濟分析

他又說：

> **地租**的提高，是一個國家財富增加的結果，也是由於人口增加，提供糧食日益困難。那是富裕的結果而不是富裕的原因；因為當**地租**平穩甚至下降時，財富才會增加。而當土地的生產力降低時，地租就會快速升高。在土地非常肥沃，進口極少限制，透過農業改良，投資勞力即可使產量倍增的國家，其財富即會快速增加，而其結果會使**地租**的提高減緩。假使高穀物價格是地租影響的結果，而不是原因，價格必定會跟著地租的高低而變動，此時**地租**即是價格的構成因素。但是穀物是勞力所生產的，而勞力的量才是決定穀物價格的因素，所以地租不會、也不可能成為價格形成的因素。[20]

批評**李嘉圖**的人認為他的說法錯誤，因為市場價格是供給與需求的交互作用所決定的，而不是在**粗放邊際**的生產成本所決定的。這種批評在短期而言是正確的，因為在生產過程中的不確定性，使生產者無法預知**粗放邊際**究竟在何處出現。消費者的品味、對流行**租率**的接受、獨佔者對地租額度的決定等因素，都傾向於認為短期都市地區的**地租**是由供給與需求所決定的。然而，如果從長期觀點來看，供需所決定的價格一定會反映出**粗放邊際處的生產成本**。當價格與地租都低的時候，**粗放邊際**處的新土地不會參與生產，而已經使用的土地，也會脫離生產。價格與地租提高，才會使高成本的土地用來從事生產。[21]

[20] Ricardo, p. 52.

[21] Barlowe, p. 140.

李嘉圖認為地租是由產品價格所決定的，而不是地租決定產品價格的說法，也有其時代背景。在 1711 年至 1794 年間，英國的**穀物**（corn）價格非常平穩。但是從 1795 年到 1800 年間，穀物的價格上漲了三倍，而在接下來的二十年間穀價仍然繼續上漲。因為穀物為主要糧食來源，其價格的上漲造成老百姓生活困難與政治的不穩。

於是有些人認為是地主故意向佃農收取高額**地租**，才使穀價居高不下。另外一些以**李嘉圖**為首的古典經濟學家的看法剛好相反。他們認為穀價之所以高，是因為拿破崙戰爭（1804～1815）使穀物短缺所造成的。高穀價使種植穀物有利可圖，因此使對土地的需求增加，進而使**地租**提高。假使穀價下跌，種植穀物的利潤減少，對土地的需求也減少，於是**地租**也會跟著降低。

屠能的區位地租理論　**裴悌**與**屠能**都注意到，因為土地區位的不同也會產生地租，這與**李嘉圖**把重點放在土地肥沃度差別的理論有所不同。依**屠能**所見，當在相同品質的土地上生產穀物時，距離城市較近的土地，必然比較遠的土地享有地租的優勢。優勢的大小，則與從此兩地運送產品至中心市場的**運輸成本**高低有關。在早期以人力或畜力做為交通工具的時代，**運輸成本**顯然是影響獲利的一項主要因素。現代技術的進步雖然大大改善了這種狀況，但是**運輸成本**仍然是影響產品利潤，以及償付**地租**能力的重要因素。

距離市場愈遠的土地，自然會負擔較高的運輸成本，所產生的**地租**也會較低。假定運輸成本為每噸／公里 3 元，產地與市場之間的距離每增加 1 公里，地租便會每噸減少 3 元，或者是每 10 公里減少 30 元（圖 5-3）。也就是說，在距離工廠 20 公里處的地租為 60 元；而 40 公里處就是**無地租邊際**。而**無地租邊際**隨著土地使用的不同，與距離市場遠近的不同而不同。此一因素，特別是在今天複雜的市場結構中，幾乎使每一塊土地都有一些產生地租的能力。在**中心商業區**（CBD）的土地做任何使用，都會產生較高的地租。距離市場較遠的土地，可以使用的方式就比較少，而比較有利的使用，可能是比較粗放的放牧類使用。第 5 章的圖 5-13 與第 6 章的圖 6-10 都是**屠能的地租模式**，也就是**競租模式**。在台灣土地學術界多以為**競租模式**為**阿朗索**（William Alonso）所提出與發展的，實為一項誤解與錯誤。

屠能的競租模式已被用在空間區隔的市場，以及估計公園與自然景點價值與利益的研究上；它也被用在解釋都市發展，與某些工業選擇區位的決策上。關於**屠能的競租模式**在土地使用與都市發展的關係，本書將在第 6 章，講區位理論時，再作

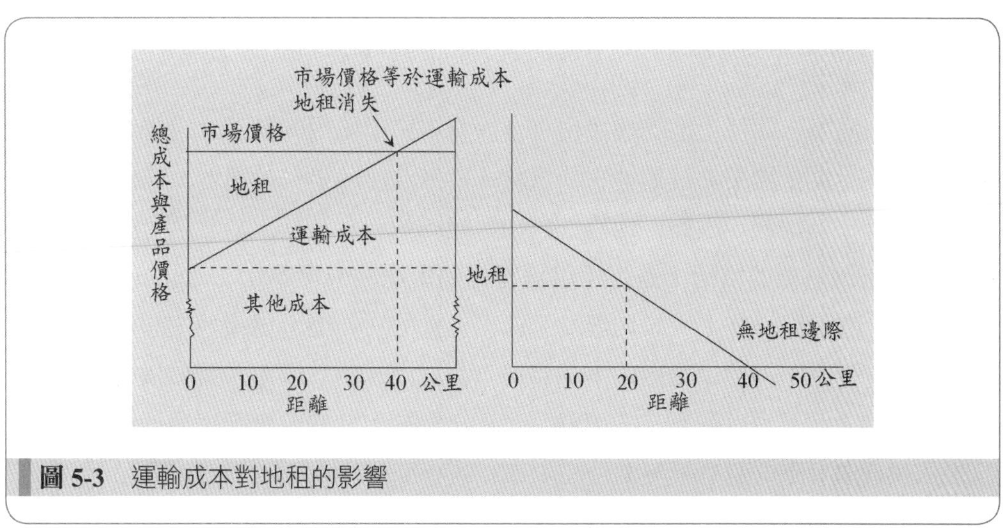

圖 5-3 運輸成本對地租的影響

詳細討論。

馬克思（Karl Marx）的絕對地租理論　雖然馬克思的地租理論大部分源於**李嘉圖**的地租概念，但是**馬克思**的地租理論卻與**李嘉圖**的理論有幾項重要的區別。**馬克思**認為地租是超過**利潤**的剩餘，或者是給土地所有權人因為擁有土地所得到的**剩餘價值**（surplus value）。**馬克思**在資本論裡這樣說：

> 土地不動產是私人獨佔了地球表面的某一部分。其目的是要使這一部分的土地歸屬他自己並且排除所有其他的人。[22]

然後，**馬克思**分別從兩個不同的角度來分析地租，也就是**差別地租**與**絕對地租**（absolute rent）。

首先，**馬克思**擴大了**李嘉圖**的差別地租概念，將它一般化，並且揚棄了大部分的原始教條。他並不以開發新農地立論，而以設立**工廠**開始他的論述；他也不談地租的出現是從使用好的土地到不好的土地，或是由不好的土地到好的土地，而是從**準租**開始。他假定農業生產也跟工業生產一樣使用資本家的生產方式；而所不同的只是資本投入的方式不同。農業生產的投資大部分在**土地**，而工業生產的投資大部分在雇用**勞工**。我們在此所考慮的**土地財產權**問題是具有歷史淵源的；換言之，就是土地財產的**獨佔權**（monopoly right）。擁有土地是生產的先決條件，**土地所有權**便成為最有優勢的生產條件，正如工業生產的優勢是擁有足夠的勞工一樣。不過工

[22] Karl Marx, Capital, vol.Ⅲ. Chapter 37.

業生產的剩餘利潤歸**資本家**獲得，而農業生產的剩餘利潤是由**地主**獲得，而且比一般人獲得的更多。

馬克思認為，耕種土地的**農民**也相當於資本家所雇用的**勞工**。這些資本家所雇用的農民，定期依照契約付給地主一筆錢。這筆錢無論是付給農地、建地、礦地或森林，都稱之為**地租**。因此，**地租**一詞在這裡的意義，是指土地財產所能產生的**經濟價值**。**土地財產的價值，是地租以適當的利率還原或資本化（capitalized）所顯示的價值**。在實際操作上，是**佃農**為了取得土地的耕作權所付給地主的租金，也就是**契約租**。而且不論這筆租金的來源為何，都是因為所有權人的**獨佔權**使其能夠收取這筆租金，而且可以願意定多高就訂多高。對於土地的改良卻不負任何責任，完全要依賴**佃農**有限的資本與勞力。

另一項重要的事實是，地主壓低農場農民的工資到平均水準之下，使這些減少的工資變成租金以地租的型態進入地主的口袋。於是**高地租**就等於**低工資**。此外，另一個現象則是大農場的地租要低於小農場的地租。因為後者的競爭要比前者為激烈，而且只有少數小農場的農民能夠轉業；因此，他們也只好付出較高的地租，例如中國的小農制度。

必須注意的是，不論付給地主的是地租或租金，其本身並沒有價值；也就是說，它們並不是勞力的產品。因為土地不能用勞力生產；古董或大師的藝術品也是一樣。任何東西的售價無非是決定於其能否被**獨佔**。所以**馬克思**認為，任何產品的價格是**獨佔**的**絕對地租**所決定的。

馬克思所討論的第二類地租就是**絕對地租**。它與**獨佔地租**的概念極為相似。依照**馬克思**的說法，**絕對地租**的產生，是農產品的價值超過其生產成本的部分。而這一部分的價值，並不是由於土地生產力的差別，而是**由於地主對土地的獨佔權力**。

換言之，**馬克思**認為僅僅農產品的價值高於生產成本，並不足以解釋地租的存在。地租與各種土地的肥沃度，以及是否繼續投施資本在同一塊土地上都沒有關係。簡單地說，有一種地租應該清楚地與**差別地租**概念加以區別的，就是**絕對地租**。**絕對地租**，不論其大小都是出於**獨佔價格**。此一**獨佔價格**又完全是對土地財產**獨佔**的結果。而且，**產品價格的提高並不是由於地租，而地租的產生乃是產品價格提高的結果**。而產品的價格又決定於市場的供需狀況。不論如何，此一絕對地租最後被地主所**攫取**（filched）。它不是出於生產成本，也不是出於產品的價值，而是實際的**獨佔價格**。而**獨佔價格**又是出於購買者的需要與他的支付能力。**馬克思相信，絕對地租與差別地租不同，它是生產成本的一部分；所以它是決定產品價格的**

因素。而差別地租的說法，地租則是由產品的價格所決定的。

馬克思也指出，研究地租，要避免三種錯誤：

1. 不要把不同社會的生產過程中所產生的各種形式的地租混為一談。不過所有各種型態的地租都有一個共同點：地租是土地財產的經濟型態，土地的財產權必須先確立。也就是說土地必須有其所屬，屬於個人或團體則無不同。
2. 所有的地租都是剩餘的價值，也是剩餘勞力的產品。
3. 地租是土地財產的經濟實現，但並不是出於獲得者的貢獻，而是在社會發展中全體勞力的貢獻。假設我們只考慮農業生產的地租或土地的價值，它是農地的產品，以及非農業人口為了求生存對它們的需求所造成的。當然，我們所指的並不是農業的特殊性質，而是所有各種財貨的生產，也就是資本家的生產。**獨佔**又使地租與地價升高，而地主一點貢獻也沒有。[23]

雖然他說產品的價格是地租所決定的，但是他的分析仍然有些值得檢討的問題。第一，他沒有解釋地主的**獨佔權力**如何在競爭的農產品市場中運作。第二，他也沒有說明**剩餘利潤**（surplus profit）如何能產生絕對地租。最後，他也沒有討論如果需要大量的土地做其他種類的使用，會不會影響到地主的**獨佔權力**。或許馬克思沒有考慮這些問題，是因為他相信，絕對地租在正常情形下，只是很小的一部分。[24]

最後，**馬克思**在他分析差別地租的同時，也注意到**區位**所扮演的角色。照他的說法，如果一塊土地的**區位**好，既使土壤的品質不好，其價值也勝過土壤品質好而區位不好的土地。[25] 區位是決定一塊新開發土地的耕種邊際的因素。

彌爾的地租理論　**彌爾**（John Stuart Mill, 1806～1873）的地租理論對後世有相當大的影響。特別是**亨利喬治**的單一稅理論，以及我國國父　中山先生的平均地權理論。

彌爾認為一個社會的經濟發展，要靠地主、資本家與勞工三個主要因素。而經濟發展又特別會使地主階級更趨富有。在此同時，卻會使勞工維生的成本日漸升高而利潤下滑。就農業而言，又會使農業改良所獲得的利潤全部歸於地主。

[23] Karl Marx, Capital, vol. Ⅲ. Chap. 37.
[24] Karl Marx, Capital, vol. III. Chap. 7.
[25] Karl Marx, Capital, vol. III, Chap. 37.

彌爾對地主的反感，充分反映在他對地租的討論上。他認為非常明顯地，地租是**獨佔**的結果。雖然**獨佔**可以被規範，但是卻無法根絕。這種看法也使**彌爾**終其一生都在倡導**土地國有化**，並且積極地支持**土地制度的改革**（Land Tenure Reform）。在他的《**經濟學原理**》（*Principle of Political Economy*）裡有這樣的描述：

> 所有人們的財富都是勞力所得，並且是過著簡樸的生活所累積的。然而此一原則卻不適用於地球上的**天然資源**。假使土地的生產力完全出於自然所賜，而非人為的努力；然而卻被私人獨佔，則是最不公平的事情。而且土地財產的性質又與其他財產截然不同。[26]

他又接著說：

> 假使有一種所得，它一直在恒常地增加，而且不需要所有權人做任何犧牲。這些所有權人又屬於社會的某一階級，因為自然的因素而致富。在這種情形之下，如果國家把他增加的財富收歸公有，並不違背國家保障私有財產權的原則。與其讓這些財富成為這些人的不勞利得，還不如歸公對社會有利。這些財富就是所謂的租。如果以土地的**地租**（land rent）來看，由於社會進步所增加的財富，都歸地主所有。即是使地主在睡覺的時候變得更為富有。他不需要工作、不需要冒風險，也不需要省吃儉用。這種**不勞利得**自始就應該屬於國家，根本就不該屬於地主。對於這種未來增加的地租，應該課以**特別的稅**（special taxation）。**彌爾**認為這種**特別的稅**，其實不是**稅**，而是**租**，不是**稅**的一部分，而是土地的一部分；而土地自始就是屬於國家的，所以課徵此種地租，對地主而言，是不會增加他們任何負擔的。[27]

亨利喬治的地租理論　從 18 世紀後半葉以降，對地租的討論幾乎一致都認為是**不勞利得**，而非生產勞務的報酬；所以地租與土地制度的改革便成為社會改革的主題。**亨利喬治**（Henry George, 1839～1897）便是一位相當突出的理論家，以及**單一稅**（single tax）制的倡導者。他的**單一稅理論**與**馬克思**的**資產階級經濟**（*bourgeois political economy*）思想有其一致性。並且他反對**土地私有制度**、對土地的獨佔，以及對地主的反感也與**彌爾**相似。

---

[26] Keiper , 1961, pp. 58-59.

[27] J. S. Mill, *Principles of Political Economy*, 1848, Reprinted in Penguin Classics, 1985, pp. 169-171.

亨利喬治認為，**地租**是由**耕種邊際**（margin of cultivation）所決定的；**耕種邊際**擴張則地租下降，**耕種邊際**收縮則地租升高。所謂**耕種邊際**，就是我們在第 3 章所分析過的**集約邊際**與**粗放邊際**。**亨利喬治**的地租理論，其實是與**李嘉圖**的地租理論一樣的。他認為地租是一項剩餘，它產生於耕地擴張之後與之前所產生的報酬之間的差別。重要的是，他們都認為土地的邊際生產力扮演著重要的角色。

亨利喬治在他的名著**《進步與貧困》**（*Progress and Poverty*）的第三篇第 2 章裡對**地租理論**有精闢的說明：

> **地租**一詞的經濟意義，是地主因為對土地擁有所有權，而獲得的自然生產力所產生的報酬。在一般的用語上，**租**是指使用房屋、機器、設備，以及土地或其他自然生產力的代價。在談到房租或農場的租金時，通常並不把改良物的價格與土地的價格分開計算。但是在經濟意義上，**租**是不包括任何人為力量改良的。對房屋或改良物的使用代價，則被視為等同於**資本**。
>
> 在廣義的定義上，一般所說的**租金**，是使用人付給所有人的金錢代價。而在經濟意義上，獲得**租**的使用人與所有人可能是同一個人。假使我以低價購入一塊土地而以高價賣出，則我所賺的錢就是**租**。簡單的說，**租**就是所有權人以其**排他的權利**使用自然生產力所獲得的財富。任何土地，如果具有交易價值，就會產生經濟意義的**租**。土地在使用時有價值，不使用也有價值。也就是這種產生**租**的潛力使土地產生價值。簡言之，**地租**就是**獨佔價格**，產生於個人對**自然元素**的所有權，人為的力量無法使其產生也無法使其增加。[28]

亨利喬治與**彌爾**一樣，也服膺**李嘉圖的地租法則**（Ricardo's law of rent），也就是說：「**地租**決定於所使用的最沒有生產力的土地。」也就是說，在生產力最低的那一點（**粗放邊際**）沒有地租。**地租法則**實際上是來自**競爭法則**（Law of Competition）。如果在從事生產時，工資與利息維持在某一個水平，並且是利用最不好的土地，則在償付了工資與利息之後的剩餘，便以**地租**的型態歸於地主。

如果以數學公式來表示，則如以下所示：

假使：產出＝地租＋工資＋利息

則：產出－地租＝工資＋利息

[28] Henry George, *Progress and Poverty,* W. M. Hinton & Co., 1879, Reprinted, 1997, pp. 165-168.

所以他認為：

> 工資與利息並不是決定於產出的多少，而是要看償付**地租**之後剩下多少。如果是在邊際土地上生產，沒有地租，則工資與利息便由產出所決定。如果**地租**跟著產出而增加，則工資與利息便無法增加。
>
> 在一個經濟發達的國家或社區，生產力增加。如果土地的價值隨著成比例的增加，則增加生產力所獲得的財富將被地租所吞噬，工資與利息，仍然會維持原狀。地價上漲得愈多，地租也會被吞噬得愈多，工資及利息卻會下降。[29]

亨利喬治除了跟隨**李嘉圖**的農業地租理論來發揮他的地租理論之外，他也注意到，工業與商業土地會產生更高的地租，因為工、商業土地的價值更高。而地主所獲得的不勞利得就更多。

近代生態與環境經濟學家也服膺**亨利喬治**的思想，將他的地租理論一般化，倡導**生態稅制改革**（ecological tax reform）。也就是對產出所產生的污染課徵**污染稅**。因為生產市場財貨需要原物料，同時產生廢棄物。原物料取之於生態系統的**貯存性**與**長流性**資源，也就是耗用了生態系統的供給。而廢棄物又歸回生態系統，再一次地破壞了生態系統的結構。這種經濟系統生產市場財貨的作法，就是妨礙了**公共財貨**的生產。這種使用生產成本為零的自然資源所賺取的所得，當然是要課稅的，而且也與自然資源國有的思想是一致的。[30]

新古典時期的地租理論

新古典（Neoclassical）一詞，是指 1870～1935 年之間的主流經濟理論。**新古典時期**的經濟學家揚棄了**古典時期**的價值理論，而採用**邊際效用學說**（marginal utility doctrine）來分析需求與其他經濟行為。他們的分析主要著重在**個體經濟**（microeconomic）領域的分析，而將關於經濟成長，所得分配等總體經濟問題放在次要的地位。

新古典時期的重要學者，包括奧地利的**孟格爾**（Carl Menger, 1840～1921）、英國的**祁鳳士**（William Stanley Jevons, 1835～1882）、法國的**華爾拉士**（Leon

---

[29] Henry George, pp. 170-172.

[30] Herman E. Daly and Joshua Farley, *Ecological Economics: Principles and Applications*, Island Press, 2004, pp. 145 & 172.

Walras, 1834～1940），以及**祁鳳士**的學生**魏瑟**（Weiser）與**龐巴衛克**（Bohm-Bawerk）等，以及**柯拉克**（John Bates Clark）、**衛克斯提**（Wicksteed）、**柏瑞圖**（Vilfredo Pareto, 1848～1923），直到總其成的**馬修爾**（Alfred Marshall, 1842～1924）。

其中以**孟格爾**為首，並與**祁鳳士**、**華爾拉士**等人在幾乎同一時期發表**邊際效用分析的理論與方法**，因此被稱為**邊際效用學派**或**奧地利學派**。在所有新古典的創新方法中，**邊際生產力理論**對**地租理論**有最深遠的影響。其實在**李嘉圖**的地租理論裡，已經是用邊際分析的方法來說明地租的產生。**孟格爾**也承認古典地租理論的說法，也就是說，**地租是產生於土地的肥沃度與區位優劣的差別上的。土地肥沃度與區位優劣差別的分析，也就是集約邊際與粗放邊際分析的概念**。

新古典學者對古典學者的**李嘉圖**地租理論，只能做一些局部或技術層面的批判或修正，但是並不能動搖古典學派的地租理論。例如：**柯拉克**（John Bates Clark, 1847～1938）批評**李嘉圖**的地租理論，沒有把交通運輸的改善以及使土地供給增加，並且改善土地品質的資本投入納入考慮等。不過**柯拉克**也認識到，**正常的地租**（normal rent）是決定於因灌溉、排水所獲得的肥沃度、施肥所增加的肥沃度；交通運輸的改善所增進的可及性；以及稀少性價值。前三種價值是勞力所產生的；第四種價值則是社會成長與獨佔所產生的。

在**馬修爾**（1842～1924）出版他的《經濟學原理》（*Principles of Economics*, 1890）之前，新古典學派對地租的分析是非常零散的。**馬修爾**則努力做一整合，並且把**新古典**的概念與古典的概念結合起來，以保持它們在歷史上的連貫性。**馬修爾認為，地租的概念應該從土地擴大到各種生產因素，在不同的優勢下生產某種財貨所產生的報酬**。這種優勢又要看時間的長短。在短期內，因為生產因素有限，又無法由人力在有限的時間內增加，則這種報酬就是**租**也就是**準租**（quasi-rent）。[31]

馬修爾在他後幾版的《經濟學原理》裡，把**準租**分成兩部分：(1) 區分短期固定資本與變動資本的報酬，因為變動資本可以隨時追逐更有利的投資對象；(2) 稀少性資源的報酬。**準租**是短期內變動成本所獲得的額外的報酬。在把時間因素計算在內之後，**馬修爾**認為**差別地租與稀少性地租之間，並沒有根本上的不同**。在對地租的見解上，**馬修爾**也維持他與古典傳統的一貫性，但是卻把**土地**與**資本**清楚地區別出來。不過他也承認，從個別生產者而言，**土地只不過是資本的另一種特殊型**

[31] Alfred Marshall, *Principles of Economics*, Prometheus Books, 1890, p. xiv.

態。此外，**他也同意地租是由產品的價格所決定的**。

在看過地租理論的起源與發展之後，我們可以發現，地租理論在過去三百年的演變歷程中，受新古典學派思想的影響最深。因此，我們也要問，為什麼這種變化發生在 1870～1935 年間？當我們檢驗歷史的記錄時，會發現只有極少數的新古典理論是未曾被預料到的。那麼又為什麼遲至這段時間才發生？

一項合理的解釋，可能是農業土地漸漸失去了它的重要性。在**李嘉圖**的時代，土地佔有農業及經濟發展的極端重要地位；可以說是經濟成長與福利的瓶頸或**限制因素**。從**彌爾**修飾**李嘉圖**的地租理論以後的一百年間，土地在經濟上的地位便直線下降。時至今日，這種現象更為明顯，地租理論隨著變化，也是可以理解的。**馬修爾**的**準租**或**經濟租**理論，已經把**租**擴大到土地以外的其他生產因素。德國經濟學家**胡芬蘭**（Gottlieb Hufeland, 1760～1817）更早已清楚的指出：自然財富（**租**）的來源有二：

1. 人類的天分、能力、思想、心智與品德。
2. 土地或土壤。[32]

似乎我們現在所說的**知識經濟**，早就存在了，現代人真是後知後覺。日光之下真的沒有新鮮事。

凱普爾（Joseph S. Keiper, et al.）在他所著 *Theory and Measurement of Rent* 中也說：

> 地租在過去 150 多年來的經濟思想裡，是一個非常令人困擾的概念。從**李嘉圖**的古典模式到**亨利喬治**的改革思想，都認為土地是唯一的生產因素的想法，已經被近代世界的思想家所揚棄。在經過多方長久的爭議與討論之後，漸漸被一個比較一般化的概念——**經濟租**——所取代。**經濟租**可以用所得或報酬的型態出現在任何生產因素或功能上，**不勞利得**也在其內。[33]

[32] Keiper, p. 63.

[33] Keiper, p. ix.

➔ 地租的經濟分析

地租是生產的報酬

地租常被視為**經濟的剩餘**（residual economic surplus），也就是在從事生產時，所得的**總產值**或**總報酬**償付**總因素成本**或**總成本**之後的剩餘，也就是圖 5-4 中灰色的長方形 LMRP 部分。無論是從投入面分析或是從產出面分析，都是從總產值 LNSP 中減掉總成本 MNSR 所剩下的部分。如果從產值圖 5-4(a) 來看，地租等於 AVP-AFC 乘以投入因素的單位量；若是從成本圖 5-4(b) 來看，地租等於 AR-AC 乘以產出的單位量。

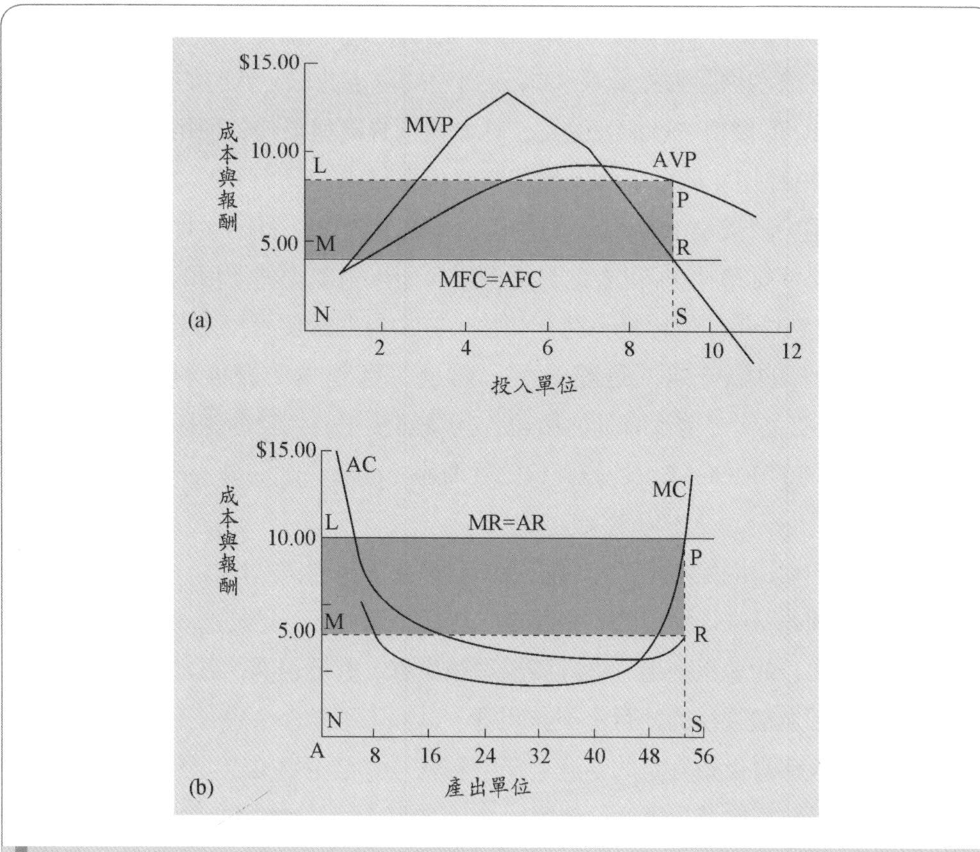

圖 5-4 從投入面及產出面分析地租的產生

以上的分析是以土地為基礎的分析，其實對使用非土地的生產因素報酬的分析方法，應該是和使用**土地**的報酬的分析方法一樣的。其他非土地的生產因素的報酬，也可以用邊際生產力分析來決定。不過通常對於非土地生產因素的報酬，多半都是由會計程序來處理的，也就是對這些生產因素的**現金償付**（cash payments）。以這種方式來處理的價格，則與**契約租**的性質極為類似。

另外，我們也必須知道，**地租**並非一成不變的被視為經濟的剩餘。在實際生活中，償付**契約租**的個人或企業，**地租**則是他們**生產成本**的固定支出。管理或勞力在這種狀況之下，也成為固定因素，**剩餘**則是**利潤**（profit）或勞力所得。

供需分析

關於**地租**的產生除了從生產的**剩餘報酬**來解釋之外，也有學者從供需的關係來討論**地租**的產生。廣義地說，**經濟租**是任何超過償付此項生產因素供給成本的報酬。**土地**是一項供給有限而又無法再生產的生產因素。如圖 5-5，供給曲線在 Q_e 是一條垂直線，表示供給彈性為零。D_0 為目前的需求曲線，此時的價格為 P_0；凡是任何不低於 P_0 的價格，就能使這塊土地做目前**最高與最佳的使用**，例如住宅。當需求由 D_0 增加到 D_1 時，這塊土地的價格也會從 P_0 升高到 P_1，P_0P_1 就是每單位土地的**經濟租**，總量是 P_0P_1AE。假使價格下跌低於 P_0，此一土地就會**轉換**作另外一種使其價格能維持在 P_0 以上的最佳使用，所以對前一種使用的供給就會等於零，而價格高於 P_0 時的供給就有完全彈性，其供給曲線便是反 L 形的 SAP_0。而 P_0OQ_eA 所包圍的部分並不是經濟租，而是生產因素的**轉換利得**（transfer earnings）。假使這塊土地沒有其他用途，其目前使用的供給曲線即會延伸到橫軸的 Q_e，此時整塊的 P_0OQ_e E，才是純粹的**經濟租**（pure economic rent），而不再是轉換利得了。[34]

當需求增加引起地租增加時，供給者的租金收入也會跟著增加，因此就會產生公平的問題。問題是賺得地租的人是否得之無愧？因此，一些經濟學者主張以課稅的方式將這一部分的地租課走。**從經濟學理論來看，對地租課稅應該不會影響土地資源的供給，因為被課稅的地租是不勞利得**。以都市不動產來看，不論課稅與否，不動產所有權人都會供給等量的空間；要不然就是完全不供給也得不到任何收入。因此對地租課稅並不會減少生產的誘因。

[34] Jan S. Hogendorn, *Modern Economics*, Prentice-Hall, 1995, pp. 304-305.

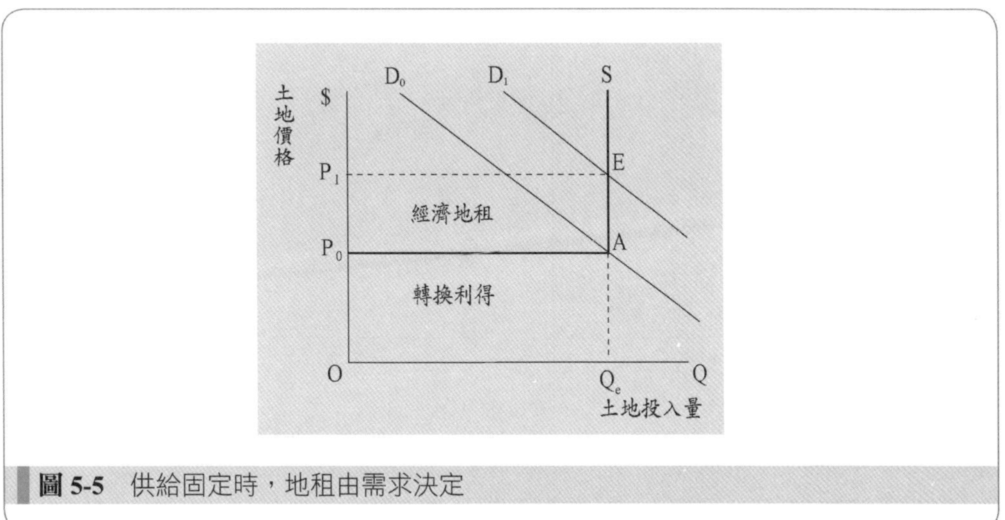

圖 5-5 供給固定時，地租由需求決定

例如，某人出租公寓，索租 500 元 / 單位 / 月，現在因為政府增加課稅 100 元 / 單位 / 月，於是地主提高房租為 600 元 / 單位 / 月，希望將這 100 元的稅負**轉嫁**到承租人身上。但是因為 600 元並非均衡價格，如果他因此無法將房子租出去，將有更大的損失。所以房東只好自己吸收這 100 元的稅負。此刻，市場上的公寓供給仍然維持不變。所謂此刻是指公寓的供給在短期內是固定的。長期而言，房東就不願多花錢去做維修或重建的工作，而住宅的市場存量就會減少了。

地租的邊際分析

就某一種使用的土地的長期供給而言，它可能是具有彈性的，圖 5-6 代表某一種土地的供給與需求。假使橫軸的 1, 2, 3, 4, 5, 6, 7 代表七塊同樣使用的土地，均衡價格為 P_e，當價格在最低 P_a 時，第一塊土地開始被使用；第二塊土地在價格提高一些時，也加入做此使用；價格更高一些時，第三塊土地也加入使用；依此類推一直到均衡價格 P_e 時為止。

此時第一塊土地獲得經濟租 ab，依次第二到第六塊土地都得到從供給曲線到均衡價格之間垂直距離所代表的地租。第七塊土地沒有地租，如果它的價格達不到 P_e，就會去做別種的使用了。所以 P_eP_aE 所包圍的區域，就是土地使用人所獲得的**經濟租**，也就是**生產者剩餘**（producer surplus）。在前面所討論的**差別地租理論**的分析方法，可以說就是**邊際分析**，只不過邊際效用學派的具體出現是在新古典時期罷了。

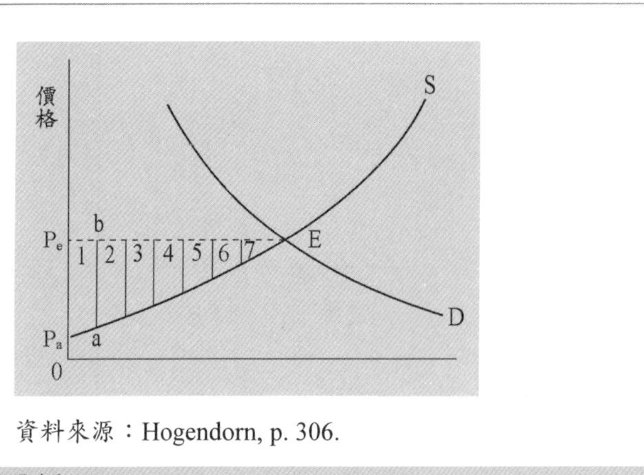

資料來源：Hogendorn, p. 306.

圖 5-6 地租的邊際分析

圖 5-6 中的供給曲線的彈性愈大，總經濟租愈小，直到達到完全彈性時，經濟租就不存在了。在供給曲線呈水平狀態時，任何價格的降低，都會使整塊的土地轉作別種使用。[35]

土地使用容受力與地租的產生

地租產生能力的不同，往往用**土地品質**或**區位的優劣**來解釋，已如前述。但是這兩種因素都不能給我們完整而令人滿意的解釋，既使是兩者同時考慮，也仍有不夠周延之處。除了**土地品質**與**區位**之外，地租的產生能力也要看不動產的改良狀況或寧適條件，例如：理想的里鄰環境、令人愉悅的視野、供水的便利、空氣的清新、鄰近教育與遊憩設施的良窳等。

巴羅認為，以上這些因素，再加上土地品質與區位因素，都可以用**土地使用容受力**（land use capacity）的概念來加以涵蓋。此一概念可以對不同土地產生地租的潛力做比較完整的比較，所以具有高**土地使用容受力**的土地，通常價值也比較高，生產力也比較高，也能產生較高的地租。此一關係可以用圖 5-7 來加以說明。此圖的橫軸代表使用容受力由高到低的一整塊的土地，也可以用 A、B、C、D 來分別表示容受力由高到低的差別。當我們使用土地由高容受力到低容受力、低生產力，以及諸多狀況比較劣勢的土地時，單位生產成本便會增加，也就是達到土地使用的**粗**

[35] Hogendorn, p. 306.

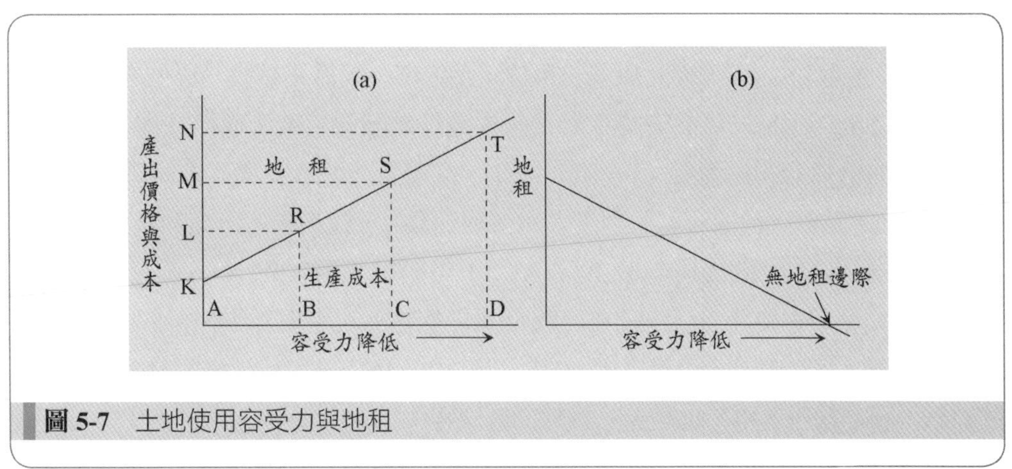

圖 5-7　土地使用容受力與地租

放邊際。在產品價格不能提高到足以償付生產成本時，更多的生產便不可能。

如就圖 5-7(a) 來看，當只有 A、B 之間的土地被使用時，價格水平為 LR，其超出成本之上的地租很小。當**粗放邊際**從 B 移到 C 時，價格水平即上升到 MS；地租也從 KLR 增加到 KMS。如果土地使用進一步從 C 擴展到 D 時，價格水平即上升到 NT，而地租也從 KMS 增加到 KNT。為了分析的方便，三角形 KNT 可以與其他部分分離之後上下**顛倒**即成為**地租三角形**（land rent triangle），如圖 5-7(b) 所示。從此圖中即可明顯看出，土地使用容受力與地租產生能力之間的關係。[36]

以上的分析，其基本假設與實際狀況並不一致。例如：我們假設 (1) 人們在使用土地時，是從最高使用容受力的土地開始，漸次使用到低容受力的土地；(2) 不同容受力的土地，大致沿著橫軸均勻分布。事實上，任何一個假設條件都不完全實際，因此在分析時也就增加了其複雜性。不過基本上，只要認清此一分析的基本限制，它解釋容受力與地租關係的功能，仍然是不容抹煞的。更重要的是，他提出了**地租三角形**的觀念，可以做為進一步分析的基礎。關於這一點，我們將在討論**區位理論**時，再加詳述。

獨佔地租與尋租

如果某一種產業只有一個廠商，它不需要顧慮任何人與它競爭。此一獨佔市場的廠商所面對的產品邊際需求曲線，為圖 5-8 中的 D。與需求曲線相關的，是一

[36] Barlowe, pp. 142-143.

條**邊際報酬曲線**（MR），邊際報酬曲線為每增加一單位產品上市所增加的報酬。MR 在需求曲線 D 之下，因此每多一單位產品上市，不僅使最後一單位的均衡價格下降，也使全部出售的產品價格下降。只要邊際報酬還能超過邊際成本（MC），產出的增加仍然能夠使**盈餘**（profit）增加。當**邊際報酬**等於**邊際成本**時（MC 與 MR 相交於 f 點），盈餘可以達到最大。在圖 5-8 中，此一獨佔廠商的產出為 Q_m，市場價格為 P_m，盈餘為長方形 P_mabAC_m；等於總報酬（$P_m \times Q_m$）減掉總成本（$AC_m \times Q_m$）。假使此一廠商是在一個競爭的產業裡，其**邊際成本**應該是市場價格 P_c（MC 與 D 相交處），產量為 Q_c，其盈餘為 P_cdAC_c。獨佔價格與競爭價格之間的差額，即是**獨佔地租**，也是另一型態的**經濟租**。

當**價格**等於**邊際成本**時，即可以產生最大的**消費者剩餘**與地租的和。如果我們比較圖 5-8 裡競爭定價與獨佔定價之間消費者剩餘與地租的和的差異，就可以發現

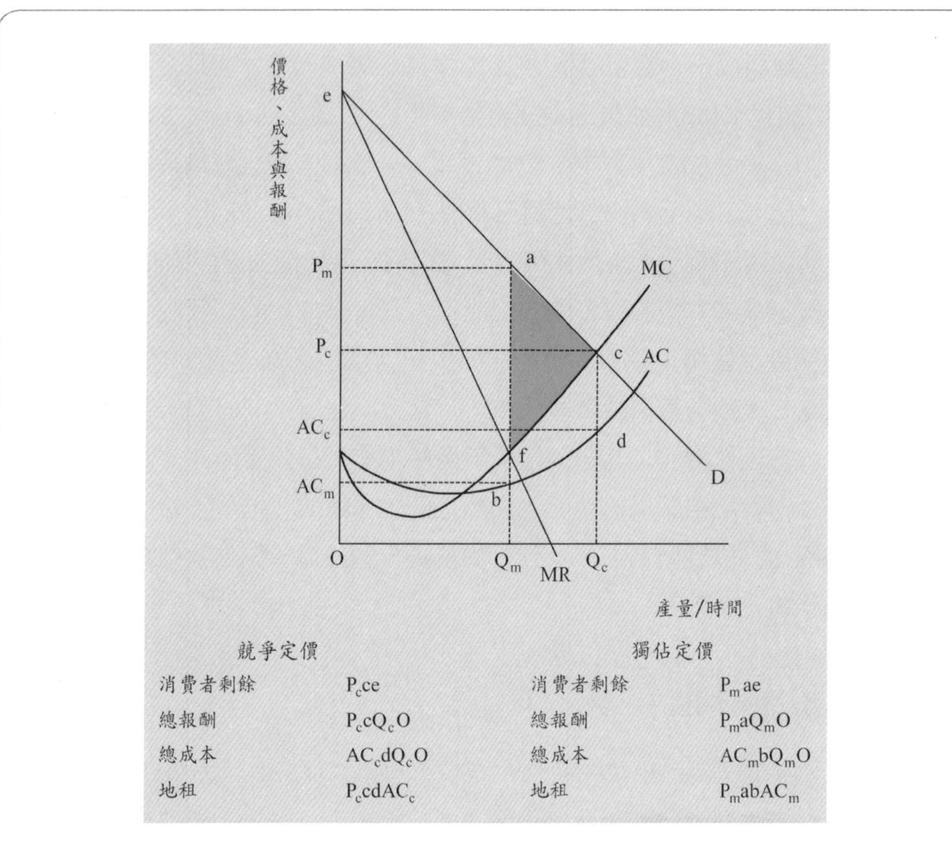

競爭定價		獨佔定價	
消費者剩餘	P_cce	消費者剩餘	P_mae
總報酬	P_cQ_cO	總報酬	P_maQ_mO
總成本	AC_cdQ_cO	總成本	AC_mbQ_mO
地租	P_cdAC_c	地租	P_mabAC_m

圖 5-8 獨佔地租

此一事實。在獨佔的情形下，邊際成本等於邊際報酬（MC＝MR），也就是**需求曲線**與**邊際成本曲線**之間，產出由 O 到 Q_m 之間的總面積；在競爭的情形下，邊際成本曲線等於價格（$MC＝P_c$），也就是需求線與邊際成本曲線之間，產出由 O 到 Q_c 之間的總面積。很明顯地，競爭價格之下的面積大於獨佔價格之下的面積，也就是需求曲線與邊際成本曲線之間，產出由 Q_m 到 Q_c 之間的暗影部分。此一差額即是獨佔價格所產生的淨損失，也就是產出從 Q_m 增加到 Q_c 時，邊際利益（D）超過邊際成本（MC）時利益的**淨損失**（deadweight loss）。

依照**杜拉克**（Gordon Tullock）的說法，獨佔行為會誤導資源的配置，減少社會的總體福利，並且使所得分配給獨佔者而非一般消費者。也就是說，生產與分配都集中掌握在少數的企業手裡，使獨佔成為不可輕忽的罪惡。

哈伯格（Harberger）認為，由於獨佔所損失的經濟福利，是所失去的**消費者剩餘**超過獨佔者所得到的利益那一部分。也就是**獨佔價格**超過**競爭價格**由獨佔者所得到的淨利益。圖 5-9 中斜線部分的三角形就是**哈伯格**所說，由於獨佔所造成的福利損失，也稱之為**哈伯格三角形**（Harberger Triangle）。

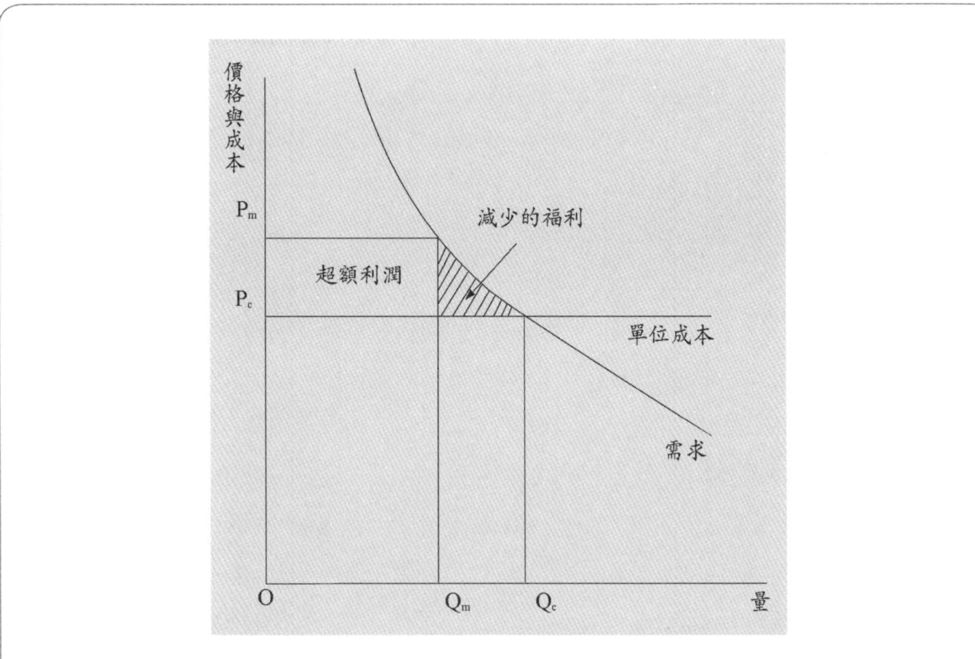

圖 5-9 哈伯格的模式顯示獨佔造成福利的損失

既使獨佔已經建立，獨佔者為了繼續維持其既得利益，必定會投入資源來維護他的獨佔權。**哈伯格**以其福利三角形來量度所失去的福利，顯然忽略了這些重要的成本，而低估了所失去的福利。所以**杜拉克**又加上**杜拉克長方塊**（Tullock Rectangle），來計算因為獨佔所可能失去的福利。

在圖 5-10 中，假設一個競爭性的產業生產 OQ_0 的量，價格為 OP_0，**價格等於邊際成本**，於是產生總消費者剩餘 AP_0C。獨佔者減少產出至 OQ_1，並且提高價格至 OP_1，使消費者剩餘減少至 AP_1B。依照**哈伯格**的說法，長方形 P_1BDP_0 為由消費者移轉給獨佔者的剩餘，損失的淨福利為三角形 BDC。假使 P_1BDP_0 是獨佔者從其顧客強索的所得，面對如此大的利益，我們自然可以預期他會投入大量資源去設法獨佔。

獨佔與福利損失的理論早在 1950 年代後期至 1960 年代初期，即有學者開始討論。其中**哈伯格**的論文即廣為人們所討論。**杜拉克**則在 1967 年的論文中深入討論，但**尋租**（rent seeking）一詞，則是**庫格爾**（Ann Krueger）在 1974 年發表於**《美國經濟評論》**（*American Economic Review*）裡的一篇論文中首先使用的。**庫格爾**注意到，政府在市場導向的經濟體系中限制某些經濟行為，使人們競相**尋求租利**（rents）。這些競爭有時完全合法，但是有些則用非法的管道，例如關說、賄

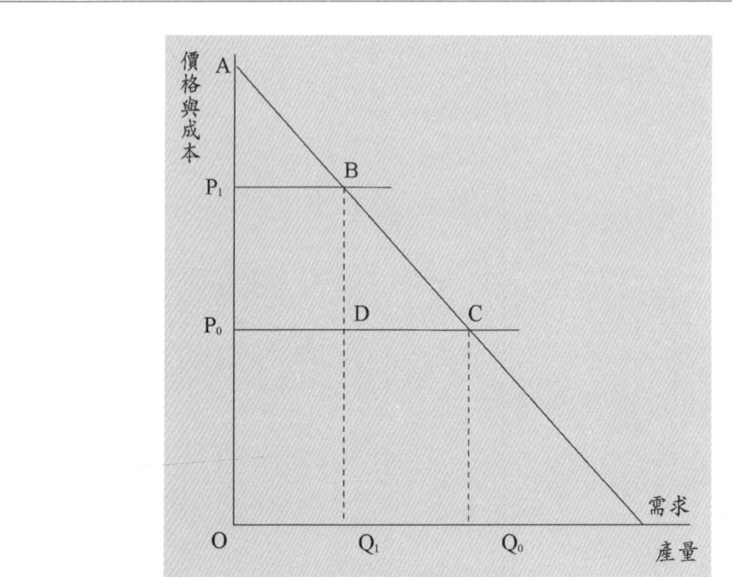

圖 5-10 Tullock 模式顯示因獨佔所失去的福利

賂、貪瀆、走私與黑市等。

根據**杜拉克**的概念，投入資源從事生產以獲得**租利**不見得是**尋租**。**尋租**是利用人為獨佔或寡佔的優勢地位，限制某種才或得供給，以尋求比從競爭市場所能獲得的更高的利益。如果有人投入資源（遊說或賄賂），使立法機關通過法律禁止更好的產品進口，進而使某企業獨佔國內市場以獲利則為**尋租**。例如：台灣早期為了保護國內汽車工業，而禁止外國汽車進口（有無不正當的資源投入，則不為人知）。但是國內汽車業者有了保護傘，卻並未能提高自製率，消費者被迫付出高價購車，業者則獲得更高的利潤。**尋租**通常被認為是一種社會的浪費行為；然而，如果政府運用得當，也可以誘導企業的發展。例如：以租稅優惠來引進外資。**尋租**行為又牽涉到政治及風俗習慣的問題，例如：台灣的關說與紅包文化。這些問題將在第 13 章討論土地資源使用的**制度因素**時，再加以說明。

對地租的其他看法

地租理論演變至今，大致上已經廣為社會所接受，但是仍然會有一些批評時而出現。有人批評**李嘉圖**對土地開發的順序是否由優到劣，地租不是決定產品價格的因素，以及地主獨佔土地所有權形成**絕對地租**等。如果從長遠的觀點看，這些批評對地租的主流觀念並不造成任何影響。不過有兩個對**地租**的看法，仍然常有爭論，卻不能不加以注意。一個看法是認為地租是**投資的報酬**，另一個看法是認為地租是**不勞而獲的增值**。

地租是投資的報酬

過去我們曾經提過，對於土地資源的看法，從社會或私人的觀點看，意義有所不同。從**社會的觀點**看，土地是大自然所賜的資源，在其原始狀態下對使用者而言是沒有成本的。從**私人的觀點**看，所有權人把**地租**視為對土地資源**投資的報酬**。土地資源的開發需要投入大量的金錢、時間與人力；對已經開發的土地，則需要去購買或租賃。所以對他們而言，土地是可以購買、出售或出租的**資本財**（capital good），是**不動產**。而**地租**則是土地資源市場價值的報酬。承租人通常都把地租視為經營的成本，土地所有權人則把**地租**、**房租**看作是**投資的報酬**。

地租是不勞而獲的增值

李嘉圖認為地租是付給地主的一項**經濟報酬**，而且這塊土地並不需要用於生產。因為這種看法，使後來的學者認為**地租**是一項**不勞而獲的增值**（unearned increment or windfall return）。地主之獲得地租並不是因為他有任何貢獻，而只是因為他擁有土地的**獨佔地位**（monopolistic position）。這種對**地租**的看法，被三位 19 世紀的經濟學家所接受。**彌爾**認為這種不勞而獲的**地租**，應該以課稅的方式將之**歸公**。**亨利喬治**則以此觀點為基礎倡導土地**單一稅制度**。**馬克斯**認為這種不勞而獲的地租，是因為在私有財產制度下，地主擁有對土地的**絕對優勢**地位而造成的，並且造成社會上的不公平。

其實，一般的**地租**概念與把地租看作不勞利得之間，並沒有必然性的衝突。在某些場合，**地租**的確可以被視為獨佔的利得，特別是在封建制度之下，或是現實社會狀況之下。大部分的土地被少數家族或財團所擁有，或者因為家族的傳統，或者囤積土地待價而沽，不肯輕易出售其土地。從經濟的意義上看，不動產所有權會給所有權人，在社會、經濟上的優勢。

地租之被視為**不勞利得**，是指地主僅持有土地，不做任何改良，而靠社會經濟的發展，使其土地增值的狀況。有時，地主也會做一些改良工作；在這種情形下，多少是屬於他自己改良的增值？多少是社會進步所帶來的增值？則比較難以區別，這也可能就是為什麼目前土地增值稅的課稅級距，時常調整的原因。時下一般認為**中山先生**的**漲價歸公**概念，是要把全部土地的增值，課以百分之百的**增值稅**，是個誤解。**中山先生**的主張是指**素地**的增值要百分之百地歸公，而地主投資改良的增值仍歸地主所有。他在民生主義第二講裡是這樣說的：

> 地價定了之後，我們更有一種法律的規定，就是從定價那年以後，那塊地皮的價格，再行高漲，各國都是要另外加稅，但是我們的辦法，就是要使以後所加之價完全歸為公有，因為地價漲高是由於社會改良和工商業進步。
>
> 推測這種進步和改良的功勞，還是由眾人的力量經營而來的，所以由這種改良和進步之後，所漲高的地價，應該歸之大眾，不應該歸之私人所有。
>
> 講到照價抽稅、照價收買，就有一重要事件，要分別清楚，就是地價是單指素地來講，不算人工之改良及地面之建築。比方有一塊地，價值是一萬元，而地面的樓宇是一百萬元，那麼，照價抽稅，照值百抽一來算，

只能抽一百元。如果照價收買，就要給一萬元之外，另要補回樓宇之價一百萬元了。[37]

不勞而獲的利得通常都在土地出售時，歸出售者獲得。新的所有權人的土地價值剛好相當於他購地的價格。當土地所有權人用他的錢購買土地時，對他們而言，**地租**當然應該被視為投資的報酬，而不是不勞而獲的利得。

➔ 地租的實用意義

地租理論的闡述已如上述，而它在我們實際生活上的意義，更是值得注意。因為它可以用來解釋我們日常生活中使用土地資源的行為。其中比較重要的有四個方面。它們是：地租與訂定契約租的關係、**決定不動產的價值**、**決定土地資源的開發與投資**，以及**土地資源使用的配置**，茲再分別說明如下：

影響契約租的訂定

契約租的決定是出租與承租雙方議價時，彼此同意的租金額度。在理想的議價狀況之下，租賃雙方心目中應該已經有一個可以付出與可以接受的租金額度。而這個雙方都同意的租金額度，應該非常接近**理論上的地租水平**。當然，如果雙方在土地產生地租能力的認定上有所差異，或者雙方站在不平等的議價地位時，租金額度與理論上的**地租額度**便會有些差距。此外，如果預期的生產水準無法達到，也會使實際的**租金**與理論上的**地租**產生差距。

在雙方議價的過程中，因為在不動產租售時，特有的**資訊不完全**問題，也會造成不正確的地租水平。再者，以短期而言，供需狀況的失調，也會造成租金與理論上**地租水平**之間的差距。然而，長期來看，租金與理論上的地租通常都是呈同一水平移動的。

租金的調整，可能是因為土地生產力的改變，也可能是因為租佃雙方議價能力的不同。因為議價能力的不同，造成地租水平的不同，可以用圖 5-11 來說明。圖 5-11(a) 表示佃農有許多其他的就業機會，因此他會向地主要求較高的報酬。圖 5-11(b) 表示佃農沒有太多的其他就業機會，而佃農數目又多；彼此競爭租地的結

[37] 孫文，三民主義，中央文物供應社，1985 年 8 月，頁 257-259。

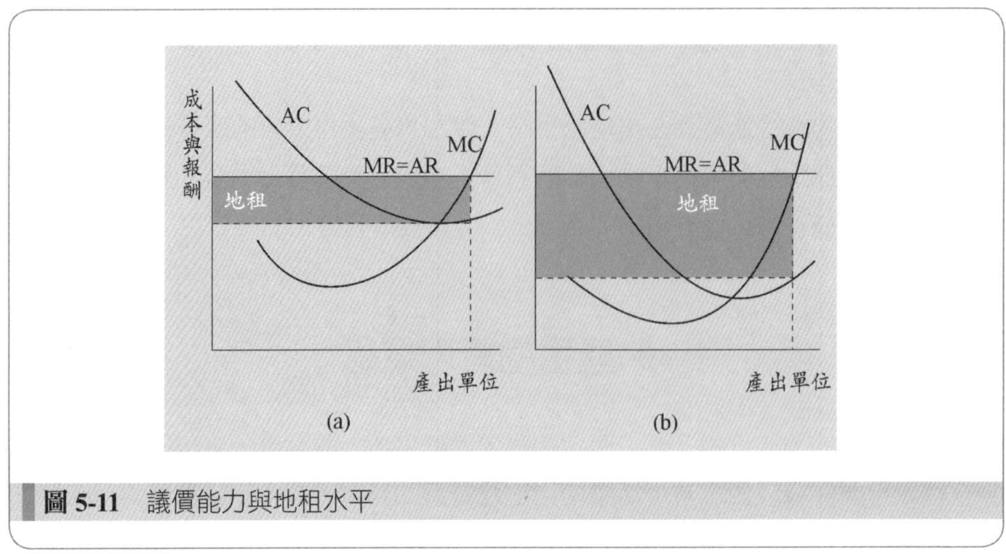

圖 5-11 議價能力與地租水平

果就會使租金提高，地主也就會獲得大部分的農產收穫。

中國號稱以農立國，其實並不是農業特別發達，只不過是農民多而耕地少而已。因此在中國歷史上，地主收取高租金，剝削農民的事情，歷朝歷代無不有之。所以在台灣的農地改革工作，第一步就是減租。也就是從傳統五 / 五分租的方式減少地租 25%，成為 37.5%。換言之，是限制地主向農民所收取的地租不得超過土地全年正產物的 37.5%，俗稱三七五減租，也就是政府在大陸實施的二五減租。

地租與土地價值的關係

有的土地資源，如農地或林地，通常都被視為具有**可持續生產力**的生產因素。而住宅、辦公大樓等**人造**的不動產，其經濟壽命往往比較有限。但是兩者都能產生地租，而這種地租的高低又與土地財產的價值有關係。從理論上看，**不動產資源的市場價值應與預期未來地租的淨現值**（net present value, NPV）**相等**。通常我們都用某一土地預期的**未來地租**，經過**折現**（discounting）而得到淨現值。

折現是因為人們都希望現在就能獲得未來的價值。但是未來的價值一定不會比現在高。土地的目前市場價值，等於其投資的現值以某一水準的利率計算的報酬，累積到希望得到的那一年的總和。**折現代表等待的負面報酬**。一塊土地將來無限期間的地租，大約不會超過未來十到二十年地租的總和。

舉例而言，如果我們假定一塊土地，每年能產生 1,000 元的淨報酬，至將來的 X 年。第二年以致於以後的每一年的報酬，因為需要等待，所以一定小於 1,000

元。假使有人要購買或承租這塊土地，他一定會計算一下，在某一利率水準之下，它能不能得到每年 1,000 元的報酬。但是如果我們用 5% 的折現率以複利計算，一年以後的 1,000 元只有現在的 952.40 元，十年之後 1,000 元的現值只有 613.90 元，二十年之後的現值只有 376.90 元。

把未來價值折現，直到無限未來的每年價值加總起來，即可以用 $V = a/r$ 這個公式來表示。在這個公式裡，V 代表土地的價值，a 是每年預期可以獲得的地租，r 即是**資本化利率**（capitalization interest rate）[38]。假使我們預期的地租為每年 1,000 元，資本化利率為 5%，這塊土地的價值，即是 1,000 元被 0.05 除，得到 20,000 元。同樣地，如果我們用 4% 為資本化利率，土地的價值即為 25,000 元；如果資本化利率為 10%，則土地的價值即為 10,000 元。

地租與土地資源開發

投資者願意投資開發某塊土地，是因為他預期到未來某一時間，所能獲得的地租報酬能超過他的投資。當然這段時期愈短愈好。這種投資的決策，又可能因為土地開發的性質不同而有不同。連帶地，生產力、產品價格、經營成本以及地租都會不同；它們可能升高、不變、或者下降。如果投資在農業土地上，只要維護得恰當，其報酬或利潤可能持續地維持在某一個水平。如圖 5-12(a) 所示，總報酬

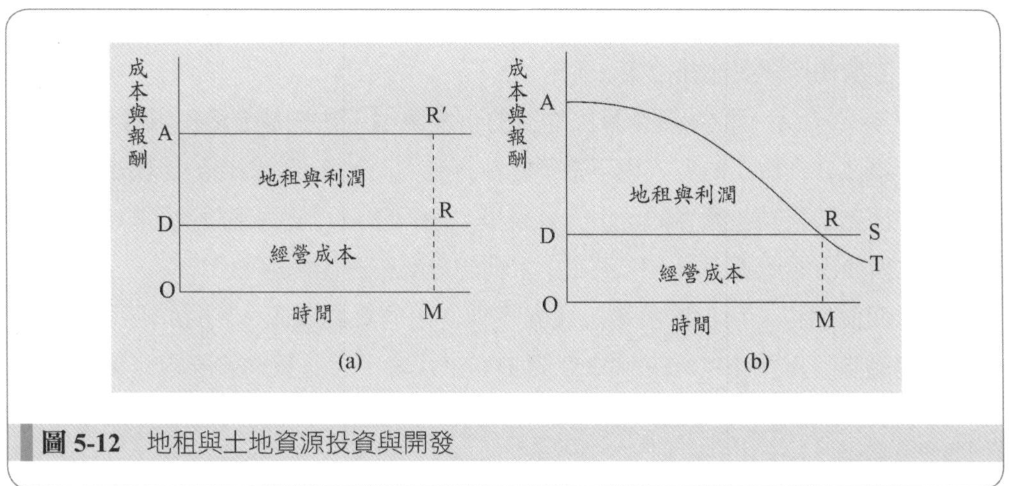

圖 5-12　地租與土地資源投資與開發

[38] **資本化利率**是指要將定期獲得的給付折算出其現金價值的利率。折現是計算未來預期價值的現值。

OMR′A 減掉經營成本 OMRD 所得到的地租或利潤 DRR′A 的大小，才是影響投資的主要因素。

土地資源的開發，往往投資在經濟生命有限的**人造建築**上者居多。如圖 5-12(b) 所示，在最近的未來，投資人或者可以獲得相當高的報酬，但是當此建築物隨著時間邁向其經濟生命的盡頭時，其報酬即逐漸減少而終至消失。投資人是否願意投資在這種土地的開發上，就要看他對投資成本與報酬的評估了。

地租對土地使用配置的影響

到目前為止，我們所討論的地租與土地使用之間的關係，都是假定在某一種土地使用的狀況下進行的。但是實際上經營者往往面對多種土地使用的型態，而且絕大多數的經營者，都會將其資源投注在能夠獲得最高報酬的某些土地上。當然，能夠投資在有利在與他的經營相關或輔助的使用，就更為有利。

在選擇土地使用方式時，經營者可能從一般觀察著手，也可能比較各種土地使用產生報酬的潛力如何。從經濟的觀點看，土地使用最需要考慮的是土地的**品質**與**區位**。圖 5-13 中許多重疊的**地租三角形**，或者可以幫助我們說明土地使用的配置。圖中的每一個**地租三角形**，大小與形狀都不一樣，也都各代表一種土地使用，最高最窄的三角形 EOP′ 代表 A 使用的地租，FOR′ 代表 B 使用的地租，依次類推，HOT 則代表 D 使用的地租。這四種土地使用，事實上是相互競爭的。比較實際一點的話，可以把它們看做是由市中心向外伸展的各種土地使用，如：商業使用、住宅使用、工業使用與農業使用等。

如圖 5-13 所示，能夠產生最高地租的土地使用，往往是土地使用**容受力**最高的土地。當然低度使用的方式也不是不能在容受力高的土地上出現，但是它的地租產生能力卻無法與高生產力的使用方式競爭。所以便只好使用邊陲地區的土地了。但是就它所使用的地區而言，它仍然是當地的最高與最佳使用。

圖中四個地租三角形的斜邊，代表每種使用的**集約邊際**。所以這四種土地使用的**集約邊際**可以用 EP′、FR′、GS′ 與 HT 來代表。這些**集約邊際**的交叉點 ab、bc、cd 即是 A 與 B、B 與 C、C 與 D 各種土地使用之間的**轉換邊際**（margins of transference），向下落在橫軸上，即是 P、R 與 S 各點。所謂**轉換邊際**，即是在這一點上，與其繼續作 A 使用，倒不如轉換作 B 使用更為有利。P′、R′、S′ 與 T 各點為每一種使用的**粗放邊際**，也就是**無地租邊際**。在轉換邊際與無地租邊際之間的

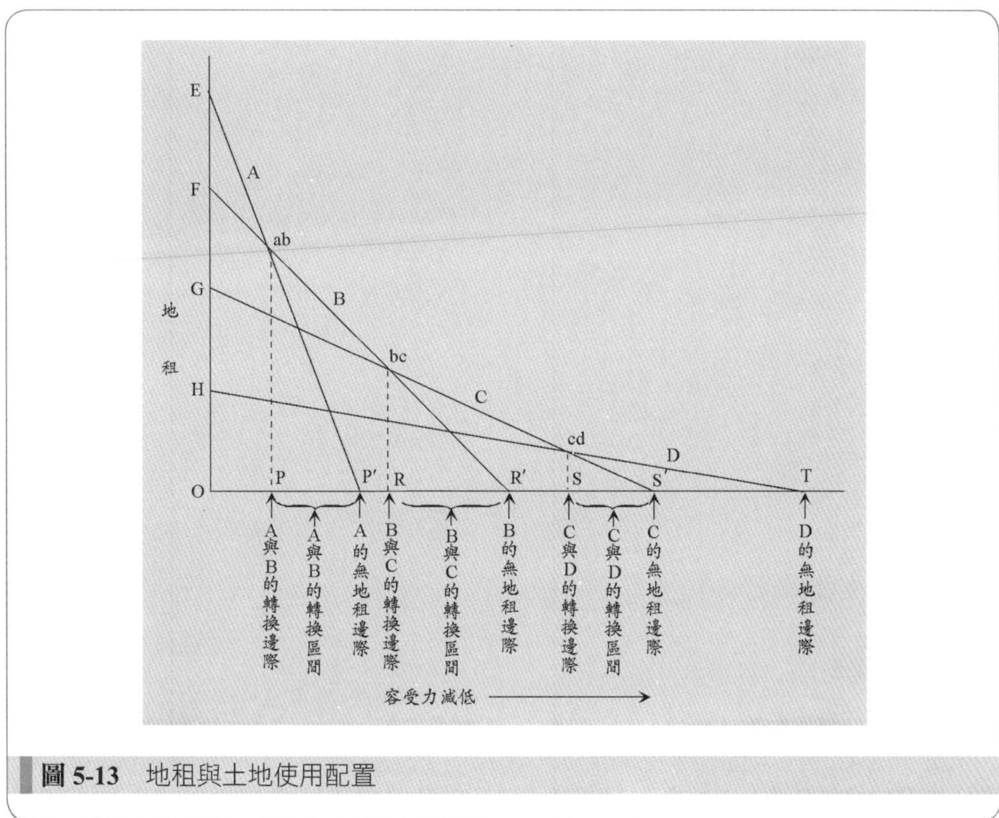

圖 5-13 地租與土地使用配置

空間即是**轉換區間**（zone of transference），也就是橫軸上 PP′、RR′、SS′ 之間的土地。各種土地使用如果繼續在**轉換區間**進行，仍然有利可圖，但是卻不如轉換做其最高與最佳的使用更為有利。

這種土地因為地租高低互相**競價**（bidding）或**競租**，而達到土地使用配置的過程，是一個永續的程序。透過此一程序，土地使用應該可以達到最適當的配置；各種土地如果都能做**最高與最佳的使用**，也就能獲得最大的總報酬。這也就是**屠能競租理論**的具體呈現。

轉換邊際與土地使用

轉換邊際對解釋不同地租產生能力與土地使用配置，非常具有意義。如果以圖 5-14 代表一個城市的發展，當城市很小時，A 使用與 B 使用的範圍也很小；當城市成長擴大時，此三角形也會跟著向上以及向四邊擴張。結果，原來做住宅使用的土地會改變做商業使用，而城市四周的農地也會變更做住宅或工業使用。這時可能產

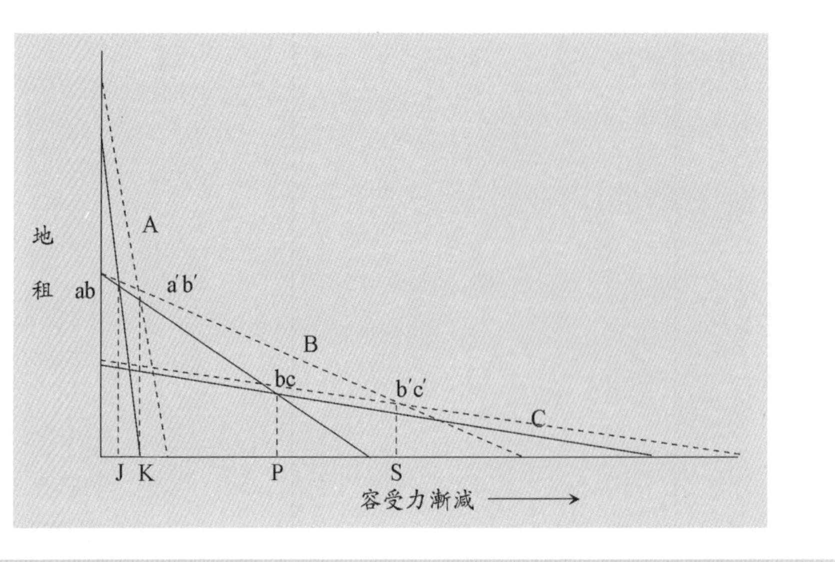

圖 5-14 轉換邊際的應用

生兩個問題。

第一，原來在 J 點的轉換邊際 ab，因為在 J 點右邊的土地所有權人期待城市的發展，很快便會到達他的土地，而使之推展到 a'b' 及在橫軸的 K 點。因為這種期待，所有權人可能延遲原來在 J 與 K 之間的整修或重建計畫。如果這種期待如期實現，當然此一決定非常正確。然而如果此一期待落空，或更為延遲，結果可能會在此地區造成市中心區的衰敗，甚至淪為貧民窟。除了地主本身的損失之外，也會造成社會的負擔。

第二，這種問題也可能發生在住宅區與農業區之間的**轉換邊際**。當小汽車還不十分普遍的時候，住宅區的邊緣可能在 P 點。當城市擴大時，在 P 點左邊的住宅區的土地使用會更集約。因為交通的便利，原來在 S 點的居民，也可以很容易地到市中心來工作。交通運輸條件的改善，造成城市的**郊區化**，也使住宅區更形分散；雖然會使居民多享受一些郊野的寧適，但是也會使農業區的土地使用更形複雜。此一問題最嚴重的後果，則是住宅與農業使用的混雜，在郊區形成犬牙交錯的型態。一方面住宅區的存在，會抬高附近的地價，造成課稅的困難，以及土地所有權人對改變使用的預期心理。農地變成住宅區之後，居民往往需要更多、更便利的公共設施，農業發展受到擠壓與排斥，土地投資與投機客也會進行土地的收購。以賺取資本利得，社會整體亦將負擔更大的社會成本。目前政府已經修改原來的農地農有、農用政策，准許自然人與農企業法人購買農地；再加上城市周邊的市地重劃，使農地、綠地變更為建地。這種情形可能會愈演愈烈，對國土的破壞可能會更變本加厲。

地租與土地使用的集約度

一般認為，地租與土地使用的集約度是相關聯的。但是，實際上兩者的基本概念有所不同。**地租**是土地用於生產所獲得的**經濟報酬**，**集約度**是投施於一塊土地上的勞力、資本等生產因素的多寡。這兩個概念有時平行，因為地租高的土地往往會做較集約的使用；但是如果認為此一狀況永遠為真，則是一項錯誤。因為往往在地租低的土地上，反而會多投施勞力、資本以求平衡它的劣勢。例如：品質不良的農地，會多施肥料以求增加生產。同樣的道理，高地租的土地，也未必做集約的使用。例如：地租低的住宅，往往居住的人口要比高級公寓更為擁擠。低地租的小型農場也比大型企業化農場更為集約使用。

6

土地使用的區位理論

假使我們探討為什麼地租在愈接近城市中心愈增加，我們會發現那是因為可以節省勞力、增加便利與節省時間，使企業經營得更好。

von Thünen
The Isolated State

通常，在經濟學的分析中，空間區位因素往往都沒有被考慮進去，而與實際世界的狀況不符。特別是對土地資源而言，它們的區位是固定的，往往距離經濟活動中心都會有空間阻隔。因此無論是將產品運到市場或將原物料與勞力移到工廠，都需要花費**運輸成本**。因此，區位的不同在決定土地的經濟使用，與其所產生的地租與價值水平上都很重要。

區位理論的經濟分析就是在研究人類經濟行為與**空間因素**的關係。換言之，也就是研究**空間因素**對人類經濟行為的影響。**區位理論**最初是研究工業生產的區位，至今已擴充範圍，包括所有的經濟活動。空間因素可能從兩個方面來影響經濟行為之間的關係：(1) 經濟行為對鄰近地區經濟行為的影響，也就是**里鄰效果**（neighborhood effects）；(2) 移動人口或貨物的成本，就是**運輸成本**。[1]

當然，我們考慮**空間因素**，並不會因而影響基本的經濟理論，卻對其結構多了一層實質的考慮。或者我們也可以把沒有考慮**空間因素**的經濟學，看作是在一個**均質的空間**內運轉的經濟學。這樣，運輸成本就可以忽略。另外一個想法，則是把在**非均質空間**裡的運輸成本看作是生產成本的一部分，把它包含在**生產函數**之中。區位理論只是希望把運輸成本分別處理，以突顯**空間因素**在經濟活動中的重要性。

因為**一般均衡分析**是經濟分析的基本方法，而**里鄰效果**又給市場配置資源的運作加上另一個變數。通常在福利經濟學裡才探討的**外溢效果**，現在成為**都市經濟學**與**區域經濟學**所必須探討的主題。在另一方面，由於**運輸成本**的存在，空間的使用必須經濟，以便克服**空間摩擦的成本**儘量減少。既使土地本身不需要花費任何成本，經濟活動在空間上仍然會儘量地集中。

運輸成本造成產品價格在空間上的差異，在供給與需求之間配置土地使用與生產活動，形成多個**中心地**（central places），也形成了另一種市場型態。這些空間的市場如果互相競爭它們的銷售領域，也是一個不完全競爭的市場。

如果把所得流動的因素加進來的話，就牽涉到總體經濟與區域的層面，於是**經濟基礎理論**、**區位乘數理論**、**區域投入－產出理論**等屬於**區域科學**（regional science）的理論，就成為研究的課題。本書將在第 7 章討論**城市體**系時，加以討論。在本章中，有關區位理論的討論，仍然是只做空間的個體經濟分析，而且是在價格機制之下做資源配置的均衡分析。

在以價格理論為基礎做分析時，我們必須區別短期與長期的差別。在短期之

[1] Martin Beckman, *Location Theory,* Random House, 1968, p. 3.

內，住宅區位與工廠區位都是固定的，資源在使用者之間的配置，要靠空間的價格機制；這是空間的均衡分析。在**產業**層面的**空間均衡分析**，就要看哪個產業的資源是侷限在某一個地方，或者是**隨處可得的**（ubiquitous）。生產單一產品或數種產品競用空間也是一個問題，所以兩者都會分別加以討論。

另外一個**區位理論**問題，就是經濟專業與比較優勢原則與區域貿易理論，由於運輸經濟的影響而產生的變化，以及**新經濟學**與**區位理論之間的關係**也會在這一章裡加以說明。

➔ 經濟活動的區位

經濟活動的區位，大多要經過選擇的過程。在許多因素中，技術的限制可能最為重要。如果任何區位的選擇在技術上可行，我們即稱之為**可行的**（feasible）區位。如果某一項因素具有較大的影響力，我們就說那是某某因素**導向的**（oriented）。例如開礦是原料導向的，流行物品是市場導向的等等。除此之外，區位的可行性也要看它是否接近其他經濟活動。例如住宅區的區位一方面要求寧靜與私密性，同時又希望能與其他人多所接觸，以及就業、就學與購物等活動的方便。

在諸多考慮的因素中，可能有幾項甚至只有一項是**最適的**（optimal）。最適的生產方式就是能夠獲得最大報酬的生產方式。而**最適的**消費行為就是能獲得最大效用的消費行為。若以公部門的行政或服務來看，則是使**福利**（welfare）達到最大。另外一個問題是在追求利潤的經濟體系下，最適的區位，要看它吸引經濟活動的條件如何。而要讓吸引條件具體顯現，可能需要一段很長的時間。所以在**最適區位**與**實際區位**之間，可能存在著一段落差。但是在追求最大利潤的前提之下，這種落差會儘量地縮小。

在市場經濟制度下，產品的**價格**仍然是決定**最適度**（optimality）的重要因素。既使所有產品價格的決定與區位無關，**最適度**的決定仍然要看經濟行為與：(1) 潛在顧客的近便性；(2) 與競爭對手的距離遠近；以及 (3) 一般經濟活動的**鄰近性**。當生產因素與產品的價格因為區位不同而有差異時，顯然它們的空間結構是與**運輸成本**有關係的。當相當數量的投入因素與產出都需要運輸時，區位的選擇就是**運輸導向**（transport oriented）的。這些經濟行為是特別需要做區位分析的。

胡佛（Hoover）認為決定經濟活動的區位有三項基本的因素。它們是：(1) 自然資源的**天然秉賦**（Natural endowment）；(2) 經濟活動的**集中趨勢**；以及 (3) 運輸與資訊成本。

自然資源的**天然秉賦**是指：某些地方具有良好的氣候、水源、土壤、礦產等，有利於某些經濟活動的設置。從經濟理論上來解釋，則是由於土地及其他生產資源的完全或部分的**不可移動性**（immobility）。這種**不可移動性**也是**比較優勢**形成的重要原因。

此外，**陸許**（August Lösch）與**克里斯特勒**（Walter Christaller）也發展出自然資源以外的兩項決定區位的重要因素，就是：(1) 經濟活動的**空間集中性**；與 (2) **運輸成本**。所謂經濟活動的**空間集中性**，是指**經濟規模**的重要性，也是生產因素的**不完全分割性**（imperfect divisibility）。**運輸成本**是指財貨與勞務以及訊息的傳遞都需要付出成本。運輸與資訊傳輸的成本，也就是自然資源優勢以及經濟活動的空間分布受到空間侷限性的原因。

以上有關企業區位選擇的因素，在許多公共設施的區位選擇上也同樣適用。不過不同的是：公共設施是**公共財**，並不是以營利為目的的。它們的設置成本來自於全民的稅負或者某些人士的捐獻，設置政策的決定也往往是**政治性**的而**非經濟性**的。另外，像教堂、寺廟與養老院之類的設施也與企業的區位選擇不同。他們在選擇區位時所考慮的因素，可能是針對某一社區或特定對象的需要。

最後，有關住宅的區位選擇，成本卻是一項重要的因素。所謂成本，包括購買或承租房屋或土地的成本，再加上維護與水電的花費，以及稅負與交通費用。報酬的量度，則要看工作的機會、里鄰的良窳與**寧適性資源**（amenity resources）的狀況。

基本上，這些不同性質的區位選擇，都有一個共同點，那就是衡量**利益與成本**，雖然**利益與成本**的實質意義並不相同。不過，無論是哪一種區位選擇，都代表一個長期的決定，因為再次遷移要花費更多的成本與不便。而且區位的選擇也含有**不確定性**（uncertainty），特別是有些優勢的狀況，會有發生變化的可能。以住宅來講，里鄰的狀況會改變；以企業來講，市場會改變、運輸成本與公共設施也都會改變。

從另一方面看，這些不確定因素反倒會使經濟活動在空間上集中，而且在某一地區趨於均質化。再者，假使企業對某一區位已經非常滿意，而不再企圖去尋找更好的區位；這表示一定有一些比一般的經濟因素更重要的因素，在影響它們區位選擇的決策。

也就是因為這個緣故，**個人偏好**的因素，是我們所不能忽視的。美國學者在 1961 年，曾經對**密西根州**（Michigan）的工廠區位選擇做過一項調查。其結果顯示，超過半數的廠商是以**個人因素**為區位選擇的主要考慮因素，見表 6-1。這種結果並不表示**個人因素**有任何不合理之處。因為個人的工作與家庭，都希望在氣候良好、里鄰安全、交通便利而且具有文化休閒設施的社區。雖然這些因素不容易以金錢數字量化，但是它們實際上是存在的，而且其重要性絕不亞於經濟與企業發展的因素。

表 6-1　工廠區位選擇的主要因素

	工廠數			
主要原因	**密西根全部**	**1 座工廠**	**2-4 座工廠**	**5 座工廠以上**
個人因素	50	63	52	32
機緣	19	23	20	14
接近顧客	15	17	20	4
接近汽車工業	8	14	4	4
勞力優勢	7	+	12	14
接近原料	6	3	8	9
地方吸引因素	2	+	+	4
租稅因素	1	+	+	4
州為該工業中心	1	+	+	+

＋表示小於 0.5%，此外總數不等於 100 表示有些答覆超過一個選項。

資料來源：Eva Mueller, Arnold Wilken, and Margaret Wood, *Location Decisions and Industrial Mobility in Michigan, 1961*, The University of Michigan, 1961. In Huge O.Nourse, *Regional Economics,* McGraw-Hill, 1968, p. 10.

單一生產者的區位[2]

基本上，一個理性的生產者，一定會選擇能夠使他獲得最大報酬的區位。在選擇區位時，他一定會計算不同區位的**生產成本**，選擇在各種生產量之下，各區位生產成本最低的**生產因素**組合。此一概念可以用圖 6-1 來說明。假使在生產過程中只需要兩種生產因素，以圖中的縱軸與橫軸分別代表原料與勞力。在技術不變的狀況之下，維持一定的生產量，原料與勞力可以互相替代。曲線 Q_1 代表在某一生產量時，原料與勞力的配合量。此一曲線可以稱之為**等量曲線**（isoquant）。在生產量

[2] 本節主要參考：Huge O. Nourse, *Regional Economics,* McGraw-Hill Book Company, 1968, Chap. 2.

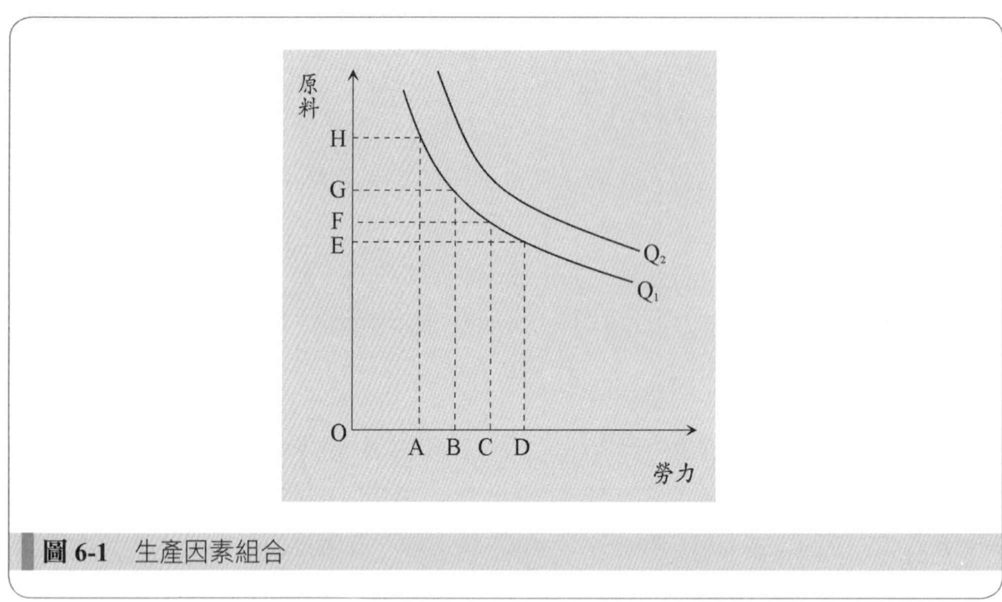

圖 6-1 生產因素組合

為 Q_1 時，使用 OA 的勞力與 OH 的原料，或者 OB 的勞力與 OG 的原料；甚至其他在 Q_1 曲線上的任何原料與勞力的組合。等量曲線 Q_2 代表在生產量提高時的原料與勞力的組合。

最低成本的生產組合取決於原料與勞力的價格。在圖 6-2 中，XY 線代表在某一價格，一定量金錢所能購買到的原料與勞力。XY 為**等成本線**（isocost）。OX 是全部資本所能買到的勞力，OY 是全部資本所能買到的原料。假使在第二個區位的勞力價格提高，等量資本所能買到的勞力便會減少。假使在第二個區位的原料價格不變，則仍然可以買到與以前等量的原料。假使在第二個區位購買原料的錢減少，則可以在第一個區位多購買一些勞力，而在第二個區位所能購買的勞力則會減少。圖 6-2 中的等成本線 YZ，即為原來購買 XY 投入因素的花費。其中 OY 沒有變，因為原料的價格沒變。橫軸的 OZ 小於 OX，因為在第二個區位的勞力價格升高了，所以能夠購買的勞力減少了。

假使我們將**等成本線** YZ 平行移動至 Y′Z′，代表總支出的增加。如果原料與勞力的價格都不變，則在第二個區位所能購買的原料與勞力都會增加。同理，**等成本線**平行移向**原點**則表示總支出的減少。

假使投入因素的價格不變，等成本線 XY 所形成的三角形 OXY，即包含某一支出的所有原料與勞力的可能組合。去尋找某一支出的最低成本組合，也就是去尋找某一支出的組合所能生產的最大產出。在圖 6-2 中，XY 所能生產的最大產出

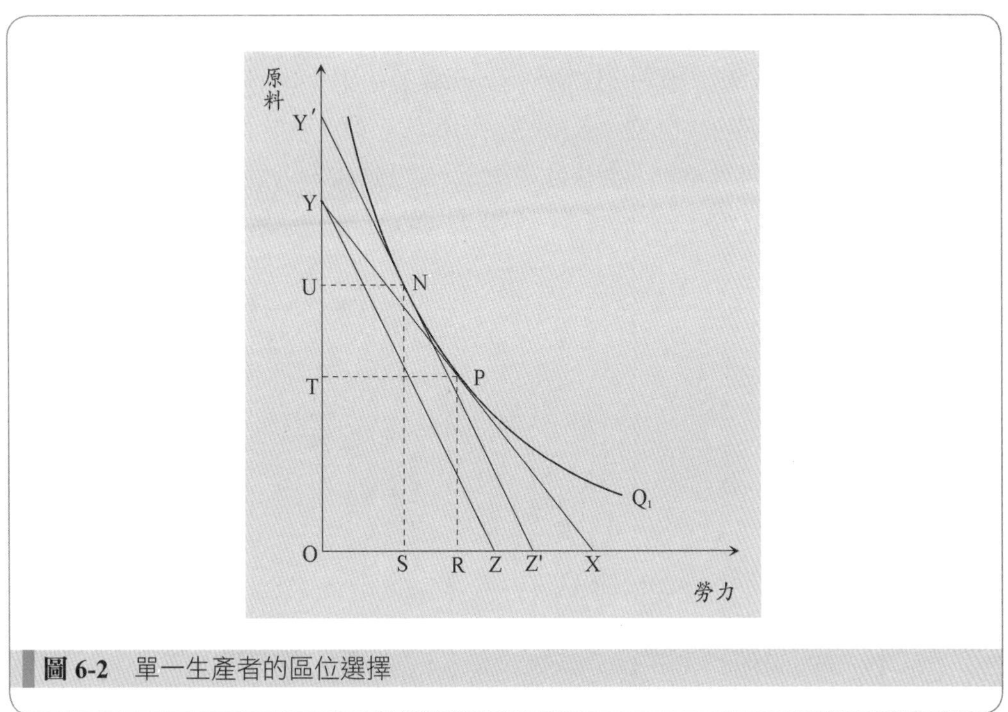

圖 6-2 單一生產者的區位選擇

是 Q_1，也就是 XY 所能觸及的最高產量曲線。XY 與 Q_1 相切於 P。更高的產出是在 Q_1 之外，其所需要的投入因素也在 OXY 三角形之外；是目前的支出與價格狀況下所不能達到的。這也表示 XY 是代表生產的最小成本。

在圖 6-2 中顯示，在第一個區位產出 Q_1 時的最低成本組合，為勞力 OR 與原料 OT，以 P 點為代表。在第二個區位 N 時，生產 Q_1 的最低成本組合為 OS 單位的勞力與 OU 單位的原料。在 N 區位的等成本線為 Y′Z′，在第一個區位生產 Q_1 的成本要比在第二個區位來得低。因為 Y′Z′ 的支出要比 XY 為高。

成本與生產規模

以上的分析，都是假定在生產量不變的狀況下的情形。以下將就生產量與成本產生變化時的狀況做一分析。在圖 6-3 中，我們可以描繪原料與勞力在第一區位的最低成本組合。點 A 到點 F 代表生產量從 Q_1 到 Q_6 的最低成本組合。連結這些點的 OF 線為生產的**擴張路徑**（expansion path）。**擴張路徑**上的各點，即是在各種產出時最低成本線與相對等量線的切點。在圖 6-4 裡，每一個生產量的總成本，就是在每一階段產出時的高點。例如：產出 Q_3 的總成本就是 Q_3C。曲線 OF 則描繪出所有每一階段生產量的總成本。

總成本被生產量除，即得到平均成本，在圖 6-4 中 OE 的斜率是 Q_5E 被 OQ_5 除。因為 Q_5E 是總成本，而 OQ_5 是生產量，OE 的斜率就是生產 OQ_5 的平均成本。圖中 OF 曲線從原點開始增加，然後開始遞減一直到 OE。過了 OE，斜率又開始加大。所以當生產增加時平均成本減少，一直到 OQ_5。生產超過 OQ_5 時，平均成本

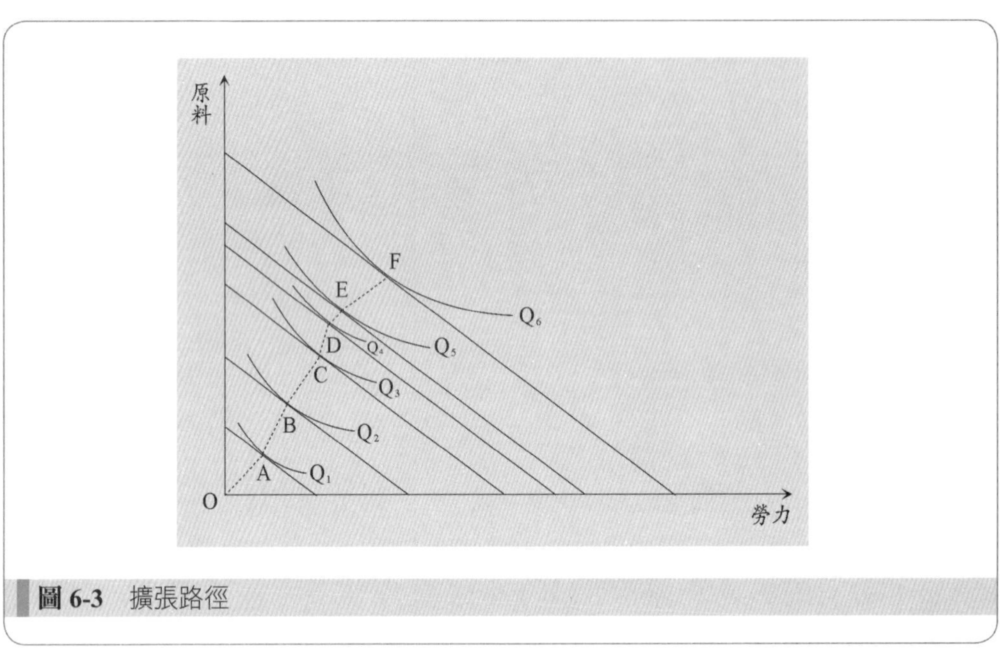

圖 6-3 擴張路徑

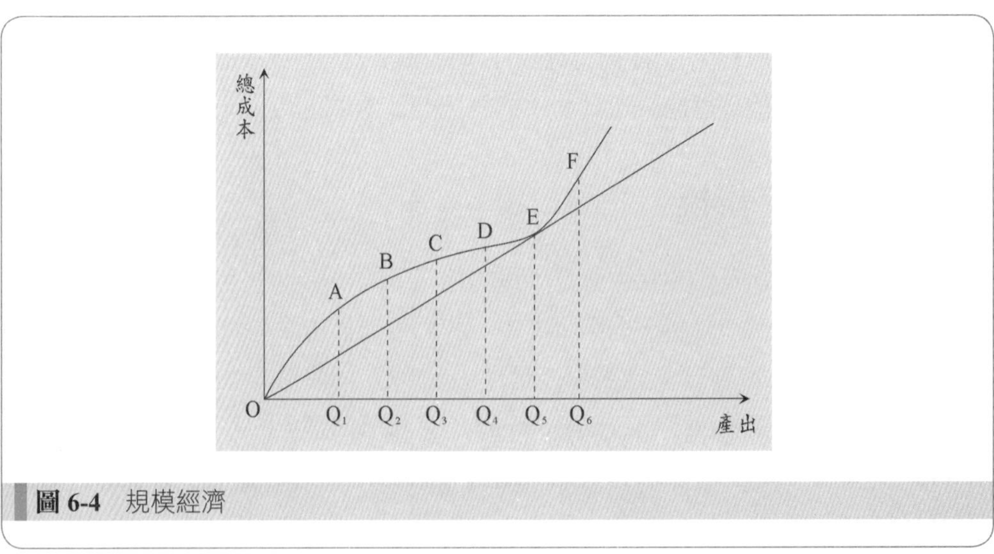

圖 6-4 規模經濟

又開始增加。這種情形顯示了**規模經濟**（economies of scale）的作用。**規模經濟**的產生有許多因素，大量購買投入因素，可以獲得折價；充分使用投入因素，可以降低平均成本；大量生產也能獲得較高的效率。

收益與區位

在分析了**成本與區位**的關係之後，還需要從**收益面**來分析什麼是最有利的生產量以及在什麼區位，因為只分析成本是不夠的。總收益等於單位價格乘上出售的總量，而出售的總量又取決於顧客的人數與每一個顧客的購買量，而購買量又取決於顧客的所得與品味；還有其他替代商品的價格以及買賣雙方的**空間距離**。為了容易分析，我們假定消費者均勻的分布在一個均質的空間上，而且每一個消費者有同樣的品味與所得，並且他們的需求也是一樣的。因此，每一個消費者對某一產品的需求量，決定於產品的**出廠價格**與消費者以及與工廠的距離。

在任何價格，消費者對產品的需求總量，可以用圖 6-5 的**需求錐**（demand cone）來說明。圖中 EF 與 GD 兩線相交於 O 點。OQ 是工廠附近的消費者對產品的需求量。距離愈遠的消費者，需求愈少。距離工廠 K 公里的消費者的需求量為 OU，在區位 D 的消費者的需求為零。如果我們把三角形 OQD 以 OQ 為軸旋轉 360°，就會得到一個需求錐。因為人口密度一樣，所以產品的需求量為需求錐的體

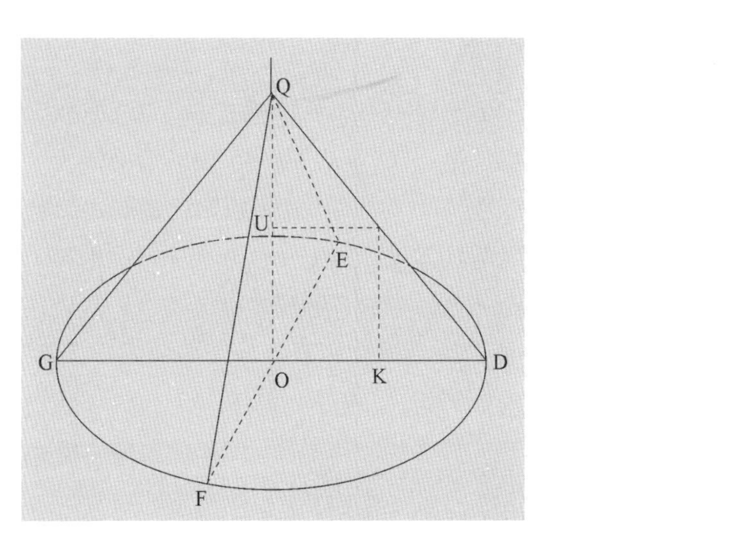

圖 6-5 需求錐

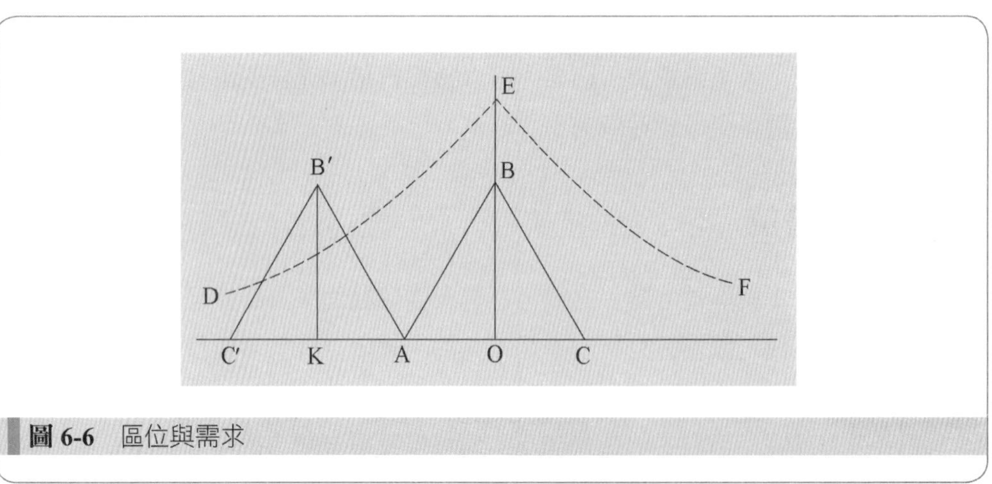

圖 6-6 區位與需求

積乘上人口密度。而**總收益**等於總需求量乘上產品的價格。

實際上，人口的分布並不均勻，而且可能是在接近工廠 O 的人口比較稠密，而且密度隨著距離向周邊的增加而遞減。此時，雖然需求錐仍然一樣，但是總需求量卻會不同。假使工廠的區位離開 O 點相當的距離至 K，如圖 6-6。則需求錐從 ABC 移至 C′B′A，距離 K 點某一距離的消費者的需求量，應與距離 O 點同樣距離的消費者的需求量相等。假使在工廠 O 的產品價格降低，則其需求錐會升高並且包含較大的區域，如虛線 DEF 所涵蓋的範圍。

最適區位的決定

首先我們假定在生產過程中只需要兩種生產因素：**原料**與**勞力**，而且勞工的生產力在原料產地與市場都是一樣的；不過在市場的價格較低，因為通勤成本較少。而原料的價格在原料產地較低，因為不需要將原料運輸到市場去。

在圖 6-7(a) 中的各**等成本線**，如 UV 代表在原料產地某一定量支出所能購買的原料與勞力組合。而圖 6-7(b) 中的各**等成本線**，如 XY 代表在市場某一定量支出所能購買的**原料**與**勞力**組合。假定在原料產地與市場的支出相同；但是因為價格不同，所以**等成本線**的**斜率**不同。在原料產地的斜率較大，因為原料的成本比在市場低，同樣的支出可以買到較多的原料 OU。同樣的道理，勞力的價格在市場較低，也能買到較多的勞力 OY。相反的，如果在原料產地購買勞力，則只能買到 OV 的勞力；而在市場購買原料，也只能買到 OX 單位的原料。ABCD 為在原料產地的最低成本組合的**擴張路徑**，EFGH 為在市場的最低成本組合的**擴張路徑**。

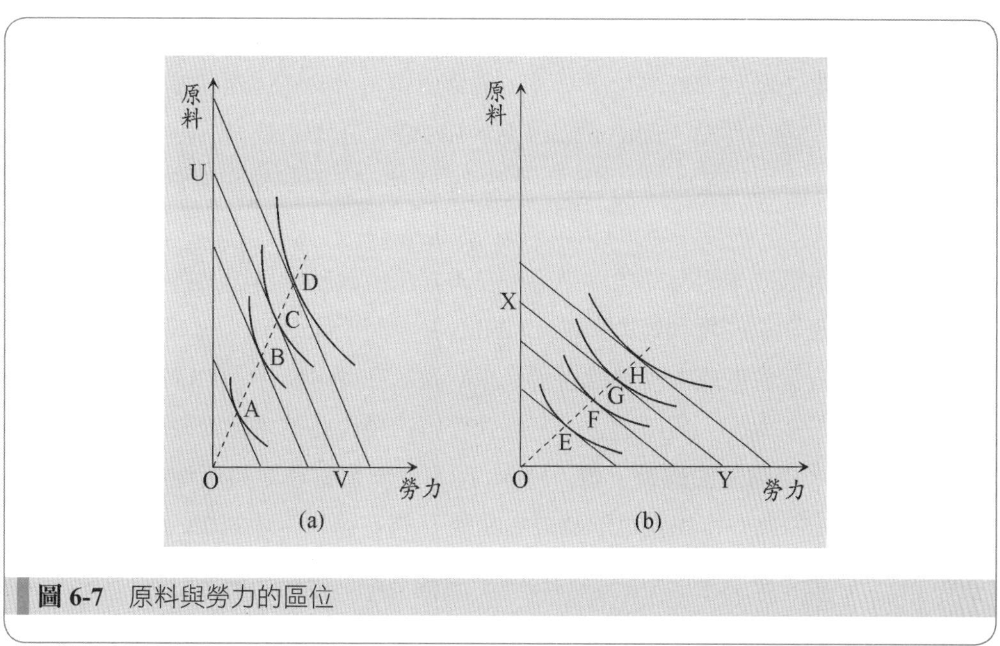

圖 6-7　原料與勞力的區位

從上面兩個圖中，我們無法直接看出在不同的生產量下，哪一個是最小成本的區位。所以我們把原料與市場的**等成本線**合併來看。在圖 6-8 中，UV 與 XY 代表在同樣支出下，原料產地與市場的**等成本線**。在 Z 點以上的組合中， 在一定的支出下，UZ 的生產量高於 XZ 的生產量。在 Z 點之下的組合中，在一定的支出下，

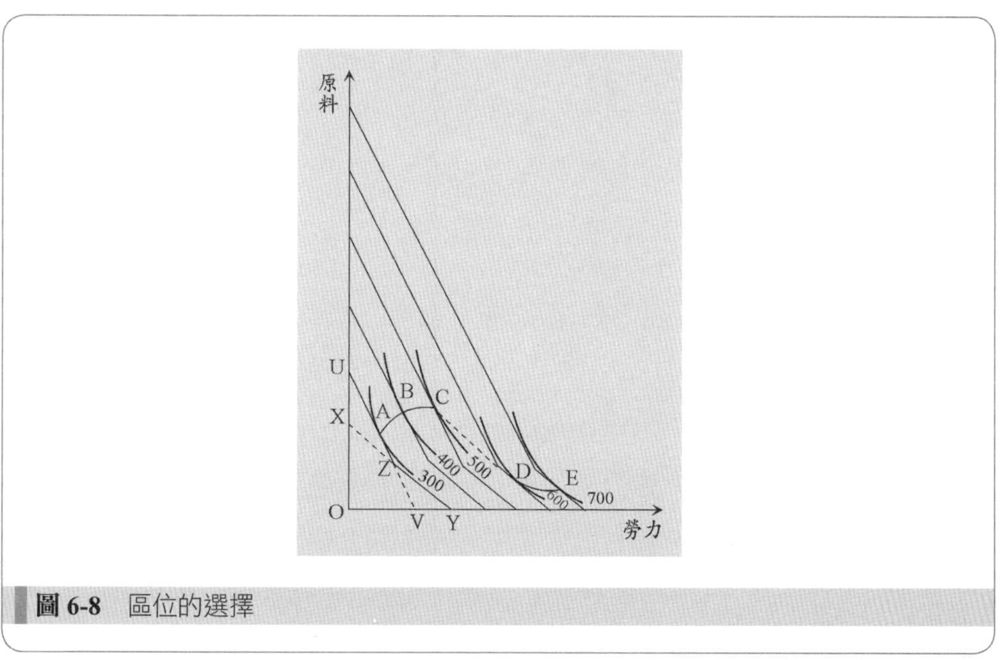

圖 6-8　區位的選擇

ZY 的生產量要大於 ZV。所以 UZ 與 ZY 組合的 UZY 為最小成本組合下的最大生產量。在生產量 300 到 500 單位／日時，最低成本組合的區位是在原料產地，因為等量線與等成本線的**切點**（tangencies）A、B、C 是在 UZ 部分。而生產量在 500 單位以上的等成本與等量曲線的切點，則是在 D 與 E，而且是在 ZY 或者是市場的部分。

以上是從最低成本組合的角度來分析在不同生產量時的區位選擇。但是在實際選擇區位時，是取決於**獲利能力**（profitability），而不僅是最低成本。所以我們在以下的分析中，就會把成本與報酬合併起來討論。在圖 6-9 中，TR_P 代表座落在市場中心的工廠的總報酬。假使顧客的密度隨著與市場距離的增加而降低，則因為運輸成本的增加，總**報酬曲線**會下彎。所以 TR_m 代表區位在原料產地的**報酬曲線**，在 TR_P 之下。TC_P 為在市場區位的**總成本曲線**， 為在原料產地的總成本曲線。在生產量低於 500 單位時，在原料產地的總成本較低；但生產量在 500 單位以上時，在市場中心的總成本較低。

如果把原料產地的總成本 TC_m 從總報酬 TR_m 裡減掉，則可以看得出每天生產 350 單位，可以得到最大的淨利 AB。在市場的區位，生產到 650 單位時可以得到最大的淨利 CD。因為 CD 大於 AB，所以工廠應該設於市場。整體而言，獲利最大的區位可能是在成本與報酬都高，但是其差距也比其他區位更大的地方。

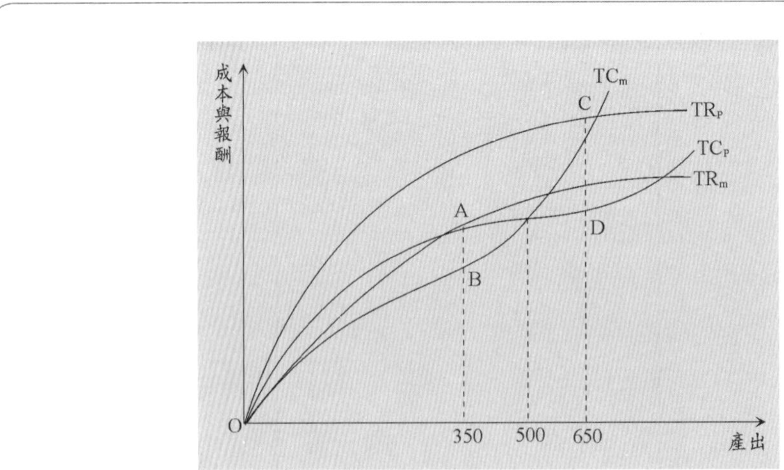

圖 6-9 總成本與總報酬分析

土地使用的配置與市場

土地使用的型態往往能夠反映市場地理區位的不同。這種情形在土地生產力大致相同，但是距離市場不同的狀況下更為顯著，此時運輸成本即成為關鍵因素。因為運輸成本通常都會隨距離的增加而增加，接近市場的地區要比較遠的地區享有**比較優勢**。接近市場的土地也會產生較多的**地租**，具有較高的**地價**，產品也會獲得較高的淨利。

屠能的競租區位模式

大多數有關空間區位影響土地使用型態的理論，都開始於**屠能**（Johann Heinrich von Phünen Thüneu）在 1826 年所著《**孤立國**》（*The Isolated State*）一書中所建立的**競租模式**。**屠能**假設有一個中心市鎮，孤立存在於一個均質的平原中心，其外更有野生荒地圍繞。**屠能**同時也假設中心市鎮為農家的聚落狀態，同質的氣候與土壤，一致的地形與交通設施。在早期時代，還沒有鐵路與高速公路，也沒有河流通過，農產品都是由人力或畜力車輛運輸到市鎮中心市場，牲畜則可以驅趕前往中心市場。

除了農產品的區位與到市場的距離外，**屠能**的分析假設其他影響土地使用的自然因素均為常數。土地使用的不同，直接受**運輸成本**變動的影響。**運輸成本**又因為與市場的距離、運輸的難易、體積、數量、產品的易腐性等因素的不同而不同。基於這些假設條件， 屠能認為圍繞中心市鎮的土地使用，會形成**同心圓狀**一圈一圈的土地使用區（圖 6-10）。

最接近市鎮的土地會做最**集約**的使用。這些**集約**的使用包括生產容易腐敗或重量極重不易運輸的產品。而在外圈的土地則做運輸成本較低的產業使用。**屠能**繼續他的論述，認為第二圈的土地將用來生產林木產品。這種使用，在現代看來似乎極不尋常，但是在他生活的時代，林木為主要的燃料及建材，因為林木體積龐大、笨重不易運輸，所以要在距離市鎮較近的地方生產。

緊接著林木用地之外，則用作生產比較集約而笨重的農耕作物，例如馬鈴薯、根莖作物或輪種的穀類作物。第四圈土地則用來種植比較粗放的穀類作物。第五圈做放牧之用，因為牛羊等牲畜可以驅趕至市場。第六圈或外圍的曠野地即做狩獵之用。

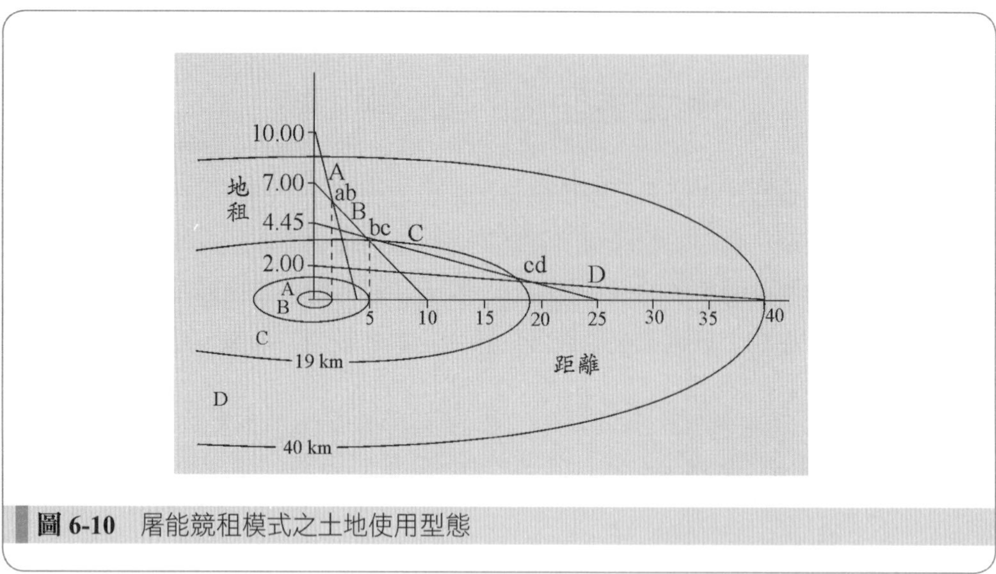

圖 6-10 屠能競租模式之土地使用型態

如果產生其他狀況，**屠能**的簡單模式即可能發生一些變化。例如，假使有一條河流流經此一孤立國，水運的便利就可以使土地使用產生改變。在這種狀況之下，市鎮附近的土地使用可能變化不大。而用作林木生產的土地，可能就會沿著河流延伸到距離市鎮較遠的地區。如果交通設施改善，交通路線增加，就可能形成星形的土地使用型態。

從**屠能競租模式**，我們可以看到作物的生產，在距離市鎮不同距離的地區會有不同的**集約度**，而運輸成本也不相同。**屠能競租模式**顯然蘊含著兩個不同的問題：**第一**、圍繞著市鎮的土地究竟應該如何配置，才能使作物的生產成本與運輸成本極小化？**第二**、假使地主與農民都為了自身的利益互相競爭，土地又應該如何配置？

屠能競租模式顯示，農民之間的競爭會使**地租**從市鎮的最高點，漸漸降低至地租等於零的**耕作粗放邊際**。每一個農民都會面對地租與運輸成本之間的消長。在均衡狀態下，地租隨著距離的增加而降低，必然會使農民只生產其本身所需要的產品，而到達**粗放邊際**時，地租便等於零。

圖 6-10 顯示在均衡狀態下的**競租**（bid-rent）線，也就是在距離市鎮某一距離時，農民所願意付出的**地租**，以及在不同地租水平的土地的使用配置方式。**屠能**模式看起來非常簡單，但是其意涵卻極深奧。實際上，在什麼地方生產什麼作物的問題，並非如此單純。因為如果你使用靠近市鎮的土地生產某種作物，勢必會間接地影響較遠的別種作物的運輸成本，因為地租的高低會迫使他種作物到較遠的地方去生產。

從圖 6-10，我們也可以瞭解，**屠能**的基本概念在於闡明地租與超越**空間摩擦**（the friction of space）的成本之間的關係。減少**空間摩擦**需要運輸，運輸需要時間與金錢，是為**運輸成本**。地租的高低要看某一地點的**可及性**（accessibility）以及**運輸成本**的高低。所以**運輸成本與地租是互為因果的**，也許我們可以將兩者合併稱之為**摩擦成本**（cost of friction）。區位現象可以簡單地解釋做**地租**與市場遠近的關係。當然在實際生活中，狀況要比這個模式複雜得多。

當1964年，**阿朗索**（William Alonso）出版《**區位與土地使用**》（*Location and Land Use*）一書，並且以城市的**中心商業區**（CBD）替代孤立國的**中心市鎮**；以通勤居民替代農民，重新詮釋**屠能競租模式**時，可以說是給**屠能競租模式**注入了新的生命。[3] 雖然**屠能競租模式**可以給一個城市及其周邊的土地使用，或者城市中心商業區及其周邊的土地使用，一個清楚而完美的解釋，但是對於多個中心的狀況就力有未逮了。因此，城市經濟就要以**聚集經濟**與**區域經濟**的理論來補充它的不足了。

依照**阿朗索**的說法，**李嘉圖**當年雖然主要是以農業土地的生產力來解釋**地租理論**；實際上，**李嘉圖**也注意到比較接近市場的土地，負擔較低的運輸成本。在農民**互相競爭**此項利益的情形下，會使農民以**地租**的型態獲得利益。數年之後，**屠能**更完整地發展出他的**區位差別地租理論**。**屠能的競租模式**說明了，在市場周邊的各種土地**互相競爭**，使土地能做產生最高**價值**或最高**地租**的使用。不同區位土地**競爭結果**所獲得的**地租**，即是比較接近市場與較遠區位所能節省的**運輸成本**。距離最遠的土地，無法節省運輸成本，便沒有地租。從另一個角度看，任何區位的**地租**應該等於該地產品的價值減掉**生產成本**與**運輸成本**的剩餘。[4]

其實，**屠能**自己也預期到他的**農業區位地租論**會延伸到城市領域。他在《**孤立國**》裡這樣說：「假使我們探討為什麼靠近城市中心土地的地租會增高，我們會發現這塊土地可以節省勞力，可以更便利而且在經營企業時可以節省時間。」[5] **馬修爾**把這種在城市裡的土地價值定義為**位置價值**（situation value），也就是**位置**優勢所帶來的金錢價值。除了**位置**之外，**馬修爾**也注意到基地的大小與建築物高度之間的關係。他說：「假使土地便宜，業主就會多用土地；假使土地昂貴，他就會少用

---

3 Mashism Fujita, Paul Krugman and Authong J.Venables, *The Spatial Economy : Cities Regions and International Trade,* The MIT Press,1999, pp. 16-17.

4 William Alonso, *Location and Land Use, Toward a General Theory of Land Rent,* Harvard University Press, 1964, pp.3-4. 從這些說明，可以發現台灣學界認為競租理論是 Alonso 所首先提出的地租理論的看法，是一項錯誤。

5 R.T. Ely and G.S. Wehrwein, *Land Economics,* Macmillan, 1940, pp. 444-445.

土地而把房子蓋高」。也就是說，城市土地與農業土地一樣，使用人依照土地的**區位優勢**，**競標土地**，最後由出價最高的人獲得這塊土地。[6]

除了土地經濟學外，**人類生態學**（human ecology）的文獻中也有關於城市土地價值的論述。**派克**（Park）與**柏吉斯**（Burgess）指出：「土地價值是影響而且決定土地使用與**地方區隔**（segregation）的主要因素。」這兩個學術領域雖然互相影響，但卻各自發展。土地經濟學者主要往**經濟學**發展，而生態學者則往**社會學**發展。但是因為他們背景的影響，使他們對住宅的區位特別感到興趣。[7]

工業區位理論

有關工業區位的問題，可以從三個層面來分析。第一個層面是**韋伯**（Alfred Weber）的工業區位理論。**韋伯**的工業區位理論是從完全競爭的角度分析個別**工廠**如何選擇區位。它探討**勞力**、**原料**與**市場**等因素對設廠區位的影響力。第二個層面是從**中心地理論**來分析，它是在**不完全競爭**而且**原料成本等於零**的情形下，來分析**產業層面**（industry level）的區位選擇。第三個層面是**依存模式**（interdependence models）。**依存模式**也是在不完全競爭的假設下從成本面來分析。

綜合言之，**韋伯**的分析是把市場與原料都看作是集中在一點上。而**中心地理論**與**依存模式**則是從區域層面的角度來看；是區域性的市場而且原料是均勻分布的。以下就三者分別加以討論。

韋伯的工業區位理論　**韋伯的區位理論**與**屠能的區位理論**在程序上剛好相反。**第一、屠能的區位理論**是就已經決定的區位（屠能圈）來看各區位的生產型態；而**韋伯的區位理論**是就工業生產的種類來決定區位。**第二、屠能**先假定在一個均質的平原上，在平原中心有一個消費市場；而**韋伯**則假定原料的分布並不平均，而且有好幾個消費市場。**第三、韋伯的區位理論**是建立在**運輸成本**、**勞力成本**，以及聚集經濟與**分散經濟力量**，三個決定區位的因素上的。他認為**運輸成本**與**勞力成本**是屬於一般的**區域性因素**，而**聚集經濟**與**分散經濟**是屬於一般的**地方性因素**。[8]

假使**運輸成本**是唯一的決定性因素，廠商的區位將選擇設在最低運輸成本的地

---

[6] Alonso, p. 4.

[7] Alonso, p. 9.

[8] Melvin L.Greenhut, *Plant Location in Theory and Practice,* The University of North Carolina Press, 1956, pp. 8-9.

方。到底此一地方是**消費市場**、**原料產地**，或在它們之間的任何地方，就要看產品的性質了。如果產品在生產的過程中**失去重量**，就應該設廠在原料產地從事生產。如果在生產的過程中會**增加最終產品的重量**，則應該設在市場所在地從事生產。而當所需要的原料在一種以上，而且產地不同時，則設廠在市場與原料產地之間，可能會使運輸成本最低。

經驗告訴我們，工廠區位的好壞可以影響其經營的成敗。不過，這些工廠的區位往往卻由**因緣際會**所決定，而並非經過經濟的分析與設計。當企業家認真選擇能使其營利的區位時，反而被許多複雜的因素所困擾。這些因素包括：原料的有無與成本如何、勞力成本與勞工問題、市場對產品的需求，以及行銷策略等。當然企業家的主要目的是要選擇具有既能適合設廠的自然條件，又能提高生產力、成本又低，而且能夠大量銷售的地點。

如果考慮**成本**，影響工廠的成本有二：**生產成本**與**運輸成本**。**生產成本**包括工業在生產過程中所需要的勞力，以及使原料或半成品成為最終產品的各樣花費；**運輸成本**則包括從產地運輸原料至工廠，以及從工廠運輸產品到市場的花費。企業家當然希望儘量減少這兩種成本。而在選擇適當區位時，他們發現有的工業是**原料導向**的，有的工業是市場導向的，除了運輸成本外，也可能受**聚集經濟**因素的影響而設在某一城市或地區。該地可能具有專技的勞工與管理人才，或者具有充足的資金，而且有能夠上下游互補的工業，又有公共設施或公用事業的便利、稅負較低等因素。

假如某種原料只產於圖 6-11(a) 的 B 點，產品的主要市場在 C 點，則其工廠應設在何處？面對此一問題，我們可以說，假使在製造過程中的其他生產因素是**隨處都有**的，而且不會影響到產品的體積與重量的增加或減少，其最合理的地點應該是在 B 或 C，或者是在 B、C 之間。但是如果在 B 處生產，在加工的過程中減少了相當的重量，因而可以節省產品的運輸成本，則其工廠應該設於 B。

假使第二種必需的原料只在 A 點才有，而且加入此一原料後不會減少產品的體積與重量，則應將之運往 B 點加工。假使此一生產因素是必須的水力，則生產過程必須移往 A 點。假使它是一種體積龐大而且重量極大的原料，而且在加工的過程中會減少很多重量與體積，為了節省運輸成本則應將工廠設於 A、B、C 之間的 D 點，如圖 6-11(b)。

韋伯把工業區位分為**原料導向**（material oriented）、**市場導向**（market oriented）與**勞力導向**（labor oriented）三類。**韋伯**原本希望建立一個可以解釋所有

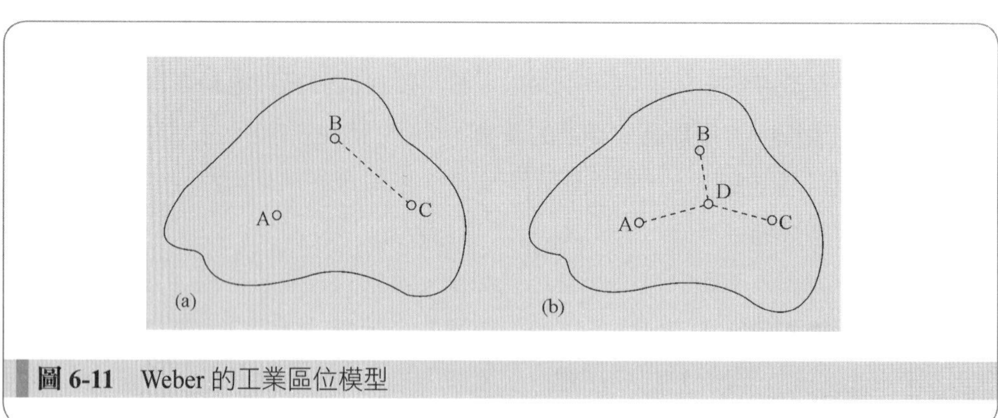

圖 6-11 Weber 的工業區位模型

工業區位的**一般性區位理論**。所以他只分析了影響所有工業的一般因素。他把這些因素區分為影響**區域之間**的（inter-regional）區位因素，與影響**區域之中**（intra-regional）的區位因素，也就是**聚集經濟因素**。他注意到三種隨區域不同而變動的因素——**原料成本**、**運輸成本**與**勞力成本**。但是在分析時，**原料成本**的變動往往包含在**運輸成本**之中；而工廠區位的選擇也在於使**運輸成本**極小化。

原料導向的產業　依照韋伯的說法，區位決定於**原料指數**（material index, MI）與**區位權重**（location weight, LW）兩個因素，**原料指數**可以定義為：

$$MI = \frac{\text{產地原料的重量}}{\text{產品的重量}}$$

如果某工業的 MI 大於 1，即表示可能被吸引至原料產地；而 MI 小於 1 的工業，就可能設在消費市場。**區位權重**是指產品的重量加上原料的重量。在生產的過程中失重的原料，即可能吸引生產到**原料產地**。

原料導向的產業可以分為四個主要類別：

第一類：包括萃取式產業或初級生產型的產業，例如：農漁業、伐木業、採礦業與戶外遊憩業等。這些產業都需要接近它們所依靠的天然資源。

第二類：包括在加工過程中會減少廢料或減輕重量的產業。金屬礦產的礦砂往往會摻雜大量的岩石與礦渣。礦砂的提煉一定是在礦源附近，才會減少許多廢料的重量和體積，然後才運輸到其他工廠去加工。伐木業也是先在林產地附近將原木修整成半成品的木材。其他如農產品也不例外，例如製糖、乳品、楓漿、松香等產業。

第三類：包括在製造過程中需要大量燃料、動力或水源，但是它們並不會含在成品中的產業。過去鋼鐵廠多建於煤礦附近，即是因為煉鋼需要大量的煤與焦炭。需要大量動力的產業，如肥料、冶金與煉鋁等產業，則設在離發電廠較近的地方。同理，需要大量水源或航運的產業則設於河道附近地區。

第四類：包括在製造過程中，可以減少體積，易於貯藏、搬運，因此可以減少運輸成本的產業。棉花、金屬、罐頭等都屬於此類。此外，物流中心發揮貨物集散功能，也是屬於原料導向的。

市場導向的產業　在生產的前一階段，多半是為了減輕原料的重量與體積。到了後一階段，為了使成品更容易達到消費者手中，產品的性質也變得比較脆弱，而且要加重包裝；相對於其重量，價值較高，因此需要接近市場而成為市場導向的產業。

房屋建築業、食品業等都是標準的**市場導向**產業。其他如水電工及一般服務業，也屬於此類。近代的新興工業，如烘焙業、飲料裝瓶業、乳類產品行銷業、釀造業等都選擇區域性地方消費中心設廠。此外，美國的汽車工業，其總部雖然設於中西部，但也多在其他地區與國家設裝配廠，外國公司在美國設廠的情形也是一樣的，如日本的汽車產業。

勞力導向的產業　**韋伯模式**的第二個階段是分析**勞力導向**。當分析**勞力成本**在空間的差異時，他並不考慮組織（工會）與技術效率影響成本的問題，因為這些因素與區位無關。他所注意的只有那些**固定因素**。再者，他也忽略勞力供給有限，以及區位會影響工資水平的事實，因為他希望發現**成本**的變動對工業區位的影響。

資料顯示，工資在不同地點之間的變動可能很大，所以工業設廠的地點必須尋找工資低廉的地方，才能節省勞力成本。如果在某一地區，他所節省的**勞力成本**大於所增加的**運輸成本**，工廠即應設於此地。雖然如此，但是各種工業被廉價勞工吸引的程度也會因為工業的性質不同而不同。假使一種工業的每單位產出的**勞力成本**很高，它便可能因為在低廉勞力的地方設廠而獲得較大的經濟利益；這種工業可能多半是**勞力導向**的。假使另有一種工業，具有較低的**原料指數**（單位產品需要運輸的原料很少），就運輸成本而言，它們的分布可能比較分散。此時如果某地的勞力比較低廉，此一工業便非常可能被勞力因素所吸引。**韋伯**的**勞力係數**（coefficient-of-labor），即是單位產品區位權重的勞力成本數。**勞力係數**高，即表示非常可能被低廉勞力的區位所吸引。

勞力在諸多工業中，均為非常重要的一項因素。各種產業自然要找能夠適當供應勞力的地區設廠。因為**聚集經濟**的關係，他們也設廠在人口集中地區，以得到技術勞工與半技術勞工。而且對於勞工的增減也較具彈性，而不致引起社會問題。

勞力導向的產業往往需要具有某些特殊性質的雇工。例如紡織工業需要大量的女工；需要特殊技術的工廠往往設廠於具有類似工業的地區，以節省招募及訓練的成本。某些工業為了節省營運成本，往往設廠於工資低廉，沒有工會組織或生活水準低廉的地區。因為**聚集經濟**的關係，他們也設廠在人口集中地區，以得到技術勞工與半技術勞工。而且對於勞工的增減也較具彈性，而不致引起社會問題。

無定向與其他導向的產業　許多工業既不屬於原料導向也不屬於市場導向，從運輸成本的角度來看，這些產業設在何處並無太大差異。為了節省運輸成本，往往設於原料產地與市場之間，交通轉運點或製造成本低廉之地。

除了原料導向、市場導向與勞力導向外，有些工業會受某些特殊條件的吸引。例如：**清潔工業**（clean industries）因為經常需要與學術界接觸，即會設置於靠近大學的工業園區之內或附近。也有些工業會設於都會區的類似工業附近，因為他們需要類似的管理與諮詢人才，以及金融與其他服務業的支援，例如台灣的新竹的科學工業園區。

聚集經濟因素　**韋伯模式**的第三部分是分析**聚集經濟**因素。依照**韋伯**的定義，**聚集經濟**因素是指當工業生產在某一地方集中時即能使它們的生產成本降低。**聚集經濟**可以分為四類：(1) 運輸經濟；(2) 廠商的內部規模經濟；(3) 廠商的外部規模經濟與產業的內部規模經濟；及 (4) 產業的外部規模經濟。

1. **運輸經濟**的產生，是因為廠商聚集在一起可以減少**運輸成本**。一般而言，廠商的區位通常會座落在現存的交通路線或交點上；但是因為廠商的選址，也會因此在未開發地區創造新的市鎮。尤其是交通網路的樞紐地帶更是眾多企業聚集的重要地點。其次，具有在生產程序上互相關聯的廠商，也會聚在一起以減少運輸成本。不過這種情形並不普遍，因為在生產過程的初期，區位可能接近原料產地；而在生產的後期，又可能接近市場。

   再者，當商店聚在一起，可以便利消費者購物旅次時，也會獲得**運輸經濟**的利益。往往聚在購物中心的商店，銷售量都會增加。還有，出售同類商品的商店，聚在一起，也會使銷售量增加。因為它們區位的接近，可以便利消費者比較商品的樣式與品質。這種聚集經濟利益與前面所說的**中心地理論**所形成的層級式商業區，有所不同。

2. **廠商的內部規模經濟**是經由增加生產量，而降低平均生產成本的效果。整個廠商的營運機能可以分為四個方面：(1) 生產技術；(2) 管理；(3) 行銷；及 (4) 財務。每一種機能所產生的最低平均成本可能不同，一個大的廠商卻能獲得整合各種機能，擴大規模以及減少平均成本的效果。廠商的區位是聚在原料產地附近，或是分散在市場，則因產品的不同而不同。所以內部規模經濟並不一定會使廠商聚集一處，但是生產多種產品的企業卻會收到規模經濟的效果。這也說明為什麼企業之間常有彼此購併的行為。
3. **廠商的外部規模經濟與產業的內部規模經濟**，是指廠商單位產出成本的降低。當產業擴張時，其廠商的成本曲線即會向下移動。最常見的廠商**外部規模經濟**，就是它座落在一個勞工質量俱佳的地區。其他的例子如：廢棄物的處理，以及充實研究發展的設備與人員等，都需要產業具有相當的規模，才有可能。

在另一方面，企業也可能集中力量，專精於生產某一、二種產品而使成本降低，而產量增加。在圖 6-12 中，實線 TAC 為廠商的總平均成本，AC 為專精於某項產品的平均成本。當產業擴張時，更多的工廠即會加入生產此一產品，因此而獲得規模經濟。例如：單一工廠生產 OE 時的總平均成本可能是 OA，而專精生產某項產品的平均成本可能降至 OC。但是當產業擴張時，專精生產的工廠的平均成本可能降至 OD，而生產增加至 OF；而總平均成本會從 OA 降至 OB，廠商的總平均成本會移至虛線 TAC′。

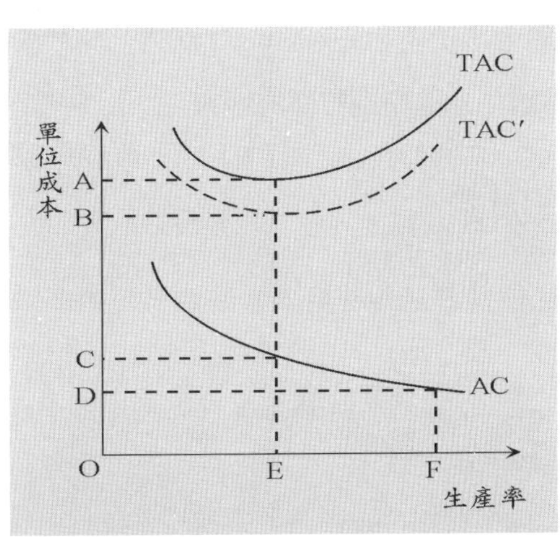

圖 6-12 外部規模經濟與產業的內部規模經濟

從反面來看，廠商或產業除了**外部規模經濟**之外，也會有**外部規模不經濟**（external diseconomies of scale）。**外部規模不經濟**是指當產業擴張時，廠商的平均成本曲線向上移動的現象。**外部規模不經濟**的產生，是因為**運輸成本**上漲使原料價格上漲，或者是因為集約開發當地的原料使生產成本提高。再者，因為人口與經濟活動集中於區位良好的地區而使地價上漲，或者是工會推動使工資上漲等因素，也都會造成**外部的規模不經濟**。

4. 多數產業的廠商外部規模經濟，是因為眾多產品聚集某一地區而使平均成本曲線下移的現象。這種現象也被稱之為**都市化經濟**（urbanization economies）。**都市化經濟**包括：良好的交通運輸設施，夠大而且有彈性的勞力市場，商業與金融服務業，以及警察、消防與相關的公共設施。這些都是可能使廠商的平均成本減少的因素；而這些因素往往都是在較大型的城市裡才具備的。此外，在大城市裡，也能夠享受到律師、會計師、工程師、企業顧問、廣告商、投資機構等的立即服務，或面對面的諮商。再加上城市生活的多樣性也不是其他地方可以比擬的，例如：文化休閒設施、圖書館、歌劇院、夜總會、多樣的餐飲、社交生活以及體育競賽活動等，都是吸引企業的因素。

土地因素的重要性

工業區位的選擇除了注意原料、市場、運輸與勞力狀況之外，也會考慮員工生活環境的優劣、停車與擴廠空間，有無水、動力的供應、土地價格與稅負的高低等因素。如此看來，土地因素的考量也佔相當重要的份量。雖然由於動力及運輸的現代化，工業區位的限制已不像早期那麼重要，但是工業仍然設置於城市邊緣地價低廉、稅負輕省、土地寬廣、水陸交通方便的地方。

個人與非經濟因素

工業區位的選擇往往受許多非經濟因素的影響，大多數的工業均從小規模開始，可能均在經營者的家鄉，例如：**底特律**（Detroit）的福特汽車廠，即是在經營者**亨利福特**（Henry Ford）的家鄉，因為那裡有方便、廉價而適用的土地。區位的優劣往往會影響到日後經營的成敗。

此外，制度上的安排，例如：有利的公共法規、賦稅政策、具有遠見的規劃與便利的地方公用事業與服務業，以及地方上寧適的生活環境等因素均能增加其**比較優勢**。

工業區位的改變

從歷史上看，工業經常遷往新的社區，這種區位的變動，對於遷出遷入社區雙方的經濟與不動產價值，均會造成相當的影響。這種情況以採礦業、伐木或其他單一產業的城鎮最為顯著。如有替代工業其所造成的衝擊即可能會緩和一些。

造成工業區位改變的因素大致可以歸納為以下幾種：

1. 因為技術的創新使生產更經濟，產生新產品，需要新設備。
2. 資源用罄（如礦砂採罄）。
3. 對資源的需要改變。
4. 因為新的設施改變運輸成本。
5. 生產製造的成本因地區不同而改變。
6. 稅負的變動。
7. 廠區現有範圍的限制。
8. 市場品味或對產品需要的改變。
9. 環境保護法令的規範。

此外，如果把供給的變化、市場狀況及創新科技等因素對經濟活動區位的影響考慮進去，便給**屠能**與**韋伯**模式加上了動態色彩。例如新貿易管道與運輸設施的開闢，新式工業的興起等，都會使原來僅有少數居民的聚落變成蓬勃發展的城市。

➔ 產業區位與經濟發展

如果我們把一個城市或區域視為一個經濟機體，就會發現此一經濟機體所帶來的就業與所得，會促進當地區域性的經濟成長。因此在本節中，我們首先要說明產業選擇區位的基本原則，然後說明產業帶動經濟成長的原理。

經濟專業與比較優勢

在目前的世界中，經濟活動的專業化是一個普遍現象。以個人來講，每個人也都有其專長而希望在其專精領域中，從事他最擅長的工作。土地使用也是一樣，我們使用某些土地生產其自然與經濟條件比較適合的產品，而與其他地區的特產互相

交換，以滿足彼此居民的需要。如果各地均能生產具有比較優勢的產品，我們便能使產量增加，人民的生活水準也會提高。

一般而言，每一個地區都會生產最大比較優勢，或最小比較劣勢的產品。此一觀念即是**比較優勢原則**（principle of comparative advantage）。解釋此一原則最好使用幾個例子。假設有兩個地區 A 與 B 各生產兩種產品。每一地區均能生產某種產品以供應兩地所需，每一地區均希望集中力量生產某一種產品，而以其剩餘與另一地區交換其所需要的另一種產品。在此階段，為了使我們易於瞭解，我們暫時忽略市場價格、市場結構、運輸成本以及生產成本等因素。

在第一個例子裡，我們假設 A、B 兩地均生產它們所需要的所有稻米與大豆，有如下表所示。在此狀況之下，沒有任何一個地區具有任何一種產品的比較優勢。如果 B 地區稻米與大豆的產量降低至 30 與 45 單位，或者增加至 50 與 75 單位，其狀況仍然不變。因為兩地生產稻米與大豆的產量比並無變化，也得不到專業分工的優勢。

例一

土地使用	A 地區	B 地區
稻米	40	40
大豆	60	60

例二

土地使用	A 地區	B 地區
稻米	40	<u>50</u>
大豆	<u>60</u>	40

假使如例二中 B 地區的生產狀況發生改變，立刻即可看出每一地區從事專業生產即能獲利。我們可以看出在 A 地區專門生產大豆，而在 B 地區專門生產稻米能獲得最大利潤。在此例中，每一地區分別生產一種作物均有絕對優勢。

在實際生活狀況中，我們常會發現某些地區偶然也會出現具有不止一種使用的絕對優勢，但是也有許多地區完全忽略了利用其絕對優勢。這些不具優勢的地區，也非完全不加利用，而是做**最小劣勢**（disadvantage）的使用。在第三例中，在 B 地區生產稻米及大豆兩者均具有絕對優勢。但是因為它不可能生產兩地同時需要的兩種產品，所以它將集中力量在生產稻米上，因其具有最高的比較優勢，而 A 地區則集中力量生產大豆，因其具最小的比較劣勢。

例三

土地使用	A 地區	B 地區
稻米	40	70
大豆	60	65

如果我們更進一步分析，就會發現有時我們不將土地從事最具生產力的使用，而做第二、第三等使用反而更為有利。在第四例中，在 B 地區生產稻米及大豆均具有絕對優勢，但是其中以生產大豆更具比較優勢。而 A 地區則以生產稻米具有最小的比較劣勢。在此例中，B 地區能以每一單位的稻米生產兩單位的大豆，而 A 地區僅能以兩個單位的稻米生產三個單位的大豆。如果互通有無，則以 B 地區專門生產大豆，而 A 地區專門生產比較不具生產力的產品比較有利，因為 B 地區很明顯的以生產大豆佔優勢，而讓 A 地區去生產稻米。

例四

土地使用	A 地區	B 地區
稻米	40	45
大豆	60	90

綜合起來看，我們也許可以用第五個例子說明此一原則的作用。在例五中，假定四個生產地區分別做四種用途個別產生四種地租。經由觀察，我們可以發現 B 地區在生產小麥與玉米上具有絕對優勢，而且在生產乳類產品上，可以與 A 地區不相上下且勝過其他地區。它的最大比較優勢在於生產玉米。A 地區在馬鈴薯的生產上具有絕對優勢，但其最大比較優勢則在於生產乳品。C 地區與 D 地區不具有生產任何產品的絕對優勢。C 地區可以生產任何一種產品，但可能在生產馬鈴薯上有最小的比較劣勢。D 地區則除了生產小麥以外似乎別無選擇。

例五

土地使用	A 地區	B 地區	C 地區	D 地區
小麥	10	14	11	8
玉米	19	30	20	2
馬鈴薯	18	16	17	-
乳品	25	25	10	1

形成比較優勢的因素

比較優勢通常均與優良的自然環境如良好的氣候、土壤、地形等以俱來。由此觀之，我們也容易認為自然條件好就必然具有比較優勢。事實上，比較優勢的觀念是既動態而又無所不在的。有些比較優勢由於自然條件，但是其他如適當生產因素的配合，良好的區位與低廉的運輸成本，有利的制度條件以及理想的寧適條件等，都是造成比較優勢的因素。

天然秉賦　由於**天然秉賦**條件的優越而造成比較優勢的例子很多。例如假使要採礦達到商業化，其蘊藏量與純度必須足夠吸引人。良好的氣候、沙灘、垂釣的水域與滑雪場則為發展各種遊憩區所必須的天然條件。其他如肥沃的土壤為農作所需，柑橘類果樹則需生長於亞熱帶，棉花則需要較長的生長季。山谷河川往往是水庫與動力的所在。

有利的生產組合　比較優勢是指由有利的生產因素組合產生經濟報酬及滿足市場需求的能力。資本與純熟管理是否短缺，或者產銷與融資是否充足可能比自然條件更為重要。雖然技術勞工重要，而低廉的勞工可能更有利於生產。所以，經營者必須注意原料、水利、動力，以及其他公共設施的有無與成本是否低廉。

運輸條件　區位與運輸條件是第三項影響比較優勢的重要因素。企業家所關心的是原料與產品所需輸送的距離。當地生產者的優勢在於他能以低廉的成本，在極短的時間內運輸新穎的產品。當地生產者在運輸成本上的優勢使他能與較具自然優勢，但距離較遠的生產者互相競爭。現代的交通運輸工具雖然非常進步，但是空間區位因素仍然非常重要。在以前，各種交通運輸設施均極有限而且運費高昂，所以人口的聚集與市鎮的開發多集中於水道沿線。陸運的主要問題在於城市居民所仰賴於其周圍腹地的糧食與其他產品的價值／重量比較低，而一般的運輸均希望其貨物具有較高的價值／重量比。近代運河、鐵路、公路、機場、管線等新式運輸設施的興建，大大地降低了過去運輸的困難，使我們能從更遠的地方取得原料，或開拓市場。不過，只要運輸仍然花費時間與成本，它就會一直對區位的選擇與不同地區的比較優勢產生影響。

制度優勢　政治穩定的國家要比經常發生動亂的國家來得吸引投資者。關稅障礙與貿易設限常被用來保護國內生產者的生產優勢。其他的管制措施，例如檢疫、土地使用分區法令對特殊的土地使用都有阻遏或鼓勵的作用。在制度層面，經濟、軍事或政治等因素能使某些國家得到相當大的利益。例如**石油輸出國家組織**（OPEC）在 1970 年代對石油近乎獨佔的控制，使其享受到無比的經濟力量。

適意性因素　文化以及地方的寧適條件也是造成比較優勢的重要因素。不論是生產者、消費者、勞工，均較以往重視**適意性因素**（amenity factors）。在選擇區位的過程當中，如果最後幾個競爭區位的經濟狀況都不相上下時，最後的決定可能就要看一個社區的氣候、文化、教育、遊憩等因素對人的吸引力而定了。

比較優勢因素的關聯性　在衡量比較優勢時，經營者必須將以上各種因素同時考慮。此時某一種因素所造成的優勢可能被其他因素所抵消。最後也許個人或寧適因素將會成為考慮的關鍵。

比較優勢 v. s. 全球化、國際化

從邏輯上考量，**比較優勢**原則似乎是無懈可擊的。如果我們更仔細地觀察，似乎還有一些其他因素需要考慮進去。第一、在生產任何產品的同時，必然會耗用自然資源，既使勞力與資本不會增加，也會造成一些對環境的污染。新古典經濟學說產出只是投入資本與勞力的函數。但是與新古典經濟學的假設相反的是，資源的成本是不能被忽略的，所以資源與污染的成本必須從產品的價值裡扣除。這就要看哪些地方取得資源的成本較低？對環境的衝擊（成本）較小？哪些地方在生產的過程中，所造成的污染較少？

第二、其實更重要的是，我們必須認識到**全球化**（globalization）與國際化（internationalization），兩者完全不同。全球化是把世界所有國家的經濟整合成一個經濟體，而且必須遵守 WTO 制定的法律。在全球化的情形下，國際資金，甚至資源自由流通的世界裡，也許就會降低了**比較優勢**的重要性，甚至顯得**比較優勢**沒有太大的意義。而且，根據學者的研究，全球化會製造少數的大型企業、更多的外部成本、對非敵對資訊的獨佔，因此削弱了市場配置資源的效率。愈形增加的負外部性與經濟成長，又會對永續發展造成威脅。而且全球化更帶來在國家之中，以及國與國之間財富的集中。[9]

---

[9] Herman E. Daly and Joshua Farley, *Ecological Economics: Principles and Applications,* Island Press, 2004, p. 321, 340.

第三、但是在國際化之下，雖然國家與國家的關係日益密切與重要，但是國家仍然是基本的經濟體。從理論上看，認為在比較優勢原則下，國與國之間的自由貿易會是雙贏的策略，並不實際。國與國之間的自由貿易，不但要求具有**比較優勢**，更重要的是每一個國家或地區更要追求**絕對優勢**。**絕對優勢**可以使一個國家獲得較大利益時，它才會在國際層面區分贏家與輸家。因此我們必須在實際狀況下，追求各國的**絕對優勢**。

知識經濟與區位理論

什麼是知識經濟？

在 2000 年時，社會上對**新經濟**（new economy）有相當多的討論。所謂**新經濟**，到目前為止，大約已有十多年的發展歷史。不同的學者對它也有不同的詮釋。歸納言之，大約有以下四項。

第一，**亞洲華爾街日報**（*Asian Wall Street Journal*）曾經有一篇文章，認為新經濟就是美國在 2000 年間所經驗到的經濟狀況。也就是高成長、低通膨與低失業率。這種現象的形成，主要是因為**高科技工業**（high-tech industries）的發展。這些發展包括：**個人電腦**（personal computers, PC）、**網際網路**（internet）、**資訊科技**（information technology, IT）與**電傳視訊**（telecommunication）的發展，使交易成本降低。

第二，《經濟學人》（*The Economist*）2000 年 4 月 1-7 日一期中的一篇文章，將新經濟稱之為**網路經濟**（internet economy）或**透明經濟**（nude economy）。這種說法的含意是說**網際網路**使經濟活動更透明，也更清晰可見。因為**網際網路**可以使交易的雙方更容易彼此接觸、比較貨色與談判。也可以減少企業與顧客之間的**仲介人**（middlemen）角色；如此便可以減少**交易成本**以及進入市場，在區位與交通運輸上的摩擦（friction）。[10]

第三，因為高科技與知識的進步，也有學者將新經濟稱之為**知識經濟**（knowledge economy）。

---

[10] *The Economist*, April 1-7, 2000, p. 64.

不過到目前為止，許多名詞，諸如**數位經濟**（digital economy）、**資訊經濟**（information economy）、或者是**電子商務**（e-commerce）以及上面所講的這些名詞，都還沒有一個標準的定義。美國商業部的 Brent R. Moulton 指出：電子商務是使用**網際網路**銷售產品與服務。依照他的解釋，**數位經濟**（digital economy）包括**資訊經濟**（information economy）與**電子商務**（electronic commerce）。[11]

第四，新經濟也意味著世界經濟**全球化**（globalization）的趨勢。當世界上大部分的國家加入**世界貿易組織**（World Trade Organization, WTO）之後，各個國家的關稅及其他貿易障礙將被消除。除了財貨與勞務的自由流通之外，財務與資本也將自由流通。企業利用**網際網路**可以提高效率、降低成本。因為第一，它可以減少採購成本及加工交易成本；第二，它可以改善**供應鏈**（supply chain）的管理；第三，比較容易加強**庫存**（inventory）管理，所以企業可以減少存貨成本。[12]

對新古典經濟學的意義

現在，如果我們回到1937年重新審視**寇斯定理**（Coase Theorem），便可以發現他對交易成本重要性的重視，以及他對**新古典經濟理論**（neo-classical economic theory）所謂**完全競爭**（perfect competition）市場的批判。而且正如眾所周知的，**不動產**（real estate）的**交易成本**要比其他財貨與勞務的**交易成本**大得多。因為不動產交易包括測量、估價、登記、融資，以及其他法律事務費用等。既使不計算所費的時間與心力，也要比一般財貨的**交易成本**大好幾倍。

因為網際網路可以使交易**成本極小化**（minimizes），它也可以縮小企業的最適規模。小型企業購入生產因素的成本也可以降低。因此，整體而言，進入市場的障礙將被消除。而因為使用**網路**降低成本，可以增強競爭力，進而增加價格機制的功能。如果這種狀況成真，豈不是使我們的經濟體系更接近新古典經濟的**完全競爭模式**（perfect competition model）。此一模式的要點即是：**充分的資訊、交易成本等於零，以及自由進出市場**等條件。雖然完全競爭的狀況還不能完全實現，但是最重要的是，**知識經濟**將會使**傳統經濟**（traditional economy）更有效率。

---

[11] Brent R. Moulton, "GDP and the Digital Economy: Keeping Up With the Changes", in *Digital Economy 2000,* U.S. Department of Commerce, p. 2.

[12] U.S. Department of Commerce. *Digital Economy 2000,* p. 1-3.

對土地經濟學的意義

從傳統的**土地經濟學**觀點看，土地、資本、勞力與管理是四項主要的生產因素。如果以**知識經濟**的觀點看，我們或者可以說，現代的高科技產業的**資本與知識集約**的程度可能要高於土地。以台灣的新竹科學園區來說，其產值要高於傳統產業數倍之多，而所用的土地面積則要小得多了。而在園區內各公司就業的員工，其知識水平，無論是在科學、工程或管理的領域，都要高出傳統產業很多。果真如此，是否我們需要思考土地在經濟上的重要性？

土地經濟學的理論告訴我們，土地最重要的特性之一就是它的**區位是固定的**。因為土地的位置固定，所以才會產生**區位理論**。根據區位理論，才發展出地租理論與地價理論。經濟學家**賀德**（R. M. Hurd）指出：

> 因為土地的價值源於地租，而地租又源於區位；而區位要看其便利性，便利與否又要看距離的遠近。或者我們可以直截了當地說，土地的價值決定於距離的遠近。[13]

其實不僅經濟學家，一般人也都知道，影響一塊土地價值最重要的因素就是它的區位。所以企業會去比較各個區位之間的報酬與成本的差異，而去尋找對它最有利的區位。因為土地有固定性，企業區位的遷移一定會增加不便與空間**摩擦成本**，所以區位一經選定，就代表一樁長期的投資**承諾**（commitment）。這種長期承諾的決策，當然會面對許多不確定性，所以除非具有重大利益，多半是不會輕易遷移的。

交通運輸是克服**空間摩擦**的工具。交通運輸設施愈好，摩擦就會愈少；但是交通運輸卻代表空間摩擦的成本，這種成本又是**區位地租**。從理論上講，經濟活動的最佳區位就是可及性最大，而摩擦成本最小的區位。[14]

傳統上，我們把工業區分為資源導向、原料導向與勞力導向。以知識經濟體系而言，我們或者可以說：知識、資訊甚至資本是**隨處都可獲得的**（ubiquitous），至少它們不會像土地那麼固定而不可移動。知識與資訊可以透過網路在幾秒鐘之內

---

[13] William Alonso, *Location and Land Use,* Harvard University Press, 1964, p. 6.

[14] Alonso, p. 7.

傳送過去；而資本的流動也可以是全球性的。現在且讓我們想像，假使這些狀況都可以成真，是否土地的區位問題就不至於像以前那麼重要了？因此，在知識經濟體系裡，傳統的**區位理論**是否需要我們以知識經濟的角度重新加以思考？

7

城市體系與城市土地使用

城市的大小與區位決定於它的功能。經濟活動比較自由的交易中心都會形成階層式的城市系統。這種基本交易架構的不同，是因為人力與自然資源分布不均。因此，有的工廠座落在不同交易功能的市場，也有的會接近資源。聚集經濟也會造成某些差異，還有歷史的偶然。凡此種種就會使一個區域裡的大小城市與中心地形成一個城市體系的系統（system of systems of cities）。

Hugh O. Nourse
Regional Economics

城市體系的形成

城市的存在可以說是與人類文明與生俱來的。基本上，人類有群居的天性，加之以人們聚集可以帶來許多文化、經濟與政治上的利益。直到近代，一個健全而有潛力的**經濟基礎**（economic base），往往是城市成長的先決條件。從另外一個角度看，城市的興起，也對城市及其周邊地區的經濟發展有相當的影響。經驗告訴我們，某些特殊地區中心的經濟發展要比其他地區為快。這些**成長中心**（growth centers）會形成為工商業與人口集中的所在。由於這種狀況的發展、最高層次的經濟發展，通常都在城市的中心點，然後再往四周擴散。而較低層次的經濟發展與經濟組織，則漸漸推往其邊緣地帶。

依現今城市成長的狀況而言，其區位多半依以下幾項條件而決定：(1) 腹地的大小；(2) 運輸設施與貿易管道；及 (3) 當地工業所需資源的供給。依此而論，城市可以就它們的機能分為以下四類：經貿中心、運輸中心、特殊功能中心、綜合以上數種功能的中心。

大多數的城市主要為經貿及工商業中心，它們為周圍腹地提供財貨與服務，也從腹地獲取糧食、原料與勞力的供應。這些中心的空間分布正好反映了此一地區的人口與土地資源狀況。在理想的假設狀況之下，假使人口與土地資源品質的分布極為平均，則這些中心也應該會平均地分布在此一區域內。每一個地方貿易中心周圍都會形成一個服務區域。

中心地理論

為了說明城市空間型態的形成，我們可以從**克里斯特勒**（Christaller）與**陸許**（Lösch）所發展出來的**中心地理論**（central place theory）開始。[1] 所謂**中心地**，是一個以上以及更多**網絡**（network）聯合構成的**中心市場**。形成**中心地**的基本條件是：**在一個同質的平原上，人口均勻分布，生產資源到處都有**（ubiquitous），**消費者的需求相同，運輸成本極小化**。在這種狀況之下，每一種產品都會有它自己的

[1] 有關中心地理論的說明，主要是根據 August Lösch, *The Economics of Location,* Yale University Press, 1954, pp. 105-138.

市場，但是因為許多的財貨與勞務可能會有同樣的市場範圍。市場範圍有大有小，像便利商店的市場就會很小；汽車與其他製造業的產品，市場則會很大。廠商的區位選擇，完全取決於消費者的可及性。因為人口均勻分布，所以中心區位就是區域的中心。

根據**陸許**的說法，此一市場可以准許生產者完全自由進出，所有的消費者最少都會得到一個生產者的供給。而且如果雙方都在均質的區域內，必然會得到同樣大小、同樣型態的市場；而且只有等邊三角形、正方形與正六角形能夠滿足此一要求。**陸許**則以數學計算證明，以**正六角形**來分割一個大的區域，從社會與運輸成本與生產成本的觀點看，都是最有效率的。

假使這些中心彼此都有適當的空間距離，都有同樣的運輸設施，每一個中心一定會被一個圓形的服務區所圍繞。當這些中心的服務區漸漸擴大之後，便會互相競爭推擠，最後達到均衡而密接的**六角形市場網絡**，鋪陳在此一平原上，整體看來就有如一個大型的蜂巢，如圖 7-1。這是理想的城市分布，其人口與資源也平均分布。在這樣的空間網絡型態之下，大多數的市場中心都會有一致的形狀，市場**中心與中心的距離**將會最短，**運輸成本**會最低。但是當大城市興起時，財貨的價格也會產生變化。中心數減少時，價格也會上漲。

從這種**蜂巢式**的空間結構，我們可以看出這些中心有**階層**（hierarchical levels）的關係。從圖 7-2 中，我們可以看到，每六個 E 階層的六角形圍繞著第七

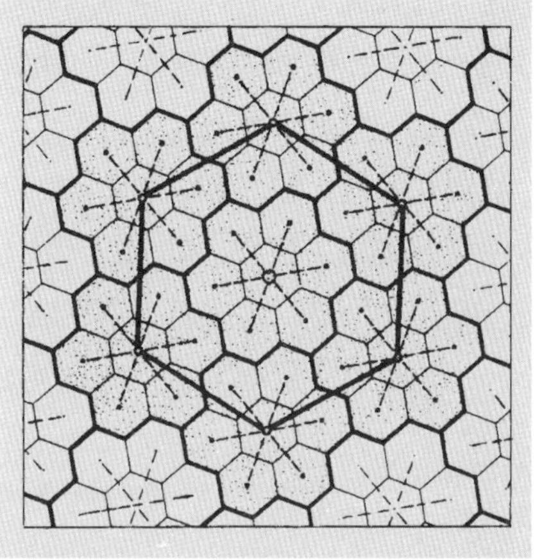

圖 7-1　理想的城市構成網絡

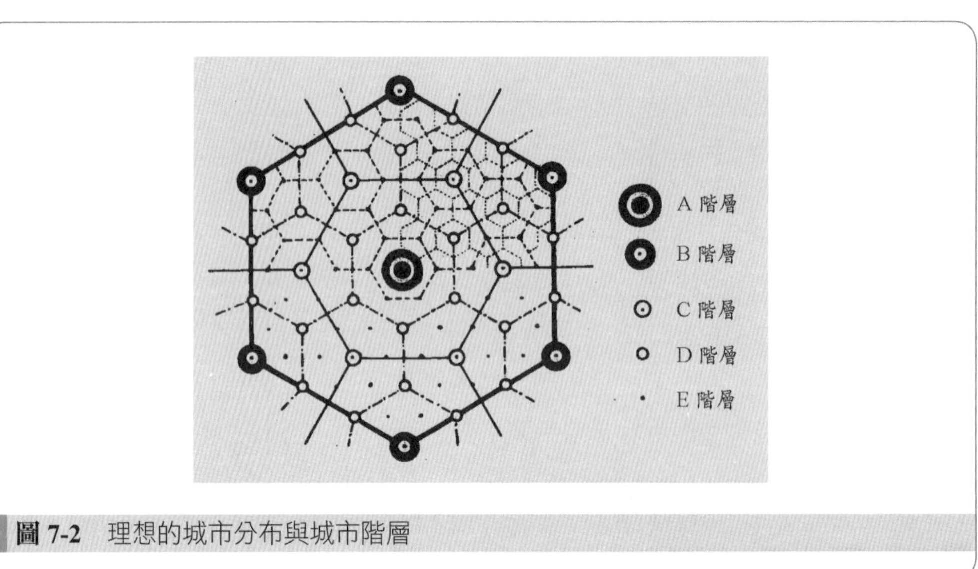

圖 7-2　理想的城市分布與城市階層

個六角形形成一個 D 階層的六角形中心。這個中心所能提供的服務，便會超過其他 E 階層中心所能提供的服務。同理，六個 D 階層的區域加上其所圍繞的中心六角形，即形成一個 C 階層的中心城市，並且提供更高層次的服務。到了 B 或 A 階層，即形成更大的都會區域中心，也會提供更多樣化，而且特殊的服務。不同的城市階層提供不同程度的服務，高階層中心城市提供較高層次的服務；低階層中心提供較低層次的服務。大的中心可能包含比它小的中心的功能，小的中心則不包含比它高階層中心的功能。

此一模型雖然解釋了在理想狀況下的城市空間關係，然而實際情形卻並不如此單純。雖然如此，類似的例子仍然在歐洲與美國的平原地帶找得到。通常鄉村市鎮總會提供商業、教育、郵政以及一般社會服務。至於銀行、醫院、法律諮詢、百貨公司、超級市場等服務，就要在較大、成長較快的城市才有，這些城市也會為周圍社區提供貿易及一些特殊性質的服務。在更大的省、市中心或區域性的都會中心，則會提供更高層次的服務，例如：批發、區域性公司總部、大型購物中心、特產商店、具有特色的娛樂場所、公司高層主管面對面的會談場所、會議中心、甚至熱門的運動競賽等。

以上所討論的中心地理論，是以市場導向的廠商為對象的。目的是要使消費者的通勤成本極小化。市場導向的廠商並不考慮：(1) 投入因素的運輸成本，或 (2) 當地的投入因素成本。除了市場導向的廠商之外，還有我們在第 6 章所討論的原料導向的廠商，與勞力（紡織）、能源（鋁）、中介資源（水）導向的廠商與中心地理論的關係，也需要加以討論。以原料導向的廠商而言，原料的運輸成本較高，所以會設廠在原料產地。至於當地的投入因素，成本變化較大。廠商會選擇比較廉價的勞力、能源，或中介資源的地方。

從歷史的發展上，我們也可以看到，沿著海岸、湖泊的港口、河流的出海口，水路與陸路運輸的交會點等都適於城市的發展。近代交通運輸設施，如鐵路、公路、航空等的發展，更使擁有良好區位的城市迅速地發展。這種例子在世界各地比比皆是。

除了以上各項因素外，城市的發展也受特殊資源產地區位的影響。例如良好的林木、礦藏或者吸引人的遊憩區等，也能使交通路線以外的地區發展出城市來。許多工業城市的發展，就是因為它的生產需要某地的原料。另外具有特殊功能的城市，例如政治中心、教育中心等的發展，有的是出於歷史的巧合，有的是出於刻意的設計。大多數的大城市都兼具有貿易中心以及交通運輸、製造業與服務業中心的功能。這些多種功能對城市成長的影響，也可以從圖 7-3 中看得出來。

圖 7-3 顯示，交通運輸設施與不均勻的土地資源分布對城市成長的影響。若將這些因素綜合考慮，其城市型態就會像圖 7-4 所顯示的樣式。當我們研究城市區位分布時，如果能夠一方面考慮以上所討論的各種因素，同時也應用比較優勢原則，就會發現城市之所以如此分布，是有道理的。

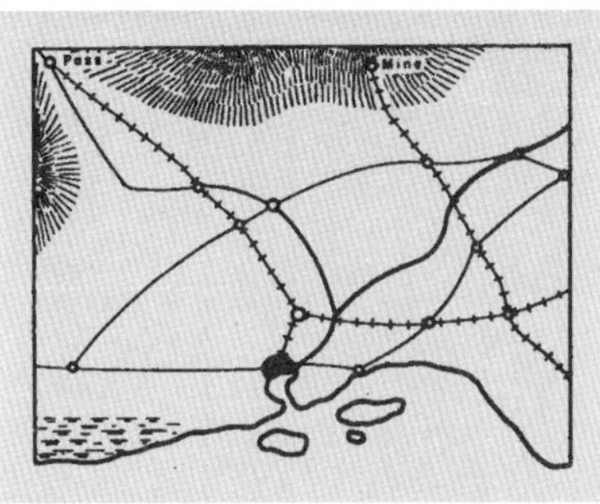

圖 7-3　土地資源與交通運輸設施分布對城市成長的影響

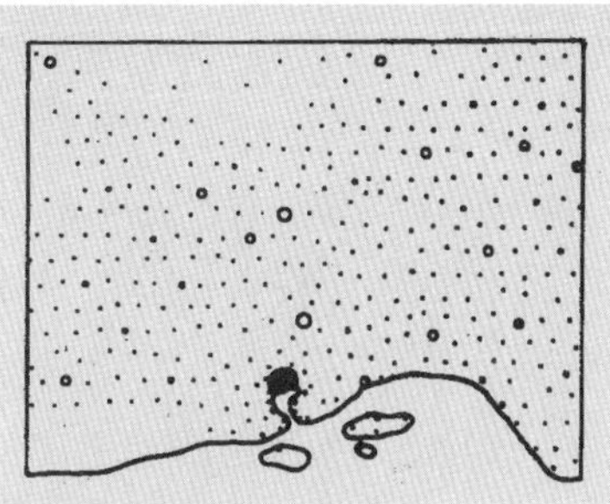

圖 7-4　各種因素平均分布對城市分布的影響

衛星市鎮與其他市場的衝擊

一個中心城市往往被周圍的市鎮與自然環境所包圍，中心城市需要依賴衛星市場供應農產品與其他生產原料，而中心城市則供應財貨與勞務給周邊市鎮的居民，因此彼此在經濟上的關係是密切的、互動的。

這種情形，當兩個以上的城市非常接近時，關係便趨於複雜。這時會有許多市場競爭某地的產品，土地的使用型態也會顯出市場牽引的效應。這種牽引效應的大小，決定於市場的大小與其區位及運輸條件。當兩個大小相若的城市相鄰時，很自然地便把外圍區域分開，每個城市的服務範圍都是距它最近的外圍地區。當運輸設施或城市功能發生變化時，情況可能會比較複雜。例如：當一條鐵路連接第一個城市與第二個城市的腹地時，就會使第一個城市的服務範圍加大。另有一種情形，假使一個城市擁有家具工廠，另一個城市擁有碾米廠的話，因為產品不同，消費者要到對方去購買，它們的市場區域便會有相當的重疊。

當許多小市鎮座落在一個中心城市周邊的腹地時，中心城市也會與小市鎮互相競爭某些土地的使用。只要小市鎮土地使用的經濟與社會優勢較高，它們也可能比中心城市更容易爭取到某些型態的土地使用，如圖 7-5。但當中心城市的土地使用最為優先時，衛星市鎮就得尋找距離中心城市較遠的其他地點。在這些地區，它們的競爭力就要來得比中心城市更強。

圖 7-5 衛星市鎮與不同的運輸設施以及不同的土地品質，對中心城市以及其周圍土地使用型態的影響

衛星市鎮的產品價格往往會反映它與中心城市之間的**運輸成本**。只要在兩者之間的產品供給有餘，衛星市鎮產品的價格，將會相當於中心城市的價格減去其**運輸成本**。例如，假如牛奶的價格在大城市為 8.0 元一公升，從小市鎮輸往大城市的運輸成本若為 0.6 元，則其產地價格應為 7.4 元一公升。假如其產地價格能夠降低，便有能力運往大城市銷售。但是事實上，衛星市鎮的價格往往偏高。這種狀況的存在一方面因為當地市場不夠穩定，另一方面也可能是要吸引衛星市鎮與中心城市之間的供給，也可能是因為許多產品需要運到大城市去加工。

城市的土地使用型態

一個城市，通常都是由鄉、鎮漸漸成長而來的。在一開始，就按照計畫把工、商、住宅以及其他土地使用都劃分好的非常之少。這種成長過程往往是偶然的、隨意的、沒有計畫的，而且是非常浪費的。當城市成長往外擴張時，商業區會擴張到周圍的住宅區，住宅區又會擴張到工業區或農業區。這種擴張有時會很均勻地圍繞著中心區，有時則會朝某一個方向，或某一條路線去發展。更有的時候，市中心商業區也會發展到另一個新的地區。此外，工業區也同樣會受到城市擴張的影響，最初座落在城市邊緣的基地，也將被擴張的城市所吞沒而成為孤島，最後可能連擴建的空間也沒有。

在各種受城市成長擠迫的土地使用中，最初圍繞中心商業區的住宅區可能會因為商業區的擴張，而使高價位的住宅區移往城市邊緣。這種移動會使中心周邊過渡地帶的低價位住宅區逐漸衰敗。及時的更新可能會重振城市的經濟，但是如果不快速更新的話，貧民窟的出現將不可避免。

在不同的城市，它的成長與土地使用型態也不相同，實在難以找到能夠解釋城市土地使用配置的共同原則。目前雖然發展出許多理論，但是最重要的有三種。它們是：同心圓理論、區段理論與多核心理論，分別說明如下。

同心圓理論

同心圓理論（concentric-zone theory）是一個解釋城市內部土地使用結構的理論，它是由**柏吉斯**（Ernest W. Burgess）在 1925 年所提出的。它與屠能用來解釋農地使用的理論若合符節。

從圖 7-6 可以看到，最內圈是中心區，是 100% 的商業、社交與公務中心，包括主要的商店、辦公大樓、銀行、劇院與旅館等。往外第二圈是為**過渡區**（transitional zone），區內多為老式住宅與出租住宅，或者有些工廠與商店，其餘大部分為老舊衰敗地區。另外，也可能有一些改建為公寓的住宅。不過整體而言，此一區域的維護管理可謂不良。過渡區之外的第三圈為藍領階級住宅區，區內可能有中等的獨棟房屋，連棟住宅。此區租金較低，房價較低，而且距離市中心區及工作地點的距離較短，適於中低收入家庭居住。高價位的住宅則在城市外圍的第四圈，而郊區的第五圈為市郊或**通勤區**（commuters' zone）。

柏吉斯模型具有**屠能模型**同樣的弱點。在解釋重要道路，實質障礙如湖泊、河流，以及土地使用的傾向、衛星城市或購物中心、土地使用強度的改變等因素對土地使用的影響時，必須做相當的修正。如圖 7-7 所顯示，沿主要道路放射所形成的城市發展模型，或者可以對同心圓模型有所修正。

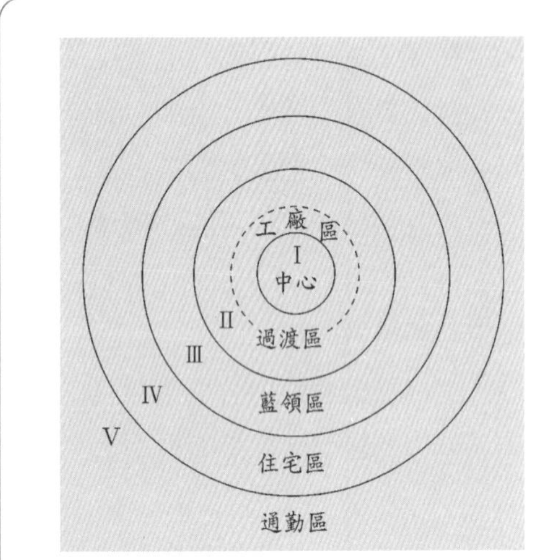

圖 7-6　柏吉斯的同心圓城市土地使用模型

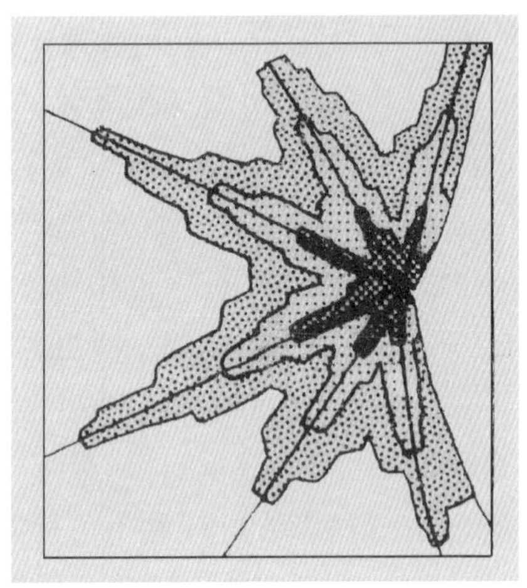

圖 7-7　放射型的城市發展

區段或扇形理論

區段理論（sector theory）是**郝義特**（Homer Hoyt）在 1930 年代，分析了將近 70 個美國城市的 200,000 餘個住宅區街廓所得到的結果。**郝義特**認為，城市雖然是一個圓形，但是卻呈現出由**中心商業區**（CBD）向外發展的**扇形區段**，所以也有人

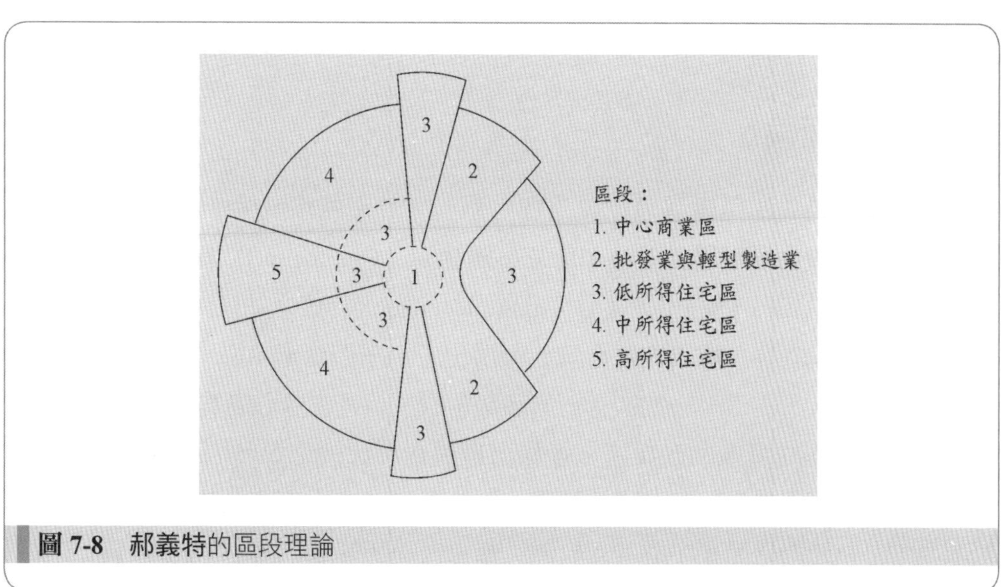

圖 7-8　郝義特的區段理論

稱之為**扇形理論**。其發展則是沿著主要阻力最小的交通軸線往外延伸，如圖 7-8。此一理論給**沿街發展**的實際型態提供了非常合理的解釋，例如：世界各國及台灣早期的城市，都是沿街發展的型態。工業區也沿著鐵路、河道或主要道路向外發展。

區段理論也認為城市的成長，會造成已開發地區與城市邊緣的新開發地區之間土地使用的變遷。商業區往往被其他使用所圍繞，其發展就會侵蝕到其他使用的土地，或城市本身的**更新**與**再開發**。當土地使用轉往新開發的高級地區時，便會把原來的使用**下濾**（filtering down）給中低所得者使用。一般中低價位的住宅，即是**下濾過程**的結果。當然因為城市成長的關係，也有相當大部分的中低所得住宅是建築在城市邊緣或外圍的。高所得群的住宅當然更是往城市郊區擴張的。

區段理論給 1950 年代以前的美國城市發展一個十分合理的解釋。雖然它現在仍然可以用來解釋許多新發展城市的土地使用型態，但是其實用性已大不如前。因此，我們也可以瞭解城市成長的過程並不是有規律可循的。土地使用係依理論模式而發展，而理論的解釋也必須依據事實加以修正。

批評**區段理論**的人認為，城市的土地開發與使用變化太大，實在難以只用二度空間的模式理出一個一般的原則。他們認為城市的成長會受經濟、社會與文化因素的影響。歷史上的偶發事件、家庭所得的變化、對住宅品質的偏好，以及里鄰或社區的文化特質等，都是影響城市土地使用的重要因素。同樣地，社區的成長也受道路的設計、交通運輸設施的改變、公園與教育機構的區位、契約的限制、都市計畫法規，以及住宅興建與更新計畫等因素的影響。

多核心理論

上述**郝義特**的**區段理論**可以說是在一個沒有計畫的環境中，大部分受交通運輸條件影響的產物。以現代的情形而言，**哈瑞司**（Chauncey D. Harris）與**巫爾曼**（Edward L. Ullman）則提出**多核心**（multiple nuclei）的概念加以修正。

多核心理論認為，城市與都會區會發展出不止一個**商業中心**，如圖 7-9。也就是說，一個城市，在市中心地區有一個**商業中心**，但是在**中心商業區**相當距離的地方，也有可能形成更多的商業區。**多核心理論**給現代愈來愈多的都市土地使用型態，提供了一項比較合理而實際的解釋。由於現代城市快速的成長，兼併或吸納了郊區原本存在的衛星**商業中心**，而成為大都會區裡新的城市核心。此外，新工業區的開發，新住宅區以及新的區域性購物中心等都會吸引人口移入，而成為新的城市核心。新核心的形成也受交通運輸設施開發的影響。原來以中心商業區為交通輻輳中心的型態，也因而向郊區擴散。

多核心城市形成的原因有如下三點：

1. 城市人口增加，往外擴張與衛星城市連成一氣。
2. 城市人口與空間擴散，形成另一個商業區。
3. 小汽車普及，活動力增強，活動範圍擴大。

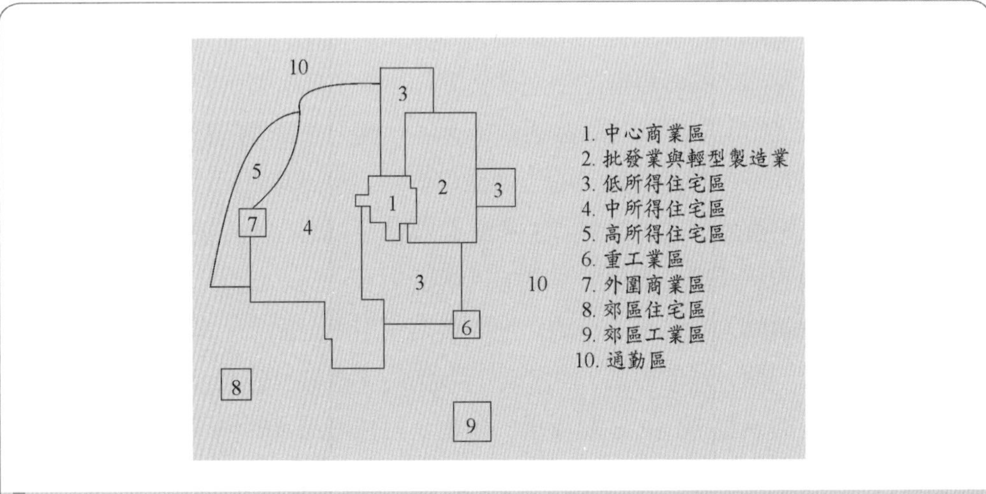

圖 7-9 多核心城市土地使用型態

現代城市的土地使用：城中村

當同心圓的城市發展型態被多核心城市土地使用型態，或郊區化土地使用型態取代之後，便產生由環城帶（綠帶）隔離的次級商業或就業中心。這種具有市郊次級中心的現代城市，被稱之為**城中村**（urban village）系統。[2] 在多數的都會區，市郊的次級中心都會有中高樓層的商辦大樓、旅館、購物中心與休閒娛樂設施。因此，居住在這種次級就業中心的市民，便可以就近工作、購物與休憩。這種**城中村**的想法在上個世紀 90 年代，就被**鳳凰城**（Phoenix）納入規劃的目標。於是在鳳凰城都會區有九個**城中村**，每個**城中村**平均約有 10,000 人口。到 2000 年，約有 12 個**城中村**，容納約 125,000 人口。

美國大多數的城市都經驗過**城中村**的現象。次級商業或就業中心，在**陽光帶城市**（sunbelt cities）如亞特蘭大、鳳凰城、達拉斯、休斯頓、舊金山等地快速成長。也在較老的傳統城市，如紐約、波士頓、芝加哥、巴爾的摩發展。在大多數都市地區，郊區次級中心的商辦大樓、零售商店都在增加之中。

城中村的形成，是由於城市的郊區化，以及零售與商辦企業的聚集發展。零售商遷移到郊區，是為了接近它們的郊區顧客。許多零售商聚集在次級中心與購物中心，是為了尋求**購物的外部效果**（shopping externalities）。商辦企業遷移到郊區，是為了接近郊區的人力資源以及尋求聚集經濟效果。

最近幾年，中國大陸也出現**城中村**的現象（有人稱之為urban village，也有人稱之為village in the cities）。不過中國大陸的**城中村**，是由於早期的人民公社的村落，在中國大陸快速經濟發展時，沒有趕上都市發展的浪潮，仍然維持著它們的農村型態，成為都市地區的窳陋地區，是中國大陸城市發展與規劃的一大問題。其實，如果城市當局為了改善城市生活環境品質，保留**城中村**的鄉村型態，成為大城市裡的綠化地帶，也未嘗不是一件好事。不過情況可能並不如想像中的那麼單純，可能是一項亟待研究的問題。

城市土地使用的變化

環境的改變，會對城市土地使用結構產生重大的影響。第二次世界大戰後成千上萬的人口移往城市。這種人口移動再加上 1950 年代的高生育率，帶來城市人

[2] Arthur O'Sullivan, *Urban Economics,* Second Edition, IRWIN, 1993, p. 286-287.

口的爆炸。城市在人口與土地面積兩方面都有顯著的成長。同時，由於小汽車的普及，大量建設街道、公路以加速交通流量。許多政府的公共設施計畫，也在城市周圍的新社區提供住宅與公共設施，因而產生**都市郊區化**（suburbanization）的趨勢。於是，銀行、百貨公司以及其他商業設施，也跟著紛紛設立分支機構，因此形成各種型態的里鄰與區域性商業中心（regional business center）。這種郊區化的現象，使原來市中心商業區所具有的優勢與吸引力大為失色，城市的經濟基礎也跟著動搖。

由於城市外圍住宅，工商業的蓬勃發展，使市中心區日益衰敗，亦使政府開始注意市中心區的規劃、重建與更新工作。有些地區，由於高層辦公大樓與住宅公寓的興建，仍然顯示出一些生機。也有些地區，因為財力困難，無法從事大量投資更新，便只好任其益形衰敗凋零。

以一個**都會區**而言，應該是各種土地使用都有的混合型態。中心商業區通常都是經濟、企業活動集中的地區。往外延伸則是不同**階層**（hierarchy）的商業使用，如區域性或地方性的購物中心與商業中心。再往外，則可以發現兩種比較普遍的土地使用。一種是郊區的**住宅社區**（subdivision），通常幾乎沒有工業使用，而只有小塊的商業使用。與此相反的，則是劃作**商業與工業**使用的地區。有的地方也會有住宅設置其中，不過都有主要道路將它與工、商業活動分隔開來。

城市土地使用型態變化的主要原因，可能有以下幾項：

1. 歷史事件的影響。
2. 開發者的開發行為。
3. 政府的規劃，例如：台灣的市地重劃。
4. 城市基本功能的改變。

商業區位

與其他的土地使用比較，商業使用的土地，所佔面積並不大。但是從使用的集約度、地租、地價的角度來看，商業使用的價值卻是最高的。

企業家也充分瞭解，區位因素對其企業經營的成敗關係重大。因此他們會儘量尋求能夠獲得最大利潤的區位。當然商業區位最注意的因素是要有大量的商業人口與活動，市中心商業區仍然是顧客最易到達的區位。在選擇區位的時候，經營者必定會衡量其區位的成本與企業的獲利。假使他使用 100% 商業中心區位的營業利益無法與他所增加的成本相抵，就倒不如去選擇城市周邊**購物中心**的地點，或沿主要商業街道的區位了。

商業遷移的因素　有一些因素使某些企業遠離市中心區。例如里鄰**便利商店**，就是因為某些住宅區居民的便利而開設於郊區。另外，一些需要廣大**停車空間**的行業，也會選擇城市中心外圍的區位。其他如鋸木廠、倉儲與物流中心等需要廣大空間的行業，則常選擇鐵路、河道沿線或高速公路交流道附近的區位。

以 1900 年代早期的理想城市土地使用模式而言，大多數的商業與專門行業都會集中在城市的 **100% 商業中心**。這種現象在目前的許多小型城市仍然如此。雖然有些大城市的企業與零售業也有某種程度的集中型態，但是已經呈現出相當程度的**分散化**趨勢。造成這種現象的因素包括：

1. 眾多中高所得家庭移居郊區。
2. 城市擴張。
3. 購物中心的興起。
4. 小汽車使用的普及化。
5. 市中心停車困難。

市中心區的成長、擴張、停滯或衰敗，與它所能提供的服務有直接的關係。那些能夠保持活力與吸引力的中心商業區，通常多在交通系統的輻輳地帶，在營業時間可以吸引大量的人潮。這種頻繁的經濟活動也符合土地的**集約使用**，高地租、高地價的條件。

許多商店在選擇區位時，他們會先比較分析地點的優勢與劣勢，並且考慮可用的樓地板面積、停車空間，或與其他商店的距離，以及可能吸引的潛在顧客，消費者的所得水準、購物習慣與品味。他們也會去計數經過的人數，以及他們供應貨色的種類。

購物中心的興起　以美國的情況而言，在 1960 年代以前，大多數的城市都具有**里鄰商店及中心商業區**等兩種商業性服務。主要街道與公共交通工具都像車輪一樣，從軸心向外呈輻射狀發展，也形成**中心商業區**的繁榮。但是這種狀況由於道路的闢建與個人活動力的增強，使人口移居市郊，而不需要經常進入中心商業區購物。這種城市的成長，如以六角形的城市區位模型來看，則在中心商業區與里鄰便利商店的階層之間，增加了**區域性購物中心**（regional shopping center）的階層。這種**購物**

中心都會集合許多便利商店與特殊貨品商店，並且提供方便的停車空間，以吸引大量的消費者。形成購物中心的因素包括：

1. 較大的可及性；
2. 新穎的建築與設施；
3. 多樣化的商品，融合購物、餐飲與休閒娛樂於一爐；
4. 便利且免費的停車場；
5. 具有空調的室內環境。

這些優勢的條件，使購物中心漸漸取代了傳統的中心商業區。整體而言，購物中心應該座落在某些關鍵性的區位，以滿足眾多消費者的需要。依照理想的區位模式，通常都會區的商業設施大致可以分為四個階層：

1. 里鄰商店提供最低層次的消費與服務；
2. 購物中心提供較高層次或數個里鄰社區的消費需要；
3. 區域型的購物中心則較一般購物中心提供更多的消費性服務，其範圍也會較大；
4. 中心商業區則提供最高層次的消費性服務。

依照理想的市鎮區位模式，較高階層的城市往往會提供較低階層市鎮所沒有的消費或特殊商品。但有時實際狀況也不盡然。例如有很多大城市的中心商業區吸引力漸漸褪色，許多百貨公司遷移至區域性購物中心，其營業狀況反較市中心商業區為佳。

引力模型　在我們量度任何兩個商業中心或城市之間消費者的互動關係時，常應用物理學家**牛頓**（Isaac Newton）的**萬有引力定律**（Newton's Law of Gravitation）。**牛頓**的**萬有引力定律**發表於 1687 年，它主要說明宇宙中所有的質量均會互相吸引，此一吸引力會在沿著聯繫兩個質量重心的線上。這兩個質量互相吸引的力量，是與兩個**質量的乘積成正比，而與兩個質量之間距離的平方成反比**。

以數學公式來表示為：

$$F = G \times \frac{m_1 \times m_2}{r^2}$$

F　　　　是兩個質量之間的引力

m_1 與 m_2 分別為兩個質量

r　　　是兩個質量之間的距離

G　　　是引力常數

在 1929 年，**勞力**（William J. Reilly）以引力模式為基礎，推衍出他的**零售引力定律**（Law of Retail Gravitation），應用於兩個商業中心之間的消費者之間的互動關係，也是兩個商業中心對消費者的吸引力。質量 m_1 與 m_2 以人口數 P_1 與 P_2 來替代，則上式可以寫成：

$$F = G \times \frac{P_1 \times P_2}{r^2}$$

住宅區位

住宅區位的選擇，不如工業區位與商業區位的選擇要受各種經濟因素的影響。其區位的選擇與工商業較不同的地方，在於工商業比較注重經濟因素，而住宅區位的選擇比較注重個人與非經濟因素。

在較老的城市，住宅區往往極為接近**中心商業區**，但是跟著城市的成長，這種狀況也有所改變。商業區的擴張侵蝕了周邊的住宅區，而使之漸漸成為過渡地帶。新的高價位住宅開始在城市周邊的開放空間興建。同時居住在高價位舊住宅的居民開始移居到更新、更闊氣的新住宅去。於是他們的舊住宅價位開始滑落，而轉售或出租予低所得的居民。這些住宅最終則會改建成公寓，或做其他用途。此一過程也是**下濾**的過程。

隨著城市的成長，住宅的興建愈來愈遠離市中心區，而市中心的不動產則在功能與外觀上都漸漸衰敗。新的住宅則沿著主要道路向郊區延伸。**郝義德**注意到，既使沒有任何限制，高價位的住宅也不會隨意到處興建，它們仍然座落在城市的某個區段。他們多半向主要交通路線集中，向高地勢處集中以避免水患，或者沿著湖濱、河岸、海岸，以及城市周圍具有廣大空間的地區興建。

除了區位因素外，不動產開發業者在**價位**的決定上，也扮演極為重要的角色。他們可以經由規劃基地大小、建築形式、寧適設施的提供與否等方式來迎合市場的需求。此外，個人及家庭因素在選擇住宅區位上也很重要。人們都喜歡住在有一定水準且價位合理的社區；他希望有寬敞的室內空間與室外的活動空間，而且要接近學校與公園、遠離市囂、接近自然而又有方便的交通設施。這些理想均想達到，實際上有其困難，最後的決定可能是一種妥協與調和。

個人與家庭選擇居住地點的主要因素整體而言，不外乎空間與環境、租金與地價，以及可及性與交通成本。人們在住宅上的支出多為消費性的支出。一個家庭對居住地點的選擇，包括考慮其給別人的形象與里鄰社區環境的良窳。高所得者要比低所得家庭更注重環境的寧適性。他們希望有較好的住宅，較大的空間與隱私性。中低所得家庭為了追求同樣的居住條件，只好遷移至市郊房價比較低廉的地區。因為距離市區較遠便必須負擔較高的交通費用。

工業區位

有關**工業區位**的問題，可以從三個層面來分析。第一個層面是**韋伯**（Alfred Weber）的工業區位理論。第二個層面是從中心地理論來分析。第三個層面是**依存模式**（interdependence models）。我們在第 6 章裡已經討論了**韋伯**（Alfred Weber）的工業區位理論。在本章開頭，我們也討論了**中心地理論**，因為**中心地理論**是城市形成的基本理論。依存模式則在稍後加以討論。

中心地理論　此處所討論的**中心地理論**與在前面討論城市體系時所討論的**中心地理論**，基本上是一樣的。**中心地理論**不僅是城市體系形成的理論，也是工業區位與市場形成的基本理論，所以在此再加以說明。**陸許**（1959）的區位理論剛好補充了**韋伯**理論的不足。**韋伯**對市場只做點的分析，而**陸許**的分析卻延伸到面的層次。**韋伯**的分析注意到原料的區位與成本，而**陸許**的理論則對市場的形狀、大小提出新的看法，並且討論到城市的功能與區位之間的均衡。**陸許**的區位模式是一般性的，並不限於在某一特定地點與時間。**陸許**假定在一個沒有疆界的均質平原上，這種情形可以讓他忽略不同地區資源天賦的不同，而在一個抽象的環境裡分析經濟活動的分布。

他的其他重要假設條件有五項：(1) 每個人的區位都是利益最大的區位；(2) 無數的廠商布滿整個空間；(3) 沒有任何一個人能賺取不正常的利益；(4) 供給、生產與銷售的地區都非常的小；及 (5) 個人在兩個經濟區位的疆界上時，對任何一方的選擇都沒有差異。第一個假設是指消費者在追求最大的利益；最後的假設也是指消費者在追求最大的利益；第二、三、四個假設是指社會上有眾多的廠商。然後由運輸成本及銷售量決定其市場範圍。

- **克理斯特勒**的中心地理論的基本假設與陸許的稍有不同。他假設：(1) 人口均勻分布在一平原上；(2) 中心城市提供周邊腹地勞務；(3) 中心地與中心地的距離在充滿此一平原的條件下，彼此保持最大的距離；及 (4) 一個能夠提供 m 層級功能的中心城市，它也必然能夠提供一個 m－1 層級城市的功能。**克理斯特勒**理論之與**陸許**不同的地方也在於第 (4) 點的假設。**陸許**認為不同層級的中心地是依照它們最大**聚集經濟**而定的，高層級的**中心地**不一定涵蓋低層級**中心地**的所有功能。其次，**克理斯特勒**認為不同層級中心地數目的比例是固定的；層級不同，中心地的數目也跟著變動。**陸許**的**中心地**層級觀念則比較鬆散。

如果以實際世界的情形來看，雖然中心地理論是解釋市場與城市大小與空間分布的重要理論，但是我們也必須考慮空間變化對生產成本的影響，而連帶地影響區位的選擇。**貝瑞**（Berry）與**葛瑞森**（Garrison）認為，中心地理論應該以財貨的市場範圍，與購買那種財貨的最低人口門檻來解釋中心地理論。他們認為中心地層級的不同，是因為購買力分布不同所造成的。[3]

依存模式　**陸許**嘗試從社會的觀點來找出最好的區位模式，依存模式則嘗試從非最適的社會行為裡找出廠商的最適行為模式。這種結果則導致對中心地理論的批判；他們認為，中心地理論並沒有顯示出最佳的區位模式是如何產生的。討論至此，也許我們可以回顧一下在**郝泰林**（Hotelling）模式裡所看到的情形，當兩個冰淇淋小販離彼此太近時，誰都不可能獲得整個市場一半的顧客。但是如果兩個小販離開市場中心，就會使兩人的銷售都增加，真是退一步，海闊天空。

依存模式是說，當廠商尋找獲利（profit）最大（並非成本最小）的區位時，他不但要分析原料與生產成本的大小，也要分析其他廠商的區位。因為廠商獨佔或競爭市場，都是在空間上互相依存的關係。**郝泰林**模式即指出，能夠獲得最大市場佔有率的廠商，就能獲得最大的利潤。當最後兩個冰淇淋小販各在線型市場四分之一處時，便達到了均衡狀態。兩人平分此一市場，都能獲得最大的利潤。

如果是在一個空間市場上，不止一個生產者，或者更在不同產業之間競爭市場時，情形便複雜得多了。本書暫不做進一步討論。

市場的形成

為了說明市場在空間的競爭，我們可以從**郝泰林**（Harold Hotelling）所建立的模式著手。**郝泰林**模式包括兩個競爭者在一個線型的市場上，譬如說：在一條平直

[3] Michael J. Webber, *Impact of Uncertainty on Location,* The M. I. T. Press, 1973, p. 23-30.

的海灘上有兩個冰淇淋小販，賣冰淇淋給游泳的遊客。假設兩個冰淇淋小販的生產成本都是零，產品的品質都是一樣的，顧客都平均分布在此一線型的市場上，它們對冰淇淋的品味也都是一樣的。他們對產品需求的價格彈性等於零，購買者都會從最近的供給者購買，每次只買一個單位。

這種情形可以用圖 7-11 來說明。圖中的**第一個階段**，A、B 兩個冰淇淋小販，各佔自己的區位，互不相干。A 小販會賣給他左邊的所有顧客，B 小販會賣給他右邊所有的顧客。至於在 A、B 之間的顧客，左邊的一半可能會向 A 購買，而右邊的一半可能會向 B 購買。在**第二個階段**，A 小販審視了當時的市場狀況後，認為如果他移到 B 的旁邊，他便可能獲得很多原來向 B 小販購買的顧客，而且並不會失去他自己原來的顧客，於是他便移至 B 小販的左邊。在**第三階段**，B 小販也不甘示弱，於是移至 A 小販的左邊，希望吸引海灘左邊的顧客。如此互相競爭的結果，最後A小販與 B 小販都移到海灘的中間，彼此平分市場，狀況趨於穩定。

但是我們也可以注意到，如果 A 小販與 B 小販能夠各自移到海灘的四分之一處，將是更理想的區位選擇。因為顧客步行到冰淇淋小販的距離可以減少一半，而並不會影響 A 與 B 的銷售量。至於雙方都移到海灘中間來，可能會給雙方帶來更大的損失。因為接近市場中間，其競爭壓力會增加，而對較遠地區的銷售又會減少。我們也可以看到郝泰林模式對需求彈性也頗敏感，而需求彈性也可以被視為鼓勵經濟活動分散的一項因素。此外產品的定價也會影響市場的區位與大小。雙方都缺少對方定價策略的訊息，也都冒著遭受報復的風險。因此，廠商在選擇區位時，也會趨於保守，他們會衡量各種產品的供給與需求，以及不同市場的狀況來做決定。

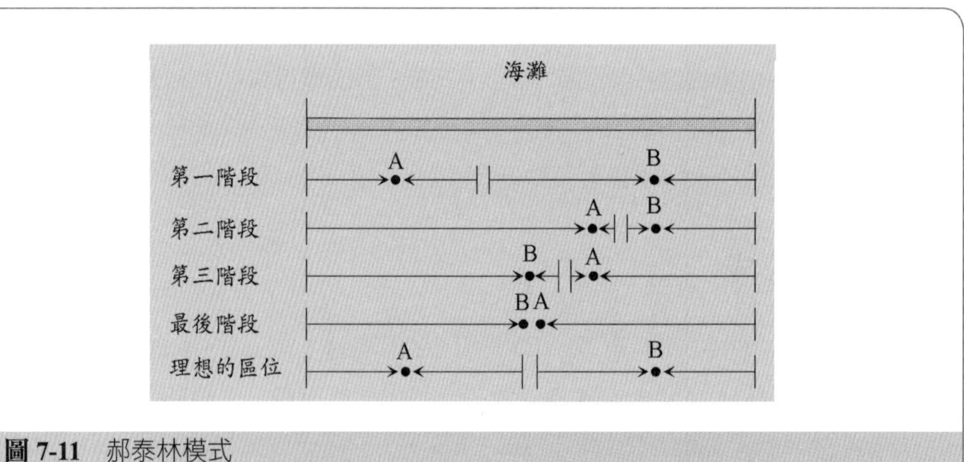

圖 7-11 郝泰林模式

在討論了**郝泰林**的簡單模式之後，讓我們對市場與**供給地區**（supply areas）再做進一步的探討。所謂**供給地區**，是一個生產者在取得了原料與其他生產因素製成產品之後，供給某一個地區的顧客的範圍。假定顧客來到這唯一的地點購買他所需要的產品，然後運輸回去；這個地區對生產者而言，即是他的產品的市場。[4]

在我們分析工廠的區位時，可能出現兩種情況：(1) 工廠與工廠之間可能離得愈遠愈好；(2) 它們也可能互相聚在一起。這兩種趨勢在**產業**（industry）階層會造成不同的**分散**或**集中**的區位型態。根據生產者對空間的需求以及消費者的密度，可能會有四種狀況：

1. 生產者與消費者都不佔任何空間；可能都在一點上，也可能分散在數點上。
2. 生產者集中在某些點上，消費者分散在某一地區（市場）。
3. 消費者集中在一點上，生產者分散（供給地區）在數點上。
4. 生產者與消費者都分散在某一地區（擴大的市場）。[5]

以上這些狀況又受市場結構（獨佔、寡佔、競爭、完全競爭）與時間長期或短期不同的影響，也會有所不同。

我們現在可以從最基本的狀況開始，也就是說：一個產業生產單一產品，資源**隨處都有**（ubiquitous）而且價格相同。在這種同質的狀況之下，區位問題變成不是去找尋生產者的區位，而是去量度這些經濟活動之間的距離。假使工廠已經建立，我們所面對的問題是：在其他狀況不變的情形下，它們的銷售是如何決定的？特別是買方相對於賣方是如何配置的？什麼時候才形成市場，也就是單一工廠所能供給的地區是如何決定的？

我們可以首先發現，銷售量是由需求者所願付的**總價格**所決定的。此一價格又是產業的定價系統所決定的。在此，我們先假定價格為**出廠價格**。而運輸成本由買方負擔，而且隨著距離與重量做比例的變動。在這些假設條件之下，在一定的區域裡的任何一點的工廠，都會使銷售價格維持在最低的水平，也就是使賣方的成本最低。如果兩個工廠的銷售價格都是最小而且相等的，這些點也必然落在某一曲線上。依此類推，三個與三個以上的點也會得到最低的價格。

當運輸成本並不與距離做成比例的變動時，低價的賣方就會乘機擴大其市場版

---

[4] Walter Isard, *Location and Space Economy,* The M.I.T. Press, 1956, p. 144.

[5] Beckmann, p. 26.

圖。在這種情形之下，低價供給者的市場就會分散開來，或者散布在高價競爭者市場的周圍。在運輸成本與距離成比例的變動時，這種情形就不可能發生。

實際上，市場與市場之間的界線是很清楚的，就是**一條直線**。不過市場到底向周邊伸展到什麼程度，則是一個問題。然而，只要需求存在，就不怕沒有銷售。而市場的範圍可以伸展到需求等於零時，這也是出售價格的門檻。也就是說，市場的範圍是以出售價格的門檻為半徑的圓。相鄰市場之間的界線則是供給者出售價格相等的那一點。而市場的界線則是這些點所連成的**直線**。

以上的情形，我們可以圖 7-12 至圖 7-15 來說明。在圖 7-12 中，A、B 兩地各有一個生產者或供給者，消費者則分布在 A 與 B 的四周。假使生產者 A 只供給 A 地的消費者，其邊際成本為 AK。但是 A 地以外的消費者也希望購買 A 的產品，如果 A 的市場擴大到 L，他的邊際成本因為規模經濟的緣故會下降到 AJ。假定工廠價格等於邊際成本，加上到 L 點的運輸成本，其售價會沿著 JG 增加，也表示運輸成本沿著 AL 逐漸升高。

假使 A 的市場範圍繼續擴大到 M 點，邊際成本則降至 AE，但是運輸成本增加，EF 為其售價線。在其他的生產狀況下，邊際成本與售價都會提高。例如：假使市場擴大到 N，邊際成本會升高到 AD，加上運輸成本到 N 點之售價即為 CN。假使我們將 K、G、F、C，以及其間的其他點連起來，KGFCS 即為**邊界線**（margin

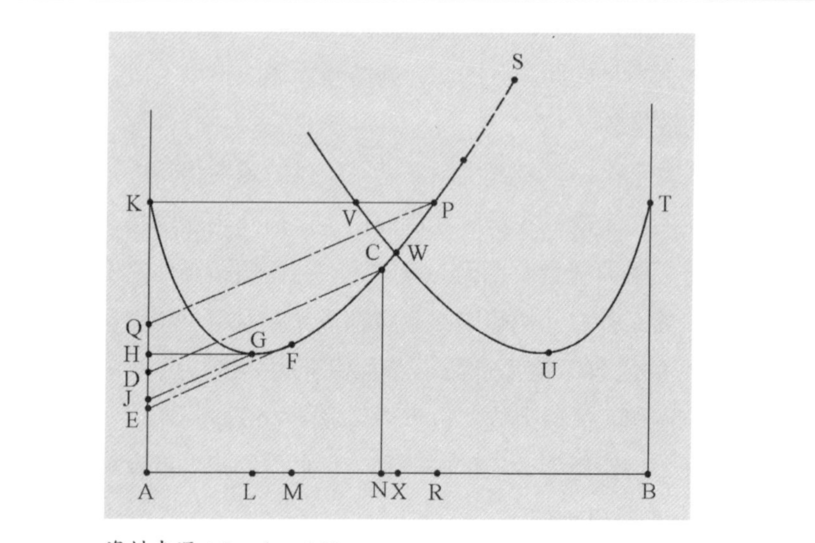

資料來源：Isard, p. 149.

圖 7-12 兩個競爭者的邊界線

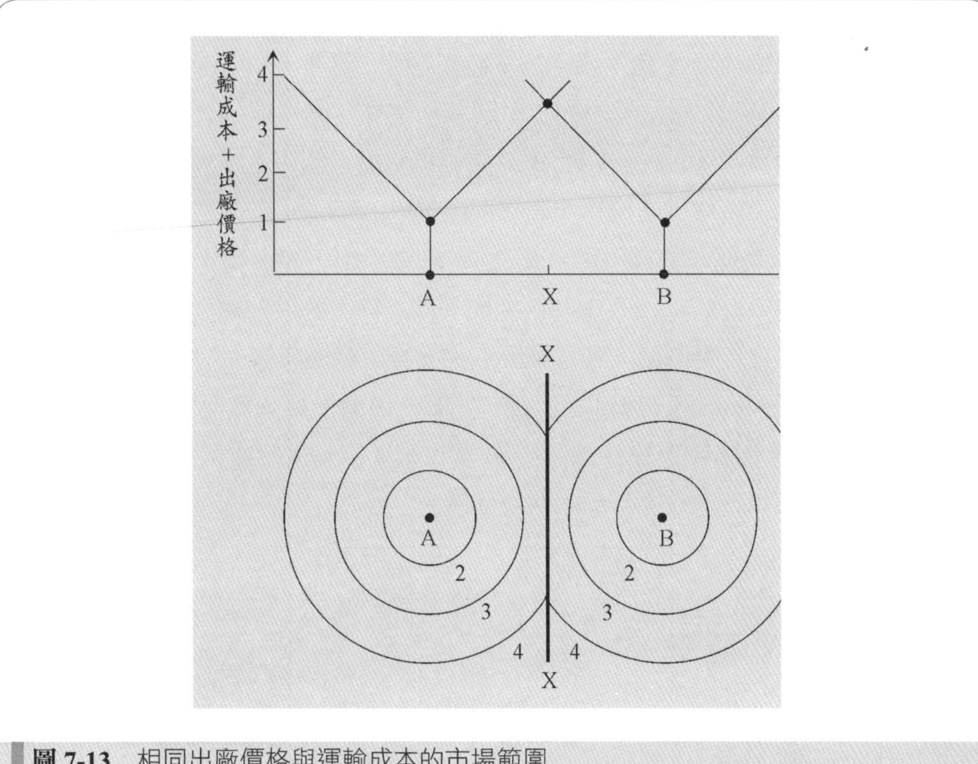

圖 7-13 相同出廠價格與運輸成本的市場範圍

line）。也就是售價隨著市場範圍的變化，而產生變化。當然如果在工廠的定價再發生變化，**邊界線**也會做相應的變化。

根據**陸許**（August Lösch）的市場範圍理論，**邊界線**由 K 點經 G、F、C 延伸到 P，是在沒有競爭情形之下，依照售價所自然形成的市場。超過 P 點，**規模經濟**無法超越**運輸成本**，亦即**運輸成本**大於 KQ，所以 R 點右邊的消費者，不是自己生產，就是得向其他生產者購買。[6]

如果現在，在 B 點有另外一個生產者，而他也遭遇到與 A 同樣的狀況，他的成本線沿著 BA 延伸會得到與 A 同樣的**邊界線**。他的**邊界線** TUV 與 A 的**邊界線**在 W 處相交，W 剛好落在 AB 線上的 X 點。所以我們可以看得出來，在 X 點時，A、B兩個生產者的售價是相等的。在 X 點左邊的消費者向 A 購買，因為要比從 B 購買少付**運輸成本**。而 X 點右邊的消費者當然也只會向 B 購買了。

[6] Isard, p. 150.

假使 B 點更向右移，則兩條**邊界線**即會相交於 P 點，A、B 兩者之間就沒有競爭了。因為他們各為本身生產，成本為 AK。同樣的道理，如果同時消費者在左邊的 V 點，他們也會自行生產而不會從 B 購買。這樣，兩者即各有其獨佔的市場範圍，如圖 7-13。在圖 7-13 中，A 與 B 為兩個供給者。圖中上半部的斜線代表運輸成本，直線為**出廠價格**或**生產成本**。在 X 的左邊，A 的產品的運輸較具優勢；在 X 的右邊，B 的產品的運輸較具優勢。圖 7-13 的下半部，顯示在不同距離所形成的市場範圍，直線 X-X 代表 A 與 B 的市場範圍的界線。我們回顧**郝泰林**模式裡的兩個冰淇淋小販的各自市場範圍，就會發現市場就是這樣形成的。

圖 7-14 則顯示另一種市場狀況。圖中 B 的**出廠價格**大於 A，但**運輸成本**相等，所以 A 的市場範圍要大於 B 的市場範圍，所以 X-X 呈彎曲型。圖 7-15 顯示出

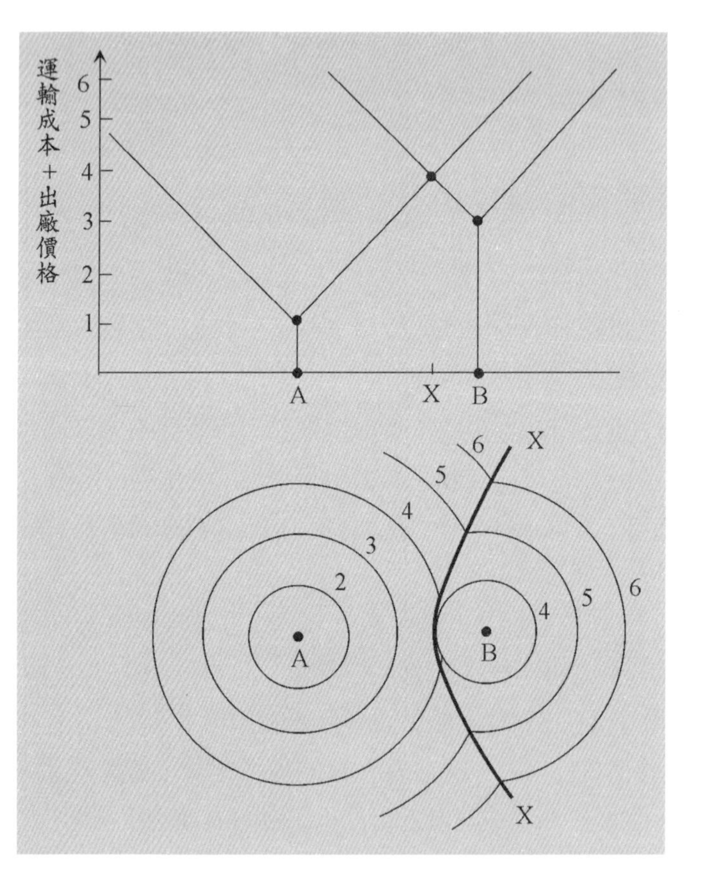

圖 7-14 出廠價格不同而運輸成本相同時的市場範圍

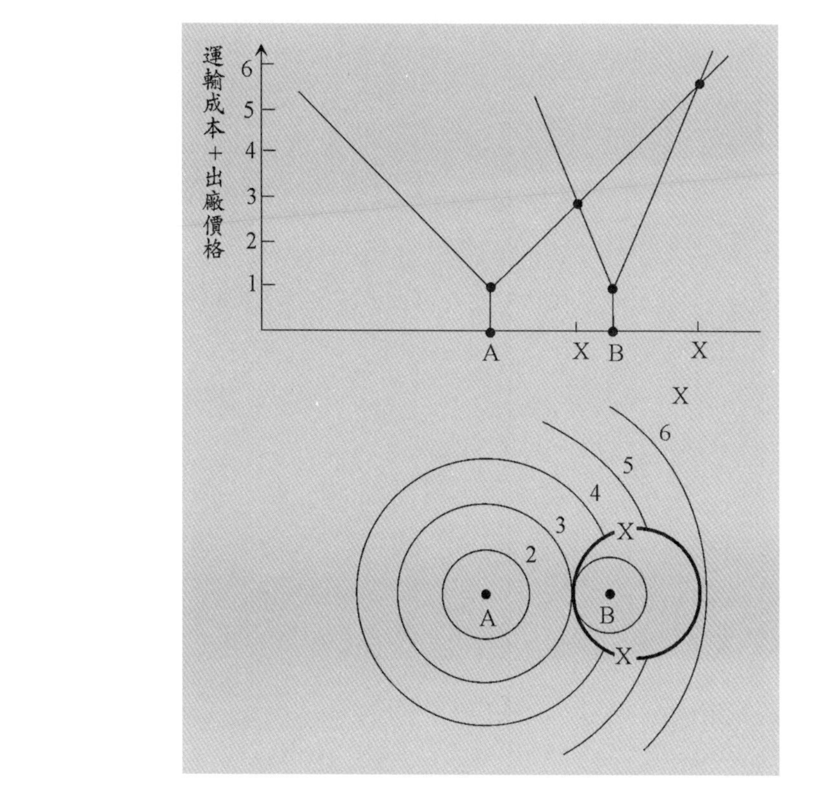

圖 7-15 出廠價格相同而運輸成本不同時的市場範圍

廠價格相等，而 B 的**運輸成本**大於 A 的**運輸成本**，所以 B 的市場範圍將侷限於一個封閉的圓圈內，X-X 即為圓圈的外圍，以與 A 的市場有所區隔。

當不同地區的生產者對消費者提出標準的**出廠價格**時，對市場的劃分也就同時產生，圖 7-16 即顯示此一情形。假使三個不同地點的生產者銷售類似的產品，其出廠價格分別為 x＝45 元、y＝35 元與 z＝50 元，而且運輸成本相同，就可以很容易地決定其個別的市場範圍。另外，當運輸設施改善時，或者某一個生產者可以獲得優惠的運輸費率時，或者有能力自行吸收運輸成本時，他們的市場範圍就會跟著改變。

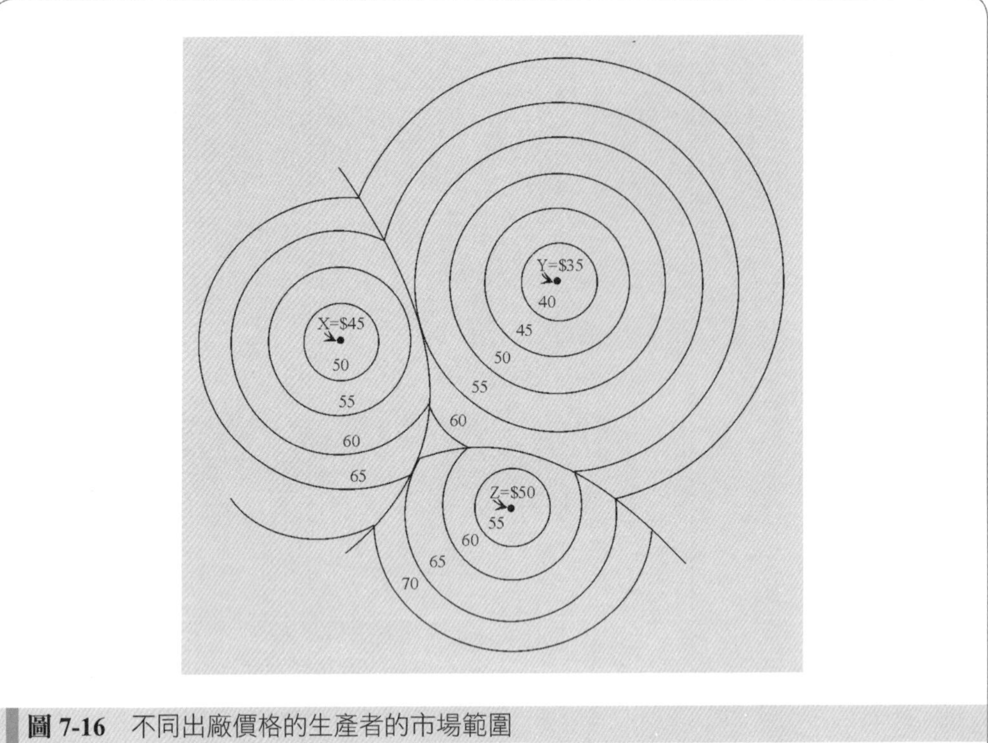

圖 7-16 不同出廠價格的生產者的市場範圍

都市經濟發展

量度都市的經濟發展，有幾種方法。最常用的方法就是衡量一個都市地區財貨與勞務的總產出。或者我們也可以量度都會區的總所得。因為出售產品的收入，等於供給生產因素的價值（見第 3 章經濟體系圖）。經濟發展可以定義作產出總值的增加，或總收入的增加。我們可以用一個工業（如鋼鐵業）的生產函數，來表示生產投入與總產出的關係。

$$q = f(k, l, r, t)$$

式中 k 為資本的使用量，l 為勞力的量，r 為自然資源的量（包括土地），t 為技術。此一生產函數顯示總產出決定於所投入生產因素的量。在一個都會區，則可以使用一個都會區所有工業的集合生產函數來表示。如：

$$Q = F(K, L, R, T)$$

生產函數式可以告訴我們，除非城市裡的廠商增加使用生產因素，或新的技術從事生產，一個城市的經濟是不會成長的。而促使廠商增加生產的動力，則是獲利的追求，進而使都市經濟成長。本章將簡單介紹三個主要的都市經濟成長理論及模型，來說明都市經濟是如何發展與成長的。它們是經濟基礎理論、所得乘數理論與投入-產出理論。

經濟基礎理論[7]

一個城市裡能夠增加就業與所得的經濟活動，稱之為城市**經濟基礎**（urban economic base）。如果一個城市是**開放經濟**的話，它不會只生產它本身所消費的財貨，也不會只消費它自己所生產的財貨，因此一定會與其他城市有貿易行為。

經濟基礎理論分析把一個城市、縣、都會區、市場，或者其他任何地理區域的地方經濟，分成兩個部分：(1) 企業或個人生產財貨供應其他地區消費；及 (2) 企業或個人生產財貨為了供應本地區消費。財貨與服務出售到本地區之外，就是輸出（不限於出售到其他國家），其餘的財貨與勞務則進入本地市場。輸出市場是推動當地經濟的主要動力，因為它會賺錢回來。當輸出市場的就業增加或減少時，本地市場的就業也會跟著增加或減少。因此輸出市場被認為是當地的**基礎**（basic）經濟，而當地市場則被視為**非基礎**（non-basic）經濟。

依照此一理論，假使基礎與非基礎經濟之間有一定的比例關係，則由於基礎就業所帶來的未來總就業便可以預測，再進一步也可以預測未來的人口數。

基礎-非基礎理論最早是由**海格**（Robert Haig）與**馬貴亞**（Roswell C. McCrea）在 1928 年，發表 *Regional Survey of New York and its Environs* 時提出。**郝義德**（Homer Hoyt）在 1930 年代做了完整的說明。此一理論的特點是簡單明瞭。如果我們用表 7-1 裡的一些假想資料，即可說明此一概念。假使某城市在 2000 年時的總就業是 60,000，其中 20,000 為基礎就業，40,000 為非基礎就業，總就業與基礎就業的比例為 3：1。**基礎-非基礎理論**認為只要此一比例不變，則只要能夠預測基礎部門就業的變動，總就業的預測便不成問題。在此一假想案例中，如果基礎部門就業在 2010 年增加到 30,000，則非基礎部門就會增加到 60,000，總就業即為

---

[7] 參考 Ralph W. Pfouts, ed., *The Techniques of Urban Economic Analysis,* Chandler Davis Publishing Co., 1970, pp. 7-8. 及 James Heilbrun, *Urban Economics and Policy,* St. Martin's Press, 1987, pp. 140-151.

90,000。而總就業與基礎部門就業的比就是**乘數**（multiplier）。基礎部門就業的變動乘上乘數，即可得到總就業的變動。

需要注意的是，當城市成長時，其就業人口的邊際成長率會大於平均成長率，所以總就業與基礎就業的邊際比也會大於平均比。因此，分析時最好用**邊際乘數**（marginal multiplier），邊際乘數等於總就業的變動與基礎就業的比。這種關係與**凱因斯**乘數極為相似。但是兩者卻是各自獨立發展出來的。運用此一方法，最好的資料應該是**附加價值**（value added），但是資料不易取得。因為既使在大城市裡，統計資本或財貨進出的資料極其稀少；所以就業資料可能是最能代替附加價值的資料了。因為**基礎-非基礎**的分析只管輸出與當地的經濟活動量，而不管輸入。往往在缺少資料的情況下，**區位商數**就成為估計輸出最為常用的方法。

區位商數　區位商數（location quotient）是衡量某種產業在某地區集中程度的統計方法，在城市經濟研究上是非常重要的方法。區位商數是某一產業的百分比被全國該產業的百分比除所得的數字。舉例而言，在某城市裡，製鞋業佔總就業人口的2.5%；而全國的製鞋業就業人口佔總就業人口的 2.0%。則 0.25/0.20 = 1.25 即為該城市製鞋業的區位商數。當區位商數等於 1 時，表示該城市的某種產業與全國的該種產業集中程度相同。大於 1 表示比較集中，小於 1 則表示比較分散。

區位商數可以用公式表示如下：

$$Q_i = \frac{e_i / e}{E_i / E}$$

Q_i = 產業 i 的區位商數

e_i = 產業 i 的當地就業人口

e = 當地總就業人口

表 7-1　某城市的就業預測

	2000 年的實際就業人口	2010 年的預測就業人口
基礎就業（輸出）	20,000	30,000
非基礎就業（當地）	40,000	60,000
總就業	60,000	90,000
非基礎與基礎之比	2	2
總就業與基礎之比（乘數）	3	3

E_i = 產業 i 的全國就業人口

E = 全國總就業人口

此一公式基於三個基本假設：(1) 消費型態不因地理區域不同而不同；(2) 生產力不因地理區位不同而不同；(3) 每種產業都各生產一種同質的產品。如果我們仍然以製鞋業為例，當區位商數等於 1 時，其所生產的鞋剛好足供當地的消費，所以沒有輸出，也沒有輸入。當區位商數大於 1 時，即可輸出，小於 1 時則需要輸入。能夠提供輸出量的就業人口，剛好等於使區位商數大於 1 的動力。若以公式表示：

使：X_i = 產業 i 的輸出就業人口

由前面的定義：E_i / E = 供給當地需求的產業 i 所需要的就業人口比

e_i / e = 產業 i 實際生產所需要的當地就業人口比

則：$X_i = (e_i / e - E_i / E) \times e$

如果括號裡的兩項數值相等，區位商數等於 1，產業 i 的輸出就業人口便等於零。

在我們的假想城市裡，2000 年的總就業人口為 60,000。從事製鞋業生產的就業人口：$e_i / e = 0.25$，$E_i / E = 0.20$。

輸出就業人口為：$X_i = (0.25 - 0.20) \times 60{,}000 = 3{,}000$

如果我們把全市區位商數超過 1 的產業的就業人口加總起來，即可求得全市基礎產業的就業人口，其他的則為非基礎產業就業人口。因此區位商數法可以使我們不必看見財貨的流動，即可以估計基礎產業部門的大小。

但是，事實上這種估計並不準確，因為我們的三個假設條件都不實際。地理區域不同，消費型態自然有別；同樣生產力的假設也不準確。最大的問題出在假設全國都生產同質的產品。除非此一假設為真，我們無法保證當區位商數等於 1 時，當地的生產會完全被當地的消費所吸收。為了補救這些缺點，**泰伯特**（Charles M. Tiebout）建議以**調查**（survey）的方法來增進估計的準確度。[8]

經濟基礎理論常被用來預測一個城市的人口成長，以及對公共設施的需求。一

[8] Charles M. Tiebout, The *Community Economic Base Study,* Supplementary Paper No. 16, Committee for Economic Development, 1962, pp. 45-55.

個地方的企業，可以用**經濟基礎理論**研究所得到的就業人口，預測對它產品的需求。地方政府也可以用**經濟基礎理論**研究，來指導它的成長管理政策。假使一個地方政府能夠影響其基礎工業的銷售與就業，它就能控制這個城市的人口。假使一個城市希望在未來 20 年增加 15,000 個人，再假使一個工作需要三個人。如果此一城市能夠創造 5,000 個新的工作機會，它就能達到這個目標。

所得乘數理論

上一節所討論的基礎-非基礎理論，是以輸出部門與當地總就業之間的關係為立論的基礎。**所得乘數理論**則更進一步地由**凱因斯**（John M. Keynes）所發展出來的乘數理論，來討論區域經濟發展的問題。

凱因斯的乘數理論認為，一個經濟體系在某一個時期裡所產生的總所得，應該等於同時期花在最終產品的總消費。在一個封閉的經濟體系裡，總消費包括：個人消費、個人投資，以及政府的各項支出。如果加上對外貿易，即成為一個開放經濟。此一開放經濟的模式雖然基本上是指國家而言，但是一個城市經濟體系，也有輸出輸入行為，所以此一模式照樣可以用在城市地區。此一模式顯示花在最終財貨的支出等於：當地的消費加上當地投資與政府支出，再加上輸出減掉輸入，如以公式表示，則：

$$Y = C + I + E - M$$

Y＝當地的總產出（假設等於國民所得）
C＝當地的消費支出（包括輸入）
I ＝當地的投資
E＝輸出
M＝輸入

當消費為總支出中產生所得的一個要項時，所得也會決定它的水準。消費與所得的關係可以用下面的公式來表示：

$$C = a + mpcY$$

a 為一常數，*mpc* 為**邊際消費傾向**（marginal propensity to consume）。邊際消費傾向為消費者因所得增加而增加的消費。實際的經驗告訴我們，邊際消費傾向的值都是小於 1 的正值，也就是說有些所得是被儲蓄起來了。

輸入完全用於消費，也是消費的一部分。我們也假定它是隨著所得的變動而變動的。**邊際輸入傾向**（marginal propensity to import, *mpm*）也是小於 1 的正值。

個人的所得則是用於消費或儲蓄。因為消費跟著所得的變動而變動，儲蓄當然也是一樣。事實上，**邊際儲蓄傾向**（marginal propensity to save, *mps*）等於 1 減邊際消費傾向。

因為輸入完全供給消費，所以在當地的消費等於從總消費中減掉輸入。同樣的關係也延伸到邊際的變動。也就是地方財貨的**邊際消費傾向**（*mpcl*），等於邊際消費傾向減去邊際輸入傾向。

我們可以將這些邊際關係用以下的公式來表示：

邊際消費傾向 $= mpc = \dfrac{\Delta C}{\Delta Y}$

邊際輸入傾向 $= mpm = \dfrac{\Delta M}{\Delta Y}$

邊際儲蓄傾向 $= mpm = 1 - mpc$

當地財貨的邊際消費傾向 $= mpcl = mpc - mpm$

由這些關係，我們可以得到所得乘數：

$$K = \frac{\Delta Y}{\Delta E}$$

此一乘數告訴我們，輸出的變動會引起多少當地所得的變動。

基本的所得公式為：Y = C + I + E − M。如果 Y 變動，等號右邊的量也必定做等量的變動，所以我們可以得到：

$$\Delta Y = \Delta C + \Delta I + \Delta E - \Delta M$$

然而：

$$\Delta C = mpc\Delta Y \qquad \Delta M = mpm\Delta Y$$

將這兩個等式從前一個公式中減掉，再整理則得到：

$$\Delta Y = mpc\Delta Y - mpm\Delta Y + \Delta I + \Delta E$$

此式也可以寫成：

$$\Delta Y = \Delta Y(mpc - mpm) + \Delta I + \Delta E$$

移項之後得到：

$$\Delta Y - \Delta Y(mpc - mpm) = \Delta I + \Delta E$$

提出公因數後成為：

$$\Delta Y[1 - (mpc - mpm)] = \Delta I + \Delta E$$

所以：

$$\Delta Y = \frac{1}{1-(mpc - mpm)}(\Delta I + \Delta E)$$

假設：

$$\Delta I = 0 \quad \text{而} \quad K = \frac{\Delta Y}{\Delta E}$$

所以：

$$K = \frac{1}{1-(mpc - mpm)}$$

因為 $mpc - mpm$ 等於 $mpcl$，所以我們也可以寫成：

$$K = \frac{1}{1 - mpcl}$$

因此，任何當地輸出的變動 ΔE，都會引起當地所得的變動 ΔY，其變動可能是 K 倍，K 由上面兩式之一得來。

如果有兩個區域互通有無：則區域 A 對區域 B 的輸出增加，會使區域 A 的所得增加，區域 A 的所得的增加又會引起從區域 B 的輸入的增加。區域 A 的輸入就是區域 B 的輸出，所以也會使區域 B 的所得增加，更會進一步使區域 B 的輸入增加，區域 B 的輸入又是區域A的輸出。如此便會引起一輪又一輪所得的增加，不過增加的趨勢是遞減的罷了。

凱因斯乘數與基礎－非基礎乘數的比較

兩者都是估計及預測輸出部門就業增加或減少對地方總就業增加或減少所產生的影響。此外，基礎-非基礎乘數的邊際型態如下：

$$K=\frac{\Delta\text{總就業}}{\Delta\text{基礎就業}}$$

因為：

$$\Delta\text{基礎就業}=\Delta\text{總就業}-\Delta\text{非基礎就業}$$

我們也可以將乘數寫成：

$$K=\frac{\Delta\text{總就業}}{(\Delta\text{基礎就業}-\Delta\text{非基礎就業})}$$

此式可改寫成：

$$K=\frac{1}{1-\dfrac{\Delta\text{非基礎就業}}{\Delta\text{總就業}}}$$

基礎-非基礎理論通常都以就業單位來討論，也是因為資料容易取得的關係。其實它們也可以用所得來表示。如果乘數以所得來表示，則如下式：

$$K=\frac{1}{1-\dfrac{\text{非基礎就業}}{\text{總就業}}}$$

凱因斯乘數為：

$$K=\frac{1}{1-mpcl}$$

mpcl 在**凱因斯**乘數理論中，代表**當地財貨**的邊際消費傾向，而基礎-非基礎乘數裡的「Δ 非基礎所得 ÷ Δ 總所得」與之相當。任何非基礎部門所得的變動，一定是**當地財貨**消費的結果，也就是**凱因斯**乘數裡所說的**當地財貨**的邊際消費傾向。由此可

見，兩者基本上是相同的。[9]

投入-產出理論

投入-產出理論是哈佛大學的**李昂悌夫**（Wassily W. Leontief），在 1930 年代所發展出來的。他受**華爾拉斯**（Walras）一般均衡理論的啟發，認為在一個區域經濟系統裡的每一個經濟部門，都與同一個區域，或其他區域的各經濟部門相關連。**投入-產出的矩陣模型**就可以用來模擬這種關係。在此模型中，每一個產業部門與家戶單位的產出，都會流向每一個其他產業部門與家戶單位。也就是在表 7-2 左邊直欄各產業與家戶單位的產出，會流向橫列各產業加工與家戶單位的需求。在對這些產業的生產函數，加上一些特別假設條件的情形下，此一**矩陣模型**就可以用來分析一個城市，或區域的各種產業的資源投入與產出的關係，以及整體的所得與經濟成長。

假定投入的資源與產出為已知，下一步就是要追蹤這些產出賣給誰了？是消費者、其他產業、政府或輸出到別的區域？表 7-2 是一個非常簡化的假想城市的投入-產出關係表，我們表中的產業只有：農業、營造、食品、電機、其他製造業、不動產、家戶單位、輸入與輸出。如果是一個城市或國家，實際的投入-產出項目大約會有二、三十種到數百種，當然就複雜得多了。每一橫列的第一到第六欄是產業之間的需求，也就是生產分配給加工部門加工的出產。例如：有 33 百萬元的農產品賣給食品業。第七欄到第 10 欄是產品分配到最終使用者手中。分配到家戶單位就供做消費使用，分配到企業就供投資或再生產。也有一部分分配給政府或輸出到其他地區。

除了看表 7-2 一欄一欄的內容之外，我們還要看一下每一欄裡每一列（row）的內容。頭六欄的每一列都是各產業從事生產所購買的投入因素。例如：第一欄有 25 百萬元農產原料，是農業製造業購買來加工使用。另外的 10 百萬元是從食品加工業的購買，2 百萬元是其他製造業的購買，4 百萬元是不動產業的購買，這些都還只是各產業之間的購買。這些投入因素會與家戶單位所提供的勞力與資本合作。第七列是家戶單位從農業生產所得到的工資、利息與利潤。第 8 列是輸入，表示有些生產因素不是本區域所有的。農業生產所需要的輸入有 9 百萬元。

---

9 基礎-非基礎乘數與 Keynes 乘數的討論參考：Tiebout, pp. 57-75.
James Heilbrun, *Urban Economics and Public Policy,* 3rd. ed., St. Martin's Press, 1987, pp. 140-151.
Hugh O. Nourse, *Regional Economics,* McGraw-Hill,1968, pp. 161-180.

表 7-2　假想的投入-產出關係表（單位：百萬元）

生產部門	產業間需求 農業 (1)	營建 (2)	食品 (3)	電機 (4)	其他製造業 (5)	不動產 (6)	最終需求 家戶消費 (7)	投資 (8)	政府 (9)	輸出 (10)	最終總需求 (11)	列總計 (12)
(1) 農業	25	1	33	—	11	—	1	—	—	29	30	100
(2) 營建	—	—	—	—	—	—	—	38	—	2	40	40
(3) 食品	10	—	17	—	5	—	31	—	1	36	68	100
(4) 電機	—	2	—	4	11	—	—	15	—	68	83	100
(5) 其他製造業	2	6	2	3	17	11	6	5	1	47	59	100
(6) 不動產	4	1	1	1	6	1	22	8	1	5	36	50
(7) 家戶	50	14	26	45	40	36	1	—	10	—	11	222
(8) 輸入	9	16	21	47	10	2	30	—	—	—	30	135
(9) 欄總計	100	40	100	100	100	50	91	66	13	187	357	

資料來源：Huge O. Nourse, *Regional Economics,* McGraw-Hill Book Company, 1968, p. 139.

家戶單位所提供的服務直接賣給家戶及政府，以及輸入的財貨，供消費者做最終的使用。政府購買服務所付的工資是 10 百萬元，30 百萬元為消費者購買輸入產品的花費。第 12 欄是頭六項產業產出的總值，產出的價值剛好等於用於生產的投入因素加上利潤的價值。假使所有的產出沒有能夠在同一年賣出，沒有賣出的產品的價值就出現在存貨項上，也就是投資。第 4 列、第 8 欄的 15 百萬元，就是電機業的投資，也是電機業增加的存貨。

第七欄至第十欄顯示當地的消費、投資、政府與輸出的總值是 357 百萬元（第 11 欄）。但是這 357 百萬元的最終需求，並不代表我們假想區域的生產，因為這 357 百萬元的最終需求，包括一些對輸入的花費。如果從 357 百萬元減掉總輸入 135 百萬元（列 8、欄 12），剩下 222 百萬元。這 222 百萬元正是這個區域的產出，為這一年的最終消費所做的購買，以及這個區域的生產。

產業間的購買或**中途**（intermediate）的購買，都排除在這一個區域的生產之外。假使把它包括在內，產業間的交易就會被計入兩次。對此一問題的另一種看法，就是看第七列家戶的服務。每一個產業的附加服務，是從家戶購買的服務的價值，減掉從其他產業購買的投入因素。付給家戶的工資、利息、地租與利潤，就是他們出售財貨與勞務的代價。此一區域附加價值的總和（222 百萬元），就等於這

一年，這一區域產出的價值。

都市成長與環境品質　經濟成長與環境品質是**互為消長**（trade-off）的嗎？如果某一城市實施一項降低污染的計畫，這個計畫會增加或減少城市的總就業？假使這個城市只有兩種工業，一種是會污染的鋼鐵工業，另一種是比較清潔的裝配工廠。假定城市對鋼鐵廠，每一噸鋼課徵 100 元的污染稅，污染稅將會影響兩者的勞力市場。

1. 污染稅會增加鋼鐵廠的生產成本，生產成本的增加會提高鋼的價格，減少鋼的生產，減少對勞工的需求。
2. 污染稅會使空氣污染減少，理由有二。第一、鋼鐵廠會裝置防污設備，使生產每噸鋼的污染減少，也使污染稅減少。第二、鋼鐵價格的提高會減少對鋼的需求，也使鋼的生產減少。
3. 城市空氣品質的改善，使城市的吸引力增加。人們因為城市的空氣品質改善而遷居到此一城市，於是勞力的供給增加。

接下來，也許我們會問，此一城市的防污計畫對鋼鐵工業與清潔工業的勞力分配會有什麼影響？當工資降低時，兩種工業的生產成本都會降低。就鋼鐵工業來說，工資的降低，平衡了一部分的污染稅。防污計畫可能使淨生產成本增加，污染工業可能會減少它的勞工數。相反的，清潔工業的工資較低，所以它的生產成本會降低，產品價格也低，於是需求會增加，它的勞工就業會增加。如果清潔工業就業的增加大於污染工業就業的減少，則總就業就會增加。這種情形的發生，是因為人口比較注意污染問題，大量移民到清潔的城市，使工資降低。

防污計畫的另一種情形，是人口對環境品質的變化並不那麼敏感，所以對供給的增加小於對需求的減少，均衡的勞工數減少。所以清潔工業就業的增加，不足以平衡污染工業就業的減少。因此，防污計畫可能增加總就業，也可能減少總就業，這要看人們對環境品質變化的敏感度大小，與遷居與否而定。

什麼是生態城市？　巴西的**科瑞提巴**（Curitiba）市，是一個繁榮、整潔，而且經濟上自給自足的世界性生態城市。**科瑞提巴**擁有 320 萬人口（2008 年），**科瑞提巴**市政府在城市周圍種植超過 150 萬棵樹，因此，在**科瑞提巴**到處都是樹。在**科瑞提巴**市沒有經過允許，樹是不能隨意砍伐的。如果有一棵樹被砍伐，一定要種兩棵來補上。

在 1950 到 1960 間持續的氾濫後，城市官員因此設置排水帶，他們限制在某些容易產生洪氾的地區建築，透過法律保護自然的排水系統，建造人工湖以容納洪水，並把許多河岸與洪氾區轉變成公園。結合自然的設計策略，已使洪氾成為過去，而這也大大地增加了開放空間和綠色空間，在 1950 年到 1996 年間，這城市的人口迅速地增加一百倍。

這個城市的空氣之所以清淨，是因為它不在汽車道的周邊建築，它擁有 145 公里的自行車道，而且還在繼續建築當中。由於商家的支持，在市中心商業購物區的許多街道，被規劃為禁行汽車的行人徒步區，一些廢棄工廠和大樓被再利用作為運動和休閒娛樂設施。

科瑞提巴的成功關鍵之一是，它的運輸系統與土地使用計畫的整合。城市官員決定發展一個精細的公共汽車系統，而非較昂貴且較無彈性的地下鐵或輕軌鐵路系統。它的核心概念是要引導城市沿著五條像車輪軸心往外輻射似的主要運輸與高密度住宅走廊，由市中心往外延伸，每條廊道都有快速巴士專用的車道。

科瑞提巴或許擁有世界最好的巴士系統，每天巴士網絡以最少成本，乾淨而有效率地運輸 150 萬個通勤人口，佔該市通勤與購物人口的 75%，而且票價低廉（約 20～40 美分，可以不限轉車次數）。只有高層公寓住宅准許沿著主要巴士幹道興建，而且每棟大樓都要貢獻地面兩層供商店使用，以避免居民長途跋涉去購物。在尖峰時段，巴士會增加兩倍到三倍的車次。此一自給自足的巴士系統的建造成本為 200,000 美元／公里，而地鐵則需要 60～70 百萬美元／公里。老舊巴士則用來做活動教學或到公園的運輸工具。結果使**科瑞提巴**的汽油用量比其他八個巴西城市少 25%，並且使**科瑞提巴**的空氣污染率最低。

科瑞提巴也將家庭中所分類出來 70% 的紙類（相當於 1,200 棵樹／日）、60% 的金屬、玻璃和塑膠回收再利用。這些回收物大部分賣給超過 340 個主要工業。大學提供免費的環保課程給市民。

這個城市買了一塊離市中心 11 公里的下風區的土地來做工業園區，在其中設置了街道、服務、住宅和學校，並且設置一條員工的巴士車道，並且制定空氣、污水防治法，而這已經吸引了乾淨的外商公司。

儘管**科瑞提巴**的人口從 1950 年的 300,000 人，大量成長到 2008 年的 3.2 百萬人，因為農村的窮人已經聚集到城市。**科瑞提巴**也有大多其他城市的問題，貧民窟，窳陋屋宇為主的地區等，不過所有這些事情都已經被解決了。大多數公民都有自覺、共同一致的自豪感和希望，並且他們保證讓他們的城市做到更好。

科瑞提巴會成功的一個祕密是，市民願意共同努力建立更好的未來。此外，城市官員真正願意為所有城市的居民提高生活品質。他們也嘗試以：(1) 使用想像和常識；(2) 發展簡單，靈活，和解決問題的方法；和 (3) 使人們幫助他們迅速發現解決問題的辦法。**科瑞提巴**的經營成本為 156 美元／人，**達拉斯**（Dallas）為 807 美元／人，**底特律**（Detroit）為 1,280 美元／人。

城市領導人和公民一同工作，為的是使**科瑞提巴**成為一個公共交通工具，更甚於私人交通工具的鮮活例子，透過縝密的計畫，並與環境相互協調而非改變環境。你所居住的那些城市或區域，它自己在生態和經濟上能否持續發展呢？

8

土地資源的開發與不動產市場

在土地資源（不動產）開發的所有行為中，產生一個導向成功的想法（idea），是最具有創意而且最不呆板的一件事。最令人興奮的莫過於發現人們的需要，而用一種產品去滿足這項需要，並且從中獲利；這是驅使人們開發土地的最大動力。

Mike E. Miles, Richard L. Haney, Jr., Geyle Berens
Real Estate Development: Principles and Practice

➜ 土地資源的開發

土地資源的開發，是一個繼續不斷改變**人造環境**（built environment）的過程。當人口增加、所得與品味有所改變、經濟成長、社會與經濟活動增加、交通運輸與生產技術也發生變化時，人們對土地的需求也跟著增加，因此推動土地資源的開發。除非受到非經濟因素如政策、法令的限制，土地都會因為**價格機制**的作用，做**最高與最佳的使用**（the highest and best use）。也就是做能夠獲得最高經濟報酬的使用。這種由低報酬使用轉變做高報酬使用的過程，就是**土地使用的演替**（succession of land use）。

最明顯的例子，就是城市土地使用的變化。現今城市的中心商業區，在一、二百年前，可能還只是小型的原始聚落甚至荒野。接著可能形成農村、市鎮，然後才逐漸形成通商據點，再擴張成長成為城市中心。這種演替的過程是動態的。它隨著需求與技術的改變而改變，城市的成長也帶來不斷的**再開發**（redevelopment），因為街道需要拓寬，老舊的房屋需要重建，或者改建成為商業大樓或購物中心。

不論是開發或者再開發，都需要有遠見的策略，也需要龐大的資金；因此需要仔細的估算預期的報酬、利益與成本，同時也需要顧及開發或再開發行為給社會帶來的正面與負面的影響。這些都是在本章中所要討論的主題。土地資源的開發可以分為**私部門**與**公部門**兩方面，而且彼此是夥伴關係。在**私部門**方面，主要的開發者有：(1) 土地所有權人；(2) 開發業者；及 (3) 財金機構、不動產公司或營建業者。不論開發者為誰，基本的投資報酬及決策程序都是一樣的。而**公部門**的開發決策就會包含政治、社會與經濟因素在內。**私部門**開發的目的在於以最小的風險去獲得最大的報酬。**公部門**開發的目的則在於提升開發的品質、吸引人的建築，與安全而便利的區位，以發揮城市的功能，並且改善生活品質，而不傷害環境。

➜ 土地資源（不動產）的開發程序

雖然每一個土地開發者開發土地的步驟與方法不盡相同，但是大體上不外乎：(1) 最先產生一個構想或理念；(2) 然後對這個構想或理念加以進一步更周全的思考；(3) 並且加以規劃使它具體化；(4) 接著進行**可行性分析**（feasibility analysis）；(5) 尋找合適而且可靠的營造廠商；(6) 談判訂立正式的契約；(7) 然後開始建造；(8) 完工後開始營運，並且加以經營管理與售後服務。

不過在進行開發工作之前，以下幾點概念必須注意。**第一**、土地開發的程序並不是一成不變的。開發者的構想是會經常改變的，所以開發者跟參與開發工作的其他成員，必須經常磋商，隨時變更某些開發的策略。**第二**、土地開發工作可以說是一種藝術。它需要有創意，有時講求嚴謹的邏輯思考，有時卻需要一些想像力。兩件達到成功的要素是：創意與衝勁。第三、在開發工作進行到某一步驟時，必須同時考慮前後其他相關的步驟。換言之，整個的開發工作必須整體考量，在做一項決策時，必須同時考慮它對整體開發程序，甚至完工之後的管理工作的影響。

開發地點的選擇

在開發地點的選擇上，開發者必須同時從事以下幾項工作：

1. 審視環境，注意有利與無利的因素、可能的競爭者、政府的管制、政治力量的介入；
2. 分析市場，尋找適當的地點；
3. 確定適宜於開發案的市場實質、法律與政治條件；
4. 談判以確定地點，並且議定契約以取得基地；
5. 與市政當局與規劃師討論各方面所關心的事項，以及可能的限制條件；
6. 分析市場的競爭狀況，包括競爭的公司與對手，市場的供給與需求；
7. 與工程師、建築師、土地規劃師、營造商與財務來源商談開發案的可行性；
8. 經常性地審視開發案的財務狀況，並且估算開發期間的時程與現金流量。

開發地點選擇的基本理論，即是都市經濟理論與都市發展理論。關於這些理論方面的基礎知識，請讀者參考本書第 6 章，影響土地使用的區位因素；以及第 7 章，城市體系與城市土地使用。

土地開發的可行性分析

土地開發的可行性分析，不僅要求知道一個開發案是否可行，而且要把它當作一項達到最適水準的工具。可以使用電腦幫助，做**敏感性分析**（sensitivity analysis）。開發者可以藉此檢視開發案的每一項決策、每一項功能的性質與利益，確定此一開發案是否是最好的開發案。

依照**葛拉斯堪**（James A. Graaskamp）的定義：一個可行的開發案，是當它在有限的資源限制下，能夠合理滿足既定的目標的開發案。[1] 此一定義有幾個重要的意義。第一、可行性並不表示一定成功。一個可行的開發案是指在合理的情形下，有達到既定目標的可能性。第二、可行性決定於是否能滿足事先清楚界定的目標。最重要的目標是公部門與最後使用者對開發案的要求。第三、要選擇最能滿足既定的目標的行動方案，此一行動方案要能把最初的理念，以水泥磚頭的形式實現。第四、所選擇的行動方案，要在特定的限制條件之下，測試其是否合宜。這些限制條件包括法律與實質的限制，例如：土地、資本都是有限的。

不動產市場分析

所謂**市場**，最廣義的定義是買方與賣方出於自願的交換。中國字的**市**字當動詞用時，即是購買或交易的意思。古時人們將自家生產的物品帶到某一固定的地方，如廟前廣場與他人交換所需，是為**廟會**。漸漸沿襲下來，即成為今日的市場。而今日的市場更推而廣之，不一定佔用一定的空間，往往以電訊的方式決定一筆買賣，也形成一個市場，例如：證券市場、期貨市場等。

土地資源有時會被視為市場上可以買賣的**經濟財貨**。人們之所以願意花費相當數量的金錢去購買並且擁有它，是因為擁有土地即擁有**一束權利**（a bundle of rights），而這些權利都具有價值。因為土地具有經濟價值，所以也具有吸引投資的潛力。除此之外，土地的買賣、抵押、課稅、徵收等，也都需要特別的估價，土地的出售與購買便形成了不動產市價。不動產市場與土地資源的估價，即是本章所要討論的主題。

市場分析是可行性分析中最重要的一項工作。市場分析的目的是要讓我們知道，是否一個將要推出的開發案能讓社會大眾、未來的購買者、承租者接受。對於零售與辦公空間，要能容納各種不同的商家與工作人員。對於承租人，要讓他們相信開發案能吸引大量的商機。一個住宅案件，要能吸引足夠的家庭，也要讓購買人或承租人買得起、或租得起。市場分析的第一步工作，就是要先檢驗全國與地方的經濟狀況與長期趨勢，以及它們對區域、地方，甚至里鄰、基地性質的影響。例

[1] Mike E. Miles, Richard L. Haney, Jr. Gayle Berens, *Real Estate Development: Principles and Process,* Urban Land Institute, 1996, pp. 332-333.

如：人口分布、所得狀況、就業形態、消費形態等。由於不動產開發多為地方性行為，所以里鄰狀況也需要瞭解。

市場分析的第二步工作，是要研究類似的不動產，與所要開發的不動產的性質、功能與價值情形作比較，以發現各類市場的可能佔有率。第三步則是要預測各種不動產市場的去化能力。要知道目標市場在何種價格、多長的時間裡，消化多少單位。一個為市場所需要的開發案，能增加地區的經濟活動，帶動地方財貨與服務的生產與消費。市場分析的內容與步驟，包括：市場範圍的界定、需求的預測、供給的預測與需求的比較、競爭的分析、市場佔有率的估計，以及開發內容的確定。再分述如下：

市場範圍的界定　在預測需求與供給之前，必須先知道開發案的市場範圍。市場範圍的地理範圍，決定於開發案顧客群對該類產品區位的喜好，甚至於購買或租賃的可能性，住宅與商辦空間未來的成長趨勢等。其他的決定因素還包括：與工作地點的遠近、購物的便利性、休閒設施的品質等。對商辦空間的需求是引申的需求，也就是居民對購物與工作設施的需求。

市場分析可以進一步分成兩個或多個市場。主要市場是最多居民聚集的區域；次要市場是與計畫開發區競爭的臨近已開發區；第三層的市場是座落在更外圍的市場。實質上的市場範圍，會包括主要市場與不同設施的其他設施市場。本章的討論多以主要市場為主。

需求的分析　開發案的需求包含現在的需求，與未來的成長兩個部分。現在的需求又分為獲得足夠供給，與尚未獲得足夠供給兩個部分。除非有不尋常的短缺與過剩的供給，大多數的**市場分析**，只聚焦於未來需求的成長，並且注意力多放在主要市場的需求與供給上。理由是認為只要主要市場擴張，第二、第三層市場的需求也會跟著擴張。大多數住宅需求的指標，要看家庭的成長，以及它們對住宅的各種構造，如大小等的要求。對商辦用空間需求的指標，則是家庭所得與消費以及各類行業的成長。

往往地方的成長趨勢，也反映區域與國家的成長趨勢。但是對具有地方特性的分析，仍然是最重要的。地方政府的土地使用分區、住宅與經濟發展政策，都會影響一般的趨勢。例如：注重企業發展的政策，必然會增加人口、就業與所得的成長，結果一定會帶來對住宅、商辦空間的需求。

供給的分析　幾乎 80% 以上的需求都是來自市場範圍之內，但是供給卻是來自市場範圍之內與附近外圍地區。供給也分為兩部分，一部分是現在的供給，另一部分則是未來供給的成長。現在的供給可以從過去與現在的建築許可，估計未來的成長包括社區成長計畫、現有供給的改建，與將要進入市場的供給。在現在的供給與未來的成長之間，分析往往注意未來需求與未來供給成長的比較，空屋也應該包括在分析之中。零售商的供給與需求，則要看商品的品質與價格，店面的吸引力、可及性，以及商店與顧客之間的區位關係。因此，分析必須注意市場中現在與新供給之間的競爭。開發無法創造它本身的需求，開發者必須先確知是否有其他產品市場的存在。開發者的產品必須要能滿足市場上所需要但是缺少的產品。

不動產投資分析

投資市場　投資（investment）是指投入或**放棄**（give up）一定數量的資本，而期望在一段時間之後獲得收益報酬的行為；而報酬又可能是金錢的或者是非金錢的。收益或報酬應該等於地租，而地租可能延續到未來的數年，甚至於數十年。然而我們所注意的是這些收益的現值。現值是由預期未來各年的收益以適當的利率折現而來。投資的最普通的表現方法，就是購買不動產，而購買又可分為兩類。一類是純粹為了投資，另一類則是為了自己居住及使用。因此也可以說，市場可以分為投資市場（investment market）與**不動產市場**（property market）。任何一個市場的變動，也會同時引起另一個市場的變動。所以我們可以把這兩個市場看作是同一個市場。而不動產市場是投資市場的一部分。因此，我們將分別探討投資市場與不動產市場。

投資市場的功能　投資市場的主要功能是把收入與支出兩者連接起來。往往個人或**機構**（institutions）會有超過其支出的收入，或者是支出超過其收入的情形。我們的社會經濟制度，就會整體地聚集個人或機構多餘的資金，讓那些缺乏資金的個人或機構來取得及運用，於是形成了一個龐大的資本市場。擁有資金的個人或機構會做多方面的運用。他如何做投資的選擇，要看哪一個投資機會能夠給他帶來與投入資金相稱的最大報酬。同樣的道理，需要資金的人則希望付出愈小愈好的成本。再者，投入資金的人希望在最短期間獲得報酬，而需要資金的人則希望得到長期低利的貸款。

投資市場的運作　在投資市場中，握有多餘資金的人會尋求放款的對象；在另一方面，需要貸款的人也會尋找可貸的資金。投資市場的功能，即是使這兩方面的需求達到均衡；而能夠調節雙方供需的機制，在於利率的變動。例如：如果資金的供給在某一利率水準下大於需求，則其利率便會下降，報酬率就會升高，這樣便會使需求增加。供給減少，又會使利率升高而報酬率降低。

除了**利率**的變動會使投資市場的資金供需達到均衡外，特殊**制度**的改變也會促使供需達到均衡。例如，在銀行無法提供購屋者所需要的大量資金時，建築商即可能出面提供部分資金，或者改變其本身的貸款辦法。[2]

政府對投資市場的影響　政府可以運用貨幣政策來控制利率與信用，進而影響經濟活動。假使銀行利率升高，就會增加貸款的成本，如果其他狀況不變，即會減緩經濟活動，企業也會延後貸款。此外，中央銀行的公開市場操作也會影響利率水平。政府可以做長期或短期的放款以支應其運作的支出。政府可以發行**國庫券**（treasury notes）來補足其收入與支出的差額，這種操作也是經常性的，它以買賣政府債券來平衡政府的收支。這種政府的行為也會影響到利率的高低。此外，政府也可以用租稅的手段來影響投資市場；不過這種影響是間接的罷了。

不動產市場

如果以不動產的交易來說，不動產市場多半是指不動產價格趨於一致的一個地理區域。[3] 這種價格的一致性，反映出不動產在品質、數量、交通成本等各方面調整的結果。因為不動產的位置固定性，所以我們可以用地理區域來定義不動產的市場範圍。通常不動產市場多為**地方性**（local）的；不過由於近代交通的便利，人口流動的範圍擴大，不動產經紀人因為業務的需要，也有使其市場擴大到跨越數個行政區甚至國界的情形。

不動產市場的均衡

在經濟學中，財貨與勞務的市場價格決定於供給與需求的均衡點，其前提是假設此一市場是一個**完全競爭的市場**。以土地或不動產而言，因為它本質上的獨佔性與受自然條件固定的限制，供需法則無法完全運作。不過這也並不表示土地不動產

---

2 W. Lean and B. Goodall, *Aspects of Land Economics,* The Estates Gazette Limited, 1983, p. 9.

3 James B. Kau and C. F. Sirmans, *Real Estate,* McGraw-Hill Book Company, 1985, p. 218.

市場難以存在，因為既使是一般財貨的市場，也同樣具獨佔、寡佔的情形存在。

從最簡單的模式來看，我們可以先假定所有的建築基地都在一個均質的平原上；再假定某一種土地使用的供給，在某一時段中是固定的。如圖 8-1 所示，供給與需求的交點產生均衡價格 P_0，假設市場價格高於 P_0，供給就會增加，而使價格降低。如果價格低於 P_0，需求便會增加，而使價格升高。假使需求從 D 增加到 D′，價格就會上升到 P_1。在此一模式中，因為供給是固定的，所以價格完全由需求所決定。

不動產市場的效率　研究市場的效率是為了瞭解市場如何反映資源的稀少性。不動產投資人探索不動產價值的資訊，實際上是探索不動產的相對稀少性。稀少性是指消費者所希望得到的財貨的有無。當不動產的供給有限，而消費者希望擁有的欲望升高時，就會增加不動產的稀少性。不過我們通常認為不動產的稀少性是指在欲望不變，而不動產減少時的情形。當量增加時，稀少性就降低了。當市場價值充分反映出市場不動產的有無與稀少性時，我們就認為市場是**有效率的**（efficient）。在一個有效率的市場裡，具有充分資訊的投資者互相競爭，決定了最準確的市場價值。換言之，一個有效率的市場，是一個能夠反映不動產的真實價值的市場。在

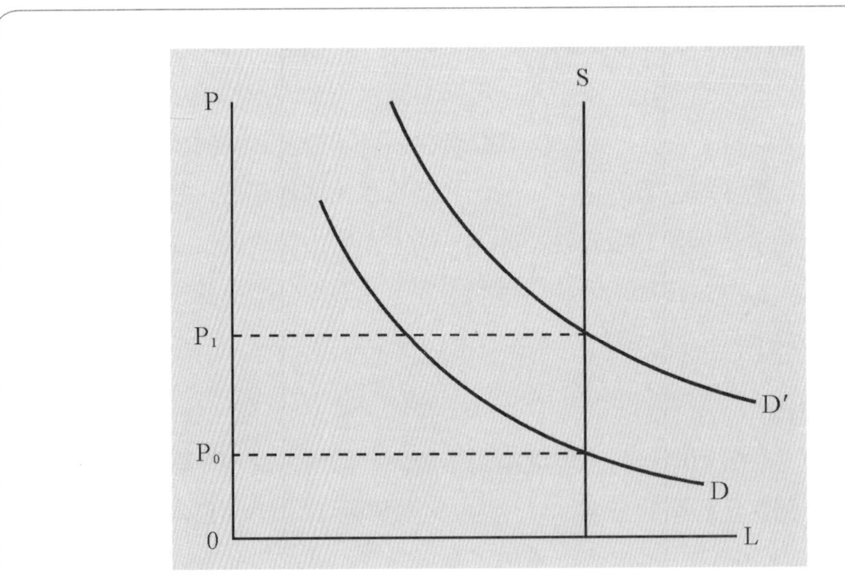

圖 8-1　土地市場的短期均衡

這個市場裡，一個有經驗的投資者，很容易就能夠分辨出市場價值與投資價值的不同。由於資訊的流通，如有不正常的市場價值，也會很快回歸正常。

凱歐（James B. Kau）與**施爾曼**（C. F. Sirmans）認為，市場效率會依其是否有足夠的資訊以反映市場價值，可分為三個等級。第一級是**低效率**（weak efficiency）市場。在低效率市場的情況下，現在的市場價值會充分反映過去一連串的歷史價值。但是投資者卻不能以歷史價值為基礎，經常賺取高於正常的報酬。因為如果不動產市場依據歷史價值具有可預測的週期性循環的話，投資人就可依照此一週期買賣不動產。但是這種週期的可預測性，正是它失敗的原因。因為這種利用市場週期買賣的做法，使價格劇烈起伏，剛好擾亂了市場的週期。任何值得利用的歷史價值，一旦被察覺，其實早已反映在現在的市場價值上了。

以**中效率**（semi-strong efficiency）市場而言，投資者並不能從現有的資訊中獲得超額報酬；因為市場價值早已及時針對此一訊息做調整了。例如：假使某人在新聞報導中得知高速鐵路的路線將在其所居住的城市設站，他立刻去購買附近的土地，是否會大賺一筆？其答案可能是當然不會。因為當他得知此項消息的同時，地價也上漲了。主要的重點是：大家所知道的事情會立即對市場價值產生影響，所以你如果以大家都知道的事情做投資的題材，一定不會獲得超額的報酬。

最後是**高效率**（strong-form efficiency）市場，高效率市場是說：沒有任何投資人能夠利用任何型態的資訊賺取超額的報酬。換言之，投資者既使能從特殊的管道獲得資訊，也無法因此獲利。因為除了在極短的時間之內的少數人外，一旦資訊流入市場，價格即會調整，而無法獲得超額利潤。[4]

投資者與市場效率　一般的投資者都希望他的每一筆投資都能獲得最高的報酬，而且希望能夠買賤賣貴。如果是在一個完全競爭的市場裡，以下幾個特點非常值得注意。第一，投資者的獲利動機，會使不動產的市場價值反映其實質價值；第二，當現在所有人的出價與市場價值不一樣時，資源即會重新配置；第三，一個有效率的市場，會使投資人賺取正常的報酬——不會多也不會少。也就是說，在一個有效率的市場裡，其投資的**淨現值**（net present value, NPV）等於零；第四，不動產或土地雖然在空閒狀態，但是只要所有人的價值與市場價值一致，就是資源有效率的配置；第五，現在的市場價值會立即反映不動產的稀少性，因此，只有最高效率的情

4 Kau and Sirmans, pp. 356-358.

形存在於市場上。也就是說，如果有任何人獲得足以改變其不動產的預期價值的資訊時，其他的投資者也會立即獲得此項資訊而採取必要的行動。而現在的市場價值也會立即改變為一個新的價值。

存量-流量模型　假定我們有兩個土地市場，一個是已有改良物的土地存量市場，另一個是將要建築的土地流量市場。在存量市場中，土地的供給是完全沒有彈性的。如圖 8-2 的左邊所示；如果以 S_e 代表存量的供給，D_e 為對存量的需求，則 S_e 與 D_e 的均衡交點決定價格 P_e。

流量市場以圖 8-2 的右邊來解釋；在此圖中，供給是有彈性的 S_n，當價格上漲時，可能有些農地即會改為建地。D_n 代表需求。供給與需求的均衡點為 B，價格為 P_n，土地的交易量為 L_n。從圖中我們可以發現 P_n 高於 P_e。因為這兩種土地無法替代，所以 P_n 與 P_e 也不必相等；而新開發的土地也許會配置較好的公共設施及較好的設計，所以價格可能較高。

如果土地的價格低於均衡價格 P_e，則會有超額的需求如圖左的 XD。但是因為存量已經無法供給更多的土地，所以可以把此項超額需求轉到流量市場，如圖右的 XD_n。此時 D_n^* 在 D_n 之上（A 的右邊），包括原來的需求加上超額需求 XD_n。如果價格低於均衡價格 P_e，則對新建地的需求就會增加。

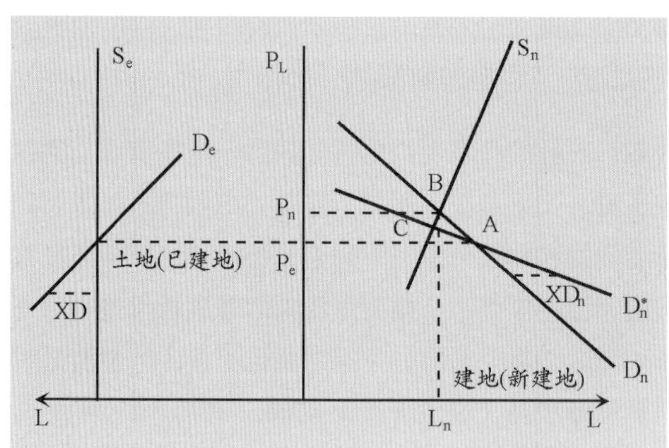

資料來源：Michael Goldberg & Peter Chinloy, *Urban Land Economics,* John Wiley & Sons, 1984, p. 250.

圖 8-2　存量－流量的均衡模型

假使流量市場的價格高於 P_e，就會有超額的供給。因為超額的供給，即使新的需求 D_n^* 落在 D_n 之下（A 的左邊），而 D_n^* 要比 D_n 更具彈性。只有在 A 點時，存量市場的需求不會影響到流量市場。S_n 與 D_n^* 的交點為 C，在 C 點時，價格也較低，因為對新建土地的需求也低。假設存量市場的價格低於流量市場，在其他情形不變的條件下，對新建地的投資必定會減少。從理論上看，投資的決策決定於存量市場與流量市場之間價格的比。假使 P_e / P_n 小於 1，則新建地的開發減少；而如果 P_e / P_n 大於 1，則投資增加。

有關存量-流量模型的討論，還有幾點值得注意。第一，需求 D_n^* 的彈性經常都會大於未經調整的 D_n。存量市場的供給是完全沒有彈性的；存量市場的需求愈有彈性，則 D_n^* 也愈有彈性。D_n^* 可能具有完全彈性，此時新建地的價格就由供給來決定。第二，長期而言，新建地市場的供給與需求的交點為 B。D_n 與 D_n^* 在現有市場的變動只是短期的現象。

這種短期存量與流量的不一致有很重要的政策意義。假使在存量市場上並不均衡，價格低於 P_e，則任何政府的補貼辦法將有助於提升需求，也可以使圖 8-2 中 D_n 與 D_n^* 之間的差距縮小。如此，則政府的政策將有助於穩定市場。[5]

從供給面來看，**分區管制規則**（zoning regulations）的改變，例如容許縮小基地面積，也會影響存量市場使供給增加。如果此時有超額需求，即會使市場趨於均衡。因此，政策的制定，一定要考慮存量市場與流量市場的供給彈性與需求彈性。

另一個值得探討的問題就是土地投機。所謂土地投機，就是購買土地的人，在短期之內並沒有意願去從事開發或建築，而等待價格上漲時即行出售以賺取買賣之間的價差。土地投機因為投機者做多或做空，會使需求上下波動。如果市場穩定成長，投資者即能獲利，否則將會遭受損失。

影響供需的因素　在實際市場的運作上，土地的供給與時間有密切的關係。例如，什麼時候能夠取得融資？什麼時候能夠完成整地？當時的使用分區，規劃以及環境法規是否合宜等問題都牽涉到時間問題。再者，土地也不是一種容易變現的資產，其變現的過程冗長，也會失掉先機。

此外，租稅與土地管制政策、建築材料的價格變動、建築技術的改變等也會影響供給。我們在前面提過土地投機問題。事實上，面對通貨膨脹或預期都市的成長，都會增加對土地的需求。

[5] Goldberg & Chinloy, p. 251.

人口的因素，包括年齡、性別、家庭的組合與移民等，也會影響對土地的需求，我們在第 2 章裡已經提過。不過**阿朗索**（William Alonso）更進一步指出，三個影響住宅需求的因素。第一是已婚婦女的就業情形。當愈來愈多的婦女進入就業行列，扶養子女的成本就會提高，這些成本包括不就業的機會成本與養育子女的費用等。因此，某一所得階層的子女數會減少，不過當所得增加時，子女數也會提高。第二個因素是對家庭的定義的改變。由於離婚與分居的情形增多，單親家庭也漸漸增加，而對住宅的需求也會跟著增加。第三個因素是移民。移民包括區域性的移民、城鄉之間的移民，以及國際間的移民。

稅負與交易成本的影響　不動產交易與其他財貨與勞務的不同之處，在於它們包含較高的稅負與交易成本。例如契稅、增值稅以及登記費、仲介費、法律事務的費用、測量、保險、貸款、估價與手續費等，都使交易成本增加。因為稅與交易成本的負擔，會使競爭市場的均衡發生變化。假定在圖 8-3 中，原始的均衡點為需求 D 與供給 S 的交點 A，價格為 P_1。當價格中包含相當多的交易成本時，會有兩種情形發生。第一種情形是需求不變，供給曲線左移到 S′，供給減少到 L_2，則價格上升至 P_2。另一種情形則是供給與需求同時減少，D 下移到 D′ 與 S′ 相交於 B 點，形成新的均衡，價格不變，仍然為 P_1，但供給量減少到 L_3。

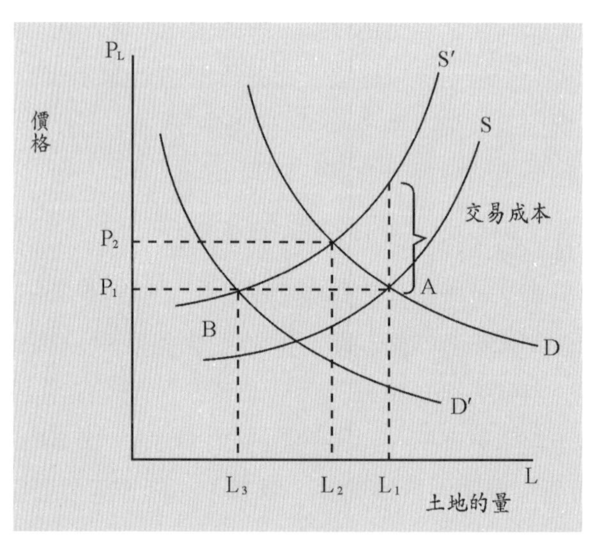

圖 8-3　交易成本對市場供需的影響

在另一方面，如果稅負太重，如增值稅率太高，把正常的地租報酬課走，則會影響不動產所有人出售其不動產的意願。此時交易量會萎縮甚至等於零，即是產生所謂的**閉鎖效果**（lock-in effect）。

不動產的異質性　不動產本身具有強烈的異質性（heterogeneity），這是不動產與其他財貨最大的不同。每一筆不動產都與其他的不動產不同，而且具有獨特的特性。由於不動產的這種特性，潛在的購買者可能找到最合意的替代品，也可能完全找不到合意的替代品。如果潛在的購買者與出售者能夠找到非常類似的不動產，這些不動產的價格水平也可能非常接近。同時，又因為它們具有異質性，也留給購買者與出售者議價的空間。

蛛網定理　不動產的供給，從開始規劃、申請許可、建造到完工上市之間，會產生時間上的落差。**蛛網定理**（cobweb theorem）的產生，即在解釋此種供給的時間落差現象。從一般市場的現象中我們可以發現，不動產的需求是依其現在的價格決定的；而供給則是依其前一段時期的價格決定的。在圖 8-4 中，D 代表需求曲線，S 代表供給曲線。假定第一年的價格為 P_1，不動產業者即會依照 P_1 的市場價格來規劃他們的供給量 q_1。如此規劃的結果，市場第二年的總供給量可能過多，而使價格

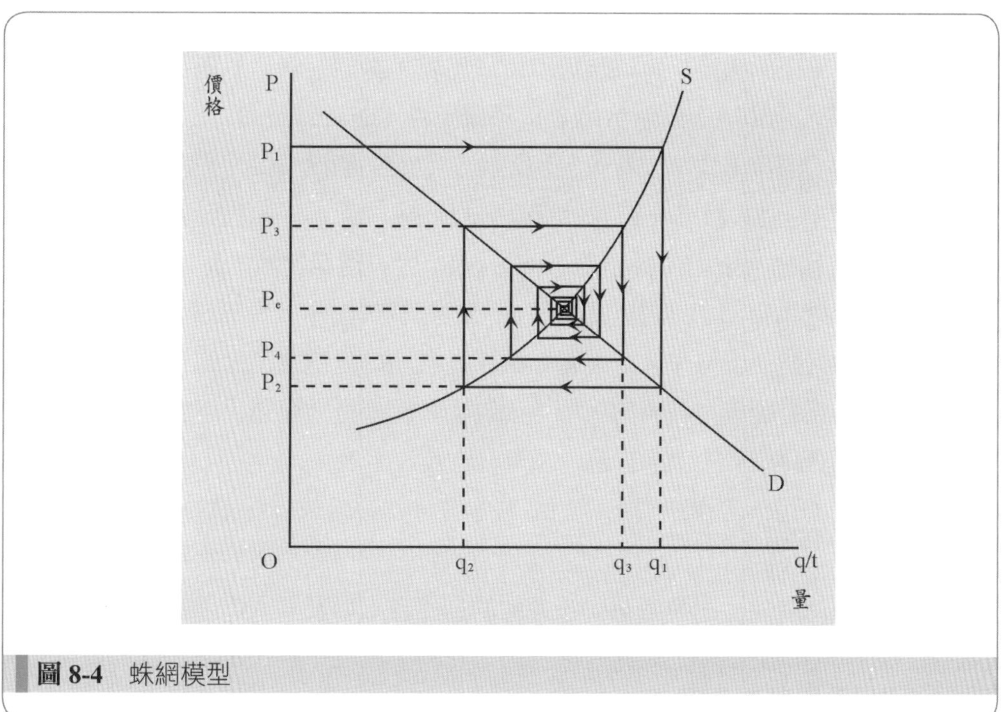

圖 8-4　蛛網模型

下跌至 P_2。而在價格 P_2 時，其第二年的供給將為 q_2，但是因為供給短少，價格又會上升到 P_3。此時供給又會增加到 q_3，此時的需求價格為 P_4。如此循環下去，需求曲線與供給曲線都會因為時間落差縮小，而最後相交於 S 與 D 的均衡點 P_e。除了不動產市場外，農業生產也會依循此一模型來調整其生產。不過仍然會有許多外在因素會影響市場供需的均衡。

在討論了土地資源開發的一般分析之後，我們再從私部門與公部門兩方面的開發來討論。在討論私部門的土地資源開發時，我們將著重在成本分析方面，在討論公部門的土地資源開發時，則討論利益與成本的分析，以及土地資源開發對環境的影響。

私部門的土地資源開發　私人或商業性的開發，開發者可以說是一位企業家，他組織開發的機構、籌措資金，預測市場的需求，投入資金，完成產品出租或出售以賺取報酬或利潤。此項報酬主要可能是金錢的，也可能是非金錢的，例如得到精神上的滿足，事業上的成就感，或者其他個人或社會的目標。

不論開發者所注意的是金錢的報酬或非金錢的報酬，在做決策之前，他必須衡量：(1) 預期的利益與報酬是否高於成本；(2) 預期的地租報酬與獲得此項報酬的期間；(3) 估計及比較各種開發案之間的報酬與成本，去選擇報酬最高者；(4) 決定開發的集約度與開發的品質。在評估的方法上，他們會比較**立即的**以及**未來的**成本與報酬，而且把未來的報酬折算成現值以便於比較。當然在評估的過程中，也會產生計算的錯誤與不可預測的**風險**（risk）與**不確定性**（uncertainty）。

各種不同的開發方式，或許可以用圖 8-5 中的三個模式做代表加以說明。在圖中每一個個案中，AT 線代表每年所能得到的報酬，圖 8-5(a) 代表**農作使用**，或者能夠得到恒常報酬的土地開發型態。圖 8-5(b) 代表**建築開發**的型態，在開始的時候，以及稍後的幾年都能獲得較高的報酬，但是當其出現折舊或經濟生命接近尾聲時，其每年的報酬便會愈來愈低。圖 8-5(c) 所代表的是**商業型態**的土地開發，在最初開發時，不見得能獲得較高的報酬，因為企業還未全力營運，可能要到數年後，報酬才能達到高峰，然後因為折舊，報酬又會逐年下降。

在圖 8-5 的每一個模式中，我們都假定有一條經營成本線 DS。此一成本線在時間的過程中，可能上升或降低。目前我們假設它是恒常不變的水平線，是為了說明的方便。除此之外，開發者還要注意他的投資支出以及其回收。經營者如果擁有自己的土地，他的支出仍然應該包括勞力、材料、維護、稅、保險，以及貸款的利

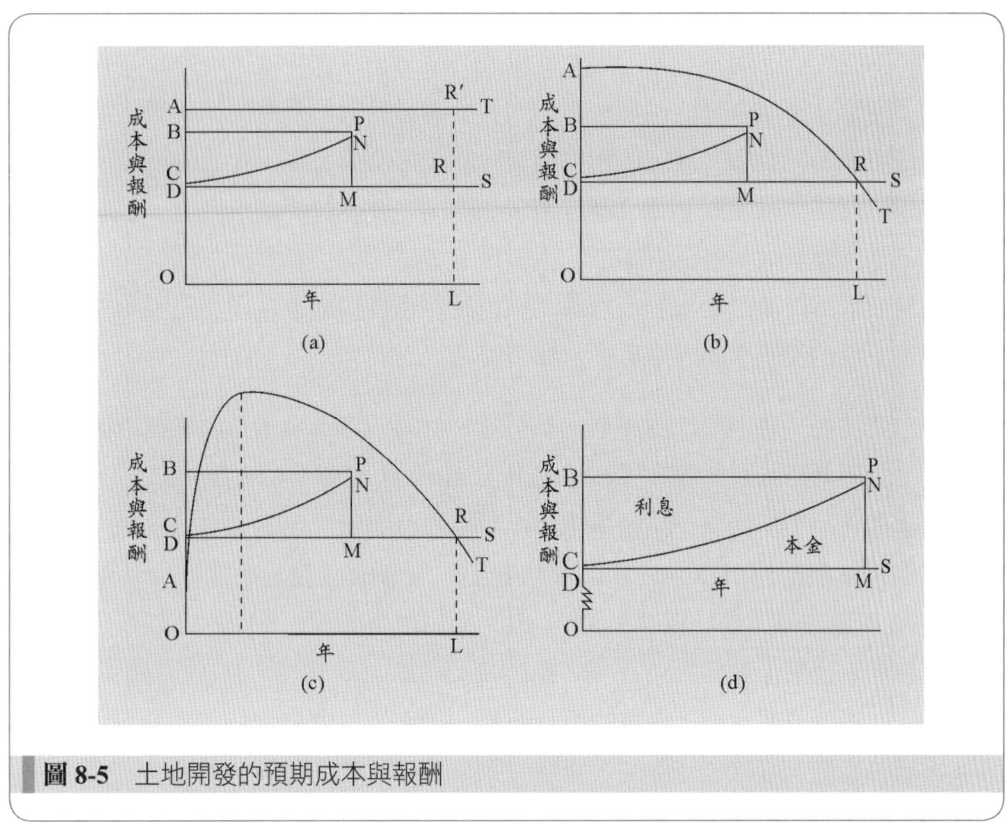

圖 8-5 土地開發的預期成本與報酬

息等在他的生產成本之內。超出成本的剩餘（L 年的 ADRR′ 與 ADR）即是土地開發的地租報酬與管理的利潤。

圖 8-5(d) 中的長方形 BDMP，即代表預期的地租與利潤資本化，以及貸款利息的現值，這一部分將來仍然要償付給經營者。長方形 BDMP 可以分為兩個部分，下半部分 CDMN 代表需要回收的投資淨報酬，也就是投入的本金，也等於預期地租的折現價值。上半部的 BCNP 代表經營者投入他本身資本的機會成本，如果有貸款，則要加上利息。如果全部資本都是貸款的話，則為償還貸款的利息。

一旦經營者考慮到他的開發計畫所需要的投資成本，經營成本與預期報酬時，他便需要很實際地去評估他的開發計畫。如果他所預期的報酬（圖 8-5(a) 的 AOLR′、圖 8-5(b) 以及圖 8-5(c) 的 AOLR）超過預期成本（DOLR 與 BDMP）時，他便可以放心大膽地去執行此一開發計畫。不過在開始之前，他也應該審慎地評估其他的投資機會，也就是**可行性分析**。

土地資源開發的集約度[6]

除了考慮什麼是最好的基地使用方式外，開發者還要考慮開發的集約度。例如在郊區住宅區的開發中，住宅的密度究竟應該如何？或者在市中心的辦公或商用大樓，如果沒有法令的限制，究竟應該蓋多少層高？從經濟學的角度看，也就是說，在此一基地上應該投入多少資本？

假使我們的討論是侷限於一塊基地上，我們可以把土地當作固定因素。在此一固定因素上我們投施變動因素資本。我們假設：

1. 所有開發此一基地的成本，無論是勞工、材料、等待成本，法律費用與正常利潤，我們都將其視為**資本成本**（capital costs），如圖 8-6 的 BOMC。
2. 資本與產品市場均為完全競爭市場，所以開發者所需要的資本可以以一定的價格取得；產品也可以以一定的價格賣出。後者的涵義是說邊際實質產品曲線 MPP 與邊際產值是一樣的，因為 MPP 乘以價格即等於 MVP。MVP 是淨值，經營成本已被扣除。
3. 市中心區的商業大樓，各層的租金都是一樣的。
4. 樓層的高度，沒有法令限制，開發者對基地可以自由競標。

當邊際單位的資本逐漸投施在此一固定的基地上時，報酬遞減法則最後終於出

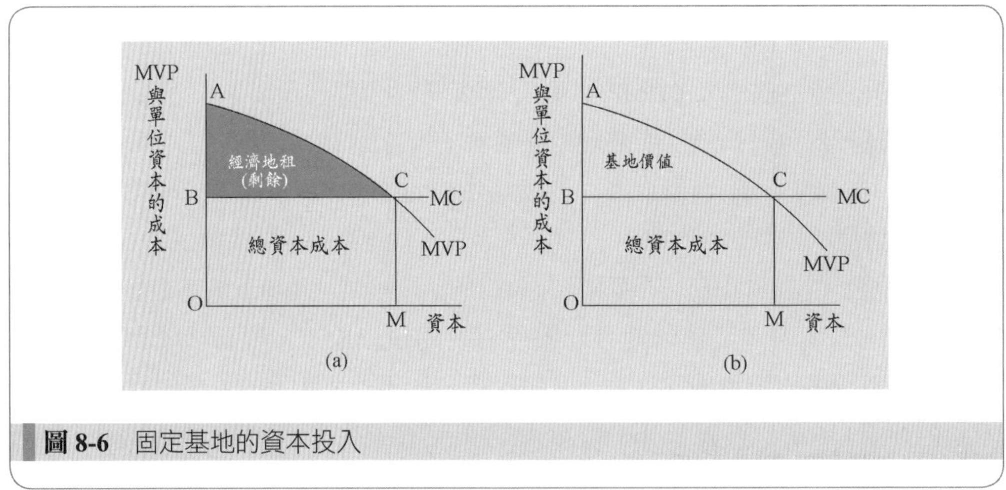

圖 8-6 固定基地的資本投入

[6] 土地開發的集約度，基地的價值，土地的粗放使用等節參考 Jack Harvey 原著，韓乾中譯之《都市土地經濟學》，五南圖書出版有限公司，2004，pp. 113-118.

現，資本的 MVP 會下降。因為每多蓋一層，其成本會跟著增加；因為地基必須更深厚，工資會增加，升降機與逃生設備也必須提供。因此每單位多投的資本的報酬會減少，如圖 8-6 的 MVP。因為單位資本的價格不變，所以 MC 維持水平。

此一基地的開發會在達到邊際報酬等於邊際成本時停止，也就是 MVP 等於每單位資本的成本 OB 時。此時大樓達到最適高度，使用的成本為 OM 單位。如果再行蓋高，則邊際成本將會大於邊際報酬了。

根據此一理論，我們可以進一步推論，從實施建蔽率與容積率管制以維護都市環境的觀點看，我們認為如果能對建蔽率做最適當的管制，則可以留下較多的空間綠地，使都市環境更為美好。而容積率的管制則可以用經濟手段來達成，因為正如我們所討論的，在建築大樓時，可以任由業主投施資本，來增加集約度（樓高）。在達到邊際成本等於邊際報酬（MC＝MR）時，即為最適樓高，如果再繼續投入資本，業主將會得不償失了。

因此我們認為，加強建蔽率的管制，即是維持高都市生活環境品質的必要且充分條件。換言之，如果我們能對**建蔽率**做合理的管制，則因為報酬遞減法則的作用，藉由經濟機制，即能自然達到管制容積率即樓高的目的。

舊的建築技術規則第二十七條規定：建築物地面層超過五層或高度超過十五公尺者，每增加一層樓或四公尺，其空地應增加百分之二，其用意亦即在此。不過此一規定已被刪除。我們也必須指出，建蔽率隨樓高而遞減，也應有其下限，否則建蔽率過小，也就失去建築高層建物的意義了。否則，基地則需要相當的大。

基地的價值[7]　在圖 8-7 中，開發的總值為 AOMC，總資本成本為 BOMC。此外，開發者還要負擔**等待成本**和**成熟成本**，再加上保險，經常支出與正當利潤。這些成本都包含在 BOMC 裡，所以剩下的 ABC 才是購買土地的錢。

根據以上的假設條件與分析，我們可以得到以下幾點結論：

1. 假使這塊基地最好的使用方式是蓋辦公大樓，ABC 代表基地的需求價格。此一價格亦是諸多開發者競爭的結果。
2. 但是如果有另外一種使用可以產生更大的利益，如百貨公司；於是如圖 8-7 所示，較高的 MVP′ 曲線可以得到較大的剩餘。開發者如果有此認知，應當會出更高的價格，所以競爭會使土地做收益最高的使用。

---

[7] 同註 1。

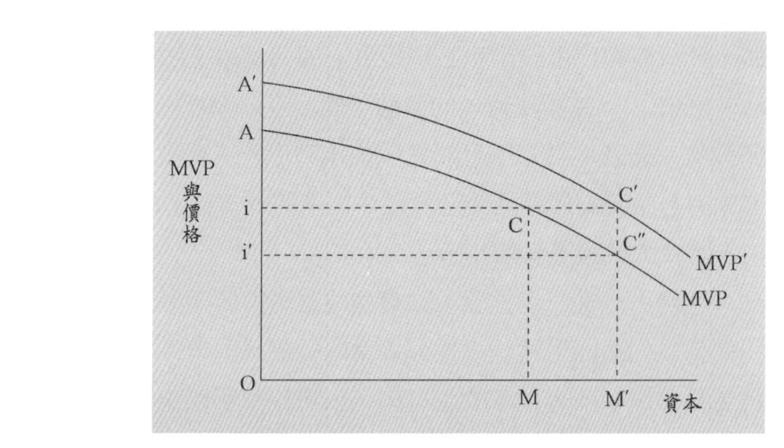

圖 8-7 資本生產力與利率變化對建物高度與基地價值的影響

3. 競爭同時也會使大樓蓋高，直到 MR＝MC 時為止。此時 AiC 也會最大。因此，不但此一基地會做報酬最大的使用，大樓也會做利益最大的使用。
4. 只有在資本的 MVP 提高或利率降低時，較高的大樓與較高的基地價格才有可能。只有在下列狀況下，MVP 才能提高到 MVP′（圖 8-7）：
   (1) 因為技術進步使邊際實質生產力提高，例如營建技術的進步。
   (2) 營收提高，例如此一大樓所提供的產品或勞務價格提高。大樓的高度可以從 OM 到 OM′。
   (3) 利率降低會減少資本的成本，例如從 Oi 到 Oi′，也會使大樓的高度從 OM 增加到 OM′（在 MVP 曲線上）。同樣地，基地的價格當 MVP 升高到 MVP′時，會從 AiC 升高到 A′iC′；或者當利率降低到 Oi′時，報酬會從 AiC 增加到 Ai′C″。
5. 從私人開發者的角度來看，土地是成本，因為他必須在競爭的市場上付出市價才能取得。他的邏輯是這樣的：土地的價格愈高，我愈要經濟地使用土地。所以基地的使用必須集約，也就是在單位面積上投入更多的資本。結果是高地價造就了高建築。

以上的說法是從個人的觀點來看的；如果從整個土地市場來分析，就會得到以下幾點結論：(1) 當對土地的需求提高時，土地的使用容受力也高；(2) 也就是說，高集約度的土地使用是有利的；(3) 因為高建築有利，土地的價值也可能會提高。

土地資源的集約與粗放使用[8]　建築物蓋得高，表示開發者可以節省土地成本；但是報酬遞減現象也會使成本隨著收益的增加而增加。所以開發者只有在比購買更多土地還便宜的狀況下，才會多蓋一層樓。換言之，無論從集約（多蓋一層）或粗放（多用土地）的角度看，土地開發都有一個**邊際**。假使在某個地區的辦公空間需求增加。開發者的做法，不是多蓋一層就是要多開發土地。最後如何選擇就要看，在增加一定的收益條件下，何者的成本比較低了。

在實際的操作上，長期而言，不同土地使用之間的競爭，每一塊土地都會達到資本的邊際報酬等於邊際成本的那一點。所以從圖 8-8 中可以看見，一塊同樣大小的基地在市中心，則投入資本 OM_a（見圖 8-8(a)），在郊區則投入資本 OM_b（見圖 8-8(b)）。在市中心，其地租為 ABC，在市郊其地租為 A′B′C′。總之，MVP 的力量同時決定了地價與**集約度**。在做過以上的分析之後，開發者互相競爭，大家都會認清什麼是這塊土地的最高與最佳使用，而出最高價格加以標購或標租。在資訊充分而完整的狀況下，完全競爭的價格系統，會使此一基地做最有效率的使用。[9]

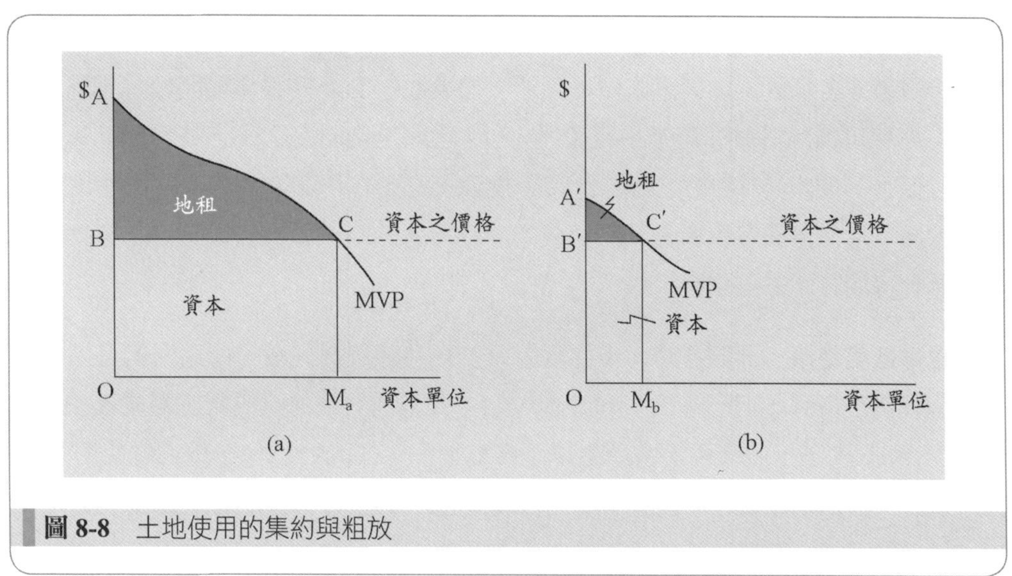

圖 8-8　土地使用的集約與粗放

[8] 同註 1。

[9] 同註 1。

➔ 土地資源的再開發

因為市場需求的壓力，或者是因為改良物結構上的老舊，與功能上的不夠現代化而需要再開發。也有的是希望提升使用的程度，使新的使用能夠產生更大的報酬。另外也可能因為非金錢的因素，例如：獲得心理上的滿足，有成就感或者藉此提高企業形象，以及增進社會上的評價等。有的時候，私人部門的土地資源開發，也會與老舊市區的整建計畫相結合，以提供新式的商店與辦公空間或清除貧民窟。

以農地而言，我們往往希望再開發成為建地，以求獲得更高的報酬。如圖 8-9(a) 所示，農業土地在 E 年時再開發，做建地使用，其報酬即會顯著增加（虛線部分）。但是因為建築物會折舊，所以其報酬從 E 年開始，便會逐年下降，直到 L′ 年，其報酬剛好等於成本，過了 L′ 年之後便得不償失了。

若以圖 8-9(b) 的建築用地來看，到 E 年時，報酬已有相當減少。業主可以在此時立即再開發，以提高報酬，也可以等到 L 年，其報酬剛好可以償付其成本時才開始再開發。當然他也可以在 E 與 L 年之間的任何時間從事再開發。此一決策即要由業主審慎考慮各種因素之後，來做一判斷。如果他在 E 年時從事再開發，報酬即可提高，而建築物的壽命亦可延長至 L′ 年。L′ 年即是再開發之後，其報酬下降至剛好可以償付其成本（D′S′）之時。此時，投資人必須在再開發或繼續現狀使用之間做一選擇。通常再開發會衡量報酬與成本，到一定的時機就會去從事再開發，不會等到無利可圖時才去再開發。

放棄或做低度使用　再開發時，可能因為當初估算錯誤而失敗，所以預期可以得到的報酬就無法得到，但已經投入的資本（如：買土地的錢）已成為**沉滯成本**（sunk cost），回收困難，此時可能會產生以下四種情況：(1) 放棄；(2) 做低度使用；(3) 低價賣出；(4) 繼續使用。這種情形往往發生在市中心的老舊地區，開發者總是希望有足夠的需求，使其土地能做較高使用的再開發。但是往往事與願違。其實他如果能做較低度的 B 使用，也能獲得圖 8-10 中 LR 的報酬。獲得 LR 的報酬總比不做 B 使用或是放棄為高，所以如果不改變做 B 使用（如圖 8-10），則報酬會比低度使用還低，因此最好改變做 B 使用，乃是少賠為賺的概念。

最後的決策究竟如何，要看總報酬、營運成本與投入資本等曲線的變化而定。只要總報酬仍然超過總成本，業主即會傾向於繼續開發經營。如果總報酬超過營運

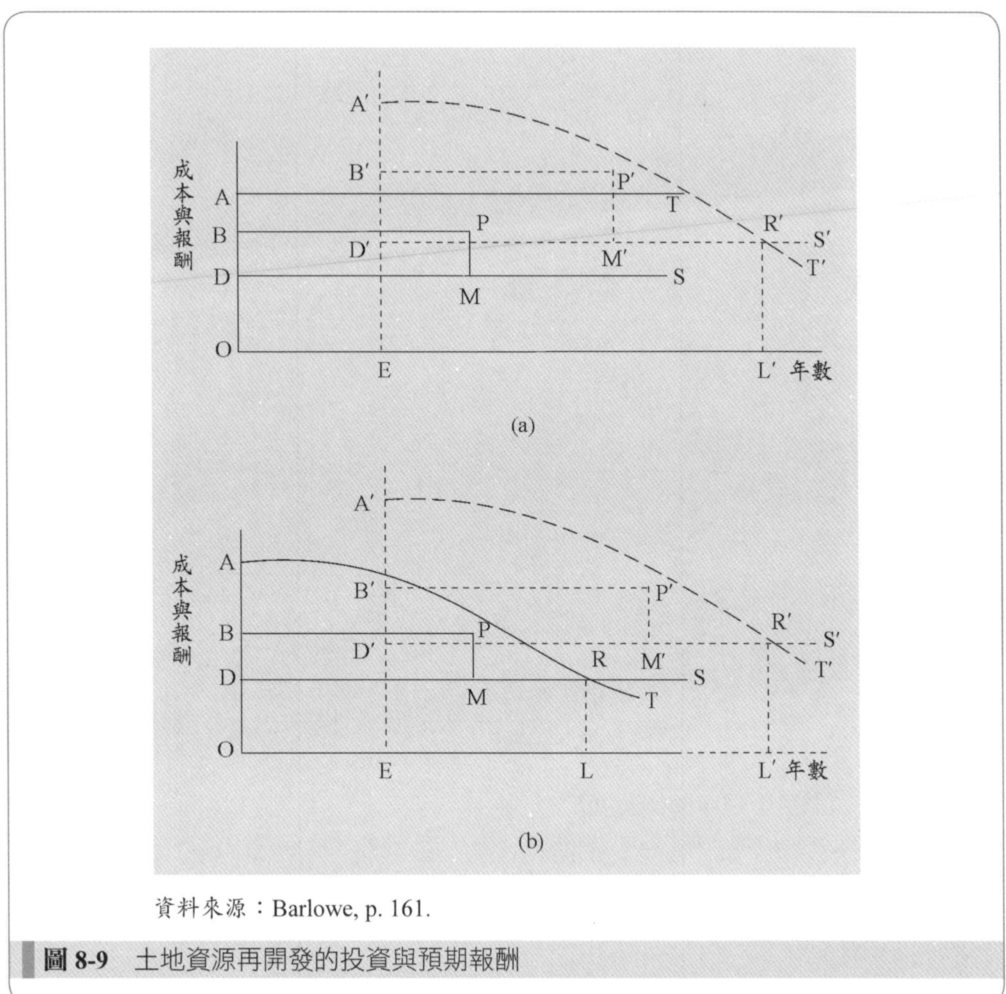

資料來源：Barlowe, p. 161.

圖 8-9　土地資源再開發的投資與預期報酬

成本，但是卻不足以償付投入資本的成本，業主也可能繼續其經營，而同時把損失報抵其投入資本的成本。假使總報酬低於營運成本，除非有任何辦法可以補貼其繼續經營的損失，業主此時最好中止他的經營，放棄他的開發計畫。至少他應該考慮到在更遠的未來，他如何能增益他的報酬。他也許可以考慮將低度使用的商用建築暫時改為倉庫，或者將農田暫時改種牧草。

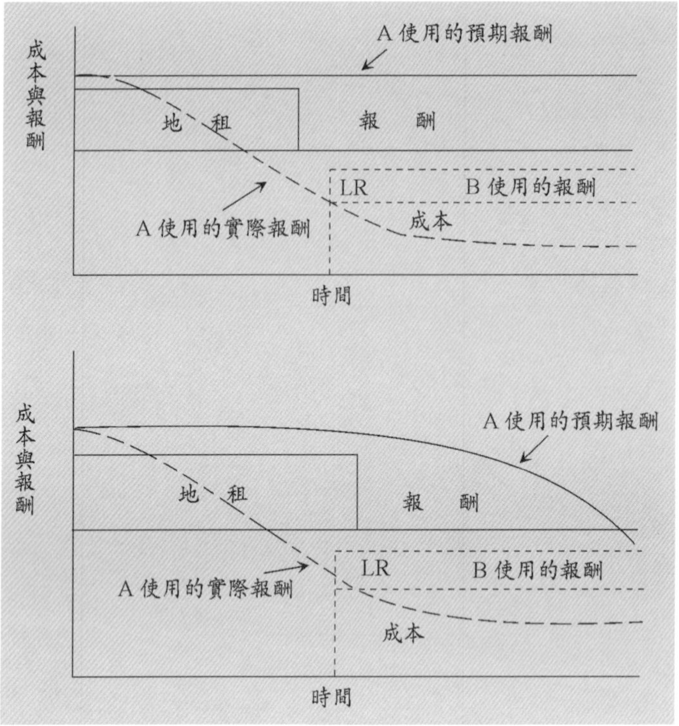

成本與報酬
A使用的預期報酬
地租
報酬
LR
B使用的報酬
A使用的實際報酬
成本
時間

成本與報酬
A使用的預期報酬
地租
報酬
LR
B使用的報酬
A使用的實際報酬
成本
時間

資料來源：Barlowe, p. 163.

圖 8-10 土地資源做低度使用的經濟成本

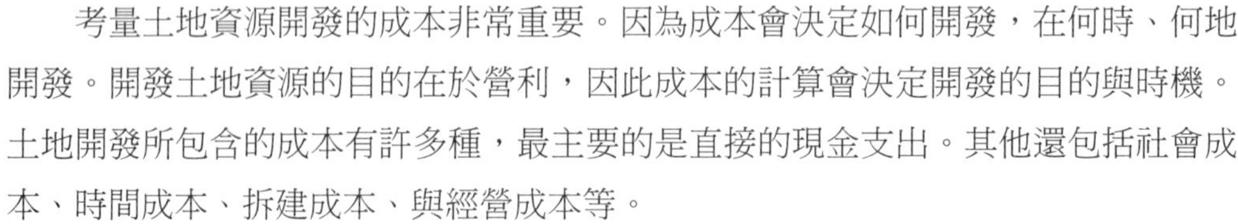

土地資源開發的成本

考量土地資源開發的成本非常重要。因為成本會決定如何開發，在何時、何地開發。開發土地資源的目的在於營利，因此成本的計算會決定開發的目的與時機。土地開發所包含的成本有許多種，最主要的是直接的現金支出。其他還包括社會成本、時間成本、拆建成本、與經營成本等。

現金支出

現金支出包括資本與勞力。例如建築摩天大樓，需要大量的資本與勞力；其他如住宅、商場、工廠等也不例外。都市更新計畫也是需要大量資本的開發工作。因為它包含購地、拆建等成本。此外興建現代化的公路、機場、捷運系統，更是需要投入大量的資本與勞力。

社會成本

社會成本可以區分為**社會機會成本**（social opportunity costs）與**社會不經濟**（social diseconomies）或負外部效果。社會的機會成本包括因為土地開發所犧牲的其他社會報酬與利益。社會不經濟包括因為開發土地所帶來的**外部成本**或**負外溢效果**（negative spillover effects）。外部效果可能為正，也可能為負。正外部效果是指對他人或社會有利者，例如開闢公園或開放空間供人休閒遊憩；或者吸引工廠、企業與改善道路使社區蒙利。

社會不經濟則會帶來負面的影響。例如土地開發會破壞生態與景觀；或者開工廠會製造空氣與水污染以及廢棄物。在過去，這些成本都轉嫁由社會負擔，認為這是進步所必須承擔的代價。但是由於現代對環境品質的重視，減少此種社會成本的責任，應由製造者及消費者所負擔。也成為環境經濟學所探討的主題。

時間成本

土地開發需要時間。在開發的過程中，業主的資金無法流動去獲得其他經濟報酬，而且在開發完成，直到售出或租出的時間裡，仍然具有一些風險。因此，凡是在開發的時間過程中的成本，都屬於時間成本。時間成本又可分為兩類，即**等待成本**與**成熟成本**。

等待成本（waiting costs）可以說是經營者第一次投入資本勞力到開發完成出售，或做其他生產使用之間所支出的成本。這些成本包括貸款利息與稅賦的支出。與等待成本極為類似的觀念則是**成熟成本**。**成熟成本**（ripening costs）是指土地從低度使用，開發到高度使用所增加的成本投入，例如土地變成高度使用時，必須負擔高度使用的稅賦。因為土地使用變更，其價值也會隨之增加。

有時土地開發造成供給大於需求，或者投機性的開發，在開發完成時適逢房地產市場不景氣；此時開發者或投資者就需要等待下一個景氣循環的到來。這時所負擔的利息、稅賦等，有時可能會使投資者負債累累，低價出售，甚至倒閉，所以開發的時機非常重要。

拆建成本

許多土地的使用，因為都市的擴張與變遷，都會經驗到演替的過程，也就是要將老的建築拆毀重建。有些建築物雖然老舊，可能還有一些剩餘價值，因此在拆建的過程中，會包含一些犧牲。這一部分的成本，即是**拆建成本**（costs of supersession）。一個明顯的例子即是都市裡住宅用地成熟，可以改變做商業使用，即須將住宅拆毀重建。

此時開發者所面對的問題，即是他是否願意犧牲眼前建築物的剩餘價值，以及經濟利益而換取未來更高的經濟報酬。另一方面，如果業主並不如此打算，他也可能需要承擔失去再開發利益與目前利益之間，差別的機會成本。此外，政府機關從事都市更新也會發生同樣的狀況。

➔ 公部門的土地資源開發

公部門土地資源開發，代表資源的**重新配置**（reallocation），以求福利的增加。在私經濟部門，資源的配置是透過市場機制的運作；公部門的決策則含有政治的因素。政府提供勞務與財貨有三種方式。一是以法規來規範，例如規定建築的防火標準；二是用課稅或補貼的方式，例如減稅或補貼以保護歷史古蹟；三是由政府直接提供勞務與財貨，例如開闢道路、修建機場、公園、增建住宅等，都需要評估政府投資的合理性。

公部門土地資源開發的問題，主要在於它不是透過價格系統，而往往以低於市場價格提供或完全無償提供，而且還要吸收外溢的利益與成本，以及顧及世代之間資源分配的公平性。**利益／成本分析**（benefit-cost analysis, BCA）的主要意義，即在於給公部門的決策過程提供一個比較客觀的分析方法。益本分析是把一個計畫案的利益與成本一一找出來，並且以金錢的型態加以量化，然後把利益與成本做整體的比較。益本分析之所以對公部門的計畫具有意義，是因為：(1) 價格在公部門中並不適於做投資決策的指標；(2) 外溢的（spillover）成本與利益非常重要，但市場機制往往無法對它們做有效的配置；(3) 將來世代的福利需要以**資源保育**（conservation）的政策加以兼顧。

益本分析

我們在第 4 章討論外部性時，已經講過對私有財與公有財需求的不同，在這裡，我們將對公有財與私有財開發的利益與成本比較作一說明。福利多為個人主觀的感受，無法以計量的方式加以**量度**（measure），最可取的方法，可能是以**願意償付**（willingness to pay, WTP）的金錢額度來量度。當：

$$\frac{MU_A}{MU_B} = \frac{P_A}{P_B}$$

時，消費者即可從他所付出的金錢獲得最大利益。如果最後一單位 A 的**邊際效用**（marginal utility, MU）為最後一單位 B 的邊際效用的五倍，而 A 的價格僅為 B 的五分之一時，消費者就會多買一單位的 A。所以 WTP 即為其利益的指標，而需求曲線下方的面積即是個人 WTP 的總和，也是邊際利益的總和。

但是個人的 WTP 與社會全體的 WTP 並不一致。如果我們依照市場的運作來推論，社會全體的 WTP 應該是個人 WTP 的總和。在圖 8-11 中，如果某財貨的價格為 P_i，A、B、C 三個人的需求可能不同，為 d_a、d_b、d_c，其需求量為 OA、OB、OC，三個人的總需求量為 OQ_i，需求曲線為 D_T。總需求量 OQ_i 為三個人，個別需求量的水平加總。

但是以純公共財來說，個人的消費量不會因為價格不同而有所不同。如圖 8-12 所示，假使某一個人消費 Q_j 的公共財，則其他每一個人也會消費等量的 Q_j。如果

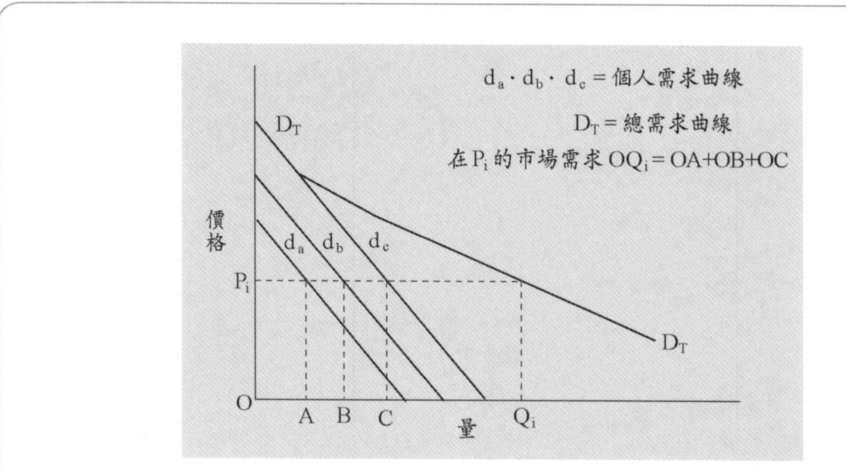

圖 8-11　私有財貨的需求曲線：水平加總

價格為 P_j，則 Q_j 為三個人的 WTP，OP_A、OP_B 與 OP_C 的垂直總和，需求曲線為 D_T，這一點我們在第 4 章講**公共財貨**時已經講過。也就是說，雖然他們對該財貨的價值判斷並不一樣，但是他們的消費量是相同的。換言之，對於公共財貨，例如清潔的空氣，無論他出多少防治空氣污染的稅金，他所享用的空氣量是與其他人一樣的。這些分析告訴我們，為什麼提供公共財貨的決策往往含有政治意味，而且含有政治因素的決策也往往無法達到資源配置的效率標準。

公部門土地或水資源開發的決策是根據公共投資的標準，而私部門則希望得到最大的經濟報酬。不論公部門或私部門，資源都是有限的，都希望每一個開發計畫都能帶來最大的利益。如果要在整個開發計畫之間做一抉擇，還要考慮到**機會成本**的問題，或者採**等邊際原則**，以求任何一個計畫的邊際**經濟利益**或**社會利益**至少要與其他替選方案相等。然後才可能在政治（國會或議會）的考量下決定個別計畫的優先順序。

益本分析即是用來引導資源的有效使用以滿足人們的需要，特別是在政府部門的公共支出上。在從事益本分析的時候，首先要對各項利益與成本加以定義。在一般的使用上，認為有四種成本，它們是**方案成本**、**附帶成本**、**外部不經濟**與**次要成本**。而**利益**有三種，它們是：**主要利益**、**無形利益**以及**次要利益**。

方案成本（project costs）包含土地、勞力與材料的總價值，這些價值的計算

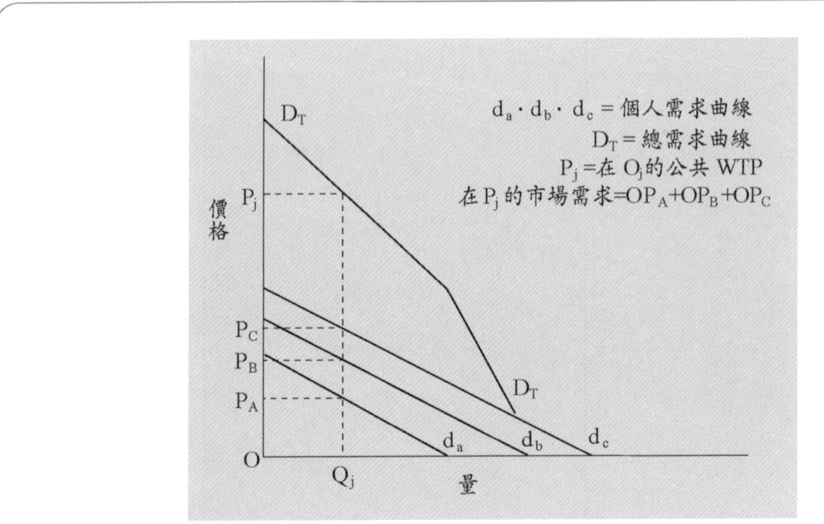

圖 8-12　公共財貨的需求曲線：垂直加總

包括方案的開發、維護與營運。**附帶成本**（associated costs）是為了獲得主要利益所花費的資本與勞力的代價。如果以水利工程為例，則包括發電與電力的行銷、引水灌溉，以及都市用水的供應等成本。**外部不經濟**（external diseconomies）包括一些可能引起外部負面效果的社會成本。例如景觀與環境價值的破壞等。**次要成本**（secondary costs）包括獲得次要利益所需要的花費。景觀遊憩是次要利益，則為了便利遊憩的附加設施的成本，即是次要成本。

在利益方面，**主要利益**（primary benefits）是指計畫完成所能獲得的第一層利益。如果我們仍然以水利工程為例的話，主要利益包括產生電力的價值，收成作物的價值，以及都市供水、防洪、遊憩等的價值。**無形利益**（intangible benefits）是指那些大家公認但是無法用金錢來衡量的價值。**次要利益**（secondary benefits）是指從計畫所引來的更多的利益，也可以說是第二層次的利益。例如使用電力於工業所產生的附加價值，或者帶動地方經濟發展的價值等。

利益與成本的計算

計算利益與成本的方法，大概可以歸納為四種：

1. 總利益減掉總成本（B－C）來計算有多少利益超過成本。這個方法可以量度淨利益，但是卻無法得知計畫的規模。例如：某一個 100 萬元的計畫，它的成本為 999,000 元，另一個 1 萬元的計畫，其成本如果是 9,000 元，兩者的淨報酬都是 1,000 元，但是規模卻相差 100 倍。
2. 第二種方法是預期的利益現值被預期成本的現值除（B/C）而得到益本比。正的或者大於1.0的比，表示此一計畫具有經濟的**可行性**（economically feasible），因為利益大於成本。這個方法是被多數機構所使用的。
3. 第三種方法是量度總成本支出的淨報酬率。此一方法是將總成本從總收益裡減掉，然後它們的差，再被總成本除而求得報酬率（(BC)/C）。
4. 第四種方法是分別計算一個計畫的建造及投資成本與營運及維護成本。其計算的方法是將預期成本的現值從預期利益的現值裡減掉，再被投資成本除（(BOC)/IC），而得到計畫投資成本的報酬率。

在許多的案例中，（B/C）與（(BOC)/IC）可以得到類似的結果。但是在決定優先次序時，意義並不一致。如果考慮的重點放在有限資源的配置，而置營運及維護成本於次要地位的話，（B/C）方法比較可取。而（(BOC)/IC）方法則比較適用於量度最初投資的報酬率。

計畫或方案的規劃

在我們瞭解了成本、利益的基本定義之後，我們可以對成本與利益加以整理與計算，**主要利益**超過**計畫成本**與**附帶成本**的部分，就是**淨主要利益**（net primary benefits）。任何次要利益超出次要成本的剩餘就是淨次要利益，這兩項利益與成本合併計算，就可以決定利益與成本的比。實際上，任何一項資源開發計畫，都需要通過物理與生物的承載能力、經濟與工程的可行性，以及制度的可接受性等三種考驗。在計畫規劃的初期，首先要慎重考慮此一計畫的必要性，假使是必要的，然後還要決定它的**最適規模**（optimum scale），以及最經濟的開發方法。

所謂最適的經濟規模，就是能夠產生最大淨報酬的規模，是任何大一點或小一點的規模都無法達到的規模，圖 8-13 可以用來解釋這一點。圖中的 B 點是計畫的利益與成本比例最大的一點，C 點是利益與成本的淨差最大的一點。圖 8-13 的下半部是邊際分析。邊際利益與邊際成本會隨著規模的大小而變化。A 點與 D 點是總利益與總成本相等的兩點。在完全競爭的條件之下，一個計畫的最適規模應該是在 C 點，也就是規模加大時，**邊際利益等於邊際成本**的那一點。這一點是在資源無限的情形之下才能達到的；如果資源有限，最適的規模則要看**等邊際的報酬**落在哪一點而定，而最可能的規模可能落在 B 與 C 之間，也就是所有替選計畫的益本關係都相等的那個平衡點。

在現實的世界裡，真正注意一個計畫的最適規模的決策者，可以說有如鳳毛麟角，而計畫的決策多半都是政治協商或妥協的結果。當然，另外的困難則是有關計畫或益本分析的資訊並不充分，也不夠完整。

對益本分析的其他看法

對於使用**益本分析**的方法來做計畫評估，贊成與反對的看法都有。在贊成的一方面認為，我們的確需要某種方法對公私投資計畫做一評估，而益本分析剛好是一種可以達到此一目的而且合乎邏輯的方法，其所得到的益本比較也是非常容易懂的。而且益本分析方法已經被使用了相當長的一段時間，在技術上也做了相當的改良。

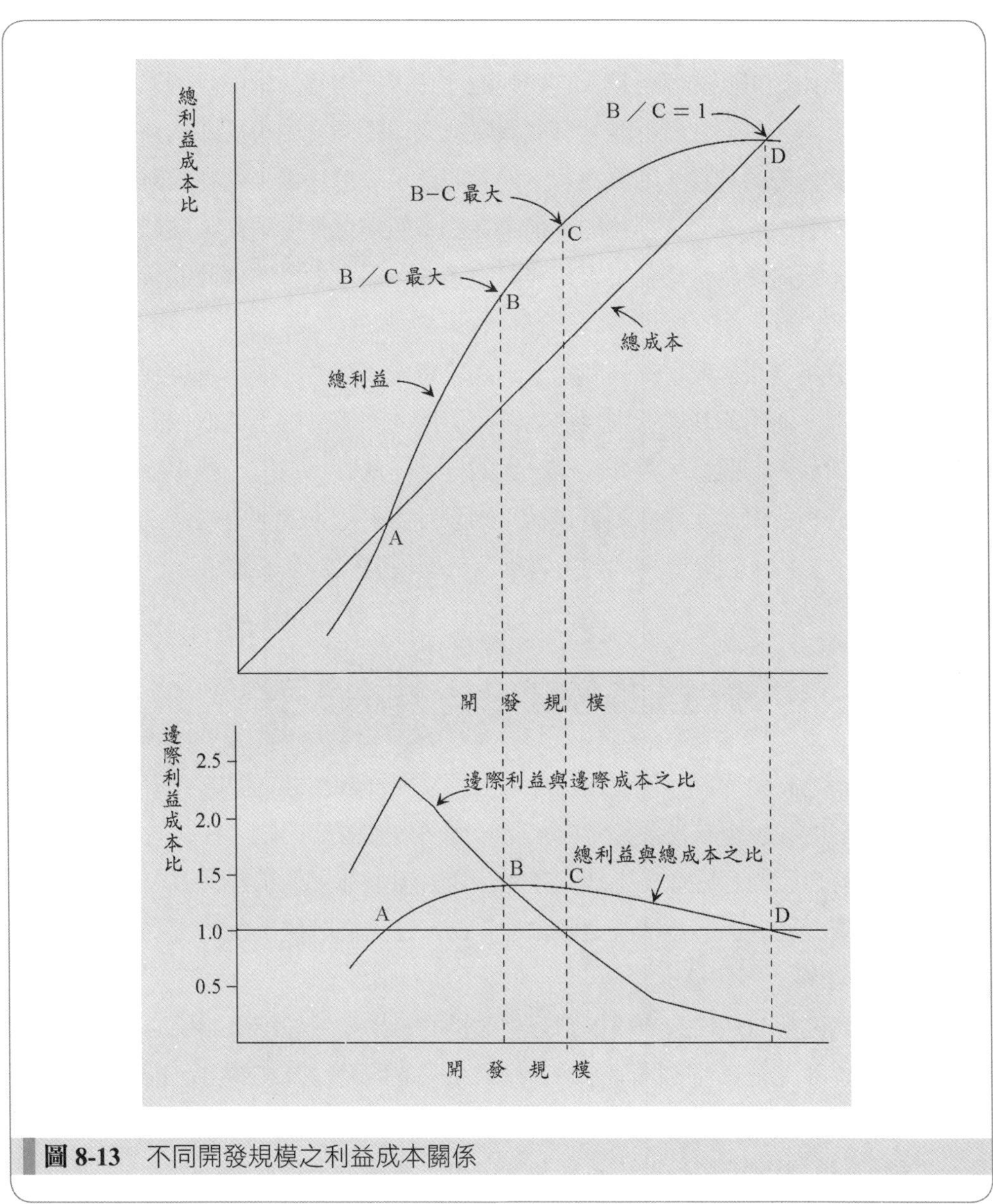

圖 8-13　不同開發規模之利益成本關係

在另一方面，對益本分析有所批評的人認為：事實上許多計畫的決策都是政治性的而非經濟性的，而且往往計算成本，利益的資料也並不完整合適，有時把利益高估了，也有時把利益低估了。批評的人也認為，不同的機關在使用益本分析時，所用的標準並不一致，例如**利率**的選擇就各有不同。再者，計畫執行對自然環境的**影響**（impact）以及對地方經濟成長的影響，往往都被忽略掉。尤其是當一個計畫

的益本比為正時，卻不一定會在最適的規模區間之內（見圖 8-13）。

另外一個比較重要的問題是成本與利益往往不能對等。例如一個完全合乎益本分析條件的計畫，如果它所影響的有關機關或人口不同，則可能造成負擔成本的人並不能享受到對等的利益。如果在某一地點興建垃圾掩埋場，則在其附近的人將會受到負面的影響，而享受到利益的，則是在相當距離以外的居民。類似的例子不勝枚舉，例如：政府使用全體納稅人的錢興建道路，而享受道路便利的人卻是只有開車的人而已。

而**益本分析**方法最受爭議的問題，則在於將未來利益與成本折現到現值所使用的利率的選擇。使用的利率低則現值高，而使用的利率高則現值低。因此，在做益本分析時，對利率的選擇，最好能有一致的標準。此外，還有一些事項的評估，也是應用益本分析的概念。這些項目包括：開發計畫對國家或地方經濟成長的影響，對環境品質的影響，對社會福利的影響以及對區域發展的影響等。

➔ 土地開發的私人與社會考量

私人的土地開發行為，往往會引起私人利益與社會利益之間的衝突。在這種情況之下，何者的利益應該被優先考慮，是一個值得注意的問題。在某些情形之下，私人可以任憑自己的意思從事土地開發的工作；但是在另外某些情形之下，他的開發行為一定要受社會上某些法規與輿論的管制。在這個時候，我們便要注意其間利益分歧的原因。

私人的開發行為是透過市場機制互相競爭的結果。這種結果如果能被社會所認同，應該是對私人最有利的開發方式。如果私人的開發行為在為自己創造利益的時候，也同時造成對社會利益的傷害，就造成公私之間利益的衝突了。

這種利益的衝突或者是對公眾利益的傷害，往往不是市場機制所能左右的，所以稱之為**外部效果**。例如：開發工業區對附近環境的影響；興建商業大樓造成當地周邊交通的壅塞等，都是公私利益衝突的問題。這些利益的衝突當然會造成負面的外部效果與社會成本。這些成本難以用市場價值來衡量。因此，在遇到公私利益衝突的時候，私人的土地開發行為一定要受社會的管制。這些問題將在第 16 章討論土地使用的規劃與土地政策時，再進一步加以說明。

土地資源開發的環境影響

環境影響分析（environmental impact analysis, EIA）是有系統地找出並且評估環境裡，與物理、化學、生物、文化與社會經濟有關的開發計畫、方案，或立法對環境的潛在衝擊。[10] 其實，環境影響評估，也是益本分析。也就是評估土地開發案所能獲得的利益，與環境影響成本的比較。在美國，最初是要求聯邦政府出資或補助的開發案，作**環境影響評估**。後來各州、郡、市都依照聯邦環保署（NEPA）的規定，要求公、私機構的開發案，都做**環境影響評估**。開發案包括：購物中心、工業園區、計畫單元開發區、地方再開發案、發電廠、公路、機場、供水排水系統、防洪設施與水壩等。除了這些大型開發案之外，也在都市地區的小型開發案實施，特別是對人類環境有影響的開發案。

分析與評估的領域包括：對空氣品質的影響、增加的交通流量與噪音、對環境品質的影響、工商業的遷移、對鄰里性質的影響，以及對人們視野的阻礙等。除了評估影響的程度之外，也要建議如何彌補或減少對環境的負面衝擊。環境影響分析與評估，在地方政府層面，多與土地使用計畫與土地**使用分區**（zoning）相結合。

環境影響分析的主要步驟包括：初始的工作、影響的分析與評估、決策與文件的整理。每一個步驟又包括多項的內容，以下再分別說明：

初始的工作　**第一項工作**包括：開發案的需要種類與功能，如住宅、防洪、工業開發、經濟發展，以及其他的需要。其他還包括：開發案的區位、開發案所需要的時間、營建與營運期間潛在的環境影響，以及有沒有其他列入考慮的替選方案。**第二項工作**包括：尋找所需要的資訊，包括關於物理、化學、生物、文化與社會經濟的環境法規。這些資訊有兩個功能，(1) 它們可以幫助我們瞭解目前的環境狀況，(2) 它們是進一步預測開發案完成後，環境影響的基礎。**第三項工作**包括找出開發案的潛在影響，最好能做與開發案有關而廣泛的文獻回顧。**第四項工作**包括說明會受影響的環境情況與影響環境的因素。

影響的分析與評估　以前面四項初始工作為基礎，即可以進行最為困難、最具有挑戰性的**第五項工作**，是環境的分析、預測與衝擊的**彌補**（mitigation）。影響的預測是把可預見的定性環境影響儘量地量化，這種工作需要一些數學模式與實驗室裡的

[10] Robert W. Burchell, David Listokin and William R. Dolphin, *Development Impact Assessment Handbook,* Urban Land Institute, 1994, p. 67.

檢驗。然而需要注意的是，許多環境影響並不容易量化。還有一些情形是，量化需要龐大的金錢與人力資源。環境影響的分析，包括：空氣品質、水的品質與水量、污水與固體廢棄物的處理、噪音、對野生動植物的影響、自然資源與自然景觀、歷史與考古遺蹟的影響，以及可能引起的天然災害等。

在預測工作之後，**第六項工作**是環境影響評估。評估是詮釋開發案對環境所造成影響的嚴重性。另外的影響評估來自於公眾意見的參與，公眾的意見可以從公眾參與機制，與舉辦公聽會等活動獲得。接下來的**第七項工作**，是找出並且評估潛在衝擊的**彌補**辦法。**彌補**辦法包括以下幾方面工作：

(1) 不採取任何行動，就可以使衝擊完全避免；
(2) 採取有限度的行動，就可以使衝擊極小化；
(3) 以修復、**復建**（rehabilitation）或重建的方式改善受影響的環境；
(4) 在開發案有生之年，以保育、維護等方法減輕或消除所造成的衝擊；
(5) 以補償或替代的資源或環境，來**彌補**所造成的衝擊。

第八項工作是從幾項經過評估的開發案中，選擇最可行的開發案。分析、評估與選擇替選方案，是整個環境影響評估工作中的中心工作。很多此類的工作，需要使用多評準的決策技術。這些技術是有系統的評估多項方案的工具，其基本的概念仍然是利益-成本分析的應用。

決策與文件的整理　**第九項工作**是撰寫與開發案有關的環境影響文件（說明書或報告書）。環境影響評估的大綱如下：

1. 對開發案需要的說明
2. 對替選方案的說明或描述
3. 對開發案的環境影響評估與替選方案的評估
4. 工作的機構與諮詢的人員

第十項工作是規劃與實施環境監測計畫，對於具有對環境有潛在負面影響的大型開發案，環境監測尤其重要。事實上，長期的環境監測是建立開發案基本環境資料的必要方法。因為環境監測可以詳細地記錄開發案的長期環境影響，可以作為以後評估各種開發案，對環境影響的參考。

土地資源開發的經濟影響

土地資源開發的經濟影響，是要分析一項土地資源開發案，對生產、所得、消費等經濟行為的影響。經濟影響可以單獨說明，也可以納入成為環境影響分析的一部分。除非是非常大的開發案，大多數的經濟影響分析多採用比較經濟的做法，附屬於環境影響分析。

經濟影響也用來顯示一項土地資源開發案的利益，特別是對於改善基礎建設與服務的公共支出案件。此時，業者也會做一項財務影響分析。財務影響分析會比較公共支出成本與報酬，而經濟影響分析則聚焦於生產、所得與消費所產生的結果。往往在大學或研究機構（如顧問公司）裡，有關經濟、企管、地理與規劃等領域的學者，會對經濟影響做學術上的研究。

經濟影響分析包括：對就業、所得與支出或消費的影響。此外，經濟影響也可以依照它們產生的方式分為直接、間接或引申的影響。對開發案的投資產生直接影響，直接影響又帶來間接影響，然後又造成引申的影響。直接的就業包括開發案員工的永久性雇用，間接就業包含由於開發案員工的薪資、工資的消費在產業中創造的就業。引申的就業包括間接就業員工的薪資、工資消費所創造的就業。

每一個人從直接、間接與引申的就業得到的薪資與工資，包含開發案直接、間接與引申的所得影響。同樣地，這些人的支出也包含開發案直接、間接與引申的支出影響。需要注意的是，營造的期間愈長，工程的規模愈大，會使所採購的原物料愈多，支出也愈多；所產生的就業、所得與消費的影響也會愈大。然而，所產生的間接與引申的經濟影響，就不會那麼顯著。

至於經濟影響的計算，我們在第 7 章所討論的**經濟基礎理論與方法**、**所得乘數理論與方法**，以及**投入-產出理論與方法**，都是可以應用的。不過到目前為止，國內的環境影響評估，絕大多數都只做到對**自然生態的影響**。至於對經濟、社會，甚至於財務、交通等的影響評估，就有待未來的努力了。

9

資源稀少與資源保育

不違農時，穀不可勝食也。數罟不入洿池，魚鱉不可勝食也。斧斤以時入山林，材木不可勝用也。穀與魚鱉不可勝食，材木不可勝用，是使民養生喪死無憾也。民養生喪死無憾，王道之始也。五畝之宅，樹之以桑，五十者可以衣帛矣。雞豚狗彘之畜，無失其時，七十者可以食肉矣。

孟子
梁惠王上

資源的稀少性

人與自然環境的關係，以及自然環境對人類生活環境品質的影響，自古以來都是我們所關心的。尤其是自工業革命以來，科學的發展、人口的爆炸，更引起我們對自然資源產生既廣且深的關心。這種關心，可以追溯到十九世紀早期英國的古典經濟學，以及美國二十世紀的**資源保育運動**（Conservation Movement）。他們認為自然資源的有限性，甚至稀少性，會阻礙經濟的發展與人類的福祉。

古典經濟學家，如**馬爾薩斯**、**李嘉圖**與**彌爾**，預測自然資源的稀少，最後會導致經濟的社會報酬遞減，以致於使經濟成長停止。**貯存性**或**耗竭性**（exhaustible）資源如石油、煤及金屬礦物，如果人類一直使用，終將愈來愈形稀少，而且在使用它們時對自然環境所造成的**社會成本**（外部性）問題，也不是我們的經濟體系所能解決的。然而真正的問題還是在於，如果我們不能對這些資源加以認真的保育，經濟將無可避免地逐漸衰退。一般命運論的學者認為，自然資源的耗竭伴隨著人口成長、環境的污染等情形；除非積極地實施資源保育，人類的生活水準將會毫不留情地下降。但是另外一方面，新古典學派的經濟學者，卻認為實質資源的稀少性並不具有任何經濟意義與後果。因此，我們希望進一步探討資源稀少的經濟意義以及如何有效地看待此一問題。

資源稀少的經濟意義

關於自然資源稀少性的經濟意義，我們可以從兩個方面來探討：(1) 自然資源是生產能夠滿足人類欲望的財貨的投入因素；(2) 自然資源與其周圍的自然環境，在保持原有狀態之下也能直接滿足人類的需要。不管是哪一種狀況，它們的有限性在經濟上的**意義**（significance），要看它們能被其他資源替代的程度而定。**索羅**（R. M. Solow）認為：「假使自然資源很容易地能被其他生產因素所取代，原則上就沒有**有限性**或**稀少性**的問題。那麼這個世界的運轉並不需要自然資源，所以自然資源的耗竭並不是什麼大不了的問題。」[1]

[1] Edgar L. Feige and David M. Blau, “The Economics of Natural Resource Scarcity and Implications for Development Policy and International Cooperation”, in Peter Dorner and Mahmoud A. El-Shofie, ed., *Resources and Development,* The University of Wisconsin Press,1980, p. 112.

艾爾伯（J.P. Albers），**包衛**（W.C. Bawiec）與**茹尼**（L.F. Rooney）認為量度資源的有限性，可以拿某種資源的估計實質貯存量，除以現在或預測的每年需求量，就可以得到容許消費的年數。但是此一方法無論在概念上或實際經驗上都不是一個很恰當的方法。因為，**第一**，貯存量的估計往往並不可靠，價格的上升，也會引起進一步的探勘，而可能發現新的貯藏。所以估計貯藏量本身，只是對經濟狀況變化的反應。**第二**，預測未來需要的成長率不一定準確，而且容易誤導。價格的變化、需求的改變、技術的改變、環保的法令，以及其他因素都可能影響需求的增減。

另外幾種比較廣為經濟學家考慮的方法，包括：自然資源產品的真實價格、自然資源產品的單位成本，以及自然資源稀少性的**租率**（rental rate）。真實價格是指自然資源產品的市場價格。市場價格在理論上是邊際提煉成本（單位成本）加上稀少性所產生的**租**。真實價格實際上已經包含了另外兩種量度方法，所以大多數的學者都認為它是最合用的方法。因為至少在原則上它包含了直接與間接的成本。在第 1 章裡，我們說土地的自然供給是固定的，是有限的，而人類對於土地以及自然資源的需求，卻是跟著人口的成長與生活水準的提高，而不斷地增加。**資源保育**意義的稀少觀念是經濟的稀少性，是**多面向的**（multidimensional）。各種自然資源各有其特殊的型態、區位、品質，以及與其他資源的關係。經濟的稀少性是兼具每一個面向的，也就是說，某一種自然資源可能比另一種自然資源更稀少，某一種自然資源的品質可能比另一種自然資源的品質更不好，因此產生對生態平衡的重視。

另一個稀少的概念是注意各種資源的關聯性，一種自然資源的質與量關係著另一種自然資源的質與量。在一個動態的世界裡，自然資源的總量受生態平衡的影響。毫無疑問的，現代人類日增的都市與工業活動，廣泛地破壞了生態的平衡，削弱了整個的生態系統。例如：人利用土地建造城市與道路，自然**生態系**的土地便減少了；森林被砍伐了，野生動植物不見了，水土被沖蝕了，**生態平衡**也被破壞了。這也不能說是管理不善，事實上是因為人口增加了，對土地與自然資源的需求增加了。更嚴重的是，人類對礦產資源榨取式的開發利用，石化資源一經燃燒，就永遠失去。雖然金屬資源可以循環使用，但是終究還是會腐蝕消失。但是這些資源減損的快慢，卻是人類自己所可以左右的。

從另一個角度看，資源的稀少性也許並不像我們想像的那麼嚴重。**巴奈特**（Harold J. Barnett）與**莫爾斯**（Chandler Morse）指出：(1) 從歷史上看，當高品質的資源將要被用罄時，就會去利用次等品質的資源。而次等品質的資源比高品質的資源更多；(2) 當稀少性出現時，人們就會以較不稀少的資源來替代；(3) 當資源的價格提高時，就會鼓勵開發者去開發新的資源；(4) 技術的進步，會使開採與提煉的成本降低，這樣也會增加資源的供給。[2] 關於這一點，我們在第 2 章，用圖 2-5 做了詳細地說明。

從以上的討論中，也許我們可以得到以下幾點結論：

1. 問題的重點並不在於資源是否會用盡。實際上，地球表面所供應的水、空氣、土壤等資源，足夠人類再用上數百萬年也不會用盡。問題是我們是否願意償付開發與使用這些資源的代價。
2. 愈來愈多的跡象顯示，某些地區性的資源的確有日趨稀少的趨勢。例如獲取某些礦產或魚類的**邊際成本**愈來愈高。
3. 既使是一般性的資源，我們可能已經進入一個趨向稀少的時代，或者是已經進入一個取得資源**成本遞增**的時代。
4. 我們目前對於判斷資源是否稀少，主要是缺乏一個前瞻性、全盤性的**量化指標**。雖然目前有些指標正在使用中，但是沒有任何一個可以適用於所有的資源與整體的市場。
5. 最嚴重的弱點是，我們沒有一個市場機制，能把探勘及使用資源時所造成的**環境成本**，納入經濟體系做適當的反應。這些成本包括：放射性廢料的處理、遺傳基因的流失、景觀的破壞、空氣及水的污染、氣候的變化等。因為無法將這些成本計入，可能會使我們的預測失之過分樂觀，而使社會面對無效率的風險。[3]

資源稀少的社會經濟影響

社會影響　由於自然資源的日趨稀少，使大量人口的生活型態漸漸與自然疏離。最明顯的例子，就是依靠農業為生的人口減少，傷害到人類社會與自然的倫理體系，而由城市的、物質的與金錢的價值觀所取代，大自然的美也漸漸消失。影響所及，還可能衍生到個人的心理、家庭、社區，甚至國家。資源保育學者斷然拒絕了古典

[2] Harold J. Barnett & Chandler Morse, *Scarcity and Growth: The Economics of Natural Resource Availability,* Resources for Future, The Johns Hopkins Press, 1963.

[3] Tom Tietenberg, *Environmental and Natural Resource Economics,* Addison-Wesley, 2000, p. 331.

經濟學，市場對待土地的觀念。**包藍尼**（Karl Polanyi）在他的書中說：

> 土地是自然界一項與人類社會關係密不可分的要素。要把它獨立出來，建立一個市場，簡直是我們祖先所做最令人不可思議的事。傳統上，土地與勞力是不可分的；勞力是人類的一部分，土地是自然的一部分；人與自然結合才形成一個整體，土地才與我們的家族、鄰里、工藝、信仰、村落、社團與社會發生關係。土地的經濟功能是使人的生活穩定，是人安身立命之所，使人得到安全與保障。人沒有土地猶如沒有手與腳。但是為了建立一個不動產市場把土地與人分開，簡直是市場經濟裡的幻想。[4]

經濟影響　從資源保育的觀點看，資源稀少的經濟影響可以分成兩類：(1) 對國家經濟結構與組織的影響；(2) 對生產力、成本與價格的影響。

重視資源保育的人認為，除非政府干預，自然資源的稀少性伴隨著企業組織的高度效率，會造成市場的獨佔。接著就會給獨佔者帶來大量的不勞利得（獨佔地租），而使所得分配不均。私人企業的強大利益優勢，會使自然資源與社會財富漸漸轉入少數人的手裡，轉而會使獨佔的力量益形加劇；進而剝削消費者，影響政府施政，掌控整個的經濟系統，最終會使土地與財富所有權的分配嚴重地扭曲。

再者，關於成本與生產力，資源保育者把資源稀少性看作是提高產品實質成本的有利因素。經濟的成長會給已經稀少的資源帶來更大的壓力，榨取式的使用，會使稀少的資源更形稀少；都市的發展與道路的興建，更侵蝕了自然。由土地帶來的財富，使個人的生產力降低，實質的生產成本增加，實質的個人所得降低。目前在台灣，個人財富的增加，可以說多半來自土地的炒作。苦幹實幹致富的企業家當然也很多，但是卻不如從土地帶來的財富多而且快速，實在是最真實的寫照。

➔ 為什麼產生資源保育運動？

自有歷史紀錄以來，人與自然環境的關係，以及自然環境對人類生活品質的影響，都是我們所關注的問題。過去兩個世紀以來，我們經歷了工業革命、科學的進展，以及人口的爆炸，使我們對自然資源產生既深且廣的注意。首先，十九世紀的

---

[4] Karl Polanyi, *The Great Transformation: The Political and Economic Origins of Our Time* (Beacon Press,1957；originally published, 1944), p.178, in Harold J. Barnett and Chandler Morse, *Scarcity and Growth,* Resources for the Future, The Johns Hopkins Press, p. 74.

英國古典經濟學家，**馬爾薩斯**、**李嘉圖**與**彌爾**注意到自然資源的**稀少性**，會導致社會經濟報酬的遞減，最終將使經濟成長與福利達到極限。之後，約在十九、二十世紀之交，美國產生**資源保育運動**（Conservation Movement），形成對公有土地使用的各種政策。

因此至少對自然資源的使用，並不接受**自由放任**（*Laissez faire*）的態度。他們相信社會福利的趨勢，將使人們注意到對自然資源的使用與管理，必須注意未來世代的福利。他們認為，政府的干預將會改善私人使用自然資源的決策，公共政策的制定也應該以此為依歸。**資源保育運動**的核心思想是關心自然資源，特別是在資源日益稀少的情況下，自然資源政策的制定與施行，對社會福利的影響。

我們所關心的是自然資源稀少與**報酬遞減**的經濟理論，以及它們對現今世界的意義。我們的基本想法是，假使成長與福利無可避免地受**報酬遞減**經濟法則的影響，一切社會政策與人文、道德的意義，一定會與不受報酬遞減經濟法則影響的情形不同。另外一種想法是，假使有一種理由，使我們相信人類的天分與智慧，能使我們有機會避免自然資源的稀少與其影響，我們就會專注於設法逃避自然資源的稀少與其影響的方法了。所以我們會對自然資源的稀少性與其影響，做一個完整的概念與經驗上的探討。

依照加州大學農業經濟學系教授**汪特瑞普**（S. V. Ciriacy-Wantrup, 1968）的說法，**資源保育**（conservation）起源於人類文化與自然界之間的互動，也就是**人類生態學**（human ecology）的問題。而此一問題又起因於兩種事實的經驗。第一種經驗使我們知道，人是地球上對其本身所賴以生存的**可再生資源**（renewable resources）最嚴重的破壞者。這種例子不勝枚舉，例如：對農業土地的破壞、對野生動植物的獵殺與摧殘、對森林的濫伐、道路的開闢、對水資源的過分或不當引用等。

第二種經驗是對我們賴以維生的**不可再生資源**（non-renewable resources）的過度耗用，使某些資源行將枯竭；或者要花費鉅額的成本才能獲得。這種情形對現代工業國家的發展具有更大的威脅。造成這兩種經驗的因素又有三個，它們是：科技的進步、人口的增加以及社會制度的改變。以下再分別加以討論。

科技的進步

從 19 世紀開始，由於科技的進步，人類改變環境的能力增加了數倍之多。對可再生資源而言，例如農機具的進步，使草原破壞，快速變成耕地；交通工具的進步，使原本不易達到的原始森林及原野快速被人類侵入；遠洋漁業技術的進步，使鯨魚的保護成為當前急務。現代科技的進步減低了土地在農業生產上的相對重要性，卻增加了土地與水資源開發，以及供遊憩使用的重要性。例如興建水庫可供遊憩使用，但是卻傷害了迴游魚類的生存。

以不可再生的資源來看，科技的進步雖然也助長資源的快速開發，但是也使資源的開發、提煉與使用更為經濟。現代科技也使製造業更為經濟，使資源的替代更為可行。特別是以**可再生資源**替代**不可再生資源**的意義更大，也使人們對不可再生資源枯竭的擔憂減輕。

人口的增加

人口的增加是第二個資源耗用的重要因素。關於人口與土地資源的問題，我們已經在第 2 章中有所討論，不在這裡贅述。不過我們仍然要指出，除了人口數量上的成長以外，特別是在西方先進的工業國家，它們大多數的人都享有比較高水平的物質生活條件，這種情形也造成對自然資源過度的開發使用。

此外，歐洲國家的人口在 19 世紀大量向外擴張及移民，挾著他們優勢的技術與資本，也使殖民地的自然資源被開發，甚至榨取，以供給母國的工業發展，藉以保留其國內的資源，供未來使用，其結果則可能造成對殖民地永久的傷害。

社會制度的改變

大約在 19 世紀以前，可再生資源（農、林、漁、牧等）的使用大多是為了個人或家庭的消費，而且是遵循社會或習慣的規範。土地的使用自然比較保守，也比較少被破壞。跟著技術的進步，對土地使用的限制逐漸鬆弛。土地使用變成投資的標的以及利潤追求的工具；而社會輿論與法律對這種使用方式也絕少干預，遂使自然資源的破壞變本加厲。

由於以上所說三種因素所造成的結果，人們逐漸注意到土壤的流失、河流的污染、地下水位的降低、森林與草原的破壞、海洋資源的減少、野生動植物的遭受獵殺與破壞等問題。基於這些認識，美國由於內政部長**休茲**（Carl Schurz）的建議，在 1891 年將公有林地劃為國家森林以保護**集水區**（drainage basin），資源保育運動於焉開始。接著在第二次世界大戰之前，由於**老羅斯福總統**（Theodore Roosevelt）與其森林部長**賓恰**（Gifford Pinchot）的努力而達到高潮。

在我們討論資源保育時，至少需要面對三個基本問題。第一，為什麼在使用可再生資源時，常會導致他們不可恢復的傷害？什麼因素決定不可再生資源的耗用率？第二，以社會的觀點看，對可再生資源傷害最大的容忍限度為何？對不可再生資源的耗用率應如何衡量？第三，以社會利益而言，資源使用的社會制度需要做怎樣的調整？

對資源保育的其他看法

在另一方面，也有人認為由於經濟發展，對自然資源的破壞性使用是必然的，因為那是在改變資源作對人類有利的使用。例如砍伐森林以開發農地、生產食物與工業用的原料，並且興建住宅、交通道路；以及開發礦藏、製造各種工具與設備。

他們也認為技術的進步，可以解決所有的資源問題，也認為人類的智慧能使能（energy）轉型而發展出新的資源。我們所需要做的只是塑造能夠使技術進步的文化環境就已經足夠了。但是也有人懷疑這種做法在經濟上的可行性，而且有沒有顧及到未來世代人類的福祉，也是問題。因此，有人主張將所有的資源社會化由公部門管理；也有人認為教育可以奏效。最悲觀的看法則是認為，除非控制人口成長使其與自然資源的供給之間取得一個平衡，否則即將大難臨頭。

面對這些不同的意見，我們的確需要瞭解各種自然資源使用在**時機**（timing）上的配置，如何制定公共政策？這些政策又要以什麼策略來達成？從技術層面來看，我們可以使用水土保持工程與物理方法來保護水土資源；可以用地質工程與礦冶技術等來保育石油與天然氣；利用生物科技來保育動植物資源；利用水利工程來保育水資源；利用建築技術來保育人造環境。另外，更基本的是，利用社會經濟學的方法，來分析自然資源保育的社會與經濟方面的問題。

➔ 資源保育的經濟分析

資源保育經濟學（economics of conservation）的意義，就是在於嘗試瞭解自然資源使用在**時間**上的配置，並且結合技術知識、個人動機與社會制度等因素，分析經濟力量如何影響與改變這種配置，使自然資源的使用對個人與社會都能達到最佳的地步。**資源保育經濟學**也可以做為我們制定與實施公共政策的基礎。[5]

資源保育經濟分析的目的，在於瞭解什麼是最佳的資源使用在**時機上**的配置，特別是要分析經濟力量如何影響資源使用在**時機上**的配置。除此之外，以經濟學來分析資源保育，其本身就是一個值得探討的學術領域。我們可以藉此尋找更好的方法，來解決經濟理論中有關時間、不確定性與社會福利等方面的問題。

資源保育經濟分析可以分為兩個部分：私部門與公部門。在私部門方面，是探討個人在資源使用的**時間**配置上如何做決策？而經濟學又如何能幫助我們解決這些問題？在公部門方面，可以使我們探討在什麼情形下，私人的決策會造成時間配置上的衝突？什麼狀況對社會比較理想？一個社會的最適狀態是否存在？它與私部門決策之間的關係又如何？公共的資源保育政策又如何制定等問題？

資源保育的經濟意義

保育（conservation）一詞，如果照字典裡的解釋，有保留、守護、保護或者維持一件東西在安全與完整的狀態等意思。在這裡我們可以把它定義為：**保留地球上的資源在不致損害其效用的狀態，或者使其在可被允許的範圍內有智慧的使用**（wise use），**而不致破壞其自然的原貌**。[6] 因為保留自然資源做為未來使用的想法從來就不受重視，所以資源保育學家特別強調保留資源供**未來使用**。他們所主張的，並不是完全不用，而是有節制、有效率地使用土地資源，減少經濟與社會的浪費，並且使其對社會的報酬最大。所以從社會與經濟的角度看，**資源保育**可以簡單地定義為：**適時適量地善用資源**（the wise or optimum use of resources over time）。[7] 從這個概念看，資源保育所重視的是資源使用的**時機**（timing）的選擇，因此，也有資源經濟學家把資源保育定義為：**重新分配資源現在與未來的使用率**（redistribution of use rates into the future）。[8]

在瞭解了資源保育即是**適時適量善用資源**之後，我們還要進一步探討**適時適量善用資源**的意義。**適時適量善用資源**又因資源的性質不同而有所不同。如果是**貯存**

---

5 參考 S.V. Ciriacy-Wantrup, *Resource Conservation, Economics and Policy,* University of California, Division of Agricultural Science, 3rd. ed., 1968, pp. 3-18.

6 Barlowe, p. 183.

7 Barlowe, p. 183.

8 G. Cornelis van Kooten, *Land Resource Economics and Sustainable Development: Economic Policies and the Common Good,* UBC Press, 1993, p. 166.

性資源（fund resources），如金屬或石化燃料等無法再生的資源，就要把這些有限資源的使用期間儘量拉長。也就是要增加它使用的年限與未用的使用量到某一個時期。對貯存性資源來說，使它們永遠不會減少或不被使用並沒有太大的意義。這樣便意味著使用率等於零；這樣，它也不成為資源了，因為資源就是要被使用的。

對**長流性資源**（flow resources）而言，只有使用才有經濟意義。如太陽能、水資源等是在可預見的未來，能繼續不斷地流轉的資源，因此就要在它們能夠被使用的狀態時，儘量經濟地使用以獲得最大的報酬。因為這些資源如果不去使用，即會流失，反而是社會經濟的損失。其他如：生物資源、土壤資源與人造資源（改良物）等的善用，則希望在規劃的年期之內，使其能有最高的報酬，而且維護並且改善其預期的生產力。總而言之，關於資源的保育與**可持續發展**，我們要考慮各種資源的性質，它們現在使用與未來使用的價值，以及在各種使用與投資之間的機會成本與報酬。其實除了以上這些考量之外，**資源保育**也含有**倫理**、**道德**與**環境**方面的考量。

汪特瑞普認為對經濟學者而言，資源保育也不是靜態的，那只不過是保持一定的使用率，使資源能夠永續地使用下去。這種定義對**貯存性資源**更是毫無意義，因為**貯存性資源**不可能被人持續地永久使用下去。對**長流性資源**而言，上述的定義只不過是減緩資源的使用而無法使其停止。而重要的是，要看它們的改變在時間上的配置，既使沒有需求與技術上的改變，在經濟上也不會是恒常的。因為資源的**質**與**量**，既使不用也會改變；再者，報酬與成本也會影響使用率的變化。使用率的恒常性，是只有在假設的情況下才會存在的。

從動態的觀點看，**資源保育**是**資源**使用在時間上配置的變化，我們所關心的是**何時**（when）使用。資源保育是指在**未來使用**；而**耗用**（depletion）則是指現在使用。所謂未來或現在使用，是指使用在**時間序列**上的增加或減少。資源保育則是使用配置在時間上的分配。在任何一個期間的使用率，可以稱之為**資源保育狀態**（state of conservation）。[9]

不同種類的土地資源，其適當的使用率與使用時機往往受許多複雜因素的影響。有時因為規劃的期間有限，有時因為利率水準的選擇不同，有時因為計算預期成本與報酬遭遇困難，常使資源保育的決策不容易制定。在制定決策時又往往會遭

[9] S.V. Ciriacy-Wantrup, *Resource Conservation, Economics and Policy,* University of California, Division of Agricultural Science, 3rd ed., 1968, p. 49.

遇兩個階段性的困難。(1) 在開始的時候，難以取決現在開發或留待未來開發；(2) 在開發的過程中，更要決定開發的時機與開發的規模。

在開始的階段，有些因素如：對經濟與社會利益過高的預期；選擇較高的利率水準；過高的資源持有成本；未來的供給、需求與價格的不確定性等因素都會促使我們提早開發與使用自然資源。另外，經營者的惰性、資金的缺乏、市場對產品的需求不足，或者預期未來價格上漲或期待技術的改良等因素，又會使我們延遲資源的開發。

第二階段的決策，是在決定開發之後如何決定最適當的開發時機與資源的使用率。這時，我們所要考慮的就是預期的成本與報酬，以及利率在各時間點上對預期報酬所可能造成的影響。

資源保育與浪費[10] 假使資源使用率在時間上的配置不是根據**充分的知識**（best knowledge），即可以把它看作是**浪費的**（wasteful）。在多數的文獻裡，**浪費**一詞，多半是指長流性資源的耗用，從私人或社會的角度看，**浪費**都是不經濟的。從經濟的角度看，保育資源不用也可能是**浪費**。例如長流性資源的流失，或者為了維持農業土地的原始生產力花費過多的人力、設備與肥料等資源，也可能是**浪費**。顯然資源保育的達成一定有最經濟的方法，也有其經濟上的極限。

以上所討論的資源**稀少性**或有限性是在一般**善加使用**（wise use）的狀況下的情形；如果我們不注意地浪費，則會使稀少性變本加厲。因此**浪費**在我們討論資源稀少性時，也是一項重要的因素。我們之所以重視**浪費**，是因為它具有造成稀少性的積極意義。而稀少性或有限性則是消極的不能增加而已。因為浪費的積極意義，對自然資源而言，就具有破壞及損傷的作用。

不過**浪費**是可以因**善用**而避免的，問題在於人類的取捨。**浪費**是使用資源的**無效率**（inefficiency），其產生是由於人的無知、疏忽，或者制定的標準不正確與競爭、消費至上，以及自由放任等觀念；其他如政府的無效率，政府的不當干預經濟領域也是重要原因。浪費有四種，以下分別加以說明。

破壞性使用 第一種**浪費**是破壞性的使用。**破壞性使用**（destructive use）大約有三種意義：

---

[10] 參考：Harold J. Barnett and Chandler Morse, *Scarcity and Growth,* Resources for the Future, The Johns Hopkins Press, 1963, pp. 79-82.

1. 實質上損傷了再生性資源，如：森林、水、農地等的再生能力。
2. 在可能的範圍內，沒有用再生性資源替代不能再生的資源。
3. 在實質可能的範圍內，沒有先使用貯藏量比較豐富的資源，來替代貯存量比較稀少的資源。

以上的意義，並不是完全從個人消費經濟的角度來看的。如果從經濟的角度看，應該是在尊重消費者選擇的原則之下，能使生產部門的成本極小化，使消費部門的效用極大化的資源使用方式。但是在資源保育的概念裡，這種經濟社會因素就是浪費自然資源，是造成資源稀少的主要原因。

再生資源的低度使用　第二種浪費是沒有從再生性資源的最大實質生產力中獲取有利的產品。農、林、漁、牧與水資源等應該使用到不傷害其再生能力的最大生產極限，而且如果不充分使用再生性資源，也可能造成不能再生資源的過度使用。因此，不在再生性資源的再生能力之內充分使用再生性資源，也是一種浪費。

不再生資源的管理不善　使用不再生資源時，無法從其中得到最大的收益，即是浪費的管理。資源保育者反對快速地開發貯存性資源，如石油。但是一旦開發油井，卻又沒有充分地提取油井的存油，則是管理不善，如此也會造成資源的浪費。

最終產品的錯誤使用　利用自然資源生產的產品，如果沒有充分利用產品所提供的效用，也是一種浪費，例如利用能源的效率不高。有些資源的產品可以重複使用而沒有重複使用，也是一種浪費。

資源保育與投資　到目前為止，我們所說的**資源保育**與**資源耗用**，是指在時間序列上實質使用率的變化。在另一方面，**投資**（investment）做資源保育，與**不投資**（disinvestment）做資源保育，跟某種資源的使用率之間的關係也必須注意。通常投資會造成耗用，不投資會造成保育。例如投資於技術的改良，往往會帶來資源的耗用；相反的，管制漁獵等做法與政策會造成企業甚至整個工業的不投資。不過投資與不投資並不完全等於耗用或保育。例如以購買的方式投資於油井、林地或礦源，其行為的本身既不是保育也不是耗用。真正關鍵的問題是在於由所有權的改變所帶來使用率在時間上的變化。

某種資源單位價值的降低，也可能造成不投資。價格的上升會提高其價值，也會帶來耗用。不論保育或耗用，要看價格在時間序列上的變化，以及報酬與成本所造成各規劃期間使用率的變化。

最高的可持續使用　通常不論是從私人或公部門政策的立場來看，**最高的可持續使用**（maximum sustained use）都是一個公認的目標。最好的例子即是公海的漁業。公海漁業的最高**可持續使用**的經濟目的建立在三項假設上：第一，在不影響自然流轉的情形下，能夠經常獲得最高的漁獲與使用。第二，經由改善棲息地、人工繁殖以及掠食動物的控制等措施，是使自然流轉增加或穩定的經濟方法。第三，以成本而言，在自然流轉的情況下，使收穫或使用低於最高**可持續使用**水平之下並不經濟。

可以想像得到的是，這些假設或許可能成真，但是如果認為資源保育的經濟目的就是在實質或生物上達到最高**可持續使用**則是錯誤的。事實上，我們所討論的是社會經濟方面的最大**可持續使用**，以下將再詳加討論。

➔ 自然資源的分類與資源保育

關於土地資源的分類，我們在第 1 章裡已經有些大略的說明。不過以資源保育為目的的分類，通常會以自然資源的**耗竭性**（exhaustibility）來做分類的標準。**會耗竭**（exhaustible）與**不會耗竭**（inexhaustible）的概念，只有用在經濟概念上才有意義。某種資源，既使在實質上尚未用罄，**只要生產它的邊際成本大於它所能帶來的邊際報酬，而無法繼續供應人類的需求就是耗竭性的**。在另一方面，雖然某種資源的實質數量有限，而在經濟可行的狀況下，節約使用，還**可以持續**地使用，就是不會耗竭性的資源。而所謂報酬與成本，都是指市場所決定的**金錢價值**，或者是以效用衡量的**實質價值**。

因此，我們可以清楚地看見，所謂耗竭與不耗竭資源的不同是相對程度的不同。因此，我們也可以使用另外一種分類；也就是把資源分為**不能更新**（non-renewable）或**貯存性**（fund）資源，與**可更新**（renewable）或**長流性**（flow）資源。其實所謂**耗竭**與**貯存**，**不耗竭**與**長流**的意義也因使用的不同而不盡相同。很多長流性資源，如果毫無節制地使用，也是會耗竭的；而很多貯存性資源，如果節約地使用，並不會耗竭。我們也可以說貯存性資源好像是一個水庫，有流失，但是沒有流入，水位便會跟著使用而下降。

從經濟分析的觀點看，**貯存性資源**又可以分為兩種。第一種是如果不用，即不會顯著減少的；第二種則是會減少的。多半的貯存性資源都屬於前者，貯藏的煤、岩石等都屬於這一類。石油、天然氣則屬於後者，因為它們會自然流失。有些貯存性資源，也可能經過使用後會從第一種資源變成第二種資源。

就**長流性資源**來說，假使在不同的時段裡都能夠不虞匱乏，即可稱之為長流。如果不加使用，這種流轉可能繼續不斷地，或者是時斷時續地增加或減少。現在的流轉並不會減少將來的流轉；而且如果這種流轉繼續不斷，則可能供給永久的使用。實際上，很多**長流性資源**也可以**蓄積**（store）起來。能夠蓄積的資源，也可以被視為**貯存性資源**。例如地下水可以被視為長流性資源，因為可以由自然或人為的方法補注。但是一旦無法補注，即變成貯存性資源了。

資源保育的臨界區間

資源保育的**臨界區間**（critical zone）是指在目前或可預見的未來，長流性資源的流轉率減少到某一個程度之下時，就不可能很經濟地恢復其長流性。事實上，可恢復與否，不僅是經濟的問題，也是技術的問題。例如某些物種的流轉率已經等於零時就不可能恢復了。又例如地下水的超抽，在經濟上即成為不可能恢復，因為其成本是非常高的。另外需要注意的是，此一**臨界區間**概念主要是指某種資源在時間上的關係。但是通常某種資源的是否能夠復原，也與其他資源有連帶關係。例如開採礦產，即可能使地表的農作物或其他地上物無法恢復。在另一方面，在某種區位土地的價值，可能因為某種使用而受損；但是如果改變使用，例如透過分區管制的劃設，即可以恢復其價值。基於以上種種考量，資源的分類可以用表 9-1 的資料來說明。

表 9-1　以臨界區間為標準的資源分類

I. 不能更新或貯存性資源
1. 貯存不致於受自然耗損的影響：金屬礦藏、煤、岩石、泥土。
2. 貯存會受自然耗損的影響：石油、天然氣的漏失、水庫的蒸發、金屬的氧化等。

II. 可能更新或長流性資源
1. 流轉不太受人類行為影響的資源：太陽與其他宇宙輻射、潮汐、風。
2. 流轉相當受人類行為影響的資源：
   (1) 流轉減少的可恢復性沒有臨界區間的資源：降水、具有特殊價值的特別區位的土地、耐久的生產物種或消費財所提供的服務。
   (2) 流轉減少的可恢復性具有臨界區間的資源：動植物物種、風景資源、地下水源。

資料來源：Ciriacy-Wantrup, p. 42.

以臨界區間做資源分類的意義

從以上表 9-1 的資源分類來看，我們可以首先得到幾項一般性的原則：第一、在使用**貯存性資源**時，科技水準扮演著重要的角色；第二、**經濟**與**制度**因素也非常重要。因為貯存性資源多為生產耐久財與能源的原料，而且在發現與改變貯存性資源的過程中，必須依靠進步的自然科學、工業技術與經濟概念。

以**長流性資源**而言，分類 II 的第一項是不會耗竭的。分類 II 的 2.(1) 的長流性資源，如果**臨界區間**不存在的話，其耗用也不會造成太嚴重的社會與經濟影響。而具有**臨界區間的分類 II** 的 **2.(2)** 是在耗用時，唯一會造成嚴重社會經濟影響的資源。這些資源主要是供應人類糧食、衣物、育樂與**美質**（aesthetic）的。這類資源的使用對經濟與社會制度會有重要影響，特別是對土地資源使用與環境的影響更為重要。

其次我們注意到資源分類的主要意義有如下幾項：

1. 在個人或政府從事規劃時，**貯存性資源**要比**長流性資源**更受技術改變的不確定性所影響。
2. 我們對科技進步可以彌補未來**貯存性資源耗竭**的期望，可能不見得會出現。
3. 這種對科技的預期，對具有**臨界區間**的**長流性資源**也同樣不可靠。
4. 對**長流性資源**來說，資源保育政策的制定，顯得特別重要而急迫。正因為大家認為這類資源是長流性的，所以會毫無節制地使用，最後可能要比**貯存性資源**更容易耗竭。
5. 近代生產合成燃料或其他能源轉換科技的進步，並不妨礙**資源保育經濟學**的探討。剛好相反的，正因為科技的發展，更需要我們去思考**資源保育**的意義。

➔ 資源保育的私經濟因素

資源保育的社會經濟問題在私人與社會之間有所不同，因此最好將兩者分開討論。正如同在經濟學的分析中，將個體經濟學與總體經濟學暫時分開處理，是同樣的道理。瞭解個別的資源使用有助於瞭解大環境，而大環境的經濟力量也影響個別的私人資源使用者。而且對兩方面都瞭解，也有助於政策的制定與實施，因此，我們將先對私部門的資源保育行為加以說明。

資源保育決策與生產計畫

在本章前面，我們討論到資源保育與耗用，是以在一連串**生產計畫**中資源使用率的變化來表示的。在第 8 章中，我們也討論過**生產計畫**的**規模**與**期間**。每一個規劃期間的使用率，都與其他規劃期間的報酬與成本有關。以經濟學的分析來說，我們需要量度的是**邊際報酬**與**邊際成本**的變化。

當我們使用兩種或兩種以上的資源時（包括生產或消費，供給或需求）就會產生**互補**（complementary）或**競爭**（competitive）的關係。如果這兩種關係都不存在，資源則是**中性的**（neutral）。另一個相關的概念：**多種使用**（multiple use）則是指同一種資源供作兩種以上的使用。

如果某一個期間的資源使用率提高，會使其他期間資源使用率的邊際報酬增加，則在不同規劃期間的使用率是**報酬互補**的關係。如果某一個期間的資源使用率提高，會使另一期間資源使用的**邊際報酬**減少，則它們即是競爭的關係。在成本方面，如果某一個期間使用率的提高，會使另一個期間使用率的**邊際成本**降低，其關係即是互補的。如果會使另一個期間使用率的**邊際成本**增加，則是**競爭**的關係。如果不會造成任何報酬或成本的變化，則是中性的關係。

從**報酬**方面來看，所有的生產都是為了滿足未來的需要，或者可以說生產者都對未來的報酬有所期待。在**報酬**與**成本**影響到不同時期的資源使用率時，便需要有一個整體的生產計畫，而此一關係又受市場型態的影響。一般的市場型態可以大致分為**完全競爭**或**獨佔**的市場。在完全競爭的市場上，個別生產者的生產量，不會影響產品的價格。在獨佔的市場上，價格則會受生產者對生產量的控制所影響。

在實際狀況中，完全競爭市場適用於大多數的**長流性資源**使用者，我們所關心的是**成本**，不太關心其與報酬的關係。在另一方面，在使用**貯存性資源**時，則獨佔市場的情形較為普遍。而獨佔市場更與資源保育相關，例如**石油輸出國家組織**（OPEC）對石油的寡佔。

在**成本**方面，各規劃期間的資源使用率存在著競爭的關係，也就是在某一規劃期間的**使用率增加**，就會使其他期間的**邊際成本**增加。這種成本的競爭性，正說明了為什麼減少現在的使用率，增加未來的使用率，即可達到資源保育的效果。

除了**成本**的競爭之外，成本的互補更為重要。接近現在規劃期間的成本多為**沉滯成本**（sunk costs）；**沉滯成本**包括在短期之內的**固定成本**（fixed costs）與**變動成本**（variable costs）。另外，有時從事某種生產事業的人，因為家庭或其他因素，不容易改變行業或就業，則是**機會成本**（opportunity costs）問題，其情形也與**沉滯成本**相似。

如果以農業經營為例，**沉滯成本**特別重要。固定因素如建築物、灌溉、排水系統、運輸設施等都佔成本的大部分。在籌備時期，變動成本也會**沉滯**，農民本身也會安土重遷；對於當地狀況的熟悉，往往是成功的重要因素，成本之間的競爭非常重要。飼養牲畜對乳品、肉類的產能，取決於牲畜幼年時期的照料；土壤的改良與耗用會影響未來的經營成本；對地下水的超抽，也會增加未來灌溉的成本。森林生產規劃的情形與農業相似，其規劃期間更長，所有植樹、伐木、鋸木、廠房與運輸設備，都具有高度的**沉滯性**。

若以石油工業為例，鑿井、油料的運輸與貯存設備，都需要鉅額的**沉滯投資**。現在的生產率會影響未來的生產率，因為汲取原油需要更大的氣壓與熱水的注入。個別油井的出油量太快或太慢，都會使未來的生產成本增加或減少，最後也會影響一個油田的總累積生產量。

從以上這幾個例子，我們可以看到，沒有任何一個規劃者在使用資源時，不需要考慮**資源保育**的。因此，我們也要問，他們做資源保育時，決策的目的是什麼？什麼是私經濟部門最佳的**資源保育狀態**？

資源保育的最佳狀態

資源保育的最佳狀態應該是規劃單位的決策目標，如何達成此項決策，其所面對的限制又如何，則是我們所希望瞭解的。

假使我們把**報酬最大化**的概念用在**資源保育**決策上，我們必須考慮到，在規劃期間最後實質資產的價值，而且淨報酬在此期間的流轉也要最大；而最終資產的價值在**資源保育經濟學**中尤其重要。各個不同規劃期間的價值，則以**流行利率**將它折算出現值。如此，我們即可求出最佳的**資源保育狀態**，也就是在時間序列中，每個時段預期淨報酬的最大現值。

但是在實際操作上，情形並不如此簡單。例如當一個農民到了退休年齡時，他的**規劃期間**也於焉結束。當租賃人的租約到期時，他必須遷往其他地方，其**規劃期間**也必然結束。在農業生產上，農作物的生長期間，也可以做為生產規劃的期間。在森林種植方面，一個砍伐的週期，也可以是一個**規劃期間**；期間的長短，可以因為材質的不同，從一、二十年到百年不等。

在這些狀況之下，要準確地決定**最佳的保育狀態**並不實際。比較務實的辦法，是指資源保育的決策，並不要求在時間上立刻做最佳使用率的配置，而是一步一步經由**嘗試錯誤**（trial and error）的過程，改變目前或假想的配置，使其逐步達到理想的地步。**資源保育**的目的與衡量標準，並不是報酬現值的最大化，而是目前淨報酬的增加。更重要的是，往往目標都是多重的。這種目標的多重性，在私經濟觀念上的決策分析中並不困難，但在公經濟政策上卻非常重要，例如：集水區水資源的開發與保育，多是要求多目標的。

利率與規劃期間　從以上的討論中，可以發現有兩個重要的問題有待解決。一個是**利率**的選擇，另一個則是**規劃期間**的決定。我們先討論**利率**問題，**利率**是用在生產規劃上使淨報酬得以顯示的工具。在未來各個**規劃期間**的淨報酬，雖然在表面的數值上相等。但是因為時間的久遠，其實際的**現在淨值**卻會減少，**利率**的提高更會使未來**淨報酬**的現值加速地降低。其結果則會使規劃單位嘗試在**現在**與**未來**之間，重新配置其報酬與成本，也就是增加現在的報酬而減少未來的成本。因此，**利率的升高**會使使用率的配置趨向現在，以減少成本在沉滯期間的增加，也就是會使資源傾向於耗用。同樣的道理，**利率的降低**，即會傾向於保育。

從先前的討論中，我們可以發現在決定最佳資源保育狀態時，即隱含著**規劃期間**的限度。**規劃期間**事實上是一個變數。當我們將某一個**規劃期間**再往未來推進時，如果從所增加的一個**規劃期間**所得到的報酬要犧牲它前面的一個**規劃期間**的報酬時，保育工作便不值得了，也就是**規劃期間**必須終止了。

另外一個值得注意的問題，就是到底**利率**是如何決定的？乍看之下，我們所用的**利率**似乎就是**市場利率**（market rates），也就是在市場上，經由價格所決定的，或者說是在某時期由貨幣的供給與需求的均衡點所決定的。在此，我們所注意的並不是影響貨幣供需與利率決定的問題；而是**市場利率**如何影響資源使用者使用資源的行為與計畫的問題。

在完全競爭的市場上，個別資源使用者，在他們的使用計畫中，很少會用高於市場所決定的利率。假使他們使用高於市場的利率去規劃資源使用率，就會得到較低的資源保育水平；與其如此，就不如出售他們的資產去尋求其他的就業機會了。假使他們仍然堅持留在本業，他們就會去借貸，而不願意因為資源保育水平較低，而減損了資產的價值。

同樣的道理，在完全競爭的市場上，個別的資源使用者也不會用低於市場所決定的利率。因為使用低於市場的利率會使資源保育的水平提高，也就是使資源的未來價值提高，因此會去購入或租賃更多的資源。

但是實際上，市場並不是完全競爭的，在決定**投資做保育**與**不投資做保育**之間，**利率**的高低會產生很大的差別，而且會隨著時間、地點與個人的偏好而變化。通常在利率**低於其個人偏好利率**時，多半規劃不投資或耗用資源比較經濟。相反的，在利率高於其個人偏好利率時，則投資於資源保育來得比較經濟。我們也可以說，此時，規劃者會以他們自己的**時間偏好利率**（time-preference rates），而非市場利率做資源保育決策的根據。

所謂**個人時間偏好利率**是一個邊際的概念；也就是現在淨金錢報酬的邊際效用在未來某時期的價值；也可以定義為等量金錢在兩個不同時期價值的比。**時間偏好**可以主觀地準確定義，也可以客觀地以觀察的替代率來量度。但是這並不表示在經濟分析上，規劃者都會使用精確的折現率，實際上卻多半是根據**直覺**來決定的。不過它會受淨報酬值的影響，因此我們對報酬與**時間偏好利率**的影響必須加以注意。

通常，當所得持續增加時，每一個單位所得影響經濟決策的力量就愈來愈小；在時間上來說，等量的金錢在不同的規劃期間的效果也是不一樣的。在這種狀況之下，所得水平的降低會提高**時間偏好利率**，也就會帶來耗用；所得水平提高，會使**時間偏好利率**降低，則會引起資源的保育。然而，當所得持續增加時，其對資源保育的影響會愈來愈小，到最後會完全消失。

不確定性與資源保育　這裡所說的不確定性（uncertainty），是指**在事實上規劃者所期望的未來報酬與成本的比有小於一的可能性**（probability）。在理論上，規劃者需要瞭解三種上述期望值的或然率發生的性質。這三種或然率的性質是：最可能的**期望值**、期望值的**離散性**（dispersion），以及離散的**對稱性**（asymmetry）。規劃所應注意的是期望值的**離散範圍**，也就是**極端值**。**極端值**可以顯示獲利或損失的大小，嚴重的損失是規劃者所希望避免的。通常期望值的離散範圍愈小愈好。

比較重要的**不確定性**，包括：技術的改變、消費者需求、社會制度等，會隨著時間而變化。另外自然界的不確定性，如旱、澇、蟲害、火災與天災等，也會隨著時間而增加。相反地，規劃者知道，對於未來某時期**期望值**的不確定性，會隨著時間的到來而降低。雖然通常不確定性會隨著時間的長短而提高或降低，但是這種提高或降低是沒有規則的。

因為**不確定性**與時間的關係，未來不確定性出現機率的增加，表示未來淨報酬

的現值會累進地減少。其結果將會使規劃者嘗試將淨報酬的時間分配拉到現在。相反地，不確定性出現的減少，則會導致資源保育。不過事情並不如此簡單，因為規劃者使用什麼樣的**利率**仍是關鍵性的問題。這時可能要再次回顧一下前面，有關**時間偏好利率**的討論了。

關於**不確定性**，可以用幾個例子來說明：例如：因為沒有適當的法律規範，而地下水被超抽，以致於農民對未來用水的可靠性與成本產生不確定性，而猶豫是否對農場做某些長期或永久性的改善與維護。再例如：一個森林的培植，可能因為技術、需求與政府政策、法規等的不確定性，而不願意對某些設備、房舍做永久性或長期的投資。通常**不確定性**的提高會導致資源的耗用，而**不確定性**的降低，則會導致資源的保育。

產品價格與資源保育　當**產品價格**上升而且預期可能隨著時間持續下去時，就會使規劃者改變未來的資源使用率，也就是會導致資源的保育。而產品價格的下降，則會導致資源的耗用。以經濟學的術語來說，就是預期價格的**彈性**（elasticity）大於1或小於1；以公式表示就是：

$$\text{預期價格的彈性} = \frac{\text{未來價格的變動比}}{\text{現在價格的變動比}}$$

在某些狀況下，價格變動的效果會與上面所得的結論相反，產品價格上升會導致租用農地與牧草地的耗用。這種現象，多數會出現在還沒有完善管理規範的公有牧草地上。也許這種耗用不應歸咎於價格的上升，而是土地制度不健全的結果。除了產品的價格變動會影響資源的保育或耗用之外，資源保育**勞務**（services）價格的變動也會有所影響。例如農業使用的勞力與設備，可以因為開發坡地而增加土壤沖蝕；也可以用來修築水土保持工事以減少沖蝕。因此，我們可以說，**保育勞務**價格的提高或**耗用勞務**價格的降低，會導致資源的耗用。反過來看，如果**保育勞務**價格的降低或**耗用勞務**價格的提高，則會導致資源的保育。

財產權與資源保育　**財產權**也是影響資源保育的一項重要社會制度因素。社會制度決定財產權的變化，而**財產權**會影響資源保育的決策。實際上，財產權本身就是一項重要的社會經濟制度。因為有許多的次要制度從其衍生而來，例如：租賃、信用、稅賦等。**財產權**通常被稱為**一束權利**（a bundle of rights）。此**一束權利**中的個別權利，又可以分別存在於國家、所有權人、使用者、融資者等對象之中。關於土地資源財產權的其他問題，將在第 13 章中加以討論，此處我們將只討論其與資源保育的關係。

有些自然資源的**財產權**是比較難以界定的，例如：野生動植物、候鳥、公海的漁類、公有的牧草地、石油、天然氣與地下水等。這些資源的所有權要依誰先獲得或使用而定。後來的人就會面對較大的不確定性。因此，如果以使用者規劃期間的觀點來看，愈靠近現在使用就會愈經濟；而財產權的權屬也會愈清楚。時間久了，反倒不經濟了。

因此，對於這類的**公有資源**，我們希望能好好地管理與維護。維護的方法有兩種：(1) 透過政府的法律與規章，使人們不致攫取此類資源；(2) 政府直接管制此類資源的使用。第一種方法在歐洲國家用於野生動植物的保育，在美國則用之於石油、天然氣與公共牧草地的保育。在歐洲國家，認為野生動物跟地表的土地所有權是一體的。所有權人可以將土地出租以得到報酬。在美國是將石油與天然氣的所有權，讓有開採權的人共同持有所有權，建立統一的使用管制辦法。在美國是以憲法賦與全民所有權，而以聯邦與州政府為**信託人**（trustee）。非季移性的動物與內陸漁類，由州的法律管制，而季移性的候鳥則由聯邦法律管制。國際性野生動物的所有權，則由國際條約或公約來管制，此點將在以後加以討論。

除了財產權的規定之外，財產權的穩定性也影響資源保育。例如：短期租約之不穩定，將不會讓使用土地或其他資源的人願意投資在資源保育工作上。如果政治不穩定，政府法規過分嚴峻，或者加重稅負，使用者即不願意做長期的投資或改良；也就是會造成資源的耗用。我國在台灣地區實施的**耕者有其田政策**就是很好的例子；所謂有恒產，才有恒心，就是這個道理。

另外一個影響資源保育與耗用的因素，就是報酬與成本不能對等或不平衡的問題。也就是社會成員使用自然資源時，不願意將全部的報酬與成本的分配計入自己的**會計帳**裡，這種報酬與成本的**會計帳**，在資源保育的社會經濟分析中卻相當重要。例如：開發山坡地時所造成山腳下水土沖蝕的成本，並不對開發者造成影響，但是對下游的影響卻很大。再者，政府機關開闢道路時，如果排水工程不好也會造成災害或損失；砍伐森林也會造成集水區的損害。私部門也會利用沒有財產權的河流、湖泊、海岸做為排放廢水、廢棄物的地方，他們卻不負擔所造成的**外部成本**。

在現今的民主社會裡，**財產權**是個人追求自身利益，而又能增進社會全體福祉的工具。以這種理想做標準，以上所說的成本、報酬不對等或不平衡，或者可以視為財產權制度觀念與結構的不平衡。為了減少這種不平衡，**第一**，要有效地運用補償的方法，正確地配置資源使用的報酬與成本。**第二**，對於可能造成相當不平衡的資源，要避免或禁止使用。例如：對土地使用分區的管制。**第三**，可以積極地要求使用者善盡某些責任，例如要求工廠處理污染，或者管制土地的使用等，來減少這些外部成本。

➔ 資源保育政策

資源保育政策可以做多方面的解釋，不過在本章中，我們將把它侷限於公部門機關組織的作為，這些機關如：國家、省、縣、市、鄉鎮等。任何個人、企業、政黨、社團等，都可以對政策表示意見、態度與建議，以有助於形成與執行各種政策；當然他們也會受政策的影響。簡言之，我們所討論的政策屬於**公共政策**（public policy）領域。

就學術探討而言，資源保育政策可以定義為：研究各級政府對於資源使用在時間上配置的作為。[11] 一個政策的討論，包括其形成、目的、執行政策的工具，以及績效的評估與評估的標準，用來衡量其是否達到所期望的目標。政策的形成有其複雜的行政與立法程序，暫且不列入本章討論。本章的內容將直接進入資源保育政策的目標與其執行等問題。

資源保育政策的目標與標準

資源保育的最低安全標準　在資源保育政策中所最受關心的是，具有**臨界區間**的長流性資源的耗用及其**不可逆轉性**（irreversibility）。這些資源包括：土壤、水、植物與動物。例如：如果愈來愈多的土地或動植物物種受到影響，到達某一個程度以上時，具有**臨界區間**的長流性資源的**不可逆轉性**，就會限制其繼續發展的機會與潛力，最後可能導致物種甚至人類文明的死亡。歷史學家**湯恩比**（Arnold J. Toynbee）以及其他學者，都做過此項研究。[12]

基於以上的原因，資源保育的**最低安全標準**（safe minimum standard），即是我們所需要考慮的。根據我們前面所做的資源分類，能夠避免**臨界區間**，即是達到了資源保育的最低安全標準；但是這是指不需付出任何成本而說的。換言之，假使

[11] Ciriacy-Wantrup, p. 223.

[12] Arnold J. Toynbee, *A Study of History,* Oxford University Press, 1935-1939, 6 vols.

最低安全標準的維持需要付出成本，就不成為其**最低安全標準**了。雖然最低安全標準只是針對具有**臨界區間**的長流性資源而言，但是在資源保育政策上卻有重大的意義。其主要的目的，乃是在於使長流性資源的減少停止，甚至恢復原狀的經濟可能性。

但是因為每種長流性資源的性質都不相同，要訂出每一種資源的最低安全標準，是一件極不實際的事情。反過來說，如果我們從如何避免**臨界區間**來設想，或者比較容易一些。換句話說，也就是設法維護資源在它自然狀態下所應有的狀態。例如：在森林保育工作上，最低安全標準應該是經過最大砍伐量之後，還能維持其正常生態所應存留的株數。對於野生動植物的保育，其最低安全標準，應該是保護它們的棲息地，能夠維持物種永續繁衍的數量。至於水資源的保育，可以用能容忍的最高污染量（用微生物、**生化需氧量**（BOD）等指標），來決定它的最低安全標準。

實際上，最大使用限度應該就是一個非常重要的資源保育方法。最低安全標準用最大使用量來界定，例如：最大的漁獵量，或者遊憩區可容納的最大遊客數等。針對不同的保育需求，其他的方法也同樣可行，例如：水土保持工程、等高栽植、輪作等。重要的是，必須先建立避免**臨界區間**的方法與標準。在建立這些方法與標準時，不僅要考慮技術上的可行性，更重要的是，要考慮經濟上的可行性，社會成本當然也要計算在內。

最低安全標準與資源保育政策　在制定資源保育政策時，應該採用最低安全標準做為普遍性的經濟標準。實際的最低安全標準，應該是在最低社會成本之下建立的。最低安全標準的基本經濟理論是，建立在維持自然資源最低安全標準的成本要小於資源被耗用，而無法回復原狀的損失的前提之下的。而保育政策的制定，當然要先決定其最低安全標準，而且安全標準的界定，是要以經濟而非實質的尺度決定的。也就是說，臨界區間最低安全標準的建立即是資源保育政策的目標。

最低安全標準的成本　假使我們能夠及時地實施正確的資源保育政策，維持最低安全標準的成本絕對會很小。在某些實際情形下，維持最低安全標準必須犧牲某種使用。但在大多數的情形下，維持最低安全標準並不需要犧牲使用，而只須改變使用方法或技術。這種改變，不論是在公部門或私部門，也可能不需要任何成本，有時社會制度的改變就已足夠了；或者有時在公部門需要付出教育或暫時性補貼的成本，不過這些成本是極其輕微的。

上面所說的成本會很小，一方面是指其絕對值小；另一方面如果與不在正確時間使用資源所造成資源耗用的損失來比，則更是相對的小。如果與其他的公共政策，如公共衛生保健或國防等來比較，也是非常的小。而且在那些領域，因為其不確定性與社會報酬或成本的不易量度，最低安全標準也難以決定。

10

資源保育與可持續發展

Only after the last tree has been cut down,
Only after the last river has been poisoned,
Only after the last fish has been caught,
Only then will you find that money cannot be eaten.

Old Cree Indian Prophecy

資源保育

資源保育的基本概念

由於我們相信資源使用具有報酬遞減的現象，以及對未來世代子孫的責任，我們必須儘可能地使用各種可能的方法保育自然資源，否則未來世代將會無法生存發展。可再生資源應該在其可再生能力的臨界區間之內，做最大效用的使用。對不可再生資源，我們必須節約使用、減少浪費，並且在可再生資源充分使用之後，才加以使用。為了達到此一目的，在自由放任的經濟體系下，從事短視、自利的私人財產所有權人、生產者、消費者，榨取與破壞自然資源的行為，應該加以管制，由政府擁有與管理。

為了克盡對未來世代子孫的責任，對資源保育有三種不同的說法。

第一、資源保育是一種投資，也就是犧牲現在的資源使用，以成就更有價值的未來使用。資源保育的最大現在經濟報酬，是指生產的經濟價值，而非實質價值。資源保育並不是要減少今天的生產，以增加未來的生產。假使能維持現在的生產，同時減少消費去從事研究與投資，未來的生產必然會增加。假使今天的高生產能增加未來世代的福利，則要比保留資源使現在的生產減少更有價值。

第二、在一個不斷進步的世界裡，資源保育者認為除非自然資源被保留，其未來的價值便會萎縮的前提，是不對的。因為以現今世界經濟的發展來看，每一個世代的國民所得都比前一個世代為高，所以我們沒有必要用**資源保育**，來保障未來世代的福利。也不需要有一個著眼未來的倫理道德原則，來替代或補充現代人累積經濟福利的方法。這種說法的理由認為，大自然遺留給人類代代生存，具有經濟價值的自然資產，只是自然環境的一部分。更重要的產業是知識、技術、資本與經濟制度，這些才是決定國民所得的真正要素。

第三、在一個進步的社會裡，通常我們會認為計算福利偏向現代是**不對的**。因為這一段時間太短，我們不可能在這麼短的時間裡決定一項持續的投資是否值得。另一樁**不對的事**，是除非我們對未來世代有一種道德責任，現代人偏差的自利行為，必然會消費未來世代有同等權利可持續享用的資源。**畢固**（A. C. Pigou）與其他學者認為，用現在的經濟方法計算未來世代的福利，必然會用低於私人利率的社會通用利率，把未來世代福利的價值折算到現值。這樣計算必然會使未來所得的價值小於現值，因此便會重視現代的利益，而不會重視未來世代的利益。

假使我們要顧及未來世代的利益，我們必須嘗試各種能使他們獲利的方法，而不是折算對我們有利的價值，然後以倫理道德，而非經濟標準，來解決世代之間經濟福利的衝突。事實上，假使現在活著的人能貢獻他們的力量，去增加社會的生產力，並且善用這些生產力，一定不但能有利於他們自己，也能有利於他們的子孫，社會的天賦會不斷地增長。要改善社會生產的功能，經濟制度的改善會更有效。如果每一個世代的人都能貢獻自己的力量改善生活與命運，則不管有沒有對未來世代負責的概念，都會把一個更有生產力的世界傳遞下去。不過要強調的一點是，一個更有生產力的世界，並不必然就是一個更好的世界。我們認為福祉的增進是永無止境的，是每一個世代都應該關注的。整體社會傳承的價值，應該全面顧到，而並非只有經濟。

總而言之，如果我們要顧到未來世代的福祉，我們必須忽略時間因素，把注意力集中在**持續的進步**上。為了要創造一個在世代之間公平分配福祉的社會，我們應該專注於如何能夠增進整體經濟福祉，與生活品質的**社會技術的**（socio-technical）創新，而不必刻意地把生產力與產出從當代轉移到**未來世代**，也不必顧及如何決定倫理上的理想標準，因為那是不可能的。沒有任何一個世代能夠預見**未來世代**會是什麼樣子，或者如何面對它們。但是倚靠經驗的累積，每一個世代都應該能夠合理地判斷未來世代的狀況，以及人們會過什麼樣的生活。重要的是，現在經濟與社會的進步，應該更勝於因為為了對不可見的未來世代的經濟福祉負責，而保留自然資源。然而，如果我們能為了自身的享用與欣賞，而保護自然資源與環境，後代子孫也會對我們的行為感恩。[1]

自然資源與生活品質

現代社會的經濟制度，是以節約資源、降低成本或尋找替代品的方式來應付需求的。因此，經濟福利是以經濟效率，也就是以**單位投入**能獲得多少**產出**來量度的。那麼其他方面的福利又將如何衡量呢？假使我們注意到所得分配變得不公平，市場在分配所得時變得不完全，產品的品質變得不好，環境品質變得不良，或者社

[1] Harold J. Barnett and Chandler Morse, *Scarcity and Growth,* Resources for the Future, The Johns Hopkins Press, 1963, pp. 246-250.

會架構變得不理想。如果以上任何一項或多項狀況的變化出現，大家便可以看出整體福利並沒有跟著經濟福利的增長同步增加；這就是表示生活品質敗壞了。

上面這些問題，對大多數的人來說，都是嚴重的自然資源問題。**彌爾**（J. S. Mill）從人口的穩定性來看生活品質問題，也有很多資源保育者，強烈地主張管制土地與自然資源的使用，以避免由於經濟成長所造成對生活品質的傷害。獨佔與工業化忽略了鄉村生活的價值，想要超越自然的極限，造成對自然資源環境的過分榨取。如果這種思想與行為不加以遏止，其對生活品質的傷害將不堪設想。尤有進者，多數當代社會學者都呼籲，要注意物質主義的不斷經濟成長與提高生活品質之間的終極衝突。

現代的社會學者或者可以應付負面性質的變化，或者有機會去改善生活品質；但是卻無法規避自然資源的經濟稀少性。定性的評估比較困難，特別是針對大量人群時，因為那是**社群**問題，而不是個人價值問題。這種例子很多，例如：都會聚集、廢棄物與污染、所得分配的變化、某些地區的落後、供水、土地使用、與低度開發國家的關係等。這些事例顯示出，對目前經濟與其他制度做社會分析與決策的需要。

自然資源帶來的社會問題

在幾乎每一個國家，都市化都是經濟成長的明顯現象。都市聚集的經濟規模使生產增加。也就是說，聚集經濟使成本降低、所得提高。但是也有愈來愈多的人質疑，是否經濟成長會對生活品質產生負面的影響。當城市成長時，隨之而來的是都市蔓延、交通打結、水與空氣的污染、廢棄物的處理，甚至增加人們精神的緊張，影響人們身心健康，增加少年犯罪與治安敗壞、並且造成貧民窟。有如慢性病一樣，長期下來，土地與人類健康將被剝奪。最明顯的是，地表綠色植物被破壞，動植物無法生存。工業化使這些問題變本加厲，可能需要創新的分析方法與政策才能奏效。

在我們的社會裡，土地使用經常被認為是所有權人的事。雖然有某種程度的社會公共決策，但是我們不禁要問，目前的規劃系統是否能產生我們及我們子孫所要的生活環境。如果不能，就不能被認為完全是個人的事。例如：有關對公園的喜好；對種滿樹木的林蔭大道或光禿狹窄的市街；對可供遊憩的戶外空間或繁忙嘈雜的城市生活；對打獵、釣魚或靜態的娛樂；對保存曠野的自然或製造人為的和諧與混亂，個人將如何選擇？不可否認的，從個人的角度看，這些事情當然是個人喜好的問題。但是事實上，我們的偏好大多來自上一代的傳承，個人能塑造他們自己環境的機會非常有限。

使多數現在與未來的人，享有令人滿意的生活環境品質，就是土地資源的社會價值。但是對於如何建立改善生活環境品質的共識，往往非常困難。但是對於提供能讓大多數人享用的遊憩空間，消除老舊醜陋的建築物，保存特殊的景觀等一般事情，大家應該已經具有相當的共識了。如果能夠增加對環境條件對人們身心健康影響的認識，取得共識的機會將會增加。

關於遊憩資源的需求，在現代工作時數減少、休假增加的情況下，顯得更為迫切。同樣的，資源保育人士認為遊憩資源的需求與公園、野生動植物與生物多樣性環境的保護，反映出大家都同意這類資源具有獨特的性質，對現代生活品質有不可逆轉的貢獻。如果社會認為這些特殊的環境資源值得保護，它們必須避免不可逆轉的毀壞。所謂「不可逆轉的」，是因為一旦它們被毀壞，便無法回復到原來的狀態；既使能夠復原，也必須付出巨大的經濟成本、時間與勞務。

土地使用的主要社會利益，是要注意利益與成本的平衡。在很多情形下，制度的障礙使我們無法面對此一問題。有關實質環境的決策，很少有適當的機制讓地方社區參與。**無形**（intangible）的利益，無法以有形的金錢去取得。重要的原因之一是缺少對環境價值的共識，要建立一個能被大家接受的成本基礎非常困難。如果我們能對人們對不同環境的偏好多一些認識，也許我們能夠建立一個對**美質**（aesthetics）與其他土地使用的非經濟價值的共識，這也許就是改善生活品質的基礎。

因為土地與自然資源的特殊與不可移動的性質，會對不同地理區域人們的所得有重大影響。在這種情形下，現代的土地與自然資源問題，已經不再是報酬遞減問題，而是科技進步與經濟成長所帶來的負面副作用，與社會如何調適的問題。

國際間對自然資源使用的協議，以及如何處理各種使用所造成的後果，產生愈來愈重要而且困難的問題。例如核能電廠的建立，會帶來核廢料的處理問題。不正常的氣候變化，也與改善人類福祉有巨大影響。某些國家的管制措施，可能對他自己有利，但是卻會對其他國家造成傷害。更極端的是使用它們作為武器，操縱兩極的冰帽，可能造成相當於核彈的災難。利用人造衛星預測氣候，建立世界通訊網絡也會超越某些國家的利益；太空探險研究的意義為何也還無法確定。

還有一項國際性的問題，就是在低度開發國家投資開發榨取當地的資源。從有工業開始，工業化國家的殖民與經濟政策，就是榨取低度工業化國家的資源，去滿足自身的發展。另一個影響貧窮國家的問題就是人口問題，高生育率阻礙了國民所得的成長。他們的問題並不是自然資源日益稀少，以及報酬遞減的問題，而是達到及維持所希望的經濟成長率問題。由於人口的成長，他們無法累積成長所需要的資本。由於人口的成長，他們也無法改善他們的生活品質。

經濟規模是另一個現代工業社會需要面對的問題。大企業資本的集中，以及人口在都市地區的集中，使許多資源開發與生產的決策，決定於少數的企業與政府的辦公室裡。政府必須協調各方面的利益衝突，或者運用它的權力去解決所產生的問題。然而政府對問題的評估與決策，往往又分析得不好，考慮得不夠周全，決定得不見得合理，以致於難以為人民所接受。

科技進步所產生的社會問題，遠遠超過它所能解決的能力。因為社會方法的創新落後於科技的進步，問題在於我們是否能避免生活品質的報酬遞減。動態而加速的技術變遷，似乎在告訴我們，社會與個人所將面對的問題是會無限累積的。但是我們的決策方法與社會價值，卻與**彌爾**時代沒有兩樣。與**彌爾**時代所不同的是，我們所面對的不再是一個靜態的社會，有用不盡的時間，而且不需要花大錢去改善的生活品質。因此，我們是否需要改變我們做選擇的機制，以迎合快速變遷的社會。古典經濟學家認為成長是有極限的，我們也不反對。但是他們所看到的極限在於自然，我們認為人的因素可能要多一些。問題可能不新，但是它們的形態與急迫性卻是嶄新的。

自然資源與生活品質的社會評估

社會發展進步而且多元化，對於發展的方向很難有一致的看法。在一個市場經濟裡，會試圖改變社會技術因素，自身運作的方式，去做一連串的創新，希望逃脫**報酬遞減**的魔咒。然而我們要不然就放棄，要不然就接受主導我們如何工作和生活的市場決策所產生的福祉，問題在於我們要另外尋找超越目前社會的技術，而不致於敗壞生活品質的方法。在社會益／本分析裡，我們嘗試矯正市場經濟所產生的結果，然而只是針對外部經濟和不經濟；但是我們所需要的是更廣義的做法。特別是避免負面因素變化，同時又能改善正面因素的方法。

雖然我們有權做超越目前一般益／本分析的決策，但是因為主張**消費者至上**（consumer sovereignty）的人會反對，我們便沒有權力去做什麼。這是一個價值判斷的問題。也就是說，在絕對**消費者至上**的價值判斷下，人類的福祉會一代比一代更好。當然我們要重視個人自由選擇的市場機制是否有效。這也就是自由社會有效配置資源的意義所在。此一架構，除了自然資源以外，還包含政治、社會與經濟。除了私人價值之外，必須顧及社會價值。我們必須認清，社會不但是一個競爭的場所，也是一個合作的場所。雖然合作是獲得個人價值的有效途徑，但是如果合作組織裡的每一個成員都只顧自己的利益，就無法維持有效的合作關係了。

簡單的說，我們固然希望增加個人選擇的機會，我們也必須在什麼是對所有人類有利，或合作社會的標準下，界定個人自由的範圍。當然困難在於所有社會行為價值的形成與改變，都是無從捉摸的。但是社會價值形成與改變的共識，則是我們所關心的。我們認為最理想的是，能夠找到一個比較客觀的方法來面對價值問題。人與自然的關係，曾經是無法控制的。科學幫助我們跨過了這個門檻；我們希望我們同樣能跨過人與人的關係的門檻；在我們現在的時代，更為嚴峻的是人與自然環境的關係。

什麼是可持續發展？

可持續發展（sustainable development）的概念在現今的世代裡，已經成為討論**環境**問題的中心思想。為什麼近年來**可持續發展**問題變得這麼重要？理由之一是要問，我們的生活方式是否對**環境友善**（environmentally friendly）。事實上，我們的生活方式，對環境的破壞由來已久。開始聽到**可持續發展**這個詞彙，大約是在 1980 年代。也就是環境保護運動開始的 20 年之後。可持續發展的現代概念，大約是在 1974 年的**世界宗教大會**（World Council of Churches），由於看到許多地方的人類生活在貧窮與困苦之中。這個概念在 1980 年代由**國際自然與自然資源保育聯盟**（International Union for Conservation of Nature and Natural Resources）加以推廣。[2]

聯合國於 1983 年在其第 38 屆大會中，通過成立**世界環境與發展委員會**

[2] Simon Dresner, *the Principles of Sustainability,* Earthscan Publications Ltd. 2002, p. 1.

（World Commission on Environment and Development）。這個委員會經過四年的研究，在1987年發表了《**我們共同的未來**》（*Our Common Future*）研究報告，也以該大會的主席，挪威總理**布蘭德蘭**（Gro Harlem Brundtland）命名，稱為**布蘭德蘭報告**（*Brundtland Report*）。此一報告提出**可持續發展**（sustainable development）的概念最後為各界所廣泛引用。所謂可持續發展意指：**我們的發展不可以為了滿足這一世代人類的需要，而妨礙未來世代的人去滿足他們自身需要的能力**。此一定義有兩個重要的概念。**第一**、所謂「**需要**」，是特別指世界上**窮人**的需要，需要優先考慮。**第二**、所謂「**滿足需要的能力**」，是指現代的科技與社會組織，要應付現在與未來需要的能力是有**極限**的。[3] 接著，世界各國代表於 1992 年在巴西的**里約熱內盧**（Rio de Janeiro）舉行聯合國環境與發展會議，也稱地球高峰會議；為了尋求解決世界性環境問題，提出了《**21 世紀進程**》（*Agenda 21*），其中心目標即是**可持續發展**。

在我們談**可持續發展**的時候，首先要弄清楚**可持續發展**的意義是什麼。有的人認為**可持續發展**是經由經濟成長帶來發展；另外則有人主張經由環境保護達到**發展的可持續性**（sustainability）。**可持續性**的辯論不只關係到環境與成長，它更是**公平**（equity）問題，特別是世代之間的公平。**可持續性**在道德上，我們必須對未來世代的子孫負責，而不是只顧自身的利益。如此看來，**布蘭德蘭委員會**對**可持續發展**的概念，是兼顧世代之間與世代之中的公平的。假使我們是生活在一個環境有限的世界裡，資源應該讓每一個人，在現在與未來都能有足夠的享用。

可持續發展的概念，一開始就是要把環境問題融匯在經濟政策裡。更進一步的想法是希望把環境問題放在一個國家的施政中心，以現代國家而論，就是經濟。**可持續發展**的概念，就是要在環境保護與經濟成長之間取得一個平衡。希望去改變過去所追求的成長策略，而不是直接對成長挑戰。問題的癥結在於大家對「**發展**」的意義有不同的看法。到底它是指通常我們所瞭解的工業化和經濟成長，還是非物質的生活改善？

可持續發展是一個環境保護，與經濟發展兩種主張的交會點。因為主張**環境保護**的人著重在**可持續**方面，而主張**經濟發展**的人則著重在**發展**方面。而**布蘭德蘭委員會**對**可持續發展**的定義是：**我們的發展不可以為了滿足這一世代人類的需要，而妨礙未來世代的人去滿足他們自身需要的能力**。此一定義常被批評為不可救藥的模

[3] Simon Dresner, *the Principles of Sustainability,* Earthscan Publications Ltd. 2002, p. 67.

糊，也是不能實際操作的。**尼亭迪賽**（Nitin Desai）認為，問題並不在於給可持續發展下一個精準的定義，而是在於瞭解建立定義的基本價值。[4] **發展**包含經濟與社會進步過程中的轉型，但是除非發展的政策注意到對資源使用的改變，以及成本與利益的分配，實質的**可持續性**是無法達到的。因為**可持續性**含有世代之間與世代之中公平的考量。[5]

發展的意義是什麼？

在我們討論了**可持續性**的義意之後，也需要對**發展**有所瞭解。發展的意義最初由**杜魯門總統**（President Truman）在 1949 年提出，也就是以國民生產毛額（Gross National Production, GNP）是否增加來量度。經濟學家更進一步，以**實質個人的**（real per capita）**GNP 或 GDP**（**實質總 GNP 或 GDP 除以總人口**），來衡量每一個人所能分到經濟大餅的大小。

因為**經濟成長**（工業化）會消費自然資源，到了某一個程度，經濟成長的成本會大於它的利益。因此，對環境保護學者來說，要求**可持續的經濟成長**就不是無的放矢了。因為消費實質資源的成長是不可能**持續的**，也就是我們所獲得的成長價值，被所消費資源的價值所超越。這種情形不僅影響未來的世代，也影響我們自己。例如：敗壞的城市生活、健康、失業，與升高的犯罪率。然而，也有許多經濟學家相信，我們可以用科技的方法延長或克服這種極限。

理論上，經濟成長所創造的財富，應該累積投資在生產事業上，而非立即轉用去資助窮人。以致於貧富不均的現象，會在都市化、工業化的過程中延續數十年之久。只有在一個國家的工業化成為經濟的主力之後，貧富不均的現象才會降低。諾貝爾經濟學獎得主**顧志耐**（Simon Kuznets）所建立的**顧志耐曲線**，即在解釋此一現象。也就是工業化國家所走過的這條路，開發中國家勢必也要跟隨。[6]

到了 1960 年代，人們開始懷疑此一模式。經濟成長不但沒有給窮人帶來實質的利益，反而使窮人的處境變得更為不堪。專注於經濟發展，卻忽略了其他的社會問題，如失業。只有那些透過**土地改革**與大量投資於教育、保健的國家，才使窮人的境況有所改善。直到 1970 年代，滿足**基本需要**的作法才受到重視。其目標在於滿足絕對窮人的**基本需要**，包括：物質的**基本需要**，如：食物、教育、保健、住屋

---

[4] Ibid., p. 64.

[5] Simon Dresner, p. 67.

[6] Ibid., pp. 68-89.

與衛生設備；非物質的**基本需要**，如：基本人權、政治參與和**自我實現**等。

值得注意的是東亞國家的經濟發展，並未發生**顧志耐曲線**所描述的現象。世界銀行的研究發現，東亞國家並不是完全自由市場的國家，自由市場也不是唯一達到經濟發展的路。最近**國際貨幣基金**（IMF）的研究也顯示開放市場與取消關稅，並未增進貧窮國家的成長。[7] 似乎比較重要的因素是投資在人力發展、土地改革、農村發展與加工出口，換取外匯，累積資本以發展經濟，比較顯著的例子為亞洲的四條小龍。

然而，這些亞洲國家的根本問題，卻為經濟發展付出驚人的**環境成本**。這些成本包括：都市的蔓延、農地、綠地、濕地的消失、森林的砍伐、失去生物棲息地、河流、空氣與土壤的污染等。或者我們可以說，環境污染也有一個**顧志耐曲線**。依照此一理論，污染在開始的時候很低，然後跟著工業化而增加；到了資源使用較不集約的**後工業成長**時期，才會緩緩遞減。總而言之，無論西方國家或東亞國家所走的發展路徑，都是在環境上**不能持續發展**的路。

發展的意義，包括經濟與社會不斷的進步與轉型。一個**可持續**的實質發展路徑，是在社會與政治環境之下追求的。但是除非發展政策考慮到資源的取得與成本利益的分配問題，實質的**可持續發展**是無法達到的。既使是最狹義的**可持續發展**概念也要注意到世代之間的公平。而且這種公平毫無疑問的，也要延伸到每一個世代之中。

雖然**可持續發展**的概念受到世界政治領袖的支持，卻也帶給環保人士不少的疑慮。因為有的人認為**可持續發展**是指**持續的經濟成長；有的人認為那是指經由資源的保育與環境的保護，使人類的發展能夠永遠持續下去**。在台灣，似乎傾向前一種解釋的為多，尤其是政治領袖與企業家為最。也有不在少數的經濟學家認為，**可持續發展**是對未來發展的看法過分的小心，基本上，認為是為了保護自然資源而犧牲了經濟發展。

在**可持續發展**的概念下，我們必須認清人類的文明是整個自然世界的一部分；假使人類社會希望**持續發展**下去，自然資源必須要被保護。**可持續發展**的概念也就是要在發展之中遵守資源保育的原則，而且要把這些原則力行在我們的日常生活中。**可持續發展**並不需要我們犧牲生活水平，只要求我們改變一下思維，去過一種比較不過分**消費**的生活。這種改變也要顧及世界的一體性以及環境的管理、社會的責任與經濟的發展。

---

7 Simon Dresner, *the Principles of Sustainability,* Earthscan Publications Ltd. 2002, pp. 68-72.

麥克道（William McDonough）及其幕僚，為在德國**漢諾威**（Hannover）舉辦的 2000 年世界博覽會（EXPO 2000）所起草的**漢諾威原則**（*Hannover Principles*），也稱之為**地球權利法案**（*Bill of Rights for the Planet*），提出以下的**可持續發展原則**：

1. 強調人類與自然在一個健康、互相支持，而且多樣化的**可持續發展**環境下共存共生的權利。
2. 我們必須認清人與自然的互賴關係。這種關係存在於各個社會層面，而且影響深遠。
3. 在人類生存的各個方面，包括社區、居家、工業與貿易等方面都要意識到，而且尊重精神與物質之間的平衡關係。
4. 我們對為了人類福祉所做的規劃與設計，必須對其與自然系統的共生權利負責。
5. 我們所製造的產品必須具有長遠的價值；不要因為我們的粗心而給未來世代的人們帶來維護管理的負擔。
6. 生產任何產品必須考慮其生命週期的適當性，而且要設法使其與自然系統合一，以避免浪費。
7. 人類的各種設計，其能量都來自太陽，所以要儘量利用自然能量流轉的原則，要有效率而且安全負責地使用能源。
8. 我們要認清規劃設計的極限，沒有任何的規劃設計可以永遠長存，人力也不可能解決所有的問題；我們在面對自然的時候必須謙卑，要師法自然而非排斥與控制它。
9. 在改善環境的時候，必須分享彼此的知識；鼓勵同業間、消費者與製造者充分的溝通，建立長遠的**倫理責任**關係；重新建立自然與人類行為的整體關係。[8]

其實**可持續發展**的概念也不是現代人的產物。早在1789年，**傑佛遜**（Thomas Jefferson）即指出：「地球在其發展的過程中是屬於每一個世代的，它應有它自身的權利，沒有任何一個世代，可以在其生存的過程中取得利益超過他所能付出的代價」。[9]

---

[8] http://www.nps.gov/dsc/dsgncnstr/gpsd/ch1.html

[9] Center of Excellence for Sustainable Development, http://www.sustainable. doe.gov/overview/definitions. html

其他有關**可持續發展**的定義，如：**洛克豪斯**（Ruckelshaus）認為：「可持續發展主張經濟成長與發展是必然的趨勢，但是必須限制在生態的極限之內，也就是要注意人類的行為要與生物、物理、化學法則相一致。環境保護與經濟發展應該是互補而非互斥的關係」。[10] **萊其門**（Beth E. Lachman）認為：

> **可持續發展**的目標與範圍，應該取決於一個**社群**（community）的資源、政治、個人行為與其本身的特質條件。**可持續社群**的問題包括：都市蔓延、城市中心的改造、經濟發展與成長、生態系的管理、農業、生物的多樣性、綠色建築、能源節約、流域管理與污染防治等。這些問題不容易以傳統的方法面對，應該以集體合作的系統方法來尋求解決。因為這些問題非常分歧與複雜，需要各種專長、各種機構、各種相關人士的合作。[11]

➔ 經濟發展與環境

如果我們希望消除貧窮與提高生活水平，**經濟發展**是任何政府責無旁貸的目標。但是如果一味追求成長而忽略了**自然**與**人造環境**（built environment），將使成長無法持續。有人認為成長的極限在於地球的**承載力**（carrying capacity）（承載力包括承載人口與廢棄物）。因此，要達到**可持續發展**，經濟的成長必須降低，甚至達到**零成長**。

這種看法雖然有其理論根據，但是我們相信如果能夠實施一些具有創意的政策，極限不是不可避免的。道理很簡單，我們的經濟體系是與環境結合在一起的，因為我們為了生存必須使用自然資源，而這些資源最後必然變成廢棄物。但是經濟成長所造成的**環境影響**（environmental impact）卻是可以減少的。因此，在我們追求成長的同時，要時時檢討我們對節約**能源**與**物料**（material）做得如何？我們如何利用科技來減少經濟活動對環境的衝擊？而這些科技必須是預防性的而非事後清理性的，而其成本必須低於這些經濟活動的產出價值。

我們可以發現資源保育與科技是達到**可持續經濟發展**的方法。但是在政策上，我們必須思考如何去避免一些這些方法所帶來的不良副作用。不產生污染的技術不

---

[10] William D. Ruskelshans, "Toward a Sustainable World," *Scientific American,* September, 1989.

[11] Beth E. Lachman, *Linking Sustainable Community Activities to Pollution Prevention: A Sourcebook,* Critical Technologies Institute, April, 1997.

是毫無代價的。從經濟學的觀點看，我們必須用經濟誘因，來促進資源保育與技術的改變。經濟誘因如果無效，就必須用法規來管制了。

討論至此，也許我們可以整理出以下的結論：

1. 環境對經濟與全體人類的關係非常重要。
2. 環境品質敗壞經常是因為經濟的運作及其管理的不善。
3. 解決環境問題的方法包括矯正經濟的**外部效果**，以及提供資源保育與減少污染的誘因。

其中提供資源保育與減少污染的經濟誘因尤其重要，提供誘因必須先清楚界定資源的**財產權**（property rights）。資源的**財產權**有所歸屬，才能使利用資源的人願意為了未來的使用而去保育資源。因為人都喜歡保護自己的東西，所以一旦資源歸你所有，你就會去保護它。

在環境問題產生的初期（1960 末～1970 初），其爭論的焦點在於環境品質與經濟成長之間的衝突。到了 1980 年代，問題的焦點轉變為如何在維持良好環境品質的條件之下達成經濟的成長。如果把環境跟經濟發展連在一起，很顯然地，**可持續發展**必然會從**環境經濟學**（environmental economics）的角度來探討。一個很簡單的推理可以發現，如果我們能將環境問題有系統地納入經濟發展決策中的話，**可持續發展**是可能實現的。因此，以下的幾項措施應該被納入考慮。

改變國家會計帳　通常一個國家衡量其經濟發展程度及福利時所用的指標是**國內生產毛額**（Gross Domestic Production, GDP），GDP 代表一個經濟體在一年內的財貨與勞務的總產出，是以價格來衡量財貨與勞務在 GDP 中的重要性。為什麼用價格來權衡輕重？因為價格是不同財貨與勞務價值的共同標準，也可以反映消費者的邊際利益以及生產者的邊際成本。

但是從環境福利的角度看，GDP 並沒有把經濟發展對環境所造成的損害記在帳上。雖然環境問題沒有市場，但卻不能說環境沒有經濟價值。因此，在我們衡量福利的時候，必須把環境損害的成本從 GDP 裡扣除。

通常在計算國家會計帳時，會將人造資產的折舊扣除成為**淨生產毛額**（NDP）。在此同時，我們也應該注意到，自然資源也會受到損害與折舊，因此，也應該一併從 GDP 裡扣除。改變國家會計帳是一項複雜而高成本的工作。比較可行的第一步，可能是先分別記錄非金錢的實質資源損失，以便反映**環境變數**的改變

與經濟體系之間的關係。這種做法，在法國與挪威都已行之有年了。

價格的修正 如果我們認為自然資源的經濟價值重要，首先，應該讓資源的價格確實反映其真實價值。價格顯然與開採及加工的成本有關，但是卻無法反映砍伐森林所造成的水土流失與污染的成本。這也就是我們所說的**市場失靈**。

其次，如果資源在**可持續**的狀況下採伐，其存量可以維持一個常數；而在**不可持續**的狀況下採伐，則其存量即會減少，而不足供給**未來世代**的使用。這種**不可持續性**的資源管理所造成的損失，稱之為**使用者成本**（user cost）。很顯然地，不論耗竭性或可更新資源被採伐時，使用者成本都應該被計算在內。所以正確的做法是，每當採伐自然資源時，**採伐成本、環境成本與使用者成本**都應記入會計帳中。

第三項要注意的是，財貨與勞務價格的調整。因為通常我們生產財貨與勞務時，常將環境的貢獻視為**無償的**（free），例如空氣可以稀釋廢氣卻不需要花錢，以致於財貨與勞務的價格並不正確。所以產品的價格也必須跟著調整，調整的方法是把污染的成本加在產品的價格上。其結果可能使產品的價格提高，而且轉嫁到消費者身上，而由消費者負擔這些成本。其實這正是我們所希望做到的。因為消費者才是真正的污染者。

益本分析與方案的評估 最後一點是應該改變我們評估投資的方法，真正把**可持續發展**的因素包括進去；而不是只在口頭上強調環境的重要性。我們在第 8 章裡所討論的**益本分析方法**，即可以用在這裡。問題是如何找出環境及資源因素的指標與利益及成本的計算，以及利率的選擇與規模大小的決定。

除了**益本分析**之外，**可持續性**（sustainability）也應該是另一個做決策時所需要考慮的標準。僅僅禁止榨取自然資源的方案並不足取，而是應該設法加以**補償**，例如：植樹計畫。**特納**（Kerry Turner）提出環保主義者對**益本分析**的四個層次的看法。傳統的**益本分析**抱著對自然榨取的世界觀，強調的是個人的功利，公平正義不在考慮之內。他們認為**自然**只是生產財貨與勞務的工具，只有工具的價值。他們對環境的未來價值打折，認為經濟成長將能以人造資源替代自然資源。

環境經濟學家對**益本分析**則持**保育的世界觀**，它要求對未來世代的人，要維持一個恒定的自然資源存量。因為我們必須顧及到未來世代人的權利，所以與**功利主義**不同。資源保育的**世界觀**是基於保護自然資源是對人類生存有利的想法。第三層對**益本分析**比較激進的想法是，把環境保護放在經濟發展前面。經濟分析只是用來衡量什麼是達到環境目標的最合**成本／效益**的指標。第四層對**益本分析**比較溫和的

世界觀，會容許在能維持生態系健康而生物多樣化的狀況下，對自然資源做適量的開發。重要的是要維護生物多樣化的價值，而非個人的價值。

益本分析的基本弱點，從可持續發展的觀點看，是它並不真正能面對**可持續發展**的概念。在**綠色經濟藍圖**（*Blueprint for a Green Economy*）裡，**皮爾斯**（David Pearce）與其同僚從經濟的角度定義，**可持續性**為**恒定資本**（non-declining capital）。[12] 他們對資本的看法，是除了傳統經濟學者所定義的**貨幣**與**人力**之外，還包括**自然資本**（natural capital）對人類與地球的價值。簡單的說，**恒定資本法則**又可以分為**強勢可持續性**與**弱勢可持續性**。**強勢可持續性**是**自然資本**不會減少，**弱勢可持續性**是可以用**人造資本**替代**自然資本**，而**強勢可持續性**則不能用**人造資本**替代**自然資本**。

恒定資本法則（constant capital）顯示：如果我們把所有的**稀少性租**（scarcity rent）投資在一個恒定的資本（capital）上，我們便可以永久維持一個常數的消費，而也不會使資本的存量減少。我們用以下的例子，便更容易說明**恒定資本法則**的意義。

假使一個人有 10,000 元，存放在銀行，每年獲得 10% 的利息。假使你每年花用 1,000 元，銀行裡的 10,000 元並不會減少，因為你花用的是利息。假使你的花費超過 1,000 元，資本勢必會因而減少，最終會成為零。依照我們所謂可持續的意義，花用 1,000 元或少於 1,000 元，即可以滿足此一標準，超過 1,000 元即違反了此一標準。因此，要判斷資源的配置是否有可持續性，只要檢驗資本的存量就可以知道。如果資本增加或維持不變，即表示資源的配置有可持續性；如果資本減少，就是不具可持續性。所以我們如果要可持續發展，就要確實使總資本存量維持一定的水平而不可減少。[13] 此一原則用在自然資源與環境資源上，其道理是一樣的。

綠色經濟藍圖指出：

> 很多**環境資產**是無可替代的，例如：臭氧層、影響氣候的海洋浮游生物、熱帶森林的保護集水區功能、濕地潔淨水污染與吸汲營養的功能，都是無法再造，無法替代的自然資產。假使**人造資本**無法替代**自然資本**，保護**自然資本**就應該是天經地義的事了。
>
> 當然如果有一天技術的進步，或者可以使這兩種資本能互相替代。但

---

[12] Simon Dresner, p. 76.

[13] David Pearce and Giles Atkinson, "Measuring Sustainable Development", in Daniel W. Bromley, ed., *The Handbook of Environmental Economics,* Blackwell, 1995, p.176.

> 是如果我們並不確定，這種替代有一天會真的實現，我們將如何過我們的生活？假使我們的理性不能預知一些好事的發生具有恒常性，我們必須設法去避免這些不好的結果。假使環境風險的潛在負面影響，大於我們保護環境避免風險的成本，至少我們需要瞭解它們如何維持我們生命成長的功能。[14]

當然，為了經濟以及人民的所得，我們又不能不利用自然資源。在資源稀少的情況下，我們當然會去尋找替代品。或者我們可以說，問題的關鍵在於人們現在與未來的福利，以及如何判斷福利被政策影響的方法。過去的經驗告訴我們，正常的發展路徑，必然會包括某種程度資源與資本的替代，而且包括知識與技術。

比較安全的作法是，我們可以要求未來的自然資本價值不低於今天的水平。這樣便可以使自然資本產生的未來世代福利，不致於低於現在的世代。但是也有經濟學者認為，我們不能給環境一個金錢價值。環境有其深層的精神與文化根源，這些無法量度的價值才是最重要的價值。經濟學者的任務就是儘量做好量度那些能夠量度的價值，供給決策者作正確的決策。以**地球暖化**為例，我們所應該作的，並不是因為他會影響我們 200 年後的經濟生活；而是因為我們需要更深層的精神與道德思考。我們是否不應該把我們從祖先傳承來的世界，變得面目全非地傳給我們的子孫。[15]

德理（Herman Daly）提出了四個**可持續發展**的原則：

1. 限制人類的產出在地球的承載力之內。
2. 確保技術的進步是效率增加，而不是產出增加的。
3. 對可更新資源的利用率，不應該超過它的再生率（可持續的產出；廢棄物的排放不應該超過環境的吸納與消化能力）。
4. 不可更新資源的開發不應該比可替代資源的創造率更快。[16]

環境空間與可持續發展

傳統經濟學受到最多批判的，是經濟學家把對地球資源的消費當作所得。以致於認為要達到**可持續發展**，必須資本不會減少。但是事情並不那麼簡單，爭論的焦

[14] Simon Dresner, p. 77.

[15] Simon Dresner, p. 80.

[16] Ibid., p. 83.

點在於，是否把**人造資源**與**自然資源**合併考慮（**弱勢可持續**）或分開考慮（**強勢可持續**）。假使把兩者合併考慮，**人造資源**的增加就會補充**自然資源**的減少。這樣是否可取？這兩種資源是否可以替代？問題在於技術到底能替代多少失去的**自然資源**？**弱勢可持續**假定幾乎技術可以無限地替代失去的**自然資源**，這一點卻是環保人士所存疑的。**強勢可持續**也假定某種程度的替代，究竟替代的程度有多少，則無定論。

最近幾年發展出環保人士普遍認同的**環境空間**（environmental space）概念，希望能使可持續發展更為具體。**環境空間**就是把每一項實質環境元素分別看待，都在生態系支持的能力之內，而不致於受到不可逆轉的損傷。生態系所能支持的各種元素活動的總和，就是**環境空間**。**環境空間**的想法與**環境資源的分配**緊密相連。在目前**環境空間**相當固定的情形下，由於工業化國家的榨取式使用，分配極不公平。**環境空間**的想法就是希望能對**環境資源**的消費，在世界各國之間更為公平。正是這種公平正義的主張，使問題變得更為複雜。也就是在現在與未來的技術水平之下，哪一種消費形態能夠**持續**，我們的生活形態又需要做何種改變。

舉例而言，假使某一個國家非常富有，雖然它自己並沒有什麼自然資源，但是卻有很高的環境標準。它的森林正在成長，它的河水清潔，也沒有太多的萃取性工業，榨取不可更新的自然資源。但是卻有另外一面的問題沒有顯露在會計帳上，就是，它是世界上最大的熱帶雨林木材消費者，最大的石油進口國；它的工廠都設在國外，它鬆散的環保標準，惡名昭彰，被認為是**不可持續的輸出國**。重點是，**可持續性**是全球性的，沒有哪一個國家是**可持續性的**，也沒有哪一個國家是**不可持續性的**。

環境空間這個概念第一次出現，是在德國經濟學家**施伯特**（Horst Siebert）於 1982 年所發表的一篇論文裡。他的論文討論環境限制對經濟的影響。他把生態的資源再生功能與污染的吸收功能，視為對經濟活動的限制條件，而把它們對環境產生影響的極限叫做**環境空間**。到 1987 年，荷蘭經濟學家**歐普斯楚**（Hans Opschoor）開始研究**環境空間**實際上到底有多大，是不是一個可以實際應用的工具。他認為**環境空間**反映出**環境資源**的稀少與有限；其次，一旦你提出空間的概念，人們就會問：**環境空間**是如何分配的？它與**承載力**（carrying capacity）不同，它不是要計算**生物域**（biosphere）能容納多少人口或動物，它是要表現環境的潛力。具體一點講，**環境空間就是在某一個時期中，在不致於對生態系或維生系統造**

成不可逆轉損傷的極限下，地球的生態系所能支持生命的潛能。[17] 此一概念類似於**生態足跡**（*ecological footprint*），但是**生態足跡**只是針對某種生活形態下的土地使用而言；所以**環境空間**的範圍較廣，包括氣候變遷等問題。

要決定某一國家的生產與消費型態是否符合**可持續發展**原則，只要比較它的資源使用與污染狀況之間的關係就知道了。以世界的**總環境空間**除以世界人口數，再乘以該國家的人口數，就可以得到該國家的**環境空間值**。這樣便可以看出富裕國家的資源使用多麼奢侈。在這種情形之下，要減少資源的使用與污染，西方國家必須改變他們的現代生活方式。然而，飛機、汽車與肉食仍然非常重要。不太奢侈的生活方式，只能回到 1960 年代的樣子，要回到 1930 年代是不可能的。我們所可能做到的只有提高能源使用效率與少開車，因為陸空交通是排放 CO_2 最多的交通工具。

雖然建立一個整體的環境空間指標並不容易，但是至少以下三方面應該考慮：

1. 以非生物的物質或非自然方法合成的自然物質污染自然系統；
2. 耗用可再生與不可再生的自然資源；
3. 失掉自然的本質，包括：整體性、多樣性、沒有任何干擾等。

可持續發展的最基本的想法是，認為自然環境所供應人類的**環境空間**功能遠遠超過經濟發展所能產生的利益。可持續發展反映了我們對自然與人為環境的功能，已經有了進一步的瞭解。這些功能包括：

1. 對生活品質的直接貢獻。例如：寧適性、優美的景觀、遊憩的空間等。
2. 對生活品質間接的貢獻。例如：紓解生活的壓力、增進身心的健康、支持經濟活動與享受生活的能力等。
3. 對國民所得的直接貢獻。例如：環境保護的支出。這種支出對 GDP 的成長也許沒有工商業來得大，但是它所造成的環境衝擊也相對的小。
4. 對經濟活動的直接貢獻。例如：自然環境供給原料與能源，也吸收及消融廢棄物並且轉變為另一類的資源。
5. 維持我們的**維生系統**（life-support system）。例如：集水區可以保護熱帶森林，濕地可以淨化水源，臭氧層可以阻擋輻射線，二氧化碳及其他氣體可以調

---

[17] Simon Dresner, *the Principles of Sustainability,* Earthscan Publications Ltd. 2002, pp. 84-85.

節氣候，水文循環的重要更是不在話下。[18]

歸納起來說，自然環境供應我們三項重要的經濟功能：**第一**、它直接供給每一個人資源的用度；**第二**、它供給經濟體系的生產因素；**第三**、它也供給人們維持生命的要素。這三種功能對詮釋**可持續發展**有其明顯的意義。

可持續發展與公平

在定義可持續發展的觀念時，**泰德柏格**（Tom Tietenberg）提出兩個基本模式。第一個模式是**靜態效率**（static efficiency）模式，也就是說，時間因素並不是資源配置的關鍵因素。例如，水資源或太陽能的配置在每一個期間之中，都是獨立不受另一個期間影響的。第二個模式是**動態效率**（dynamic efficiency）模式，在此模式中，時間是資源配置的關鍵因素。例如耗竭性資源的使用，在這個世代使用，便會影響未來世代的使用。[19] 換言之，我們不僅注意環境的價值如何，更注意此一價值如何在世代之間被分享；也就是說，公平與效率是同樣重要的。

當代之中的公平　**當代之中的公平**是指自然資源的享用，在當代的**社群**與**社群**之間，一個國家的地區與地區之間，或者是國與國之間要求公平的配置。這種公平對那些依靠自然資源維持生存的開發中國家更為重要。因為自然資源與環境是**公共財**（public goods），是無法排他的，所以應該供給所有的人來享用。

有很多種自然與環境資源是地方性的。例如：空氣的品質，各個地方都不一樣，也使不同地區的人享用不同品質的空氣。當然，如果每一個人都能毫無阻礙地遷徙，則每個人就都能享有他所希望的空氣品質。但是實際上，既使高度發展的國家，遷徙也會受到所得與社會條件的限制。低所得的人沒有辦法遷至理想的地區，而往往他所居住的地方又多為污染、擁擠以及吵雜的地區。

從另外一個觀點來看，人們所享受的環境改善利益，也不見得與所得成比例的關係。從美國的文獻中可以發現，環境改善利益的所得彈性小於 1。也就是說，當所得提高時，環境改善的利益佔所得的百分比下降。而達到美國**《空氣品質法》**（*Clean Air Act of 1970*）所定標準的成本，又呈迴歸的現象；也就是低所得的人的

[18] David W. Pearce and Jeremy J. *Warford, World Without End, Economics, Environment, and Sustainable Development,* Oxford University Press,1993, pp.43-44.

[19] Tom Tietenberg, *Environmental and Natural Resource Economics,* Fifth Edition, Addison-Wesley, 2000, p.86.

負擔要比高所得的人為重。不過這種現象，尚未被證實是每種環境資源的普遍現象。[20] 如果是全球性的環境問題，如氣候變遷、溫室效應、臭氧層的破壞、海洋的污染等，則每一個人都無所逃於天地之間，而落後貧窮地區所受的傷害可能會更大。

我國中山先生所提倡的平均地權土地政策，雖然實際上在台灣的實施並不成功，甚至於沒有實施，但是其理念正是在追求土地財富在當代之中的公平。如果我們無法做到世代之中的公平，那麼在談**可持續發展**的前提下，也許我們也應當思考一下，如何做到世代之間的公平；也就是如何將土地資源好好保育，節約集約地使用，以供後世子孫的使用。

世代之間的公平　關於**可持續發展**的定義，最廣為引用的，便是聯合國世界環境與發展委員會的定義。此一定義說：「**為了滿足當代的需要，而不致於傷害到未來世代滿足他們的需要的能力。**」也可以說，發展是為了增進當代人的福利，但是並不會使未來世代人的福利減少。這種想法與**柏瑞圖**增進社會全體福利的想法也是一致的。

如果依照**泰德柏格**的動態效率模式來解釋，發展的目的是要在平衡現在資源使用與未來使用的條件下，使這些資源的現在利益淨值達到最大。這也就是說依時間來配置資源。在資源稀少的狀況下，現在使用得多，就減少了未來使用的機會；這是時間上的機會成本，也是**邊際使用者成本**（marginal user cost）。資源的價格應該等於**邊際開發成本**加上**邊際使用者成本**。

邊際使用者成本與資源在兩段時間之間的配置都受**折現率**的影響。利率愈高，則現值愈大，未來時段的價值愈低。也就是說，高折現率會導致資源的現在使用，因為給予未來的權重較小。

在討論世代之間的公平時，我們必須先看公平的標準為何？現代人究竟要留給後代人什麼？但是問題的困難在於未來世代的人尚未出生，無法向現代人爭取任何利益。如果我們一定要定一個**可持續發展**的標準，我們可以說，最低限度是我們不能使未來世代的人的福利狀況比當代人更糟。依照此一標準，如果我們為了當代人的利益而剝奪了未來世代人的資源，降低了他們的福利水平，便是不公平。[21]

在我們應用這種**可持續性**標準來衡量世代之間配置資源是否公平時，有一個基

[20] Pearce and Warford, p.48.

[21] Tietenberg, pp. 87-92.

本的困難，也就是說這種標準很不容易在實際的狀況下應用。要發現未來世代的福利狀況是否低於當代，我們不只需要知道如何配置資源，更需要知道未來世代人們的需要與品味。這雖然是一個不可能的任務，不過我們仍然要問我們究竟有沒有可能發展出一套實際可行的可持續性標準呢？

環境稅與可持續發展

很多環境經濟學者支持使用**生態稅**（ecotaxation）與**可交易許可**（tradable permits），來提升環境保護的效率。因為目前能源的價格並沒有把使用能源所造成的外部社會成本包含在內。從 1970 年代到大部分的 1980 年代，一些基本教義派的環保人士主張用法規，而非使用經濟工具，他們認為經濟工具會讓有錢人**有本錢去污染**（to pay to pollute）。然而，環保運動漸漸務實，只有極少數的人仍然反對使用經濟工具。這些反對力量認為**生態稅**會影響到他們的發展前途，特別是石油、化工與汽車工業。近年來稅負從勞力轉向能源，似乎使政治經濟的成長訴求，又加上了減少環境影響的生態訴求。

第一次嘗試使用**碳稅**的是在 1990 年代的歐盟與美國柯林頓政府，但是卻以失敗收場。在 1991 年，**瑞典**與**挪威**實施了一項很溫和的**碳稅**，但是因為企業的反對而降低。荷蘭在 1996 年對家庭與中小企業課徵**碳稅**，但是對低消費的貧窮人家免稅。[22]

課環境稅或生態稅的理論背景，是因為自從工業革命以來，大多數在生產技術上的創新，主要都是要求勞動生產力的提高，也就是單位產出的工時減少了。在今天的西方社會，工人的工資高，稅也高。業主希望減少工人，形成了結構性的失業。但是在另一方面，能源與原物料的稅負相對的較勞力為輕。這種租稅制度的偏差，造成了失業與污染。課徵環境稅或生態稅，在我們目前重視環保的時代，無論在學術上或政治上，都是非常重要的課題。課徵環境稅或生態稅，並不是不要經濟成長，也不是重新分配環境空間資源。它實際上是希望減少失業與環境污染。

環境稅或生態稅聽起來非常吸引人，但是還沒有任何地方正確地實施，有幾項原因值得注意。第一、工業界一致反對，因為它的實施會有贏家與輸家。贏家是那些少用能源的產業，輸家則是能源集約的產業。第二個問題是人民對提高燃料與汽油的價格非常敏感。最近我們實施油、電雙漲，就造成工商業界與民間極大的反

[22] Simon Dresner, p. 93.

彈，因為它會造成物價的全面上揚。然而，如果這些稅收能用在改善能源效率與環保措施，也許還能博得大家的瞭解與支持。

第三點困難是關係到國際間的競爭力。假使一個國家提高了它的能源價格，它的產品與勞務的價格，便會在國際市場上高於它的競爭對手。同時，外國公司也可能使其國內產品降價，本國政府便會提高關稅以求平衡，當然這種情形要在自由貿易（WTO）地區之外才會發生。課徵環境稅的國家，就要設法提高能源使用效率，或者降低別的產業部門的稅負，否則也會使能源集約的產業移往其他國家。

最後，如果能源價格過低，也會阻礙對新技術與設備的投資。過低的能源價格也等於變相地補貼污染，浪費自然資源。根據世界銀行的研究，蘇聯經濟的解體，低能源價格是主要原因之一。[23] 不過整體而言，世界大多數國家的能源價格都太低了。

什麼是最適當的能源價格？

討論至此，我們便要問：什麼是最適當的能源價格？從新古典經濟學的觀點來看，就是要使其餘經濟部門污染所帶來的外部成本內部化。當所有的外部成本都內部化的時候，就能得到最適當的價格了。一旦所有的外部成本都內部化的時候，我們的經濟體系就會達到一個新的平衡。這個時候，新的、節省能源的技術也會被發展出來，最適當的價格，也會跟著提高一點。這時我們也能順勢再提高一點能源價格，促使更新的技術能夠發展出來，造成一個良性循環。當然我們也不能忽略**報酬遞減律**的作用，但是這表示長期來講，能源（或物料）的價格還能提高。環境稅的長期效果，能重新改變整個的經濟結構，發展新的技術。

假使我們希望大量減少**溫室氣體**的排放，大概沒有比環境（生態）稅更好的辦法了。假定全球性的協議能夠達成可交易的排放許可，在理論上應該是分配全球排放**限度**（limits），最經濟有效的辦法。但是要建立一個 CO_2 的交易市場，卻是一件每個國家煞費苦心的事。

我們需要經濟成長嗎？

很多環境保護方面的文獻，都認為 GNP 並不是一個好的福利量度指標，因為

[23] Simon Dresner, p. 96.

它只計算經濟活動的金錢價值。例如油輪失事污染了海岸地區，清理海岸油污的花費，也被計算為沿海地區增加的 GNP。GNP 也不包括經濟活動的**可持續性**，而且把自然資源的開發與耗用視為所得。環境經濟學者**德里**（Herman Daly）發展出一個新的指標，稱之為**可持續經濟福利指標**（Index of Sustainable Economic Welfare）。其計算包括：自然資源的開發與耗用、污染成本、以及失業與不公平的增加等。當然各項活動的權重不同，也會影響其結果。[24]

當然這種計算並不是不要經濟成長，相反地，不要經濟成長有兩種不可能。一種是政治上的不可能，另一種是物質上的不可能。另一個盲點，是一般人把使用資源的成長與經濟成長混為一談。認為經濟成長必然會增加資源的消費。正確而且可能做到的是，經濟成長、提高附加價值，但是並不增加物料與能源的消費。另外的一個意義就是重視品質的提升，而不是生產量的增加。但是也很不幸的是，往往質的提高也會認為需要使用更多的能源。

目前，大多數的國家的經濟，都漸漸從製造業轉向服務業。然而，重要的是，這種成長只是個人服務與經濟體系裡貨幣的流通。這種成長與我們過去一、兩個世紀所經驗的不同。因為成長不再意味著物質生活水平的提高，而重視環境品質與文化價值的提升。一個以貪婪與自利為基礎的經濟體系，當然有利於帶來物質生活水平的成長。然而那種經濟體系並不適宜於經濟穩定而且持續的發展。

政策的意涵

當我們使用資源以滿足**可持續性**標準時，我們必須選擇的政策一定要能使動態效率最大，或者靜態效率最大的方案。換言之，**可持續性**標準是最高指導原則。多數不能持續的資源配置，都是無效率的資源配置所造成的。改善效率，就可以維持**可持續性**或者使經濟一直發展下去；可以說是一個雙贏的做法，也可以使**淨利益**增加；**淨利益**的增加可以彌補政策改變可能造成的損失。補償受到損失的人，可以減少他們反對的聲音，所以可以使政策比較容易推動。

[24] Simon Dresner, p. 101.

水資源與土地使用

由於實質與經濟因素的關係，使我們不得不認識到集水區的研究必須瞭解經濟與政策。……當我們以社會科學的角度來研究集水區時，我指的是公共政策而不是公共工程。

S.V. Ciriacy – Wantrup
Philosophy and Objectives of Watershed Policy

無庸置疑的，水是維持地球上所有生物生存的基本要素。雖然地球表面的71% 都為水所覆蓋，但是絕大部分（約 97%）都是含有鹽分的水。所以只有 2.5%（14 億 km^3）是淡水，而其中的 87% 是極地的冰帽或冰川，還有一部分的地下水，所以只有 200,000 km^3，或者不到 1% 的淡水可供人類或生態系使用。因此我們能夠取得的淡水大約只有 0.4%。不過很幸運的是這 0.4% 的淡水，經由**水文循環**（water cycle 或 hydrological cycle）不斷地供給我們新鮮的淡水。所以水是一項**可再生資源**（renewable resource）。然而自然的循環與更新仍然有其極限。從整個地球看，總水量的夠與不夠並不是主要的問題。真正問題的所在是水資源能不能適時、適地，而且以我們最需要的狀況供應我們使用。

當人口與工業生產愈趨增加的時候，對水的需求也會加速地成長。除了量的需求外，水質是否良好更是它是否適合人類各種使用的重要問題。簡單地說，人對水資源所關心的問題，一個是量的問題，另一個是質的問題。在這一章裡，我們將討論我們的經濟與政治制度如何配置這項重要資源，並且如何在將來改善配置問題。首先我們從水文循環開始，接著討論水資源的使用與需求、水資源的供給、水資源的經濟分析、水資源管理以及水與土地資源開發等問題。

➔ 水文循環

水文循環的主要動力是太陽能與地心引力。由於太陽能的輻射使海洋、河流、湖泊、土壤裡的**水蒸發**（evaporates）至空中，以及經由**植物蒸發**（transpiration）至空中。空中的水氣中有 84% 來自海水，其餘來自陸地。這些空中的水氣再以**降水**（precipitation）的形式回到地球表面。回到地面的水，有一部分在從空中落到地面的過程中，即被再次蒸發到空中。而回到地面的水，一部分落在地面，經由滲透到地下成為地下水，一部分滲透到地下的水，又被綠色植物吸收，經由植物的葉面再次蒸發至空中。而另一部分的水落在河流、湖泊等水體裡；而在它們流動的過程中，又受太陽能的作用，再次蒸發至空中。而地下水貯存在地層之下，有如海綿吸收水分一樣，形成**地下水源**（aquifer）。地下水可能因為人為的汲取或以泉水的形式湧出地面，而再次蒸發至空中。所以**水文循環**就是這樣一個水資源的循環過程，見圖 11-1。

綜合而言，在此一大循環中又可以分成三個小循環。它們是：(1) 地面水的循

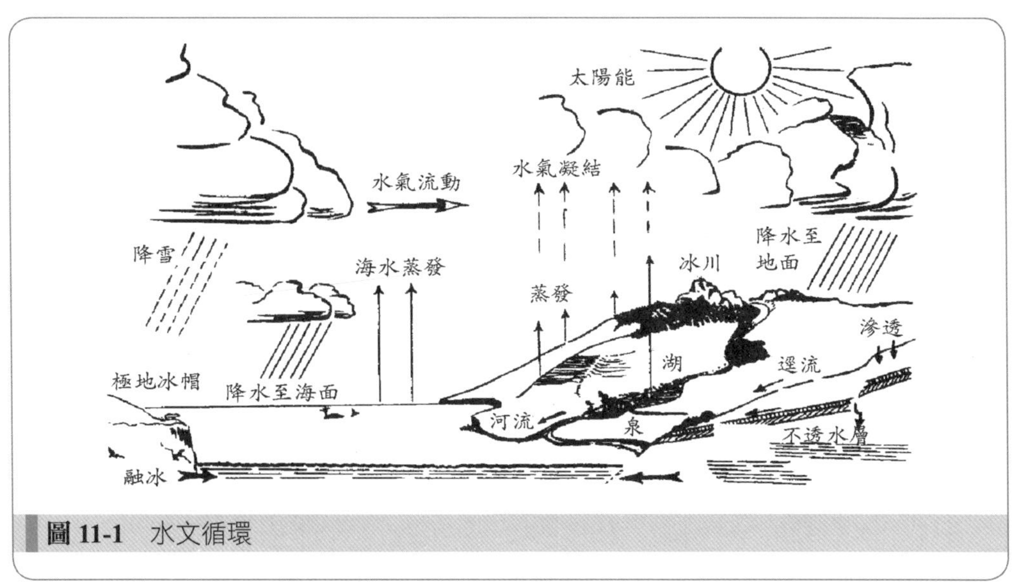

圖 11-1 水文循環

環，地面河流、湖泊，以及海洋的水，蒸發至天空，形成水氣，再凝結成雨、雪、霜等形態降到地面；(2) 由水面或經過植物蒸發的循環；(3) 地下水的循環，是指地下水冒出地面，成為泉水，再蒸發至空中的循環。水的兩個主要供給來源是地面水與地下水。

➔ 水資源的需求與供給

到了二十一世紀，水資源的短缺成為世界的主要的問題之一。影響水資源短缺的主要原因有三。(1) 我們用不能永續的方式使用水資源，使用超過了水資源的循環更新率；(2) 人們使用水作為生產因素，當水再次回到地面或地下時受到污染，水質變差。(3) 人們使用地面或地下水作為排放污水及拋棄廢棄物的媒介。[1] (4) 生活富裕的國家或地區，水費低廉造成許多不必要的浪費。由以上四方面的問題，可以看出的水資源問題，包括質與量兩方面的問題，也是影響健康、安全、經濟與環境的問題。

人類通常使用的水，多為地面水。因為地面水比地下水容易取得。地面水又分

[1] James R. Kahn, *The Economic Approach to Environmental and Natural Resources,* Second Edition, The Dryden Press, 1998, p. 393.

為：流動的水，如河流、溪流的水以及靜止的水；如湖泊、水塘的水。一條河流與其支流所形成的水系，有如樹枝狀的系統，稱之為**集水區**（drainage basin）或**流域**（river basin）。[2] 如中國的黃河、長江流域；埃及的**尼羅河**（Nile）流域；美國的密西西比河（Mississippi）流域都是眾多人口聚居與人類文明發源的地方。其原因很多，例如：(1) 河流沖積平原上的土壤因水流帶來豐富的養分而十分肥沃；(2) 水流帶來便利的交通運輸；(3) 流動的水可以帶走大量的廢棄物；(4) 河水可以供應居民的民生用水。雖然河流具有這麼多的好處，但是這些用途之間往往產生競爭或衝突；特別是當人口增加時，就會帶來更大的壓力。湖泊與水塘的水比較容易遭受污染，而污染物又不容易流走而累積下來。

地下水通常是指蘊藏在地球表面之下的水，實際上地下水也是從地面水滲透而來的。地下水貯藏在地下，土礫與岩石的空隙之間，形成**地下水源**（aquifer）。根據 UN Environment Program（2002）的估計，全球大約有 90% 的淡水是來自於地下水。地下水可以因為人類鑿井汲取至地面加以使用，或者由於地層的壓力而尋找空隙湧出地面，成為水泉或**自流井**（artesian well）。過去，人們鑿井掩埋廢棄物，把它做為一種廢棄物處理的方法；但是廢棄物會污染地下水，這種方法已被禁止。此外，靠近海邊的地區，因為過量抽取地下水從事養殖事業，也會造成海水滲入地下水源以及地層下陷的狀況。

在以上所說的地下水問題中，地下水的污染可能是最嚴重的一項。關於地下水污染問題的研究工作，也遲至最近幾年才受到重視。因為地下水的流動極為緩慢，會使污染物長期留滯在地下水源中，而且清理困難。另一個問題則是如果對地下水的汲取量超過其**補注量**（recharge）或滲透量時，往往造成地下水源的枯竭，使地層下陷。此時地下水便有如不可再生的資源。加速地下水源枯竭的因素還有：地面鋪設道路、興建房屋等不透水層，破壞甚至廢棄濕地做建築使用等。地層一旦下陷，即無法使其恢復；因為原來貯存水分的岩石空隙，一旦由於地下水被抽走而變得密實，便無法再使其容納水分了。

---

2 根據 Fletcher E. Riggs 在 “The Watershed as an Entity for Planning”, in: G. S. Tolley and F. E. Riggs, ed., *Economics of Watershed Planning,* The Iowa State University Press, 1966, p. 59 中的解釋：watershed 與 river basin 的差異，傳統上只在於它們的大小。比較小面積的**集水區**（drainage areas）通常稱之為 watershed；而較大面積的集水區則稱之為 river basin。嚴格地區分兩者，倒也沒有必要。如果從開發的功能與目的上區分，通常可以開發做發電或航運使用的多半是 river basin；而防洪與排水功能的集水區多半是 watershed，但也並不排除 river basin。因此本書也不做明確的分別，把 watershed 與 river basin 中譯做集水區及流域，混同使用。

就民生用水來說，根據聯合國 2008 年的估計，大約有 10 億世界人口，缺乏經常性的清潔用水供他們飲用、烹飪與洗滌。到了 2025 年，可能至少有預測的全球 79 億人口中的 30 億，會缺乏清潔用水。假使第二項預測成真，會有三項嚴重結果。(1) 由於飲用水污染，造成疾病與死亡；(2) 會有數百萬計的乾旱地區環境難民，需要水、土地與食物；(3) 會造成缺水國家內部與國際間的衝突。所以水資源的短缺是一項我們必須面對的世界性的重要經濟與環境問題。

如何增加水的供給？

海水淡化　因為地球上的水有 97% 以上都是海水，如果能將海水中的鹽分除去，當然可以大量增加淡水的供給。但是很不幸的是，以目前的技術而言，海水的淡化，成本仍然極高。所以只有在非常缺水或者水價非常高的地方，海水淡化才可行。目前只能供給不到 0.3% 的世界淡水需求量，海水淡化成本高的主要原因是能源成本高。例如，要製造 3,800 公升（1,000 加侖）的淡水就會產生 91 公升的鹽。如果一個海水淡化工廠每天要製造數百萬公升的淡水的話，它將需要多少能源？而且處理其所產生的鹽也是一大問題；掩埋或拋回海中都會破壞生態的平衡。以太陽能來淨化海水只能小規模的使用，因為太陽能無法集中，便需要大片的土地。

興建水庫與運河　前面所講提升效率、海水淡化，以及之後所要討論的水污染防治等，都是有關於增加供給量的問題；而興建水庫與運河則是有關於水資源分配的問題。在水資源分配的過程中，往往因為往空中蒸發，土壤的滲透等因素造成水的流失。然而水的再分配，卻是供應地方性水資源需要最經濟的方法。

興建水庫的原因有三：(1) 控制水流避免洪泛災害；(2) 水庫可以蓄水供應附近民生與農業與工業的需要；(3) 發電。不過既使設計良好的水庫，也會造成某些對環境的衝擊。這些衝擊包括：

1. 泥沙的淤積，可能使水庫的壽命在數十年或百年之後結束。
2. 流過大壩的水會沖蝕壩址另一邊的河床。
3. 水庫的水會因蒸發而失掉。
4. 因為蒸發會使礦物質留下，天長日久會使水分鹽化。
5. 水壩可能破裂而造成下游的災害。
6. 水壩會阻礙水陸兩方面生物的生活；特別是迴游魚類，如鮭魚。雖然建築**魚梯**

（fish ladders），但是效果並不理想。另一項對生態的衝擊，則是破壞水、陸兩方面的生物棲息地。在水壩上游的被淹沒，在水壩下游的則遭受缺水之苦。

往往興建水庫只從經濟與工程方面來考慮，而未從生態環境方面來考慮；所以人類改變自然規律與條件的許多行為，必須慎重地加以評估。

至於運河的興建，多半是因為城市的成長，其所需要的水源超過了當地的供給，而必須從其他地方引水。否則相對地也會影響水產業移往水源充沛的地方。在另一方面，水源充沛地區的產業，特別是農業也不願意水源被引往其他地方。因此，彼此之間也常發生爭取水權的社會與法律爭執。從生態環境的觀點看，開鑿運河也會造成生物棲息地的破壞與水質的污染。

➔ 水資源的經濟分析

以上，我們已經對水資源的性質，以及供給與需求等問題做過概略的介紹。在這一節裡，我們將針對水資源的開發與使用，並且從它的長流性與耗竭性兩方面透過市場機制對水資源的配置做一說明。

關於水資源的開發與使用問題，一個是水資源開發的程度；另一個是水資源在各種用途、地點、時間，以及不同使用者之間的配置。在水資源開發的程度方面，又可以再進一步分為：(1) 水資源使用程度的開發；與 (2) 水資源設施的開發。

水資源使用程度的開發大略是指水資源可供經濟使用的水準。也就是說水資源可能被充分使用，也可能不被充分使用。如果是被充分使用，它便是一項稀有的經濟財貨。如果配置得當，將會在各種使用上產生正面的邊際價值。在這種情形之下，就表示已經對某一種使用有充分的投資。這時就最好尋找其他的使用去投資了。另一點要注意的就是水資源是要花代價取得的，因此一定要將機會成本計算在水資源在各種使用的配置之內。

至於水資源設施的開發，是指為了開發使用水資源的需要，對水資源設施的興建與投資。假使水資源設施是為了使用**無償**（free）的水資源，設施的開發便會與水資源使用的增加成比例的增加。但是如果水資源具有經濟的稀少性，進一步的設施開發就會重新配置稀有的水資源。所以一旦水資源稀少性的**門檻**（threshold）被超越，我們開發水資源設施時，必須要先衡量水資源在各種用途之間的配置。

水資源的配置可以從以下幾個方面來看：

1. 在各種使用之間的配置，如：灌溉、發電、航運、都市用水、遊憩用水等。
2. 在使用時間上的配置，如利用水庫做季節性的調節。
3. 在使用地區上的配置，如流域之間的輸送，或在一個集水區中，各地區之間的輸送。
4. 在各水資源用戶之間的配置以及他們所屬地區之間的配置。[3]

➔ 稀少性水資源的有效配置

雖然世界各地目前都有缺水的問題，台灣也不例外，但是還沒有到無可救藥的地步。水資源的有效配置，要看地面水或地下水是否適當地被人使用與管理。也就是在幾種互相競用的使用之間如何加以配置。造成缺水現象的主要原因，簡單地說，還是人們把水資源當作**無償財**（free good）來看待。就地面水而言，只要我們能夠將過去的浪費減少，水資源應該還是可以長期使用下去的。在另外一方面，地下水的當代使用將會影響未來世代的使用，情形比較複雜。因此，我們將先就地面水的配置加以討論。

地面水的配置效率

要有效地配置地面水，我們必須：(1) 使多種競爭使用之間保持平衡；(2) 提出一種可以掌握每年水的供給能夠維持恒常的方法。前者如城市居民的飲用，或農業灌溉都是消費型用水。後者比較困難，因為降水、水流與蒸發，每年都不一樣。除了必須建立一套平均量的配置系統之外，還需要預期在平均量上下的變動。

關於第一個問題，我們可以應用本書第 3 章所討論的**等邊際原則**，使每一種使用的邊際利益相等，而使總利益最大。假使我們發現某一種使用的邊際利益大於其他使用，便表示最初的配置沒有能夠使總淨利益最大化。因為假使資源的配置是有效率的，它一定會使總淨利益最大。任何配置不能使各種使用的淨邊際利益相等，就不是有效率的配置。

---

[3] Joe S. Bain, “Water Resource Development in California: The Comparative Efficiency of Local State and Federal Agencies.” In : Allen V. Kneese and Stephen, Ed., *Water Research,* Resources for the Future, Inc., The Johns Hopkins Press ,1966, p. 53.

假使各種使用的邊際淨利益不能相等，便有可能從邊際淨利益低的使用者，移轉到別種能使邊際淨利益增加的使用。當水從低價值的使用者移轉到高價值的使用者時，使用水的總淨利益就會增加，也就會合乎**柏瑞圖**的效率原則。移出水的使用者的損失，會比獲得水的使用者所獲得的利益為小。當邊際淨利益相等時，除非某種或某地區使用水的淨利益降低，水便不需要移轉。

關於如何面對水的供給無法維持恒常的問題，只要我們能夠預期水的供給水平，等邊際淨利益原則仍然適用。但是因為供給量的變動，在各使用者之間的配置也會不同。這也顯示一般的配置方法，諸如：按照某種比例分配，或按照優先次序滿足所需，都不可能是有效率的辦法。有效率的配置，要看哪一種使用最能找到替代品，或者是否能忍受較少的分配，而且在沒有替代方法時能夠節約使用水資源。

從環境與資源經濟學的角度看，節約使用或保育，不但能延長水資源使用的年限，而且可以減少污染以及開發水資源對其他資源所造成的傷害。我們必須正視的問題是，我們在過去對水資源的浪費以及使用的無效率，是非常驚人的。尤其是在水源豐沛或水價低廉的地方，更缺乏保育的誘因。農業與工業是兩大水資源消費性使用的產業，所以在農業與工業方面設法節約使用水資源，也會產生最大的效果。

提高水資源的使用效率，當然在技術上是可以勝任的，方法也很多。但是要注意的是，各種技術的成本問題以及它可能造成對社會的影響。如果人們的日常生活習慣能夠改變，即能節省相當量的水資源。例如淋浴要比盆浴省水；也可以裝置省水馬桶；減少洗車與澆花及草坪；時時檢查水龍頭、水管是否漏水等。

地下水的配置效率

地下水是耗用性資源，當某一地下水源的抽取量大於補注量時，或者使抽取的邊際成本大到無法負擔的程度，地下水源將會枯竭。這種資源耗竭與成本遞增的情形，正如我們在第 2 章所討論的成本、價格與土地資源供給的模式（圖 2-5 土地經濟供給的可能性），我們即可以拿來分析地下水的配置問題。第一、任何現在使用的成本，就等於未來耗竭時的機會成本。第二、邊際成本會增加，一直到水位枯竭，或抽取的邊際成本大於從其他水源取水的邊際利益時為止。在地面水比較豐沛，而且與地下水源距離較近的地方，即可以用來替代地下水。當然抽取地下水的邊際成本不能大於取得地面水的邊際成本。

在有效率的地下水市場，水價必然會隨著時間上升，一直到地下水源枯竭為止。此時，水的價格會等於邊際抽取成本。有一些地區，從水文循環的觀點看，地下水與地面水在實質上是一體的。這時，地面水與地下水的使用與管理也必須納入一個整體的系統，並且要使倚靠單一水資源的負面效果最小化。

水資源的長流性　雖然我們通常都把水資源視為**可更新資源**或**長流性資源**（flow resource），但是因為需求因時因地的不同而不同，所以仍然時常會感覺到水資源的匱乏。實際上人類獲得水資源的原始成本為零；所以當價格等於零時，我們對水的需求就會增加。當水的價格高於零時，我們會先供應最有價值的需求；而最沒有價值的需求，就會被忽略。換言之，只要一個單位水的**價值**（value）高於它的**價格**（price），人們就會購買那一單位的水。假使價格繼續上升，最後對水的需求量，便會剛好等於水的供給量。在這個時候對水的**願付價格**（willingness to pay）就會等於它的價值。

反映在水的稀少性上的價格，會確保水資源做最有價值的使用。只有當某種使用的價值**等於**或超過其供給的**機會成本**時，人們才願意償付其反映**機會成本**的價格。所以為了能維持一個水資源市場與價格的存在，水資源的**財產權**必須要清楚地界定。當然，如果水的取得（包括淨化、輸送等）具有成本，其供給的**邊際成本**也必然會反映在價格上。假使水的**財產權**界定得不恰當，或者其他**市場失靈**的情形不能與水的稀少性價值相稱，水的價格就太低了；需求就會超過供給，也就會造成水的短缺。當然乾旱所造成的短缺又另當別論了。

在都市地區，水資源的問題多半出自於其定價與**分配**（distribution）的機制問題。在幾乎所有的都市地區，水的分配多半是經由自來水公司去完成。在這種情形之下，政治與法規的影響力必然會將水價壓低到它的邊際成本之下。

首先，如果我們假定一個城市的用水是透過自來水公司所經營，自來水公司一定擁有分配水的獨佔權。自來水公司必定會自定一個法定盈餘的報酬率（台灣的中國石油公司在沒有台塑以前的做法是獨佔，有了台塑石油之後即成為寡佔）。假使水的定價低於其生產的機會成本，需求的增加便可能會超過供給，而這種水的分配機制對水資源的**配置**（allocation）也會沒有效率。在這種情形之下，水資源也可以被視為耗竭性資源。

另外一種情形，如果市政府認為供應市民用水是一項公共服務事業，便會受到民意代表的壓力使水價偏低。這時，機會成本就完全不在考慮之中了。

水資源的耗竭性　當水資源的使用量遠遠超過它的**補注**（recharge）量時，水便有可能成為**耗竭性資源**（exhaustible resource）。這種情形在使用地下水的地區更為顯著。對耗竭性水資源的經濟分析與長流性資源是一樣的，不過要再多考慮一項機會成本罷了。首先，我們需要考慮犧牲其他同時需要水資源使用的機會成本。其次，我們要考慮犧牲未來世代人們使用水資源的機會成本。如果我們希望有效率地配置水資源，這兩種機會成本是必須納入考慮的。

破壞水資源品質的使用　除了以上所說有關不同使用之間的機會成本之外，另一種成本則是破壞水資源品質的成本，也就是指對其他使用所造成的負面影響。這種破壞水質的使用有三類。第一類，包括從地面水體或地下水源取水時，會造成生態傷害的使用。例如：在濱海地區過分抽取地下水，會造成海水滲入而使地下水鹽化。第二類，包括使用者在使用之後連同污染物排放回到水文循環體系。例如：家庭用水會摻有人們的廢棄物或污染物質。這種排放的家庭廢水，既使經過處理，仍然會帶有養分或毒性，而不適於別種使用，甚至造成對生態環境的傷害。第三類的使用，包括水經由自然的逕流、沖蝕泥沙或攜帶廢棄物流入或沈積在水體之中。例如：雨水挾帶農業使用的殺蟲劑或肥料流入地面水體或地下水源。

➔ 水資源管理

從學理上講，**水文循環**（water cycle）與**流域**（watershed）的系統都是一體的。從人類發展的歷史來看，最初利用水資源的行為是灌溉系統的建立。而水與土地接合乃產生了人類的文明。換言之，人類的文明都發源於土壤肥沃、水源充沛的地方。而這些地方也正好是一個河流的流域。及至近代，由於人口增加、工商業興起，對於水資源的需求日益增加，而使用的面向也更廣泛。目前人們對環境、生態的重視，更加重了水資源政策、規劃與管理的重要性。

水資源管理的基本概念可以說，是要就水資源在生產與消費的功能，以水資源的質、量與時間、空間等因素投入管理系統，其產出即是各種**財貨與服務**（goods and services）。圖 11-2 的模式可以說明其概念。

這些產出有的是我們直接需要的，有的是附帶的。政府水資源管理的目的，是在於選擇對人民有利的產出，而且要有效率地提供這些產出。

水資源管理的特性有五，它們是：

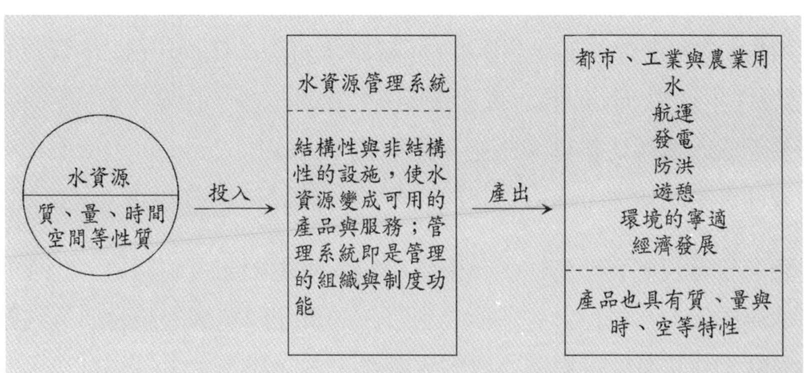

資料來源：Lyle E. Craine, *Water Management Innovations in England,* Resources for the Future, The Johns Hopkins Press, 1969, p. 6.

圖 11-2　水資源管理概念圖

1. 多目標使用——包括水的再利用能力、再利用，又包括水的汲取與新水源的開發。多目標使用也包括水資源控制設施，例如水庫可以發電、防洪、灌溉、城市及工業用水以及遊憩使用。
2. 各種使用都在一個水文循環系統之內互相關聯——因此，在水資源的管理上，水文循環系統即是一個明顯的管理區域劃分的重要因素。自從美國**田納西流域**（T.V.A.）的管理方式建立以來，流域或**集水區**（watershed）的管理模式便日益為人們所接受。如果不能以此關聯關係管理水資源，某種使用的外溢效果便會影響同一水系的其他使用。
3. 區域性的不協調——既使在同一水系之內，水的供給與需求有時也會無法配合無虞。例如供電與遊憩都超越了流域的地理範圍。特別是流域範圍與行政區域的不一致，是水資源管理的最重要問題，所以管理系統與制度的建立非常重要。
4. 經濟規模——水資源開發需要大量投資，經濟規模與效率的考量非常重要，所以水資源管理制度必須具有相當彈性，以鼓勵大規模的操作與經營。
5. 自然的獨佔——水資源具有**自然獨佔**（natural monopoly）的特性，由競爭市場定價是不可能的，所以政府必須介入。成本多為公共成本，其負擔的分配為水資源管理的重要課題，也需要制度的建立。[4]

[4] Craine, pp. 7-12.

政府扮演水資源規劃管理者的角色，其方法可以從五方面來說：(1) 水資源管理；(2) 評估水資源潛力並加以規劃；(3) 規範水資源的使用；(4) 水資源的開發；(5) 組織區域性水資源分配與廢水處理系統。[5]

為了要達成水資源的管理與規劃，**克萊恩**（Lyle E. Craine）也提出六項評估水資源規劃管理機制的標準。這六項評估標準是：

1. 使用整套政府規劃管理方法，以影響水資源使用與開發的能力。此種能力包括運用法律的權力、執行計畫的能力、行政的責任與統御的整合。行政與統御能力的分散，將是有效管理與行政的致命傷。
2. 調整或適應因為水文循環系統關聯所引發的外部性的能力。此一標準與流域的整體統一管理有密切關係。權力與責任的分散將會導致管理的無效率。重要的是，要把整個水文循環系統的管理歸屬單一機關。
3. 對不同時間、空間裡的不同狀況的干擾保持應對的能力與彈性。保持彈性的同時，也要保持彈性與穩定之間的平衡，也要對私人企業的開發行為給予適當的管制與保障。
4. 考量區域之間的需求與管理機制之間的不協調，並加以調整的能力。此項能力包括區域內管理機關的整合、機關之間審查程序的連貫與協調、顧及各個地方的代表性，以及他們的參與。
5. 水資源管理財務支援的能力。
6. 水資源管理在政府永續功能中的地位，以及它與其他機關之間的關係。[6]

以英國的例子來看，1963 年的《**水資源法**》（*Water Resources Act*）代表了以上各種分歧的整合。此法賦予**流域管理局**（River Authority）自行裁量做保育、分配、使用或引水至其他區域的決策。此外 1963 年的水資源法更賦予一些新的權力。例如：(1) 它可以建立整體的水文資訊網；(2) 在轄區內可以測繪、調查，並提出改善計畫；(3) 建立最低流量標準；(4) 核准所有引水的申請；(5) 課徵用水捐；(6) 建造、經營與水庫相關的管制，與使用水資源的相關設施。1963 年的《**水資源法**》造就了相當多數的水資源管理系統。流域管理局就是最好的例子。不過這也是政府真正面對水資源管理問題的開始。

---

[5] Craine, pp. 12-19.

[6] Craine, pp. 19-22.

在另一方面，傳統的水資源規劃管理是以**工程**（engineering）的方法來解決問題。但是從 1950 年代中期以後，由於經濟分析方法的應用，逐漸修正為**資源最適配置**（optimization in allocation of resources）的方法。[7] 從這一點出發，水資源系統的管理，是在於如何配合各種設施以求得最大的邊際報酬。在此同時，公共行政與政治學者也開始參與水資源管理制度規劃與行政管理的工作。此外，社會學家也參與檢討社區組織與決策形成所可能牽涉的相關機關之間如何協調的問題。近代由於對環境保護問題的重視，生態系統的分析與水文系統之間關係的分析，也更顯得重要。

➔ 水與土地資源開發

水與土地資源開發的密切關係不待贅言；有關水與**土地開發的計畫**（land development programs），大致可以分為三大類：

1. **資源保育計畫**：透過資源保育計畫，政府可以協助私人的土地開發工作能夠做獲利的使用。這些計畫包括：有系統的教育、研究、融資、成本的分擔、資源保育技術的協助與其他改善技術，以及工程與科學研究方面的資助。
2. **地方開發方案**：雖然這些方案為地方性的，但是仍然需要上級政府的參與。這些方案包括**集水區計畫**、小型灌溉設施的融資、水資源保育貸款、污染防治、魚類與野生動植物保育的補助、流域規劃與類似的合作計畫，或其他團體的組織計畫等。這些計畫包括私人土地與個別的水權。
3. **由中央政府主導的計畫**：這些計畫包括：防洪、灌溉、發電、航運、遊憩、魚類與野生動物，以及需要大成本而回收較慢、較不確定或者是對私人投資缺乏吸引力的供水計畫。

如果我們的國家要維持一定的經濟成長，水土資源的保育與開發必須放在最優先的地位。而要維持土地的高生產力，特別是農業，除了技術的進步、肥料的施用、生物科技的應用之外，水資源的保育與使用是不可或缺的。當水還是無償財的時候，倒沒有必要組織**委員會**（commission）之類的組織，從事流域規劃的工作。

---

[7] Gilbert F. White, *Strategies of American Water Management,* The University of Michigan Press, 1969, p. 10.

但是由於人類對水的競爭使用，使其成為經濟資源，而且又成為經濟發展的**限制因素**（limiting factor）時，流域的管理便顯得非常重要。

解決水資源需求問題的機關，當然是中央政府。因為水資源的供給，通常都會大到超越地方行政的疆界，多半會包含好幾個縣市、甚至跨越省界。所以以集水區為單位來解決其區域內的水資源問題非常重要。而眾多集水區的問題又包含在整個流域裡頭。所以流域計畫可以指導解決集水區的水資源問題；但是執行集水區的開發管理計畫卻不需要等待整個流域計畫的完成及開發。集水區的開發計畫經驗更有助於流域的水資源開發計畫。

集水區開發的目的主要在於透過**方案**（project）的方式，改善在小型集水區的土地與水資源管理。這種方案的實施需要地方、省與中央有關機關在規劃方面的合作；而且需要區域內大多數土地所有權人的支持與合作。集水區方案的目的也在於對土地與水資源做完全的保護與開發，以獲得最大的經濟報酬，以及那些無法以經濟尺度衡量的價值。這些目的包括土地的**穩定**（stabilization）、土壤的改良、灌溉與排水、防洪、開發與供給都市與工業用水、污染防治、增進魚類與野生動物的保護以及提供遊憩機會。

集水區開發的基本構想就是要達到**多目標**（multiple purpose）使用。而最基本的集水區管理方案就是要實施水土保持、農場保育，以及公私森林與牧草地的保育。第二項主要目的就是防洪與減少河床的淤積。減少洪害不僅注意農業地區，也注意都市地區。第三項主要目的就是從農田水利的管理獲得農業的利益。這些利益包括：灌溉、排水以及充足的供水與水權的分配。

集水區的開發與管理

在基本的觀念上，一個河流的集水區在水文、自然地理，以及其他的自然科學領域裡，都會被視為一個整體的**單元**（unit）。它不但是水利工程問題，同時也是社會科學研究的對象。因為山脊與河谷可能分隔不同的社區；而一條河流的上游與下游也可能居住著不同的族群。而政治或行政的疆界又會將一個集水區分割置於不同的政治管轄權之下。

在早期農業社會的**灌溉文化**（irrigation cultures）裡，現代的集水區觀念並不存在。早期的灌溉文化都是發生在**沖積平原**（alluvial plains）上。人們靠著每年定期的氾濫以及小型的水壩來分配水源；現代的大壩與水庫以及上游的水資源品質管理都是近代的事情。

當我們把整個集水區當作一個管理單元來看待時，我們主要注意的是**公共政策**（public policy）層次的問題，而不是計畫方案層次的。計畫方案的經濟分析，包括益本分析與其他量化的分析方法，只不過是集水區政策經濟分析的一小部分而已。而政策層次的分析乃是**制度面的**（institutional）；而且是最重要的集水區開發的經濟分析，因為它關係到整個社會的福祉。

集水區的開發與管理責任多半都分別歸屬於各個公私機構。公部門的機關包括：防洪、排水、灌溉、保育、森林管理機關以及中央、省、縣市，以及地方政府。私部門的機構包括：個別農場、工廠、公用事業，以及私人林地等。這些機構的開發管理政策，多半依照財產制度與價格系統來運作，而這兩個體系也正是社會科學有所興趣研究的領域。

集水區政策的目標與標準　在我們談到集水區開發與管理政策時，其基本社會福利的觀念與其他方面的經濟政策與標準並沒有根本上的不同。從**柏瑞圖**開始，經濟學家就一直對尋找所謂的社會福利政策標準抱持莫大的興趣。但是最適的社會福利標準都是建立在科學的**虛構**（fictions）裡。最適狀況不是、也不可能是實際的政策目標；但是這些虛構的產物在考慮**福利經濟學**（welfare economics）中各**變數**（variables）之間關係的原則時卻非常有用。也就是說它們可以用來決定哪些變數可以用來做**明顯的**（explicit）分析，哪些可以忽略，哪些可以跟其他變數合用，以及哪些應該當作限制條件。然而在一個動態的環境中，我們沒有足夠的資料來用這些變數預測最適的社會福利**擴張路徑**（expansion path）。

實際的決策包括一連串遞增的福利改善，而可以選擇的**選項**（alternatives）相當有限。所以柏瑞圖的最適狀況標準，只能適用於評估社會福利增加的結果，卻無法做預測。[8]

對於比較小規模的個別流域開發方案，社會福利的**逐步改善**（incremental improvements），可以做**數值上**（cardinal）的評估。例如：可以比較因為方案的執行，其周邊人口所得的增加。如果是大規模的計畫政策，社會福利的逐步改善，只能做**序列上**（ordinal）的評估。例如：改變的方向、改變的速度，以及改變的順序等。

---

[8] S.V. Ciriacy-Wantrup, “Philosophy and Objectives of Watershed Policy”, in G. S. Tolley and F. E. Riggs, ed., *Economics of Watershed Planning,* The Iowa State University Press,1961, pp. 4-5.

流域政策與價格系統

除了以上的情形之外，經濟學的分析中，有三種價格系統失靈的情形；而其中前兩種特別與流域管理政策有關：

1. 價格系統根本不存在。
2. 價格無法讓決策者認知，卻傳遞給其他的人。
3. 價格被扭曲。

以第一種情形而言，可以稱之為**市場外**（extra-market）的價格。有些利益是整體的**不可分別消費**（divisible consumption）。例如：一個沒有遭受水土沖蝕、樹木沒被砍伐、沒有市招及乾淨的水庫風景價值是**整體的利益**（collective benefits）。而一個遭受破壞、髒亂而且影響遊客健康、安全的集水區，則是**整體的成本**（collective costs）。

有些流域開發的利益是可以分別消費的。換言之，是可以向個別遊客收費的。例如：水庫的遊憩設施，如打獵、釣魚等的價值是市場之外的，但是卻是可以分別消費的。有些資源的價值也是可以用間接的市場價值加以估計的。例如：分析費用、租金、不動產交易價格等；也有的情形可以用實際使用單位，如人／日費用等，很容易地計算出來。也有的情形，可以使用問卷調查的方法，詢問旅遊成本，有如我們將在第 13 章裡所討論的資源估價方法。雖然這些方法並不精緻，總比完全忽略要來得好些。

至於第二種**市場失靈**，在傳統的經濟學裡屬於**外部經濟**（external economies）與**不經濟**（diseconomies）。外部經濟與不經濟又有好幾種。它們可能是市場的或市場外的，金錢的或非金錢的、靜態的或動態的、**可逆轉的**（reversible）或**不可逆轉的**（irreversible）。這些名詞的使用常發生困擾，不過以公共政策而言，就希望明確知道在哪一種案例中，包含哪一種**外部性**（externalities）。但是，例如：一個流域上游與下游的土地所有權人的利益，就很難在價格系統裡適當地表現出來。以下將就防洪、灌溉等兩項，與土地資源開發關係比較密切的水資源使用加以討論。

防洪的經濟分析

洪泛的頻率　防洪利益的產生是由於洪泛的防治，這又關係到氾濫的頻率，以及它的大小及造成的損失。洪水氾濫的頻率是以其發生的時間或頻率來估計的。例如：每二年發生一次，其頻率即是 2；每一百年才發生一次的大洪泛，其頻率即是 100。洪泛的大小，通常是以其最大洪峰排水量來量度的；其排放率則是每秒立方公尺（m^3／秒）。洪泛頻率的估計要靠長時間的記錄，其預測基於兩項因素。第一，要看記錄次數、觀察時間的長短；也就是其歷史的資料在河流的各觀測點要夠長，其估計或預測才可靠。第二個決定洪泛頻率準確性的因素，是要看流域是否會造成氾濫的物理穩定性。這些因素包括土壤的沖蝕、泥沙的淤積，以及人為的土木工程改變了流域的逕流與水流型態。其他因素還包括較難預測的氣候變化；氣候的變化，會使洪泛不規則地起伏。也會使區域性的洪泛週期改變。例如颱風的型態每年都不一樣；近年來也有改變路徑的現象。因為人類記錄氣候的歷史很短，資料貧乏使我們無法建立一個洪泛頻率的基本模式。

洪泛的損失　一旦我們可以預測洪泛的頻率，我們也需要估計每次洪泛的損失。在估計洪泛的損失時，我們可以量度洪泛地區淹水的程度與區域的廣度。在洪泛過後，可以用問卷調查的方式調查工業、農場、政府機關以及家庭，詢問各種洪泛程度的損失。再利用洪泛淹沒的深度來計算損失的價值。例如在地下室的損失就要比平地或一、二樓的損失為大。防治洪泛的利益或洪泛的損失，其估計往往都是以整個流域為單位，而不是以其中個別整治方案為單位。因為雖然每一個整治方案都可以個別通過經濟的檢驗，但是這並不表示在整個流域裡是最適的組合。要達到整個流域的最適組合，要先找出最佳的個別方案，然後才能決定開發的序列。雖然有時建造的先後，是政治性的決策，但是至少最後全部完工時，會是最適的組合。要檢驗建造的先後是否合理，遞增或邊際的益本比，必須先加以計算而且呈現出來。

直接的防洪利益　直接的防洪利益，也就是減少直接的洪泛損失。損失有兩種：直接的與間接的。直接的損失，多半是實質上財產的損失恢復到洪泛以前狀態的成本。它們包括以下幾種損失：

1. 住宅的損失，例如基地、樹木、花圃、圍籬、走道、車庫、裝飾、設備、公用事業、車輛與對個人的影響。
2. 商業的損失，例如對企業、工業的損失；包括對土地、建築物、設備、存貨、公用事業工廠、礦場、水井、分配線，以及其他的資源與運輸設施。
3. 公共損失，例如：對公有土地、建築物、教堂、學校、公園、橋樑、供水與排水系統、堤防、水庫、運河、水道，以及其他政府機關的財產。

4. 農業的損失，例如：作物與牲畜、存儲的農畜產品、再種植的成本、建築物的損失、設備，以及對土地的沖蝕、污泥的淤積等。

從經濟原則來看，對以上任何一種直接損失的防止或減少，都是真正的利益。**願意償付**（WTP）是一項很好的價值指標。但是以防洪而言，我們沒有辦法使人願意付出此項代價，所以此項價值是**非市場的**（non-marketable）。所以市場價值無法用來決定利益。但是我們可以詢問人們，假使利益可以在市場上出售的話，是否願意付某種代價來防止洪泛。假使消費者的行為非常理性，而且價格等於或低於修復成本，他們也很可能出價購買此項防洪的利益。這些價值的總合，即可以用來量度利益的大小。如此即可以證明防洪工程的成本是否值得。如果不能通過此項益本考驗，也可以證明損失的資源價值小於興建防洪設施的成本。

間接的防洪利益　間接的防洪利益也就是間接洪泛損失的減少。重要的項目包括：(1) 生產中斷所造成財貨與勞務的損失；(2) 由於生產損失所造成的工資與其他收入的損失；(3) 牲畜的損失；(4) 對企業營運，包括運輸成本的損失；(5) 救災、復健、臨時避難、緊急事項處理、照顧災民等成本。

量度間接的防洪利益最感困難的一個問題，就是如何決定由生產到消費之間的利益與損失的均衡點。也就是說，我們應該把防洪的利益或損失計算到什麼程度？要回答這個問題，也許我們又需要回到：假使市場存在，人們的願意償付為何的問題。例如：在洪泛地區的企業，除了直接的財產損失外，還會遭受營運中斷的損失。農民可能願意付出與他能獲得保存的作物的價值相當的代價。工人可能願意付出與他失去工作機會的工資損失相當的代價。在生產過程末端的企業，可能就要尋找其他替代品的來源；這些來源的成本可能會較高，特別是運輸成本會更高。此時企業的**願意償付**會是替代品與原產品之間的差額。

除了以上所說遭受洪泛損失者外，我們也必須考慮因洪泛而受益的廠商。首先，在遭受洪泛以外地區的企業，可能因為其對手遭受洪泛而獲得更多的商機。工人可以獲得額外的工資，其他生產因素也可以獲得額外的報酬。為了要量度因洪泛所產生的間接淨利益，我們必須將未能獲得補償的淨損失獨立計算。這些損失代表純粹的國民所得損失，而且無法從別處獲得補償。既使有的生產者完全依賴洪泛地區供給生產因素；也應該能在其他地方找到替代的供給者。他們的成本可能較高而利潤較低，但是利潤終究不至於等於零。

提高土地利用價值　經歷洪泛的土地會保持原來的使用，或者會與該地區的土地使用一起成長。如果有防洪措施，則會因為沒有洪泛的顧慮而做較高度的投資。對土地做較高度的使用，當然會增加土地的價值與報酬，而國民所得也會因此而提高。從整個國家的觀點來看，土地的淨利增加，也是經濟利益的增加。

無形利益　無形利益（intangible benefits）是那些無法以金錢價值衡量的利益，通常也只能以文字敘述來表達。其種類包括：死亡人數的減少、人民安全與福利的增進、衛生的改善、疫病的防治等。其中有關人民的一般福利，不但無法以金錢來量化，有時既使要加以描述也很困難。總而言之，雖然這些無形利益確實存在；不過在某些特殊情形之下，如颱風、豪雨所造成的洪泛與土石流，也會造成相當的生命財產損失與安全福利的顧慮。

防洪的責任分擔　防洪的責任或者利益的分擔，在各級政府之間究竟應該如何分配，也是一項必須加以考慮的重要因素。以下三項標準或者可以做為參考。第一，防洪工程的**主要受益人**（primary beneficiaries）應由地方政府責成其負擔。不過在分布較廣的下游社區居民的受益，則比較難以使其償付；第二，地方政府所負擔者多為財產（土地）上損失的避免；最後，只有防洪設施所防止的高頻率損失才加以補償。因為不常發生的洪泛，其損失也不容易證實。

至於第一項標準的所謂主要受益人，必須多到一個相當的人數，而且減少超過 50% 的損失。而且所謂主要受益人，必須從整個的**計畫**（program）而非從個別的方案來定義。也就是說，一個計畫包含好幾個水庫，以及無數的地方防洪工程。第二項標準就比較容易操作，因為地方政府的責任是基於**直接的利益**（direct benefits）；而對直接利益負擔的收取比較容易。第三項標準排除了一部分人的利益的貢獻。大約是少於 20 年一次頻率的洪泛損失才計算在內。

灌溉的經濟分析

灌溉的直接利益　農業可能是用水最多的產業之一，以美國來講，農業灌溉用水大約占全部地面水與地下水的 34%，僅次於工業用水。政府建造灌溉設施配水給農場，其利益通常可以用願意償付（WTP）來量度；此一數值應該等於農家因為得到灌溉水，使其所得的增加。綜合而言，灌溉對農家的直接利益有三類：

1. 農家生產的改善，包括：家庭消費的農產品，農家住宅的改善、農家生活花費的增加。
2. 農家現金所得的增加，此項增加要扣除生產的支出、設備的折舊、投資的利息、生活的支出。此一數字應該等於農民償付灌溉設施的財務能力。
3. 應有剩餘累積做為農場的投資，每年應有10%。

在觀念上，第一與第二類的直接利益，應該等於農家的額外所得；此項所得是由灌溉而來的利益。第三類的直接利益為實際上農家取得農場所有權的成本或分期付款。

灌溉的間接利益　灌溉的間接利益，也稱之為**次要利益**（secondary benefits）。間接利益的主要作用在於反映灌溉設施的興建對其他經濟部門的影響。灌溉的間接利益也可以分為三類；第一類利益是量度農產品在當地市場出售所獲得的利益。第二類利益是產生於從農民生產到消費者之間的附加價值，例如：加工、銷售等。第三類利益代表供應農場的所有其他企業所增加的家庭生活利益與生產支出；通常也稱之為**引申的利益**（induced benefits）。

除了以上三類間接的利益之外，因灌溉設施使附近社區住宅土地價值的升高，也是一種間接利益。這種利益也屬於引申的利益。引申的利益在工程開始建造時就應該計入。

灌溉對地方產生的利益與區域或全國性的利益有所不同。一項開發工程所引起的經濟活動，往往會使附近地區的工資與所得以及就業增加。在某種程度上，也可能會使其他地區的利益減少。不過從整個區域或國家的角度看，這種地方上的小變動，應該是不會造成太大影響的。相反地，有些利益的確會在工程地區之外產生。以下將就國家與區域的利益加以說明。

國家性的間接利益　一些工程對國家其他地區經濟的影響，也因各時期經濟狀況的不同而有異。首先關於引申的利益，在經濟不景氣的時候，國家的產出與資源的利用遠遠低於其**能量**（capacity）時，一項建設工程的引申利益是非常重要的。所得的給付又再次用於財貨與勞務的購買。這種一連串的脈動會使閒置的勞工與資源重新就業。這也就是**凱因斯**的公共投資**乘數理論**（theory of multiplier）。這一點我們已經在第 7 章裡加以說明。

在**通貨膨脹**（inflation）時期，對財貨需求的貨幣量超過了財貨的供給，便會使價格上漲，**引申效果**（induced effects）便會逆轉。建設工程會對所得注入更多貨幣，等於對通貨膨脹火上加油。而工程在營運時期，其引申效果會比較小，因為農民的多餘支出大部分都會被產出的增加吸收而趨於平衡。

在經濟均衡時期，就業程度高，價格穩定，引申效果便會消失。當貨幣流通與財貨生產在協調狀態時，假使政府的財政政策與支出掛勾，工程建設的引申效果便不會產生，因為工程的支出已經包含在國家的總支出中了。而工程的營運仍然只是所得與產出流轉中的一部分而已。

區域性的間接利益　以灌溉計畫而言，**區域發展**（regional development）是一項重要的政策目標，也是實施此項計畫的主要理由。在此項工程建設上所花的錢對地方的所得與利益都有貢獻。一項工程計畫可以增加一個地方的經濟基礎。它可以發展製造業與服務業的能量；這些能量又可以輔助此項工程；居民購買能力的增加，又可以引起另一波消費者對消費財的購買與企業的供給。從地方以及區域的角度看，這些效用正是間接利益。

公共利益　公共利益（public benefits）包含灌溉工程計畫的五種有利效用，而且也是可以用金錢尺度來量度的。

1. 第一種利益包括人民的**定居**（settlement）。人民定居的利益，可以用可安置的農家數來量度。
2. 第二種公共利益是就業機會。這種利益包括勞工所得的增加及就業。要估計就業機會的經濟利益，則要衡量他賦閒在家的價值有多少。也可以用可以吸引他加入工作行列的最低工資來量度。
3. 第三種公共利益是創造新的投資機會。假使當地沒有灌溉工程所創造的投資機會，其利益便只有當地農場的投資利益。
4. 第四種公共利益是改善社區的設施與服務。這些利益包括由灌溉工程所產生的所得稅收提供的更好的公共設施與服務。這種利益可以用估計不動產與個人財產稅的增加來衡量。這種更好的服務，又可以分為生產性的服務與消費性的服務。例如：警察、消防、道路等是生產性的；而學校、公園等或者可以說是消費性的。
5. 第五種公共利益是穩定地方與區域經濟。例如：遇到旱災時，灌溉工程即可以將水庫的水引來灌溉，進而減少當地經濟的不穩定性。

以上防災的利益價值的估計，可以假設人們都有購買保險以防收入變動的話，即可以求出人們對保障其遭受災害時，維持穩定生活的願意償付（WTP），而以願意償付來估計其價值。

水是稀少性資源

當我們衡量利益與成本時，都會先假設該項計畫或方案所使用的財貨與勞務都是以市場價格購買的，而市場價格所反映的價值又是機會成本所決定的。但是以一個灌溉工程而言，河流裡的水卻沒有市場價值。灌溉用水不但居各種用水量之冠，而且是消費性用水；也就是說它絕大部分都不會回到原來的溪流裡。特別是在比較乾旱的地區，農業用水也會排擠工業與其他用水，甚至妨礙區域性的經濟發展。但是工業生產的經濟報酬遠比農業生產來得高；農業灌溉用水是各種主要用水之間最不集約的用水方式。

因為水沒有市場價值，而且人們無法預見灌溉所用的水對工業發展所造成的價值損失，所以水的真實成本無法包含在益本分析裡。但是總要找出一些方法防止這種缺水所造成的經濟損失不致於擴大。原則之一就是要使供給稀少的水資源做最高的經濟使用。所以每當興建灌溉水利工程時，經濟學上的分析是少不了的。當灌溉與工業化相對立的時候，政府必須做出最好的判斷。這種分析必須包含水資源的總供給量與其目前的使用，以及潛在的未來的新使用，特別是新興工業，或開闢新的工業園區，它們的用水量更要精確的估計。

➔ 水污染

自古以來，人類即利用水資源來消化他們的廢棄物，因為水可以稀釋分解廢棄物。這種自然淨化的能力，在人口不多，而且密度不高的地方是十分有效的。但是當人口增加到相當數量之後，這種自然界的自淨力就力有時而窮了。被污染的水，當然不能做人類所希望的使用；尤有進者，有些被污染的水常具有強烈的毒性，甚至連工業的機械都會受到損壞。如果把**水污染**對人體健康的傷害，對生態系統的破壞，對農業、工業與經濟所造成的損失，整體來看水污染的社會成本是非常大的。

水污染也分**地面水污染**與**地下水污染**，**水污染**的主要來源有三：農業、工業與城市的家庭用水。世界各國到目前為止，既使是科技最先進的美國，所能控制的也只是大型點源污染。所謂**點源污染**（point sources of pollution），是指水的污染來源是來自某些特定具體的定點，如排水管或下水道的出口。對點源污染，目前已經可以控制到某種程度；但是對於**非點源**（non-point）以及無機的**毒性**（toxic）污染物，仍然是一項主要的問題。

減少水污染的主要工作，仍然在於減少城市下水道的排放。在較小型的市鎮或村落，目前仍然缺少污水處理設施，而未經處理的污水便直接排放到湖裡或河裡。在大型城市裡，雖然有污水處理設施，但是處理得並不理想。所以你可以看到在大型都會區附近河流的水質多半不良。如果能夠減少水污染或者提高處理污水的能力，也可能增加水的供給。

水污染的經濟分析

從經濟的角度看，國家的水污染防治政策，應該注意所能獲得的利益與所須付出的成本。如果我們使用較多的資本、勞力與技術在水污染上，必然會排擠對其他重要事務的投資。所以社會必須選擇最「經濟的」污染防治策略。其意義有二：第一、不論選擇何種防治目標，都應該選擇成本最小的方法。第二、污染防治目標的達成必須注意它的機會成本。也就是必須注意在我們使用資源在水污染防治上時，所必須犧牲用在其他使用上的資源。所以只有在水污染防治的結果，比資源使用在其他事務上的利益更大時，才值得去做。也就是假使當利益超過成本時，政府的干預才算有經濟效率，也才合理。益本分析應該成為污染防治決策程序的必要條件。

利益／成本的比較　要在觀念上做到理想的污染防治利益／成本的估計，必須要有四種不同關係的資訊。第一種是法規的特定規定與污染物排放量改變的關係。第二種是污染物排放量的改變與水質改變的關係。第三種是水質的改變與人們對水使用方式的關係，例如：遊憩使用的增加，或城市處理民生或工業用水成本的減少。第四種是使用的改變與人們所給予這種改變的金錢評價的關係，也就是人們所**願付的價格**（willingness to pay）。

很不幸的是，關於水污染防治的研究，能把這四種關係都做到的，幾乎沒有。有些只做其中一、二項關係的研究，或者只做某一水域的研究。但是如果要瞭解國家防治法規或政策，對全盤水資源污染防治的效果，則必須做整合性的研究，或利用基本資料加以推估。

成本-效益分析　經濟學者認為**成本-效益**是指執行某種行為，例如：水污染防治，以最低的成本達到所設定的水質目標。要達到合乎**成本-效益**的水污染防治是非常重要的，所節省的成本，便可以拿來生產其他有價值的財貨與服務。假使任何排放者改變他的行為，能夠使污染減少，而且使成本降低，則整個社會的福利就會增加。

只有當防治一個地區的水污染政策，能使改善每一個水體水質所增加的邊際成本都相等時，才是一個合乎**成本-效益**的污染防治政策。例如：兩個臨近的工廠，排放同樣的污染物到一個湖裡。不論是工廠 A 或是工廠 B，只要減少一個單位的污染物，都會同樣改善水的品質。現在假定要使水質達到可以游泳、釣魚的標準，則每一天要減少 50 噸的污染物。方法之一是，規定每一個工廠每天清除 25 噸的污染物。但是假定在這種情形之下，工廠 A 的邊際成本是 10 元 / 噸/天，而工廠 B 的邊際成本是 5 元 / 噸 / 天。假使讓工廠 A 每天減少清除一噸污染物，便可以每天省下 10 元。假使讓工廠 B 每天多清除 1 噸的污染物，總清除量是一樣的，水質的目標也能達到，而且每天都能節省 5 塊錢。如果這種方式繼續下去，工廠 A 也會減少他的邊際成本，直到工廠 B 提高他的邊際成本與工廠 A 相等。污染物的排放，在不同的地區，對水質的影響也會不同，在尋找最小成本的減廢方法時，這些因素都要考慮在內。

從經濟的觀點看，主要的批評是，以技術為基礎所定的標準，幾乎可以確定的是在任何特定的水質標準下，總成本一定會比所需要的高。

周邊標準與零排放　周邊標準（ambient standard）是指為了符合我們生活環境周邊用水的清潔度，所定的標準。例如：飲用水的標準最高，其次為接觸身體的游泳用水等等。一旦此項標準訂定之後，防制的責任就是要拉近實際的水質標準，與理想的水質標準之間的差距。以美國的經驗來看，早年是把周邊標準與排放標準掛勾，制定處罰標準。但是很不幸地，國會後來選擇**零排放**作為防治污染的目標，並且與周邊標準脫勾。

基本的問題在於假設的前提錯誤，認為愈嚴格的法律愈有效，其實情形適得其反。在 1960 年代，法國就制定過零排放的法律，而且罰則很重。其結果是這項法律從來就沒有實施過，因為它很不合理，沒有可行性。在 1972 年，EPA 估計要達到零排放的目標，從 1971 年到 1981 年，如果要減少全國工業與城市 85% 到 90% 的污染物，要花 620 億美元；如果要清除所有的污染物，則要花 31,700 億美元，幾乎是前者的五倍多，還有人認為是低估了。所幸這個標準的實施並沒有訂定時間表。最近國內部分人士與立法委員主張美國牛肉所含的瘦肉精，要零檢出才准進口，似乎這也是一項不可能的任務。類似的例子多得不勝枚舉，例如：小汽車製造空氣污染，是否我們應該禁止使用小汽車？登山會發生山難，是否應該禁止登山活動？

建立排放標準與執法的困難 建立排放標準，一方面是建立各種工業的個別標準，另一方面是訂定國家排放標準。要決定全國大約 60,000 個污染源的排放標準，絕對不是一件容易的工作。在 1972 年，美國 EPA 為了建立每一種工業的排放標準，開始研究每一種工業的污染防治技術。在建立指標時，EPA 必須考慮設備的新舊、生產的程序、防治的工程技術、水資源之外的環境影響、能源的需要、行政因素等。這種作法可以用在個別工業，也可以用來建立各種工業的一般標準。如果考慮成本效益，最好是前者。但是因為成本太高，所以 EPA 選擇建立比較可以應用在大多數工業的一般標準。但是因為這種一般標準，無法應用在所有的工業，特別是對於非點源污染，所以立刻引起工業界的反彈與法律訴訟。可見建立防治水污染標準與執法的困難。

玻璃罩觀念的應用 從上面的討論，我們可以發現，既使我們能定出各種工業的排放標準，要一個工廠、一個工廠地追蹤它們的排放也非常困難。在成本方面，可能有的工廠增加，有的工廠減少。在**玻璃罩觀念**（bubble concept）下，所有的工廠都被看做是在一個玻璃罩下，在玻璃罩下的所有污染源，都被假想成是同一個污染源。所以，不管**玻璃罩**內各個工廠污染排放標準的消長、法規的管制，只控制**玻璃罩**內工廠的總污染是否合乎標準就好。其實，這種管制也並不特別有效。因為在大多數的都市地區，都不符合**周邊標準**。

污染稅 **污染稅**是針對所排放的每一個單位量的污染物，所課徵的稅或費。這種稅或費可以讓排放污染物的工廠，為了使清理污染的成本極小化，去選擇它排放污染物的多寡。課徵污染稅或費的辦法，已經久為經濟學者所推崇，因為它能產生誘因，使企業將污染成本內部化，成為生產成本的一部分。它也可以產生誘因，使防制污染的技術有所創新，更能提升成本-效益的效果。假使所有的工廠都面對同樣的稅或費，他們防制污染的成本就能相等，也就能使成本極小化，進一步可以減少被課徵的污染稅或費。

此外，也有可能利用水質模式設計不同區位，不同污染源水質的課稅系統。如果對一個集水區或區域裡的任何水質，都有一套合宜的課稅標準，便能使達成此一標準的總成本極小化。根據學者的研究，一個設計合宜的課稅系統，可以減少處理污染的成本 20～50%。[9] 一項實際上的問題是，這種計算方式並不一定適用於一個國家或區域的所有水域。

整體來講，**污染稅**或費要比法規的規範為佳。因為污染稅或費能提供誘因，使處理成本極小化。但是在另一方面，在某些情形下，污染稅或費的效力不如法規的規範，因此在兩者之間的取捨非常困難。然而，可交易的污染許可制度，可能具有兩者的長處，而沒有任何一種方法的短處。

可交易的污染許可　實施**可交易的污染許可制度**，首先要決定污染水平的目標，然後由主管機關發行一定數目的**污染許可**。每一張許可准許污染者，在一定時間內排放一個單位的污染物。主管機關可以無償地把許可發給污染者，或者拍賣給出價最高的污染者。假定我們有 100 個污染者，污染的水平為 1,000 單位。第二步就是要決定如何把這 1,000 個單位的污染，在這 100 個污染者之間作分配。首先，例如：我們可以讓每一個污染者負責處理 10 個單位的污染，而且允許污染者在他們之間按照需要自由買賣污染許可。可交易的污染許可制度，如此配置污染權，可以在污染防治成本極小化的狀況下，使水質達到**周邊標準**的清潔度。當然在不同的地區，污染許可的價值也會不同。一個處理污染的邊際成本較低的廠商，應該願意出售他的許可給處理成本較高的廠商，以較低的成本多處理邊際成本較高廠商的排放。一個高邊際成本的廠商，也應該願意購買邊際成本較低廠商的許可，以節省處理的成本。這樣，就會使整體的污染處理成本極小化。

---

[9] Freeman A. Myrick III, "Water Pollution Policy" in Paul R. Portney and Robert N. Stavins, Editers, *Public Policies for Environmental Protection,* Second Edition, Resources for the Future, 2000, p. 200.

12

能源與土地使用

The shift from dirty electricity will take decades to implement. Most important will be the rapid implementation of energy conservation and efficiency measure to get us through the next decade or two.

Edmond A. Mathez
Climate Change: the Science of Global Warming and Our Energy Future

能源與土地使用的問題

我們在第 9 章討論了資源的稀少性與資源保育，**能源**在今天的經濟社會裡，當然是一項非常重要而且稀少的資源。所謂**稀少**，就是我們所有的需要，必須要以犧牲什麼有價值的東西，才能獲得滿足。這種說法也符合**演化理論**（evolutionary theory），如果世界上的資源無限，也就無所謂「物競天擇、適者生存」了。所以，無論我們決定如何使用任何資源，都會經過一個競爭的過程。也就是說，人們使用資源，並不限於他自己所生產的東西，而且要在競爭的過程中，並且能獲得他人所生產的資源。這就形成一個既競爭又合作的關係。這也就是**亞當斯密**所說，**一隻看不見的手**所造就的經濟模式。也是最可能引導，使社會福利最大化，提升生活水平的經濟模式。對能源與土地資源的使用，也應作如是觀。

能源是從地球本身發掘出來的礦物資源，如石油、煤、鐵、銅，以及其他各種金屬、非金屬礦物質，供人類使用，但是它們的供給是有限的，而且是不可再生的。這些資源的終極來源都是太陽，太陽的能源是無限的，但是其供給，因為地球表面可供人類使用的土地面積有限，所以太陽能的供給也受到限制。再加上人們對能源稀少性的認識，政府的能源政策與工業界對能源的使用，以及能源與土地使用規劃之間的關係，都是我們所需要面對的問題。

如果單就能源與土地使用來看，土地的使用與開發，除了區位與地點的選擇、公共設施的便利與否，法規的限制等，至少到目前為止，很少有對能源的使用加以考慮的。當我們開發新的住宅時，對外觀的美質與內部的功能，要比是否節省能源更受到重視。對於非住宅的開發，玻璃帷幕的辦公大樓、有如公園似的工業園區，所注重的是樣式，而非能源使用的功能與效率。再者，我們幾乎沒有聽到政府官員，為了節約能源而限制**都會區**向外蔓延發展的想法。

這一章的主要目的，就是希望對能源與土地使用的關係，建立一個基本的基礎概念。能源與土地使用的關係，可以定義作：**土地的使用要增進能源的供給，同時減少對能源的需求**。這種要求必須認識到：(1) 過去土地開發趨勢的倒錯及其影響；(2) 過去的趨勢必須加以重新導向。再者，各級政府的土地使用計畫，必須以能源的需求與供給為主要的考量因素，而加以管制。[1]

[1] Robert W. Burchell and David Lisokin, Editors, *Energy and Land Use,* Rutgers, The State University of New Jersey, 1982, p. 2.

在政策的大方向決定之後，對會影響到能源供給與需求的空間，以及建築物結構的問題，也必須考慮。現行管制土地使用的法律工具，也必須加以分析與檢驗。確定在某一方面節省能源的方法，不至於造成另一方面能源的耗用。例如：種樹可以減少夏季的炎熱，但是也會妨礙冬天從陽光取暖；裝置太陽能集光板的空間，可能影響建築物的最適空間密度（高樓 vs. 透天厝）。

基本上，能源與土地使用，可以做為影響都會區、城市、以及里鄰地區能源供給與節約的主要考慮因素。展望未來，能源的消費只會增加不會減少。未來土地使用與**人造環境**（built environment）的開發與管制，必須考慮此一趨勢。不過學者的研究顯示，人們的土地使用與生活方式，只會作一些不關痛癢的改變。

1. 因為法規或消費者的要求，建築業者會提供節省能源的材料與建築方法，但是會避免昂貴的材料與建築方法。
2. 小型與獨棟或連棟的住宅與花園式的公寓，仍然會在城市郊區興建。
3. 除了對郊區的影響之外，為了節省開車至郊區購物中心的旅程能源耗用，也會鼓勵人口與經濟功能重回城市。

在說明了能源與土地使用的一般關係之後，我們將依序從以下四個特定主題，討論能源與土地使用的問題，它們是：

1. 能源與都會區的發展；
2. 土地使用與能源的消費及供給；
3. 能源與土地使用的方向與策略；
4. 我們需要怎樣的現代能源政策？

能源與都會區的發展

從歷史上看，廉價與充沛的能源的離心力，造就了今天城市的擴張發展。自從 1973 年 OPEC 國家的石油禁運，造成能源危機之後，才使大家覺醒，開始討論以能源為誘因，遏阻城市的繼續蔓延、鼓勵城市的**緊湊**（compact）發展。這種能源會鼓勵人們重回城市的前提是，認為城市的建築集中，可以使能源的使用比較有效率。因為：

1. 都市的住宅密度高而且**緊湊**，會消費較少的能源。因為密度高或為集合住宅，交通運輸與其他目的的活動，對能源的需求會比較少。

2. 城市比較有利於運輸與通勤。因為城市的緊湊性，居民不需要長途跋涉去工作、購物、與休閒娛樂，而且易於搭乘大眾運輸工具。加上汽油價格不斷上揚，使用小汽車作為交通工具，通勤花費節節升高。
3. 城市能具體地發展有效率的能源使用系統。**共生** (cogeneration) 與**分區** (district) 能源系統技術都需要高密度與混合的土地使用。[2]

但是在另一方面，關於都市住宅是否能源使用效率更高，也是我們關心的問題。有些研究指出都市住宅多數老舊，無法適應氣候變化保持適當的冷暖溫度。要改善這些缺點，也需要金錢的花費。至於城市是否有相當的運輸與通訊的利益問題，也有研究指出，近年來由於企業與工作機會的郊區化與分散化，以及現代資訊科技的發達，郊區的居民並不需要每天通勤到市中心來工作。關於是否城市有利於新能源技術發展的問題？就太陽能來說，平屋頂比較普遍，而且樹蔭無法遮蓋，都有利於太陽能的收集。然而，由於城市的建築物密集，對太陽能的需求，可能大於其收集的能力。再者，要在老舊的建築物上裝置太陽能設備，要比裝置在新而且低矮的建築物上困難而且昂貴。

許多重新評估城市能源優勢的研究指出，影響都會區發展的社會力量更為重要。許多中產階級家庭外移至郊區，以脫離城市的貧窮、污染、擁擠。這種力量往往大於人們重返城市的意願。總而言之，對於城市是否有利於能源技術的發展，有正反兩面的說法。不過這些研究也讓我們重新思考中心城市的功能，包括：通勤成本、小汽車的使用、都市住宅的角色，以及評估新能源系統的空間需求等問題。

土地使用與能源的消費及供給

關於此一問題，我們將討論兩個相對的問題。一個是能源使用如何影響土地使用，另一個問題是土地使用如何能促進能源節約。

1. 能源使用如何影響土地使用

這方面的研究，最初注意到的土地使用變數，是都市蔓延的成本。包括：「低密度獨棟住宅區的蔓延」，「高密度有計畫的蔓延」(集合住宅、連棟住宅等)。研究的結果顯示，「高密度有計畫的蔓延」要比「低密度獨棟住宅區的蔓

2 Robert W. Burchell and David Lisokin, pp. 11-12.

延」，節省 40% 的能源。但是也有學者質疑此一研究的方法，認為過於簡單而且與實際情況不盡相符。之後的研究顯示，能源的消費與家庭所得有高度相關，當然家庭的大小也影響能源的消費，此外，也有對住宅型態與能源消費的研究。

第二代的研究則比較注重能源與土地使用之間的動態關係。學者試圖建立某種模式，來追蹤能源與土地使用的關係，包括土地使用的改變，影響能源消費的大小，以及土地使用形態、交通運輸方式的選擇，與能源使用的關係等。

2. 土地使用如何促進能源節約

這方面的研究，認為**能源節約**是一項非常重要的能源策略，一項哈佛大學的研究顯示，節約能源可以減少 30% 到 40% 的能源消費。[3] 而且節約能源不必倚賴任何技術上的突破，也不必顧慮核能、煤炭對人身的安全與環境的災難。大多數對節約能源的研究，都認為土地使用與建築管制的機制，能夠促進能源的節約。在交通運輸方面，從倚賴小汽車轉向大眾運輸工具，也能節約能源的使用。這也需要土地使用的管制，促進緊湊而非蔓延式的都市發展。

3. 土地使用與能源的供給

關於**土地使用與能源的供給**，我們將討論土地使用對能源生產，與能源設施成本影響的問題，以及能源技術創新的問題。

(1) 土地使用與能源生產／設施

能源生產與設施對土地使用影響最大的就是煤礦的開採，其主要的問題是地表的挖掘與復原。這些工作包括：恢復地表的地形、移填表土、植栽與恢復土地的生產使用。無論是作農耕、住宅、商用或遊憩使用，都需要有成本的考量。第一、地表煤礦的開採，在有意無意之間，都會影響鄰近的其他土地使用。這種情形就會影響鄰近土地使用生產與消費函數的價值，這種成本即是外部成本。通常這種問題，就需要政府土地使用分區（zoning）的規範。能源設施的建設，往往也會造成同樣的問題，也要受土地使用分區管制法規的規範。特別是受濕地、海岸地區、景觀河流等環境敏感土地使用管制的影響。

第二、造成土地使用爭議的問題，是土地的開發形態與周邊的環境並不相容，又不易回復原狀，以致於無法作所希望的未來使用。假使能夠及

[3] Robert W. Burchell and David Lisokin, p. 17.

早注意到不同土地開發的機會成本，也許可以避免此種爭議。例如：土地做戶外遊憩，或保留做科學研究使用，其自然狀態的價值，當然無法與私有權的市場價值，或需求的機會成本相提並論。因此，私有市場配置資源的機制，自然無法提供社會**最適的**（optimal）自然環境，而需要政府干預來矯正市場的失靈。不過在台灣，情形剛好相反，台灣是政府出售國有土地，帶頭炒作地皮，以賺錢為目的，大量開發綠地、林地、濕地、空地，甚至農地。

第三個造成土地使用爭議的問題，就是在土地的開發與保育之間，技術與時俱進所造成的不同影響也必須考慮。自然資源的開發，通常都是為了提供原物料。對原物料需求的增加、提高的供給價格，往往會引來替代品。假使技術的進步帶來更多、更廉價的替代品，原來開發的產品價格也會跟著變動。不過，在另一方面，自然資源保育所提供的財貨與服務，往往是無法由科技生產的，供給也不會增加。如果需求增加，自然資源的價格也會提高，開發自然土地的機會成本也會增加。假使開發行為的結果是無法**逆轉的**（irreversible），這種土地資源的錯誤配置，問題就更嚴重了。其他開發行為，如伐木、水力發電等，問題也莫不如是。

(2) 土地使用與能源技術／系統

改變**人造環境**（built environment）的密度與土地使用管制，可能改善某些能源系統。有些能源技術在高密度而且不同土地使用混合的情形下，也更容易改善。**能源共生**（cogeneration）就是一個很好的例子。**能源共生**是在住宅區與非住宅區（例如：工業區），在相鄰的地方開發時，後者剩餘的熱能，便可以很有效地輸送供前者使用，高密度的住宅區也可以把成本分攤給多數人家去負擔。此外，高密度也可以減少能源系統一些技術上的困難，例如：減少熱能在輸送中的流失。

另外，也有其他的能源需要完全相反的條件，例如：風力就不能在高密度的地方發展，因為高密度的高建築物會阻擋氣流。此外，太陽能也不適宜於高密度地區，因為陽光的照射與收集，需要較大的空間，所以在中等密度的郊區地方比較適宜。不過在實際應用上，所牽涉的法律問題也有待研究，基本問題在於陽光的財產權。也許透過地役權，或者地方政府的土地使用分區，可以保障陽光的取得。[4] 總而言之，能源敏感土地使用管制的發展，仍然在起步的階段。也許等到更成熟的時候，才能產生有效的法規架構。

能源與土地使用的方向與策略

根據以上所討論**能源與土地使用的問題**，我們將繼續討論以下幾個主題：

1. 能源與城市未來的土地使用型態；
2. 節省能源消費的土地使用方法；
3. 確保適當能源供給的土地使用方法；
4. 各級政府實施能源敏感土地使用管制的方法。

能源與城市未來的土地使用型態　當我們討論**能源與城市未來的土地使用型態**時，以下幾個問題都是我們需要思考的。我們使用能源的目的是什麼？都市與鄉村使用能源的目的有何不同？交通運輸與空調對能源的需要如何？住宅區與非住宅區的需求有何不同？能源需求影響土地使用，還是土地使用影響能源需求？影響城市分散化的原因是什麼？能源價格與能源供給對城市分散化扮演什麼角色？是否城市中心的能源使用比較有效率？

孟諾哈（Shri Manohar）的研究發現，世界上 80% 的能源被 30% 的人口所使用。其中三分之一的能源，又被只佔世界 6% 的美國人所消費。在這些美國人的能源消費中，28% 用在取暖與空調，25% 用在交通，37% 用在工業，其餘的能源用在其他日常用途。**孟諾哈**的研究指出，提高能源使用效率，加上各種節約能源的方法，可以減少 50%-60% 的能源消費。他的研究也指出，**能源保育**（energy conservation）是最有效的節省能源辦法，技術上的改善也有極大的幫助。[5]

其他類似的研究也認為，各級政府應該起帶頭的作用。例如：推動土地混合使用的開發、規劃適當的開發區位，以發展大眾公共運輸系統、檢討土地使用分區與土地細分及建築法規，以減少通勤距離，並且發展節能建築技術。

唐恩（Anthony Downs）在他的文章 *Squeezing Spread City—A Second Look* 裡指

[4] Tawny C. Alvarez, “Don’t Take My Sunshine Away: Right-to-Light and Solar Energy in the Twenty-First Century”, *PACE Law Review,* Vol 28:535, 2008, p. 558.

[5] Robert W. Burchell and David Lisokin, p. 26.

出，在過去的 50 多年中，廉價的能源只是造成美國城市分散化的主要力量之一。其他因素還有：人們喜歡低密度的生活環境，遠離城市的塵囂與貧窮，以及城市中心本身的衰敗。在這些「**推**」與「**拉**」的多重力量同時發生作用時，既使能源價格升高，都市擴散的趨勢仍然會繼續下去。**唐恩**總結的說：

1. 只要擁有住宅所節省的成本，高於通勤成本的增加，家庭仍然會外移。
2. 旅行的型態可能會因為汽油價格的提高，會有所改變。
3. 對大眾運輸的需求會增加，特別是公路導向的車輛。
4. 城市中心的老社區，可能隨著能源價格的升高而復甦，但是這種復甦並不會普遍化。
5. 密度的提高可能發生在城市中心與鄉村之間，而不會在次級城市與主要城市的中心。[6]

節省能源消費的土地使用方式　為了節省能源，土地使用可以從開發的區位、規模（scale）、集中度，以及建築、設計等方面著手。如果以節省住宅能源消費的土地使用為例，可行的方法包括以下幾項：

1. 在開發的區位方面，重點應該放在接近市中心復甦地區，或稍微外環的區位。這樣可以減少都市蔓延，增加城市邊界內**填入式**（infill）的開發，與舊市區的再開發。商辦使用的土地要**去中心化**（decentralization），並且要考慮開發的規模。
2. 住宅區的開發，應該接近已有的公共設施，如購物、學校、就業等。要增加不同土地使用的混合，例如：住宅與零售、住宅與休閒遊憩、住宅與就業等。並且使各種開發能提供便利，且在適當通勤距離的公共交通運輸設施。此外，要作**簇群式**（cluster）開發，以避免多佔開放空間，方向要坐北朝南。交通工具，最好以步行、自行車與大眾運輸工具為主。
3. 至於基地的設計與能源保育，現行的土地使用規則，如分區規則與細分規則等法規應該鬆綁，給節能的創新設計充分的彈性，讓新的設計能夠發揮最大的節能功效。建築基地的設計，要注意外部的能源消費因素，例如景觀的規劃，植栽要用落葉喬木，使夏季有蔭涼、冬季有陽光。街道的水泥與柏油鋪面要窄，

---

[6] Robert W. Burchell and David Lisokin, p. 28.

以減少太陽熱能的吸收。

4. 結構的設計，要有最大化的**能源保育**（energy conservation）能力，而且能利用大自然所提供的取暖、納涼與調節空氣的系統。如果需要能源系統，最好裝置整體的中央系統。不過，最大的挑戰在於如何改善老舊與現有房屋的節能效率。至於住宅區的設計，開發者應該考慮加強景觀設計，與提供因應氣候變化的設施。空間的取暖與納涼系統，要改善可能獲得最高能源效率的設備。
5. 另外一個節約能源的問題，就是關係到開發的**規模**。美國**都市土地研究所**（Urban Land Institute, ULI），多年來都在注意**大規模**（large-scale）土地開發，如何平衡土地使用的利益與環境之間衝突的問題。大約在 1980 年代，美國聯邦政府開始注意到大規模開發的節約能源潛力。在地方政府方面，良好公共設施的提供與開發政策，也會給**大規模**開發莫大的誘因。**大規模**的開發可以增加對氣候變遷的適應能力，無論是太陽能設備的裝置、社區的能源系統、能源的共生系統等，都以大規模為佳。能源的節約與開發規模兩者，在過去的二十多年來，幾乎是同一件事。再者，**大規模**開發一向都能促進結構設計的創新與成本的降低。不過，**大規模**的開發也有缺點，其建築成本會相對的提高。再者，開發的規模愈大，愈會受到公眾的注意，也會受到從地方及上級政府法規層層的管制。

提供適當能源供給的土地使用方式　在可預見的未來，能適當供給我們所需求的能源，如果不是煤或石油，可能就是**核能**了。核能的電力，每千瓦／小時的成本可能是最低的。但是核能的未來發展並不確定，因為核能有三大重要問題。它們是：安全、核廢料的處理，以及輻射線。安全是指核能電廠，可能會爆炸或熔解而釋放出輻射線。爆炸大概並不容易，但是熔解是有可能的。一旦發生熔解，救災卻非常困難，甚至是不可能的。救災的規劃就是一項主要的土地使用問題。

核能的第二個問題，就是如何以及在何處永久性處理核廢料。核廢料的處理，到目前為止已經不是技術的問題，而是政治與土地使用問題。第三個問題則是核輻射問題，尤其是顧慮用核燃料製造武器及其他非和平用途。

早期的發電廠都是建在臨近使用者的小型發電廠。當輸送的技術進步以後，發電廠的規模變大，而且遠離使用者。使用煤的火力發電廠，更遷移到煤礦產地，而核能電廠則建在更遠的地區。未來電力的生產會面對幾個問題：(1) 以技術的進步降低發電的成本，使電力成為更具競爭力的動力來源。(2) 準確估計未來經濟成長對電力的需求，以未雨綢繆。(3) 確定適當發電設備規模的趨勢，以尋求法規上的解決辦法。

能源敏感土地的使用方法　能源敏感土地的使用，需要政府的介入，介入的方式就需要考慮管制的架構。在這個架構之下，就要考慮能源保育的目標，與其他土地使用目標之間的關係，以及它們之間的相互影響。例如：能源保育對環境保護與公共設施與服務效率的影響？能源的使用方式，會對土地使用造成何種改變？這些可能的改變需要對工程、經濟、法律與其他問題作何種規劃？能源保育所帶來的改變，又如何融入現在的土地使用改革？例如成長管理與智慧型成長等。

此外，我們還要考慮能源敏感土地使用的方向、實施與可能造成的結果。哪一種土地使用的改變與管制架構的設計，可以促進能源的節約？這些改變的重點是什麼？是否有創新的思維？它們在既定的法律、經濟與其他制度條件之下，將如何進行？新一代的能源敏感管制措施，是否會影響人造環境？如果會，又會影響到何種程度？

面對這些問題，**孟岱克**（Daniel R. Mandelker）強調：(1) 我們必須把**能源節約**作為土地使用的最高目標；(2) 各種節約能源的方法，必須透過土地使用系統才能完成。[7] 從 1970 年代開始，節約能源的策略，就在倡導都會區的發展必須從分散化回到城市，向城市中心集中，作高密度、緊湊式的發展。但是在另一方面，我們也必須分析這兩種發展型態的成本與利益。例如：高密度、集合式的住宅，顯然不如郊區獨棟住宅的環境優良。這種能源住宅與環境品質兩者之間的取捨，就要透過土地使用系統的規劃了。

在各種實施方法之間，也有利益／成本之間不同的考慮。**孟岱克**做了以下三個土地使用方式的分析：(1) 高集中、高規範的系統；(2) 較少集中、較少規範的系統； (3) 有特別能源影響的地區。第一個高集中、高規範的系統，具有中央整體、一致的統籌規劃與實施的權力。這種中央集權的做法，在傳統分散化的土地使用地區，容易遇到強烈政治上的反對力量。

在較少集中、較少規範的系統下，仍然維持現有的土地使用／實施系統，但是特別注意那些相當影響能源消費的決策，例如：交通運輸。這種策略比較容易融入

---

7 Robert W. Burchell and David Lisokin, p. 46.

現有的土地使用系統中，但是會缺少整體的規劃，而土地使用管制機關與執行權力也比較零亂。

第三個策略則是擴大環境影響評估的範圍，包括能源消費的分析。美國加州與其他幾個州，已經要求在**環境影響報告書**（EIS）中包含能源這個項目。這種策略遭遇的反對力量最小，因為環境影響評估制度已經建立得相當完善。不過這種策略達成能源效率的權力也最小，因為環境影響評估並不是土地使用管制計畫。

其實，以上這三個策略，各有優缺點，能源保育只是眾多影響土地使用管制的因素之一。節約能源的目標，可以透過修改現行土地使用管制系統來達成。

佛理士（Robert H. Frelich）注意到影響都市分散化的因素中，能源消費只是眾多因素之一。其他因素還有：(1) 中心城市的衰敗；(2) 環境的敗壞；(3) 財力的不足；(4) 過度的農地消費；(5) 高漲的住宅價格。所以土地使用的規劃與管制，不能只從能源的角度考量，必須綜合考慮以上各種問題，尋求整體的解決辦法。**佛理士**提出**成長管理**作為整合各種規劃的策略，**成長管理**的概念，就是包含綜合考慮空間上各種土地使用的可能性，以及限制條件，然後建立一個最佳的藍圖，再依照時程、優先次序，逐步開發。[8]

提高能源使用效率以節約能源

廉價能源的時代已經成為過去，能源價格的節節上升，使我們每一個人不能不審視我們使用能源的效率。節約能源對生活品質、經濟福利，甚至國家安全，都是極端重要的事。我們將從以下幾個方面來討論此一問題。

能源節約與有效使用　節約能源有兩個基本方法，就是在消費方面，要節省燃料與電力，並且同時改善能源使用的效率。一直到現在，我們還沒有認識到，節約能源能夠減少全面的能源需求；但是並不必然需要犧牲舒適、健康、安全的生活，以及工業的生產力。要達到這種境界，當然是要**節用**與**提高使用效率**雙管齊下的。任何要使國家能源制度達到經濟的最適狀態，必須在消費方面仔細檢驗能源的使用效率；絕對不可以毫無效率，而且過量地使用成本日益提高的自然資源。

[8] Robert W. Burchell and David Lisokin, pp. 47-48.

改善能源使用效率的技術潛力

1. **建築物的能源使用**　在建築方面，土地使用／建築管制，是一項特別有效的節約能源方法。在法規方面，需要著重在建築物的能源使用效率，建築地點的規劃，以及開發的規模大小。建築物的能源使用效率，決定於三個因素：
   (1) 設計：包括：絕緣與保熱的建築方法、取暖與空調設備，或利用太陽能等；
   (2) 建造時是否把節能功能的設計納入；
   (3) 居住與使用建築物的行為。

2. **工業的能源使用**　有關工業的能源使用，通常都認為工業一定會使能源做最有效率的使用，因為若不如此，便無法獲利。此一假設的情況，如果在能源價格低廉，裝置節能設備的成本高於能源使用成本，甚至有政府政策性補貼時，工業也不一定會節約能源。目前利用廢棄物熱能的做法，效果也很有限。不過改變工廠製程設計的做法，長期下來，可能收到節能的效果。此外，工業節約能源使用，也可以減少空氣、水，以及廢棄物對土地資源的污染。
3. **有效技術的節能潛力**　在所有改善能源消費使用的方法中，應用有效的技術，應該是最基本的。這方面的研究發展，雖然與日俱進，不過設計及製造有效運轉的節能設備，還沒有達到成熟的階段；連帶的則是品質是否經濟有效與是否值得投資的問題。

我們需要怎樣的現代能源政策？

今天我們所面對的能源供給問題，與過去大不相同。雖然像 1970 年代的能源危機，可能不會重演。但是面對日益高漲的石油價格、經濟的發展、環境的污染，以及氣候的變遷等問題，一個符合時代需要的能源政策，仍然是我們必須思考的問題。尤其在台灣，99% 的石油都靠進口，煤的產量極少，水利已經開發殆盡，風力與核能仍在發展階段。二氧化碳的排放量，根據經建會的資料，2006 年台灣地區淨人均排放量高達 11.01 公噸，將近世界人均排放量的三倍，高居全世界第七位。因此，我們姑且不談其他問題，只針對能源供給是否無虞與環境問題，來看我們需要怎樣的現代能源政策。

雖然大多數的人都關心國家安全與環境問題，但是卻只有很少數的人瞭解它們與國家能源政策的關係，特別是與人們能源使用的方式有關。我們絕大部分的石油都倚賴從中東進口，在工業與交通方面對能源的需求，仍然是制定能源政策所必須面對的巨大問題。我們所能做的，大概只有廣泛地設法減少對石油的使用，以及減少面對世界政治權力情勢變動，造成石油供給中斷的風險。一個技術上簡單、但是政治上困難的方法，就是課徵能夠反映成本與風險的**石油稅**。課徵**石油稅**的好處是，一方面可以減少石油的使用，一方面可以鼓勵研發節能的技術。

至於環境問題，二氧化碳排放增加所造成的氣候變遷問題，是一項大家都已接受的事實。但是對於如何解決這個問題，看法仍然有所不同。許多歐洲國家依照《**京都議定書**》的規定，設定一個國家的最高溫室氣體排放量。其他國家，如美國，則注重自發性的自我約束與技術的研發。美國的技術研發則專注於核能與**可再生資源**，以及**氫**的未來能源使用，並且鼓勵私人對技術研發的投資。另外也實施具有彈性的排放交易與排放稅制度，讓市場力量來減少現在與未來的排放。

維持與擴大能源市場效率是一項更大的挑戰。電力市場在法規與競爭之間，其未來更不確定。因為發電對天然氣的需求很大，而天然氣的市場也受這種不確定因素的影響，所以建立一個清楚的未來能源市場非常重要。一個功能有效率的能源市場，可以反映稀少性與價格，再加上政府對技術創新的支持，或者可以有助於能源問題的解決。然而市場並不能廣泛地面對社會全面的安全與環境問題，而需要政府的干預。所以，我們不可能有一個解決安全與環境問題的萬靈丹，市場的改造與有效的干預，都是我們增進社會安全與改善環境所需要的。

在討論了許多能源的消費與供給問題之後，能源的節約（conservation）似乎是未來無可避免的路。雖然很多學者都在研究各種模型，試圖找出一個能夠節約能源的方法，最後所得到的唯一結論是**節用**（curtailment）。

世界工業國家在 1972 年，成立了一個國際研究機構，叫做**國際應用系統分析研究所**（International Institute for Applied Systems Analysis, **IIASA**）。**IIASA** 於 1974 年開始能源電腦模擬的研究，預測世界的未來能源趨勢。但是他們的研究並沒有注意到 1973 年，石油禁運以後十年間的世界能源問題。他們忽略了**能源節約**的潛力，也沒有思考到**石化燃料**與**核能對資源**、**環境**，與**健康**的影響。然而，他們所忽略的**可更新資源**（renewable resources）卻日趨重要，**可更新資源**有如汪洋裡的救生船。

從石油危機到現在的四十多年中，我們也看到了**寧靜的能源革命**。有十餘種的**可更新能源**被開發出來，或是正在研究之中。除了木材與水利已經被使用了幾個世紀之外，太陽能、風力、酒精與地熱也已經在被使用，而且具有極大的發展潛力。

太陽能又是所有能源的終極來源，太陽每年照射到地球上的能量，超過人類所使用能源的 10,000 倍。到目前為止，還沒有任何可以在一夜之間產生新能源的方法，關鍵在於我們如何在舊的能源用罄之前發展出新的能源，同時使經濟與社會的運作跟著調整適應，而**能源節約**卻可以提供一條健康的路。展望未來，氣候、自然資源、經濟與社會系統將決定能源的使用，石化燃料終究會用罄，也會給土地使用帶來更大的壓力。長遠來看，人類可以倚賴的能源，可能只有**可更新能源**了。

營造一個可更新的社會

自從人類開始從太陽、水、風與地球取得能源開始，就在思索如何營造一個**可更新的社會**。一方面抓住地球本身的再生能力，也同時研究新的開發方法。我們所希望看到的是取得能源方法的演變，對整體社會有什麼意義。今天的經濟、社會型態，是過去幾十年廉價能源所塑造出來的。但是廉價能源的時代已經一去不再復返了，不論未來能源的來源為何，改變是無可避免的。

過分倚賴煤與核能，使我們對未來可能的走向過於狹窄。固然敗壞的環境使我們不能過舒適的生活，也會讓我們鬆懈於其他能源的研發。另一方面，在可見的有限水源、能源與糧食的供給背後，可供人們安居樂業的土地則日形稀少。增加**可更新能源**技術的使用，將可以緩和土地使用的競爭與衝突。集約地使用土地，將會使土地使用規劃給**地景**帶來新的面貌，城市將會有**田園**的面貌，鄉村也會有城市的便利。在一個限制蔓延與管制的城市，建築物會更能適應氣候的變化，使城市裡的荒地保持荒蕪，這樣就會有更多供人活動的自然空間。

使城鄉平衡發展　自從二戰以後，人們從鄉村移入城市，尋求工業與服務業的就業機會。但是生物資源是使鄉村復甦的重要能源，它減少了對肥料、殺蟲劑與機械化的需要。名建築師**蘇拉瑞**（Paulo Solari）描繪出一個新的城市風貌，它的居住密度會比現在的城市為高，交通多為步行，取暖與空調，在設計上儘量利用自然能源。城市周邊有綠地，供遊憩與農業使用。雖然有人認為城市不應該太集中，住宅應該私有，而且多樣化。不過**蘇拉瑞**的想法卻可以使城鄉之間的發展取得平衡。[9]

提高能源自給能力　當然到目前為止，石油仍然是無法完全被取代的能源。但是當

[9] Daniel Deudney & Christopher Flavin, *Renewable Engery: The Power to Choose,* W. W. Norton & Company, Inc. 1983, p. 304-305.

我們漸漸轉變為使用**可更新能源**後，全球的能源貿易也會漸漸地被區域性、各地方可以自足的可更新能源所取代。在未來的幾十年中，能源的供給可能只是各個國家內部，或鄰近國家之間的事，而不會再在遙遠的貿易夥伴之間運輸了。如果在一個國家之內，有眾多分散的小規模能源技術，就不容易受到外來的軍事威脅。

建立新的平等社會　倚賴**可更新能源**的社會，會使貧富之間、國家與國家之間，以及世代之間的差距更為均平。能源供給的適當與否，不是決定於**絕對量**的多少，而是決定於如何分配，以及每一個人是否能負擔他所需要的能源的成本。當我們重視平等問題時，**可更新能源**技術必須大量生產，以降低成本（如太陽能的集光板），讓低所得族群負擔得起。如果再加上政府的補助，將可縮小生活水平的差距，也可以防止突如其來的能源供給中斷與經濟震撼。

總而言之，**可更新能源**的開發與使用，確實是我們應該走的最保守，也是最創新的能源政策。當我們走在此一十字路口時，除非我們徹底改造我們的能源生產與消費系統，似乎是沒有第二條路可走。只有**可更新能源**能使我們的子孫負擔合理的成本，享受應有的生活水平。只有**可更新能源**的開發，能提高最大多數人的生活水平，選擇的自由與權利是握在我們自己手裡的。

第三篇

土地資源制度與規劃

PART III

13

土地使用的制度因素

假使一個制度是社會之下的一部分，而社會又是包含人群集體以風俗習慣、法律與物質工具圍繞著一個中心目標所建立的。則每一個制度必定包含六項要素：社會群體、建制、風俗習慣、物質工具、機構與中心目標。

James K. Feibleman
The Institutions of Society

制度的意義與起源

制度的意義

在本書的第 1 章裡，我們指出制度因素是影響土地使用的三種重要因素之一。也就是說，土地使用要看制度的可接受性。所謂**制度**（institution），依照**諾斯**（Douglass North, 1995）的解釋，制度是一個社會裡，規範人們行為的遊戲規則。更正式一點說，它是人們約制互動行為而自訂的規範。制度可以是**正式的**（formal），也可以是**非正式的**（informal）。如法令規章是正式的，行為的約定或習慣則是非正式的。一個個體的行為，不論他是一個家庭、一個團體或者是社區、社會的一分子，都會受文化、傳統、習慣、思維方式、法律規定、政府計畫、宗教信仰、家庭因素、外在環境等因素的影響。

從另外一個角度看，能夠影響或管制個人行為的社會集體機能，也可以視為制度或制度因素。**制度**也代表一個社會裡已經建立的社會秩序或者做事的方法。例如：以交通規則為例，世界上有的國家靠道路的左邊開車，有的國家靠道路的右邊開車；如果你在靠左邊開車的國家，你就必須靠左邊開車；如果是在靠右邊開車的國家，你就必須在道路右邊開車。再例如，財產權制度可以保障人們購買、出售財貨、建立信用的安全。實際上，我們把英文的 **institution** 中譯作**制度**還不能完全表達它的涵義。通常一種機構、機制所產生的**機能**（function），也可以稱之為 **institution**。例如學校傳授知能的教育功能，也是 **institution**，所以 **institution** 的意義是非常廣的。

制度與**機構**不同。機構是人類互動的**結構體**（structure）。機構包括政治組織，如政黨、議會、市政府等；經濟組織如：公司、工會、合作社等；社會組織如：教會、俱樂部等；教育組織包括學校、大學與訓練機構等。制度與機構雖然不同，但是兩者關係密切；制度往往是要透過機構來展現的。**諾斯**認為**制度**是一個社會人們行為的遊戲規則；正式一點的說法是：制度是人類為了約束彼此互動關係的產物。而機構則是參與遊戲的人；也就是具有共同願望，希望達成共同目標的群體組織。[1]

制度可大致分為**主要制度**（primary institution）與**次要制度**（secondary institution）。主要制度是比較基本的制度，例如：政府、財產、工業、教育、宗教與家庭等。每一種主要制度之下又會附屬一些次要制度。例如在政府之下有憲法、法律體系、政黨、文官制度、稅務系統、警察制度，以及地方政府規範土地使用的**分區管制規則**（zoning ordinances）等。從這些例子，我們也可以看出，制度其實是從我們人類日常行為中慢慢形成的，因此也與我們的文化價值有關。制度影響經濟行為，因為它影響生產與交易的行為與成本。

從人類整體**生態系統**（ecosystems）的意義來看，社會上的一切人為制度，最初都是建立在**自然系統**之上的，如圖 13-1。在最基層的基礎都是一些實質的因素，是屬於**無生物界**（abiotic）的，如岩石、土壤、水等物理與化學因素。其上才是**生物界**的因素，如動物、植物等。再向上層發展，才演化出人類社會的各種制度；愈

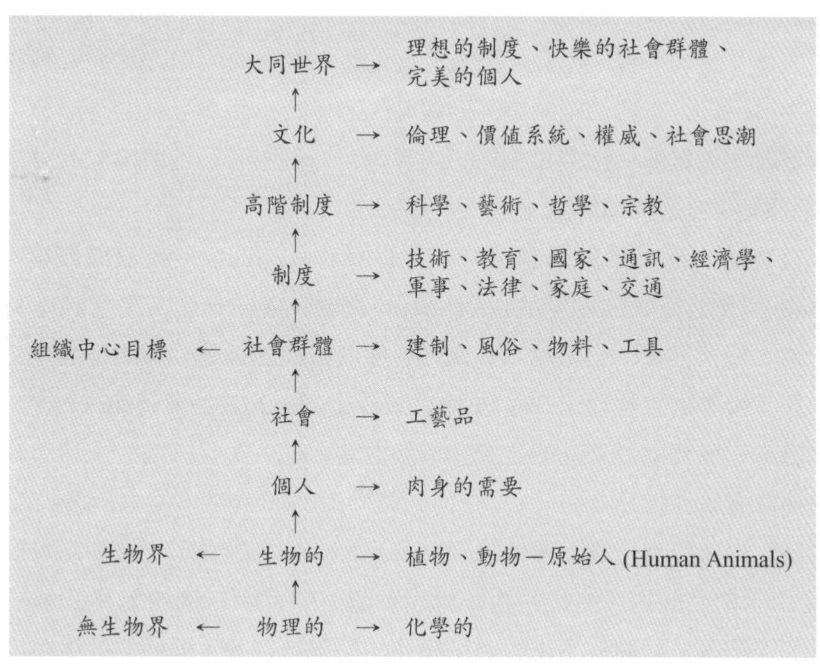

圖 13-1　社會經濟制度演化系統圖

[1] Douglass North, "The New Institutional Economics & Third World Development," in John Harris, et. al., *The New Institutional Economics and Third World Development,* Routledge, 1997, p. 23.

往上層演化，複雜的程度也愈高。

在人類社會裡，最先發展的是**個人**（individual）。所謂**個人**就是指**人類**（human being）裡的一個單獨個體。在那個階段的個人是最原始的人類，所注意的是個人的肉身需要，如食慾、性慾，以及**遮風避雨地方**（shelter）的需要等。但是人之所以異於禽獸者，是因為人類除了食慾、性慾之外，還有**好奇心**（curiosity）或**求知慾**，所以人類社會才會進步。那個時候的人類也許會使用一些簡單的工具，或者形成社會，才發展創作出一些**工藝器皿**（artifacts）。等到演進到組成一個社會群體時，才發展出一定的組織建制與中心目標，也形成一些傳統的風俗習慣，更會使用物料與工具。所謂社會群體（social group）是指眾多個人的結合，其結合是因為大家有一個中心的目標。這種群體的建制長期存在下去，便形成制度。制度比社會群體更為穩定，家庭與政府的形成也是一大關鍵。社會群體可以單獨存在，而制度必然會包括社會群體。因為社會群體是推動制度的力量。

建制（establishment）是在具有共同目標的制度裡，大家所公認的**法律秩序**（legal ordering）。除了這些之外、社會制度的建立還少不了人為的**工藝品**。**工藝品**代表了人類文化的進程，當我們研究人類的行為時，必須要從人類所製造出來的**工藝品**著手。所以，當我們給制度下定義時，制度可以說是社會的一部分，它是人類群體因為共同的習慣、法律、物料、工具等以一個中心目標所建立的。制度也具有穩定一個國家與社會的功能。

當制度的層次提高到**高階制度**時，性質又有所不同。所謂**高階制度**（higher institution），是能使其他制度的目標、目的更為完善的制度。高階制度有四類，它們是科學、藝術、哲學與宗教。科學是有關於自然法則的。科學是應用科學方法來檢驗一些實際事物，整理出**一般法則**（general rules）或**定律**（laws）的。科學可以增進知識，它所著重的是它的研究過程與方法。在一次又一次的求證與修正過程中，知識便能有所進步。

藝術是可以增進其他制度價值的制度，是物質品質的表現，是把沒有價值的泥巴、顏色、音波、石頭、肢體的動作變成有價值的東西。例如：陶瓷、繪畫、音樂、碑帖、舞蹈等。**藝術**在文化的領域裡比科學更為普遍；**藝術**的效果在於訓練我們的感官，每一個人都會受藝術的影響，也會替文化增添色彩。

哲學是批判其他制度的**前提**（pre-suppositions）制度。哲學往往使人困惑，因為其專業往往要透過其他方法來表現，例如：教育。但是**教授**（teaching）哲學並不等於**實踐**（doing）哲學；制度是要實踐的，是行為的，而不僅僅是**教授**的。哲學的方法包括分析與**整合**（synthesis）。**邏輯**的分析是找出命題的個別元素；整合是理論的建構。這種分析與整合的工作，便是哲學。

宗教是給其他制度尋找**解答**（solution）的制度，是關乎到生命中的生、老、病、死、倫理、信仰等問題的制度。從另外的觀點看，宗教是藉著**教會**把以上這些問題帶到實際生活中來，透過哲理的信仰，使個人獲得情緒上的共鳴。

如果依照圖 13-1 的模式從高階制度再往上推，就會達到**文化層面**。**文化層面**包含：倫理、價值系統、權威、社會思潮等。再往上層演進就會達到理想的境界，會有理想的制度、完美的個人、快樂的社會群體等，可以說是**大同世界**或**理想國**的境界。[2]

制度的起源

當人們發現大家一起做事要比各自單獨做事容易成功時，便開始形成了最基本的分工合作的集體組織。在集體組織裡，個人有如細胞，眾多個人結合成為一體的力量，也大於個別力量的總和。所謂事情可能是需要眾人的力量來獵取猛獸，也許是需要多人才能移動巨大的岩石等。這種說法也可能是出於臆測，不過從先民的**工藝品**中，是可以看得出來的。先民必然要先會使用某些工具，然後才知道如何用火、打獵、建造居室，以致於學習農耕、飼養家禽、家畜。慢慢懂得分工合作的重要，才漸漸建立一些制度，用來規範個人的行為，以致於建立部落、社區、政府與國家的體制。

或者我們也可以說，人類第一項最大的進步就是農耕，知道如何控制自然環境去滿足個人或社會的需要。第二件大事則是聚集一起形成都市生活。人們定期或不定期地聚集在某一地點，互相交換所需而形成市場及社區生活，社會制度也因此形成。因為有社會的形成，制度才能持續地發展下去；個人的存續是短暫的，社會的傳承才是世代不絕的。人類社會要持續地傳承下去，還需要有一個合理的計畫或方針，也就是一個智慧型的結構。

歸納言之，我們可以發現，制度的起源可以分五個步驟。它們是：(1) 一致的集體行為；(2) 不一致的勞力分工；(3) 對環境的控制；(4) 城市的形成；(5) 合理的計畫或方針。

[2] James K. Feibleman, The Institutions of Society, Humanities Press, 1968.

制度經濟學

在我們討論了制度因素之後，可以明確地知道制度因素的確對我們的經濟生活有深遠的影響。而研究或討論制度因素對經濟行為的影響的學科，則稱之為**制度經濟學**（institutional economics）。**馬克思**（Karl Marx）與**亨利喬治**（Henry George）是制度經濟學家，同樣地，**畢固**（A. C. Pigou）與**凱因斯**（J. M. Keynes）也是制度經濟學家。在美國中西部幾個大學裡的經濟學家，在本世紀初逐漸形成一股勢力，成為制度經濟學派，著名的學者包括**伊黎**（Richard Ely），**韋柏蘭**（Thorstein Veblen），**康芒斯**（John Commons）等，以及他們的追隨者。[3]

古典以及新古典學派的經濟學家，都不特別注意制度因素的影響。這種態度自然簡化了分析工作，因為都是在**其他狀況不變**（*other things being equal*）的假設前提之下從事經濟分析，也可以認為都是在靜態的狀況之下從事分析的工作。然而實際世界的狀況是動態的，如果從中長期的時間來看，制度因素的考量是絕對必要的。技術的改變、資源供給的變化，都會影響到生產、消費與交易，以及所得與財富的分配。推動市場的力量，實際上就是來自各種制度，這些制度包括廠商、公司、大企業組合、各種公會組織、消費者利益團體，以及政府的組織與功能。我們從第 3 章所講的經濟體系，就可以看出制度因素推動經濟體系運作的重要。

自由放任與古典社會主義

從**亞當斯密**（Adam Smith）開始，以及其後的古典經濟學家大都主張**自由放任**（*laissez-faire*）的經濟制度，強調推動市場運作的力量是來自**不可見的手**（invisible hand）。這種市場力量的確帶來良好的經濟效果，同時也反映了政府功能在某些方面的無能為力。在新古典經濟學裡，**柏瑞圖**（Vilfredo Pareto）提出**最適化理論**（optimization theory），**陸許**（August Lösch）則強調市場的區位理論（location theory），**海耶克**（Friedrich von Hayek）則是反社會主義的健將。

到了 19 世紀初期，因為勞工地位的低落，便興起一股反自由放任資本主義的浪潮。**馬克思**（Karl Marx）、**恩格斯**（Friedrich Engels）及其後的跟隨者，便形成

---

3 Folke Dovring, *Land Economics,* Breton Publishers, 1987, p. 321.

古典社會主義的經濟理論。他們揚棄了**烏托邦**（utopian）的社會主義與合作運動，而提倡應該在科學的基礎上建立一套新的經濟與社會秩序。他們認為在舊有的制度之下，會使富者愈富、貧者愈貧，終究會無可避免地產生革命，推翻建立在私有財產制度之上的經濟秩序。

但是**馬克思**所推斷的災難並沒有發生，因為日益提高的生產力，以及專業與分工，使勞工獲得了大量的**準租**（quasi-rent）。因為在經濟事務上，社會主義國家與資本主義國家同樣重視**國家主義**，有時甚至更有過之，以致於古典社會主義，便失去了國際上的訴求。實際上，共產主義國家的制度，即是國家社會主義。匈牙利、改革開放前的中國大陸都是如此，以前的蘇聯也不遑多讓。時至今日，共產主義終於不免於解體或轉變的命運。

威斯康辛學派

威斯康辛學派（Wisconsin School）是指美國中西部，以威斯康辛大學的經濟學家為首，批判古典學派與新古典學派的理論，不足以做政策層面的經濟分析而說的。其中大家公認的領導者便是**伊黎**。由於他講授財稅與土地不動產方面的課程，便被認為在傳播社會主義。**伊黎**的貢獻很多，最重要的要算他對傳統經濟學的批判。他的追隨者**韋柏蘭**與**康芒斯**，後來才將其學說整理出一套系統。事實上，**伊黎**所創始的**土地經濟學**，是從 1915 年他在威斯康辛大學講授**土地制度**（land tenure）開始的。他在 1940 年開始與**魏爾萬**（George S. Wehrwein）合著的**《土地經濟學》**的序言裡，就清楚地說明土地使用受三個方面因素的影響，這三個方面的因素是：實質因素、經濟因素與制度因素。制度因素是指：風俗習慣、傳統、法律與機構，也就是說明安定的土地制度有助於私人土地的良好使用。[4]

韋柏蘭在他的**《有閒階級理論》**（*the Theory of the Leisure Class*, 1899）一書中，認為社會階級也是一種制度。社會中的上層階級，在習慣上都可以免於勞力的工作，而只從事帶有某種程度聲譽的工作。而這種狀況也正是他們上層社會人物經濟力量的展現。他們即是社會中的有閒階級，有閒階級包括貴族以及具有聲望的人，甚至包括他們的侍從。

在文化演化的過程中，有閒階級的出現，也正是所有權的開始。因為這兩種制

[4] Richard T. Ely & George S. Wehrwein, *Land Economics,* Published 1940, 2nd Print, 1941. Reprint, 1960 by The University of Wisconsin Press, p. vii.

度產生於同一種經濟力量；也可以說是社會結構中同一種事物的兩個面向。而最原始的所有權型態乃是男人對女人的所有權，進而延伸到戰爭擄獲的奴隸，以致於對其他財貨、物品的財產權。

韋柏蘭在討論到**炫耀性消費**（conspicuous consumption）時，他認為炫耀性消費的主要目的，並非為了滿足個人的經濟需求，而是在於顯示有閒階級在社會上層階級的地位與名聲。因此也與傳統經濟學的效用原則有所分歧。[5]

康芒斯在他的**《制度經濟學》**（*Institutional Economics: Its Place in Political Economy*, 1934）中，對制度經濟學的體系有一個完整的探討。他的思想是根據他參與集體活動的體驗，發展出一種關於集體行為在控制個人行為方面所引起作用的理論。而且他把法律制度融合到經濟學裡面，這是經濟學家很少採取而且發揮的觀點。他主要是研究了許多美國最高法院和勞動及商事仲裁法庭的判例，來看法庭是根據什麼原則判決利益衝突的爭執。而利益的衝突，包含有形與無形的財產權；所以，**所有權**或**財產權**便成為制度經濟學的基礎，也肯定了制度經濟學在經濟理論中應有的地位。[6]

福利經濟學

對福利經濟學的建立，貢獻最大的當屬**畢固**，他的**《福利經濟學》**（*Economics of Welfare*, 1920）一書，主要在闡釋一個概念：在國民生產的降低不致傷害到經濟體系的效率條件下，使多數人的福利增加，因而使少數人的福利降低是值得的。整個的現代公共福利概念，都在**畢固**的分析之中。然而**凱因斯**更進一步指出：經濟變化的方向是受**公共政策**的影響，而最終應以公共福利為依歸。因此，也有人認為**凱因斯主義**簡直就是一種新社會主義。雖然如此，**凱因斯**的最大貢獻乃是他的**所得乘數理論**（income multiplier）。也就是說，如果一個社會有過多或未充分利用的資源，把它們用在生產上，由於產業關聯的關係，便會產生一輪一輪的擴張，直到所有的資源都被充分利用為止（見第 7 章）。此一概念對美國的土地使用計畫有很重要的影響，**田納西流域計畫**（T.V.A.）便是一個明顯的例子。關於**田納西流域計畫**，我們過去都認為那是一個水利工程**計畫**（project）。其實它是應用**凱因斯乘數理論**，促進**田納西流域**各州經濟發展的**區域計畫**。

---

[5] Thorstein Veblen, *the Theory of the Leisure Class*, Prometheus Books, 1998, pp. 72-75.

[6] John Commons, *Institutional Economics: Its Place in Political Economy*, Macmillan Co., 1934, 于樹生中譯本，商務印書館，北京，1997，pp. 7-16。

➔ 新制度經濟學

新制度經濟學（New Institutional Economics）之所以**新**，是針對起源於前面所說的威斯康辛學派的學者，諸如**韋柏蘭**與**康芒斯**等**制度主義**（institutionalism）而說的。**斯坦因**（Stien）認為，**韋柏蘭**與**康芒斯**等人並不重視新古典學派與新制度主義所強調的個人理性追求自我最大化的行為，而認為經濟系統是現存制度受到技術改變而激發其調整的結果。

諾斯（Douglass North）強調新制度經濟學的重要性有三：(1) 它源出於新古典經濟學，但是它卻解開了新古典經濟學的謎，也就是**寇斯**（Ronald H. Coase）所闡述的交易成本問題；(2) 它也對正統經濟學所尊崇的市場提出挑戰，因為新制度經濟學重視**市場失靈**的問題，也給政府干預經濟活動找到了合理的解釋。不過新制度經濟學者也瞭解，市場或政府都不是解決經濟問題的最好方法；(3) 新制度經濟學的意義在於，強調適當的制度改變在促進經濟發展中的重要性。揭櫫台灣的經濟發展過程中，的確有很多的政策、法令及政府組織都曾做修訂與調整以為配合。例如：獎勵企業及外人投資的各種立法，就收到促進經濟發展的效果。

交易成本與資源配置

依照**諾斯**的說法，新制度經濟學是以新古典經濟學理論為基礎，但是加以修正後，更擴大了新古典經濟學的視野。它保留了個體經濟學中，資源稀少性與競爭的基本**假設**（assumption），但是揚棄了一些侷限性的假設，如：市場中財貨品質同質、交易都出於自願而且平等、資訊充足、可自由進出市場等。

新制度經濟學開始認識到資訊絕少充分、個人想法各異。因此交易會有成本，因為要經過談判去確定真實的價格，而且還要去監視與執行交易的過程。新制度經濟學則希望減少這些資訊與交易成本。**諾斯**也特別強調制度的作用旨在減少交易的不確定性。他認為制度（例如：財產權）是決定市場效率的主要因素。他也贊同**寇斯**的觀點，認為在一般均衡理論中，行政機關才是經濟體系中的主要角色，而不是**企業**（firm），因此行政機關才能減少資訊與交易的成本。[7]

---

[7] John Harris, Janet Hunter and Colin M. Lewis, ed., *The New Institutional Economics and Third World Development,* Routledge, 1997, pp. 1-26.

寇斯定理

新制度經濟學之所以重視交易成本，乃是因為**寇斯**在 1937 年所發表的一篇討論企業與社會成本的文章。[8] 最近的研究也注意到，交易成本對資源的配置與經濟組織的結構都有更深的意義。新制度經濟學之所以不同於傳統的經濟學，即在於它強調交易成本。而交易成本又以財產權的屬性為重，同時討論到經濟組織，而且認為政治制度是經濟成長的主要因素。

所謂交易成本，就是個人與個人之間交換經濟資產或財貨的所有權，或者雙方談判契約，以實現他（她）排他的權利的成本。交易成本與經濟理論中的其他成本一樣，是機會成本；也有固定與變動兩種交易成本。

交易成本包括：

1. 買賣雙方尋找財貨與勞務的品質與價格，以及雙方行為的資訊。
2. 雙方經過議價過程以尋求真實的價格。
3. 訂定契約。
4. 監視契約的履行。
5. 保護財產權以防止第三者的侵權行為。[9]

在看到以上這些交易成本因素後，我們很難想像，有如新古典學派所描述沒有交易成本，資訊充足，可以自由進出市場的經濟環境如何能夠存在？因此我們要問，當我們面對一個具有交易成本的世界時，會產生哪些狀況？

首先，我們可以注意到，交易成本會限制，甚至阻礙有利的交易行為。例如關稅會妨礙國際貿易，會使某些物價提高。以不動產交易而言，交易成本會更高，因為買賣一筆不動產所花在尋找標的物的時間更長；然後還要經過測量、估價、議價、簽約、融資、登記、保險，以及其他的法律與行政程序。

私有財產的資源配置效率　在排他性的所有權存在時，交易成本會相當的高，可能會產生以下的狀況：

1. 在私有財產權非常完整而且受到保護，而交易成本等於零的情形下，資源會做

[8] Ronald H. Coase, "The Nature of the Firm", *Economica,* New Series 16(No.4): 1937, pp.386-405. "The Problem of Social Cost, *Journal of Law and Economics, 3* (*No.1*), 1960, pp. 1-44.

[9] Thrainn Eggertsson, *Economic Behavior and Institutions*, Cambridge University Press, 1997, pp. 14-15.

最高與最佳的使用，社會的獲利會最大。

2. 在交易成本為正時，資源不一定依照市場法則做最高與最佳的使用，其結果要看社會與法律系統的規定而定。
3. 在交易成本為零時，所有的外部成本都會內部化。
4. 企業、市場與法律系統都是成本相當高的社會制度。社會與經濟組織影響資源的配置與配置過程中的成本。法律制度與生產技術同樣都會影響生產力。
5. 財產權制度的安排會影響社會財富的分配。財產權的結構會反映利率、價值與政府的規範。

我們在第 4 章，舉了一個農場與牧場的例子。在此，我們再舉一個不動產公司與飛機場的情形為例，來說明財產權與資源配置的問題：如果有一家不動產公司發現它所擁有，而且準備出租的住宅社區附近要計畫興建一個飛機場。可以預期的是，飛機起降時的噪音會使住宅的價格下降。但是依照**寇斯定理**的說法，最初空域的財產權無論歸屬航空公司或不動產公司，都不會影響此一空域的使用。只要交易成本等於零或極低，雙方都可以自由地移轉他們的財產權。

依照**寇斯**的推理，假使住宅區空域的財產權屬於不動產公司，航空公司一定要向不動產公司購買飛行權。而是否購買，則是要看邊際成本與邊際利益的大小而定。在另一方面，如果航空公司擁有此一空域的財產權，不動產公司便要付錢請航空公司的飛機不飛越此一住宅區。付款多少就要看航空公司飛航的成本而定；而不動產公司也要計算他的成本與利益。如果沒有交易成本或法律限制，則此一空域就會依價值最高的使用方式去使用。但是當交易成本相當高時，資源的配置就會由法律來劃分財產權的歸屬。到了現代，空域已被認為是**公共財**，否則空中交通便會受到阻礙了。

最後，也許我們要問究竟法律系統在資源配置上的效率如何？有關**法律與經濟學**（law-and-economics）的文獻告訴我們，一個能夠引導資源做最有價值的使用的法律，就是有效率的法律；而價值的大小則取決於消費者的**願付價格**（willingness to pay, WTP）。此外，政府也可以介入來配置資源做最高與最佳的使用。方法之一，是直接去劃分財產權的歸屬，而且限制其之後的移轉。另外，政府也可以改變財產權的結構來降低交易成本，鼓勵經由市場交易。

公共財的配置　對於公共資源配置的效率，一向也為經濟學家所重視。例如公海的漁業或公有土地都屬於此一領域。在討論公共財的配置時，我們假定生產因素只有兩種，它們是同質的勞力與供給固定的公有自然資源，例如遠洋漁業或一塊土地。使用勞力與自然資源的機會成本，決定於市場上的工資水準。勞力的增加，會使單位產出的勞力價值降低。

當自然資源被一個以上的人使用時，每一單位的勞力有其本身的產出，而不會在意他加在其他人身上的成本，此一成本即是外部成本。如果這種勞力單位無限的增加下去的話，其他邊際生產力必然降低；也就是公有自然資源的**租**（rent）就會減少直到等於零。其單獨勞力的邊際生產力也會低於市場的工資水平。例如多一頭牛到公有牧草地上去，則可供給每一頭牛的牧草便減少了。

此一模式顯示出財產權的界定和執行與否，對資源配置的經濟結果有如何的影響。當排他的所有權或者因為政府法令的不完善，而沒有完全界定時，資源即變成為公共財。其結果即是使土地受到傷害，牛隻的報酬也跟著減少。**公有地的悲劇**（The Tragedy of the Commons）便是如此形成的。傳統新古典經濟學對公共資源的分析認為，資源的浪費可以用法令規範或賦稅來節制。然而新制度經濟學認為管制並非良策，因為管制如果沒有整套的法令，漏洞在所難免。關於**公有地的悲劇**，我們在第 4 章裡討論有關開放性資源時，已經有所論述。這也關係到公有土地的管理與政策問題，我們將在第 14 章，討論財產權以及土地政策問題時，再加以討論。

➔ 經濟制度的目的與方法

從以上的討論中，我們不難發現，自由放任的經濟制度注重效率，但卻忽略了公平。既使我們可以說是為了社會全體的福利，但是如果財貨與勞務的生產與分配不注意其對個人福利、社會與實質，以及環境品質的影響，其目的也不能算是清楚的界定了。

社會主義經濟制度注重福利，但是在生產與分配的過程中往往有太多的管制，使其變成沒有效率。反社會主義者強調自由的喪失，卻沒有對個人與社會福利做另類的思考。注重財產權的經濟制度，注重個人的行為與權利，卻不知對象為誰、效率為誰的問題仍然存在。

當討論效率的時候，我們應該問是否市場機制的運作不受任何限制，沒有交易成本就是有效率。不動產買賣的交易成本可能最高，而成交率最低，因為有許多的規定與限制，必須遵守以保障交易的安全，我們是否願意減少限制與規定，以增加效率而犧牲安全，則是值得思考的問題。其實各種經濟制度的設計，目的都是在保障交易的安全；如果減少或取消所有制度上的規範，在短期內當然可以增進效率，但是以中長期來看，則會增加交易安全上的風險。

雖然政治學者認為：最好的政府是管得最少的政府，但在現代世界裡並不實際。雖然如此，仍然可以把最小成本的經濟原則應用上去。也就是說最好的政府是在它管理政事的過程中干預人民日常生活最少的政府。在可預見的將來，政府為了大眾的福利仍然會制定許多規範，而這些規範應該是合於憲法，而且具有實質意義的。總而言之，**制度**在一個社會裡的作用是在於建立一個穩定的人類互動的結構以減少不確定性。制度也會演變以適應時代的需要，因此，制度會愈來愈複雜，而不會愈來愈簡單。因為人類社會的活動與關係愈來愈複雜而分歧。

➔ 影響土地使用的社會經濟制度

土地制度

土地制度在經濟制度的範疇裡牽涉到較多的法規與風俗習慣的規範，所以更形重要。土地的所有權是排他的但不是絕對的，它也包含多項的權利。雖然早期的羅馬法比較偏向**絕對所有權**，但對土地的使用仍然有所限制，**地役權**（easement）就是一個重要的例子。歐洲中世紀的封建制度，領主對其轄下的土地也是由國家授權而不是絕對的。中世紀末，封建制度瓦解，一直傳承到現代的也只是名義而非實質。例如：Fee Simple 一詞意指完全的所有權，源自拉丁文的 **feudum simplex**，其意義是**最單純的封建式佔有**（simplest form of feudal possession）。實際流傳下來的乃是一套相當複雜的租佃制度。

在 18、19 世紀，歐洲、美洲的一般趨勢是簡化土地所有權制度，以使土地的交易更為容易。到了現代，卻又反其道而行，而有複雜化的趨勢，對土地所有權的規範更多起來。因為現代人的生活更形複雜，土地使用的利益衝突日益增多，不可避免地需要更周密的法規來加以管制，特別是在人口稠密的地方更是如此。近代環境問題與資源稀少的問題日益嚴重，更對土地使用的社會管制增加壓力。

在各種制度之中，與土地使用有關的，應屬社會經濟制度。經濟行為往往是受社會經濟因素與制度因素所共同影響的。也就是說，很多制度因素都包含著**社會經**

濟意義（socio-economic significance）。例如財產權與契約的履行，雖然是法律事物，但是也影響到社會經濟體系的運作，所以被認為是社會經濟制度。其他如：公共財政、稅務，以及許多有關生產事業的法規，雖然屬於政府的管理行為，但是卻對人民的日常社會經濟生活有重大的影響。在社會經濟制度中，影響人們擁有不動產與使用不動產的制度，可以稱之為**土地制度**（landed institutions）。在土地制度中，財產權又受到特別的重視。這些主題我們將在以後的章節中討論。在本章中，我們將討論幾個特定的制度因素。它們包括：家庭、教育、政府、法律、風俗習慣與宗教。在討論了這些制度因素之後，我們也將對制度經濟學略做討論，因為制度因素影響交易成本。而交易成本在土地不動產的交易中，比別種財貨的交易影響更大。

財產權

政府的責任，除了要促進經濟行為的效率之外，也負有經濟福利與財富分配的責任。為了要達到此一目的，政府就必須清楚地界定與管理各種財產權的問題。因此，我們必須瞭解財產權在整個動態社會裡，制度結構中的地位與角色。在前面，我們說過制度包括法律、憲法、傳統、道德與倫理，以及風俗習慣與大家普遍接受的做事方法。還有市場本身，無論從理論或實際的角度看，也是一種制度。無論是哪一種制度，它都直接、間接地管制，或者最低限度影響現代複雜社會中人與人之間的各種行為與關係。也可以說，制度確立了**遊戲規則**（rules of the game）。

長期而言，社會各方面的改變是無法避免的。個人與社會的關係會改變；技術的進步會改變；人口的增加會改變需求；個人的品味與偏好也會改變。制度一方面要涵容改變，另一方面也會抗拒不合適的改變。因為有秩序的社會經濟行為的互動需要一個穩定的環境。最後只有那些大家認可的改變，會被接受而形成新的制度。制度也與倫理道德有關，與倫理道德一致的制度，比較容易被接受與推廣。因為社會的價值觀與價值系統影響我們的制度，制度也影響社會的價值系統。

財產權只是整個制度結構的一部分，制度為了社會經濟政策的目的，對財產權有所規範。社會也會根據它的需要，規範哪些事可行或者哪些事不可行。所以，建立一個不打折扣的財產權制度，有時可能與道德、倫理價值並不一致，但是為了達到**柏瑞圖效率**，也勢在必行。不過，也正因為如此，我們必須認清我們界定財產權的極限在哪裡；或者還有一些其他的制度，是使我們能夠達到**柏瑞圖效率**以外的方法。在有些社會裡，如果對公有財產制度做若干修正，使個人的貢獻與報酬互相對等，雖然未必是**柏瑞圖效率**，也可能成為相當合乎社會價值系統的制度。[10]

家庭

家庭是社會組成的基本單位，也是享用資源、規劃使用資源、增進家庭成員福祉的單位。這種動機也是促使家庭開發使用土地資源的動力。家庭的基本成員總希望能夠擁有一片屬於自己的土地與房產。而房地產也給家庭帶來安全與喜樂，也代表個人的成就、財富與社會地位。此外，家庭也從土地資源獲得休閒與**寧適**（amenities），滿足生活品質的需求。在另外一方面，家庭在追求自我滿足的過程中，也造成土地資源的耗用與破壞。因此，家庭對土地使用與經濟體系有很重要的影響，對土地的使用也應該加以規劃與管制。

教育

教育也可以說是晉升現代生活的墊腳石。教育可以一方面增強我們獲得較高收入的能力，一方面可以使我們獲得有關土地資源不動產的知識，使我們懂得如何開發使用土地，以及良好的管理方法。當然如果我們不留心保護土地資源的話，所獲得的知識與技術，如果用得不當，也足以使我們榨取土地資源的能力增強。

政府與政治制度

目前世界各個國家政府的權力都在大幅度地膨脹。這種權力的膨脹，主要由於公共事務的繁多。政府的功能主要在調解利益的衝突，增進全體人民的福利。雖然由於政府大量的干預私人事務；侵蝕了部分的私人自由，但是也因此保障了私人的權利以及增進了私人發展與享有較好生活的機會。

在我們日常生活中，無時無刻不會感覺到政府的存在。特別是經濟制度，更是運轉在政府的基礎上。政府的干預時輕時重，有時有所助益，有時有所限制；有時與我們意見一致，有時與我們意見相左。不過無論如何，政府的權力對我們經濟生活的影響，是隨時隨地都能感覺得到的。政府對經濟行為的規範，在我們的經濟生活中，也是不可少的。

---

10 Randall, pp. 160-162.

政府與政治制度對我們擁有與使用不動產資源的影響，也是由來已久的，而且是多方面的。在此，我們主要是要強調政府的政策與管制、政府的土地政策，以及政府的組織與權力架構，對土地財產權與土地使用的影響。

政府的政策與管制　政府的公共政策或管制措施，會影響人們土地資源的所有權與使用方式。例如：土地不動產稅雖然是針對土地所有權課稅，但是也可以產生使土地更集約使用的效果。再者如遺產稅，可以產生財富重分配的效果。徵收權的行使，可以在所有權人不願出售土地的情形下，取得公眾需要的土地。此外警察權的行使，也是以各種法規來保障財產權，以及使人遵守土地使用分區規則、保健標準、建築規範等，以維護人民的安全、健康與福祉。

政府的土地政策　政府的各種土地政策，也對土地資源的使用與不動產開發有所影響。例如從早期的農地減租、公地放領、耕者有其田、平均地權政策，以及比較近代的各項政策，如國家公園的設立、新市鎮的開發、工業區的設置、都市更新與工商綜合區的開發，與最近的農地釋出以及農地開放自由買賣等，也同樣會影響土地資源的使用。其他如山坡地的開發做高爾夫球場、沿海造陸開發工業區等，更是對土地資源造成巨大的改變與破壞。

政府的組織與權力架構　政府組織以及在各階層之間權力的分配，在各個國家、各個時代均有不同。早期多半是君主集權，所有的權力都集中在王室或君主個人手裡。近代則多半是在憲法或法律之下，組成各階層的政府，換言之是法治的政府。在法治政府的型態之下，有的國家是非常中央集權的，如荷蘭。另一個極端則是地方分權的，如美國歷史上的南大聯邦（1778～1789）。目前的美國與加拿大，則是將政府的權力分配在聯邦政府與州或省之間，可以說是均權制度的政府體制。

因為在政府各階層權力分配的不同，所以各級政府對土地資源使用的影響也不一樣。在立憲的國家，各級政府的權力應該各自分明，而且不得與私人權利有所衝突。如以美國的制度為例，在理論上，聯邦政府的權力是州所**讓授**（delegated）的，而且受限於憲法的規定。各州則保留其原有的權力，郡、市、鄉鎮的權力也是由州所授與的。如此看來，好像州的權力最大，而且大過聯邦政府，但其實不然。事實上，目前均從廣義的角度來解釋。一般都接受所謂**隱含的權力**（implied powers）的主張。在行使隱含的權力時，只要合乎憲法的精神，而非憲法所禁止的事項，都是不違憲的。[11]

---

[11] Barlowe, p. 317.

這種權力在各階層政府的分配，當然會影響到土地資源的管理與使用。聯邦政府則專管國有土地，也可能放領國有土地，或徵收私有土地，並且提供款項做土地使用的研究、住宅與開墾計畫、農地保護、道路的建設、環境保護以及提供貸款融資等。

除了聯邦政府之外，大多數有關影響土地所有權與土地使用的權力，都在州政府手中，但是真正執行這些權力的主體又在地方政府。州透過授權法案，使地方政府擁有這些實質的權力。所以最終地方政府的權力對土地所有權與土地使用的影響也最大。地方政府包括：郡、市、鎮、村，以及其他的**分區單位**（district）。地方政府的權力包括：課徵財產稅，實施與執行使用分區規則，保護財產的安全，以警察權保障人民的安全、健康、道德與一般福利，再以教育權影響人民使用土地資源的態度與行為。

至於我們台灣，你能理出一個土地管理的組織架構與權力分配系統嗎？我們土地使用規劃管理的制度體系，目前的狀況實在是雜亂無章，有待改進之處甚多。為了調整土地資源的使用及配置，最重要的是需要建立一個整體的土地使用規劃制度與體系。

最近幾年，政府希望從事組織再造，希望能整合自然資源與環境相關部會成立環境資源部。大體上是以環保署為基礎，將農委會的林務業務、內政部營建署的國家公園業務、經濟部的水利、礦業，交通部氣象等業務移入。但是與環境關係最為密切的土地規劃業務並未包括在內，似乎只是一個擴編的環保署而已。

- 另外，內政部國土管理署組織法草案，第一條又明定內政部為辦理國土規劃、利用及管理等業務的機關，掌理國土、海岸、區域與都市計畫，建築與住宅管理，都市發展及國土利用政策、制度之規劃推動。但是令人不解的是，國有土地的管理，又歸國有財產局管理，似乎**國有土地**並不是**國土**而只是財產、只是商品，這種作法完全沒有**土地倫理**的概念。
- 再以河川流域管理為例，目前集水區管理為農委會林務局；野溪、治山防洪及山坡地水土保持為農委會水土保持局；河川治理為經濟部水利署；河川水質保護為環保署；污水下水道設置為內政部營建署。希望未來的**環境資源部**將相關部會之水、土、林業務整併在同一個部會，統一協調及督導，以利流域上中下游界面整合水源、水質、水量統籌、水土災害防治及水土資源最佳利用，而達到流域治理的境界。

法律與法律制度

法律通常被視為是約束人民與政府的一套規則。這些規則對於規範人民的行為非常重要。人民的行為無時無刻不受法律的約制。法律的來源實際上只有三種：(1) 成文的法律、規則與行政命令；(2) 行之有年已經確立，而且獲得法律當局認可的風俗習慣；(3) 法院的判例與解釋。

從歷史上看，法律始於先民接受而且實行的社會習慣。當現代文明開始之後，這些習慣慢慢演變成為成文的法條，然後彙編成為法典，例如最有名的即是**《漢莫拉比法典》**（*Code of Hammurabi, 2000 B.C.*）或者**《拿破崙法典》**（*Code of Napoleon,* A.D.1804 ）。法律雖然成為法典，但是其真正的意涵，還是要看審理案件時法官如何詮釋而定。影響土地與不動產的法律更是如此。

談到影響土地使用與不動產權利的法律，例子何止千百。最基本的當然是憲法對財產權的保障。其他各階層政府的法律與規定，也會影響到土地的取得、不動產權利的登記、租賃以及設定他項權利等。因此，地籍的管理、警察權相關規定的執行等，也都有法律的規定。此外，法律的規定也影響財富的分配與重分配；契約的履行、損害的賠償等，都受法律的影響。

風俗習慣

政府與法律是有形、有組織的集體行為規範。它們對人民及土地使用的影響，自不待言。此外，還有一些非正式的管制則是出於風俗與習慣。風俗與習慣和法律一樣，同樣是眾人所接受的行為規範，也可能是形成法律的前身。但是與法律所不同之處，乃是它們無法執行，也有某些地方是法律所沒有涵蓋的。

人是理性的動物，所有合理的行為方式，經過世代的傳遞，便成為人人所須遵守的行為規範。風俗習慣對土地資源的影響也是多方面的。例如人類對食物的偏好，會影響農地的使用；東方人吃米，所以多水田；美國人肉食多，所以牧場多；衣著上對於棉、毛的偏好，同樣會影響土地的使用；人類文明的進步、紙張的使用、能源的使用，影響了森林及其他自然資源的使用；對住宅的偏好，影響了建材與建築基地的使用；不動產的遺贈、租賃等也受風俗習慣的影響。例如：遺產的均分制度，使土地細分；租金的多寡影響了租佃的關係。

宗教

雖然宗教主要是關係到精神領域的制度，但是不可否認的，也影響到我們的經濟生活與土地使用。此一問題，至少可以從三方面來看：(1) 屬於宗教團體的不動產；(2) 宗教團體從土地所得到的收益；(3) 宗教信仰對土地使用態度與行為的影響。

從歷史上看，宗教團體所有的土地財產，無論在哪個國家或地方都為數不少。在 19 世紀的英國，幾乎有三分之一的土地是屬於宗教團體所有的。大多數宗教團體擁有的不動產，都是免稅的。如果它們座落在市中心的商業區，就會影響到都市的更新。不過在另一方面，教堂的建築也增添了都市的景觀與氣氛，甚至出於名家的作品，經過歷史的傳承，成為古蹟文物，反而值得保存。

宗教信仰對土地使用的影響，在部落民族多半出於某一類型的禁忌。也有某些祭祀神明的地方，被尊為聖地，或者使用良好的農地被用做為墓地等。中國人講究風水之說，也對土地使用產生影響。在好的方面，例如：**善良管理人**（stewardship）的觀念也有其宗教背景，基督教認為地球上的萬物是上帝交託人類管理的觀念，演變至今成為資源保育思想。

個人與家庭因素

除了以上的各種制度因素外，個人與家庭的考慮也會影響土地使用。這些因素包括個人的生涯規劃、工作能力、對家庭的責任等。從經濟的角度看，一個人終生努力工作，無非是希望獲得最高的經濟報酬與效益。除了經濟的目標之外，非經濟的目標也同樣重要，例如：人們需要多一些休閒的時間，也會從事一些社區文化活動、政治活動以及慈善事業等。人們事業的成功，有時也需要一些改變，是否願意做新的嘗試，或許可以發現他未被激發的潛力。一個人因為對家庭或社會的責任，他可能從事更多的投資去經營其事業。

14

土地資源財產權

在任何社會裡，財產權的界定、執行與交易有五種重要的功能：(1) 財產權可以減少社會成員之間財富的分配，資源使用的衝突；(2) 財產權可以合理配置稀有資源的各種使用；(3) 財產權可以配置資源在現在與未來之間的使用；(4) 財產權使社會提供私人誘因去投資改良土地增加生產力；(5) 私人財產權可以減少交易與行政執法的成本。

Gordan C. Bjork
Life, Liberty and Property

財產權的定義與性質

財產權的定義

財產權一詞最少包含了兩種截然不同的意義。第一種意義是指享用一項財產的能力；第二種意義是指國家賦予個人的權利。[1] 巴茲（Yoram Barzel）把第一種財產權稱之為經濟財產權，而第二種財產權則為法律的財產權。經濟的財產權是目的，是人們所追求的，而法律的財產權則是達到目的的手段。[2] 在本章中，我們主要注意的是經濟的財產權，法律的財產權則站在輔助的地位。

如果要給經濟的財產權下一個定義，可以說：「經濟的財產權是一個個人以其自身的能力直接或者間接地經由使用、交換而消費某項財貨或勞務的權利。」[3] 因此，任何東西，如果不能交換，便不具備此種權利，如空氣。人們對某些資產的權利並不是恒久不變的；它要看人們如何保護它，避免別人的侵犯。有時也要受政府的保護，這就牽涉到法律的層面。因此，我們可以說：法律的財產權是政府所承認而且依法執行保護任務下的權利。法律的財產權可以強化經濟的財產權，但並不是經濟財產權存在的充分且必要的條件。以土地來講，佔用者或者租用者的權利，即不如合法所有權人所受到的保護那麼周延。

根據巴羅所引美國法院的判例，認為財產權並不是指人們所擁有或持有某件東西而言，財產權並不包含物件本身，而是指所有人對物件可行使的權利，故佔有並不是擁有。物件的本身雖然不是財產，但卻是財產權的基礎，財產乃是基於法律可以取得、控制的物件。當一個物件可以客觀合法地使得某人擁有使用並且排除他人干涉時，這種權利即是絕對的。當它受到限制或加諸任何條件時，即不是絕對的。根據這個判例，我們可以知道，財產權是具有排他性的擁有、享用、處分某項物件的權利；或者也可以說是具有排他性的控制一項經濟財貨的權利。[4]

---

1 Yoram Barzel, *Economic Analysis of Property Rights,* 2nd. ed., Cambridge University Press, 1997, p. 3.

2 Barzel, p. 3.

3 Barzel, p. 3.

4 Barlowe, p. 329.

財產權是法律的產物，它賦予我們使用東西的權利。在個人獨立行使其財產權時，彼此之間往往會產生衝突。例如：鄰居之間，有人不好好維護其不動產，就會影響到鄰近不動產的價值。為了要解決這種衝突，附著於財產權的各種權利必須要清楚地界定，對於個人行使的權力也要加以某種的限制。

財產權的性質

巴羅指出財產權有許多重要的**性質**（characteristics）。它是人類所特有的，它包含了使用實質物件的權利，與人權或自由權等概念不同，它與**無償財**（free goods）也不同；它是只針對有價值、可持有的物件而說的。此外，它是排他的，但不是絕對的權利；個人可以獨自擁有或與其他人共同擁有而排除另外的個人或團體的干預。所謂不是絕對的是指這種權利必須受到國家主權的監督與保護。在我們目前的社會裡，財產權的存在要有以下諸項條件：

1. 所有權人可以排除他人干預地行使其主權。
2. 財產權的標的物可以個人擁有或與他人共有。
3. 私人或團體的財產權須受國家主權的監督與保護。
4. 財產權的標的物須有價值。[5]

財產權的存在，必須有權利的主體（所有權人）與權利的標的物。如果沒有權利的主體擁有與使用此一標的物件，便不成其為財產權。尤有進者，如果世界上只有一個人，也不構成權利。所有權利的存在必定是有兩個或兩個以上的人，互相競爭希望擁有與使用某一物件，否則也不需要有排他的意義了。

任何東西，必須能被擁有，而且要有價值，才成為財產。無償財如空氣與海水，無法被擁有，也不能排除他人的使用，所以也不成其為財產。財產的標的有兩個主要來源，一個是攫取無償財；另一個是經由對已經存在的資源加工製造新的東西，創造新的價值。財產的標的物如果沒有價值，也沒有人有興趣去擁有它。

此外，財產權的存在，顯示有一個更高的權力主體監督與保護此項權利。此一權力主體可能是家庭、族群或政府。由於此一權力主體的承認，並且執行此一排他的所有權，財產權的存在才有可能。

---

[5] Barlowe, p. 329.

一束權利　財產權包括多種的權利與利益，整體而言，可以說是一組權利或**一束權利**（a bundle of rights）。以土地財產而言，最完整的所有權，稱之為完全所有權（ownership in fee simple）。**Fee** 這個字在英國法律裡，是指不受任何條件限制，即可以繼承的權利，是最完整的私人土地財產權，也可以稱之為 estate in fee simple 或 fee simple absolute。與此不同的是，只限於有生之年**可以享用的財產權**（conditional fee estate），與須有特定身分才**可以繼承的財產權**（fee tail estate）。

擁有完全所有權的人，他就有：持有、使用、開發，甚至於**濫用**（abuse）、毀損其土地的權利；他也可以出售、贈與、交換、遺贈、出租、抵押、分割、設定地上權、地役權、典權等，而排除他人的干涉。因此，我們可以看得出來，完全所有權是最廣義、最完整的財產權觀念。但是我們也必須瞭解，完全所有權人的權利是**排他的**（exclusive），但並不是**絕對的**（absolute）。因為它要受國家因公眾利益所加上的限制。這些限制就是國家或政府所擁有的公權力。它們包括：課稅權、徵收權、規範使用權，以及沒收或**充公權**（escheat）。在某種程度上，國家或政府所擁有的權利，可以說是絕對的財產權，因為它擁有至高的權力。不過，政府的權利也會受到公眾輿論或公共經濟與社會政策的影響。

財產權要能移轉　如果在配置資源、化解衝突時的交易要有效，財產權必須**可移轉**（transferable）。一個人想要得到某種權利，他必須向擁有此項權利的人購買，而對方也願意放棄其權利而出售。這樣，權利就會歸向能做最高價值的使用。任何限制交易或移轉的因素，都會造成**無效率**（inefficiency）。土地權利移轉的效率，在於其一束權利可以分別獨立移轉，例如：出租、出佃、設定地上權、地役權等。否則就要整塊的購買，或者是放棄其計畫。

財產權的移轉是權利的移轉，而不是實質物件的移轉。當購買土地時，並不是把一塊土地搬回家，而是獲得此一土地的某些權利。

財產權要以執法去實現　在現實社會中，往往會有一些誘因使人侵犯別人的財產權。例如：小偷如果認為他的偷竊行為不會受到處罰，他就會去偷竊，因為偷竊比購買便宜。假使有人不太在意他的土地財產權，便可能成為別人棄置廢物的場所。因此，如果希望財產權能得到保障，就必須有一套有效的執法系統。

所謂有效的執法，是要發現違法行為，違法的人承認，再加上適當的處罰；處罰一定要執行才能收到效果。處罰要有效，一定要重到超過他因為侵犯別人的財產權所獲得或所希望獲得的利益。所以我們也可以說，財產權應該包括使用物件的權利，以及違反規範所受的處罰。[6]

準財產與公共財產 財產權是個人或團體對實質標的物擁有，而排除他人干涉的權利。也就是說，大多數的物件可以分別屬於財產或無償財。但是在這兩個極端之間，還有一些權利是介於其間的，也就是說，在某種狀況之下，**公共財產**（common property）可以變成私有。這些物件通常稱之為**準財產**（qualified property）。例如：野生動植物、飛禽、公海的魚類、河流湖泊的水等，通常都被看作是無償財或社會公有的財產。但是如果依照合法的規範或程序由私人捕獲或取得，即屬於私人的財產。

大多數的準財產以及公有的資源也都屬於公共財產。這些資源包括空氣、水、海洋與淡水魚類、野生動物、鳥類，以及公共放牧、遊憩與曠野地帶。它們共同的特性是：(1) 它們供社區或社會成員所共同使用；(2) 由於歷史傳統的習慣，個人與團體可以不受限制地使用；(3) 沒有任何人可以為了自己的享用而排除別人的使用。不過不受限制的使用權，也會造成資源的過度使用與榨取式地使用。因此，社會會訂定法律規範來限制其使用在不致於傷害到它們的再生能力的標準。也就是維持它們的可持續或永續使用的水準。[7]

➔ 財產權與土地資源使用

在討論任何有關土地使用管制與環境問題時，一定要從財產權的分配與意義著手。也就是說，一塊土地之如何決定出售予開發商開發成住宅或工商業用地，然後如何決定住宅或工業廠房或商辦使用空間的價格、國民之間所得分配等問題，都要靠現行的財產權制度來決定。而私有財產與市場便應運而生，來應付生產與分配的問題。生產的問題在於**誘因**（incentive）與**效率**（efficiency），如何使工人更辛勤地工作，才能獲得更好更多所需要的產品，或者儘量減少那些負面的產品，如污染或浪費資源。第二個是分配問題，也就是一個社會如何使所得分配得更公平，同時也不致傷害到生產的誘因與資源的保護。[8]

私有財產是市場機制的一環，因為在市場上的交易即是財產權的交換。某甲向

---

6 Alan Randall, *Resource Economics,* 2nd. ed., John Wiley and Sons,1987, p. 157.

7 Barlowe, pp. 332-333.

8 Gordon C. Bjork, *Life, Liberty and Property,* Lexington Books, 1982, pp. 21-22.

某乙購買土地，即是購買其使用與控制那塊土地的權利。一個具有私有財產的市場機制，財產所有權人的得失全憑他管理其資源的能力。也因此，管制個人行為的社會成本可以減到最低。

財產權的功能

在任何一個社會裡，財產權的決定、規範與市場上的交易，都會產生五種功能：(1) 財產權的存在可以減少社會成員之間的衝突，因為所得與財富的分配，是依個人自己的目的去使用資源來決定的；(2) 財產權可以在各種使用之間**配置**（allocate）稀有資源；(3) 財產權可以配置在世代之間的使用；(4) 私人獲得財產權，可以產生誘因使個人願意投資改良，而增加生產力；(5) 賦予私人財產權可以減少政府在交易、行政與規範管理上的成本。[9]

在現今的社會裡，雖然有課稅、使用分區，以及各種法規標準的規範；基本上，土地的使用，仍然是由私人所決定的。也就是說，土地的使用、租賃或出售，都是出於財產權在市場上的交易。這種交易行為乃是出於個人自利的動機，而又受競爭所規範。因為個人或團體在社會認可之下，依其特別的方式行使其財產權時，就會防止其他的人干涉其行使財產權的權利。以下再就這五項功能，做進一步的說明。

所得的分配　私人的土地或其他資源的財產權，是決定所得與財富分配的重要因素。土地之有市場價值，是因為相對於資本與勞力，它較為稀少。在早期的社會，地廣人稀，而開發土地的勞力與資本相對稀少，所以地價較低。土地決定所得與財富的分配，是因為土地本身具有經濟地租。極地或荒漠的土地不會產生地租，所以也無益於所有人的所得與財富。

土地所有權廣泛地分配給百姓是政治、經濟穩定的重要因素，而且可以保護人民的利益不受政府權力的影響。過去我們在台灣實施耕者有其田政策，使農業生產力提高；富裕農村之後，促進經濟發展，使人民富足，即是為此項功能做了最好的詮釋。不過因為經濟的發展，人們的所得來自於勞力與資本者相對較少於土地。然而又正因為土地與自然資源相對於人口與財富的增加更形稀少，又使得土地成為決定所得與財富分配的重要因素。

[9] Ibid., p. 22.

資源的配置 在市場機制之下，土地出售或者出租予能夠產生最高價值的使用或能出最高地租者。而整個社會的總產出價值也因此增加。當一件交易在市場上發生時，交換的財產權有兩種。假使某人出售其一塊土地的財產權，買方得到這塊土地的使用權，賣方得到金錢去購買其他的東西。在供給有限，需求無窮的情況下，使用稀有資源的財產權，當然會配置給出價最高的人，或者做能產出最高報酬的使用。

在另一方面，假使一棟房子蓋在高所得的社區，其租金將會高於其每年的維護成本。所以，私有土地財產權會產生相當的誘因，使其土地做高價值的使用。這也就是驅使土地改變使用的動力。如果沒有財產權的資源配置機制，稀有資源的使用將會沒有效率。所以，社會的淨產出就會因稀有資源配置做高價值的使用而增加。

世代之間的資源配置 財產權對資源在世代之間的配置，也是一項非常重要的因素。在理論上，如果財產權有保障，人們就會保育資源做未來的使用。反之，如果財產權沒有保障即會導致資源的耗用，因為擔心財產隨時會落入別人手中。換言之，就是今朝有酒今朝醉或有花開堪折直須折的意思。這種沒有財產權，或財產權沒有保障的資源，有時被稱之為**開放性資源**（open access resources）。

石油與天然氣在過去即有開放性資源的性質。因為我們很難以地表的土地來界定地下石油或天然氣的所有權，而只能以開採權來規範。如果排除開採人能取得礦藏相當地區的全部開採權，對他最有利的辦法，就是儘快地把所有貯存的石油或天然氣抽光，以免被別人捷足先登。

這種做法，對社會有兩項不良的效果：(1) 不可能維持一個使現值達到最大的抽取率，因為所有人不願等待未來能獲得較高價值時才抽取。而且目前的低價，更促使消費者過度使用這些資源；(2) 沒有所有權也無法鼓勵人們去探勘及開發新的油源，因為石油公司生怕別的公司也來抽取他們所開發的油源，除非開發的公司能夠取得油源地表的全部所有權。雖然政府可以透過法令來規範或者促使彼此合作開採，但這畢竟不是財產權功能的發揮，而且也會增加社會成本。

水資源是另外一個無法確定所有權而造成不當配置的例子。上游使用者的污染造成下游使用者額外的處理成本。或者造成加重上游使用者的處理成本，超過下游使用者所能獲得的利益。我們也看到超抽地下水，而造成地下水位下降，甚至地層下陷的現象。不但剝奪了未來地下水使用人的權利，甚至造成災害。

漁業與森林或牧草地也具有開放性資源的性質。其與石油或天然氣不同的是，它們具有生物的生長功能。從經濟的角度看，過度地砍伐森林或放牧，會使森林或

牧草地喪失生產力。特別是漁業，因為缺少恰當的所有權保障，無人願意從事保育工作，經濟的誘因會造成漁產的枯竭。因為國際之間不易達成共同遵守的協議，各國只好單方面地將領海擴張到兩百海浬。

當我們使用任何可以增加社會產出或節省生產因素的資源時，就會產生租。財產權的作用，也在於使資源使用人獲得租，而且避免經濟租的流失。因為假使漁獲的成本提高，一方面固然會使漁獲量減少而達到保育的目的；但是另外一方面也會因為資源使用在漁撈的效用比使用在其他方面為低，而使社會的產出減少。只有將漁業資源賦予財產權時，這種情形才不會發生。

另外，政府補貼住宅貸款的例子也是一樣的。假使因為房價太高，使低收入者買不起住宅，既使其貸款的利息由政府全額補貼，但因為居住者並沒有住宅的所有權，他也不會去注意貸款利息的償付；而住宅因為沒有人有所有權，所以也無人維修而任其敗壞。從整個社會的觀點來看，沒有財產權將會使資源浪費。

提高生產力　財產權的第四個功能是誘使社會的成員提高資源的生產力。自由人對自己的勞力有自主權，他會努力而有效地為自身的福利工作。假使他擁有資本或土地，他也會保護或發展他們的生產力。當我們檢視市場運作的機能時，我們就可以發現財產權在資源配置上的效率，以及缺少財產權時，開放性資源配置所帶來的問題。

一個基本的問題是：為什麼社會會承認個人的財產權？個人擁有財產權，會使他比與其他人共有財產更富足嗎？私有財產權的效用在於賦予個人財產權之後，他所能提供給社會的財貨與勞務是否比沒有財產權更大。而且更重要的是：是否每個社會的成員也都能分享更多的成果。套一句經濟學的術語，是否能達到柏瑞圖最適狀況。

如果我們比較一下台灣的耕者有其田政策實施的經驗，與中國大陸以前人民公社制度的經驗，就不難瞭解土地財產權與提高生產力之間的關係了。

減少交易成本　一個財產權清楚確定的交易，可以減少在交易過程中的各項交易成本。如果我們以買賣一棟住宅做例子，此一交易包含一束權利。這些權利牽涉到法律與實質兩個層面。不同的**交易制度**（institutions）又決定成本的種類與多少。交易成本本來就是市場成本的一部分，傳統**新古典典範**（traditional neoclassical paradigm）所說的完全競爭（零交易成本）市場在現實生活中是不存在的。尤其是不動產的交易，更是一個不完全的市場。

交易成本包括：法律事務費用、經紀人費用、產權清查費、產權保險費、融資手續費以及蒐集資料所花費的時間等。除此之外，衡量里鄰關係、區域性犯罪率、安全性，甚至全國性的金融、經濟趨勢等，在在都需要成本的支出。因此財產權愈清楚，財產愈有保障；市場愈安全，交易成本就會愈低。所以財產權的界定有助於減少交易成本。

➔ 財產權與財產交易

財產權的交易與交易成本有密切的關係。**巴茲**定義交易成本為權利移轉、取得與保障的成本。[10] 假使其中任何一種成本提高，便有礙於權利的移轉與保護；因此，權利也不完整，因為無法得到權利的全部潛在利益。反過來說，當權利能完整地界定時，取得產品資訊的成本便等於零，而交易的成本也等於零。在交易成本為正的時候，有些財產的性質便不易量度，而所有人與可能的購買人對其財產的性質也不易明瞭。為了要確定影響財產價值的性質，交易成本於焉產生；交易成本就會影響到交易行為。

例如當我們去購買某種東西時，一般人都相信，貨比三家不吃虧。當顧客對產品挑挑選選時，又難免會損壞或弄髒這些產品，再加上討價還價的時間與精神，都構成交易的成本。而不動產交易的程序更為複雜，其交易成本也更為可觀。

在經濟學中，有關交易成本的最重要命題之一就是**寇斯定理**。**寇斯定理**是說：當財產權的界定非常清楚時，其交易成本等於零；資源的配置便不受所有權的影響，而且會很有效率。但是事實上的情形並非如此，一宗資產之所以能產生報酬，是因為有人擁有它的財產權。當非所有權人試圖規避交易成本影響到所得的流轉時，資產的價值便會降低。資產價值的降低也會影響到所有權的形式。

當一項資產能提供的勞務比較不確定時，其所有權的價值也比較不容易決定。最好的狀況當然是其勞務的提供具有恒常性；如果是變動的，但是還是可以預測的，情形還算好；如果變動而又具有不確定性，則雖然所有權不受影響，價值卻會降低。

當交易的雙方都可能影響交易的結果時，只有其中之一能夠從資產中得到最大的報酬，因此從經濟的觀點看，財產權是無法完全界定的。原則上，能夠影響資產

[10] Barzel, p. 4.

產生報酬的一方，便能獲得較多的報酬。也就是說當所有權確定屬於某一方時，他便能獲得最大的報酬。

也就是說，資產所能產生的淨報酬大小，取決於財產權的界定；財產權愈有保障，報酬也會愈高。上述提及，只有一方能夠影響資產的報酬，當此人成為資產的所有權人時，其權利便能清楚地界定，此時報酬才能達到最大。

➔ 財產權與經濟效率

在一個經濟體系裡，要能達到**柏瑞圖效率**，財產權必須**不打折扣**（non attenuated）。一個不打折扣的財產權，必須是：

1. 完全清楚界定其應享的權利，應受的規範以及違反規範所應受的處罰。
2. 排他的，利益與處罰都由所有人承擔。
3. 可移轉的，以使其達到最高價值的使用。
4. 能夠執法以實現的。[11]

所謂不打折扣的財產權，就是要使權利的界定、移轉與執法都能達到完善的地步，而不像一般的生產與消費等經濟活動，只要達到邊際報酬等於邊際成本時，即為達到經濟效率。這種要求完善所增加的成本就是交易成本。不過，財產權界定，移轉與執法等行為的進行，也還是要回頭考慮效率的邊際條件的。

財產權與外部性

外部性可能是有利也可能是有害的，但是通常所注意的多半是後者，也就是**外部不經濟**。**外部不經濟**是指一個人的行為造成另外一個人的不快，卻又一點責任都不承擔的狀況。[12] 如果我們把問題簡化成只有兩個人受到外部性的影響，解決造成負面價值的問題，有兩種途徑：(1) 造成外部性的一方去補償受害的一方，外部不經濟增加，補償也應該跟著提高；(2) 受害的一方可以賄賂造成影響的一方，使其減少外部不經濟；但是此時又對造成外部性的一方不利。因此，我們必須界定雙方

[11] Randall, p. 158.

[12] Randall, p. 182.

不打折扣的財產權，才能確定外部性的價值。[13]

例如，除非立法界定空氣的財產權，否則便無法對污染空氣的行為提出控訴及要求賠償。但是在另外一種狀況下，例如土地財產的所有人，可以禁止別人在其土地上傾倒垃圾。兩者的差別在於空氣的財產權無法界定清楚，而土地的財產權可以清楚地界定。

最先注意到外部性與財產權問題的是**畢固**，他認為對付外部性最有效的方法是政府直接干預加以處罰或者對造成外部性的人課稅。這種對外部性所課的稅，即稱之為**畢固稅**（Pigouvian taxes）。例如我國環境基本法即是採用污染者付費制度，對於違法之行為，應依法取締、處罰。

此項污染稅（或費），如果能夠適度地課徵，將可以使廠商從事生產所造成的外部成本內部化，這樣便可以使廠商減少生產而減少污染。在另一方面也會產生誘因使廠商生產有益於環境品質的產品。

政府課徵這種污染稅（或費），將可以建立空氣與水資源的財產權，以及使用這些資源的價格。廠商基於獲利的動機，便會在處理污染、減少生產或負擔污染費之間選擇一項最能減少成本的做法。

在另一方面，政府如果提供**補貼**（或賄賂），使廠商減少污染的排放，此種補貼即是犧牲收入的一種機會成本，也能有效內部化社會成本。不過反對補貼的人認為，假使處理污染的成本低於補貼額的話，便會使廠商從事製造污染的行業。例如過去即有農民種**鎘**（cadmium），以賺取政府的收購價格或徵地價格，或設法使農地改為建地以賺取暴利。

在實際操作上，因為資訊的不完全，課稅或補貼都有困難：

1. 不可能獲得準確的課稅或補貼的利益與成本函數。
2. 當污染者或污染源眾多時，其處理便顯得困難。尤其是非點源污染更是如此。
3. 排放量難以測度，其與課稅標準之間的對稱關係難以訂定。
4. 如果課徵同一稅（費）率，會造成高效率與低效率廠商之間的不公平。
5. 法律機制必須建立，以對違法者加以適當的處罰。
6. 建立一個新的稅目非常困難。
7. 如果環境品質標準一經訂定並執行，污染稅（費）便顯得無關緊要了。

[13] Randall, p. 186.

在另一方面，**寇斯**認為課稅的辦法並不理想。他相信市場的機制可以自動調節以產生最適量的外部性，並且如何界定財產權並不重要，他的這種說法即被稱之為**寇斯定理**。在第 4 章裡，我們已經引用了農場與牧場的例子說明**寇斯定理**。

財產權與環境

當我們注意到經濟體系在生產與消費過程中，由於無法有效地得到令人滿意的結果，或者說產生外部成本，或者造成社會的不公平，我們稱之為**市場失靈**（market failure）。環境問題即是其中之一，以下就幾項土地使用問題的例子加以說明。

關心環境寧適與土地財產權分配的人，在看到人口的增加、技術的進步所帶來的土地過度使用、環境的惡化等問題，勢必會問，我們規劃管制土地財產使用的經濟、社會與法律體系是否允當？

本書討論財產權與環境問題的主要重點是，認為國家應該從土地財產權的重新配置著手，以減少外部性或社會成本與社會的不公平，而不是只做保障財產權的工作。當我們注意到經濟體系在生產與消費過程中，由於無法有效地得到令人滿意的結果，或者說產生外部成本，或者造成社會的不公平，就是**市場失靈**。

土地財產權的歸屬可以從許多不同的層面來分析。它可以被視為將影響土地使用的決策從較低的政府層次提高至較高的層次，以收整合之效。它也可以被視為傳統的分區管制，提供公共設施等措施的延伸。它又可以被視為個人與國家之間對土地使用管制責任與關係的改變。[14] 換言之，本書並不認同在自由經濟制度之下，個人可以不顧整體社會的福祉，而可以在法律允許的範圍內儘量追求個人的最大利益，也不認為每一個人獲得最大的福祉，即是社會整體的最大福祉的看法。而是認為國家可以重新分配與界定財產權，才能使社會整體的福祉獲得改善。

事實上，美國是一個最崇尚自由經濟制度的國家，但是在土地使用規劃管制工作上，已經有一種趨勢；就是把土地與其他自然資源的管制從私人與低層政府移向較高層次的政府機關。其理由有二：(1) 認為比較集中的規劃較有效率；(2) 在權利的分配上會比較公平。

再進一步分析，可以發現目前的土地資源使用與財產權分配所造成的一連串環境問題，大約有如下幾項。這些問題也顯示出目前的土地使用規劃與財產權應做何

[14] Bjork, p. 4.

種改變，才能改善環境問題。

1. **浪費**。例如：砍伐森林、抽取石油及地下水、公海過量捕魚、改變農地使用、破壞土壤的自然肥沃度。除了當代的浪費之外，也造成世代之間資源配置的不公平，也沒有效率。**都市蔓延**（urban sprawl）就是土地、勞力、資本與能源使用的無效率。因為郊區的蔓延，會需要更多有關公共設施的投資。
2. **目前的土地使用管制制度**，會對其他部門造成負面的影響。例如都市蔓延就需要使用小汽車；小汽車的使用，就會消費能源，帶來空氣污染與噪音；農業與森林的管理不當，就會改變水文的循環、集水區的破壞等。
3. **目前的土地使用計畫與財產權制度，不利於自然生態地區的保護，特別是風景區、遊憩區或者文化古蹟區的保護**。這種例子在台灣，可以說是俯拾即是，例如沿海工業區的開發、南橫公路之經過大武山生態保護區、三峽古市街的保留、都市裡古典建築物的保護等，不一而足。
4. **有關所得與財富的分配**。目前的財產權制度，使土地投機者因為都市發展，土地變更使用瞬間致富。地租不因投資生產而獲得，卻因土地稀少與需求增加而生成，進而拉大貧富差距，造成社會財富分配的不公平。

環境財產權的歸屬

環境財產權的歸屬，毫無疑問地，受到環境保育人士與思想的啟蒙影響。也可以說，最初的思想起源於**土地倫理**（land ethic），或**環境倫理**（environmental ethic），之後再影響到法律、經濟等層面。**李奧波**（Aldo Leopold）曾說：

> 現在我們必須改變對土地的觀念，不要再認為土地只是一件商品可以開發與交易。我們需要土地倫理觀念把土地視為資源，如果我們使用不當，就會造成空氣與水的污染，它們都同樣需要受到保護。[15]

面對這樣的問題，我們可以認識到環境或土地資源財產權的歸屬，對環境問題有相當重要的影響。財產權制度的作用，不在於能否增加資源的量，而在於能否改變資源使用的配置與效率。財產權制度的目的是，要使用資源的個人或團體，認識到資源的使用必須付出代價，如果我們在使用資源時有成本觀念，我們就會採用比

[15] Ellen Frankel Paul, *Property Rights and Eminent Domain,* Transaction Books, 1987, p. 26.

較有效率而且公平的方式來使用資源。

在使用資源的時候，有些方式是個人依市場價格來做決定的，例如購買一棟房子。房子的價格就代表使用分區、稅賦、公共設施等因素，對這塊土地使用成本的影響。另外一些土地使用，例如：在何處開路、在何處建設公園等，就要靠政府來決定。因為這些成本是納稅人的錢，就要看納稅人的優先選擇為何而定。不過，不論私人或政府的決策，都要考慮實際的成本。

因為土地相對於人口的成長與需求愈來愈稀少，任何使用的選擇，成本也會愈來愈高。如果我們要開闢一座公園，使用住宅用地就要比使用農地來得昂貴，因為所犧牲的住宅用地的價值要比農地來得高。當地價愈來愈高的時候，就需要政府出面以賦稅的機制重新分配這些成本；或者用加重土地所有權人成本的法規，來隱藏此項成本。

一個基本的原則是：使用土地的人必須負擔土地的**實質成本**（real cost），而且要顧及到公平與效率。因此我們嘗試從：環境財產權公有、政府的土地使用政策等方面來加以討論。

環境財產權公有　首先，有人認為自然資源如土地、空氣、水等如果能夠公有，即能達到公平與效率的原則。這種想法在我們過去的社會經濟制度中並不稀奇。自然資源屬於國有，也在法律上加以規定。其基本的理念也是認為，如果這些自然資源由私人掌握，即會對社會上其他的人造成負面的影響。在許多**習慣法**（common law）的國家，對於公害案件的審理也都是本著公平的原則。

自然資源財產權的公有，意味著任何減損資源的質與量的使用都應償付代價。在觀念上，這種**使用者付費**（user charge）的做法，與使用土地要償付地主地租的道理是一樣的。它的社會意義即在於，使用者必須將使用資源的機會成本計算在內。付給政府的費用可以做為政府提供公共設施與勞務的財政收入，也可以因此減少一般稅賦的課徵。

使用自然資源的實質成本有兩種型態：(1) 因為減損了自然資源的質與量而減少了其他使用者的滿意度；(2) 會增加其他使用者的使用成本。茲舉幾個例子加以說明。

以空氣污染而言，它會影響健康，影響人們享受清新的環境而降低了生活水準。在防治污染時，所需用的設備，也需付出購置與營運的成本。以水資源而言，每年**水文循環**（water cycle）系統的流轉，大致有一個恒常的水平。過量的引用或者用來稀釋廢棄物等不當的使用，都會減損水資源的質與量。水資源的社會成本，就是因為某種特殊的使用，減損了別人使用水資源的價值。當然，如果我們以為河川排放廢水，即可以節省建設廢水處理設施的成本；但是在另一方面卻減損了遊憩的價值。而河川下游的人，為了使用水資源，仍然需要建設污水處理的設施，其成本可能更高。

實際上，主張自然資源或環境財產權公有的主要意涵，並不是防治污染、避免噪音等公害，而是確保自然與環境資源的使用，不會給別人帶來比它能夠享受的利益更大的成本。例如**美國環保署**（EPA）依法向工業污染者課徵的罰款，相當於防治污染設備的成本。但是這種做法只能使污染者停止污染，卻無法將污染帶給社會大眾的成本計算在內。

另外一個值得思考的問題是：受到污染影響的補償是否應對個人個別為之？我們認為這樣做並不恰當。因為每個人所享用的空氣與水都是**公共財**（public goods），個人對它並沒有財產權。而如果使用者付出費用的話，個人只能與他人分擔此項費用。我們承認空氣、水與寧靜為公共財產，乃是為了更公平而有效率地管理這些資源。比較好的管理方法應該是使用者付費，而不是制定標準或加以限制。

還有一點必須說明的是：自然資源或環境財產的公有並不是指國有，而只是省有或縣、市有。因為在一個幅員廣大的國家，其資源的稀少性與使用資源的**社會成本**（social costs），在不同的地方會有很大的差異。而且這些資源的分布並不以行政疆界為準。在這種情況之下，就要另外設立區域性的機構，來從事資源管理的工作。

政府的土地使用政策　為了保護環境，政府應該積極參與，甚至於主導國家各個層面的土地使用規劃，也就是**國土規劃**。所謂**國土規劃**，就是政府對於何種土地做何種使用做明確的決策。如果以農地為例，政策的制定，必須對糧食的需求、林木的生產，以及人口的成長、農業技術的進步做至少 25 年甚至 50 年的預測。當然，另外一個未知數則是國際之間的貿易。其他如能源、水利灌溉系統、土地的開墾等，也都是需要一併考慮的因素。

一旦對農地需求的預測完成，政府即應制定農地保護制度與機制。農業土地不容荒廢，也不可輕易地改變做其他的使用；政府應該建立**農地儲備制度**（soil banks），由政府購買再租予農民，以調節供需。從規劃的角度看，最不能容許的行為，就是政府基於不完整的資訊或者沒有遠見的規劃，只因為眼前的經濟利益，而將農地改變做價值較高的他種使用。

除了糧食的考慮，保護農地在環境問題上的意義可能更為重要。首先農地可以給人們視覺上的美感與舒適。特別是對城市居民而言，防止都市蔓延可以減少很多提供公共設施的公共支出。歐洲國家的作法，是故意以補貼及關稅，來提高其成本維持其價格，以保護都市周邊的農地。

第二類在政府規劃工作上需要保護或保留的土地是公園、保護區，以及風景區或歷史文物遺跡。以美國而言，西部的大量土地仍然保持國有，所以可以設立很多國家公園、國家森林以及各種保護區。在東部各州，國有土地較少，為了提供人們遊憩的機會，必須購買使用權或設定**地役權**（easements）。另外在紐約州也有以發行公債購買**發展權**（development rights），以提供遊憩用地的做法。[16] 在台灣，雖然大部分的山地、林地仍為國有，但是城市以及城市周邊的國有土地，都已被國有財產局以財政的目的標售殆盡。[17] 可以說已經造成國家資源與環境無可彌補的損失與傷害。

此一政策的主要用意，在於政府提供公眾遊憩或環境資源時，必須以價購或補貼的方式為之，而不可以對私人財產權加以限制，或者不予補償而取得。也就是說，實質的成本必須加以考慮。政府出資的各種計畫必須做完整的**益本分析**（benefit-cost analysis）。

➔ 財產權與土地徵收

在前面，我們提過，現代的所有權觀念並不是絕對的；也就是說國家或政府擁有更高的所有權。在國家或政府為了公眾利益，興辦公共事業時，即有權徵收私 人土地。所謂**徵收權**（美國人稱之為 eminent dominion，是指最高的管轄權的意思；而英國人稱之為 compulsory purchase 或 compulsory acquisition），最早是指最高的統治權力，不經許可即可拿走私人的財產權供公眾使用。以現代美國的法律規定來看，至少有四項重要的原則必須遵守：(1) 聯邦或州政府可以授權給其他次級政府或公、私企業法人執行徵收權；(2) 徵收權力的行使必須是為公眾的目的；(3)

16 Bjork, p. 121.

17 財政部國有財產局編印，國有財產現況，87 年 12 月，頁 95-96。

被徵收的土地必須給予合理的補償；(4) 徵收必須依照**合法的程序**（due process of law）。而一般最受注意，也是爭議較多的，即是：什麼是合理的補償？

土地徵收的經濟意義

政府或公共部門徵收私人土地財產的基本理由是，認為公有要比私有更有效率，因為在私有財產制度下提供財貨與勞務，會產生**市場失靈**的情形，特別是某些具有特殊性質的土地資源。例如**珍稀物種**（endangered species）的棲息地，**生物的多樣化**（biodiversity）等，在公家機構手裡，比較會受到良好的照顧，也不會被拿來出售，因為沒有這種市場；它也不會因為希望遊覽的人多而提高價值；事實上，反倒會因為遊客太多而貶損其價值。其他的例子也可以顯示，雖然一處被保護的古蹟或者具有歷史或**美學價值**（aesthetic value）的建築物，會增進其附近鄰里的不動產的價值，但是卻沒有私人有擁有它的意願，因為它不會增進所有權人的金錢利益。

以上這些例子都顯示，私有市場會減損這類的土地資源的特性，進而會減損其對整個社會的價值。這也就是為什麼某些土地資源，必須被政府徵收加以管理的理由。但是政府徵收私人的土地，即是對私人財產權的傷害。因此幾乎每一個國家，對於徵收私人土地財產都會採取補償的政策。

通常在政府機關決定要徵收某塊土地時，都會事先告知所有權人，而且會與被徵收人協商一個可能被接受的**市場價格**（market price）。如果協商不成，則會請求一個仲裁機構重新估計土地的市場價格，再加上遷移花費等損失。

在實際操作上，多數的徵收案都是經由協商來達成的，而運用強制手段的並不多。其實所達成的價格與照價收買沒有太大的差別。但是因為政府有徵收的權力做後盾，被徵收人也不會過分要價。最後雙方達成的價格多半是市場價格。

衡量此一價格是否適當，主要是注意此一價格，是否低於或高於市場價格？是否能夠補償對所有權人所造成的經濟損失。通常，多數的個案，徵收者都不會同意所有權人所要求的**全價**（full value）的補償。

合理的補償

私人的土地財產權被徵收時，需要給予補償，既是公認的原則，關鍵性的問題則是：什麼是**合理的補償**（just compensation）？問題的產生，可能是徵收與被徵收兩方面對於價值認同的差距，而這種對價值認同的差距，在法律上或學理上也有不同的見解。我們將從**所有權人**與**徵收人**兩方面來看此一問題。

所有權人的價值　在加拿大，一直以來，法律上都是以**所有權人的價值**（value-to-the-owner）為補償標準的。這種標準是依據英國 1845 年的 *Land Clauses Consolidation Act*。其理由是認為以所有權人的價值，可以補償所有權人經濟福利的損失，使其可以維持在被徵收前的水平。

加拿大法院 1914 年的判例，提出以下兩點補償的原則：

1. 補償的價值應該是徵收當時所有權人所認定的價值，而不是徵收者所認定的價值。
2. 所有權人所認定的價值包括這塊土地現在以及將來全部的利益。但是所能決定的，只有現在的價值，而不是預期將來改良之後的價值。[18]

所應注意的是，此項原則的第二點是將土地的潛在利益排除不計的。之後的許多判例也都遵循此一原則。

以所有權人所認定的價值加以補償，也有其背後的理由。(1) 以所有權人所認定的價值補償，可以反映出被徵收人所遭受的損失；(2) 可以避免因為額外的需求，而造成價值上的變化。例如，徵收做住宅使用的價值，要比做農業使用的價值為高；但是所有權人所放棄的權利價值應該是一定的，否則將帶給所有權人大量的不當利得。

以澳洲的情形而言，他們對於合理補償的評估，也有幾個基本原則：

1. 被徵收土地的價值必須是它可能做最高與最佳使用的價值。也就是在充分自主的議價過程中，交易雙方對於可能發生的潛在有利及有害的因素都做過周全考慮之後，所願提出與接受的價值。
2. 補償的價值是指所有權人所認可的價值。此一價值的認定既不是前項所認定的價值，也不是徵收者所決定的價值，而是包括所有權人因為土地被徵收所可能遭受的所有損失的價值的總和。
3. 一個潛在的可能性是：如果徵收者，在自由議價的狀況下，可能償付比強制徵收為高的價格。但是這個價值也並不是徵收者所認定的價值。

[18] Jack L. Knetch, *Property Rights and Compensation,* Butterworths, 1983, p. 58.

4. 補償價值必須排除任何未來公共工程可能增進或減損的價值。
5. 以不動產市價為基礎，再加上對所有權人所造成損失的價值，即是所有權人所認可的價值。
6. 對於補償價值之中的損益應該互相抵消計算。

以上幾個原則中所謂的損失，可以舉例說明如下：

1. 由於徵收所造成的對所有權人及其他鄰近土地的效用或價值的負面影響。
2. 因為成本的增加而失去的利潤。
3. 由於徵收所造成企業經營上的損失，例如被迫出售股票或設備等。
4. 遷移成本。
5. 開發不利的額外花費。
6. 土地改良物的剩餘價值。
7. 購買類似土地的各項費用。[19]

所有權人的價值雖然很直接，很清楚簡單，但是在法院審理時，仍然有許多細節無法定義。因此加拿大聯邦政府及**安大略**（Ontario）等六省，從 1970 年起改採**市場價值**（market value）為補償的基礎。所謂市場價值，是指在公開市場上出售，買賣雙方所達成願意接受的價值。而市場價值的認定是要在徵收訊息發布之前，市場穩定的狀況下的價值。

改為採用市場價值的原因有五項：(1) 雖然感情因素的價值對所有權人非常重要，但是卻難以客觀量度；(2) 類似不動產所有人的要求可能不同；(3) 所有權人可能做過分的要求，造成納稅人的負擔；(4) 為了社會公眾的需要，所有權人也有責任犧牲一部分的權利；(5) 市場價值再加上一些財物的損失或遷移的花費，在行政上也比較容易處理。[20]

當然，以市場價值補償也不是沒有缺點的辦法。以一般財物而言，購買一件等值的替代品，並不困難；但是以不動產而言，卻不大可能。一宗不動產的市場價值決定於區位、大小、樣式、隔間、里鄰狀況等多重的因素，而個人的喜愛與偏好也不一樣。例如兩棟售價一樣的房屋，對所有權人而言，它們的價值並不相同。因

[19] R. O. Rost, and H. G. Collins, *Land Valuation and Compensation in Australia,* Australian Institute of Valuers and Land Economiests, 1993, pp. 489-490.

[20] Knetch, p. 66.

此，也有人認為非市場因素的價值，也應該計算在經濟損失之內。

徵收者的價值——稀少性租（scarcity rents） 從所徵收土地對特別計畫案的適用性來看，所注意的則是**徵收者的價值**（value-to-the-taker）。這種對價值的看法，主要著眼在資源的**稀少性**（scarcity），因為特殊地點的土地，可能有利於某些特殊目的的用途。如果找不到適當的替代，此種稀少性就會使價值提高。提高的程度，要看這塊土地開發獲利的潛力，以及其他土地做同樣使用的競爭力如何。假使做同樣的使用，而且同樣有利的土地很多，這塊土地的價值就不可能提高。所以**稀少性**就成為提高某塊土地價值的關鍵性因素，也就是**稀少性租**。如此看來，補償與價值的問題，主要是在於供給的狀況或者是替代品有無；而並不關乎開發案本身的價值。

從私經濟的立場來看，徵收行為顯然是政府有意識地破壞了市場的交易制度。在市場上，私人之間自願的財產交易，當然是為了圖利。例如一塊種稻的農田，自然也可以拿來種經濟作物，如葡萄；這樣它的價值必然增加。這些增加的價值，當然是歸土地所有權人獲得。我們如果再進一步假設生產的葡萄都賣給當地的製酒業者。當酒廠很多時，農民所生產的葡萄可以賣給任何一家酒廠。在互相競爭的情況下，酒廠除了正常利潤外，不會賺到額外的報酬；而農民如果增加生產，其增加的報酬即歸土地所有權人獲得，這種增值並不會由酒廠獲得。當酒廠只有一家時，在獨佔的情況下，它一定會儘量壓低農民葡萄的價格而使其增加獲利。最後酒廠也可能攫取全部的增值，而使農民的報酬回到種植稻米的水平。在沒有獨佔的情形下，由於增加生產力而增加的地租，則會全部歸土地所有權人獲得。

如果我們再從強制徵收的角度來看，徵收的本意原是為了矯正**市場失靈**，而且改善資源配置為社會謀更大的福利，**稀少性租**的取得並不是主要的目的。其結果可能是地主一無所獲，而由政府獲得土地的增值。但是政府徵收土地的原則是，不以獲得稀少性資源的多寡，做為決定那一筆土地應不應該徵收的標準。然而，一塊特別適用的土地，一旦被徵收，它的全部利益自然是歸於徵收者獲得的。

實際上，產生**稀少性租**的原因有二：(1) 因為計畫案的需要而對特殊的土地產生需求；(2) 因為可用的土地稀少而沒有替代品。兩者都是必要條件。在另一方面，也有兩個理由使由於需求改變所得到的增值歸公：(1) 因為這種土地供給有限，也無法因為地主增加投資使其增加，增值的歸公也不會減少其供給，其分配也不需增加成本；(2) 地主不應獲得不勞而獲的增值，因為此項增值是由於周邊需求的改變，而不是地主的任何犧牲或努力所造成的。

美國學者**巴羅**認為合理補償價值認定的問題，是在於徵收者與被徵收者對於價值認定的標準不同。大多數法院的判例對於徵收者價值與被徵收者價值的觀念都不採納。而認為合理的補償應該是**公平的市場價值**（fair market value），或者是**買賣雙方都願意接受的價格**（the price a willing buyer would pay a willing seller）。連帶的損失，如搬遷費用、個人的不便、對營業的中斷等是不計算在內的。但是對於所有權人存留部分的土地所造成價值上的減損，則可以包括在內。[21]

徵收補償的標準也因機關的不同而不同。例如：田納西流域管理局（TVA）認為合理的補償，應該是維持所有權人的福利狀況與被徵收之前同樣水平的價值。換言之，TVA 所考慮的是，要被徵收人在別處重新建立家園或事業時，不會影響其經濟狀況。這種做法只限於所有權人願意接受 TVA 所出的購買價格的情形。至於所有權人拒絕接受時，就要由法院去認定其價格了。不過法院多半是會比較同情所有權人的。[22]

在徵收時，對於**分割**（severance）所造成的損失的價值估算，則是一個比較特殊的問題。理論上，當徵收土地減損了所有權人剩餘坵塊的生產力時，他們便應獲得比原來整塊狀態時更高的補償。但是當分割損失程度不同時，便產生不同的見解。茲以圖 14-1 的例子來加以說明。在圖中，興建快速道路所需徵收的土地，通過 A、B、C、D、E 五塊土地。在計算合理補償時，A、B 兩塊土地必須證明它們遭受超出比例的經濟損失。受到較大損失的可能是 C，因為 C 塊土地被分割為二，而且有一小塊土地孤立於一個角落。徵收機關如果將之一併徵收做為日後使用，可能要比損害補償更為有利。更為嚴重的則是，D 塊土地被分割所遭受的損失，因為 D 被分割為兩塊都不合經濟規模的土地。也許將分割的土地分別與 C 及 E 合併，是一個可行的辦法。再者，如果因為快速道路的興建，切斷了原來經過 B、E 與 C、D 之間的道路的話，也可能會增加 E 的營運成本，但是卻不能因此主張分割的損害補償。

---

[21] Barlowe, p. 524.

[22] Barlowe, p. 524.

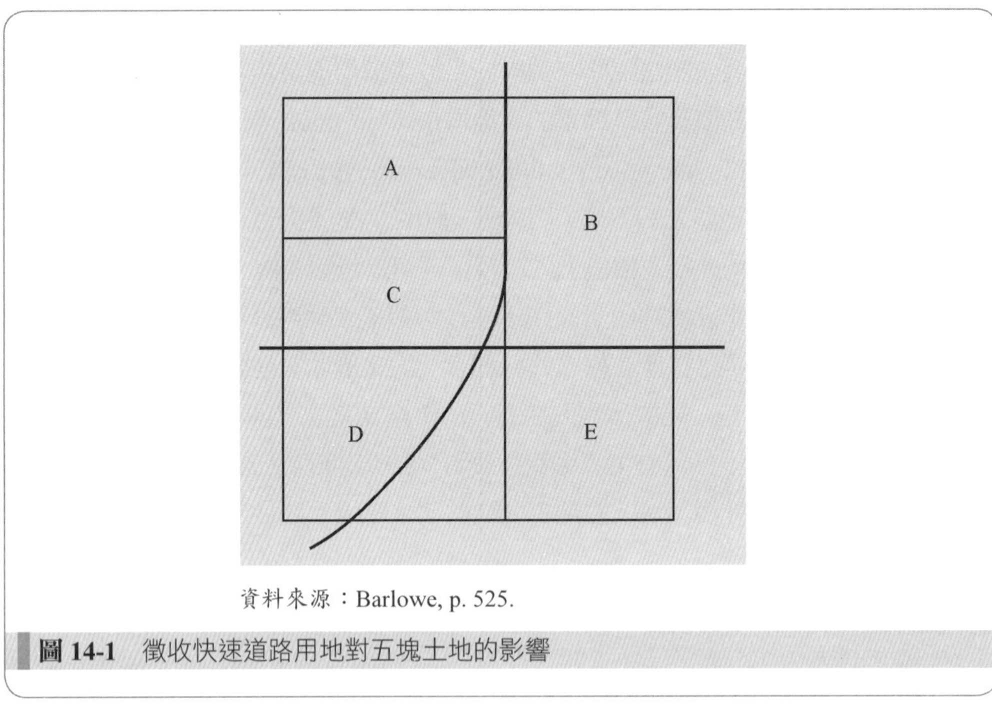

資料來源：Barlowe, p. 525.

圖 14-1 徵收快速道路用地對五塊土地的影響

土地徵收與資源配置的效率 [23]

資源配置無效率的產生，是因為我們假定市場價值可以償付某項工程所需土地的機會成本。然而，徵收所造成的社會成本，仍然可能超出徵收土地的全部花費。因為如果所有權人不能自願地以低於徵收價格出售其土地，則此一計畫案的利益將無法超過其真實成本，以致於造成計畫的無效率。

此外，因為計畫的形成與設計並不理想，也會造成資源配置的無效率。因為低估土地的徵收成本，會造成投入因素不成比例的配置。因為徵收土地，而可能會多用土地，而相對地少用資本與勞力。也可能會高估了土地成本，而膨脹了整個的計畫，進而增加了社會成本。

再者，因為補償只限於市場價值，會使所有權人使用各種手段去改變原來的計畫或徵收的決策；既使其明知計畫對社會的利益遠大於成本，而所有權人本身也未必因此得利。

資源配置的無效率，也可以從徵收者的角度來看。某一特殊土地的無效率可以

[23] Jack L. Knetch, *Property Rights and Compensation,* Butherworths, 1983, pp. 41-42.

從其有無較低或負面的私人價值，或者正面的外部或公共財價值來辨識。例如一座古建築在一個農場上，可能被認為是妨礙生產的物件，但是從歷史或古蹟的觀點來看，卻可能是一件珍寶。如果徵收補償的價值為農地的價值，農民必然不會去珍惜此一古蹟。然而，如果給予保存者較大的報酬，情形便可能改觀。以較高的價值來補償，可以反映其一部分的社會價值，也會讓所有權人使其成為有價值的資本財，而且會吸引有關機關來注意其財產。反之，如果補償價值經常在地租的低檔，便鮮有所有權人願意去保護具有社會價值的特殊土地了。

土地徵收與經濟發展

關於土地的徵收，似乎補償的公平與否，是最受人注意的問題之一。其實除了補償的公平與否之外，還有是否能有助於經濟發展，也是一個值得注意的問題。**凱登**（Jerold Kayden）在 2000 年到 2004 年的五年之間，訪問了 153 位人口超過 100,000 人的美國城市官員，問他們有多少土地徵收的案子，是為了經濟發展的目的。調查結果的數字，是非常令人驚奇的低。

雖然我們不敢就此斷言，土地的徵收權被濫用或誤用。但是大多數的徵收案例，都是在比較一塊土地在被徵收前與被徵收後的狀況。特別是在 1950 到 1960 年間，實施**都市更新**的時代。狀況的描述都是著重在未來的土地使用前景，而不顧現在的狀況。

美國**康乃狄克州**（Connecticut）的**新倫敦市**，實施一項城市復甦計畫。更新的地區，土地面積約有 90 英畝，近鄰有**輝瑞大藥廠**（Pfizer）計畫興建的全球研發部門。此一開發計畫的目的是要創造就業、增加稅收，並且提供公眾遊憩設施，甚至由此開始帶動全市的復甦計畫。開發公司找到 115 位地主，願意以每年一美元的代價出租給開發公司 99 年。開發公司會興建一個高科技的研發園區。根據一個受顧的經濟顧問公司的報告，此一開發計畫的利益，包括：518 到 867 個營建工作機會、718 到 1,362 個直接工作機會、500 到 940 個間接工作機會，以及 680,544 到 1,249,843 美元的稅收。

但是如果我們從另一個角度看，在這塊將要被徵收的土地上，還有很多並未損壞的獨棟住宅。有的家庭從 1918 年就住在這裡，也有的家庭住在這裡有 60 年之久。在十五塊土地上，十家是自有的住宅，五戶是投資房地產，其中沒有任何一家是衰敗或狀況不良的。其中 9 戶拒絕出售給開發公司，並且對徵收權提出挑戰。

法庭以五比四裁定維持憲法所謂徵收，是為了**公共的目的**或**公共使用**的說法。並且聲稱，沒有任何事情可以阻止老舊地區變成**購物商場**（shopping mall），或者使農田變為工廠。此一情況引起全國輿論、國會與公眾的撻伐，認為法庭擴大了政府徵收私人財產的權力。認為這種作法，是放任市場力量自由的運作。結果**康州**緊急立法限制土地徵收，甚至廢止以經濟發展為藉口，實施土地徵收的權力。

這一個，以及更多的研究結果，都顯示土地徵收的目的，純粹是為了經濟發展的案例，可謂並不多見。[24] 以本書作者本身的經歷而言，當我在 2000 年左右回到 1960 年代在美國讀書的大學城時，發現當年所租賃房子的住宅區，都被市政當局保留劃為歷史文物保護區了。這種情形在台灣是難得一見的。

[24] Jerold S. Kayden, "The Myth and Reality of Eminent Domain for Economic Development", in *Property Rights and Land Policies: Proceedings of the 2008 Land Policy Conference,* Edited by Gregory K. Ingram and Yu-Hung Hong, Lincoln Institute of Land Policy, 2009, pp. 207-209.

15

土地資源、不動產與環境估價

如果我們能給土地一個合理的價格或地租，社會的財富必然會增加，而且比任何可能的其他方法更好。

Paul A. Samuelson
Economics

➔ 價值理論

價值（value）是**估價**（appraisal）工作的主要對象。傳統的估價，幾乎都著重在房地產或**不動產**（real estate）方面。但是跟著時代的變遷，我們必須將土地資源與環境的因素納入考量。例如：在估價師對一棟住宅估價時，他必須在估計住宅本身的價值條件之外，也必須將里鄰環境的良窳一併考量。在估計一棟商用不動產時，他也必須將區位、人潮、可及性等條件納入考量。所以本章的內容將涵蓋**土地資源不動產與環境的估價**。

因此，**估價師**（appraisers）為了能夠估計合理的不動產價值，他必須同時瞭解資源與環境因素，以及客觀條件的**預期**（anticipation）與**改變**（change）對估價的重要、解釋價值**變遷**（shifts）的原則與概念、影響價值的**力量**（forces），以及形成價值的**因素**（factors）。如果能夠對這些基本概念有全盤的瞭解，即可對估價工具的使用、事件的系統分析，建立起碼的基礎。

早期的經濟思想　商業行為，包括不動產交易，可以說是與人類文明同樣久遠的。以經濟概念來說，希臘與羅馬帝國時期對價值概念並未重視。財貨與勞務的價值是由其所有權人或一般公約所主觀認定的，有其絕對性與固定性。在當時的專制制度下，這種靜態的價值概念與當時的社會政治狀況相當吻合。

當這種繁盛的古代商業過去之後，繼之而來的是**中世紀時代**（medieval period）。中世紀的經濟生活為自給自足的莊園采邑制度所主導，當時所注重的是財貨價格的公平性，認為價值是一種道德概念，要求其公平合理，而對於攫取**高利**則有所不為。不論這種說法是否可取，公平合理的概念卻由此植入人心。直到如今，合理的**市場價值**（fair market value）也是我們所追求的。

到了 15 世紀，世界性的探險、開發、征服與殖民運動興起，商業行為開始受到重視。於是在以後的三百年中，產生了兩個互相衝突的學派。首先是**重商主義**（mercantilism）主宰了當時各國的經濟思想，直到 18 世紀。**重商主義**思想認為經由經濟的中央集權與貿易，即能增加國富而躋身強權之列。**重商主義**思想對價值的貢獻，即在於其對財貨與其價值之間交換關係的重視，此種關係則建立在財貨的供需關係之上，而以黃金做為量度的標準。從今天各國愈形擴張的貿易，即可看出重商主義對各國國富與國力政策的影響，直到近代而不曾稍衰。

到了 18 世紀中葉，**重農主義**（physiocrat）的經濟思想興起。重農主義者多為法國人 ，以**奎內**（François Quesnay）為主要代言人。他們反對重商主義的國家經濟思想，而主張以農業為主的個人主義經濟思想。他們反對中央控制的經濟型態，相信人類行為的**自然法則**（natural order）自會引導一切。重農主義者創造了**自由放任**（*Laissez-faire*）一詞，它也突顯了重農主義的個人主義色彩。

重農主義者認為價值源於**效用**（utility），農業生產力才是財富的根源，而土地又是主要的生產工具。這種思想對當時的政治運動影響很大，其中包括美國與法國的革命。而其對**亞當斯密**（Adam Smith）及早期古典學派經濟學家的影響更是不在話下。

古典學派　**亞當斯密**在 1776 年發表了《**國富論**》（*The Wealth of Nations*）。在《**國富論**》裡，他闡釋了重農主義的基本思想，使之成為更有系統的學派。**亞當斯密**認為價值是從土地、勞力、資本三者的綜合生產力而來（管理因素在當時剛開始被注意到），所以一個物件的售價即決定於它的生產成本。這項物件必然有其效用，否則也不會去生產。再者，物件若有交換價值，也必須有其相對的稀少性。**亞當斯密**的概念被稱為**生產成本價值理論**（The cost of production value theory），也是古典經濟思想的基礎。

生產成本理論對不動產估價方法中的成本估價法有所影響，成本估價法是說：不動產的市場價值等於土地的價值加上改良物的目前成本減去折舊的價值。現代的成本估價法也同時注意到企業家的利潤，也就是生產管理的利潤。其他對價值理論有貢獻的古典經濟學家還有**李嘉圖**等人。在工業革命初期，**李嘉圖**研究工資、價格與地租的關係而發展出他的**地租理論**。他與**亞當斯密**的價值理論觀點是一致的，他認為物件的價值是其稀少性與生產成本的函數。他的地租理論，即是由於注意到某些土地具有能夠產生多餘利潤的生產力。

李嘉圖認為，對於糧食需求的增加，使最肥沃的土地所產生的收益，超過其最低維持生產的勞力與資本的成本。再者，只要土地的生產力足以支應其生產成本，較不肥沃的土地亦會被用來從事生產。無法產生超額收益的土地稱為邊際土地，因此地租即等於所產生的超額收益。邊際土地不能產生超額收益，所以沒有出租價值。

由以上的討論，我們可以知道**李嘉圖**把地租視為一種不勞利得，因為它並不是地主努力的結果。土地是最基本的生產因素，其所有權人在其他生產因素都獲得報酬之後才能獲得報酬。地主因為他的**獨佔地位**（monopolistic position）而獲得剩餘利潤。今天，這種剩餘地租的概念已被融入**最高與最佳使用**（highest and best use）概念，以及**收益還原法**（income capitalization approach）的**土地剩餘法**（land residual technique）之中，土地剩餘法的基本假設即是土地的所得，要在其他生產因素都得到報償之後，才能獲得報償的概念。

另一位古典經濟學者**馬爾薩斯**認為，價值是因為資源的相對稀少性而產生。**馬爾薩斯**在他的**《人口論》**（*Essay on the Principle of Population,* 1798）中比較人口的增加率與糧食的增加率之後，認為人類將受飢餓之苦。因此他認為土地的價值將因人口的增加而提高，因為人口增加將需要更多的土地生產糧食。

馬克思與**彌爾**對價值理論的貢獻約在 19 世紀中期，其影響則一直持續到現代。兩人對許多重要論點均與**亞當斯密**不同。**彌爾**的**《經濟學原理》**（*The Principle of Political Economy,* 1848）重新整理了**亞當斯密**的許多論點而取代**《國富論》**，成為以後半個世紀的主要經濟學教科書。**彌爾**為政府干預財富分配而辯護，他最著名的論點，即是政府應將人口增加與工業成長所帶來的土地增值歸公，因為那是地主不勞而獲的利益，**彌爾**強調價值是交易時的購買力。

馬克思認為所有的價值都由勞力所產生，所以所有的財富都應歸勞工所有。**亞當斯密**強調**理性的經濟人**，而**馬克思**則強調勞力與剝削。**彌爾**與**馬克思**都認為工資的增加會使資本家的利得減少，因而勞資雙方的衝突無法避免。然而所不同的是，**馬克思**認為這種衝突無可避免的會導致暴力鬥爭，而**彌爾**則認為，此種衝突可因制度的改變而避免。

奧地利學派或邊際效用學派　19 世紀末，幾位奧國、美國與英國的經濟學家，不約而同地獨立發展出具有同樣邏輯的**邊際效用學派**（Marginal Utility School）的經濟思想。他們與古典學派最大的不同是，認為生產成本對價值幾乎沒有影響，而認為價值是對於某財貨邊際（最後）單位的效用或需求的函數。依照**邊際效用學派**的說法，每一單位的價值均取決於邊際單位的價值。假定供給超過需求一個單位，市場價值便會降低。此時，生產成本變得沒有意義，依照**邊際效用學派**創始人之一**齊鳳士**（W. Stanley Jevons）的說法：「勞力一旦使用，便永遠失去，對任何財貨的未來價值毫無影響。」因此，**價值是需求的函數**，而邊際效用觀念則是其理論基礎。

新古典學派　新古典學派（Neoclassical School）興起於 19 世紀末至 20 世紀初。在所有經濟思想中，新古典學派對價值理論最具深遠影響。**馬修爾**（Alfred Marshall）綜合古典學派的供給-成本理論與**邊際效用學派**的需求-價格理論，奠定了新古典學派的根基，此一整合也使價值理論更為明確。**馬修爾**認為價值是受供給與需求雙方面的影響而決定的。

馬修爾也贊同**亞當斯密**的自然價值觀念，他認為以長期而言，市場價格與價值將趨於均衡，在此均衡點上，價格將等於生產成本。當價格、價值與成本趨於均等時，即可達到**馬修爾**的**完全經濟市場**（perfect economic market）。但在短期供給固定的狀況之下，價格即為需求的函數。**馬修爾**的理論對於市場比較、收益還原、重置成本等三種基本估價方法的形成，貢獻極大。

現代的價值理論

雖然過去的各種經濟思想與理論對估價方法的形成有其重要的影響，然而因為時勢的變遷，往往不能完全適用，於是許多新的理論便應運而生。我們也可以說價值理論一直都是在繼續發展與演進的，現代的價值理論認為土地與勞力、資本、管理一樣，都是生產因素之一，其價值由它本身的市場來決定。土地的收益不是剩餘，也不是從剝削而來，而是決定於土地的生產力與對此生產力的需求。所以現代經濟學家已經較少引用李嘉圖把土地收益看作剩餘與或不勞而獲的地租理論，而生產成本與價值的關係，被認為是一種一般的長期趨勢，而不再被視為絕對固定的。

從以上簡短的歷史回顧中，我們可以看到價值理論有其一貫的恒常意義，也因時代不同而有不同的解釋。現代的價值理論當然是建立在歷史基礎上的，但是也會因為客觀因素的影響而有不同的改變。現代的價值理論可以說是綜合了古典學派、邊際效用學派，及將供給成本與需求效用融合的新古典學派思想的大成。現代的估價工作必須瞭解供給與需求影響不動產價值，而供需又受市場上眾多其他因素的影響，以下將就這些因素分別加以探討。

土地資源價值的性質

從經濟學的角度看，我們所注意的是土地資源或不動產的經濟價值或市場價值。**經濟價值**（economic value）有三項主要的因素：第一，標的財產必須對所有權人或使用者有效用或使用價值；換言之，它可以產生報酬或滿足所有權人或使用人的需求。第二，是供給的稀少性；因為具有稀少性所以具有價值。第三，必須具有**可擁有性**（appropriable），也就是可以被擁有而且可以從一個所有權人移轉給另一個人。

所謂**市場價值**（market value），是指由市場的供給及需求所決定的經濟價值。它代表不動產在市場上某一個時間與空間範圍的價值。市場價值具有相當的主觀成分，它要看買賣雙方希望擁有與出售的意願，以及雙方所願意償付與接受的價格而定。所以市場價值對每一種不動產而言，都不是固定的。

雖然我們說經濟價值與財貨的效用有關，但是有的時候，有效用的東西不見得有價值。**亞當斯密**早已指出：

> 非常有使用價值的東西往往不見得有交換價值；而那些非常有交換價值的東西又往往沒有使用價值。例如：水是非常有用的東西，但是很不值錢；相反的，鑽石並沒有太大的實用價值，但是卻有非常高的交換價值。[1]

亞當斯密與一些早期的經濟學家認為，財貨的經濟價值與生產它的成本有關。因為我們發現一件東西的市場價值，必須大於或等於其生產成本，否則便無利可圖，而不願意繼續生產。在短時間之內，市場的供需會使物價在生產成本之上或之下波動；而長期下來，則會與生產成本相一致。一般商品如此，不動產也是如此。

在另一方面，估價師往往把經濟價值與市場價值兩個概念分開來看；他們把市場價值看作是估價的最後結果。他們認為所謂**合理的**（justified）價格是在市場上希望出售而且可以售出的價格。**美國不動產估價師協會**（The American Institute of Real Estate Appraisers）對市場價值所做的定義是：

> 一件不動產在公開競爭的市場上求售，而買賣雙方都經過深思熟慮，對市場狀況充分瞭解，而且不受任何特別因素影響的情況下，所能得到的最可能的金錢價格。[2]

此一定義含有以下幾點意義：

1. 市場上出現對市場狀況相當瞭解，而且有意購買與出售的買方與賣方。
2. 該不動產已經上市了一段時間。
3. 任何人都可以進入市場購買該不動產。
4. 市場價格不受任何特意的安排或影響。

---

1 Adam Smith, *The Wealth of Nations,* Oxford University Press, 1998, pp. 34-35.

2 Barlowe, pp. 267-268.

市場價格的決定

當一個潛在的買方或賣方有意購買或出售不動產時，他一定會考慮投資所能獲得或犧牲的報酬（地租）。由於未來的不確定性，他必須估計未來數年甚至數十年報酬的現值；而現值的估計取決於他個人對報酬，或租金收入所希望的折現率。而折現率的取捨，又要看他對現在與未來收入的偏好，以及他對不同投資工具的態度與風險的評估。這就是在第 9 章裡所說的個人時間偏好利率。

未來一連串所得或地租的現值，是投資者個人的主觀價值判斷。購買者的主觀價值判斷，會決定最後他願付出的代價。而市場價格很難改變一個人的主觀評價，假使市場價格高出其主觀認定的價格，也只好放棄不買。

在另一方面，出售者的主觀評價，也同樣會決定他最後願意接受的價格。當需求增加，使不動產價格提高時，他當然樂於接受較高的價格；但是當市場價格低於其主觀評價時，他便會退出市場，不再出售。綜合以上所說，市場價格決定於買賣雙方對不動產價值的主觀認定。在一定範圍內，無論買方或賣方都要接受市場價格。

一個出售者與一個以上的購買者時的市場價值　當一件不動產只有一個購買者時，而出售者的主觀評價高於購買者的評價時，則交易無法成立。假使反過來，購買者的評價高於出售者時，市場價格將由雙方議價來決定。雙方的評價會給市場價格一個高低的限度，雙方都在猜測對方的評價，最後使雙方的評價趨於接近。假使同時有多個購買者對一件不動產有興趣，而且所有的購買者都知道彼此的出價；如果出售者的評價較低，則最後的售價會訂在最高與次高的購買者評價之間，因為互相競爭，將使價格提到此一水平。

多個出售者與一個或一個以上的購買者時的價值　在市場上，可能同時有好幾個出售者出售條件相似的不動產。假使此時購買者只有一個，而他對這些不動產的喜好並沒有差別（indifferent），此時出售者出價最低的不動產，便可成交。如果此時有兩個購買者，其價格就會依第二低的不動產價格訂價。因為購買者之間的競爭，最低不動產的訂價便會被迫上升與第二低的不動產價格相等，此時的價格便會底定。以上的情形，舉例說明如下：

> 假使現在有八個購買者與八個出售者，而且不動產為同質產品。根據買賣雙方主觀的評價，購買者心目中有其願出的最高的買價，而賣方也有

表 15-1　買賣雙方的主觀評價

買方（千元）	賣方（千元）
3,500	
3,515	3,515
3,530	3,530
3,545	3,545
3,560	3,560
3,575	3,575
3,590	3,590
3,610	3,610
	3,620

其最低願意接受的售價。買賣雙方的主觀評價如表 15-1。

由此表的資料中，我們可以看出，買賣雙方出價與接受價格相同的共有七對。我們所須注意的基本原則是：賣方希望得到的價格愈高愈好，而買方則希望付出的價格愈低愈好。假使這是一個完全競爭的市場，最後達成的價格應該是 3,560,000 元。

在價格為 3,500,000 元時，會有八個潛在的購買者，而沒有出售者，顯然價格還應該提高。在 3,515,000 元時，就會出現一個出售者，但是有七個潛在的購買者（一個出價太低已被淘汰）。買方再次競爭的結果，會使價格繼續升高，一直到買賣雙方的人數相等時為止，此時的價格為 3,560,000 元。其他價格都會超過購買者所願出的價格，或者出售者所願接受的價格。

雖然市場價格是由眾多的潛在購買者及出售者的主觀評價所決定；對個別購買者或出售者而言，又好像客觀決定而必須接受的價格。如果不動產的價格高於此一價格，買方也不會購買；而如果低於此一價格，賣方也不會出售。在市場上，購買者與出售者的人數愈多，交易的數量也愈多，其交易價格也會愈接近市場價格。對個別購買者或出售者而言，愈發顯得價格是客觀決定的；而他以他的主觀評價與之比較，然後決定是否出售或購買。

估價原則

不動產估價的幾項基本原則，皆源自於一般經濟學，其與個別不動產的實質及法律特性有關的有下列幾項：(1) 供需原則；(2) 替代原則；(3) 平衡原則；與 (4)

外部效果原則。從這幾項原則歸納所得的基本原則，即是**最高與最佳使用**（highest and best use）原則，此一基本觀念對不動產估價具有極重要的意義。

供需原則　供需原則是說價格直接因供給與需求的變動而變動，供給與需求的交互作用是所有經濟理論的基礎，由於供給與需求——買方與賣方——的互動關係，乃造成市場。在理論上，當供給與需求達到均衡點時，市場的價格、價值與成本都會相等。

某一財貨在某一特定價格、某一特定時間與地點的供給量，即是該財貨的相對稀少性；而稀少性又是構成價格的基本要素。不動產的供給，即是在目前價格狀況之下，能夠使某一不動產投入某種使用的資本的函數。例如當住宅價格升高時，建築商才願意在以前不願意開發的，成本過高的土地上從事開發工作。

因為不動產是實質的財貨也是一種服務，不動產的供給即是指**實質空間**（physical space）的**量**，與**服務空間**（service space）的**質**。不動產的供給所注重的不僅是土地的有無，更注意的是，土地所能提供的使用方式；因此不動產的供給是指土地空間的**質**與**量**而說的；其中質對不動產價值的影響，又可能更甚於量的多寡。不動產的質是指可以量化的土地性質，如面積、形狀及其他物理條件，及不可量化的土地性質，如寧適狀況等，不動產價值的比較要質量相當才有意義。

某種土地空間的供給相對於價格水準的變動，往往很慢；如果再加上大量的資本需求與政府法規的限制，常使供給難以迎合市場的改變。然而其在質方面的供給卻能因改變使用、分割為實用單位等方式加速供給。

因為某些特定不動產的供給在短期內很難隨市場變化立即調整，所以其價格多受需求的影響。對不動產的需求也跟供給一樣，會受質與量兩方面的影響。需求若是以購買力為後盾，就是**有效需求**（effective demand），有效需求更具市場意義。所以在對某種不動產進行估價時，就要注意市場的狀況，以判斷對標的物的供需關係。

與供需有關的一個重要觀念是**競爭性**（competition）。競爭是兩個或兩個以上的市場參與者，對某一供給短缺的物品的**積極需求**（active demand），所以競爭是自由經濟體系裡供需之間的基本因素。競爭使財貨的多寡繼續變動，所以它會影響市場對此財貨的需求水準。實際上，不動產的買賣雙方都在競爭市場之中，每一筆不動產都與其他相同使用的不動產發生競爭。例如：一家既有的旅館會面對附近較新旅館的競爭；既存的住宅區與新住宅區之間會產生競爭；市中心商業區與市郊的

購物中心也會互相競爭。

長期而言，市場的競爭力可以減少不正常的利得，雖然利潤導致競爭，但是過分的利得將會減損競爭力。例如：在某一新開發擴張的地區，一家新的商店通常會獲得超出常態的利潤，於是同類商店就會聚集競爭此項利潤，最後可能會使過多的商店無法生存下去。在使用收益還原法估價時，競爭的效果與市場利潤的趨勢對估價師能否做正確的收益預測極為重要。

替代原則　替代原則是指當有許多類似的財貨與勞務同時存在時，價格最低的即會吸引最大的需求與最廣的分配。根據此一特性，任何買方對某一不動產所付的價格絕不願比其他同樣可能獲得的不動產為高。也就是說此一不動產的價格，是由同樣希望獲得的另一不動產的價格所決定的；替代原則使買賣雙方對同樣用途的不動產能有較多的選擇。替代可能是由於使用、結構設計或獲利能力相似而產生的，替代原則在市場比較、收益還原與成本替代法都是最基本的考慮因素。

與替代原則有密切關係的概念是**機會成本**（opportunity cost）。機會成本概念是指財貨與勞務的價值決定於為其犧牲或放棄的其他財貨與服務的成本。機會成本在估計投資報酬率時特別重要，因為在分析比較各替選投資機會的期望報酬率之後，估價師才能比較正確地判斷要購買的不動產的投資報酬率。

平衡原則　平衡原則是指：價格是在各種衝突、對立與互動因素處在均衡狀態時所產生的。平衡原則包含不動產與其周遭環境的關係，以及與其他不動產之間的關係。平衡原則顯示出一個地區的不動產價格，要有不同區位的各種土地使用做適當的配合才能產生與持續，這也正與自然生態體系須有各種生物的多樣性（biodiversity）才能維持平衡，才能生存繁衍是同樣的道理。與平衡原則有關的概念還包括：(1) **調和性**（conformity）；(2) **貢獻性**（contribution）與 (3) **超額生產力**（surplus productivity）。

調和性原則　一筆不動產的外部**調和性**，是指這筆不動產與其周遭環境狀況的關係而言。如果一筆不動產與它周遭的建築景觀有相當的調和性的話，其價格可能較高。土地分區管制規則的作用，即在於增進土地使用的調和性，因為它規範同一地區不動產的大小、樣式與設計。此外，不動產的市場價格也有調和性，在某價位地區內，高度改良的不動產，其價格不會超過附近類似不動產太多，而低度改良的不動產，其價格也不會低於一般水準之下太多。

當勞力、資本、管理與土地四種生產因素能夠適當配合時，即產生不動產的內部調和性。以大多數的不動產而言，土地與建物的調和最為重要；土地與建物達到最適配合時即達到經濟均衡點，也就是邊際報酬等於零的一點。在這一點上，總報酬為最大，任何增加一單位的投資，都不可能得到對等的報酬，這就是邊際報酬遞減法則的作用，也就是**比例原則**的呈現。

貢獻性原則　當估價師評估不動產的各組成部分時，即需運用**貢獻性**的概念。所謂**貢獻性**，是指一筆不動產的個別組成部分的價值，是以其對整體不動產價值的增益或去除它時所造成價值的減損來衡量的。例如：一座 100 萬元的游泳池，未必能使某一住宅的價值增加 100 萬；而是要看此一游泳池在市場上所產生的效益而定，其價值可能高於或低於其建造成本。所以就某些案例而言，雖然增加一些實質上的改良、改建或整修，其價值都未必會增加。

超額生產力原則　超額生產力是指在完全償付勞力、資本與管理的成本之後所剩餘的淨收益而言，此一超額收益可歸屬於地租而且決定地價。超額生產力的概念認為土地報酬，是剩餘的概念的基礎，所以它可以被用於剩餘估價法（residual valuation techniques）中。

以上所討論的平衡原則中的各種概念都是互相關聯的，而且在估計市場價值及**最高與最佳使用**程度時十分重要。同時它也是使用成本法估計折舊，使用市場比較法調整價格，或使用收益還原法計算預期利潤等方法的主要理論基礎。

外部效果原則　外部效果是指因為財貨、產品或其他狀況所造成的外部經濟與不經濟。當某人或某廠商將成本或**困擾**（inconveniences）加諸於他人時，即造成**外部不經濟**，而影響到生產或擁有其不動產價格的情形。另外，例如當參加某一音樂會的一部分人負擔較高的票價，即可以使另外一部分人能以較低的票價入場，就產生**外部經濟**。當受外部經濟影響的人數眾多時，產品或勞務就需要由政府來提供，例如橋樑、公路、警察、消防等，因為由政府統籌提供要比個人自行購買為價廉。例如：丟棄垃圾，即會使他人負擔清理成本；商店樹立不良市招，即對他人造成視覺的侵擾。

不動產受外部效果的影響，要比其他經濟財貨與服務為甚，因為其不可移動性，所以受外部效果影響較大。這些影響來自國際、國家、區域、社區，以及里鄰單位等各個層面。在國際與國家層面，這些影響包括國際貿易、貨幣匯兌、利率、生產效率、社會經濟狀況的輕重緩急等。例如：匯率的變動、貨幣供給的寬鬆與緊縮、利率的調高與調低、社會大眾對不動產投資的認知與態度的轉變等，均造成都市地區地價的上漲或下跌。在社區與里鄰層面，不動產價值受地方法令、政策與行政措施、社會經濟狀況的影響；既使是在同一縣市或社區，不同的里鄰單位，也會有不同的不動產價格。估價師必須對這些外在影響因素有所認識，以便對個別不動產所受的影響加以評估。

最高與最佳使用原則　最高與最佳使用是價值的基本前提。以價值而言，最高與最佳使用並非客觀的絕對事實，而是反映估價師分析市場狀況之後對不動產價值的意見。土地的最高與最佳使用是指在估價作業期間之內，不動產能夠獲得最高現值的正常合理、合法的使用方式。

因為土地使用與是否有改良物有關，所以最高與最佳使用也可以依土地有沒有改良物來判斷。沒有改良物的空地的價值，是決定於土地的使用潛力或預期的使用，若不使用自然就沒有價值。在各種使用方式中，哪一種使用在支付勞力、資本、管理的成本之後，能夠產生最高的價值，即是該土地的最高與最佳使用。

經過改良的不動產，其最高與最佳使用是指土地及其改良物的最適使用；也就是說，只要既存的改良物仍然具有市場價值，或在新改良物的價值尚未超過拆除既存改良物與新建改良物成本之和以前，既存改良物仍然值得繼續保留或加以修繕。例如我們可以將老舊住宅繼續做住宅使用，或者改建為公寓或辦公大樓；但是究竟如何使用，則要看各種使用所能獲得的地租與改建成本之間的關係而定。如果原有的改良物值得保存（如古蹟），但是並不是基地的最高與最佳使用，也不一定必須摧毀。

空地的最高與最佳使用對土地估價非常重要，而有改良物土地的最高與最佳使用，則可以使我們在繼續使用或拆毀重建之間知所取捨。假使因為需求不足而無法開發做更有利的使用時，除非此一空地的價值與拆除改良物的成本之和，超過目前改良物的價值，其**過渡使用**（interim use）仍會繼續下去。不動產的過渡使用又牽涉到土地的**慣常使用**（consistent use）概念。根據此一概念，土地與改良物不能在分離的基礎上估價，土地的價值當然因為改良物的存在而增加。有的改良物雖然無法被視為最高與最佳使用，但可能仍然具有過渡使用價值；但是如果其拆除成本過大，則其價值將被抵消。

➔ 基本的不動產估價方法

不動產估價的原理與方法，可以從書上學到，但是一件成功的估價工作，主要還是要靠估價師蒐集各種相關資料，以及整理分析、詮釋它們的能力。這種能力的養成更要靠估價師洞察市場趨勢的灼見與判斷的經驗。因此有人認為不動產估價工作不僅是科學的，更是藝術的。

當估價師從事估價工作時，大概會依循以下幾個程序或步驟：

1. 首先，他要精確地確定不動產的位置界址，以及法律上的條件；瞭解此一不動產的性質，包括所有權、租賃關係、礦權或其他權利；瞭解估價的目的；價值的種類（出售、融資、保險或其他）；確定估價的使用期間。
2. 在以上這些事項確定之後，估價師即可著手蒐集相關的資料，包括：檢查不動產本身及周邊的實質條件與經濟社會環境及法律規章。
3. 整理分析這些資料，使用某一種或一種以上的估價方法，去計算不動產的價值，並且加以詮釋。
4. 調整不同估價方法所得的結果，然後撰寫估價報告。

估價師常用的基本估價方法有三種。它們是：

1. 市場比較法（market-comparison）或市場法（market approach）。
2. 收益還原法（income capitalization）或收益法（income approach）。
3. 替代成本法（replacement-cost）或成本法（cost approach）。

市場比較法

市場比較法是一個非常基本而且務實的估價方法。市場比較法是以有待估價的不動產，與市場上具有相似條件及性質的不動產的最近成交價做比較，以決定該不動產所應有的價格。此一估價方法的優點，是它可以呈現目前市場的供給與需求所決定的價格。

市場比較法的基本理論是經濟學的**替代法則**。一個熟悉市場狀況的購買者，不會付比可以替代的其他類似不動產更高的價格。因此，估價師可以從市場比較法得到該筆不動產目前的市場價格。不過要注意的是，市場的各種狀況變化很大，確實的資訊也不容易獲得。這種情形即會使市場比較法變得比較複雜；不過只要能夠找到合適的成交案件足資比較，由市場比較法所得到的估價，仍然是相當可取的。

在使用市場比較法時，除了注意以上所說的各種因素及狀況之外，還應該注意其交易是否是出於自願的？出售的期間是否過長？有沒有承擔過多的廣告費用？或者有沒有特別的融資安排等？因為這些因素也有可能扭曲真實的交易價格。

市場比較法非常適用於城市與郊區的住宅、公寓或農場。它比較不適宜用在工業、商業以及其他不常有交易的不動產。

收益還原法

理論上，不動產的市價應該等於全部未來收益的**現值**（present value）；也就是未來預期地租的折現值。基於這種理由，收益的還原或**資本化**（capitalization）也就被廣泛地用在不動產估價上。如以簡單公式表示，即是：

$$V = \frac{a}{r}$$

以 V 代表不動產價值，a 代表不動產的未來預期地租或收益，r 代表折現的利率。假如有一筆不動產，其預期的每年地租收入為 100,000 元，如果以利率 7% 來還原，其價值應該等於 1,428,571 元。

使用這種估價方法，估價師需要掌握兩個變數。第一要確定不動產年復一年所能產生的地租是否有恒常性，其次要選擇適當的資本化利率。問題的複雜性在於未來的地租收益，可能不會每年都在同一或相近的水平。而且不動產的種類不同，它們個別的壽命也不一樣。如果只對基地估價，問題還算單純，加上改良物的話，就比較複雜了。最常見的例子如：公寓大樓、礦區等經濟壽命有限的不動產。

因此，我們對於地租可能在未來升高或降低，而且壽命有限的不動產估價時，就要對上面的公式加以調整。這種調整可能是調整地租，也可能是調整利率，其公式為：

$$V = \frac{a}{r} \pm \frac{i}{r^2}$$

公式中的 a 代表平均地租收益，i 代表改良物預期報酬的增加量與減少量。在這種情形之下，如果我們估價的對象是一座煤礦，隨著煤的開採，其價值將在 x 年之後趨近於零；此時即可應用下列的公式：

$$V=\frac{a}{r}\left[1-\frac{1}{(1+r)^{x}}\right]$$

如果不動產座落在很有名氣的區域，或具有特別景緻的地方，能帶給購買人更大的滿足；反之，如果座落在逐漸衰敗的地方，就會造成購買人的損失。兩者的 a 值都不是金錢所能量度的。此時就要憑估價師的經驗與判斷，做適當的調整了。

估計未來的地租　使用收益還原法估價的第一個困難就是，估計未來的平均地租收益 a 值。理論上，估價師應該估計不動產預期的每年平均地租水平。然而，對未來地租收益的估計，往往是根據過去幾年的地租收入水平。如果不動產長期出租，而且具有雙方都滿意的租賃條件，未來的收益水平就比較容易估計了。在這種情況下，現在的淨地租收益就是預期的地租收入；但是這種情形並不多見。

在估計地租收入時，估價師首先注意的是不動產的里鄰狀況、一個城市的經濟基礎以及全國的經濟成長趨勢。而對農業不動產，則會去注意其實質的土地生產力，以及過去 5 到 10 年的作物生產量。再從農產品的價格水平，計算預期的粗收益。從粗收益中減掉經營成本（勞力與管理費用等），即得到地租收入。

選擇還原利率　選擇適當的還原利率，是使用收益還原法估價的第二件重要事項。估價師必須用他的判斷力與經驗，來決定用於個別不動產的利率。如果處在一個完全競爭的條件之下，沒有收入變動的風險與不確定性，則可以用較低的利率。但是這種情形，實際上並不存在，因為沒有完全競爭的市場。

巴羅在他的《土地資源經濟學》書中，介紹了四種美國估價師所用的主要方法：(1) 加總法；(2) 投資額度法；(3) 產值法；與 (4) 相對市場法。[3]

在使用**加總法**（summation method）時，估價師依照幾項預訂的風險指標來訂出合適的利率，再將它們加總起來得出整體的還原利率。例如：我們可以先從風險最低的利率 5.5% 開始；如果收益具有風險，可以加 1.5%；如果變現力太低，則可再加 1.5%；如果再考慮管理的負擔，則可以再加 1.0%。如此將這幾項指標的利率加總起來，即得到整體的還原利率為 9.5%。**美國聯邦住宅署**（Federal Housing Administration, FHA）建議了至少五項風險指標，它們是：不動產本身的安全性、收益的確定性、報酬的規律性、變現性與管理的負擔。

[3] Barlowe, p. 275.

在使用**投資額度法**（band of investment）時，可以按各部分投資額度的權重，來計算其平均市場利率，然後再將各部分的利率加總起來，即得到整體價值的利率。例如：某人以其不動產價值的 50% 以利率 9% 貸款，則其 50% 投資額度的利率即為 4.5%。又以其不動產價值的 25% 以 10% 的利率貸款，則其 25% 投資額度的利率即為 2.5%。若再以剩下的 25% 價值以 11% 貸款，則其最後 25% 投資額度的利率為 2.75%。然後將此三部分投資額度的利率加總，即得到整體不動產價值的利率為 9.75%。

產值法（equity-yield method）是一種對估計抵押貸款較好的方法，也逐漸運用在其他不動產估價利率的決定上。不過此一方法需要運用比較複雜的方法，去決定足以吸引不動產投資的**內部報酬率**（internal rate of return）。最後要注意的是，在運用以上三種決定利率的方法時，還要將折舊因素計算在內，以決定不動產的經濟壽命。

大多數的估價師常用**相對市場法**（comparative-market method），來決定他們的資本化利率。在使用此一方法時，利率的決定要看類似不動產的年淨報酬，與所要比較的不動產市場現值之間的比例關係。此一方法要相當依靠市場比較法來決定不動產的價值。

以上幾種方法都無法十分精確而客觀地決定某一不動產所需使用的資本化利率。所以利率的決定，多半是主觀的判斷。除此之外，諸如不動產的品質、未來收益的可靠性與穩定性、市場的競爭、價值的穩定性、管理的成本等因素也是需要考慮的。

替代成本法

替代成本法的基本理論是根據經濟學上，價值與生產成本之間的密切關係。也就是說，不動產的價值應該等於提供同樣的替代品的成本減去折舊。通常生產成本設定了不動產價值的上限，因為人們不會購買比其替代品價格更高的財貨。當然市場的供需仍然會影響其價格有時高過成本，有時低於成本。

替代成本法在住宅及都市型不動產估價工作上，經常廣被使用。其原因有五：(1) 在大量估價上，比較有一定的標準；(2) 替代成本可以做為價格的上限；(3) 方法簡單而容易；(4) 估價師有逐漸揚棄以市場售價為不動產真實價格的趨勢；(5) 使用收益還原法比較複雜而且困難。

不過替代成本法也不是完全沒有缺點。第一，建築基地的價值仍然要靠市場比較得來；第二，改良物的現值或替代品的價值不易估計；第三，改良物的折舊不易估算。

替代成本的估算　當估算替代成本時，往往很難找到與原不動產一模一樣的複製品，建材與技術的改變使替代成本法顯得不實際；但是不動產的大小、設計與使用功能等方面則可以力求一致。比較重要的是，要確定建築物的品質與建築成本的水平。換言之，是高級、中級或普通的施工與建材品質，以及是否是最有效率，或邊際的建築商。

一旦以上各種因素確定之後，可以有三種主要方法用來估算其成本：(1) 質量調查法；(2) 單位成本法；(3) 平方公尺或立方公尺法。

質量調查法（quantity survey method）是估價師從建商的原始建築程序，來確定建築改良物的實際成本。他們可能使用建築藍圖，及設計圖來估算所需要的建材品質與數量、勞工成本、建築師的設計費、營造商的利潤與經常支出，以及其他相關的成本。這種方法所估算的替代成本最為精確，但是耗時而成本高，所以使用的人不多。

單位成本法（inplace unit-cost method）簡化了一些質量調查法的細節。應用此一方法時，估價師把建築物分割成幾個部分，然後計算每一部分的單位成本。成本的計算可以分內外牆的面積、屋頂的面積、上下水道系統、空調系統、管線系統、地磚鋪面、水泥車道以及其他各個部分。

平方公尺或立方公尺法（square-meter and cubic-meter method）是另一個簡化的替代成本估價方法。應用此一方法，估價師只須計算建築物的總樓地板面積，或室內空間的平方公尺或立方公尺數，然後乘以該地方建築商所用的標準成本價格，即得到建築物的替代成本。

折舊的計算　替代成本估價工作完成後，還要減掉原改良物的折舊。通常計算折舊的方法有三種：(1) **破損觀察折舊法**（breakdown-observed-depreciation）；(2) **理論法**（theoretical approaches）；(3) **工程觀察法**（engineering-observed-depreciation）。

以**破損觀察法**計算折舊，是指估算不動產因為實質的損壞及可能的功能過時所遭受到價值的損失。所謂實質上的折舊，是指不動產經過使用而老舊、破損、龜裂、衰敗等狀況；而功能的折舊是指過時且不合用的空間設計、大小、型式或結構上不能發揮適當的功能。這兩種折舊又有**能復原**（curable）與**不能復原**（incurable）兩類。能復原的項目，如：老舊的屋頂、空調系統、不良的電力管線等；不能復原的項目，如：結構老化、設計老舊等。能復原的項目通常以換新或修復的成本，來計算其折舊值。至於不能復原的項目，可以用觀察法估計其可能的替換值，或者可以用壽命表來計算其結構的耐用年限；也可以用替代品與原不動產之間租金的差額，來計算其折舊額。

除了實質上的折舊外，還應該計算其經濟的折舊。經濟上的折舊是指不動產座落的地區經濟衰退而使價格低落；或者不動產不再是該基地的最高與最佳使用。在計算不動產的經濟折舊時，估價師要比較不動產的市價現值與折舊的替代成本價值的差額。也因此，似乎又回到了市場比較法了。

估價方法的選擇

大多數的估價師認為，在從事不動產估價時，最好採取使用兩種甚至三種估價方法都用的策略。當他面對兩種或三種估價結果時，問題並不在乎決定何者最可接受而是回頭查看他的每一種估價方法，使它們之間的差異減到最小。需要檢討的項目包括：估價的目的為何？資料是否合適？估價的方法及基本前提是否正確等？他們通常都會以採用某一方法為主，而以其他方法做為對照以做修正，最後得到最理想的估價結果。

➜ 自然資源與環境資源的估價

當我們使用估價方法去估計**自然與環境資源**的價值時，我們希望估計兩種價值。一種是估計污染對自然與環境資源所造成的損害的價值；另一種是自然與環境資源所能提供給我們的功能或服務的價值。污染對自然或環境資源所造成的損害包括它對人類健康的影響，以及對自然界的植物、動物、材料的損害，而且妨礙我們對戶外自然界活動的享用。

在估計這些損害的價值時，首先要找出受到損害的種類，其次估計污染物與受影響的自然與環境資源之間的實質關係；然後估計受影響一方對損害或補救措施所做出的反應；最後再對所造成的損害賦予一個金錢的價值。這些步驟，說來似乎頗為簡單，但是實際做起來並不容易。

自然資源價值的種類

自然資源的價值可以從**存量**（stock）或**流量**（flow）的觀念來估算。例如：一片森林是樹木的存量，但是當我們將樹伐下成為木材時，便成為流量。兩者緊密相連。因為存量的價值等於未來流量價值加總的**現值**（present value）。此一觀念與不動產的價值，等於其預期收益（地租）加總起來折算成現值的道理是一樣的。

不過經濟學家又把資源的總經濟價值分解成三個部分。它們是：(1) 使用價值；(2) 可能價值；與 (3) 非使用價值。使用價值反映直接使用與自然或環境資源所產生的價值。例如：伐木、漁撈、引水灌溉，甚至欣賞自然美景等。水污染便會影響漁獲量及灌溉，空氣污染會影響景觀，甚至影響人體的健康。

可能價值反映人們預期未來使用自然或環境資源的能力。也就是反映人們願意保留某些可能的資源使用潛力到未來去使用的價值。

非使用價值反映人們願意付出代價去保留或改善的自然資源，既使他永遠不會去使用。例如：政府把太魯閣國家公園出售給大理石商或水泥公司去開發石材或興建水泥工廠，一定會遭到國人一致的反對。因為此一特有的資源的損失是無法估計的，既使有的人根本未曾造訪過，也不會同意政府出售的做法。這種價值是絕對不同於一般財貨的價值的。

以自然與環境資源而言，無論其本身或是它們所產生的功能，都無法在市場中交易。所以在從事估價時，經濟學家只能採用不動產估價的成本替代法觀念來估價。第一步，先找出自然資源所提供的各種功能；第二步，再確定這些功能在某段時間、地點上，其質與量上所受到的影響；第三步，再賦予這些影響及損傷一個價值。最後才選擇一個適當的折現率，將這些損傷折算到現值。此一價值即可被認定為是自然資源與環境所受損傷的價值。

自然與環境資源的功能與估價

上一節我們提到自然與環境資源所產生的功能是估價的基礎，因此我們必須對這些功能有所瞭解。

自然與環境資源所產生的功能，可以從兩方面來看。第一，我們要看這些自然與環境資源能不能為我們所消費或使用。例如漁撈業著眼於魚貝類的市場價值；而遊憩者釣魚，其價值又超過漁獲本身的價值。第二，要看這些功能為私有或公有？某一個人的享用是否影響到別人的享用。例如：一般海岸，可以供人漁撈，也可以供人休閒遊憩。漁撈的價值，可以由漁獲的市場價值來衡量，而遊憩休閒活動的價值則需要以非市場的估價技術來衡量。

在我們討論財產權時，在一個連續的尺度上，尺度有兩端，一端代表純粹的私有財產，另一端代表純粹的公共財產，而介於兩者之間的則為準財產或者是公私性質兼具的財產。對於這些無法以市場機制來決定其價值的財貨，經濟學家也發展出一些方法來衡量它們的金錢價值。例如：計算旅遊成本、門票費、旅遊時間的機會成本或者**願意償付**（willingness to pay, WTP）等方法。不過這些方法的最大問題是正確資料的蒐集並不容易。

另外一種間接估價方法，是**特徵價格法**（hedonic price valuation）。此一估價方法是嘗試把非市場資源看作市場資源可量度的一部分，以便掌握其價值。例如：在空氣污染使房價降低的地方，其空氣遭受污染的價值，即以空氣污染地區與空氣清潔地區房價的差別來量度。但是除了極少數的案例之外，個別地區的空氣污染價值的估計並不容易以此種方法獲得。

還有一種估價方法，就是直接訪問對方為了維持自然資源，回復到其原來狀態所願意付出的**金錢代價**（wiliness to pay）。這種方法要靠訪問者描述的能力以及被訪問者的想像力了。

這些方法的中心觀念是：假使我們能夠找到可以提供同樣功能的替代資源，則這種資源的損失或傷害便不能算了。但問題的關鍵是，某些自然與環境資源是無法取代的。於是問題又回到了原點。我們如何用任何資源替代一個無可替代的資源，或者使其回復到原來的狀態？我們能夠做到的只是使其愈形近似罷了。比較能夠做到的只有估計清除污染或損傷的成本而已。再說，如果只顧恢復自然資源而不顧及對此資源的需要，也會造成過度供給而花費超額成本。所以利益與成本也必須相稱。

美國的自然資源損傷估價是其內政部（Department of Interior, DOI）根據1980年的**綜合環境反應，補償與賠償法**（Comprehensive Environmental Response, Compensation, and Liability Act of 1980, CERCLA）而定的一些指導原則而來。也可以說自然資源損傷的價值估計是經濟學與法學的聯合產物。除了內政部之外，**環保署**（Environment Protection Agency, EPA）也扮演著重要的角色，主要在於保護災區的健康、福利與環境。

在 CERCLA 的規定下，自然與環境資源的估價在 EPA 確定了賠償責任之後即行開始。損傷的估價分 **A 類**（type A rule）與 **B 類**（type B rule）兩種規則。**A** 類規則是相當簡化而且是用在小規模損傷的狀況之下的；而 **B** 類規則則是用在比較大規模而且具有比較重要的經濟意義的事件上的。再者 CERCLA 只規範公眾的損失，而私人的損失只有求助於一般民法的救濟了。所以我們在此處所討論的，主要著重在 **B** 類的估價。

當對自然環境與資源的損害發生時（例如油輪失事或有毒廢棄物排放），而且也對健康、福利或環境造成立即的危害時，中央或地方機關即應以所有人的身分，根據內政部的規則判斷所造成損害的性質與範圍，建立基本資料庫。然後在合理的成本範圍內建立損害估價計畫（plan）。所要估價的成本包括：**復原成本**（restoration cost）、**替代成本**（replacement cost）與**消失的使用成本**（diminished use value），以及將它們量化的方法。

關於復原或替代，內政部的規則要求多方面的標準，包括：技術的可行性、成本與利益、成本與效能（cost-effectiveness）、計畫或實際的反應動作、提出作為的潛在損害、靠自然力回復的時間、自然力恢復的能力、取得替代土地的能力與各種法律的一致性等。

對於損害的定義為：損害等於由於對自然資源的損害所造成消費者剩餘與生產者剩餘，以及**不使用的價值**（nonuse value）的減損。自然資源的功能為資源對公眾所能提供的各種功能，以及它們之間的互動關係；被動的或非消費性的功能也包括在內。[4] 以下將對各種估價模式加以說明。

機會成本模式

關於環境資源的估價，種類繁多，目前且舉容積管制與居住環境品質為例加以說明。近年來，因為國民對環境品質的認知大幅提高，因此對於居住環境的品質要求也愈來愈高，政府為了提高都市地區的居住環境品質，往往以容積管制的方法，來限制建築物與人口的過度集中。然而一個很矛盾的現象則是大家一方面要求高品質的生活環境，一方面又不願意接受容積管制，認為容積管制會減低土地使用的價值。由於此種現象，也許我們可以看到土地使用價值與環境價值之間存在著某種**抵換**（trade-off）的關係。也就是說，社會可以從增加容積獲得經濟上的利益，但是卻會因此失去環境品質的價值。因為此種關係，我們或者可以因此求得環境品質的價值。未來的不動產估價，就可能要將環境品質的價值考慮在不動產估價作業中了。

---

[4] Raymond J. Kopp and V. Kerry Smith ,ed., pp. 78-79.

在一個完全就業的經濟體系下，土地開發的淨利益等於開發之後產品的價值，超出土地及其他生產因素用於其他最佳使用之價值。而土地開發的淨損失，則等於開發土地所造成的環境成本（空氣污染、噪音、擁擠、失去綠地等）超過土地用於其他用途所獲得的價值。

由以上的說法來看，土地開發的利益不一定大於維持其環境品質的價值，因為它不一定帶來淨社會利益。問題的產生在於，我們的市場在判定環境價值上有所不逮。所以土地開發者，也不可能將他開發土地所造成的社會成本包含在他的開發成本之內。

在基本的經濟學理論上，廠商為了獲得最大的報酬，他會使生產達到：**價格＝邊際成本**（price＝MC）。但是，一旦**外部效果**（externalities）加入此一簡單模式之後又會怎樣變化呢？這是我們所要探討的。從圖 15-1 我們可以看到，廠商所負擔的成本為**私人成本**（private cost），私人成本的增加部分則為**邊際私人成本**（marginal private cost, MPC），其最適生產量為 OE。

假設我們用此圖來解釋土地開發的案例，我們知道若從社會整體來看，MPC少計算了整個土地開發成本中的另一部分成本，亦即**外部成本**。因此我們需要另一條邊際成本線，來代表私人成本與外部成本之總和，我們可以稱它為邊際社會成本（marginal social cost, MSC）。

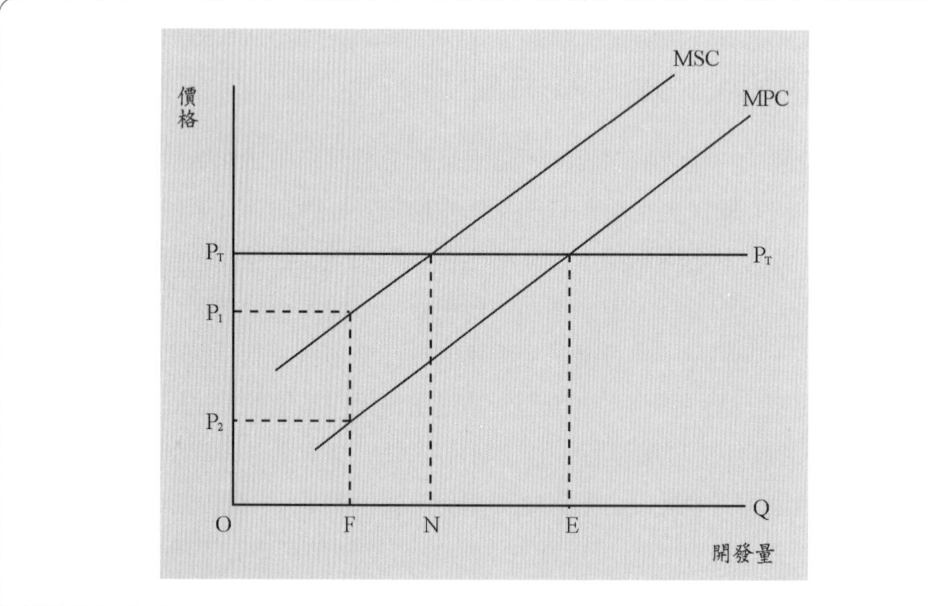

圖 15-1　開發商的均衡

根據我們的假設，MSC＞MPC，兩條線的垂直距離剛好量度其外部成本。例如：開發 OF 單位的 MPC＝P_2，但是 MSC＝P_1

$$P_1 - P_2 = \text{邊際外部成本}$$

目前我們的 MSC 與 MPC 是平行的，也就是說它們的差距是一致的。但是比較實際的看法應該是：當開發增加時，其所造成的外部性應有比例的增加，此時 MPC 與 MSC 即可能從縱軸的同一點開始，然後分開向上延伸（參見第 17 章的圖 17-1）。

此外，在一個完全競爭的市場上，市場價格是 P_T，因為開發者只計算其私人成本，所以他開發 OE 單位，P_T＝MPC。但是從社會的立場來看，在決定開發程度時，外部成本也應一併計算在內。比較理想的辦法是，將價格與邊際成本的均衡點移到 P_T＝MSC 或者是 ON 的地方。這種推論使我們知道超過的 NE 部分（OE－ON），即是私人的最適點與社會的最適點的差，亦即是私人過分開發的部分。

由以上的分析可以看出，對社會整體來說，開發 ON 單位要比開發到 OE 更為有利。因為開發 NE 這一邊際單位的資源如果用在其他生產部門，其產生的價值會更大；也可以說等於其他部門（環境資源）的生產不足，或者根本沒有生產。我們的第一點結論可以說，外部不經濟扭曲了資源的最適配置，使某些開發（如建築）過多，而另一些開發（如綠地）不足。

假使我們把分析提升到整個不動產開發業來看，總的邊際成本可以用產業的供給曲線表示。我們在前面說，MPC 是每一廠商在各種不同價格水準，大於變動成本之**量線**（schedule）。產業的總**供給量線**（supply schedule），即是個別 MPC 的總和。此一供給量線可以用 PSS（private supply schedule）來表示。同樣 MSC 的總和也可以用 SSS（social supply schedule）來表示，見圖 15-2。

SSS 在 PSS 之上，顯示兩者之差別。兩線的垂直距離，即是產業對社會所造成的總外部成本（SSS 要靠非市場資料來決定）。如果再加上**需求量線**（demand schedule），即可分析外部不經濟對價格與資源配置的影響。

如圖 15-2 所示，D 線經過 PSS 得價格 P_T，開發單位為 OM。OM＝OE（圖 15-1）之總和。SSS 則是犧牲環境品質（綠地）的開發產生的社會外部成本。假定 SSS 是社會的供給曲線，那麼產業的開發量應為 OK 單位，而其價格應為 P_K。兩者比較的結果可以看出，如由市場決定，即可能會過度開發（KM＝OM－OK）而價格過低。因此對整個社會來說，開發以 SSS 為準可能更為有利。

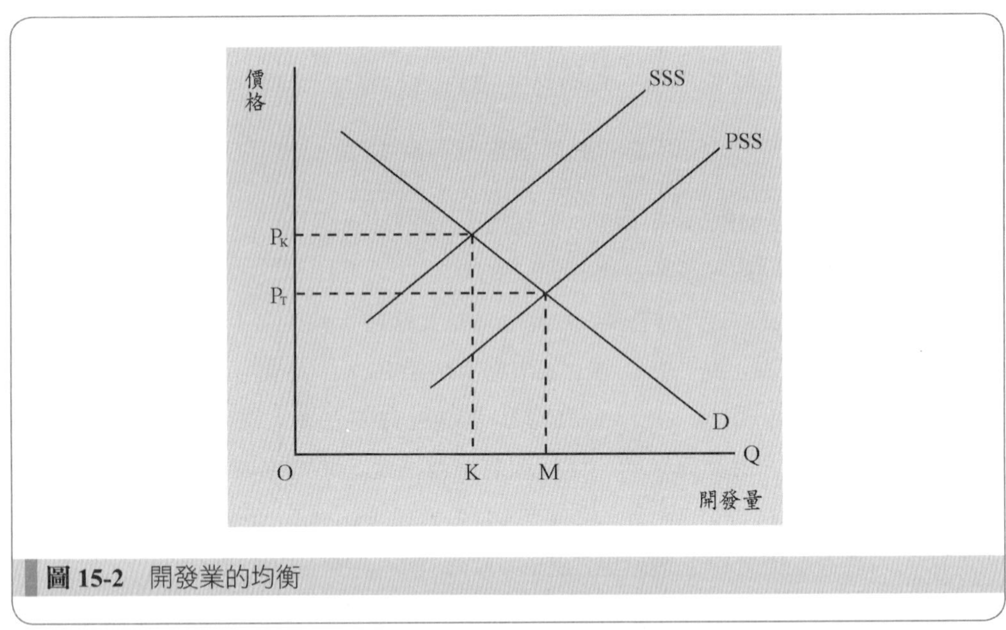

圖 15-2 開發業的均衡

以市場機能定價　假定我們希望以市場機能的運作，來決定其外部成本（或利益）的價值，並且將之內部化，我們可以建立一個新的市場。因為我們在前面說過，外部性之所以存在，是因為市場機能不能將利益或成本移轉。因此我們可以試試看是否能夠建立一個新的市場。以土地開發而言，開發者可以降低開發度（多留綠地）以提高環境品質，而以提高售價來抵償其減少建地的成本。假定提高的價值比減少的綠地的成本為高，則毫無問題開發者願意以減少開發，而使人享受較高的環境品質。因此利益的誘因即可使外部成本內部化。一旦開發者認清他可以出售環境品質，他也會發現環境品質的價值剛好等於他犧牲充分開發土地的利益的機會成本。

如圖 15-3，MC 代表開發者改善環境品質或者低度開發的邊際成本，它隨著環境品質的提高而增加。在需求方面，假設消費者願意付出一定的代價 OF，FA 即是消費者的邊際利益（MR）。

例如：環境品質在 OH 時，消費者願意付 OFGH，開發者的成本為 OMH，OFGH＞OMH，對開發者有利，他應該還可以多提供一些環境品質，直到 MR＝MC 時，即在 E 點，環境品質到達 ON 的程度。在 N 的左邊，開發者可以減少開發以增進環境品質，在 N 右邊，開發者即要增加開發以增加收益，在 E 點時 OFE＝OEN，即環境品質的代價等於其減少開發的成本。

以非市場機能定價　上面我們提及，可以用經濟誘因使開發者將一部分或全部的社

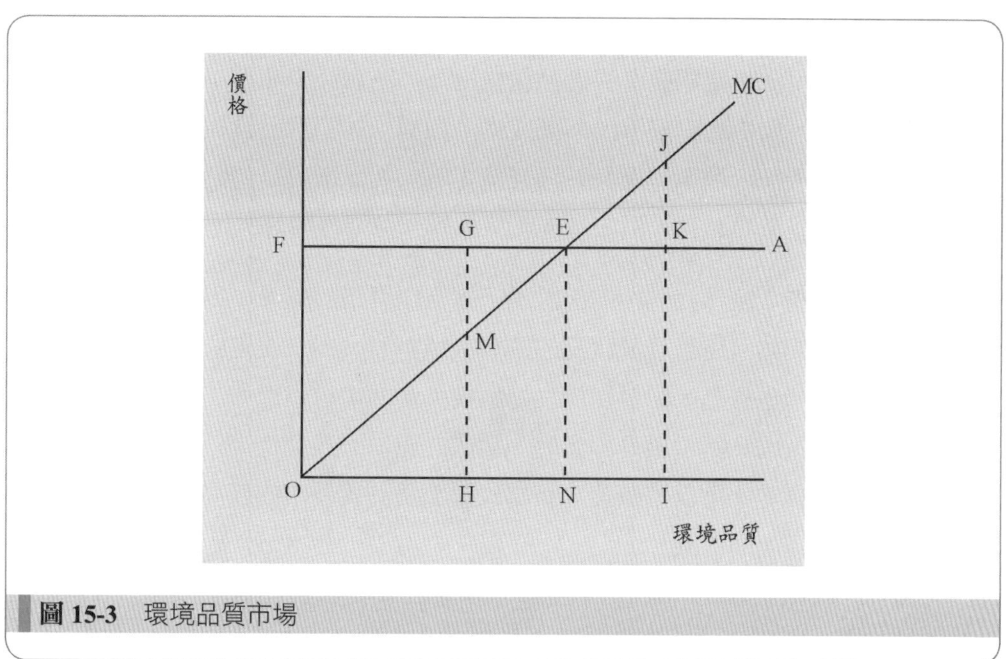

圖 15-3 環境品質市場

會成本內部化，但在實際上也有許多困難。因此我們希望用另外一套非市場的辦法來嘗試達到同樣的目的。

假定土地是公有的，或者是由政府來從事規劃的；那麼政府一定會課徵開發者一筆費用或者限制使用，以使開發者不致過度開發或造成環境品質低落。此一費用可以稱之為開發稅或**開發捐**（development charge）。其基本觀念認為，**開發捐**即是可以將前述不能充分配置環境資源的外部效果內部化的一項工具。

假設政府估計得相當準確，OF 即為開發捐或者減少環境品質某一單位的成本；如此，則 OF 亦成為開發土地的內部成本的一部分，正如其他生產因素勞力、資本等一樣。此時開發者就要計算一下利益與損失，來決定如何反映？第一個辦法即是自行減少開發，自己負擔成本 MC。第二個辦法是繼續開發，但付出每單位OF的開發捐。

開發者根據利益最大或損失最小的原則，應該會減少開發直到其不開發的邊際成本大於或剛好等於開發捐時，亦即是圖 15-3 的 ON。此時 ON 即是在 OF 單位開發捐時的最適開發度。

另一個方法即是課稅。假設環境品質低落與土地開發有一對一的關係，那麼最適的單位開發捐應等於開發者每一單位的開發量。假如我們回到圖 15-2 去，則單位開發捐即可使供給曲線從 PSS 移到 SSS。兩者之間的垂直距離即是開發者的外部成本的價值，也正是圖 15-3 的 OF。所以課稅也可以將外部成本內部化。

對開發者加稅，將使開發者將產品價格提高，或者減少開發；減少開發即可減少對環境的破壞。假使稅剛好等於外部成本，則減少的環境品質破壞即是對社會的最適開發程度。最後，補貼也應與外部經濟相等，如此則可以得到較低的價格與較高的生產（對某些產業而言，例如增進環境品質或保留綠地等）。

開發捐的機動調整　雖然我們在前面討論了課徵開發捐的概念，另外一個隨之而來的問題，則是我們如何隨著經濟狀況的改變來調整開發捐？假定國民所得愈高，對於環境品質的品味也愈高，所以對於良好環境品質的需求也愈增加。如此則環境資源就相對的稀少，因為其供給是固定的。需求的增加必然會提高外部成本，在這種情形之下，開發捐的水準就應該提高到國民對環境品質要求的較高水準。我們此時可以稍微變動一下前面的圖形。

在圖 15-4 中，FA 與 MC 仍然照舊。但是因為對環境品質（資源）的需求增加，所以外部成本由 FA 提高到 F′A′。F′A′ 即是國民對環境資源的新價值水準。F′A′ 在任何一點均較 FA 為高，顯示我們前面的假設沒有問題，國民願意付出的代價也較高。如此一來，環境品質的提高或者環境資源的增加可由 ON 到 OI 單位。假如開發捐仍然在 OF 水準，開發者就沒有去增加提供環境資源的誘因，所以開發捐必

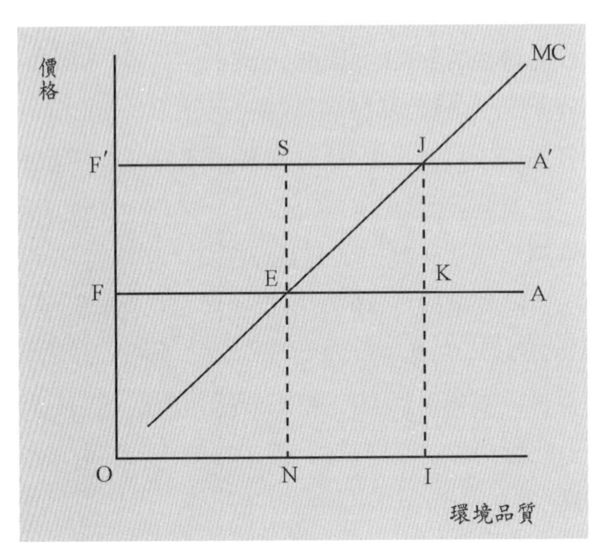

圖 15-4　提高環境品質

須提高 FF′ 單位到 OF′ 的水準。提高後的開發捐，即可以誘使開發者提高其環境資源的提供到 OI。

所以當社會上因為國民所得增加，我們對環境**寧適**（amenity）的需求也愈高，開發捐也應提高。提高的開發捐也會使開發者提供更多的環境資源，而使用環境資源亦更有效率。正如提高工資可以使廠商提高生產技術而節省勞力一樣。總之，政府因為國民對環境資源的需求增加，加徵合適的開發捐，正和在競爭市場上價格隨需求而改變是一樣的。唯一不同的可能是政府需要投入資源以找出開發所造成的真正外部成本水準，而市場的反應則比較直接。

開發捐的可行性　政府加徵開發捐的第一個困難即是如何決定合適的稅捐水準。首先我們應注意到，環境品質的外部成本性質非常複雜，使水準難以估計。而外部成本的分擔也不易平均，像環境品質這種無法交易的財貨，還沒有辦法以市場機能準確地量度。能夠準確量度之後，開發捐的水準才容易決定。

第二個問題是環境品質問題不可以零星應付，否則會產生頭痛醫頭，腳痛醫腳的現象，也許會破壞更脆弱的地方。所以我們必須以**系統方法**（system approach）整體地從**物料平衡**（material balance）的觀點來看此一緊密相連的環境價值問題，更要對整個的生態系更加瞭解，否則加徵開發捐將很困難。

另一個相關的問題即是開發標準與環境品質的量度問題。例如在前面的圖例中，用到單位環境品質的概念，此一概念必須賦予**可行的定義**（operational definition），它牽涉到生物、物理與經濟學的研究。環境品質標準的決定又牽涉到個人對環境品質的品味與價值觀問題。在沒有市場的狀況下如何決定環境品質的價值，則是一個難題。最後，除了這些技術性問題之外，仍然有許多行政與執行上的困難，環境財產權屬問題即是其一。雖然如此，問題終將到來，開始思考解決則是必須立即開始的。

旅遊成本模式

旅遊成本模式是用來估計**非市場服務**（non-market services）的價值的方法；也就是說，這些能夠產生服務的資源是**公有的**（in trust for the public）。最初，此一模式是用來估計**到達**（access）某些自然資源地成本的。但是其應用也漸漸擴大到估計資源品質的價值。此一模式的形成是因為人們需要到某些特殊的遊憩地區從事休閒遊憩活動；其消費此項遊憩活動的成本應該等於其到達那個遊憩地點的交通運輸成本，加上其所花用的時間以及其他必須的費用，如住宿、餐飲等。也就是利用旅遊者的願意償付（WTP）來建立一個**需求曲線**（demand curve）。

此一方法又可以延伸出兩種不同的分析方法。第一種方法是分析旅遊者對某一旅遊區造訪的次數。第二種方法是分析旅遊者是否決定去造訪某一旅遊區。我們可以從第一種方法來建立一個旅遊成本的需求函數。在需求曲線之下建立的面積就是該旅遊區所能提供旅遊者的旅遊服務的價值。把這些個別價值加總，即可得到該旅遊區的總價值。[5]

第二種方法是分析某一特定旅遊區的特性對旅遊者的吸引力，所以它是間接的估計這些特性的價值。

不論是用哪一種方法，其基本的困難在於如何取得一個具有代表性的樣本。因為作答的人都有其主觀性，回答可能並不精確。如果有適當大小的樣本，或者可以消除一些個人的主觀偏見。

時間因素　經濟學家在估計對旅遊的需求時，時間因素是一項非常重要的考慮。旅遊者甚至認為時間比金錢更為重要。在從事旅遊需求調查時，常常會詢問旅遊者願意花多少時間在旅途上以及在旅遊地點上。不過時間有時是一項很複雜的觀念；時間像金錢一樣，是一項**稀少性資源**（scarce resource）。任何事情使用時間做為一項投入因素，便減少了它在其他使用上的效用。旅遊的時間成本通常是距離的函數。在傳統的工作-休閒決策模式中，個人是在所得與時間的限制條件下，使其效用極大化。在時間並不固定的狀況下，工作與休閒在既定的預算下是可以互相替代的。因此，時間成本可以用工資率來轉化成貨幣成本，再與其他成本加總即可以得到總的需求成本或價值。

特徵估價模式

特徵模式（hedonic modal）是具有多樣性質的財貨在市場的均衡表現（equilibrium outcomes）模式。它比較常用於住宅市場，但是也用在其他市場如：勞動市場、汽車市場等。在這些市場中財貨具備某些能夠影響市場價格的特質。除了某些具有無法描述的特性的財貨之外，特徵模式是一種財貨的標準供給與需求模式。這方面的例子很多，例如汽車馬力的不同，劇院座位的不同，或者住宅設計的

[5] Tietenberg, p. 41.

不同等，都會影響其供需與價值。

在市場中，買方與賣方都在尋求自己的最大福利。當買方或賣方在各種價格配搭之下已經無法做更有利於任何一方的交易時，便達到了均衡的狀況。這時價格與財貨之間的關係，以及與財貨的性質之間的關係，便是**特徵價格**（hedonic price）函數。此一函數的型態便反映了買賣雙方的特性。住宅市場的特徵模式的特性是一次一個單位的交易。[6]

住宅市場的特徵模式可以公式表示出來。賣方出售其具有 Z_1、Z_2⋯、Z_m 特性的住宅，以求獲得最大的利益，其中 m 為特徵數。買方也購買具有Z特性的住宅以獲得最大的利益。特徵價格函數，可以用以下函數式來表示：

$$P = h(z ; r)$$

P 代表那一個單位住宅的價格，z 是住宅特性的向量（vector），r 是描述此一函數形狀的參數（parameters），此一參數由買賣雙方的人數與性質決定。

在住宅市場裡，當買方對固定住宅存量競價時，均衡價格即會出現。在均衡狀態之下，住宅的所有權人與買方都在設法在其**預算限制**（budget constraint）下去求得住宅對他的最大**效用**（utility）。舉例而言，如果我們先考慮兩類的特性。一類是房屋，一類是基地。在房屋方面包括：屋數、浴室、面積、基地大小、建材、空調等。在基地方面包括：鄰居、密度、所得、學校、休閒設施、嫌惡設施與環境品質等。在以特徵模式估價時，第一類的特徵往往佔比較重的權重；而第二類的特徵則不那麼清晰。有些比較明顯，有些則比較模糊。特徵模式法在實際使用上相當複雜。要注意市場的開放與封閉，所有人與購買或承租人的異質性，以及基地大小的變化。要估算其價格，必須注意在同一區域內有多少房屋會互相影響。當人口移入移出時會使社區的福利維持一定水平，此一市場即是開放的；當移入移出的人口相對於住宅市場非常之小而無法影響社區的福利時，它便是封閉的。當一個城市是開放的，居民是同質的，基地大小是固定的時候，便形成簡單的長期模式。此時，每一塊基地所受社區福利改變的影響，便可以用特徵模式來預測。

[6] Raymond J. Kopp and V. Kerry Smith, editors, *Valuing Natural Asset, The Economics of National Resource Damage Assessment,* Resources for the Future ,1995, p. 163.

條件估價模式

條件估價法（contingent valuation method, CVM）基本上是直接詢問人們對某種利益所願意償付（WTP）或者是願意接受（WTA）對某些損害或成本的補償。此一方法所注意的是在一個**假想**（hypothetical）的市場上，人們對於利益或損害的價值的反應。例如：對某項環境品質的改善，人們願意負擔的最高代價為何？或者是對某項環境品質的損害，人們所願意接受的最低補償為何？所謂**條件市場**（contingent market），是指不僅包含市場所有的財貨與服務，也包括市場所處的制度環境。

CVM 的目的是在於設法在這樣的一個市場裡，如何導引出接近真實的財貨與勞務的價值。這個假想的市場，雖然是假設性的，但是還是要愈接近實際市場狀況愈好。受訪者也一定要對財貨與勞務非常熟悉。條件估價法目前已經是一項專業，所以在設計與實施時，有幾個重點必須說明。

第一個問題是調查應該採用什麼形式？是採用個人訪談？還是郵寄問卷？或者是電話詢問？雖然個人訪談成本較高，但是卻是一個比較理想的方式。不過郵寄問卷調查也有相當成功的案例。第二個問題是如何進行此項調查？因為調查人或雇用人員的品質會對結果有相當的影響。第三個問題是如何**量度**（measure）WTP 或 WTA？通常有三種方法可以使用：(1) 直接詢問他願付的最高的 WTP 或最低的 WTA；(2) 用一種比較迂迴的方法。就是由訪詢人設定一個數字，再詢問對方心目中的 WTP 是高於、等於或小於此一數字；然後由訪詢人做或高或低的調整，直到得到理想的數字；(3) 是先說明 WTP 或 WTA 的值及其影響，然後詢問受訪者是否願意付出或接受該一數值。受訪者只須回答是或否即可。訪詢者也不再問其他的問題。這種方法雖然獲得的資訊較少，但是卻可以減少其他方法所產生的**偏誤**（biases）。

因為條件估價法的使用開始於 1970 年代初期，所以有很多會產生偏誤或錯誤的地方有待檢討。這些偏誤大致可以歸納為以下幾類：假設的偏誤、資訊的偏誤、策略的偏誤，以及政策或償付方法的偏誤。茲再加以說明如下。

假設的偏誤　假設的偏誤（hypothetical bias）是說整個情況的描述是假想的，而且 WTP 或 WTA 等數值也不是真實償付或接受的。在估價的時候，學者往往會拿調查的價值答案與實際的償付與接受的數值做一比較。此一方法，實際的應用多是在環境污染問題上。也就是問人們願意償付多少費用去免除某項污染。不過這又牽涉到環境權（environmental rights）歸屬於社會大眾或污染者的問題。

根據實際研究的結果顯示，以 WTP 來講，假設與真實的數值較為接近；而以 WTA 來講則兩者都有統計上的顯著（significant）差異。

資訊的偏誤　資訊的偏誤（information bias）產生的原因與假設的偏誤相當類似；只不過假設的偏誤產生於實際選擇的內容，而資訊的偏誤則來自於問卷格式的設計。這種資訊的偏誤在問卷設計做試調（pretesting）時即可以做修正而避免，所以試調在條件估價法中特別重要。

另一個資訊偏誤的來源，則是受訪者對金錢數值的過於敏感或者對償付方法或改善工作的不甚瞭解，例如課稅方法、額外捐項等。然而研究顯示，我們並不十分清楚到底這些差別是偏誤造成的呢，還是反映出 WTP 的確與償付的方法有相當的關係。晚近的研究都嘗試避免提到特殊的償付方式，而建議使用比較乾淨俐落的接受或拒絕的模式，這也是條件估價法所應走的路。

策略的偏誤　策略的偏誤（strategy bias）是產生於個人因為自身的利益而希望影響調查的結果。經濟學者一直都注意到策略的偏誤是使用問卷調查方法的一大障礙。不過這個問題可以經由問卷的設計而加以改善；一個設計良好的問卷就不應該再有策略偏誤的問題了。

WTP 與 WTA 的差異　一般實證的資料顯示願意接受補償（WTA）而寧願損失一些環境品質的人數要比願意償付（WTP）代價以維持原來環境水平的人數來得多。從經濟理論上來講，兩者的差異不應該太大。不過，一般的情形是詢問 WTP 的做法要來得多一些，因為 WTP 的問法比較有一致性，而且問題的形式多半是：你願意付出多少代價來防止損失。但是人們在心理上會認為不會造成損失是起碼的要求，而或多或少得到一些補償似乎更能得到滿足。評估的標準應該是**現狀**（status quo）；雖然得到與失去的價值相等，但是人們的心裡會覺得損失的價值大於得到。這種分析是屬於心理學的理論（psychological theory），但是也被用來解釋 WTP 與 WTA 之間的差異。

在實際應用上，當我們估計環境品質損失的時候，最好不要用較低的 WTP 數值；在另一方面，也會使資源保育計畫的價值偏高。使用 WTP 或 WTA 的爭論雖然一時無法解決，不過趨勢是偏向於多使用 WTP 而少使用 WTA。一個重要的理由是 WTA 並不實際，而且主觀成分高，變化也大；例如有人要求補償時常常開出天價，甚至認為他所受到的損失是無法彌補的。所以 WTA 在實用上並不可取。

與其他方法的比較　如果我們拿條件估價法（CVM）與旅遊成本法或特徵估價法甚至其他方法來比較，我們會發現它們之間有相當的一致性。雖然在正負之間的差距仍然很大，但是仍然能夠提供決策者相當有用的資訊。

至於說它們的使用，條件估價法比較常用於估計水質改善的價值，減少空氣污染的價值以及珍稀物種與它們棲息地的價值等。後者更是在美國常用的方法。雖然人們不會完全同意他有責任去保育這些自然資源，但是至少會認識到這些自然資源的存在對人類是有價值的。

以最近的情形而言，由於對假想市場的複雜性不易瞭解，所以在開發中國家的使用則相當困難。不過根據**世界銀行**（World Bank）與**國際開發銀行**（International Development Bank）在拉丁美洲國家以及巴西、印度、巴基斯坦等國家的研究，在水質、下水道與觀光事業等利益的估價，可以證明特徵估價法在開發中國家的使用仍然是相當有效的。特徵估價法最具優勢的一點是它在多方面的適用性，甚至可以用在任何的估價工作。估價專家也幾乎一致認為此一方法可以提供相當合理的利益與成本資料。當然在使用此一方法時，必須審慎行事，而且受訪者對估價的標的一定要非常熟悉。總而言之，此一方面的應用在估計環境價值方面一定會被迅速推廣。[7]

---

[7] Anil MarKandya, "The Value of the Environment : A State of the Art Survey", in Anil MarKandya and Julie Richardson, *Environmental Econimics,* Earthscan Publication, Ltd.,1993, pp. 146-149.

16

土地財產稅

不論是哪一種稅，避稅的成本必須大於守法納稅的成本。

Arlo Woolery
Property Tax Principles and Practice

政府課徵土地稅兼具有財政收入與推行土地政策的雙重功能。在本章中，我們將討論以下幾項主要的內容：(1) 土地稅的性質；(2) 土地稅的經濟意義；(3) 土地稅的轉嫁與歸宿；(4) 土地稅的經濟分析；(5) 土地稅對土地使用的影響；(6) 土地稅與地方財政；(7) 近代土地稅的新思潮。

➔ 租稅原理

二百年來**亞當斯密**（Adam Smith）在他的**《國富論》**（*The Wealth of Nations*）裡列舉了四項租稅的基本原則，它們依次為：(1) 公平；(2) 確實；(3) 方便；(4) 省費。

1. **公平**（equality）是指一個國家的每一個人都應該按照他們的所得能力貢獻金錢支持他們的政府，因為他們都受到國家的保護。這裡所說的所得，當然包括**租**（rent）。亞當斯密認為租包括兩個部分，就是地租與改良物租。因此我們也可以把上面的話改成，依照他們受國家保護而享用財產的代價。
2. **確實**（certainty）是指政府應該讓每一個納稅人，都對納稅的時間、納稅的形式與稅額等方面清楚明白。因為土地財產稅通常都佔國家稅收的相當部分，所以政府應該經常將不動產的價值與稅率讓納稅人知道。
3. **方便**（convenience of payment）是指要使納稅人的納稅手續在時間與方式上儘量的便利。
4. **省費**（economy in collection）是指無論哪一種稅，都不要使納稅人感覺是一種沈重的負擔，而且稅務行政的成本要降到最低。[1]

此外，美國**租稅基金會**（Tax Foundation）也提出了八項租稅原則：

1. 一個好的租稅制度應該讓納稅人清楚地知道誰是納稅人、什麼東西要被課稅，而且租稅的法律是如何運作的。
2. 租稅制度應該愈簡單愈好，要使人容易明白，容易遵行。太複雜的制度會降低納稅人的納稅意願。
3. 稅法不可以經常變動，法規通過之後要儘快使人民知道。

[1] Adam Smith, *Wealth of Nations,* Oxford University Press, 1998, pp. 451-454.

4. 稅法的改變不可溯及既往，才能使人民對法律產生信心。
5. 租稅立法要經過仔細的分析、合理的程序、要公告周知而且要經過公開的聽證。
6. 稅的主要目的是為了籌措政府所需要的財政收入，應該保持中性，而不可以用來做為左右經濟政策的工具。
7. 稅基應該廣，而稅率應該適當，不可過高或過低。
8. 在我們當前全球化的市場下，租稅制度要保有與其他國家之間的競爭力；不可以造成對財貨、勞務與資金自由流通的阻礙。[2]

➔ 土地財產稅的性質

土地財產稅是最古老的稅制之一。在歷史上一直被認為是地方政府籌措財源的工具，基本上是一種**社會契約**（social contract）的概念。這種概念有些類似於購買保險，付稅有如付保險費。也就是說每年負擔一小部分的**稅**（或保險費）以避免全部或大部分的損失。以土地財產稅來看，更是如此，人民付稅給政府，以換取政府對其土地財產權的保護。

在早期的農業社會，稅是以實物償付的；也就是以每年農作收成的某一個百分比做為**稅**，繳納給政府。台灣在 1950～70 年代，農民也是以實物來納稅的，就是田賦。一直到 1987 年，政府才停徵田賦。稅額的計算，基本上還是依照土地的價值來決定；而土地的價值則以土地的肥沃度與生產力來衡量。在早期的文明裡，已經有了稅額不得超過年收穫量的某一百分比的概念。

大約在 16 世紀，西班牙人佔領**荷蘭**（Netherlands）時，便已確立了兩項土地財產稅的基本原則。第一，土地財產稅應為土地財產價值的百分之一。第二，土地不動產的交易稅為售價的百分之五。在英國，土地財產稅曾經依照房屋的窗戶數與煙囪數來課徵。因為窗戶數與煙囪數會影響房屋的價值。這也是**從價稅**（*ad valorem tax*）的一種。

當人們從農村社會邁向都市社會時，日漸增加的人口，對世界上固定的土地供給，競爭更形激烈。大多數國家的地價都在上揚，上揚的地價更擴大了地價稅的**稅**

---

[2] Arlo Woolery, *Property Tax Principles and Practice,* The Land Reform Training Institute in Association with the Lincoln Institute of Land Policy, 1989, pp. 3-4.

基（tax base）。而土地財產稅則包括土地、房屋、改良物甚至個人財產。

土地財產稅的課徵有幾種方法。它可以只對土地課稅，對房屋及改良物免稅；但是大多數的國家是將土地、房屋及改良物都包括在內的。在不動產交易時，要課**交易稅**。這種稅所佔百分比極小。此外也可以對出售時的**利得**（profit）課稅，大多數的國家把它併入所得稅裡課徵。也有國家將這種利得，特別是土地財產的利得，併入資本利得稅課徵。不動產**交易稅**與**資本利得稅**是**機會稅**（non-recurring tax），也就是只有在出售不動產時才發生。而最被多數國家廣泛採用的是針對不動產的價值每年都課的**財產稅**，因為這種稅的收入比較穩定。在英國系統的國家，是用每年的地租所得來估計財產的價值，然後據以決定稅率來課稅。

從許多的學術研究中，我們發現財產稅具有累退或**迴歸**（regressive）的現象。所謂**迴歸**現象，是指一個平均的課稅稅率會使高稅額趨向低水平；而使低稅額趨向高水平。此一趨勢對低所得者的影響要比對高所得者的影響為大。造成迴歸現象的主要因素有兩個：(1) 當估價師進行估價時，為了求得一個中庸的價格，往往把低價值的不動產高估，而把高價值的不動產低估；(2) 對低所得的人而言，既使是同樣的稅負，所佔其資產的比例要比高所得的人為高。

土地稅

土地是財產稅制中最重要的稅基。土地的區位與供給固定，其性質穩定而且**中性**（neutrality），是其他稅基所不能比的。增加土地的稅負，可以獲得相當的財政收入而不會影響經濟活動。提高土地稅可以促進合理的土地使用，而且可以收到**平均地權**的效果。目前台灣的土地稅負相當低，所以有錢人在**持有成本**相當輕省的情況下，可以擁有大量土地從事土地投機行為。而合理的地價稅則可以對開發土地、建設住宅產生正面的經濟誘因。歸納起來，課徵較高的土地稅，有以下幾個理由：

1. 土地無法隱藏，所以無法逃避稅賦。財產稅透明度高，稅務行政簡易；逃漏稅容易稽查，處罰也容易。
2. 土地區位固定，無法移動到免稅或低稅的地方。
3. 土地所有權人容易辨識。在有些國家，持續地善盡納稅義務，才能持續保有土地的所有權。
4. 財產稅的收入穩定，而且可以預期。土地的價值比較穩定，而稅率可以視財政收入的需要而調整，以獲得所需要的財源。

5. 依土地的市場價值課稅，可以鼓勵都市地區，有秩序的發展。
6. 在都市地區因為對學校、道路、公園，以及其他公共設施的投資，可以提高土地的價值；稅基因此擴大，可以增加稅收，使政府改善地方的公共建設，可以說是政府與居民雙贏的做法。
7. 在實行地方自治的國家，地方政府可以自定稅率，滿足財政需求。人民及產業有移往低財產稅地區的傾向，所以稅率的提高也會適可而止。最後政府會有一個合理的財稅收入，人民也會有一個合理的租稅負擔。[3] 但是在台灣，稅率由中央政府統一規定，地方政府無權隨需要調整。所謂地方自治，徒具虛文而已。

土地稅又有針對地租或地價課稅者，也有針對資本利得課稅者。此外更有針對土地的權利課稅者，茲再說明如下。

對地租或地價課稅　以土地及改良物的地租價值為基礎來課稅，其效果與**地價稅**相似。兩者主要的不同是：前者是以地租的價值為課稅的基礎，而後者則是以地租還原（資本化）的價值來課稅。此一課稅方法之所以引人注意是因為**亨利喬治**（Henry George）以地租與地價的關係而提倡**單一稅**（single tax）制。他認為土地為財富的主要來源，而且地租為不勞而獲的經濟報酬，所以應該是一個很好的課稅基礎。而且如果稅收來自於素地的經濟報酬，而不是勞力的結果（所得），會使經濟更為繁榮，人民過更好的生活。所以他認為只對土地課稅就足夠了。如果只對不勞而獲課稅，也不會增加人民的負擔，可以杜絕土地投機；也可以鼓勵土地更有效地使用或改良。

亨利喬治的想法雖然為某些國家所接受，也成為我國課徵土地增值稅的理論根據，但是在其本國（美國）卻沒有獲得太大的迴響。主要的原因有如下幾項：(1) 以現代國家事務的紛繁，僅靠對土地課稅，無法滿足支出的需求；(2) 如果只對土地的經濟報酬課稅，而不對其他經濟報酬來源課稅，顯然並不公平；(3) 對出售土地的所有權人無法課到他已經獲得的資本利得；(4) 對於利用過去的儲蓄來購買土地的人，顯然也不公平；(5) 去除土地的不勞利得，也會使在競租狀況下配置土地使用的機制失去依據。

資本利得稅　除了財產稅之外，資本利得稅對不動產投資的影響最大；因為資本利

[3] Woolery, pp. xii-xiii, and pp. 13-14.

得對投資人而言，是一大誘因，甚至會鼓勵土地投資，並且帶動不動產價格的上揚，以及影響市場的正常運作。資本利得來自於不動產出售之時，比較售價與買價以判斷賺賠。而此一利得將被課稅，是為資本利得稅。這裡所說的**資本利得稅**類似我國所實施的**土地增值稅**，兩者所不同的是在於課徵的方法不同。美國的**資本利得稅**是併入綜合所得稅一併課徵；而我國則是單獨課徵**土地增值稅**。

因為美國從立國以來，其住宅政策就是希望每一個家庭都能擁有自己的**獨棟住宅**（single family de-touched house）與土地，所以在資本利得稅上有相當大的優惠做為誘因。他們的方法是可以在申報所得稅時將資本利得稅抵減一部分的所得。而這種抵減又分長期持有與短期持有而不同，以遏阻土地投機行為。如果以最近幾年的稅法規定來看，以一年以上為長期，一年以下為短期。長期持有者可以在所得稅中抵免 60% 的資本利得。換言之，不動產出售者只以其資本利得的 40% 併入所得稅中申報即可。而且長期的**資本利損**（loss）可以從資本利得中抵減 50%。如果損失超過 50%，還可以在以後的幾年中逐年扣抵。這種資本利得稅制很顯然的可以提供不動產投資者，或正常的購屋者經濟的誘因；但是也可能刺激投機性的投資。

批評資本利得稅的人認為，從不動產獲得的**資本利得**，應該與其他所得，如薪資、工資等平等看待，而不應有所優惠。**亨利喬治**更認為對持有土地的不勞而獲，應該課以較勞力所得更高的稅賦，而不是較低的稅賦。然而，對於因為通貨膨脹所造成的不動產漲價，則應以其實質的價值來計算其增值，而不按其市場價值來計算。

另一種對購屋者的優惠，則是對售出房屋而在兩年之內購入另一棟房屋者，可免除其前一棟住宅的資本利得稅。此外，對於年齡超過 55 歲的老年人，也可以享用一生一次的售屋免課資本利得稅的優惠達 125,000 美元之多。

至於**資本利得稅**的應否課徵，也有兩種不同的學說。一種觀點認為在一個國家發展經濟的初期，為了累積資本，鼓勵投資，往往不課資本利得稅或者以極低的稅率來課徵。另一種看法則是在資本相當累積，而經濟發展相當成熟的國家，則應課徵**資本利得稅**，以平均人民之間的貧富差距。正如我們前面所說，如果一個國家的住宅政策，是鼓勵人民擁有自家住宅，則少課或不課**資本利得稅**。如果為了遏止土地財富過分集中，則應課徵**資本利得稅**。我國為了實施住者有其屋政策，也於數年前開始准許將購屋貸款利息與土地稅及房屋稅從所得稅中抵減。從 1999 年起且將抵減額從新台幣 10 萬元提高到 30 萬元，以提振不動產市場的購買力。

對土地權利課稅　影響土地權利的稅包括購買、出售、移轉與遺產等。另外，加盟連鎖企業（business franchise）的權利，也是權利稅或權利金課徵的對象。

契稅　在不動產買賣移轉時，或申請貸款時，其登記與貸款之契約文件必須繳納契稅或印花稅。此種稅賦雖然額度不大，但卻提供估價人員估計不動產價值的良好線索。此種稅收在美國多被用來購買開放空間土地，或農地的**開發權**（development rights）之用。

權利金　自然資源為國家所有，但是私人享有開發權。例如：伐木、採礦提煉金屬、天然氣、煤、鹽等，要依某一固定的單位，或市場價值付給政府**權利金**（severance taxes）。權利金有時與財產稅合併課徵，有時單獨課徵。課徵權利金是基於開發自然資源應以其利益分享社會大眾。另一個課徵權利金的意義，也有保育自然資源寓禁於徵的意義。更實際一點說，對石油等這些隱藏性的資源做估價，幾乎是不可能的一件事。但是對私有林木而言，如果課稅過重，也可能產生催促所有人儘快砍伐變現，而失去了保育及永續生產管理的意義。

➔ 財產稅的經濟意義

通常我們說到財產，似乎是指土地與房屋等不動產。其實它包含了四項主要的內容，也就是：**土地**、**改良物**、**有形的動產**（tangible personalty）與**無形的動產**（intangible personalty）。其中無形的動產首先被排除在外，因為它的範圍無法定義，價值也無法衡量。

除了無形的動產之外，其他幾種財產的意義，就要從它們的起源及質與量方面來探討。土地在量方面的供給被認為是大自然賜與人類的禮物。而在品質方面，如土壤的肥沃度、坡度、水位等，最初也是自然生成的。而城市土地的價值則是由公共設施的投資、人口的活動，以及區位條件所決定的。也正因為土地的價值是來自於大自然的賜與，以及公共投資與社會經濟發展，所以理當將這些價值由地方政府以課稅的方式歸回給社會大眾。

經濟誘因

從經濟的角度看，土地與**改良物**或有形動產也不一樣。因為**改良物**與有形動產的生產需要有**經濟誘因**，而土地的生產不需要**經濟誘因**。反對這種看法的人認為土地必須有**改良物**才有價值。雖然改良物與土地結合在一起產生價值，但是土地的基本性質如空間、區位等卻不是**改良物**所能創造的。而且土地本身的不可毀壞性，才是供給土地空間的來源，而不是**改良物**。土地的壽命是永久的，而改良物的壽命卻是暫時的。不但改良物的產生需要經濟誘因，它們的維護與改建也同樣需要**經濟誘因**，這種人為**改良物**需要**經濟誘因**，與土地的供給不需要**經濟誘因**的特性，正是土地需要照價課稅的主要理論基礎。而土地因為其不可毀壞性所造成的供給，也不會因課稅而減少。

以短期而言，財產稅的提高，並不會使改良物大量地減少。然而以長期而言，改良物折舊或毀損，新的改良物在新的均衡建立以前，可能在質與量方面不會達到百分之百。而當財產稅降低時，則會使改良物的質與量提高及增加。因為減稅提供了**經濟誘因**。

以土地的供給而言，我們在第 1 章裡已經說明，土地的實質供給是固定的，而經濟供給是具有彈性的，特別是都市土地可以擴張至農村地區，改變農業土地做都市用地。經濟學家一般的看法認為，在短期內，都市地區的土地供給是缺乏彈性的；但是以長期而言，則有不同的看法。也就是說要看需求的增加或減少對供給的影響而定。需求增加及減少的變動，可能會使都市土地的供給形成如圖 16-1 的形狀。

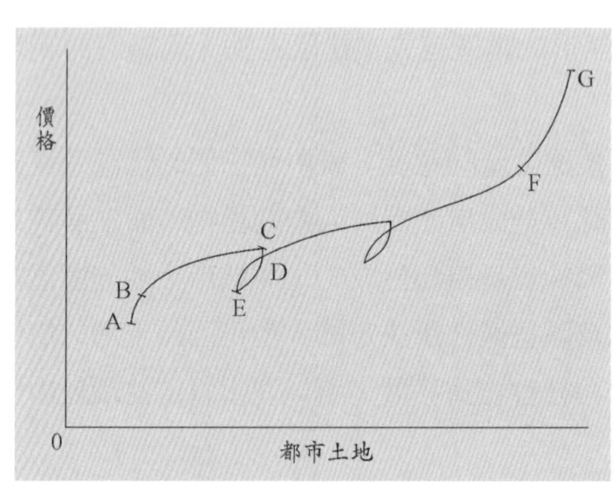

AB＝ 短期需求下的供給
AC＝ 長期需求下的供給
CD＝ 短期需求下降時的供給
CE＝ 長期需求下降時的供給
FG＝ 在都市邊緣土地供給受限時，長期需求上升或下降

資料來源：Arthur P. Becker, *Land and Building Taxes: Their Effect on Economic Development,* The University of Wisconsin Press, 1969, p. 19.

圖 16-1 都市土地的供給

如果我們假定人口與經濟活動持續增加，其對土地的需求也一定會增加，因此地價也會上升。供給的價格彈性就會引起如圖中 AB 的增加。如果此一升高的價格能夠維持穩定或持續上升一段時間，便會使城市周邊的農地改變成都市用地，而原來的都市土地便會更集約地使用（蓋得更高）。因此，以長期來看，都市土地的供給是具有彈性的（圖中的 AC）。

假使因為人口減少、經濟活動轉弱、稅或利率升高，則會使需求減少、地價降低。此時，最初的反應，可能是供給稍微減少如 CD，而當時間拉長時，其供給可能如 CE。所以都市土地供給的減少在短期可能是無彈性的；而在長期，便可能是有彈性的。所以長期而言，地價降低會使供給無彈性，而地價上升會使供給有彈性。如果在市中心區，周邊圍繞著農地，既使在長期，無論價格上升或下降，都會比較沒有彈性，如圖中之 FG 段，而唯一能夠增加的供給，就只有高層建築了。

土地使用的價值與成本　除了開始使用的當時，大多數土地的價值（價格）都與土地所需的成本無關。例如：在土地改變做另一種新的使用還沒完成之前，其基本的成本只有整地的費用。假使這些成本融合在一起，它一定會包含在土地的售價之中。更多的土地供給，只能到邊際報酬等於邊際成本那一點為止。而在此之前已做都市使用的土地，則會因為人口的增加與區位的差異而漲價，並且超過其原始的開發成本。

至於改良物的價值，長期而言，應該與其邊際生產成本一致。短期需求的增加，會使價格超過生產成本，而給地主帶來**準租**。而提高的價格又會使改良物的供給增加；而增加的供給，則會使價格回歸正常邊際生產成本的水平。此時**準租**便消失了。

土地稅的轉嫁與歸宿

當課徵土地稅時，我們會問，到底誰是稅的最後負擔者？是由誰提高產品的價格轉給消費者負擔呢？還是向後轉給原料、勞工、地主，由降低產品價格、工資或地租來反映呢？這種稅由納稅人傳遞由最後負擔的人去負擔的情形，經濟學家稱之為**轉嫁**（shifting），而最後實際負擔稅賦的人則稱為**歸宿**（incidence）。稅的歸宿對土地資源的使用有非常重要的意義。當稅很容易轉嫁時，付稅的人有如替政府收稅的人。而當稅只能部分轉嫁或完全不能轉嫁時，付稅的人勢必要損失一部分的所得。如果是土地稅，這種所得的減少，也會連帶地使地主更加集約地使用土地，甚至榨取式的使用土地；它也可能使人們遷移至低稅負的地區，甚至放棄土地資源的使用。

稅的能否轉嫁，要看：(1) 稅的性質；(2) 課稅當時的經濟環境；(3) 付稅的人是否會利用機會去轉嫁。

依照純粹租稅歸宿理論而言，**素地**（bare land）的稅負是不能轉嫁的。而土地改良物的稅，除了某種特殊狀況與時機外，通常是可以轉嫁的。因為素地是無法生產的資源，沒有生產成本。而較高等級的土地，其價值反映其地租的**資本化**（capitalization）或還原的價值；而且所課徵的稅額是佔其價值或地租的某一百分比。在粗放邊際的土地不產生地租，沒有資本化價值，所以也沒有稅。在這種情形下，課稅的高低，或者課稅地租的大小，應該不致於影響地主經營土地的決策。稅率的提高，也不會影響粗放邊際的位置、土地使用的總量、或者產品的市場價格。它只不過拿走了較多的地租而已，而地租是不勞而獲的報酬。

與土地相反的是改良物，因為改良物的經濟壽命有限。改良物的投資與其他的投資機會互相競爭市場上的資本。當目前的投資價值被高財產稅所壓抑時，新的資本也不會進場，此時現存的改良物老舊報廢，而新的改良物供給不及。在自由市場中，產品價格必然上漲，地租也會跟著提高，投資的資本可能又被吸引，稅的負擔也會轉移過來。

這種財產稅的轉嫁理論，雖然有時可以在實際世界中適用，但是實際世界的情況非常複雜，又不完全適用。例如：土地與改良物的價值之間很難有一個清楚的區隔，這種理論便不實際。此一理論最弱的一點乃是其假設的狀況過於簡單。其假設的狀況是：土地使用，只有一種，而且土地價值與地租所產生的稅是平均，而且一致地分攤在地價與地租上。但是實際上土地存在著多種使用的相互競爭，真正使用到粗放邊際的情形也不多。個別土地的使用在轉換邊際附近有很大的變化，低容受力的土地也可能做更有利的使用。這種情形也會使轉換邊際或粗放邊際的土地做**超邊際**（supra-marginal）的使用，這樣可能會使稅收增加一些。

但是從另一個角度看，稅負也代表增加生產的成本。只要生產推到粗放邊際，產品的價格勢必提高以包含稅負成本。此時，稅的成本在轉換邊際兩邊的土地使用，都可能轉嫁一部分的稅負。究竟能夠轉嫁多少，就要看土地的種類與使用狀況而定了。自用的住宅與土地，其稅負是無法轉嫁的。因為所有人也不會以其自用住宅或土地生產任何產品，並且提高其價格。

以生產性的土地不動產而言，如工業廠房、商用建築、農場、森林等的稅負能夠轉嫁多少，就要看他對產品市場價格的掌握了。在完全競爭的狀況之下，產品的價格是由供給需求與在粗放邊際的生產成本決定的。超過粗放邊際的生產成本的價格即有可能轉嫁。有時為了維持低價格的競爭力，經營者有時只好自己吸收一部分的稅負，或者設法壓低生產成本了。

出租型的房地產，其稅負往往都會轉嫁給承租人。但是有時也可能因為所有人自己的疏忽、長期租約的限制、租金的管制，以及租賃市場的變化，而無法將稅負轉嫁出去。通常在承租人互相競租不動產時，比較容易轉嫁；而在地主競相招徠承租人的市場中，便比較不容易轉嫁。

➔ 財產稅有什麼效果？

財產稅所可能會產生，並且影響到經濟活動的幾項效果，包括：**資本化效果**（capitalization effect）、**持有成本效果**（holding-cost effect）、**固定成本效果**（fixed-cost effect）與**無負擔效果**（unburdening effect）。前三項會告訴我們為什麼增加土地的地價稅會導致對土地投資的增加。第四項則說明為什麼減少改良物的稅負會增加改良物的投資。

稅的資本化效果　稅的資本化是指一部分的財產稅從買方轉嫁到賣方的過程。對地價課稅的資本化，可以減少開發者取得土地的障礙。因為能夠產生報酬的不動產的現值等於未來預期地租收益的折現，而土地稅是成本因素之一，稅的提高會減少地租收益，當然也會降低不動產的市場價值。因為：

$$V=\frac{a}{r}$$

V＝不動產的市場價值

a＝地租；r＝利率

如果拿一部分的地租收益 a 去繳稅 t，如果利率不變，則：

$$V=\frac{a-t}{r}$$

a 的減少，會連帶地使 V 降低。所以買方會儘量將這一部分的稅負轉由賣方負擔；尤其在買方市場的情形下，更是如此。

持有成本效果　對空地或低度使用的土地課稅，會增加土地所有權人的持有成本。持有成本的大小，要看潛在與實際經濟發展對此一土地的影響。持有成本與土地的最大不勞而獲之間的關係，是刺激其開發的主要因素。因為最大的開發潛力與持有成本之間的差異，會給此一土地帶來最大的開發壓力；而開發則會給私人與社會帶來極大的利益。而使地主開發其土地的最大壓力，則是大幅提高稅負；提高稅負會使其提高開發的集約度，進而增加收益以抵消其租稅的負擔。但是因為稅的大小因各筆土地開發潛力的不同而不同，當土地所有權人為了抵消其稅負而做更多的開發時，土地資源也就依其最高與最佳的使用來配置了。

其次，依不動產價值所課的稅，在時間上是有**一貫性的**（time persistence）。也就是說，無論所有權人使用其土地財產與否，或者使用到什麼程度，稅是每年都要課的。這種稅的持有成本特性會增進土地的利用，或者使荒地或空地被開發利用。如果地主希望能夠避免持有成本，他可以有兩種選擇。一種選擇是出售他的土地；另一種選擇是提高其土地的使用強度，以抵消稅的負擔。

對土地課稅的持有成本效果，會使土地的價格下降；因為所有權人會因為不願意負擔持有成本而出售其土地。市場上的土地供給增加，價格自然下降。不過，如果土地的開發潛力很高，而且及時開發，則持有成本會因開發獲利而被抵消或減少，此時土地的價格倒也不一定會下跌。

固定成本效果　地價稅的固定成本效果，是指地價稅的多寡與任何一塊土地的開發程度沒有關係。因為稅的多寡是由土地的價值來決定的，而土地的價值又取決於它區位的優劣。當土地的價值改變，其稅負也跟著改變，而與土地的使用無關。再者，假使土地以邊際的增加來開發，地價稅並不會增加；反而因為對改良物的投資增加會使改良物的單位平均租稅成本降低；而地主將會因此願意開發其土地到最高與最佳使用狀態。因為無論其土地使用到什麼程度其稅負仍然固定不變，而每單位改良物的稅負成本，將會因為改良物單位的增加而降低。

無負擔效果　無負擔效果是指減少或取消對改良物課稅。當我們一方面增加土地的稅負，而同時又取消改良物的稅負時，就會使改良物價值與土地價值之間的比例拉大。這樣即可以刺激都市的更新，也可以鼓勵新建築物的興建，或整建原有建築物；因為這樣做並不會增加不動產稅的負擔。而且當對改良物的投資增加時，單位改良物的平均稅負更會減輕。

固定成本與無負擔效果合起來就會造成兩種結果。(1) 增加改良物會使投資的獲利增加；(2) 會增加都市土地的容受力，吸引更多的改良物投資。這兩種經濟利益會更增加開發至更高層次的誘因。

➔ 財產稅與地方財政

土地稅屬於**地方稅**（local tax），所謂地方稅，是指由地方政府自己決定其稅率、稅基以確定其稅收的額度，並且決定其稅收的用途與目的。[4] 基本上，地方政府並沒有必要自行課徵其財產稅，但是因為地方政府通常都比較能掌握其境內的地籍資料，所以由地方政府課徵其財產稅更有效率。不過在台灣，土地稅的稅率，由中央政府統一規定。地方財政又由**中央地方財政收支劃分法**來規定，所謂地方自治，實是徒託空言。不過我們仍然根據歷史的傳統，與現代世界各國的現況，討論財產稅與地方財政的關係，做為我國稅制改革的參考。

目前世界上大多數的國家都以土地或財產稅劃歸地方政府，作為地方財政的來源與提供地方公共設施用度的基礎。這些國家包括北美洲的美國與加拿大，歐洲的歐盟國家與**斯堪的那維亞**（Scandinavian）國家。這些國家也將所得稅的稅收由中央及地方政府分享。更進一步的資料顯示：

1. 幾乎所有的中美、南美與北美洲國家（19 個國家中的 17 國），都靠改良的增值為財產稅的基礎。
2. 大洋洲的 7 個國家中，有 6 個依照土地價值課稅，4 個國家依照每年的地租價值課稅。
3. 加勒比海的 13 個國家中，有 8 個依每年地租價值課稅。
4. 亞洲的 25 個國家中，11 個用地租價值課稅；12 個依照地區不同課稅。
5. 西歐的國家中，有 9 個用改良的地價課稅，6 個用地租價值課稅。
6. 東歐的 20 個國家中，有 15 個依照地區價值課稅。
7. 非洲的 25 個國家中，8 個用土地改良價值課稅，7 個用地租價值課稅，11 個

[4] Stephen J. Bailey, *Local Government Economics, Principles and Practice,* Macmillan Press, LTD., 1999, p. 152.

依照地區價值課稅。[5]

地方稅的基本理論是**利益模式**（benefit model）。利益模式是說地方政府的財政，應該由享受政府所提供的設施與服務利益的人負擔其成本。而這種利益與成本的最適範圍，則是由地理區域來劃分，以使外溢效果內部化。這又牽涉到歐茲的**分散化理論**（decentralization theorem）與經濟規模問題。分散化理論與經濟規模之間的**抵換**（trade-off）是說，每一種功能都應該劃歸最低層次的政府。因為最低層次的政府最接近人民，也應該最能發揮應有的效率。而中央政府所應該提供的設施與服務，應該是那些有全國一致性的事務，如：國防、外交與全國性的公共財貨。[6]

地方稅的課稅原則

關於地方稅的課稅原則除了在本章開始所提的幾項原則之外，學者也提出以下幾點原則：(1) 效率；(2) 透明；(3) 地方自治；(4) 自給自足；(5) 財源穩定；(6) 稅基固定。

1. **效率**（efficiency）是指地方稅在配置上要有效率，地方居民納稅應該在他們使用公共設施與服務時，看得出他們**願意償付**（willingness to pay）的稅負是多少。
2. **透明**（visibility）是指納稅人從他們所享受的設施與服務上，看得出地方政府處理稅款時的可靠性。
3. **地方自治**（local autonomy）是指地方稅的稅率應該由地方政府自己決定。由中央政府控制地方稅率，等於把國家標準加在地方身上，台灣即是如此。
4. **自給自足**（revenue sufficiency）是指從稅收所得的財源應該足夠支應地方人民的用度。所以地方稅的稅率與稅基應該有足夠讓地方政府自己調整的彈性。
5. **財源穩定**（revenue stability）是說稅收不容易避免長期經濟趨勢的影響，但是要避免短期稅收的波動。特別是受中央政府控制其支出的地方，更會影響到地方人民的福利，所以要儘量避免地方經濟週期性的波動。

[5] William J. McCluskey, et al., "Rental Value versus Capital Value：Alternative Bases for the Property Tax", in Roy Bahl, et al., Edited, *Challenging the Conventional Wisdom on the Property Tax,* Lincoln Institute of Land Policy, 2010, p. 125.

[6] Bailey, p. 153.

6. **稅基固定**（immobile tax base）是指不要讓過高的稅率侵蝕了稅基，否則自足與穩定的原則也將不保。所以地方稅的稅基不可有太大的移動性。[7]

地方財產稅

土地與改良物通常被視為不動產。根據一項 1990 年代初期的調查研究發現，幾乎在每一個國家，土地與改良物都是地方政府課稅的對象，兩者合起來稱為**財產稅**（property tax）。[8] 與其他稅負比較，財產稅最能符合前面所提到的幾項租稅原則。

依效率原則來看，財產稅最不容易轉嫁，而且是相當**透明化的**（visible）的稅，不像消費稅可以隱藏在商品的價格裡頭。在多數國家，財產稅的課徵都以書面通知納稅人，表現出政府提供設施的可靠性。再者，財產稅的收入全部歸於地方，可以促進地方自治。財產稅容易與其他賦稅區隔，課徵簡便，合於經濟原則。雖然它的稅基彈性不大，但是稅率可以每年彈性調整（台灣則是由中央政府決定的固定稅率），所以地方政府可以獲得充足的財源。財產稅稅收穩定，不像所得、消費或利潤會隨經濟狀況變動。而且不動產位置固定，稅基不會移往低稅地區。

唯一不太容易符合的可能是**量能課稅的公平**（equity）原則。以住宅而言，雖然住宅的貴賤與所得有高度的相關，但是例外也不少。例如居住昂貴住宅的人，可能是過去所得相當高，而目前已經退休而成為低所得者。也有富裕人家喜歡賃屋而居，而將財富用在其他方面。所以無論**水平**（horizontal）或**垂直**（vertical）的公平都不容易滿足。所以所有歐洲國家的地方政府在課徵財產稅時，也依所得稅的比例課徵。[9]

地方財產稅的內容

對土地課稅　土地稅與財產稅的不同，在於土地稅是針對財產所在的土地，依其市場價值課稅，而不是對改良物課稅。因為它只對土地課稅，所以可以促進土地的開發與再開發，得到最有利的使用。這也是土地資源配置的效率。然而有時會

[7] Bailey, pp. 154-155.

[8] Bailey, pp. 156-157.

[9] Bailey, p. 157.

受到制度因素，如法令的限制，或坵塊畸零狹小，不合現代經濟使用。這個時候，如果地方政府對土地加以整理，提供公共設施；並且給予**規劃許可**（planning permission），便可以使這些土地大量增值。而對土地非因投資改良而引起的增值課稅，一向都是**李嘉圖**、**彌爾**，以及**亨利喬治**等經濟學家的主張。

比較關鍵性的問題是：在這個時候，我們到底是應該對政府給予許可引起的增值課稅，還是對增添公共設施所引起的增值課**建設捐**（infrastructure charge）以收回成本？**增值稅**（betterment tax）是獲得許可的增值的結果，它會因土地的增值而增加稅收；而建設捐的目的，則是在於收回建設公共設施的成本。

地方企業的財產稅　對地方企業課財產稅，其效果與課消費稅相似。如果地方政府提高財產稅，企業便會面對增加的稅負。如果企業的目的在追求最大利潤，他們一定會將此項增加的稅負轉嫁出去，或者將稅分散到中長期去。財產稅與消費稅所不同的是：財產稅是固定成本的一部分，而消費稅是變動成本的一部分。因此，財產稅不會影響到產品價格，但是卻會影響到利潤。以長期而言，資本會從高稅負的地方轉移到較低稅負的地方去。

我們在前面說明過稅的資本化效果。因為課稅是將一部分的地租課走，所以課稅高，不動產的價值便會低；課稅低，則會使不動產價值升高。因此，不動產的價值與稅負的高低成反比。在這種情形之下，不動產所有人也會願意承擔全部的稅負。所以當企業將它的稅負轉嫁出去的時候，高稅負的地方就可能失去一部分的經濟活動，而造成較高的失業率。不過在另一方面，如果在高財產稅的地區，也可能會直接或間接的對企業有所助益。因為地方政府對地方企業的採購，會造成乘數效果。

在前面，我們說高財產稅地方的資本會流往低財產稅的地方去。而對低財產稅的地方而言，由於邊際報酬遞減的效果，會使過多資本的邊際生產力降低，連帶地也會使邊際報酬減少，並且削減對內的投資。同樣的道理，高財產稅的地區，會使資本的供給減少，而減少的資本卻會使資本的邊際報酬增加，而吸引資本的移入。最後則會達到高稅與低稅地區之間新的均衡。

泰柏特模式

泰柏特（Charles M. Tiebout）1956 年發表在 *The Journal of Political Economy* 的一篇論文 “A Pure Theory of Local Expenditure”，可以說是近 50 年來闡述地方財政

最具有影響力的論文之一。[10]

在經濟理論上，所謂**公共財**（public good）或公共設施的定義，是指眾人都可以享用（消費）的財貨或服務。某一個人的享用並不會影響或減少其他人的享用。從另一個角度看，政府提供公共設施，卻沒有辦法按照每人所享用的量或偏好來收費，而是以課稅的方式來收取費用或生產成本。也就是在本書第 4 章與第 8 章裡所說，消費者對公共財的需求是垂直的加總。

地方政府所提供的公共設施包括：警察、消防、教育、醫療、道路、公園、停車場等。依照**泰柏特**的理論，在已知的地方政府財政收入與支出型態之下，消費者（居民）在選擇他的居所時，一定會選擇最能滿足他對公共設施與服務偏好的社區。這種行為亦被稱之為**以足投票**（voting with their feet），猶如消費者以金錢在市場上購買他所偏好的商品一樣。

泰柏特模式有幾項重要的基本假設：

1. **消費投票者**（consumer-voters）可以完全自由地選擇居住在最能滿足他的偏好的社區。
2. 消費投票者充分瞭解各社區財政收入與支出型態的差異，而做適當的選擇。
3. 消費投票者所能選擇居住的社區為數眾多。
4. 就業機會的限制不在考慮之中。
5. 各社區公共設施與服務的提供，不會造成社區之間外部經濟與不經濟的問題。
6. 如果社區政府依照既有居民的偏好來提供公共設施，則此一社區應該有一個最適的大小。也就是說，就這些居民來講，提供這些設施的平均成本應該最低，也意味著有些因素或資源是固定的。否則即不應該限制社區的大小。
7. 低於最適大小的社區會設法吸引新的居民以降低平均成本。而大於最適大小的社區則會設法減少其居民。剛好在最適大小的社區則會維持其恒常的大小。

以上 7 項假設中，第 6、7 項假設對一般讀者並不熟悉，但是如果以第 1 項到第 5 項假設為基礎，消費投票者將會選擇最能滿足其偏好的社區居住。但是事實上，事情並不那麼簡單。以第 1、2 項假設而言，消費投票者不可能對各地方的公共設施有完全的瞭解，也未必對自己的偏好有清楚的認識，尤其不太可能有充分的遷徙自由與能力，因為有就業的限制。就第 5 項假設而言，社區與社區之間當然會

[10] Charles M. Tiebout , “A Pure Theory of Local Expenditure”, *The Journal of Political Economy,* vol. 64, No.5 (Oct,1956), pp. 416-424。

有外部的經濟與不經濟的情形發生。

不過，整體而言，泰柏特模式仍然有幾項值得我們注意的政策意義。

1. **泰柏特**模式提出了一個理想的地方政府組織與財政理論。
2. **財產稅**是一項理想的**受益稅**（benefit tax）。居住在某一個社區的居民在他享用地方的公共設施與服務的同時，也必須負擔提供這些設施與服務的成本。
3. **泰柏特**模式認為眾多的社區較有效率，也有值得商榷之處。社區眾多固然可以提供消費投票者多樣的選擇。不過如果說，只有一個人的社區也有效率恐怕過於失真。
4. 社區與社區之間不可避免的會有外部性的產生，所以地方社區的居民也必須接受土地使用的規劃與管制。
5. 在理論上，財產稅是支應地方公共設施與服務的理想稅目，但是也產生公平的問題。因為沒有不動產的居民也享用社區的公共設施與服務，卻不必納稅。所以美國目前幾乎各州的地方政府都降低財產稅率，有的甚至達 50% 之譜，但是卻使消費稅提高。消費稅的問題則是另一個值得探討的問題，有待更多篇幅加以討論。
6. 在台灣，雖然名義上財產稅（包括房屋稅與土地稅）是地方稅，也用以支應地方公共設施與服務，但卻並不是專款專用，而是統籌統支。所以在台灣，幾乎無法做**泰柏特**模式的實證研究，這應該也是稅制改革所應認真思考的一項重要問題。

討論至此，也許我們可以提出幾點有關財產稅與地方財政關係的意見：

1. 可能沒有一種唯一而且快速的辦法，來滿足地方政府的財務需求。地方政府可以考慮課徵**開發影響費**（development impact fee），讓投資開發者負擔部分的公共設施成本。或者讓使用者付費，如停車費、海灘費、機場費、公園費、過橋費、過路費等。
2. 彌補財政上短缺的任何方法，都不能以傷害地方的經濟與稅基。課徵土地稅應該從重，改良物稅從輕，這樣可以促進土地改良，稅基不至於流失。
3. **稅**的提高要與公共設施與服務的提供相稱。[11]

[11] Gregory K. Ingram and Yu-Hung Hong, "Municipal Revenue Options in a Time of Financial Crisis", in *Municipal Revenue and Land Policies,* Edited by Gregory K. Ingram and Yu-Hung Hong, Lincoln Institute of Land Policy, 2010, p. 11.

土地財產稅對土地使用的影響

雖然稅是人民被政府課走的一部分所得，但是也可以把它看作是人民投資給社區，使其能夠提供公共設施與服務的財政收入；對人民及其財產都有正面的價值。地方政府使土地稅的收入用在提供道路、公園、學校、飲水與處理廢棄物等公共設施，以使人民享有一個祥和、安全、便利與充滿生氣的生活環境。同時也提供可以支應一個社區經濟發展與政治活力的**基礎建設**（infrastructure）。除此之外，**稅**對土地所有權與土地使用也會有相當的影響。這些影響可以從以下幾個方面來說明：(1) 使土地更集約地使用；(2) 鼓勵土地資源保育與環境保護；(3) 改善土地制度；(4) 影響不動產投資；(5) 增進不動產的價值；(6) 土地財產稅與都市蔓延；(7) 土地財產稅與都市更新。

促進土地更集約地使用

土地的使用受實質因素的影響，更受社會及經濟因素的影響。地價稅會使土地所有權人提升其土地使用的集約度，以獲得較高的所得來償付此項稅負。因此，我們也可以把地價稅看作是土地做低度使用的懲罰，高度使用的誘因。然而對改良物照價課稅，稅額即會佔其生產與維護成本的大部分。假使一塊土地已經充分使用，或者已經達到最高獲利那一點時，再加稅在改良物上，則不會像土地一樣可以增加報酬去抵消稅負。最終的結果是，改良物老舊損壞也不會加以維修或改建。

長期而言，對改良物課稅，可以被視為維持改良物現狀的懲罰，以及在適當時機改建它們的誘因。不過投資人為了減輕稅負，往往會減少投資，或生產價值較低的產品以減輕稅負。相反的，如果降低改良物稅，將可以鼓勵投資人增加投資在改良物的維護與生產上。

由以上的分析，可以看出來，稅的課徵對土地與改良物的影響是不一樣的，而且土地的估計價值與非土地的價值也是不一樣的。因為既使是在同一個城市裡，其地理位置與使用方式也是不一樣的。除非不動產的土地與非不動產的土地比例相似，否則稅對每一筆土地的影響也是不一樣的。既使以上的因素都是相似的，其稅基與稅率的不同，也會使相互的比較沒有意義。基本上，不動產稅對每一筆不動產的影響，都是獨特而且不同的。

政府可以利用租稅政策鼓勵人民去殖民開發偏遠地區的土地，往往在估價的時候，以其潛在的**最高與最佳使用價值**為課稅的標準。例如將郊區的農地與林地按住宅區估價課稅；或者將住宅區以商業土地來估價課稅，以鼓勵人民開發土地或者使人投機等待暴利。

除了鼓勵人民將土地轉移做較佳的使用外，也可以利用租稅的壓力使人更有效、更集約地利用現有的土地。因為在高稅負的情形下，人們為了維持其原來的所得水平，便會更集約地利用土地，以增加生產或所得來支付稅負。可是從另外一方面看，如果土地並不具備較高的容受力，或在粗放邊際的土地過度的投資，也可能造成資源的浪費。而對土地過度地利用，也會造成對土地資源的榨取。再者，也可能使原本應該保留做開放空間的土地遭到開發，而增加社會成本。

鼓勵土地資源保育與環境保護

我們在前面說過，過重的財產稅負，會促使自然資源的所有人加速或過度開採以支應稅負。對於希望保育的自然資源，則應採用特別優惠的稅率或者減免稅負的辦法。對於農地的保護或者鼓勵農民繼續從事農耕，也可以利用租稅的手段來達成。其他如發展太陽能的投資或節約能源的技術，以及防治空氣、與水污染的投資或花費等，都可以用抵減稅負的方法來鼓勵。反之，以租稅做為處罰的手段也可以收到保護環境的效果。例如：提高含鉛汽油的價格，或降低無鉛汽油的價格，以迫使或誘導駕駛人使用無鉛汽油；或者對土地開發行為課徵開發捐或環境影響費等。

改善土地制度

租稅政策可以用來實施某種特別的土地制度。適當的租稅應與負擔能力相當，而且可以鼓勵資本的累積，提高生活水平，並且可以使地權更廣泛地分配。有的稅制也對宗教團體的財產、傷殘、老年或低所得的族群給予減稅或免稅的優惠。

在近代，也有很多國家利用租稅政策來推動土地改革。例如：鼓勵某種土地使用、分散大地主土地權利的集中等。我國的耕者有其田及平均地權政策，也是利用租稅手段來實施的。不過太激烈的租稅政策，也會使人民出脫財產造成逃稅。

影響不動產投資

土地稅可以用來直接或間接的鼓勵或阻礙某種形式的投資行為。當稅收用來提供對不動產有利的設施及服務時，就可以鼓勵投資；壓抑性的稅制，則會產生相反的效果。例如不動產稅在所得稅中的抵減，即會鼓勵或幫助人民購置不動產。保護性關稅，可以鼓勵國內的新興工業，或者生產某些產品。某些地方也可以利用減免稅負的方法吸引外來的投資，以發展地方經濟。以城市發展而言，政府可以利用租稅政策來遏止都市蔓延，鼓勵都市更新，或者不開發某種土地。

增進不動產價值

當一個社區將其財產稅用在提供良好的公共設施與服務，例如：治安、防火、垃圾處理、道路、公園、學校等社區建設，社區的不動產價值必然會提高。當不動產價值提高後，財產稅收也必然會增加；公共設施與服務的水準更會進一步提高，如此便形成一種良性的循環。當稅負提高到使居民擁有住宅或企業的成本提高，而又享受不到所期望的設施與服務時，居民與企業便可能遷移他處，而造成不動產價值的下跌。而不動產價值的下跌，更會造成稅收的減少，進一步更使社區的設施與服務水準下降，而造成不動產價值進一步的下跌，終於成為惡性的循環。

土地財產稅與都市蔓延

都市蔓延近年來成為各個國家的重要問題，長途通勤、交通壅塞、都市周邊農地的流失等，使人注意到城市過度地發展。美國在**柯林頓**時代，曾經提議由聯邦政府撥款給地方作保留開放空間之用。都市蔓延的幾個基本原因有：人口的成長、家庭所得的增加需要更大的住宅、大量投資興建運輸設施（高速公路）使通勤範圍擴大等。經濟學者認為，**都市蔓延**是因為**市場失靈**，扭曲了政府的財務用度，特別是財產稅。這些基本力量包括：

1. 沒有把城市周邊開放空間的環境利益價值，納入市場交易行為之中。
2. 高速公路壅塞的負外部性，使通勤的社會成本大於私人成本，以致於通勤範圍愈形擴大，超過了社會最適的城市大小。
3. 土地或住宅開發商，不必負擔全部的基磐設施成本，而由財產稅支出，使土地開發超出城市的最適範圍。

如果我們把財產稅分開為土地稅與改良物稅來看，理論上，對土地課稅並不影響土地資源的配置；因此過低的土地稅率（自用住宅為千分之二）與稅負，造成過低的持有成本，使土地開發的集約度過低（台灣省的住宅區，建蔽率為 60%，容積率為 180%），再加上都市周邊的市地重劃與市中心的衰敗，使城市愈形向外蔓延。

土地財產稅與都市更新

我國目前正在推動都市更新工作，而財產稅與都市更新也有密切的關係，我們在此可以略加討論。**都市更新**（urban renewal）包含三項內容。它們是：**都市再發展**（redevelopment）、**都市復建**（rehabilitation）與**都市的保育**（conservation）。當然除了以上三項重點工作以外，還有許多其他的工作與之相輔相成。

實際上都市更新的最主要工作就是都市的再發展。都市再發展是指在實質上由政府徵收土地，然後把老舊建築物全部清除，經過整理之後出售予私人，按照地方政府所擬定的計畫加以改建。都市更新最受人批評的是它所造成的社會後果。當貧民窟被拆除時，居民必須被遷移。由於政治、經濟與管理上的缺失，居民的利益往往遭到犧牲。

在討論財產稅與都市更新問題時，有一些基本理論值得說明：

1. 財產稅可以有效地用來在市場機制內解決社會問題。財產稅的基本理論認為**稅**不僅是提供財源的工具，更重要的意義是它可以用來配置資源。
2. 對不動產課稅的基本理論，認為價值是社會所創造的。**稅**是課徵地主多餘的利得，而且稀少性使價值超過生產成本，所以課稅以求公平。
3. 當我們使用**土地**一詞時，實際上它包含了相當複雜的空間使用權。例如：可及性的權利，通風、採光的權利，土地以上的空間權，以及地面以下的權利等。空間與其他資源一樣，要與其他資源配合才能從事生產；其經濟供給是可及性的函數，是交通運輸的品質所造成的，空間上位置的不同，在社會上所造成的價值也不同。
4. 財產稅的目的也在於課徵**資本利得**。土地的多餘利得與資本利得應該同時考慮，而且稅率應該與所得稅的稅率相當。

財產稅在都市更新上的應用

財產稅在都市更新工作上的應用，可以從四個方面來說明。

都市更新的財務　如果我們希望財產稅能在都市更新工作的財務上有所幫助，必須設定一個使土地使用達到**最高與最佳使用**標準的目標，而且其價值也要加以估計。通常是將超過正常報酬的淨所得資本化。因為在從事更新工作時，建築物已被清除，土地也經重劃整理，基本設施也已改良；所以地方政府應該獲得此一準備開發的土地的正常市場價值。而其超額的利得應該與所欲課徵的稅額一致。

因為**稅**是土地所有權的一項成本，會影響不動產的價值。如果要以此項稅收支應都市更新工作，計算希望再開發土地的未來價值，更是極為重要的事。事實上，地方政府的財政，只是將現在的支出由未來的稅收分期攤還而已。

不過，這裡也有一個問題值得思考。因為一個城市可以長期課徵土地稅，來支應更新的財務需求，也可以出售更新地區重劃整理後的土地予私人開發來取得財源，而免除或減輕課稅負擔。究竟哪一種做法比較有利，則是值得思考分析的問題。

整建與保育　在前面我們講過，對改良物減免稅負，可以刺激對改良物的保育與維護；對於某些敗壞地區，則可以做選擇性的更新，而不需要全面摧毀再重建。不過，在城市的某些貧民窟地區，可能是最具有生產力的地區。這些地區最好不要只是因為稅率較高而拆毀。而只有在其折舊價值超過其保育維修花費時，才予以拆毀重建。

也有些城市，在他們更新工作的過程中，感受到愈來愈大的壓力，希望保育那些具有歷史或景觀價值的建築物。因此，很顯然地，在我們改革租稅制度的時候，應該想到如何將這些建築物加以保留。在都市裡，最有價值的建築物都是宗教與公共建築物，而這些建築物都是免稅的。以歷史性建築物而言，很多都是私人所有的，如果使用公共支出去維護，可能不會獲得公眾支持，但是它們又具有公眾意義。如果能夠減免稅負，對這些建築物的永續保育無疑是一項有力的誘因。

受益地區　受益地區是指更新計畫界線之外的地區。當我們實施徵收工程受益費制度時，最令人困擾的是，如何決定受益地區的界線究竟應該畫在哪裡？一項標準是以地區周邊增值與計畫的支出來做比較，或者可以用**邊際利益**等於**邊際成本**的概念來劃分受益與非受益地區。

開放空間　在前面我們提到過，對土地課稅會造成更集約的土地開發。低稅負即容易造成**都市蔓延**（urban sprawl），會使都市的公共設施與勞務的成本增加；而且如果對鄰近都市的農地依照都市土地價值課稅，也會使農地的使用成本提高而難以為繼。以致於要保持土地的開放空間，實在非常困難。再加上改良物的免稅或減稅，更使土地的開發引人入勝。美國加州 1965 年曾經接受優良農田地主的請願立法，將依地價課稅的辦法改為依使用類別來課稅，才使對農地開放的壓力減輕。

什麼是一個公平的財產稅制度？

經濟學者用分析租稅公平與否的傳統方法，是量度**水平**（horizontal）與**垂直**（vertical）公平的概念。所謂**水平的公平**，是公平對待狀況相同的納稅人。**垂直的公平**是指對高所得的納稅人，課較高的稅。這兩項標準，往往被認為不足以用來制定租稅政策，而希望有更有力的標準。因為**垂直的公平**是以**水平的公平為基礎**的，因此批評多落在**水平的公平**上。學者認為**水平的公平**是建立在社會、政治概念上的稅前財富分配**公平上**的。這又牽涉到不動產市場價值的不同，市場價值又會因為種種社會、環境因素的變動而不同。

因此有人問，假使納稅人認為依照市場價值課徵財產稅的制度不公平，那麼是否有可能設計出一個更公平的財產稅制度？有學者認為，如果能夠符合以下幾項標準的制度，或者可以認為是比較公平的。

1. 稅制應該讓稅負與公共設施及服務相結合或相稱，但是這並不表示實際上所納的稅與所享受的利益要剛好相等。特別是對負擔較高稅額的族群而言，他們的要求可能要比一般人為高。
2. 實際的稅負與稅率應該各社區不同，因為它們所提供的設施與服務不同，但是稅務行政要公平。台灣的土地與房屋稅是統一由中央政府規定的。
3. 稅制的設計要求**垂直的公平**，但是要弄清楚，財產稅與財富稅是不同的兩碼事。
4. 對財產價值的**估價**（assessments）要長期穩定、確實。特別要避免外在因素，如國際經濟變動與心理因素的影響。[12]
5. 非本地居民、通勤族、觀光客等，應該由使用者付費，或者對本地居民有所優惠。[13]

---

[12] Steven M. Sheffrin, "Fairness and Market Value Property Taxation", in Roy Bahl, et al., Edited, *Challenging the Conventional Wisdom on the Property Tax,* Lincoln Institute of Land Policy, 2010, p. 253.

[13] Inman, Robert P. "Financing Cities", in Municipal Revenue and Land Policies, Edited by Gregory K. Ingram and Yu-Hung Hong, Lincoln Institute of Land Policy, 2010, p. 32.

17

土地使用規劃與我們的未來

Therein is the tragedy. Each man is locked in to a system that compels him to increase his herd without limit—in a world that is limited. Ruin is the destination toward which all men rush, each pursuing his own best interest in a society that believes in the freedom of the commons. Freedom in a commons brings ruin to all.

Garrett Hardin
The Tragedy of the Commons

第二次世界大戰以後，人口爆炸性的增加以及經濟活動的成長改變了各個國家土地的面貌。這些改變遍及：都市、鄉村、公園、曠野、森林、山坡、草原、河川、濕地、海岸。我們在台灣，這種改變也看得特別明顯。不論是在台北、台中、高雄等大型都會區，或是農村、山坡、森林、河川與海岸，都造成相當大的問題。這種問題的形成，基本上是由於各種土地使用之間沒有良好的規劃與協調。都市不斷地向外擴張，侵蝕了周邊的農地、綠地與開放空間；而市中心卻趨向衰落。河川地的開發，引來洪水；山坡地的開發，造成前所未見的土石流；肥料與殺蟲劑的過度使用，造成河川與地下水的污染等等，問題不勝枚舉。

這些問題的產生，可以從幾個方面來探討：

第一、政府並沒有重視土地使用的規劃與管制，只把土地視為生財的商品、經濟發展的工具。直到最近十多年來，因為自然環境的日益敗壞，天然災害頻傳，才開始認識到土地使用規劃與管制及生活環境品質的重要。不過土地使用規劃與管制工作仍然受到政治與財團利益等因素的影響，進程十分緩慢。

第二、對於土地使用規劃與管制的基本理念，仍然十分貧乏。基本上，我們缺少對待土地的倫理觀念，而且規劃的思想與觀念仍然十分老舊。英國**曼徹斯特**大學教授布羅傑（Michael Roger Bristow）在 2008 年 5 月 22-24 日，逢甲大學舉辦之國際環境永續發展論壇指出：「台灣各城市目前的都市計畫與設計仍然是以 20 世紀中期的思維為基礎，而沒有 21 世紀的創新觀念。」[1] 再者，幾乎二十多年來，所謂的國土規劃仍然只是紙上作業，官員口中的空談與畫餅。國有土地被視為商品，被國有財產局出售以彌補國庫財稅收入。

第三、在我們現行的土地使用制度下，仍然把生態系統的保育與經濟發展，看作是毫不相干的兩個領域來處理。只有當生態系統受到嚴重破壞時——天然災害，才去設法挽救開發的大量投資。事先的規劃與預防措施，是完全付之闕如的。例如：令人不解的是，現在各縣市都在做的市地重劃，為什麼都是在城市周邊任由私人開發、毫無秩序地開發之後才作；而不是像德國人在青島的做法，事先作好規劃、重劃之後，才由私人去開發。

---

1 Michael Roger Bristow, *Global Warming—The Challenge for Taiwan,* 2008 International Forum on Sustainable Development, p. 8.

規劃是良好土地使用與成長管理的中心工作。沒有規劃與管制的土地使用，其決策的失誤與所造成的社會成本，仍然要社會大眾來負擔。從另一方面看，良好的土地使用規劃與管制會使整個社會蒙利。因為規劃可以使適當的土地做為住宅、工作、學校、公園綠地、交通，及公共設施等的使用。進一步可以改善社區的環境，增進社區的意象；良好的規劃，可以使公共支出合理地配置在道路、公園、學校，上、下水道等公用事業與公共設施的建設上。良好的規劃，也可以減輕自然生態系統的損害，使人們的生活與自然調和，而安居樂業。良好的規劃，可以保護國家的**歷史文化遺產**（historical heritages）；也可以洞燭未來變化趨勢，而採取必要的應變措施。再者，規劃可以使開發與保育之間得到平衡，過度的保育和過度的開發都不可取。一個強壯的經濟體系與一個健康的環境與生活品質，都是人們所需要的；而這一境界的達成都在於良好的土地使用規劃與管制。

➔ 土地資源使用規劃的意義

根據我們一般的瞭解，**規劃**（planning）是一個有意識的行為，對我們所希望完成的工作，首先設定一個目標，然後擬定一定的行動程序或步驟，再跟著這個程序逐步去達成設定的目標。實際上規劃也是一個很普通的概念。例如：我們每天都會計畫一下，這一天要怎麼過，希望完成什麼工作，然後逐步去完成它。或者我們會計畫如何去度一個假期，如何蓋一棟房子；企業家如何組合他的資源去經營一個企業而從中獲利；一個家庭也會計畫他們的財務，如何理財去購買一棟住宅，如何去培育與教育子女，以致於如何過退休的生活；政府也會去計畫如何發展經濟。所以無論是公部門或私部門，計畫已經是一件不可少的工作。

Miller、Galanter 與 Pribram 對**計畫**（plan）的定義是：「在有機體裡任何能控制它所執行的一連串動作的有秩序的程序」。[2] 在計畫之初，我們會有一個想像（image）的理想結果，而且要這個結果實現必須經過一連串有層次、有結構的嘗試程序，這樣的程序就是計畫。換言之，計畫是人類根據思想、行為完成一件工作的程序，而這種思想是前瞻的，也是有遠見的。所以計畫是未來導向的、是樂觀的，因為它顯示在某一個限度內，人可以控制自己的命運。計畫也顯示人與自然、與生命的密切關係。

2 George Chadwick, *A System View of Planning,* Pergamon Press, 1971, p. 22.

雖然規劃（planning）與計畫（plan）兩者並不相同，但是許多學者與實際工作者都將它們交替著使用。規劃是一個**有機體**（organism），繼續不斷地塑造它在未來所希望實現和如何實現其所設定的目標所採取的行動程序。在另一方面，**計畫**是在某一段時間裡希望達成某些特定目的所採取的行動。如果以**綜合計畫**（comprehensive plan）為例，**綜合計畫**好比是一個有機體連續動作的影片，而**計畫**則是一張一張單獨的畫面。綜合計畫裡包含著一連串個別的**計畫**，有如一卷影片裡包含著一連串單獨的畫面，單獨畫面組合起來成為影片，可以更有力地傳達某些意象。但是個別的**計畫**也可以分開分析或分開實施，或者合在一起實施。[3]

在短期內的規劃管理工作，需要政府、利益團體與地主，清楚明確地設定長遠而且大面積土地的優先使用順序，並且建立多樣而且有彈性的執行工具。長期的改革需要改變根深柢固的想法，不要再認為經濟與生態系統的土地使用是互相競合的。要做到這一點，政府的決策與公眾參與必須認識到以下幾個重點：

第一、在設定環境保護與經濟發展的土地使用優先順序時，要尋求科學與公眾參與互相結合的方法。公私之間的合作非常重要，雖然市場機制也可以配置生態與經濟的決策，然而它仍然需要法規的規範。此外，政府必須主動地管理市場，使土地權利的供給與需求得以平衡。

第二、要清楚明確地劃定土地權利與責任分擔的倫理與法律界線。最終，究竟要保育什麼，其實是一個倫理問題，需要廣泛的公眾參與。科學所能提供的是知識與資訊，但是卻無法做保育優先次序的決策。最後，這種爭議會淪入政治的漩渦，公眾與決策者必須學習管理生態系與經濟的不確定性。

第三、生態系統不會遵循政治與行政疆界，公共政策制定的目的在於保存廣袤土地長期生態系統的演化。而地方政府通常都是最適宜於同時考慮任何土地使用的經濟與生態方面問題的單位。但是政治權利與疆界劃分的凌亂，卻是從事區域性土地使用規劃的障礙，因此，有時需要上級政府做整合的規範。

第四、最後，管理生態系與經濟，會產生地方、區域、國家與全球的社會公平問題。我們並不清楚是否**可持續性**（sustainability）意味著繼續不斷的經濟成長，會使經濟達到一個穩定的境界。然而，很清楚的是，放慢經濟成長

---

[3] Melville C. Branch, *Comprehensive Planning, General Theory and Principles,* Palisades Publishers, 1983, p. 134.

的腳步，與自然的變遷，會對社會與經濟的公平與效率有重要的意義。[4]

土地使用規劃面對的挑戰

從最廣義、最基本的層面看，土地使用規劃面對的挑戰，其實是人口問題。根據聯合國 2009 年的資料，世界人口預測到 2050 年將從目前的 67 億增加到 91 億。這些人口大部分會生活在都市地區，特別是開發中國家。關於人口與土地之間的問題，我們在第 2 章已經作過充分的討論。在本章中，我們將就其他的問題，在規劃上如何面對，作一討論。

生態環境的規劃

可持續發展是從 1960 年代以來，一個響亮而流行的口號。從不同的觀點，有不同的解釋。我們在本書第 10 章，已經做過充分的討論。也許一個最能讓大家接受的說法是：「好的環境就是好的經濟」。但是也有人認為這種說法有些誇張而不切實際，因為環境保護是需要付出代價的。保育與開發的矛盾在於，你不能又要環保可持續，又要儘量地消費。在土地使用上也是如此，你無法同時要求從土地上獲得最大的經濟報酬，又能做最佳的生態環境保護。所以我們面對的問題，是實踐而不是空談理論。

生態系統是動態的，是不斷演化的，不是有機生物固定的群聚。不論動物或植物，不僅受人類引起的環境變化而變化，也因為自然的變化而變化，例如：局部的火災或長期的氣候變遷。因此，學者與官員都認為**可持續發展**需要政府開始思考，作 20 到 100 年的規劃思考。更嚴酷的考驗是，**生態環境**功能的演化，不但超出政治人物的壽數，而且在空間上也超出了政治的轄區。因此，規劃必須要在區域的尺度上才能發揮功能，不論是特殊的瀕絕物種、倚賴地下水源的大片土地，或是一個集水區。其上的氣候、土壤、植物與野生動物，都要整體考慮。同時，現行法規的重點也需要跟著改變。區域尺度的做法，能夠兼顧經濟發展與生態資源的保育。其實，只要在區域經濟發展計畫上，做些微的修正，加上生態資源保育的元素就可以

[4] Scott Campbell and Susan S. Fainstein, *Readings in Urban Theory,* Third Edition, Wiley-Blackwell, 2011, pp. 1-2.

了。其實，鄉村地區的環境已經不錯，只是尺度太小而已。

氣候變遷與土地使用規劃

氣候變遷可能是本世紀最嚴酷的環境問題。**氣候變遷**對水的供給、海平面的上升、海岸的水患、異常的天氣變化、乾旱，以及生態系統的變化等，都有巨大的影響。**氣候變遷**與土地使用又有什麼關係？各個國家的家庭、工商業、交通運輸，大量消費石化能源，排放出大量的 CO_2。都市土地使用的蔓延，人們以小汽車為主要交通工具。特別是美國的都市交通，人均 CO_2 排放量為西歐國家的 3.5 倍，多半是因為過低的都市土地使用密度與少用大眾運輸工具。[5] 土地使用規劃與公私建築及公共設施的建設，都應該考慮氣候變遷因素。

土地使用與天然災害

跟著氣候的變遷，我們便愈來愈受天然災害的威脅。人類的行為有可能增加**天然災害**的風險，不良的土地開發與區位的選擇，使天然災害的威脅更為嚴重。例如：建築在洪水平原或斷層帶上。天然災害有以下幾種：

1. 與天氣有關的災害，包括：水患、降雪、颱風、龍捲風、乾旱、熱浪等。
2. 與地質有關的災害，包括：地震、火山爆發、海嘯、地滑、山崩、雪崩等。
3. 與野火有關的災害對住宅區是一大威脅。
4. 海岸、河道的沖蝕。
5. 與生態有關的災害，包括：污染、蟲害與野生動物傳遞的疾病。

雖然人類的規劃無法避免**天然災害**，但是有智慧的區位規劃與土地開發的設計，卻可以降低天然災害的風險。

土地使用與人類環境健康

土地使用對人類健康，直接、間接都會有所影響。**環境健康**是人類曝露於其周邊環境，所受到的精神與物質的影響；特別是具有毒性的空氣、水、食物與噪音污

[5] John, Randolph, *Environmental Land Use and Management,* Second Edition, Island Press, 2012, p. 65.

染。**環境健康**也包括生活品質方面的問題，如：健康、積極的生活態度、周邊環境的擁擠、髒亂等。重要的**土地使用與人類環境健康**問題包括：

1. 都市蔓延的土地使用，以小汽車為交通工具的生活方式，造成身體的過度肥胖。有助健康的土地使用規劃，提倡緊湊、混合使用，與行人導向的都市設計，可以減少心血管方面的疾病。
2. 空氣污染，以及臭氧層的破壞，以及室內抽菸、取暖的爐火等。
3. 飲用以及與身體直接接觸的水質受到污染。
4. 毒性廢棄的棄置場，以及工廠毒性氣體的排放。

土地使用影響水文系統

土地使用與開發會對**水文系統**產生相當大的影響，它會改變水流與逕流，而且會污染地面水與地下水，影響飲用與遊憩使用。主要的影響包括：

1. 不透水層與都市開發，會產生逕流，增加下游的氾濫。而且會減少水的下滲，減少地下水的補注。
2. 農業、都市、森林與採礦，會增加沖蝕與泥沙沉積，污染河流、湖泊與海口。
3. 與水污染有關的土地使用，還包括：汙水淨化槽、地下儲油槽、垃圾掩埋場等，都是地下水的污染源。

土地使用對農業與其他生產用土地的影響

開發行為把具有經濟生產力的土地，如農地、林地、濕地等，改變做建築用地。這種改變降低了這些土地的生態功能、經濟生產力、碳的吸收力，以及水的供給。根據聯合國 2009 年的資料，全球每年流失的農地約為 70,000 平方公里。而使生產力降低的農地還有 20,000 平方公里。在台灣，各城市實施的市地重劃，也使大量的農地變更為建地。以台中市來看，從 1992 到 2007 年，農業區土地減少了 31.4%，耕地面積從 1998 年的 3,937 公頃，逐年減少到 2006 年的 2,986 公頃。

土地使用與生態資源

人類對土地的消費，都市的蔓延發展，對自然生態系統、溼地、與野生動植物（包括瀕絕物種），有很大的影響。以溼地為例，它的功能與利益有：減少水患的損失、控制水岸的沖蝕、淨化水質、地下水的補注、生產水生漁類、有助於生物的多樣性，以及提供遊憩、美質、與教育功能。

土地使用對能源與原物料的影響

土地使用與建築型態影響資源的消費，能源的使用是氣候變遷的主要原因，因為 80% 的人要倚靠含碳石化燃料。使用石化燃料多，是因為建築物的設計與以小汽車為交通工具。**理性成長**（smart growth）與**新都市主義**（New Urbanism），提倡以緊湊、**填入式**（infill），以及以大眾運輸為導向的都市發展。

土地使用與環境的公平正義

土地開發，把開放空間變成道路、住宅區、大型購物中心等，會改變社區的性質。雖然有些開發是不可避免的，但是如果我們能以地方特性與文化為念，則可以減少開發的衝擊，保留社區的歷史傳承。這種情形在面對都市蔓延發展的老式鄉村，更為重要。特別是興建**鄰避**（NIMBY）設施，如污水處理廠、垃圾掩埋場或焚化廠等。環境正義運動的產生即是希望保護各個族群、各地方不致於受到不公平的環境傷害。這一點在環境規劃工作上非常重要。

社會經濟空間的規劃

在已開發國家以及開發中國家，都市化引起人口在空間上的遷移，造成都市地區的衰敗，貧民窟的產生。政府的改善工作，多半淪於失敗。在規劃的做法上，並不在於消除它們，而在於使這些土地使用，過渡到適當規劃管理的境界，並且提供基本的基磐設施，減少城鄉之間的差距。許多國家都以**可持續發展**為目標，使用創新的設計，改善環境品質。這些方法包括：使用再生能源、改善供電、供水系統、綠化公共設施、保護水源與自然地區、混合使用與緊湊開發，以及可持續的運輸系統。

改善制度與公眾參與

法律系統的改善，有助於釐清財產權與管理機關的權責。從地方、都會區、區域到國家層面的政府、私人與非營利機構，都能夠合作溝通，製作有效的計畫。相關各方面對計畫的參與，成為現代規劃工作的必要條件。尤其是在民主制度之下，政府機關從事土地使用規劃，應該充分考慮地方及人民的意見，兼顧各方面利益的獲得與成本的負擔。

策略性基磐設施的空間規劃

策略性的空間規劃多在已開發國家實施。國家擁有強大的規劃開發主導權與雄厚的稅基支持，也有良好的民主制度與土地使用規劃制度。**策略性的空間規劃**多為道路網絡、運輸系統、上下水道系統等。所以，有效的規劃是要把這些系統融匯在土地使用計畫裡的。

➔ 從經濟學看土地使用的規劃與管制

假使我們要消費的環境資源，超過地球所能供給的**承載量**，我們就要重新審視是否我們的經濟出了問題。如果我們的經濟制度不能改變，環境與經濟之間的衝突似乎是不可避免的。從經濟學的角度看，環境是所有我們用來生產財貨，然後在市場出售給人們，以維持生存與生活資源的來源。對某些人來講，開發資源是維持經濟生活的必要方法。在另一方面，也有經濟學者相信，大自然有它神聖的價值，永遠不可以用金錢價格在市場上買賣。

談到經濟與環境的緊密關係，目前人類面對最嚴重的問題就是**氣候變遷**，其主要的原因就是開發與燃燒石化能源。人類開發自然資源就破壞了生態系統，改變了土地使用，造成自然資源的無法永續。如果我們能把環境當作自己的家一樣看待，珍惜家裡的每一樣東西，我們相信我們可以扭轉我們的經濟，使地球成為我們舒適的家園。

效率（efficiency）、**最適狀態**（optimality）與**可持續性**（sustainability）這三個概念，或許能幫助我們瞭解經濟與環境之間的關係。前兩個概念來自於傳統經濟學，第三個概念，在環境問題日趨嚴重的現在，便成為大家熱烈討論的焦點。傳統

經濟學認為沒有效率，就是資源使用的浪費。效率提高，表示能獲得消費的更大淨利益。如果我們從環境經濟學的角度看，可能要做另類的思考。例如：就一個發電廠來說，用最便宜的燃料就是最有效率的做法，但是低品質的燃料，會造成更大的環境污染。對整個社會來講，就不是最有效率的了。

最適狀態是從效率衍生出來的，它是指某種資源的配置是否合乎社會的理想。關於**最適狀態**概念，我們已經在第 3 章裡做過討論。但是我們從環境的角度看，應該認為環境本身也有它的價值，不應該為了達到人類的**最適狀態**而降低。從經濟學來看，**可持續性**並不表示生態系統會永遠長存，而是說環境品質不應該因為人類的行為而降低。這個概念，我們也在第 10 章裡做過相當的討論。此處爭論的重點似乎是在**新古典經濟學與生態經濟學**之間的認知，認為我們從大自然所得到的利益，猶如從資本所得到的利益。所不同的是經濟資本與自然資本之間，所可能互相替代的程度。例如：如果我們能夠用科技的方法吸收 CO_2，是否我們就可以砍伐等量的森林？新古典經濟學認為**人造資源**與**自然資源**是可以互相替代的。**生態經濟學**則認為兩者都是必須的，自然資源尤其重要，而且是無可替代的。

在純粹的市場經濟裡，資源的配置完全由消費者與生產者在追求最大利益的前提下所決定。但是卻會給社會帶來額外的利益或成本，就是外部利益或成本，也就是前面所討論的**外部效果**。因此，社會利益或成本等於私人利益或成本加上外部利益或成本。

在圖 17-1 裡，假設：(1) 沒有外部利益；(2) 價格為一常數，也就是：邊際報酬（MR）＝邊際私人利益（MPB）＝邊際社會利益（MSB）；(3) 蓋房子的邊際成本（MC）會跟著密度的增加而增加。如果我們只考慮私人利益與私人成本，房子的密度可以蓋到 Q。但是過高密度的開發，卻會失去很多的開放空間與綠地，進而影響環境品質。所以 MSC（marginal social costs）大於 MPC（marginal private costs）；如果最適的開發程度是在邊際社會利益 MSB＝邊際社會成本 MSC 處，則密度應該控制在 Q_1。也就是要開發者減少開發或負擔一部分社會成本。

外部效果也常常反映在市場價格上。所以在有好的學校、開放空間、購物設施、公園綠地，以及交通便利的社區，人們往往願意負擔較高的房價。在另一方面，座落在市中心區的商業或辦公空間，則可能要付給職員較高的薪資，以補償他們所可能需要負擔的高租金與高通勤成本，或者會迫使企業去尋找其他的營業地點（請參考第 15 章中對環境資源估價的討論）。

在實際操作上，政府可以有許多種方法來矯正土地資源配置上所產生的外部效

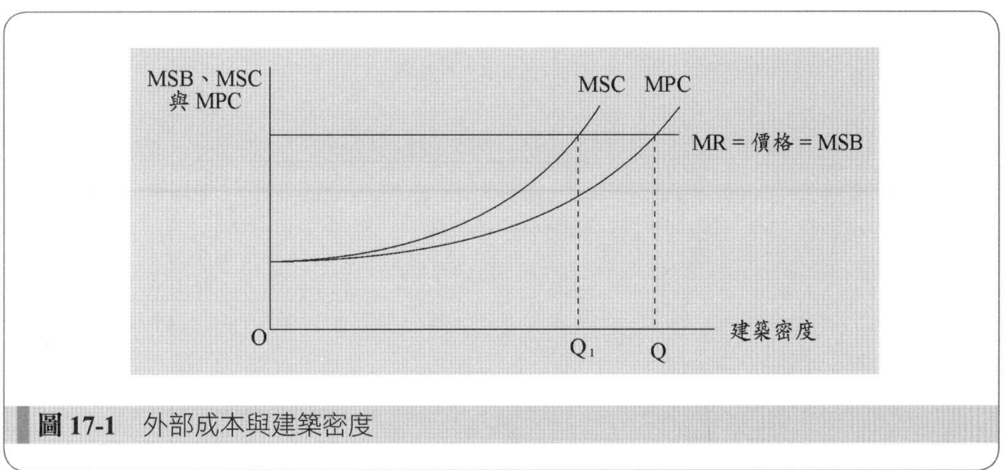

圖 17-1 外部成本與建築密度

果：

1. 可以經由價格系統，把外部效果內部化。例如：在交通擁擠的路邊停車，一定要收費。
2. 用課稅與補貼的辦法來遏阻負外部效果或鼓勵正外部效果。例如：開挖馬路、連結水管或瓦斯管、阻礙交通過長即應加以課稅；又如在台灣常常可以見到建築工程施工時，圍籬佔用道路、或者是婚喪喜慶時攔路設宴，也都應該課稅。在另一方面，對於外部利益，則應加以補貼。例如：私人出錢維修古蹟，則可以用減免稅負的方法，補貼其所付出的成本；再如對於農地減稅也是不鼓勵地主變更使用的意思。
3. 利用法規做實質上的控制。例如在開發土地之前，必須取得政府機關的審查許可；或者土地的使用，必須依照土地分區管制的規定，而且要與周邊的建築與環境協調。
4. 可以擴大管制的範圍，以使外部成本內部化。例如：台灣的都市曾經擴大商業區的百分比，以使違規使用的地方合法化。
5. 政府本身出面提供某些設施與服務。例如：(1) 具有全國性重要性者，如整治河川以防洪、防污染；(2) 計畫龐大，只有政府可以承擔者，如興建機場；(3) 有長期累積性者，如窳陋地區的整理。

就圖 17-2 來看，如果由私人來整理窳陋地區，可能需要 P 年。如果地方政府能負起此一責任，則雖然要負擔成本從 CC 增加到 CC′，但是可以使窳陋地區的整

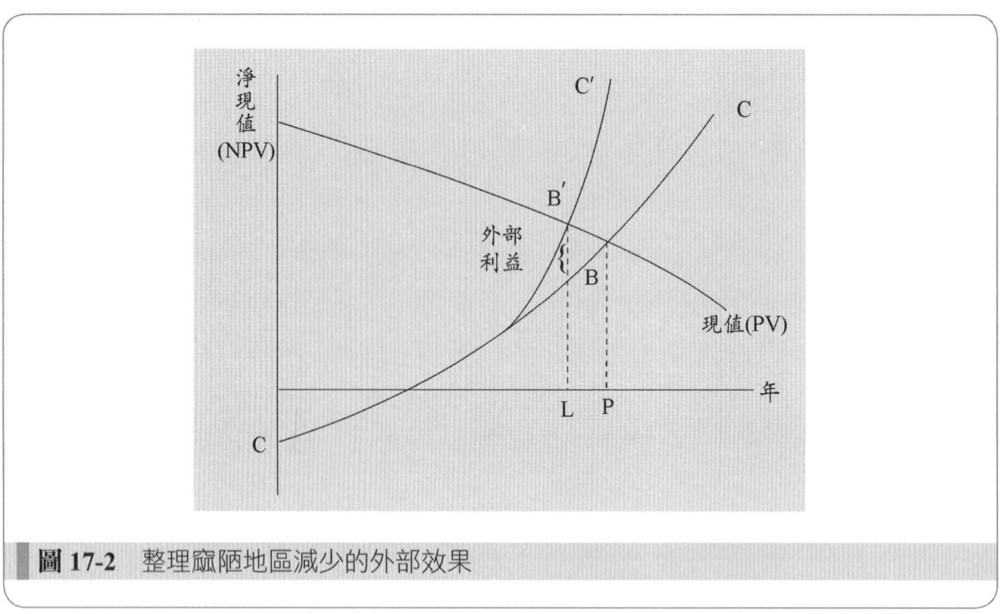

圖 17-2　整理窳陋地區減少的外部效果

理期限提前到 L 年，並且提高該地區的財產現值 PV，而獲得 BB′ 的外部利益。由政府干預市場機制，也並不是完全有效。因此，我們也要對規劃的優點與弱點加以說明。

增進對土地資源規劃的認識　往往因為缺乏應有的知識，人們對自己的福利、偏好也未必能做最準確的判斷；但是透過集體的或多數人的意見，即比較容易做較佳的決策。再者，私人對於未來所需要的土地資源可能低估，而政府或許會把眼光放得較遠；所以會採取各種方法保護具有歷史價值或特別建築藝術價值的建築物。從**可持續發展**的觀點看，在城市周邊設置**綠帶**（green belt），不但能為下個世代的子孫保留一片淨土，而且可以立即提升目前的土地價值。在圖 17-3 中，假設原來的土地價值為虛線 LV，由市中心向郊區緩緩下降。但是如果我們在城市近郊區劃設一個綠帶，土地的價值會從 LV 升高到 L′V′，而所增加的價值，足夠彌補在綠帶上減少的土地價值而有餘。圖中顯示，接近綠帶的土地價值特別高，表示這些土地對綠帶所提供的寧適環境有較高的可及性。

外部性的協調　在前面，我們提到過，在某些狀況下，外部性可以用**協議**（agreement）的方式或市場機制來解決。但是有些外部性雖然重要，卻異常分散而難以整合來採取集體行動。這個時候就必須政府來干預。這種情況在土地使用方面更為顯著。例如興建一棟大樓，其使用情形不但影響鄰近地區，也影響路過的人。

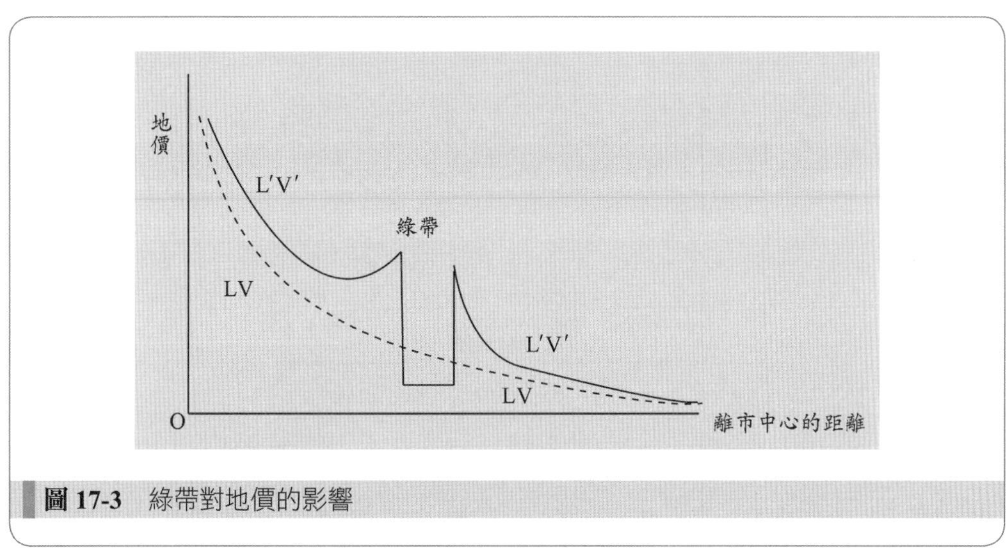

圖 17-3 綠帶對地價的影響

因此，大樓的設計與使用都需要規劃管制的干預。

在實際操作上，這種管制多半是針對負面的外部效果而設計的，如：噪音、空氣污染與擁擠等。例如土地分區管制是將土地劃分做各種不同的使用。在實施的時候，它會儘量減少鄰近土地使用上的相互競爭，如在住宅區裡蓋工廠，或都市蔓延侵蝕郊區的農村。不過，有的時候規劃也可能是正面的或者讓土地做互補的使用。例如把住宅、學校、購物設施、停車場、公車站做適當的區位配合，即可以便利社區的發展與居住、工作、兒童就學與購物的便利。再者，也可以准許某些具有文化資產價值的建築物做某種的使用，以便保護這些文化資產。

面對不完全競爭　當某一私人土地妨礙到一個城市的綜合開發計畫時，地方政府即可以運用強制徵收的權力以取得這塊土地。政府規劃管制的權力也可以用在低度開發的土地上。例如在一塊已經開發的住宅區裡，如果其間有一個獨佔土地的地主，為了獲得更高的利益，他會在其土地上只蓋少數的高級高價住宅出售，如圖 17-4 中的 OQ_1 與價格 P_1。但是當整個社會需要這塊土地做更集約的使用時，即可運用規劃與徵收的權力，使土地的使用達到完全競爭的狀況 OQ，也就是使價格等於邊際社會成本的地步，即為 P_0。

提供公共設施　公共設施如公園、上下水道、學校、道路、停車場等都應該整合在一個地區的整體計畫裡。一個能綜合全局的政府規劃機關，當然在基礎建設的土地使用計畫上具有優勢。而土地使用有不可逆轉性；既使可以逆轉，其代價也是異常

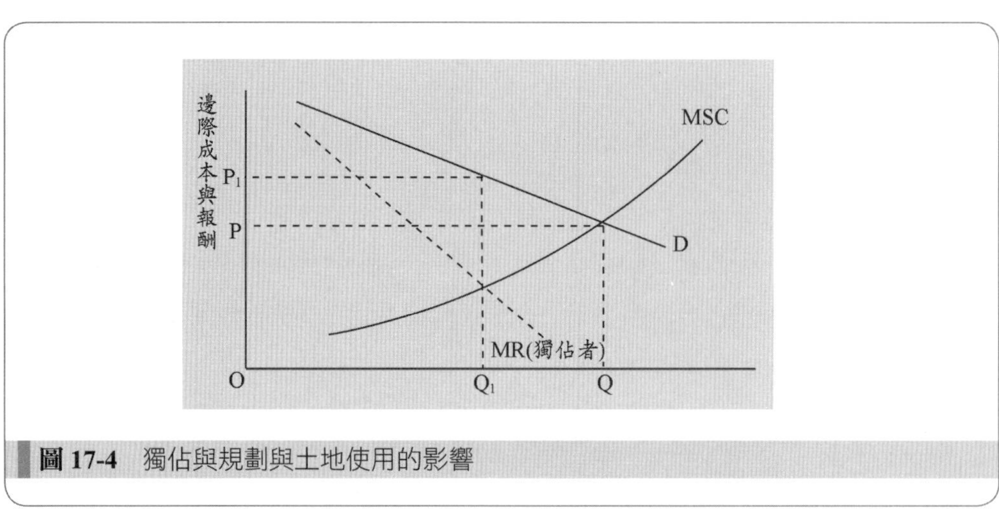

圖 17-4 獨佔與規劃與土地使用的影響

龐大的。一個特殊的例子就是倫敦的海德公園（Hyde Park），原先是覆蓋著建築物的。再者，如果以私人企業來開發土地，他可能無法顧到全局，在舊有的窠臼裡打轉，便會使計畫顯得僵化而沒有效率。

所得的再分配 雖然所得的再分配是政治而非經濟的決策，但是卻可能受規劃的影響。例如一個屋主可能在其院子裡加蓋房子；這種行為當然對他自己有利，但是卻會使鄰居的福利遭受損失。此時規劃機關即可以斟酌其對環境品質的影響來決定是否發給屋主建築許可。又如政府可以興建低價的住宅供給中低收入的市民；或者管制或補貼租金予中低收入者租賃房屋。再者政府的規劃也可以保留公園綠地或土地供未來世代人民的使用；也會去保存歷史性古蹟建築，以維護一個城市歷史、文化與景觀的可持續性。

➔ 市場機制的效率與公平

如果有人在純粹的住宅區裡開了一間工廠，顯然這間工廠的土地使用是違反土地使用分區管制的。在這種情形下，問題的解決可能有三種方式：

1. 社區的居民向業主表達反對的意見，使其自動遷移他處。如果在這個工廠開始籌劃的時候，大家就表示反對的意見，就更容易使它遷移了。
2. 社區居民可以向當地政府反映，而由地方政府以合理的價格將此不動產徵收做符合土地使用分區的使用。還有一種可能就是由社區居民集資，將此不動產買斷，以避免工廠繼續經營下去。

3. 訴諸法律訴訟，由政府或者法院強制工廠遷移他處，甚至根本禁止這塊土地做不合法律規定的使用。

在以上三種可能的方式中，第二種方式是純粹用市場的機制來解決問題的。也就是我們在第 4 章裡所討論的，**寇斯**以談判交易方式來解決外部性問題。第一種方式可以說是一種非正式的談判，也類似市場的交易，不過並不是用金錢做為媒介，也沒有政府公權力的介入。第三種方式則是必須政府公權力的介入。其實也有可能因為訴訟而使業主自願離開或者自願做合法的使用。這樣似乎又回到了第一種方式的做法。[6]

政府以動用法律的方式干預私人的土地使用，似乎是一件不可避免的事。但是另一方面，也有人認為應該以市場機制來解決土地使用所產生的問題。事實上，大家也都認識到，純粹的私人決策與政府干預，都無法獲得最好的結果。如果能在管制與自由市場之間找到一個平衡點，可能是最理想的。

自由市場與效率　**效率**是經濟學上所追求的兩大目標之一，我們在第 3 章裡已經有所說明，這裡再做一次簡單的回顧。究竟**效率**的衡量標準是什麼？衡量效率的主要標準是生產成本最低與價值最高的產品。除了成本的最小化之外，第二個重要的標準是：如果資源可以用來生產兩種都能增加社會福祉的產出，而能使社會福祉增加最多的產出就是最有效率。不過如何判斷哪種產出對社會最有價值也是一個難題。經濟學家可以從三方面來分析此一問題：(1) 量度此一財貨的邊際效用或價值；(2) 量度消費者對價值的選擇；(3) 用願意償付來量度財貨對個人的價值。雖然我們從概念上說明效率並不困難，但是實際的表現並不容易。因為個體經濟學的分析都是在完全競爭的市場條件之下進行的；但是實際世界的情形卻複雜得多了。

市場失靈與公平　當我們談規劃的時候，主要的問題是為什麼市場要由**計畫**來規範？最簡單的想法是為了矯正市場機制在分配上的不公平。當資源或所得的分配是根據競爭而非需要，而且沒有公認的目標來分配時，就會造成社會的不公平。事實上，在一個市場經濟裡，規劃只能改善資源配置的效率而非分配的公平。這也顯示

6 Daniel R. Mandelker, Roger A. Cunningham and John M. Payne, *Planning and Control of Land Development : Cases and Materials,* 4th. ed., Michie Law Publishers, 1995, pp. 2-3.

出自由市場的某些失靈；而這些失靈的地方又要靠規劃來矯正，以達到社會整體的效率。價格系統所達成的私人的效率，可能與社會或集體的效率互相衝突。因為市場沒有辦法察覺社會的利益與社會的成本。

基本上，當生產與消費的邊際社會利益等於邊際社會成本時，便達到了社會的效率。假使邊際社會利益大於邊際社會成本時，便表示社會生產與消費得太少。假使邊際社會成本大於邊際社會利益時，便表示社會的生產與消費已經過多了。一般的市場失靈有三種，它們是：(1) 獨佔；(2) 外部效果；(3) 公共財貨。如果就土地使用來講，外部效果與公共財貨兩種比較顯著。外部效果的產生是某一生產者或消費者的生產或消費行為影響到其他生產者或消費者，而這種影響的產生並不透過價格機能。外部效果有正有負，當某人的消費或生產會增加另外一個人的消費效用或減少其生產成本時，就產生正的外部效果。而當某人的消費或生產會減少另外一個人的消費效用或增加其生產成本時，就產生負的外部效果。我們在第 4 章裡已經做過討論。

為了要使市場生產對社會最適量的產出，可以用對正外部效果補貼，對負外部效果課稅的辦法。但是對土地使用而言，補貼與課稅的方法並不完全適用。政府為了矯正或防止市場失靈，可以運用一些空間規劃的方法：

1. 透過分區管制來保留土地做開放空間，或者保留能產生正外部效果的自然保護區。
2. 透過**排除式分區**（exclusive zoning）把不相容的生產性與消費性土地使用分開。
3. 透過**混合使用分區**（mixed use zoning），把會產生相容的正面與負面效果的土地使用加以整合。
4. 透過各種開發管制手段，鼓勵或遏止正面與負面的外部效果。

公共財是那種可以供多個消費者享用但是不會增加更多成本，也不會減少其供給的財貨或勞務，例如：公園、國防等；所以，供給公共財的邊際成本等於零。因此，社會不能依賴市場去提供公共財。此時規劃即替代市場的功能，由財稅部門來提供社區的道路、公園等公共設施以補充市場機能的不足。

➔ 規劃管制對土地使用的影響

雖然土地使用的規劃管制是在改善市場機制的失靈，但是不可忽略的是規劃管制對都市土地市場以及地方經濟也會有一些相對的影響。

1. **規劃管制會影響受到管制的土地的價值**：因為如果這塊土地的建築密度受到限制，就會影響到投資人對這塊土地的投資量。如圖 17-5 所示，如果密度從 OC 減少到 OR 即會使基地的價值從 AIN 減少到 AIKL。
2. **規劃管制會影響各類別土地的價值**：如果由於分區管制限制商業土地的供給，就會使現有商用土地的價值升高；而且也會使未來可能會做商業使用的土地價值升高。如圖 17-6 所示，在一個自由市場中，商業土地的價格在供給量為 M 時，價格可能為 OP。但是如果商業土地的供給被限制在 OC，其價格便會升高到 OP′。但是如果把 CM 的土地規劃做其他使用，那種土地的價值因為供給增加便會降低。
3. **對整體土地價值的影響**：雖然有人認為規劃只是把一塊土地的價值轉移到另一塊土地上，而對整體土地的總價值不會有所影響。但是當我們從事城市中心的開發時，規劃師可能會劃出較多的土地做住宅而減少辦公與工業用地。這表示企業要到其他地方去發展。但是一旦企業搬遷他處，即可能影響其經營的效

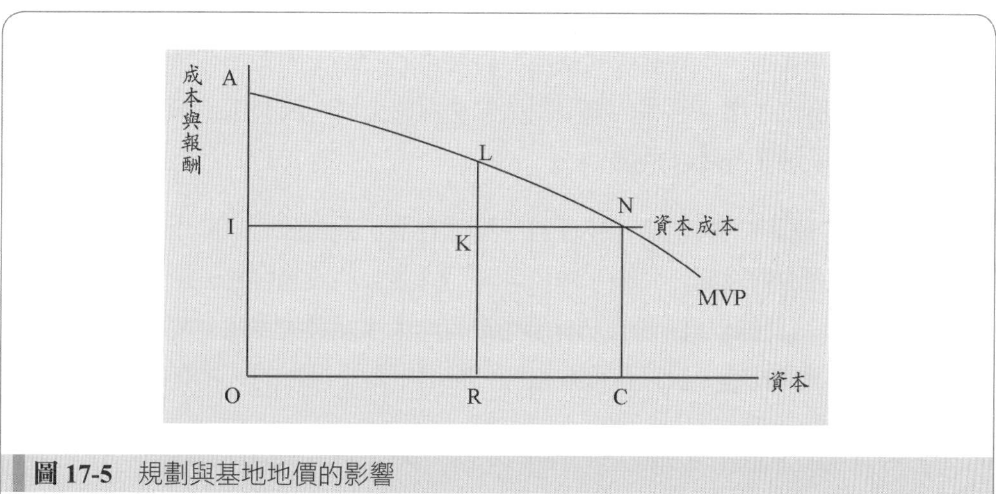

圖 17-5 規劃與基地地價的影響

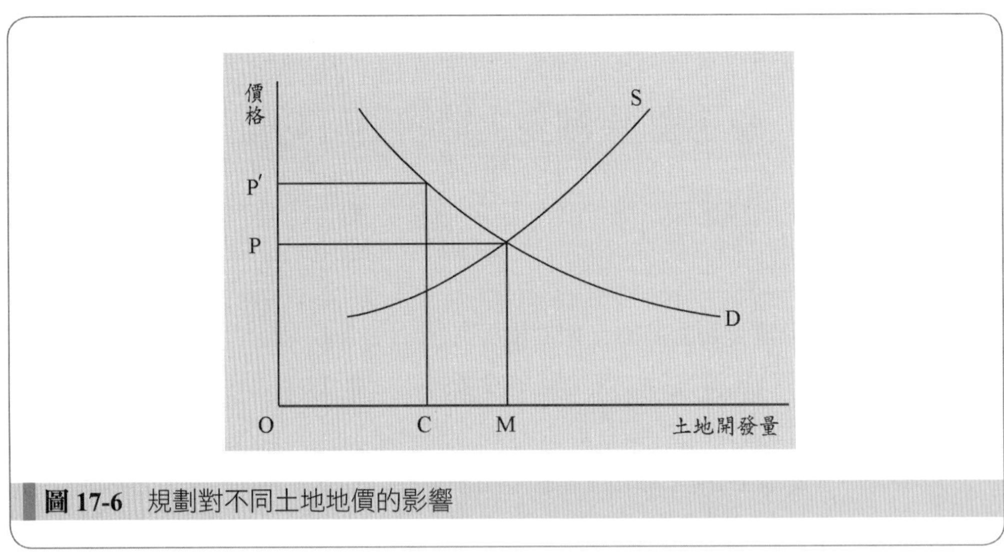

圖 17-6　規劃對不同土地地價的影響

率。因為它可能失去一部分客戶，或者是與其他企業的聚集經濟效果。在這種情形之下，企業所移往的土地雖然會增值，但是可能沒有它在市中心所損失的價值那麼多。

再者，企業遷往其他地點，可能會使那些不願遷移的工作者失業，而年紀較大的人也不容易再教育及訓練。而且依靠此一企業提供財貨與勞務的其他企業，其成本也會增加。如果這種情況成真，在城市中心的地價便會下跌。所以規劃並不是只造成土地價值的移動，而是因為效率的變化，會影響到整體的土地價值。

4. **財富分配的效果**：雖然規劃主要會影響到土地資源的配置，但是也會影響到經濟效率，並且進一步直接或間接地影響財富的分配。因為那些獲得開發許可的土地，價值會大增；而那些被限制改變使用的土地，因為供給減少，價格也會上漲；使欲購屋者難以負擔。

通常財富分配效果的影響，往往並不那麼直接。因為政府規劃所提供的都是公共財貨，如交通運輸設施、公園、學校等；而這些公共設施會再去影響不動產價值上揚。同樣地，低密度的住宅也只有那些富有的人才能負擔得起。郊區的購物中心或綠帶地區的遊憩設施，也只有那些有錢、有閒、有小汽車的人才有機會去享用。

以生態為基礎的土地使用規劃

從人類生態學的角度看，我們可以發現人類使用土地的開發行為對環境的傷害。第一、我們應該知道，「自然生態的基磐設施」（ecological infrastructure）是遍布在所有各個地方的，在我們注意到與注意不到的地方發揮它們的功能。但是當我們干預到它們的功能時，其結果可能會帶來災難，人類也不可能重建它們、修復或仿製它們。因此，長期而言，我們應該儘可能地不去碰它們，以保持自然基磐的健康。

第二、我們應該知道最重要的是城市土地使用規劃對我們自然環境的衝擊是多麼強而有力。但是地方上的土地使用規劃，卻只在國家到省級的環境保護工作中佔有邊緣的位置。特別是在我們這種中央集權制的國家，地方政府的規劃計畫，一定要中央政府審核通過。例如我們各城市的都市計畫要由內政部都委會核定。又如台中市的整體發展區，是一旦由中央政府核定，之後的變更是非常困難的。其實土地使用計畫，在歐美國家都是屬於地方政府的事務。我們雖然名為地方自治，但是地方政府的權限是極其有限的。

第三、不過我們也應該看到不動產開發業者與土地投機客的意見，有時會比地方政府的土地使用規劃者或居民的意見更有影響力。不過無論如何，我們要確信我們的生活品質要倚賴我們的環境品質，而我們的環境品質又有賴我們土地使用規劃的品質。其實有關環境品質與土地使用關係的論述早已存在。例如：**霍華德**（Ebenezer Howard）的**田園市**理念，**李奧波**（Aldo Leopold）有關**土地倫理**的概念，**馬哈**（Ian McHarg）有關土地**開發保育**的思考原則等。當然也希望我們的土地使用規劃能把此種概念，使用在我們的土地使用規劃與城市發展計畫中。

依照**馬哈**的概念，土地使用規劃並不是要保證土地所有權人、投資者或開發商獲利，也不是鼓勵國家的生產毛額不斷的增加或者降低不動產稅。它是為了保護我們的家庭而且不斷地保護我們的空氣、水、動植物與地球表面維持生命的土壤。否則我們的地球將會荒蕪得有如月亮，無法讓我們居住。[7]

那麼我們又將如何保護地球，使它免於更多對環境的傷害，更多無法持續發展，也非人性的開發行為呢？其答案很明顯的是，要採用**以生態為基礎的城市土地使用規劃**（ecologically based municipal land use planning）系統。然而我們也要注

[7] William B. Honachefsky, *Ecologically Based Municipal Land Use Planning,* Lewis Publisher, 2000, p. 1.

意，以生態為基礎的都市土地使用並不等於不成長；剛好相反的是，以生態系統為基礎的土地使用，很清楚地認識到供應一個城市不斷成長的人口的需要，是一件可持續性的事業與責任。同時，我們也應該注意到供應需要的土地，在本質上應該是去尋找最適合其使用性質的土地。在尋找這樣的土地時，不應該犧牲維持我們賴以可持續發展的生態基礎。言至於此，明白地講，就是土地所有權人與開發者，不能在任何他所想要開發的地方開發他所要的東西。無論如何，受到生態條件限制的土地應該保留，一個城市或社區應該經由徵收去做開放空間使用的儲備用地。

其實，要實現以生態系統為基礎的都市規劃，也不是十分困難的事情。只要把一個城市的**綱要計畫**（master plan）與土地使用分區 （zoning）作一些修正，把生態基礎的土地使用概念與**元素**（element）融匯進去就可以了。**漢納契夫斯基**（Honachefsky）指出，除了一般城市的都市計畫的綱要計畫外，把以下幾種元素考慮在內就可以了。第一、土地使用計畫的內容要包括：地形、土壤狀況、供水、排水、洪泛地區、沼澤與林木地區。第二、要有一個**資源保育計畫**（conservation plan），提供自然資源的保存、保護與使用。第三、沒有經過對以上各種元素做嚴謹的評估，不可以有任何新的設計。而只靠各自的，一塊、一塊的土地由投機客、開發者聘請的所謂專家做評估而開發，那將是一大災難。**楊納康**（Yannacone）認為一個綱要計畫，不論它是村落、市鎮、城市、省或區域的計畫，如果沒有整體的評估其土地使用的**完整性**（integrity），便不是一個合宜的計畫，最終可能是對社區的一個騙局。任何分區使用法規，不管它是地方的、省級的、或國家級的，如果忽略了自然對人類使用土地行為的限制，必然會是一個失敗的計畫。[8]

要加強綱要計畫的生態基礎內容，是為了強化社區居民（無論是土地所有權人、利益權利人、企業領袖、環保團體與其他有關人士）透過共識，在任何個別基地計畫送審之前，就以公眾參與的方式決定社區長期以及未來的社區福祉及可持續發展的能力。

➔ 土地使用規劃的公權力

當個人、團體或政府機關希望做更好的土地使用時，我們認為是會根據一項精心規劃的計畫來進行的。而有效計畫的執行或實施，需要政府一貫政策的影響、引

[8] Honachefsky, p. 30.

導或做某些方案的控制。通常在自由市場制度之下，私人都可以依照其個人的自由意志去使用其土地；但是有時也會受契約與法規的限制，或者社會輿論與壓力的影響。政府雖然也會運用非正式的方式影響土地的使用，但是政府往往會運用其公權力來規範土地的使用。這些公權力包括：課稅權、**支出權**（spending power）、**公有權**（proprietary power）、**徵收權**（美國稱之為 eminent domain；英國稱之為 compulsory purchase）與**警察權**（police powers）。

課稅權

我們在第 16 章裡已經討論過對土地課稅，對土地使用的影響。政府的課稅權除了財政收入的目的之外，也經常被用來做為鼓勵或遏止某種土地使用的工具。我們討論課稅權，就是希望瞭解政府如何運用課稅權來指導土地使用，並且達到某種政策目的。

在第 16 章裡，我們指出政府可以利用課稅的方法，來鼓勵土地做集約的使用；達成資源保育與環境保護的目的；改善土地所有權制度；鼓勵某種的投資或者增進土地的價值。如果土地使用的目的反其道而行，則政府也可以運用課稅的方法來遏止或懲罰這種行為。如果以**最高與最佳使用**做衡量土地價值的標準，課稅也可能使土地改變使用。在台灣，我們也對某些新興產業或外資設廠減免稅負若干年，以鼓勵他們在政府所希望的地點設廠。

免稅與優惠稅率的辦法，常被用來做鼓勵某些土地使用的工具。例如：以減免稅負來鼓勵某些工業、商業的發展，如新竹科學園區的高科技產業。此外也用在鼓勵都市更新與興建住宅；為了保護森林、農地、開放空間，也會以優惠稅率課徵或減免資本利得稅；再者，為了照顧特殊族群，如老年人、退伍軍人、中低收入者等，也會給予優惠稅率。

支出權

政府以公共支出的方式提供消防、警察、國防、教育、公共工程與土地開發等公共財貨與勞務。以美國的做法為例，他們利用支出權從事五種重要的土地使用政策：(1) 取得土地做公共目的的使用；(2) 實施政府的土地開發計畫；(3) 提供公共融資；(4) 對政府所希望的私人計畫加以補貼；(5) 對地方政府的各種開發方案補貼部分的成本。

支出權常跟徵收權合併使用，來取得土地興建辦公大樓、開闢道路、開發軍事基地，以及國家公園、森林與野生動植物保育區等。此外，公共支出也用在河道及港口的整治、防洪、發電等工程；也用來鼓勵研究工作、造林、改善遊憩設施等。公共支出也用來興建國民住宅、推行社會福利政策、保證農產品價格、實施都市更新、防治各種污染、廢棄物處理等工作。

公有權

國家或地方政府都擁有土地所有權，政府也可以利用這種權力取得開發、管理與處分這些公有土地。美國早期為了開發西部，曾經大量放領國有土地。我國在 1950 年代也曾放領公有土地，以扶植自耕農，使耕者有其田。不過我國國有土地管理的權責，屬於財政部國有財產局。國有財產局的早期工作，都在以財政收入為目的出售國有土地，以補充政府的歲入。到目前為止，尤其在都市地區，良好的國有土地已經出售殆盡，使國家的土地資源遭受到極大的損失。直到最近幾年，才開始一些開發及管理的政策，但是對於土地的照價收買與**土地儲備制度**（land banking），卻從來沒有實施過。

在美國，聯邦政府使用其支出權與土地所有權，改良超邊際土地成為較好、較合於某些使用的土地。在都市地區，也使用這種權力，來提供公共設施，清理窳陋地區及實施都市更新計畫。此外，也有某些國家利用土地國有化來引導其土地使用，例如德國與北歐國家鼓勵都市土地公有；英國系統的國家如英國、新加坡、香港；以及中國大陸都實施土地國有制度，雖然此種制度與財產權私有的概念不同，但是在推動土地政策、實施公共建設時，卻有其便於取得土地的優點。台灣極度保障私人土地財產權，往往因為土地取得不易，而公有土地又都出售殆盡，而耽延了許多公共建設。土地的國有與私有，也是歷來討論的問題，利弊得失很難有一個定論。

從 1970 年代初期開始，發展權移轉（transfer of development rights）的辦法受到大家的注意。發展權移轉就是為了達到某些土地使用的目的，政府只取得**完全所有權**（fee simple rights of ownership）的一部分權利，而土地所有權人仍然保有其土地的其他權利做其他的使用。例如：美國國家公園管理處在 1930 年代，以取得**地役權**（easement）的方式，禁止在沿著原野河流兩旁樹立商業廣告，以保護河流的自然景觀。另外在很多州也以發展權移轉或容積移轉的辦法，來保護農地或者歷史古蹟遺址。

徵收權

徵收權（eminent domain power）代表國家**最高的**（eminent）**領土主權**（domain）。也就是政府為了公共目的的使用，可以行使其最高主權取得土地，而並不需要徵得所有權人的同意。所謂公共目的的使用，包括興建道路、公園、公用事業等公共**改良物**（improvements）。土地徵收權的使用，在美國除了聯邦政府及地方政府本身可以行使此一權力之外，也可以授權其他公私機構行使此項權力。英國政府可以授權**新市鎮開發公司**，徵收土地開發新市鎮。徵收權的行使必須是為公共的目的，必須透過合法的行政程序；徵收土地必須給予土地所有權人合理的補償。

土地徵收權的行使，從徵收者的觀點來看，是為了公共目的取得需要的土地。但是從土地所有權人的觀點看，卻是犧牲他們所需要維持生活或者經營事業，甚至於對未來希望的憑藉。所以兩方面的利益，在徵收的過程中都應該顧到。所以徵收權如何行使，應該首先衡量公私雙方的利益，也要衡量其他替選的開發方案，以及任何反對的意見，不過通常都會給予公眾利益較優勢的考量。關於土地徵收，我們已經在第 14 章裡討論過，請讀者參考。

警察權

在我們所列舉的幾種公權力中，**警察權**通常都被看作是最重要的一項。**警察權**是政府根據法律的歷史傳統與源流所形成的，目的在於**增進、保護，與維護人民的公共衛生、安全、道德、便利與福利**。因為它是政府用來控制國民行為的法律手段，有時也會威脅到人民的福利與權利。所以在行使此項權力時，都會注意行使此項權力的合理性，必須能夠增進人民的福祉；而且不得武斷或歧視，必須依照正常的**法律程序**（due process of law）。以保護人民的基本權利。

有關規範土地使用的警察權，重要的有以下四種：(1) 土地分區管制；(2) 土地細分；(3) 租金管制；及 (4) 空氣與水質標準。其他如建築技術規則、消防與衛生規則，有關景觀與停車空間的規定、開礦、動物疾病控制、危險物品的運輸與貯藏等都是警察權的運用。

土地使用分區管制　土地使用分區管制是規範土地使用最重要的一項警察權。**分區管制**（zoning）的意義是把土地依照不同的使用劃分成不同的**區**（district），而用不同的法令標準來加以管理。除了規範土地使用外，對於建築物的高度、大小、使用的方式，最高的人口密度等也都加以規範。**使用分區**是實施土地使用計畫的一項工具，它並不能替代**計畫**。[9] 政府使用**警察權**，最初的目的主要是為了保護住宅區，免於因為某些行業如屠宰場、磚窯、牧場、碎石場、洗衣坊等所造成的環境影響。主要的重點還是**環境公害**（environmental nuisances）與公共危險的防治，波士頓在 1904～1905 年間第一次用來限制建築物的高度；洛杉磯在 1909～1911 年間使用分區法規把工業區與住宅區劃分開來，而且排除了其他的使用。這兩個早期的案例代表了分區規則真正用於指導土地使用的濫觴。不過正式立法開始全面實施土地使用分區規則的都市，則是 1916 年的紐約市。

在另一方面，土地使用分區如果使用不當，也會破壞一個分區的一致性，或者加速某些分區的折舊。例如在獨棟住宅區裡蓋公寓大樓，就會破壞原有的居住環境與景觀。在商業街道上開工廠或者在輕工業區裡開重工業的工廠，也會製造噪音、煙塵與氣味。如果發生這種情形，當然就需要某種法規來管制建築物的高度、地點與使用方式，使一個城市的土地使用展現出一定的形式與風格。

另外一個問題則是有關土地分區管制規則是否違憲的爭議？因為使用分區的實施會徵收私人土地供公眾使用，而這種對土地的取得何以不去採用土地徵收權，而使用警察權？不贊成使用徵收權的理由認為：(1) 徵收權的使用比較複雜而且成本高；(2) 徵收權的使用未必能夠達到使用分區所要達到的目的；(3) 法院比較傾向於維護土地使用分區使之成為一項合法的警察權。

有關警察權的行使是否違憲，傷害私有財產權的問題，一直到 1926 年才由美國聯邦最高法院的 *Village of Euclid vs. Ambler Realty Company* 訴訟判例獲得解決。法官認為：

> 警察權的合憲或違憲的分界並不是很容易清楚地劃分的。它會因為狀況與條件的不同而不同。一個規範性的**分區規則**在都市裡可能非常合適，但是卻未必適用於鄉村地區。所以一棟建築物的建築與使用是否合法要看它是在什麼地區，而又與什麼樣的使用有關。假使土地使用的分區產生任何爭議，法律上的裁判必須容許某種程度的管制。[10]

---

[9] Barlowe, p. 528.

[10] Barlowe, p. 531.

此一判例等於奠定了土地使用分區做為有效規劃土地使用的工具，而且其適用的範圍也變得更為寬廣。

都市地區的分區管制　在都市地區，早期的土地使用分區管制，重點在於防止日趨擁擠的環境，以及不適當的土地使用妨礙了空氣的流通、陽光與光線的照射等。近代更用於比較積極的方面，例如在城市之內或邊緣地區推動有秩序的土地開發，保護理想的土地使用型態，以及有助於實現都市計畫與未來的開發。在都市地區的使用分區管制，主要有四類：(1) 對不同分區土地使用方式的規定；(2) 對各使用分區的基地面積以及建蔽率的規定；(3) 對建築物高度與量體的規定；(4) 對人口密度或容積率的規定。

多數城市的土地使用大致分為住宅、商業與工業三種主要使用型態。每種分區之下又有數種次級的分區。除此之外還有農業、遊憩或者留待未來發展使用的土地。住宅區的規範，主要是對居住環境的考量。不過通常也准許學校、教堂、文化設施、公園，甚至農場等的設置。商業區多為**中心商業區**（CBD）地方型或區域型購物中心，里鄰便利商店等。工業區又可以分為重工業區、輕工業區與所謂的**清潔**（clean）工業區。另外一些特殊的分區，包括農業區、開放空間、遊憩區、墓地、洪水平原等。沒有分區的地區，多半留待未來的發展趨勢比較明朗化時，再決定做何種的分區管制。

在過去土地使用分區通常多為**累積式**（cumulative）的或**金字塔式**（pyramid）的分區。在住宅區內，完全排除其他的使用。然後依次放鬆限制，例如在商業區裡可以容許住宅；在工業區裡可以容許其他所有的使用方式。但是這種辦法卻會造成規劃上的困擾，例如原來規劃的使用可能被別的使用所侵佔，而造成不良的環境品質。

關於高度的規定，各城市不盡相同。一般的獨棟或雙併住宅可以容許兩層的高度。集合住宅、商業與工業區的建築物可以容許較高的高度。建築物的**量體**（bulk）大小與**退縮線**（setback）的規定，通常都在市中心區與高度限制合併使用，以防止某些突出的高樓遮蔽了鄰近地區建築物獲得空氣與光線的權利。特別是在機場附近地區，建築物的高度更受限制。

有關建蔽率的規定，常用於規範最高的人口密度。限制密度的方法可能是限制某一單位面積土地上所能容納的住宅數，或者是規定每一家庭住宅的最小建地面積。其他也規定房屋前後左右的最小退縮線；或者規定前後院的最小面積；或者要

求提供最小的路外停車空間。

城市規劃專家認為使用分區是一項可以運用於各種方面且具有相當彈性的工具。有些城市用**績效標準**（performance standards）來替代土地使用方面的某些規定。績效標準是認為只要噪音、氣味、防火、交通流量、停車、景觀、排放廢棄物等合乎某一既定的共同標準，商業、工業等使用有時是可以相容的。

逐步分區或**等級分區**（step or graded zoning），在某些社區用來管理一個城市的發展，讓城市的各種公共改良物做適當的提供與分布。**簇群式分區**（cluster zoning）也用來使住宅群聚，如此可以節省上下水道及其他公共設施的成本，並且可以留下足夠的開放空間與自然保護區。**計畫單元開發**（planned unit developments, PUDs）的規劃方式是把住宅、商業與公共服務，設計規劃在一個土地單元裡，給居民帶來各種居住的便利與良好的環境。**發展權移轉**與容積交換的方法也用來替代分區的標準，可以作為保護歷史遺跡或保護農地及提供理想的設施。

鄉村地區的使用分區　因為在農村地區對各種土地使用的需求與壓力沒有都市地區那麼大，所以使用分區在農村地區的實施並不像都市地區那麼引人注意。但是當都市地區擴張時，其實施的壓力即會被帶到農村地區。基本上，農村地區的土地分區管制有兩種。一種是在市郊的**綜合分區**，這種分區與都市地區的分區非常相似。其實在人口比較稠密的市郊，其分區規則幾乎與都市地區的做法沒有不同。不過除了住宅、工業、商業區外，多增加了農業區、森林區、放牧區與遊憩區而已。

第二種農村地區的分區是**郊外空間的分區**（open-country zoning）。這種分區只規範農業區、森林區與遊憩區的土地使用行為。對於建築物的高度與位置的規範，則顯得沒有太大的意義。不過大家也認識到，郊外空間的分區也可以塑造他們的社區以及郊區有秩序的發展；也可以用來長遠地保護優良農地及農村環境與應有的社區價值。

土地分區管制的一些問題　土地分區管制雖然是一項非常有效的土地規劃與增進社會福祉的工具，但是如果使用不當也會造成許多問題。例如某些案例顯示，土地使用分區會造成社會經濟階級或種族的隔離；而且有時土地使用分區會忽略景觀、建築、審美的考慮。也有的時候，劃分的區域過大或過小而不適合所需要的使用；或者凍結目前的分區，而無法規劃未來更好的使用方式；更有的時候，分區過分靜態而無法因實際需要變更使用，而且變更使用的申請程序繁複而且僵化。

整體而言，多數的城市都把土地分區管制看作是一種消極性防範土地不良開發的工具。其實我們應該把它看作是一種比較積極、比較動態，而且能使土地資源使用達到更佳使用境界的工具。

土地細分　土地細分（subdivision）的管制，是政府在開發新城市或郊區地帶時建立最低開發標準的工具。土地細分類似於我國的細部計畫，一個規劃好的**住宅區**即是一個 subdivision。另外它也具有我們土地重劃的某些特質；例如對捐地或捐金的要求。土地細分之所以受到重視，是因為無論土地做住宅、商業或工業使用，其坵塊的規劃，都不免會對交通的流動與壅塞、窳陋地區的產生、開放空間的不足、維護成本的提高等土地問題造成影響。

土地細分的管制，對提升、保護社區的福利、購買住宅者的權益都有正面的意義；它也能增進土地的價值與未來理想的土地開發。**土地細分管制**，可以防止容易遭受洪患、排水不良或其他不良狀況地區的開發。土地細分規則，也會規定最低建築標準、最小建築面積與進深、最大坡度，以及道路的寬度標準、路權等。一般城市的土地細分規則都要求規定有：完整的供水系統、衛生下水道與洪水下水道、街道的鋪設、路燈的裝置，與路樹的栽植。此外，也會要求保留最小面積的空地做未來的公共使用。土地細分規則要有效，它必須整合在一個大規模的計畫裡，而且要有有效率的行政支援與管理。地方政府可以運用兩種權力來執行土地細分規則：一個是控制建築與使用執照的發給；另一個是不提供土地開發的公共設施，如：供水、供電或道路的興建等。

租金管制　租金管制（rent control）是規範私人之間不動產租賃關係的一項重要**警察權**。在過去，對租金的管制大約有兩種主要型態：如台灣所實施的三七五減租就是在保障農民免於地主的剝削；對住宅租金的管制多用於歐洲國家與美國。租金管制的基本意義，即是以法律或政治手段決定租金水準，來替代市場上供給與需求所決定的租金水準。

對住宅的租金管制多用在戰時或其他天災狀況時，大量人口移出受災地區，而使正常地區有限的住宅供給的租金產生不正常的上漲。類似的供給短缺，也可能由於土地或房屋受到少數人的獨佔操縱，或者是過多的農民對有限耕地的競租。這種租金的上漲，當然會帶給不動產所有人不正常的獲利。通常管制租金的辦法，可能是將租金凍結在目前的水準，並且評估訂定新建住宅的租金水準。

租金管制的影響　對住宅的租金管制當然對承租人有利，因為他所付的租金低於市場水平。如果承租人的所得提高，他也可能有能力租賃較大、較豪華的住宅。如果有這種情形發生，租金管制也可能造成住宅空間的過度消費。如果在不動產價格上漲的時候，租金仍然被凍結在低水平，則可能會產生強烈的誘因使所有權人出售其不動產，因為他無利可圖。在另一方面也會迫使承租人另覓其他住處。

當租金管制的時間過長時，也有可能壓低房價，連帶地也會使政府短收財產稅。再者，長期的租金管制，減少了所有權人的所得，也會使他沒有改良、維修其房屋的經濟誘因。更甚的問題是會妨礙對新住宅興建的投資。長期下來，更會形成住宅的供給不足。

空氣與水質標準　有關**空氣與水質標準**的規定，是另一種會影響土地使用的**警察權**。在早期，空氣與水的品質問題並未受到太多的重視；但是到了 1960 至 1970 年代，當人類的生活品質受到污染，日益敗壞的時候，才受到比較普遍的重視。各國政府也才開始實施各種計畫，來改善空氣與水的品質。

制訂空氣與水質標準並且加以執行，當然會減少空氣與水污染。不過對土地使用卻會產生一些副作用。環境品質的改善，會使某些地方成為更好的居住、工作與休閒的空間；但是執行空氣與水質標準，也造成某些開發行為的無法被接受。例如外部成本內部化，會使許多工業生產的成本增加；成本的增加，又會影響某些地方的地租水準；地租的改變，更會使許多地方的最高與最佳使用條件發生變化。

此外，空氣與水質標準也會間接影響土地使用的規劃，因為空氣與水質標準會給某些開發行為加上某些限制。例如，除非有良好的排水設施，或排水性不良的土地不得興建住宅；而在農村地區，既使排放最低污染的工業也不得設廠。規則中也規定會產生**點源**（point）與**非點源**（non-point）污染的工業，必須加裝廢污處理設施，否則即會被禁止營業。**環保署**在審查有可能產生空氣污染的工業、購物中心、公路或其他土地使用時，也會使其無法獲得開發許可。不過這些標準都是國家層級的，所以在各地方執行時，多少都會產生一些窒礙難行的問題。

另外一項空氣與水質標準的問題，則是經濟與制度的問題。整治空氣與水污染在今天的物理與生物技術上都是可以勝任的。但是至於希望達到何種標準？而且能夠獲得多少利益與付出多少成本？則是我們能否接受的問題。例如，清除 80% 的空氣與水污染的成本或者是我們可以接受的。但是如果我們要除去 95%，甚至 99% 的污染物，其邊際成本的增加就可能十分驚人了。

未來土地使用的政策方向

在美國，大約在 1960 至 1970 年代中期；在台灣則遲至 1980 年代初期，大家才對環境問題給予相當的關注，相關的法律也相繼出爐，民眾也開始接受一些希望達到土地使用與環境保護目的的法律與公共政策，當然其中也不免產生一些反對的聲浪。從公眾福利的角度看，認為土地是稀少而且脆弱的資源，為了社會的福利，我們必須對它加以保護，甚至由政府來直接干預。但是從私人利益的角度看，土地是個人的財產與商品，所有權人可以隨自己的意思去持有與使用它。當然任何的外力干預都是不受歡迎的。

但是如果我們仍然關心我們未來的土地使用政策方向的話，至少有兩項基本的事實，我們必須認清：(1) 隨著人口數量的增加與工業化，人們與土地或自然的關係日漸疏離，在各種使用方式與使用者之間的競爭日益尖銳，彼此利益的衝突益形劇烈的情形下，土地使用所產生的問題會愈形複雜，而公眾對土地使用的干預，可能只會增加而不會減少，有時可能還會引起政治上的爭論；(2) 一個很明顯的趨勢是，政府對私人土地使用權的干預日益擴張，也就是說，我們在第 14 章裡所說的私人的一束權利會日益萎縮，而政府的公權力則會日益擴張。私人任意傾倒廢棄物於土地，排放廢氣至空氣中、放流廢水至河流中的行為，必須被嚴格禁止。

其實，假使我們能夠普遍地接受土地為人類的共同資源的觀念，使用土地時都抱持著**善良管理人**（stewardship）或**信託**（trust）的態度，未來土地使用政策的方向便不會有太多的問題。無論我們未來土地使用政策走什麼方向，都必須記住，我們現在如何開發、使用、管理與保育我們的土地資源，都會對未來的國家、社區與個人產生深遠的影響。我們雖然認為私人財產權制度仍然是一個比較好的土地制度，但是我們也要瞭解，財產權所代表的不只是一項權利，也是對社會全體以及每一個國民的責任。假使我們要享有、使用土地資源所能帶給我們的一切利益與滿足，我們雖然仍舊鼓勵私人的創意與動力；但是，我們也必須將公私之間的目標與利益協調一致。

在一個國家考慮其土地使用政策時，有一些重要的問題必須列入考慮。這些問題是：我們的土地政策是要達到什麼目的？是為誰設計的？如何達到這些政策目的。顯然我們可以發現，會受到直接或間接影響的是人民，而且一個為人民福利著想的土地政策的擬定與推行，也必須要人民的合作、支持和參與。更重要的問題是：(1) 我們土地政策的目標是什麼？(2) 達到土地政策目標的方法有哪些？(3) 政策改進的方法或方案又是什麼？

土地政策的目標

有關於土地的權利與使用的方法，在過去都是在反映統治階級的一些理念，甚至統治者個人的意識型態。演變到近一、二個世紀以來，重點都放在考慮國家民族的利益與權力的彰顯。直到最近不到百年的時間，才漸漸把重心轉移到人民大眾的福利上面。所以很多現代國家的土地政策都是希望如何提升人民的普遍生活水平與品質。**巴羅教授**在其《土地資源經濟學》中列舉了五項一般性的土地政策目標。

1. 土地的所有權、使用權、經營權應該廣泛地分配給希望獲得這些權利的人民。
2. 人民所獲得的土地，其面積與生產潛力，要能夠使他們獲得最大的生產收益。
3. 使土地資源的使用與經營能夠有一定的秩序與規範，以提高土地使用的效率。
4. 要使土地的使用人獲得安全、穩定的工作保障，更要讓他們在經濟上獲得平等的機會。
5. 要使土地資源的開發與保育並重，以提升人民的生活環境品質。[11]

當然，其他的學者，對此一問題也有其他的主張，例如：**江森**（V. Webster Johnson）提出了八點相當實際的土地政策目標：(1) 軍事的安全；(2) 政治的穩定；(3) 最大的國家生產力；(4) 提高國民所得；(5) 國民經濟上的安全與穩定；(6) 保障個人的自由；(7) 保育人力資源；(8) 保育自然資源。[12]

在國家制定土地政策時，有時各個政策目標在推行的時候，也會彼此衝突，問題的重點也可能隨著時空環境的轉變而改變。這時我們必須考慮各種目標之間的優先順序，同時也要考慮新問題的產生，而將目標做適當的修正。

負責政策制定的人一定要有長遠的眼光，對各種政策做悉心的規劃，並且要能洞見在執行或達成目標之後所可能衍生出來的副作用或負面影響。例如：耕者有其田政策有其極正面的意義，但是它也因為土地所有權的分配，而造成不合經濟規模

---

[11] Barlowe, p. 496.

[12] V. Webster Johnson and Raleigh Barlowe, *Land Problems and Policies,* McGraw-Hill, 1954. In : Barlowe, p. 496.

的小耕地坵塊，使土地資源無法獲得有效率的使用。再者，過去開發海埔地的政策以及最近幾年濱海工業區的開發，造成現今海岸生態的破壞；農地重劃政策固然便利了耕作，但也破壞了自然生態環境與野生動物的棲息地；市地重劃造成都市邊緣過度地蔓延與擴張，使都市周邊的農地、綠地流失，並且增加都市公共設施建設的成本。這些問題似乎都應該做為制定土地政策所需要注意及檢討的。

改善土地使用的政策方向

本書在第 1 章裡指出土地資源的使用，會受自然與實質因素、技術與經濟因素以及制度因素的影響。首先在自然與經濟方面，以下幾項較實際的原則，應該列入考慮：

1. 認清環境敏感地區並保護之。例如野生動植物棲息地、森林地。
2. 認清土壤性質，以保護主要的、良好的農業土地。
3. 認清可能發生災害的地區，如斷層帶、沖積平原等，並且防止人口的集居及限制開發。
4. 開採礦源要有計畫，以避免地貌的改變。
5. 調查地質以做為交通路線的依據，以免開路造成災害。
6. 建築用地要找適當的地方，特別是大樓，更須注意對周邊的衝擊。
7. 要清楚瞭解某地區的承載力，斟酌能容納多少人口與經濟活動。
8. 保留某些特別的地區做重工業、垃圾掩埋場、發電廠等會造成環境污染的使用。
9. 在土地使用上要考慮開發計畫能否與當地的自然生態相互配合。
10. 要考慮自然資源與能源的承載力，與可能會造成氣候變遷的影響。
11. 開發土地時，要考慮寧適生活的條件；除了自然條件，還要在社會、文化、休閒等條件上去滿足人們的需要。

以上所列，不過是我們在從事土地使用規劃時的幾個實質面的重要原則，而在從事實際土地開發使用時，每項重大工程，除了先做好利益與成本的分析之外，更要做詳盡的環境影響評估，以及其對社會經濟、區域發展，以及其對國家經濟發展與財務的影響。

為了改善土地使用與土地制度，政府的土地政策，基本上，應該基於以下幾項原則：

1. 在法律上應該清楚地界定公私財產權的分際。包括：土地所有權的歸屬以及出售、贈與、遺產、租賃與抵押等權利的移轉。
2. 土地所有權必須受到保護，所以要建立良好的土地測量與登記制度，使所有權清楚地界定，減少所有權界址的衝突。
3. 要制定政策，放領某些公有土地予私人開發或使人民安居。
4. 要制定政策，鼓勵公私兩方面對土地做開發與再開發。這些方案包括：整地、排水設施、開墾、水土保持，以及地區的更新工作等。
5. 由政府提供融資以供私人取得土地及經營事業的資本。
6. 對土地經營者提供教育訓練與技術協助，使他們能夠獲得現代化的經營管理方法。
7. 以租賃契約釐清租賃關係，並且在徵收土地時對地上物的殘餘價值給予補償，以保障租賃權利的安全與穩定。
8. 協助生產事業成立合作組織，自行從事生產、採購與行銷等業務。
9. 由上級政府與相關組織提出方案，幫助地方政府從事土地使用與區域計畫，提供水資源與廢棄物處理設施、建立灌溉系統、交通運輸設施等。
10. 對土地財產，依其地租或價值課稅，以充實政府財政收入，支應政府的運作功能，並且影響土地使用。

歸納言之，土地使用的規劃與管制的目的有以下幾項：

1. 提供人民一個良好的生活、工作與休閒的環境。良好的生活環境包括寬廣的道路、屋前屋後足夠的開放空間、適當的樓高，也包括防火、通風、採光、排水等設施，並且控制密度與容積以確保安全與衛生。此外，還包括學校、圖書館、醫療及休閒設施。
2. 確保國家土地資源在現在以及未來可持續的使用，並且使人民有公平開發享用土地資源的機會。
3. 協調互相競爭、衝突的土地使用。訂定合理的法規使負外部性減到最小。任何長期區域性土地資源開發或保育行為，必須獲得主管機關的許可與公眾意見的參與。[13]

---

[13] Jack Harvey, *Urban Land Economics,* 4th ed., Macmillian Press, 1996, p. 148. 及 N. Khublall and Belinda Yuen, *Development Control and Planning Law in Singapore,* Longman, 1991, pp. 6-7.

政府之間及公私之間的合作

規劃本身就是公權力干預私人財產權的行為，所以也會引來一些爭議。特別是在自由民主的國家，會給人一種管制經濟或者警察國家的印象。他們質疑規劃者的能力，也質疑政客們以規劃的方式來增進人民的福祉是否有效？是否值得信賴？是否會侵犯到個人的自由與財產權？

其實，在規劃與個人自由之間並沒有必然的衝突。規劃是否會影響個人自由，要看個人對自由的定義和概念如何，也要看規劃的目的與技術，以及計畫的執行情形而定。事實上，政府管制某些少數人的自由，也正足以保障大多數人的自由。從這個觀點看，集體行為的和諧正是個人自由的基礎。

規劃本身應該是中性的，其效用為正為負，端看政府如何運用。一個民主自由的國家，政府可以用規劃來增進人民的福祉；在一個社會主義國家，政府也可以用規劃來控制人民的行為。以今日堪稱世界民主櫥窗的美國，在土地使用各方面，也從事愈來愈多的規劃與管制。既使在經濟方面，美國也不是一個百分之百**自由放任**（laissez faire）的國家，而是一個**混合經濟**（mixed economy）體制，所以也有相當成分的計畫經濟思想融合在內。既使中國大陸的經濟體制，自從 1979 年改革開放以來，也從完全的計畫經濟轉變為市場經濟。不過他們稱之為社會主義的市場經濟罷了。

政府規劃土地使用與開發的目的，在於指導開發者對國家的資源做最好的使用以造福全體人民。規劃的目的，主要在於防止不理想的土地開發與保育，而且在開發或保育某些自然資源的時候要顧及公眾的福祉。因此，規劃不是在保護私人的財產權，也不是在於維護私人財產權的價值。其目的在於維持土地開發使用與環境保護之間的平衡。在規劃的過程中，可能要抑制市場的力量，因為市場的力量不一定符合社會大眾的利益。

參考文獻

Agyeman, Julian, Robert D. Bullard and Bob Evans, Editors, *Just Sustainabilities: Development in an Unequal World,* Earthscan Publications LTD., 2003.

Alonso, William, *Location and Land Use: Toward a General Theory of Land Rent,* Harvard University Press, 1964.

Alvarez, Tawny C. "Don't Take My Sunshine Away: Right-to-Light and Solar Energy in the Twenty-First Century", *PACE Law Review,* Vol28:535, 2008.

American Institute of Real Estate Appraisers, *The Appraisal of Real Estate,* The American Institute of Real Estate Appraisers of the National Association of REALTORS, 1983.

Bahl, Roy W., editor, *The Taxation of Urban Property in Less Developed Country,* The University of Wisconsin Press, 1979.

Bahl, Roy and Barbara D. *Miller, Local Government Finance in the Third World,* Praeger Publishers, 1983.

Bahl, Roy et al., Edited, *Challenging the Conventional Wisdom on the Property Tax,* Lincoln Institute of Land Policy, 2010.

Bailey, Stephen J., *Local Government Economics, Principles and Practice,* Macmillan, Press, LTD., 1999.

Barde, Jean-Philippe and David W. Pearce, *Valuing the Environment: Six Case Studies,* Earthscan Publication Ltd.,1995.

Barlowe, Raleigh, *Land Resource Economics: The Economics of Real Estate,* Prentice-Hall, 4th. edition, 1986.

Barnett, Harold J. and Chandler Morse, *Scarcity and Growth,* Resources for the Future, The Johns Hopkins Press, 1963.

Barzel, Yoram, *Economic Analysis of Property Rights,* 2nd. Ed., Cambridge University Press, 1997.

Bator, Francis M., *The Question of Government Spending,* Collier Books,1960.

Beaton, W. Patrick, ed., *Municipal Expenditures Revenues and Services: Economic*

Models and Their Use by Planners, Rutgers, The State University Of New Jersey, 1983.

Becker, Arthur P., editor, *Land and Building Taxes: Their Effect on Economic Development,* The University of Wisconsin Press, 1969.

Beckmann, Martin, *Location Theory,* Random House, Inc., 1968.

Bergstrom, John C. and Alan Randall, *Resource Economics: An Economic Approach to Natural Resource and Environmental Policy,* Third Edition, Edward Elgar Publishing Limited, 2010.

Berke, Philip R., David R. Godschalk, and Edward J. Kaiser with Daniel A. Rodriguez, *Urban Land Use Planning,* Fifth Edition, University of Illinois Press, 2006.

Bjork, Gordon C., *Life, Liberty, and Property,* Lexington Books, 1980.

Branch, Melville, *Comprehensive Planning, General Theory and Principles,* Palisades Publishers, 1983.

Break, George F., ed., *Metropolitan Financing and Growth Management Policies,* The University of Wisconsin Press, 1978.

Bromley, Daniel W., ed., *The Handbook of Environmental Economics,* Blackwell, 1995.

Burchell, Robert W. David Listokin, Editors, *Energy and Land Use,* Center for Urban Policy Research, Rutgers, the State University of New Jersey, 1982.

Burchell, Robert W. David Listokin and William R. Dolphin, *Development Impact: Assessment Handbook,* the Urban Land Institute, 1994.

Campbell, Scott and Susan Fainstein, Editors, Second Edition, *Readings in Planning Theory,* Blackwell Publishers, 2003.

Campbell Scott and Susan S. Fainstein, Editors, *Readings in Urban Theory,* Third Edition, Wiley-Blackwell, 2011.

Carley, Michael and Ian Christie, *Managing Sustainable Development,* University of Minnesota Press, 1993.

Carr, James H., ed., *Crisis and Constraint in Municipal Finance,* Rutgers, The State University of New Jersey, 1984.

Cato, Scott Molly, *Environment and Economy,* Routledge, 2011.

Center of Excellence for Sustainable Development, www.sustainable.doe.gov/overview/definitions.html

Chadwick, George, *A System View of Planning,* Pergamon Press, 1971.

Ciriacy-Wantrup, S.V., *Resource Conservation, Economics and Policy,* University of California, Division of Agricultural Science, 3rd. ed., 1968.

Clawson, Marion and Peter Hall, *Planning and Urban Growth: An Anglo-American Comparation,* the Johns Hopkins University Press, 1973.

Coase, Ronald H., "The Nature of the Firm", *Economics,* New Series 16 (No. 4): 1937. "The Problem of Social Cost", *Journal of Law and Economics,* 3 (No.1), 1960.

Cohen, Joel E., *How Many People Can the Earth Support?* W.W. Norton & Company, 1995.

Commission on Geosciences, Environment, and Resources Commission on Behavioral and Social Sciences and Education, *Assigning Economic Value To Natural Resources,* National Academy Press, 1994.

Commons, John, *Institutional Economics: Its Place in Political Economy.* Macmillan Co., 1934.

Costanza, Robert, Editor, *Ecological Economics: The Science and Management of Sustainability,* Columbia University Press, 1991.

Craine, Lyle E., *Water Management Innovations in England,* Resources for the Future, The Johns Hopkins Press, 1969.

Culhane, Paul J., *Public Lands Politics,* The Johns Hopkins University Press, 1981.

Daly, Herman E. and Joshua Farley, *Ecological Economics: Principles and Applications,* Island Press, 2004.

Davis, Frank and Evely McRae, *Town Planning for Real Estate Agents and Valuers,* Lynfran Publications, 1994.

Diamond, Henry L. and Patrick F. Noonan, *Land Use in America,* Island Press, 1996.

Dorner, Peter and Mahmoud A. El-Shofie, ed., *Resources and Development,* The University of Wisconsin Press, 1980.

Dovring, Folke, *Land Economics,* Breton Publishers, 1987.

Dunkerley, Harold B. and Christine M. E. Whitehead, editors, *Urban Land Policy,* Oxford University Press, 1983.

Eckstein, Otto, *Water-Resource Development: The Economics of Project Evaluation,* Harvard University Press, 1968.

The Economist, April 1-7 issue, 2000.

Eggertsson, Thrainn, *Economic Behavior and Institutions,* Cambridge University Press,1997.

Ely, Richard T. and George S. Wehrwein, *Land Economics,* The Macmillan Company, 1941. Reprint, 1960 by The University of Wisconsin Press.

Fainstein, Susan S. and Scott Campbell, Editors, *Readings in Urban Theory,* Third Edition, Wiley-Blackwell, 2011.

Fearside, Philip M., *Human Carrying Capacity of the Brazilian Rainforest,* Columbia University Press, 1986.

Feibleman, James K., *The Institutions of Society,* Humanities Press, 1968.

Feige, Edgar L., and David M. Blau, "The Economics of Natural Resource Scarcity and Implications for Development Policy and International Cooperation", in Peter Dorner and Mahmond A. El-Shfie, Editors, *Resources and Development,* The University of Wisconsin Press, 1980.

Ferguson, C.E., *Microeconomic Theory,* 3rd. ed., Richard D. Irwin, Inc., 1972.

Fischel, William A., *The Economics of Zoning Laws: A Property Rights Approach to American Land Use Controls,* The Johns Hopkins University Press, 1987.

Folmer, H. and E. van Lerland, ed., *Valuation Methods and Policy Making in Environmental Economics,* Elsevier Science Publishers B.V., 1989.

Folmer, Henk, H. Landis Gabel and Hans Opschoor, *Principles of Environmental and Resource Economics,* Edward Elgar,1995.

Friedmann, John, *Planning in the Public Domain,* Princeton University Press, 1987.

Fujita, Masahisa, Paul Krugman and Anthony J. Venables, *The Spatial Economy: Cities, Regions, and International Trade,* The MIT Press, 1999.

Glasson, John, *An Introduction to Regional Planning,* Hutchinson & Co.,1978.

Goldberg, Michael and Peter Chinloy, *Urban Land Economics,* John Wiley & Sons, 1984.

Goode, Richard, *Government Finance in Developing Countries,* The Brookings Institution. 1984.

Greenhut, Melvin L., *Plant Location: in theory and in Practise,* The University of North Carolina Press, 1956.

Haggett, Peter, *Location Analysis in Human Geography,* Edward Arnold, Ltd. 1967.

Hardin, Garrett, "Paramount Positions in Ecological Economics", in *Ecological Economics: the Science and Management of Sustainability,* Edited by Robert Costanza, Columbia University Press, 1991, pp. 47-57.

Harris, John, Janet Hunter and Colin M. Lewis, ed., *The New Institution Economics and Third World Development,* Routledge, 1997.

Harvey, Jack, *Urban Land Economics,* Macmillian Press, Ltd., 4th. Edition, 1996.

Harvey, Jack and Ernie Jowsey, *Urban Land Economics,* Palgrave Macmillian, 6th Edition, 2004.

Healey, Michael J. and Brain W. Ilbery, *Location and Change: Perspective on Economic*

Geography, Oxford University, 1990.

Healey, Patsy, Paul McNamara, Martin Elson and Andrew Doak, *Land Use Planning and the Mediation of Urban Change,* Cambridge University Press, 1988.

Heilbrum, James, *Urban Economics and Public Policy,* 3rd. Ed., St. Martin's Press, 1987.

Henry George, *Progress and Poverty,* Robert Schalkenbach Foundation, 1997.

Hogendorn, Jan. S., *Modern Economics,* Prentice-Hall, 1995.

Holcombe, Randall G. and Samuel R. Staley, *Smarter Growth: Market-Based Strategies for Land-Use Planning in the 21st Century,* Greenwood Press, 2001.

Hoover, Edgar M., *The Location of Economic Activity,* McGraw-Hill book Company, 1948.

Hoover and Frank Giarratani, *An Introduction to Regional Economics,* Third edition, Alfred A. Knopf, 1985.

Ingram, Gregory K. and Yu-Hung Hong, Editors, *Municipal Revenue and Land Policies,* Lincoln Institute of Land Policy, 2010.

Ingram, Gregory K. and Yu-Hung Hong, *Property Rights and Land Policies,* Lincoln Institute of Land Policy, 2009.

Isard, Walter, *Location and Space-Economy,* The M.I.T. Press, 1956.

Isard, Walter, *Ecological-Economic Analysis for Regional Development,* The Free Press, 1972.

James, L. Douglas and Robert R. Lee, *Economics of Water Resources Planning,* McGraw-Hill Book Company, 1971.

Jones, Ken and Jim Simmons, *Location, Location, Location: Analyzing the Retail Environment,* Nelson Canada, 1993.

Kahn, James R., The *Economic Approach to Environmental and Natural Resources,* Second edition, The Drydan Press, 1998, pp. 42-44.

Kamer, Pearl M., *Crisis in Urban Public Finance: A Case Study of Thirty-Eight Cities,* Praeger Publishers, 1983.

Kasper, Wolfgang and Manfred E. Streit, *Institutional Economics: Social Order and Public Policy,* Edward Elgar Publishing, Inc. 1998.

Kau, James B. and C. F. Sirmans, *Real Estate,* McGraw-Hill Book Company, 1985.

Kayden, Jerold S., "*The Myth and Reality of Eminent Domain for Economic Development", in Property Rights and Land Policies: Proceedings of the 2008 Land Policy Conference,* Edited by Gregory K. Ingram and Yu-Hung Hong, Lincoln Institute of Land Policy, 2009.

Keiper, Joseph S. et al., *Theory and Measurement of Rent,* First Edition, Chilton Company, 1961.

Khublall, N. and Belinda Yuen, *Development Control and Planning Law in Singapore,* Longman, 1991.

Kneese, Allen V. and Stephen C. Smith, *Water Research,* Resources for the Future, Inc. The Johns Hopkins Press, 1970.

Knetsch, Jack L., *Property Rights and Compensation,* Butterworths & Co., 1983.

Kopp, Raymond J. and V. Kerry Smith, ed., *Valuing Natural Asset, The Economics of Natural Resource Damage Assessment,* Resources for the Future, 1995.

Krutilla, John V. and Otto Eckstein, *Multiple Purpose River Development,* The Johns Hopkins University Press, 1958.

Lacham, Beth E., *Linking Sustainable Community Activities to Pollution Prevention: A Sourcebook,* Critical Technologies Institute, April, 1997.

Lai, Wai chung, "The Role of Land Use Planning—An Economic Exposition". In *The Hong Kong Surveyor,* vol. 3, #2,1987.

Landsburg, Steven E., *Price Theory,* Eighth Edition, South-Western Cengage Learning, 2011.

Lean, W. and B. Goodall, *Aspects of Land Economics,* The Estate Gazette Limited, 1983.

Lekachman, Robert, *A History of Economic Ideas,* Harper & Row, 1959.

Leopold, Aldo, *A Sand County Almanac,* Oxford University Press, 1966.

Lichfield, Nathaniel and Haim Darin-Drabkin, *Land Policy in Planning,* George Allen & Unwin Ltd., 1980.

Losch, August, *The Economics of Location,* Yale University Press, 1954.

Lynn, Arthur D. Jr., Editor, *Property Taxation, Land Use & Public Policy,* The University of Wisconsin Press, 1976.

Macrakis, Michael, Editor, *Energy: Demand, Conservation, and Institutional Problems,* The MIT Press, 1974.

Mandelker, Daniel R., Roger A. Cunningham and John M. Payne, *Planning and Control of Land Development: Cases and Materials,* fourth edition, MICHIE LAW Publishers, 1995.

Markandya, Anil and Julie Richardson, *Environmental Economics,* Earthscan Publication, Ltd.,1993.

McDonald, John E., *Fundamentals of Urban Economics,* Prentice-Hall,1997.

McKean, Roland N., *Efficiency in Government Through Systems Analysis,* John Wiley & Sons, Inc., 1966.

McKinney, Michael L. and Robert M. Schoch, *Environmental Science: Systems and Solutions,* West Publishing Company, 1996.

Meadoes, Donella H., Dennis L. Meadow and Jorgen Randers, *Beyond the Limits: Global Collapse or a Sustainable Future,* Earthscan Publications, 1992.

Mieszkowski, Perter, *Taxes, Public Goods and Urban Economics,* Edward Elgar Publishing Limited, 1999.

Mill, John Stuart, *Principles of Political Economy,* first published 1948. Reprinted in Penguin Classics 1985.

Miller, G. Tyler, *Living in the Environment, Principles, Connection, and Solutions, Tenth Edition,* Wadsworth Publishing Company, 1998.

Miller, Monique, *Has the United States Exceeded its Carrying Capacity?* Wild Earth, Fall, 1992.

Mishan, Edward J., *Cost-Benefit Analysis,* Praeger Publishers, 1976.

Morgan, Peter H. and Susan M. Nott, *Development Control: Policy into Practice,* Butterworths & Co., 1988.

Moulton, Brent R., "GDP and the Digital Economy: Keeping up with the Changes", in *Digital Economy 2000,* U.S. Department of Commerce.

Munzer, Stephen R., *A Theory of Property,* Cambridge University Press, 1990.

Nebel, Bernard J. and Richard T. Wright, *Environmental Science,* sixth edition, Prentice-Hall, 1998.

Netzer, Dick, Editor, *Land Value Taxation,* Lincoln Institute of Land Policy, 1998.

North, Douglass C., *Institutions, Institutional Change and Economic Performance,* Cambridge University Press, 1995.

Nourse, Hugh O., *Regional Economics,* McGraw-Hill Book Company, 1968.

Oates, Wallace E., Editor, *The RFF Reader in Environmental and Resource Policy,* Second Edition, Resources for the Future, 2006.

Ofori, Isaac M., Editor, *Real Property and Land as Tax Base for Development,* Land Reform Training Institute Publication, 1992

O'Sullivan, Arthur, *Urban Economics,* Fifth edition, McGraw-Hill, 2003.

Paul, Ellen Frankel, *Property Rights and Eminent Domain,* Transaction Books, 1987.

Pearce, David W. and Jeremy J. Warford, *World Without End, Economics, Environment, and Sustainable Development,* Oxford University Press, 1993.

Pearce and Giles Atkinson, "Measuring Sustainable Development", in Daniel W. Bromley, ed., *The Handbook of Environmental Economics,* Blackwell, 1995.

Pearce and R. Kerry Turner, *Economics of Natural Resources and the Environment,* Harvester Wheatsheaf, 1990.

Pejovich, Svetozar, *The Economics of Property Rights: Towards a Theory of Comparative Systems,* Kluwer Academic Publishers, 1990.

Pereira, H.C., *Land Use and Water Resources in Temperate and Tropical Climate,* Cambridge University Press, 1973.

Peskin, Henry M. and Eugene P. Seskin, Editors, *Cost-Benefit Analysis and Water Pollution Policy,* The Urban Institute, 1975.

Pereira, H. C., *Land Use and Water Resources,* Cambridge University Press, 1973.

Pfouts, Ralph W., ed., *The Techniques of Urban Economic Analysis,* Chandler-Davis Publishing Co. 1970.

Platt, Rutherford H., *Land Use and Society: Geography, Law and Public Policy,* Island Press, 1996.

Polanyi, Karl, *The Great Transformation: The Political and Economic Origins of Our Time* (Beacon Press, 1957); Originally published, 1944.

Polunin, Nicholas, ed., *Population and Global Security,* Cambridge University, 1998. Randall, Alan, Resource Economics, second edition, John Wiley & Sons, 1987.

Randolph, John, *Environmental Land Use and Management,* Second Edition, Island Press, 2012.

Ratcliff, Richard U., *Urban Land Economics,* University of Wisconsin Press, 1949.

Ratcliffe, John, *An Introduction to Town and Country Planning,* 2nd. Edition, Hutchinson and Co., 1985.

Reeve, H. Clyde, *Measuring Fiscal Capacity,* Published by Oegeschlager, Gunn & Hain in association with the Lincoln Institute of Land Policy, 1986.

Renne, Roland R., *Land Economics,* Revised edition, Harper & Brothers Publishers, 1958.

Ricardo, David, *Principles of Political Economy and Taxation,* Reprinted by Prometheus Books, 1996.

Roberts, Jane, *Environmental Policy,* Second Edition, Routledge, 2011.

Roberts, Margaret, *An Introduction to Town Planning Techniques,* Hutchinson, & Co., 1974.

Roseland, Mark, *Toward Sustainable Communities,* National Round Table on the Environment and the Economy, 1992.

Rost, R.O. and H. G. Collins, *Land Valuation and Compensation in Australia,* Australian Institute of Valuers and Land Economists, 1993.

Ruskelshans, William D., "Toward a Sustainable World", *Scientific American,* September, 1989.

Russell, David, Towards *Ecological Taxation: The Efficacy of Emissions-Related Motor Taxation,* Gower Publishing Limited, 2011.

Salter, Leonard A. Jr., *A Critical Review of Research in Land Economics,* The University of Wisconsin Press. 1967.

Schmid, A. Allan, *Benefit-Cost Analysis, A Political Economy Approach,* Westview Press, 1989.

Schmid, A. Allan, *Property, Power, and Public Choice,* Second Edition, Praeger, Publishers, 1987.

Seneca, Joseph J. and Michael K. Taussig, *Environmental Economics,* Prentice-Hall, 3rd. edition, 1984.

Sinden, John A. and Albert C. Worrell, *Unpriced Values: Decisions Without Market Prices,* John Wiley & Sons, 1979.

Smith, Adam, *An Inquiry into the Nature and Causes of the Wealth of Nations,* Oxford University Press, 1998.

Smith, V. Kerry, Editor, *Scarcity and Growth Reconsidered,* The Johns Hopkins University Press,1979.

Stein, Jay M., Editor, *Classic Readings in Real Estate and Development,* Urban Land Institute, 1996.

Tiebout, Charles M., "A Pure Theory of Local Expenditures", *The Journal of Political Economy,* Vol.64, No.5 (Oct., 1956), 416-424.

Tiebout, Charles M., *The Community Economic Base Study,* Supplement Paper No. 16, Committee for Economic Development, 1962.

Tietenberg, Tom, *Environmental and Natural Resource Economics,* 8th. Edition, Addison-Wesley, 2009.

Tolley, G. S. and F. E. Riggs, *Economics of Watershed Planning,* The Iowa State University Press, 1966.

The United Nations Population Division, *World Population Prospects—The 2008 Revision,* 2009.

van Kooten, G. Cornelis, *Land Resource Economics and Sustainable Development: Economic Policies and the Common Good,* UBC Press, 1993.

Veblen, Thorstein, *The Theory of the Leisure Class,* Prometheus Books, 1998.

Webber, Michael J., *Impact of Uncertainty on Location,* The MIT Press, 1973.

Weber, Alfred, *Theory of the Location of Industries,* The University of Chicago Press, 1929.

Weimer, David L. and Aldan R. Vining, *Policy Analysis: Concepts and Practice,* 3rd. ed., Prentice-Hall, 1999.

Weiss, Fred E., *Land Development-Raw Land to Profit,* Vantage Press, 1987.

White, Gibert F., *Strategies of American Water Management,* The University of Michigan Press, 1969.

Woolery, Arlo, *Property Tax Principles and Practice,* The Land Reform Training Institute in association with the Lincoln Institute of Land Policy, 1989.

Young, Robert, *Determining the Value of Water: Concepts and Methods,* Resources for the Future, 2005.

Index
索　引

一　劃

二　劃

四　劃

五　劃

六　劃

七 劃

八 劃

九 劃

十 劃

十一劃

十二劃

十三劃

十四劃

十五劃

十六劃

十七劃

十八劃

十九劃

二十劃

二十一劃

二十三劃

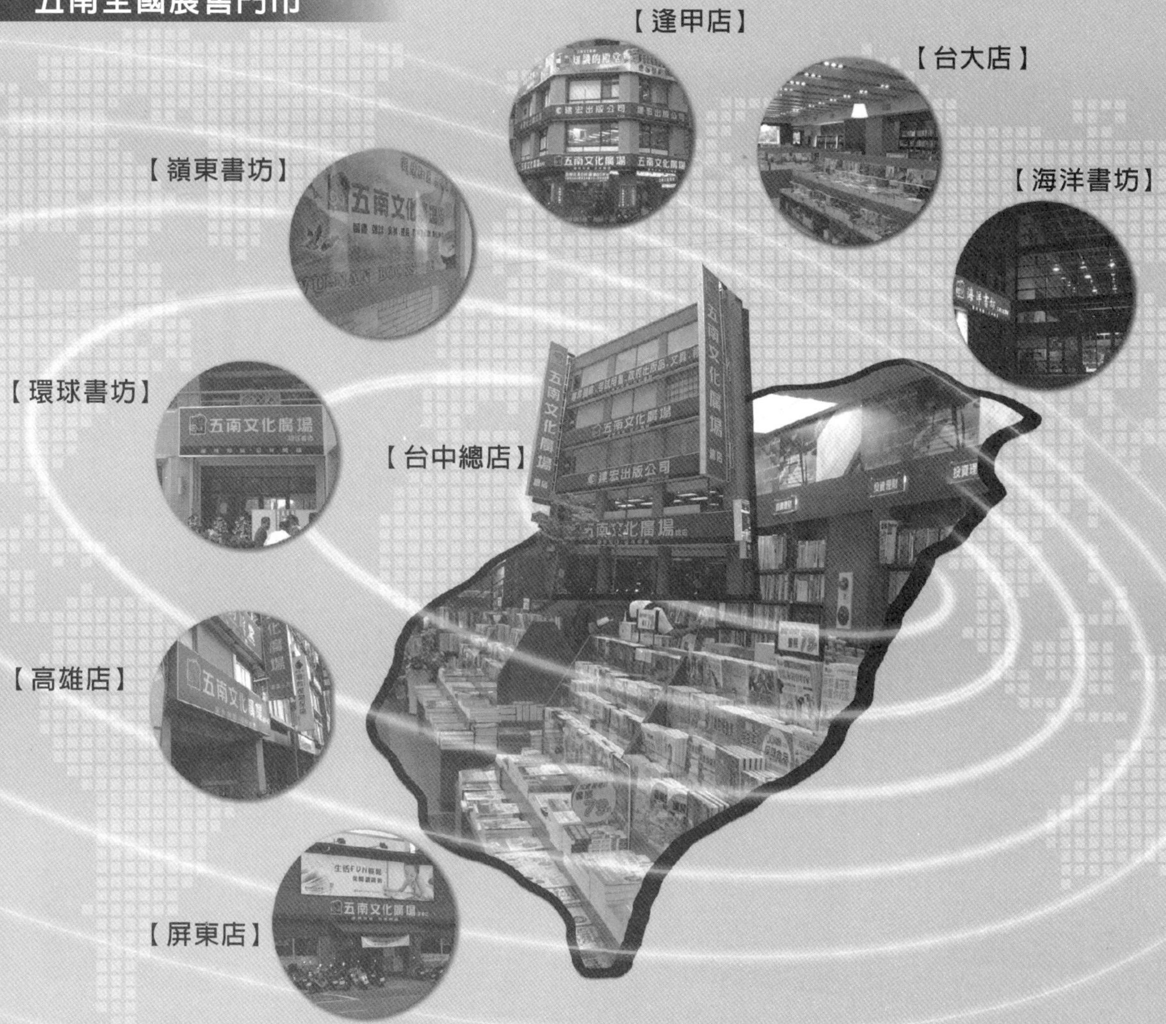

五南圖解財經商管系列

※ 最有系統的圖解財經工具書。

※ 一單元一概念，精簡扼要傳授財經必備知識。

※ 超越傳統書藉，結合實務精華理論，提升就業競爭力，與時俱進。

※ 內容完整，架構清晰，圖文並茂．容易理解．快速吸收。

圖解行銷學
／戴國良

圖解管理學
／戴國良

圖解作業研究
／趙元和、趙英宏、
趙敏希

圖解國貿實務
／李淑茹

圖解策略管理
／戴國良

圖解人力資源管理
／戴國良

圖解財務管理
／戴國良

圖解領導學
／戴國良

圖解會計學
／趙敏希
馬嘉應教授審定

圖解經濟學
／伍忠賢

圖解企業管理(MBA學)
／戴國良

圖解企業危機管理
／朱延智

國家圖書館出版品預行編目資料

土地資源環境經濟學／韓乾著. －－三版. －－
臺北市：五南, 2013. 04
面； 公分

ISBN 978-957-11-6922-4（平裝）

1. 土地經濟

554.8 101023844

1MCY

土地資源環境經濟學

作　　者－韓　乾
發 行 人－楊榮川
總 編 輯－王翠華
主　　編－張毓芬
責任編輯－侯家嵐
文字校對－林秋芬、陳俐君
封面設計－盧盈良
出 版 者－五南圖書出版股份有限公司
地　　址：106 台北市大安區和平東路二段 339 號 4 樓
電　　話：(02)2705-5066
傳　　真：(02)2706-6100
網　　址：http://www.wunan.com.tw
電子郵件：wunan@wunan.com.tw
劃撥帳號：01068953
戶　　名：五南圖書出版股份有限公司

台中市駐區辦公室／台中市中區中山路 6 號
電　　話：(04)2223-0891　傳　　真：(04)2223-3549
高雄市駐區辦公室／高雄市新興區中山一路 290 號
電　　話：(07)2358-702　傳　　真：(07)2350-236

法律顧問　元貞聯合法律事務所　張澤平律師

出版日期　2013 年 4 月三版一刷

定　　價：新臺幣 620 元